Werner Fuß

Die deuteronomistische Pentateuchredaktion in Exodus 3—17

Werner Fuß

Die deuteronomistische Pentateuchredaktion in Exodus 3—17

Walter de Gruyter · Berlin · New York
1972

Beiheft zur Zeitschrift für die alttestamentliche Wissenschaft

Herausgegeben von Georg Fohrer

126

ISBN 3 11 003854 4

Printed in Germany
Satz und Druck: Walter de Gruyter & Co.

Vorwort

Die Grenze zwischen den älteren, im Kern vorexilischen, und den jüngeren, durch Begriffe und Belange der nachexilischen Priesterschaft von Jerusalem sich auszeichnenden Erzählstücken des Pentateuchs führt heute gewiß noch an vielen Stellen durch Niemandsland oder umstrittenes Gelände; im ganzen jedoch ist ihr Verlauf keine Frage mehr. Darum ist es statthaft, die Bereiche diesseits und jenseits dieser Linie mehr oder weniger gesondert zu betrachten. Vorliegende Studie wendet sich einem Teil der, wenn ich einmal so sagen darf, »vorpriesterschriftlichen« Geschichtserzählung zu. Diese ist noch immer von komplexer Natur; das liegt auf der Hand und wird gemeinhin auch anerkannt. Ihre Zusammensetzung zu lösen, sind mancherlei, meist in sich ziemlich komplizierte Vorschläge unterbreitet worden, vorzugsweise auf dem Grunde der Genesis. In den Ergebnissen ließ sich jedoch keine Einigkeit erzielen, auch nicht annäherungsweise. Weitere Klärung tut not.

Umstände, die jenseits nur subjektiven Gutdünkens oder Dafürhaltens zu liegen scheinen, haben mich veranlaßt, das alte Problem neu aufzugreifen. Vor einer Reihe von Jahren fiel mir bei intensiver Lektüre auf, daß in den älteren Pentateuchstücken von Anfang bis Ende immer wieder dieselben eigenartigen Redewendungen, Spezialausdrücke, Idiotismen, Sachmotive sowie die nämlichen Mittel und Requisiten szenischer Gestaltung begegnen. Die Selbigkeit dieser Phänomene ist im Zusammenhang bisher kaum beachtet und m. W. nirgends ins Zentrum der Betrachtung gerückt worden. Aber spiegeln nicht gerade sie den wahren Werdegang und die tatsächliche Zusammensetzung der fraglichen Texte wider? Diese Annahme ist eigentlich unabweislich. Schon verschiedene Individuen derselben Lebensgemeinschaft, vollends aber Menschen verschiedener Epochen und Landschaften pflegen sich ja differenziert auszudrücken. Bei einer Kontamination von heterogenen Aussagen wird also, sollte man meinen, die Differenziertheit des Ausdrucks Rückschlüsse zulassen auf die redend Beteiligten!

So ließ ich mich auf den Versuch ein, die bezeichneten Erscheinungen einer neuen Textanalyse zum Grunde zu legen, welche nicht an der gewiß respektablen wissenschaftlichen Tradition, sondern direkt und ausschließlich am hebräischen Urtext orientiert ist. Zu Beginn meines Unternehmens hatte ich nicht die geringste Ahnung, wo hinaus dasselbe laufen würde. Gewohnt, in den Kategorien herkömmlicher Quellenscheidung und Formgeschichte zu denken, irritierte es mich eine Zeit lang, daß die Besonderheiten, denen ich mein Augenmerk zugewandt, vielfach in Formen auftreten, welche, verglichen mit vorhandenen Entsprechungen, degeneriert wirken. Es stellte sich dann aber bald heraus, daß die zahlreichen Fälle solcher Entstellung gewissermaßen System haben. Durch Gemeinsamkeiten des Stils, des Vokabulars, des Inhalts erwiesen sie sich immer deutlicher als verknüpft zu einem großen Netzwerk, so daß mit einer letzten Identität der deformierenden Kräfte gerechnet werden muß. Und je länger und tiefer ich in die schwierige Materie eindrang, je radikaler mich Selbstkritik und fremde Kritik, unterstützt durch die Schule des Leides, zur Überprüfung und nochmaliger Überprüfung einmal gefaßter Urteile und sich vorlaufend meldender Ahnungen zwangen, desto fester verdichtete sich das Ahnen und Urteilen zu der Gewißheit, daß uns in der sprachlichen und danach auch sachlichen Differenziertheit der älteren Pentateuchteile tatsächlich so etwas wie zuverlässige Leitfossilien geboten sind, welche sich eignen, die durchwachsene Schichtstruktur jener Teile zu entschlüsseln.

In »Die sogenannte Paradieserzählung« (1968) habe ich eine erste Untersuchung vorgelegt, die auf dem in Rede stehenden Gebiet nach dem »Leitfossilienprinzip« arbeitet. Aller Anfang ist schwer. Manche wichtige Linie konnte dort umständehalber erst provisorisch gezogen werden. Auch war von vornherein zu erwarten, daß das kleine Werk bei seinen Kritikern wenig Gefallen finden würde. Sie haben denn auch zum Teil rührende Beweise ihrer eigenen Befangenheit in Schulmeinungen und ihrer Geringschätzung des immerhin biblischen Textes geliefert! Es sei ihnen zugutegehalten. Sie konnten ja nicht gut wissen, welches Beweismaterial ich schon bei der Niederschrift der »Paradieserzählung« *in petto* hatte. Die viel tausend Details, die das vorliegende Buch zutage fördert, ergeben zusammen nämlich genau dasselbe Bild von den fraglichen Verhältnissen, welches sich, im Kleinformat sozusagen, im vorigen Buch bereits abzuzeichnen begann: Zwei scharf profilierte, einstmals miteinander rivalisierende Geschichtsdarstellungen aus der Königszeit sind von einem Vertreter der deuteronomistischen Schule zusammengeworfen und verschmolzen worden zu einer neuen Einheit, einer Art »Harmonie«. Die eine davon, das »jahwistische«[1] Werk, entstand in Juda, in dem von Davididen regierten Südreich. Dahin verweist es z. B. die Tatsache, daß es in den Vätergeschichten dem Juda einen besonderen Rang beimißt. Auf den Süden,

---

[1] Die hergebrachten Bezeichnungen und ihre Chiffren (J, E, R^{JE}) verwende ich weiter, meine damit aber wesentlich andere, zumal präziser zu fassende Größen als die traditionelle Pentateuchkritik.

genauer wohl auf Jerusalemer Hofkreise, deutet auch seine betont realistische, ja naturalistische Einschätzung des göttlichen Handelns; gewiß vollbringt Jahwe auch Außergewöhnliches, Wunderhaftes, primär und vor allem aber ist er im ganz normalen Gang der Natur und der Geschichte wirksam. In diesem Punkt stimmt die Schrift des Jahwisten ja seltsam überein mit der eigentümlichen Theologie der alten Davidsüberlieferungen!

Das andere Geschichtswerk, das »elohistische«, stammt aus »Israel«, d. h. aus dem alten Nordreich. In seiner Ideologie, seiner Darstellungs- und Ausdrucksweise berührt es sich vielfach mit den Elia- und Elisageschichten. Sehr im Gegensatz zu J, erfreut sich darin der Name »Israel« häufigen Gebrauchs und sonderlicher Wertschätzung. Was aber die Vereinigung der beiden »Quellen« anbelangt, so läßt sich diese leicht begreifen aus den Bedingungen der Zeit nach Josia, eines Königs, dessen Restaurationspolitik darauf zielte, Gebiete und Bevölkerungsreste des mittlerweile untergegangenen Staates Israel zu seinem eigenen Reiche zu schlagen. Der Vereinigende selbst gibt sich durch Sprache und Denkungsart als ganz durchschnittlicher Repräsentant der herrschenden Geistesrichtung eben jener Epoche zu erkennen: als ein Deuteronomist. Sein eklektizistisches Redaktions- und zugleich Kompositionsverfahren ist das dazumal — und auch noch späterhin bis auf ben Sira — in den Schreiberstuben üblich gewesene, wie sich an zahlreichen Beispielen auch außerhalb des Pentateuchs leicht demonstrieren ließe. Passen diese im Endeffekt einfachen Gesamtergebnisse nun auch nicht ins Konzept der neueren Pentateuchforschung, zumal ihrer traditions- und stoffgeschichtlichen Vorstellungen, so fügen sie sich doch anstandslos und mit einer großen inneren Selbstverständlichkeit in das von anderweit wohlbekannte Bild der Geschichte und Geistesgeschichte des Volkes Israel ein.

Mir scheint aber, daß sie — oder vielmehr das sich in ihnen ausdrückende Selbstzeugnis der Heiligen Schrift! — über die historischen und exegetischen Fachbelange hinaus bedeutsam sind für die innere Situation von Theologie und Kirche in der heutigen Zeit. E entpuppt sich als — übrigens sehr gesitteter und gebildeter — Wortführer eines Synkretismus, der heidnisches Gedankengut und Brauchtum planmäßig für den Jahweglauben zu vereinnahmen, ihm scheinbar zu integrieren verstand. Dem steht J entgegen als ein Theologe, der alles setzte auf die Karte jener Weisung, die an der Spitze unseres und schon seines eigenen Dekaloges[2] rangiert. Nirgends läßt er einen Zweifel daran, daß die Bereiche des Menschseins und der Natur samt und sonders der direkten Verfügung Jahwes unterliegen. Daß der Jahwekult seiner Tage auch an ehedem kanaanäischen Heiligtümern blühte,

---

[2] S. Ex 34 14.

konnte er nicht leugnen; um so deutlicher hebt er hervor, daß diese Stätten bei der Übernahme von Grund auf neu gestaltet wurden[3]. Gegenüber den gleichsam »katholisierenden« Tendenzen seines Nordreichrivalen verficht der Südreicherzähler die Sache Jahwes in »reformierter« Reinheit und Folgerichtigkeit. Ein solches Zeugnis heischt Beachtung in einem Zeitalter wie dem unsrigen, wo die Beauftragten Jahwes Seine Sache verraten an eine willkürlich postulierte Selbstmächtigkeit der Natur oder sie zerbröseln und entkräften durch »ökumenische« Gleichmacherei.

Vorliegende Arbeit kann und möchte nicht verheimlichen, daß sie nicht in einem akademischen Milieu, sondern seitab im Winkel einer kleinen Pfarrstelle gefertigt worden ist. Insofern nimmt sie teil am geplagten Gewissen vieler meiner Kollegen, die darunter leiden, daß sie nicht mehr zu einer wissenschaftlichen Beschäftigung kommen. Zwar für die Primärliteratur fand ich und nahm ich mir die Zeit. Aber die auf die Dauer unerläßliche Auseinandersetzung mit der bisherigen Forschung überstieg meine Möglichkeiten bei weitem. Sie ist fällig vor allem hinsichtlich der *Methode* der Textbehandlung! Nur das Bewußtsein, auf Grundlagen zu bauen, die sich mit den Ansätzen Früherer nur sehr bedingt (und nicht ohne unsägliche Mühe) vergleichen lassen, gibt mir den Mut, meine Forschungen hiermit dennoch der Öffentlichkeit vorzutragen.

Es bedarf wohl noch einer Begründung, warum für die Untersuchung der Abschnitt Ex 3—17 ausgewählt wurde: In den Plagenberichten von Kap. (4.) 5—11 treten »Leitfossilien« in besonderer Dichte auf. Sie stellen für uns also die beste Einstiegsmöglichkeit und das ideale Forschungsobjekt dar. Die hier festzustellenden Schichten pflanzen sich natürlich fort nach vorne und hinten. Ich ging ihnen nach von Kap. 3. 4 an, weil diese Kapitel noch die Dispositionen der ursprünglichen Plagenerzählungen liefern. Ich folgte ihnen bis Kap. 17 in der Hoffnung, der sich anschließende Komplex der Sinaigeschichten möchte einmal, es sei von einem andern oder von mir selbst, besonders unter die Lupe genommen werden. Noch eine Bemerkung zur Anlage des Buchs: Der beherrschende zweite, analytische Teil hält sich i. w. an die Reihenfolge der Aussagen, wie sie, nach Abzug von P- und R^{P}-Stücken, überliefert bzw. für die deuteronomistische Harmonie vorauszusetzen ist. Leider ist diese Anordnung, bedingt vor allem durch die Arbeitsweise von R^{JE}, oft sehr mangelhaft. Aber wer einen »Text« erklären will, muß ihn erklären wie er ist: als ein »Gewebe« von Aussagen in einem bestimmten Miteinander und Nacheinander — auch dann, wenn dieses Gewebe ein Pfuschwerk sein sollte! Jede Umgruppierung von Textangaben im vermeintlichen

[3] Vgl. S. 360.

Interesse einer übersichtlicheren Darstellung wäre also unsachgemäß. Der Gefahr, daß sich der Leser unter den bezeichneten Umständen in einem Meere von Erörterungen verliere, versuchte ich — Zusammennehmbares gleichwohl zusammennehmend — durch Einschalten von Zwischenüberschriften zu begegnen, die nicht sowohl das Buch sachlich gliedern, als vielmehr über die nächstfolgenden Schritte im voraus einigermaßen informieren wollen. Gleichzeitig führte ich am linken Rande des Satzspiegels Kapitel- und Verszahlen an, wo die jeweiligen Textstücke übersetzt und besprochen sind. Die Zahlzeichen sind dort kursiv, wo — was sich unmöglich vermeiden ließ — die damit bezeichnete Textstelle außerhalb der überlieferten Reihenfolge berührt oder besprochen ist.

Von letztlich ausschlaggebender Bedeutung für die Einzelanalyse sowie für deren Gesamtergebnisse ist der Aufweis der Analogiefälle. Eigentlich müßten bei der Besprechung eines Textstücks zu jeder Besonderheit die schon bekannten oder noch zu erwähnenden Parallelen notiert werden. Der Vereinfachung halber nahm ich statt dessen womöglich Vorlieb mit Hinweisen im Apparat auf die einschlägigen Zusammenstellungen des dritten Teils. Ich bitte aber zu beachten, daß die betreffenden Anmerkungen — sie sind durch fettes Ausrufungszeichen markiert! — und die Zusammenstellungen selbst den eminenten Sinn einer *Beweisführung* haben.

An dieser Stelle möchte ich dem Herausgeber der ZAW, Herrn Prof. D. Georg Fohrer, von Herzen danken für das Interesse, das er meinen Forschungen entgegenbrachte, für den Zeitaufwand, den er sich ihre Lektüre kosten ließ, und für die Aufnahme des Werks in die Reihe der Beihefte zur ZAW. Dank gebührt auch dem Evangelischen Oberkirchenrat in Stuttgart: Er hat die Veröffentlichung meiner Forschungen durch einen Druckkostenzuschuß tatkräftig unterstützt.

Kißlegg/Allgäu, im Juni 1971. Der Verfasser

Inhaltsverzeichnis

I. Einführung in die Methode

μέθοδος meint eigentlich ein Hintendreingehen, das Verfolgen von etwas. Noch in seiner modernen technischen Verwendung hat der Begriff diesen Grundsinn bewahrt. Unter *Methode* versteht man das behutsame Verfolgen von Ideen, welche, unter sich folgerichtig zusammenhängend, den Anspruch erheben können, die Wesenszüge des Untersuchungsobjektes zu erfassen. Methodisch arbeitet dann, wer den Gegenstand seiner Untersuchung Schritt für Schritt einer vorhandenen Konzeption unterwirft. Deren Grundsätze werden zwar nie ohne Ansehung dieses Gegenstandes oder ihm vergleichbarer Gegenstände aufgestellt worden sein, sie enthalten aber eine hypothetische Komponente. Erst der Verlauf der Untersuchung kann Aufschluß erteilen darüber, ob und in welchem Maße die Theorie der Methode der Wirklichkeit des Objektes gerecht wird. Methode kann aber auch im Verfolgen von Spuren bestehen, von Geleisen oder Resten einer geschichtlichen Entwicklung, welche sich solchermaßen selbst dem zu untersuchenden Gegenstand eingeprägt hat. Der methodisch Arbeitende setzt dann bei augenscheinlichen Gegebenheiten ein, was seinem Vorgehen Sachgemäßheit zumindest für den Anfang garantiert. Solche Methode läßt sich nicht als Ideenkomplex abstrahieren; sie existiert lediglich als Funktion des Sich-Einlassens auf vorgegebene Strukturen. Sie ist im Grund also weiter nichts als eine Betätigung des Spürsinns.

Beide Verfahren, dies mit dem aposteriorischen Ansatz und jenes mit der starken apriorischen Teilkraft, nehmen in der Wissenschaft einen berechtigten Platz ein. In der Regel werden sie sich sogar zu irgendeiner Symbiose vergatten müssen. Es bleibt jedoch von Fall zu Fall die Frage, welcher der Partner in solcher Ehe den Ton anzugeben habe. Historische Forschung, wie wir sie hier betreiben, tut jedenfalls wohl daran, daß sie, solange es irgend geht, die Vergangenheit selbst sprechen läßt aus ihren Relikten, statt daß sie voreilig Hypothesen anbietet zur Erklärung eben dieser Relikte. Bei unserer Aufgabe kann dies freilich nicht heißen, daß Hypothesen sich nunmehr überhaupt erübrigen würden. Die Hinweise auf ihre Entstehung, die uns die vorpriesterlichen Pentateuchteile liefern, sind mitunter nicht mehr so klar und recht oft nicht mehr so vollständig, daß sie nur *eine* Deutung zuließen. Es öffnet sich also noch ein weites Feld für Mutmaßungen, für Eingeständnisse des Nichtwissens, desgleichen für Irrtümer und spätere Berichtigungen. Nur geben Hypothesen jetzt nicht mehr die

Grundlage ab für die Textanalyse. Sie dürfen sich nur mehr in zweiter Linie sehen lassen, sind in Grenzen verwiesen, die ihnen das Selbstzeugnis des biblischen Textes steckt.

Nach dem Bemerkten kann es sich hier nicht darum handeln, daß ich ein neues Forschungsprogramm proklamiere — etwa das »redaktionsgeschichtliche«, so, wie es ein »traditionsgeschichtliches« gegeben hat und noch gibt. Methode in dem Sinne, den wir vorhin an zweiter Stelle genannt haben, beansprucht für sich keinerlei Neuigkeitswert, vielmehr möchte sie aufgehen in der Selbstbekundung des Alten! Was hier als Einführung geboten wird, erschöpft sich also in einem Vorläufige-Umschau-Halten über wichtige beispielhafte Einzelheiten in Ex 3—17, die als »Leitfossilien« in Betracht kommen: Mehrmals wird gesagt, daß Mose (mit oder ohne Begleiter) den ägyptischen König aufsuchen sollte bzw. aufgesucht habe.

hlk qal contra *bw'* qal

Was den Ort dieser Begegnung betrifft, so rechnen diese Angaben anscheinend mit zweierlei Möglichkeiten. In 3 10 erhält Mose (allein) den Auftrag, »zu Pharao« zu »gehen«: *l^{e}kā . . . 'æl păr'ō*. Entsprechend heißt es in 7 15: *lek 'æl păr'ō* »geh zu Pharao«. Und in 3 11 stellt Mose die Frage: *mî 'anokî kî 'elek 'æl păr'ō* »wer bin ich, daß ich zu Pharao gehen soll?«. Demgegenüber weiß die Sachparallele 3 18 von einem Jahwebefehl an Mose, wonach er (zusammen mit den »Ältesten Israels«) »zum König von Ägypten *hinein*gehen« sollte: *ûba'ta . . . 'æl mælæk miṣrăjim*. Man beachte, daß auch der Regent anders bezeichnet ist: *mælæk miṣrăjim* statt *păr'ō*. Doch zurück zum Vorigen: Nach 7 26 9 1 10 1 sollte Mose (allein) allemale »hineingehen« (*bw'* qal), und zwar jetzt »zu Pharao«, *'æl păr'ō*[1]. Entsprechendes besagt der Ausführungsbericht 10 3, nur daß er Mose noch Aaron beigesellt[2]: *wăjjabo' mošæ w^{e}'ăh^{a}ron 'æl păr'ō* »da ging Mose und Aaron hinein zu Pharao«. Mose bemerkt von sich in 5 23: *ûme'az ba'tî 'æl păr'ō* »und seitdem ich zu Pharao hineingegangen bin«. Ähnliche Verhältnisse herrschen in 5 1: *w^{e}'ăḥăr ba'û mošæ w^{e}'ăh^{a}ron wăjjo'm^{e}rû 'æl păr'ō* »und danach gingen Mose und Aaron hinein und sagten zu Pharao«. Diese Vorstellungsreihe rechnet deutlich mit einem Irgendwo-Drinsein des Königs. Demgegenüber ergibt sich aus dem bloßen »Gehen« (*hlk* qal) zum König nach 7 15 eine Begegnung unter freiem Himmel: *lek 'æl păr'ō băbboqær hinnē joṣe' hămmăj^{e}mā w^{e}niṣṣăbta liqra'tô 'ăl ś^{e}păt hăj^{e}'or* »geh am Morgen zu Pharao — siehe, er wird sich gerade zum Wasser begeben — und tritt ihm entgegen am Ufer des Nils«. Zu dieser Kategorie zählt offenbar auch der Befehl von 8 16, wiewohl er das

---

[1] Dieselbe Vorstellung übrigens bei P, s. 6 11 7 10.

[2] Vgl. auch insofern 7 10 P.

Verb *hlk* qal nicht verwendet: *hăškem băbboqær wehitjăṣṣeb lipenê păr'ō hinnē joṣe' hămmajemā* »mach dich früh auf am Morgen und stelle dich vor Pharao hin — siehe, er wird sich gerade zum Wasser begeben — «. Ingleichen derjenige von 9 13: *hăškem băbboqær wehitjăṣ-ṣeb lipenê păr'ō.*

jṣ' qal in zweifacher Bedeutung

Die bezeichneten zweierlei Anschauungen spielen auch in die Angaben hinein, die das Weggehen Moses vom König betreffen. 8 8. 26 10 6. 18 berichten in einer gewissen Stereotypie: *wăjjeṣe'* (+ *mošæ* 8 26; + *mošæ we'ăharon* 8 8) *me'im păr'ō* »da ging er (bzw. Mose oder Mose und Aaron) weg von Pharao«. Aus dieser für den Erzählungsablauf unentbehrlichen Notiz scheint das nur mehr beiläufige, auf Mose und Aaron oder auf die Vorarbeiter der Israeliten[3] bezogene *beṣe'tam me'et*(!) *păr'ō* von 5 20 degeneriert. *me'im păr'ō* »weg von Pharao« weiß nichts davon, daß der König sich *in* etwas aufgehalten habe. Gewiß bedeutet *jṣ'* qal oft s. v. w. »herausgehen«, es kann aber auch[4] — neben *me'im păr'ō wird* es — nur s. v. w. »weggehen, sich aufmachen, sich entfernen« bedeuten. In 9 29 ist das Verb freilich einmal ausdrücklich zu einem vorherigen Wo-Drinsein Moses und damit auch des Königs in Beziehung gesetzt; Mose bemerkt da von sich: *keṣe'tî 'æt ha'îr* »sowie ich die Stadt verlassen habe«. Demzufolge befand er sich vorhin noch in »der Stadt«, der Residenzstadt des Königs natürlich. Zwar meint *jṣ'* qal auch hier das Weggehen Moses vom König, es wird aber anders konstruiert und verstanden als in 5 20* 8 8.26 10 6. 18. In 9 33 nun schließt sich dem stereotypen und sachlich in sich eigentlich schon abgeschlossenen *wăjjeṣe' mošǣ me'im păr'ō* noch das Objekt *'æt ha'îr* an — ein künstliches Gespann! Es muß sich dabei um eine Kontamination aus *wăjjeṣe' mošǣ me'im păr'ō* und rivalisierendem *wăjjeṣe' mošǣ 'æt ha'îr* handeln! Diese beiden Wendungen hätte man demnach als Spezifika zweier vergleichsweise älterer Darstellungen zu betrachten.

Ein Seitenblick auf die Genesis vertieft diesen Eindruck: In 47 10 heißt es von Jakob: *wăjjeṣe' millipenē*[5] *păr'ō*, in 44 4 aber von Josephs Brüdern: *hem jaṣe'û 'æt ha'îr*; vgl. noch *wăjjašubû ha'îrā* 44 13. Gemeint ist die Stadt des Königs respektive seines Wesirs.

Wozu wird Mose denn zu dem König entboten? Vorderhand scheint der Zweck seiner Sendung darin zu bestehen, daß er eine Freistellung der arbeitenden Israeliten erwirke. Zum Teil gibt Mose

[3] Genaueres s. S. 122.

[4] So z. B. in Gen 4 16 8 7 Ex 4 14 7 15 8 16.

[5] *millipenê* rechnet so wenig wie *me'im* mit einem Wo-Drinsein.

sich beim Vorsprechen gleich als Boten Jahwes aus: *kō' amăr jăhwæ* Ex 5 1 7 17. 26 8 16 9 1. 13 10 3, auch 11 4[6].

šlḥ pi. und *'bd* qal

Er übermittelt den gleichbleibenden Gottesbefehl: *šăllăḥ ('æt) 'ămmî* »entlaß mein Volk« Ex 5 1 7 16. 26 8 16[7] 9 1. 13 10 3[7]; vgl. auch *šăllăḥ 'æt b^enî* »entlaß meinen Sohn« 4 23. Und zwar soll das Volk jeweils entlassen werden, »damit«, wie es heißt, »sie mir dienen«, *w^ejă'ăb^edunî* 7 16. 26 8 16 9 1. 13 10 3; vgl. *w^ejă'ăb^edenî* 4 23 sowie *tă'ăb^edûn 'æt ha'^ælohîm* »ihr werdet der Gottheit dienen« 3 12. Lediglich die Stelle 7 16 fügt noch die Ortsbestimmung *bămmidbar* »in der Wüste« hinzu[8]. Und nur 5 1, und das sollte Verdacht erregen, bezeichnet den Zweck des »Entlassens« so: *w^ejaḥoggû lî bămmidbar* »damit sie mir festen in der Wüste«. Dazu sei noch verglichen: *ḥăg jăhwæ lanû* »ein Fest Jahwes haben wir« 10 9.

hlk qal und *zbḥ* qal

Zum anderen Teil aber stellt Mose sich dem König, wenigstens zuerst, nur als Anwalt oder Sprecher seiner Volksgenossen vor; er sagt: *nel^akā nna' dæræk š^elošæt jamîm bămmidbar w^enizb^eḥā l^ejăhwæ '^ælohênû* »wir wollen eine Dreitagereise weit in die Wüste gehen, um Jahwe, unserem Gott, zu opfern« 3 18 5 3. Ähnlich *dæræk š^elošæt jamîm nelek bămmidbar w^ezabăḥnû l^ejăhwæ '^ælohênû* »eine Dreitagereise weit wollen wir in die Wüste gehen und Jahwe, unsrem Gott, opfern« 8 23. Mose spricht hier keinen Befehl, sondern nur eine Bitte aus. Nicht die (endgültige?) Entlassung des Volks begehrt er, sondern nur einen relativ kurzen Urlaub. Nicht »dienen« (*'bd* qal) soll das Volk seinem Gott, sondern »opfern« (*zbḥ* qal)[9], und zwar — der Gedanke ist in diesem Vorstellungskomplex offenbar gut verankert! — in der durch einen Dreitagmarsch zu erreichenden Wüste, *bămmidbar*. Nachgerade ist *bămmidbar* im Zusammenhang des göttlichen »Entlaß«-befehls 5 1 7 16 unschwer als nachträgliche Angleichung zu erkennen, zumal der einschlägige Passus in 5 1 ohnedies schon entartet erscheint: *w^ejaḥoggû lî* steht für das sonst übliche *w^ejă'ăb^edunî*.

Mose wurde vom König abgewiesen, zumindest bei den ersten Begegnungen. Andernfalls hätte es ja kaum der Plagen bedurft.

---

[6] Pharao, der ursprüngliche Adressat der Rede, ist hier sekundär unterdrückt, s. S. 257f.

[7] Die nota accusativi fehlt hier (nach L).

[8] Die Hauptzeugen sind sich in den Lesarten einig. Eine nichtssagende Ausnahme bilden die Minuskeln *b w* des Griechen, die auch in 10 3 das Plus ἐν τῇ ἐρήμῳ bringen.

[9] In der *Sache* besteht kein Unterschied.

Häufig wird auf die Ablehnung der göttlichen »Entlaß«forderung Bezug genommen:

wättᵉmaʼen lᵉšällᵉḥô »und du weigertest dich, ihn zu entlassen« 4 23

ʼæt jiśraʼel loʼ ʼᵃšällăḥ »Israel werde ich nicht entlassen« 5 2

meʼen lᵉšällăḥ haʽam »er hat sich geweigert, das Volk zu entlassen« 7 14

wᵉʼim maʼen ʼăttā lᵉšälleᵃḥ »wenn du dich aber weigerst, zu entlassen« 7 27

kî ʼim ʼênᵉka mᵉšälleᵃḥ ʼæt ʽămmî »denn wenn du mein Volk nicht entläßt« 8 17

kî ʼim maʼen ʼăttā lᵉšälleᵃḥ »denn wenn du dich weigerst, zu entlassen« 9 2

kî ʼim maʼen ʼăttā lᵉšälleᵃḥ ʼæt ʽămmî »denn wenn du dich weigerst, mein Volk zu entlassen« 10 4.

mʼn pi.

Wie man sieht, spielt in diesem Sachzusammenhang der Begriff der Weigerung *mʼn* pi. eine wichtige Rolle. Nach 7 27 8 17 9 2 10 4 scheint ein drohender Hinweis auf den Weigerungsfall zum Repertoire der dem König übermittelten Gottesbotschaften zu gehören.

Nicht ohne weiteres deutlich ist, wie der König auf die Bitte des Volks um einen »Opfer«urlaub reagierte. Immerhin scheinen drei Stellen noch eine mehr oder weniger verschwommene Erinnerung daran zu bewahren:

wăjjoʼmær ... mælæk miṣrăjim[10] *... lᵉkû lᵉsibᵉlotêkæm* »da sagte ... der König von Ägypten: ... geht an eure Frondienste« 5 4

kî nirpîm hem »denn Faulenzer sind sie« 5 8

wăjjoʼmær nirpîm ʼăttæm nirpîm »da sagte er: Faulenzer seid ihr, Faulenzer« 5 17.

Demnach wären die Israeliten — beachte 2. p. pl. in 5 4. 17! —, in deren Namen Mose ja hier gesprochen hatte — 1. p. pl. in 3 18 5 3 8 23! —, wegen ihres Urlaubwunsches als Müßiggänger beschimpft und an ihre Arbeit gewiesen worden. Es sieht weiter so aus[11], als habe der König im weiteren Verlauf der Ereignisse ein wenig eingelenkt: *wăjjoʼmær lᵉkû zibᵉḥû leʼlohêkæm baʼaræṣ* »da sagte er: Geht, opfert eurem Gott im Lande« 8 21, Mose jedoch habe ein solches, nur teilweises Entgegenkommen verschmäht: *tôʽᵃbăt miṣrăjim nizbăḥ lᵉjăhwæ ʼᵃlohênû ... dæræk šᵉlošæt jamîm nelek bămmidbar wᵉzabăḥnû*

[10] Dieser Begriff wie in 3 18!

[11] Genaueres S. 184ff.

lejăhwæ 'alohênû »das, was den Ägyptern ein Greuel ist, opfern wir Jahwe, unserem Gott ... eine Dreitagereise weit wollen wir in die Wüste gehen und Jahwe, unsrem Gott, opfern« 8 22. 23.

hinnē-Formel

Die Plagen werden dem König vor Eintritt allemal angedroht bzw. angekündigt, und zwar im Namen Jahwes. Für diese Ansagen oder doch für einen Teil derselben ist eine bestimmte Satzkonstruktion kennzeichnend: *hinnē* + pron. pers. 1. sg. + ptc.:

hinnē 'anokî horeg 'æt bineka bekoræka »siehe, ich werde deinen Sohn, deinen Erstgeborenen, umbringen 4 23

hinnē 'anokî măkkæ ... »siehe, ich werde schlagen ...« 7 17

hinnē 'anokî nogep 'æt kål gebûleka »siehe, ich werde dein ganzes Gebiet treffen« 7 27

hinenî măšlîah ... *'æt hæ'arob* »sieh, ich werde loslassen ... die Fliegen« 8 17

hinenî mămṭîr ... *barad* »sieh, ich werde regnen lassen ... Hagel« 9 18

hinenî mebî' maḥar 'ărbæ bigebulæka »sieh, morgen werde ich Heuschrecken kommen lassen in dein Gebiet« 10 4.

Hierher gehört auch noch

hinnē jăd jăhwæ hôjā bemiqneka »sieh, die Hand Jahwes wird an dein Vieh geraten« 9 3,

doch tanzt diese Stelle insofern aus der Reihe, als Mose die Plage darin im eigenen Namen anzukündigen scheint. Diese Besonderheit, welche sich in Widerspruch setzt auch zu dem ausdrücklichen *kō 'amăr jăhwæ* von v. 1, wird sekundär sein.

Drohung oder Ankündigung?

Mehrmals sind die mit *hinnē* beginnenden Ansagen an die Inbetrachtnahme des Weigerungsfalles[12] angeschlossen: in 7 27 8 17 9 2 10 4 vgl. 4 23. Dazu paßt wohl, daß sie wie diese als Gottesrede gefaßt sind — mit der scheinbaren Ausnahme von 9 3. Aber solcher Verbindung ist nicht recht zu trauen. In 7 17 9 18 kommt unsere *hinnē*-Formel *ohne* die Inbetrachtnahme des Weigerungsfalles aus. Drohungen oder vielmehr Ankündigungen, die sich ihrer bedienen, sind andernorts innerhalb der älteren Pentateuchstücke regelmäßig ohne Bedingung ausgesprochen, zum Beispiel:

hinenî mebî' 'æt hămmăbbûl »sieh, ich werde die Flut kommen lassen« Gen 6 17

hinnē 'anokî niṣṣab »siehe, ich werde hintreten« 24 13. 43

---

[12] S. S. 5.

hin^enî mămṭîr[13] *lakæm læḥæm* »sieh, ich werde euch Brot regnen lassen« Ex 16 4
hin^enî ʿomed l^epanæka »sieh, ich werde vor dich treten« 17 6
hinnē ʾanokî baʾ ʾelǣka »siehe, ich werde zu dir kommen« 19 9
hinnē ʾanokî šoleᵃḥ mălʾak »siehe, ich werde einen Boten senden« 23 20
hinnē ʾanokî koret b^erît »siehe, ich werde einen Bund schließen« 34 10.

Gegen die Echtheit der Verbindung von *hinnē*-Formel und Inbetrachtnahme des Weigerungsfalls spricht ferner die folgende Überlegung: *hinnē* sucht die Aufmerksamkeit auf ein nachher Gesagtes zu lenken. Ein konditionaler Vordersatz aber, der beginnt mit »weigerst du dich aber, zu entlassen« o. ä. heischt schon allein für das Folgende Beachtung, denn er läuft hinaus und zielt auf den Befehl: Entlasse *ja* nicht! Weigere dich *ja* nicht! Jener Vordersatz, also *w^eʾim maʾen ʾăttā l^esălleᵃḥ* oder Ähnliches, sollte im Nachsatz doch wohl eher durch einfaches perfectum consecutivum fortgesetzt werden. Es sind Angaben vorhanden, die solcher Erwartung genau entsprechen würden:

w^ešarăṣ hăj^eʾor ṣ^epărd^eʿîm »so wird der Nil wimmeln von Fröschen« 7 28
ûmal^eʾû battê miṣrăjim ʾæt hæʿarob »so werden sich die Häuser der Ägypter füllen von den Fliegen« 8 17
ûmal^eʾû battǣka »so werden sich deine Häuser füllen« 10 6.

Wie es sich mit diesen Angaben nun auch verhalten mag, jedenfalls wird man die mit *hinnē* anhebenden Ankündigungen nicht voreilig derselben Schicht zuschreiben wie die »Entlaß«forderung (*šlḥ* pi.) und das »Weigerungs«motiv (*mʾn* pi.).

jdʿ qal

In engerem oder weiterem Zusammenhang mit einer göttlichen Plagenankündigung taucht ab und zu der Gedanke auf, daß der König oder sonstwer zur Einsicht, zu einer Art der Erkenntnis Jahwes gelangen solle. Die Angaben schwanken, was die Näherbestimmung und auch was die Motivierung der Erkenntnis angeht. Gelegentlich erscheint die betreffende Plage als das, was da Erkenntnis wecken soll: *b^ezoʾt tedăʿ kî ʾᵃnî jăhwǣ hinnē ʾanokî măkkǣ* . . . »an diesem wirst du erkennen, daß ich Jahwe bin: Siehe, ich werde schlagen . . .« 7 17. Der Standort des Motivs vor *hinnē*, das erst auf das Folgende reflektiert, ist zwar genauso bedenklich wie bei der Inbetrachtnahme des Weigerungsfalls. Andererseits leuchtet es jedoch ein, daß die Jahweerkenntnis aus der Plagenerfahrung erwachsen soll. Auch nach

[13] Man beachte, daß *mṭr* hi. auch in der Parallele 9 18 vorkommt.

8 18 besteht der Gegenstand der »Erkenntnis« darin, »daß ich Jahwe bin«, *kî 'anî jăhwæ*. Sie soll hier aber dem König aufgrund des besonderen Umstandes zuteilwerden, daß das Gottesvolk von der Plage verschont bleibt. Die Bewahrung der Landfremden hätte also dem Pharao mehr bedeutet als seiner selbst und seiner eigenen Leute Schaden — das klingt reichlich merkwürdig! Dieselbe Erkenntnis, »daß ich Jahwe bin«, stellt in 10 2 eine Angelegenheit nicht des Königs, sondern der Israeliten dar, anscheinend sogar der nachgeborenen. Als ihre Ursache gilt nicht etwa eine bestimmte Einzelplage, sondern die Gesamtheit der Plagen, s. *'ototăj 'ellæ* »diese meine Wunderzeichen« 10 1 *'ototăj 'ašær śămtî bam* »meine Wunderzeichen, die ich ihnen zugefügt habe« 10 2. Beides ist doch wohl sekundär. 11 7 scheint das »Erkennen« ebenfalls Israel zuzuschreiben[14]. Die Verschonung des Volks ist hier zugleich Grund und Gegenstand der Erkenntnis: *ûlekol benê jiśra'el lo' jæḥeraṣ kæləb lešonô . . . lemăʿăn tedeʿûn 'ašær jăplæ jăhwæ bên miṣrăjim ûbên jiśra'el* »aber allen Israeliten wird nicht mal ein Hund seine Zunge weisen . . ., damit ihr erkennt, wie Jahwe einen Unterschied macht zwischen Ägypten und Israel«. 9 14 registriert als Erkenntnisgrund abermals die Gesamtheit der Plagen, als erkennendes Subjekt gilt jedoch wieder der König: *'anî šoleaḥ 'æt kål măggepotăj . . . băʿabûr tedăʿ kî 'ên kamonî bekål ha'aræṣ* »ich werde alle meine Plagen senden . . ., auf daß du erkennst, daß es meinesgleichen nicht gibt auf der ganzen Erde«. Jahwes Unvergleichlichkeit macht den Gegenstand des Erkennens ebenso in 8 6 aus: *lemăʿăn tedăʿ kî 'ên kejăhwæ 'ælohênû* »damit du erkennst, daß es nichts gibt wie Jahwe, unsern Gott«; solche Erkenntnis ergibt sich aber aus dem eigentlich recht nebensächlichen und dazuhin noch unangemessen ausgedrückten[15] Mirakel, daß die Plage genau zum Zeitpunkt, den der König wünschte[16], aufgehoben wird. Ähnlich gibt Mose — nicht Jahwe! — in 9 29 an, nächstens, wenn er die Stadt verlasse und zu Jahwe flehe, werde das Unwetter aufhören, »damit du erkennst, daß die Erde Jahwe gehört«, *lemăʿăn tedăʿ kî lejăhwæ ha'aræṣ*. Da soll die Erkenntnis durch das barmherzige Einlenken Jahwes zustandekommen. Aber wie seltsam ist doch die Vorstellung, daß nicht die Verwüstungen des Unwetters, sondern erst dessen ersehntes Ende den König zur Räson bringen soll! Daß dem »Erkenntnis«motiv in den Plagengeschichten ein fester, durch ältere Überlieferung reservierter Platz zukommt, kann nach dem Angeführten kaum zweifelhaft sein. Zugleich sieht man aber auch, daß sich seiner in besonders starkem Maße denatu-

---

[14] Ausdrücklich gesagt ist das nicht; zu den Gründen dieser Unschärfe s. S. 263.

[15] Der Frage *lematăj 'ăʿtîr* »wann ich flehen soll« sind Bestimmungen beigefügt, die an ganz andern Gesichtspunkten als dem des Termins orientiert sind.

[16] *maḥar* »morgen« — aber wieso denn erst »morgen«?

rierende Kräfte bemächtigt haben, was angesichts seiner theologischen Gewichtigkeit nicht verwunderlich ist.

măṭṭæ als Zaubermittel

Nach 4 17a überreichte Jahwe dem Mose bei seiner Berufung einen Stab mit dem Bemerken: *we'æt hămmăṭṭæ hăzzæ tiqqăḥ bejadæka* »und diesen Stab sollst du in deine Hand nehmen«. Dem entspricht als Ausführungsbericht *wăjjiqqăḥ mošæ 'æt măṭṭē ha'ælohîm bejadô* »da nahm Mose den Stab der Gottheit in seine Hand« 4 20b. Auch in 7 15b wird Mose aufgefordert: *wehămmăṭṭæ ... tiqqăḥ bejadæka* »und den Stab ... sollst du in deine Hand nehmen«. Nach 7 17 allerdings hätte nicht Mose, sondern Gott den Stab in der Hand gehalten (*bămmăṭṭæ 'ašær bejadî*), um damit »auf das Wasser« zu »schlagen« (*nkh* hi. + *'ăl*) und es so in Blut zu verwandeln — eine vergleichsweise komische und unwahrscheinliche Darstellung. Dem entsprechenden Ereignisbericht schwebt als Subjekt des »Schlagens« wieder ein bestimmter Mensch vor: *wăjjaræm bămmăṭṭæ wăjjăk 'æt hămmăjim* »er erhob (die Hand) mit dem Stabe und schlug das Wasser« 7 20aβ-b. *nkh* hi. ist da nicht mehr mit *'ăl*, sondern mit bloßem Objekt konstruiert.

Die für die Einarbeitung der Priesterschrift zuständige Endredaktion des Pentateuchs (R^P), die *wăjjă'aśû ken mošæ we'ăharon kă'ašær ṣiwwā jăhwæ* 20aα vorausgeschickt hat[17], scheint für das Subjekt von *wăjjaræm ... wăjjăk* die Wahl zu lassen zwischen Mose und Aaron. Ihre deuteronomistische Vorlage hatte doch wohl Mose, ihre priesterliche dagegen auf jeden Fall Aaron als Besitzer und Verwender des Zauberstabes[18] betrachtet. Die eigenwillige Verbindung von *rwm* hi. mit *be* (*bămmăttæ*)[19] ist wohl als Aposiopese zu verstehen, entstanden unter dem Einfluß von 8 1 P: *neṭē 'æt jadeka bemăṭṭæka* »recke deine Hand aus mit dem Stabe«.

rwm hi. contra *nṭh* qal

Zu wiederholten Malen hat R^P Angaben über Moses Stabmanipulation, welche ihm die ältere von seinen beiden Vorlagen geliefert, im Sinne der Terminologie von P berichtigt: Wie in 7 19 8 1 P Aaron, so soll jetzt in 9 22 10 12. 21 14 26 Mose »seine Hand ausrecken« (*nṭh* qal + *jad* + suff.). Desgleichen entspricht jetzt das *wăjjeṭ mošæ 'æt jadô* der Ausführungsberichte 10 22 14 27 dem priesterlichen *wăjjeṭ 'ăharon 'æt jadô* 8 2. 13. Auch zu *wăjjeṭ mošæ 'æt măṭṭehû* »da reckte Mose seinen Stab aus« 9 23 10 13 fehlt die priesterliche Analogie nicht: *neṭē 'æt măṭṭeka*[20] »recke deinen Stab aus« befiehlt nach 8 12 P Mose dem Aaron. Daß *nṭh* qal aus P in die vorpriesterlichen Texte eingetragen

---

[17] Vgl. z. B. Gen 6 22 Ex 7 6. 10 P.

[18] Vgl. *'æmor 'æl 'ăharon qăḥ măṭṭeka ûneṭē jadeka 'ăl mêmê miṣrăjim* ... Ex 7 19 P.

[19] Vgl. demgegenüber *harem 'æt măṭṭeka* Ex 14 16.

[20] Sam. bietet statt *măṭṭeka* allerdings *jadeka bemaṭṭæka*. Dasselbe oder Ähnliches setzt G τῇ χειρὶ (Variante τῇ χειρί σου) τὴν ῥάβδον voraus.

worden ist und nicht etwa umgekehrt, zeigt das *wăjjaræm* von 7 20 und, noch deutlicher, die Stelle 14 16, wo Mose in einem eigenartigen Hysteronproteron aufgefordert wird, seinen Stab zu erheben und seine Hand auszurecken: *harem ʾæt măṭṭᵉka ûnᵉṭē ʾæt jadᵉka*; man vergleiche dagegen das folgerichtige *qăḥ măṭṭᵉka ûnᵉṭē jadᵉka* »nimm deinen Stab und recke deine Hand aus« von 7 19 P. In 14 16 hat R^P die priesterliche Ausdrucksweise eben einmal nicht an die Stelle der älteren, sondern neben und hinter dieselbe gerückt. Auch außerhalb Ägyptens soll Mose sich nach der vorpriesterlichen Überlieferung noch mit dem Stabe hervorgetan haben: Gemäß 4 17a 7 15b befiehlt ihm Jahwe in 17 5, den Stab in die Hand zu nehmen: *ûmăṭṭᵉka . . . qăḥ bᵉjadᵉka.* In 17 9 kündigt Mose dann an, morgen werde er mit dem Stab der Gottheit in der Hand (*ûmăṭṭē haʾᵃlohîm bᵉjadî*) auf dem Berge stehen. Nach 17 11 schließlich soll Israel seinem Gegner Amalek solange obgelegen haben, als Mose seine Hand emporhielt, *jarîm mošǣ jadô.*

Magische Implikationen des Stabes

măṭṭǣ bezeichnet an beinahe allen Belegstellen innerhalb von Kap. 3—17 eine Art Zaubermittel. Jahwe hat etwas von seiner Macht an den Stab gewissermaßen abgetreten. Zwar scheint Mose den Stab allemal auf göttliches Geheiß hin anzuwenden 9 22 10 12. 21 14 16. 26 (vgl. 4 17a 7 15b 17 5), und auch der Zweck der Anwendung wird jeweils von der Gottheit bestimmt, aber die Beachtung des Menschen, der solche Geschichten erzählt bekommt, und vielleicht auch schon desjenigen, der sie erzählt, richtet sich erfahrungsgemäß mehr dem Wundermittel und dem Wundertäter zu als dem Auftraggeber, der im Hintergrund bleibt. Mose erscheint nach dieser Vorstellungsreihe darum als ein Zauberkünstler, als ein »Gottesmann« im Stile der Prophetenerzählungen, die einst im Nordreich kursierten[21]. Durch an sich geringfügige Bewegungen mit dem Gottesstab ruft er fabelhafte Effekte hervor: Das Nilwasser verwandelt sich auf der Stelle zu Blut 7 17. 20. Auf Ägypten geht ein Hagelwetter nieder 9 22. 24. Unversehens kommen Heuschrecken auf 10 12. 14. Plötzlich bricht Finsternis über Ägypten herein 10 21f. Der Stab verbannt das Meer 14 16. Aus dem Felsen macht er Wasser springen 17 6. Israels Sieg ist an die Dauer seiner Applikation gebunden 17 11.

---

[21] Vergleiche z. B., wie Elia (bzw. Elisa II Reg 4 34) den toten Knaben erweckt I Reg 17 21, wie er auf dem Berg Karmel den Regen beschwört I Reg 18 42 ff., wie er befähigt wird, vierzig Tage und Nächte lang bis zum Berg Horeb zu wandern 19 5 ff., wie er auf die Häscher Feuer vom Himmel fallen läßt II Reg 1 10. 12, wie er und nach ihm Elisa das Wasser zerteilt 2 8. 14, wie Elisa eine salzhaltige Quelle heilt 2 20 f., welche Rolle der Stab Elisas spielen sollte 4 29. 31, wie Elisa ein Gericht entgiftet 4 41, wie er Naëman vom Aussatz befreien läßt 5 10. 14, wie er eine versunkene Axt zum Schwimmen bringt 6 6.

măṭṭǣ einmal nur als Demonstrationsobjekt

Von dem großen Komplex der Aussagen nun, die den *măṭṭǣ* als ein Mittel betrachten, durch welches Wunder erzielt werden, hebt sich die kleine Erzählungsepisode 4 2-4 ab. Sie spricht von einem Stab als dem Gegenstand, an welchem Wunder demonstriert werden: »Jahwe sagte zu ihm: Was ist denn in deiner Hand? Er sagte: Ein Stab. Da sagte er: Wirf ihn zur Erde! Er warf ihn zur Erde. Da wurde er zu einer Schlange; und Mose floh vor ihr. Da sagte Jahwe zu Mose: . . . packe sie am Schwanz! Er . . . packte sie; da wurde sie zu einem Stab in seiner Faust.« Weit davon entfernt, die Wunder selber zu bewerkstelligen, fungiert Mose hier nur als ahnungsloses Werkzeug. Der alleinige Wundertäter ist Jahwe.

Realistische Schilderungen

Ähnliche Anschauungen scheint derjenige Teil von den Plagen- und angeschlossenen Erzählungen zu vertreten, welcher Jahwe unter Verzicht auf ein maßgebendes Mitwirken Moses mit betont natürlichen Mitteln arbeiten läßt: Das Wasser des Nils fing an zu stinken und wurde ungenießbar, weil ein Fischsterben um sich griff 7 21. Jahwe hatte dasselbe zuvor durch Mose ankündigen lassen 7 18, veranlaßte es aber persönlich, indem er den Nil »schlug«, s. 7 17[22]. 25[23]. Sehr naturnah wird dann geschildert, wie sich die Ägypter behalfen: Sie hoben Grundwassergruben aus längs des Nils 7 24. — Ähnlich bei der Hagelplage: Mose hatte sie nur voranzusagen 9 18[24], ausgelöst wurde sie von Jahwe selbst: *wăjjămṭer jăhwǣ barad* »da ließ Jahwe Hagel regnen« 9 23. Jahwe gilt hier ganz einfach als die Macht, die das Wetter macht. — Einen Tag und eine Nacht lang ließ er den Ostwind (*rûaḥ qadîm*) blasen; der trug die Heuschrecken, wie üblich, aus den Steppen des Ostens herbei (*nś'* qal) 10 13.

rûaḥ-Motiv

Später trug sie ein Westwind (*rûaḥ jam*) wieder weg (*nś'* qal) und fegte sie ins Schilfmeer 10 19. Desselben natürlichen Machtmittels einer *rûaḥ* hat Jahwe sich zur Freilegung des Meeresgrundes 14 21[25], zum Heranschaffen der Wachteln Num 11 31 und offenbar schon zur Beseitigung der Sintflut Gen 8 1 bedient.

---

22 *nkh* hi. steht hier im Rahmen der bekannten (s. S. 6) *hinnē*-Formel.

23 Diese Stelle offenbart noch das ursprüngliche Objekt des göttlichen »Schlagens« (zum letztern vgl. auch Gen 8 21), das in v. 17 substituiert ist. Vgl. dazu schon »Paradieserzählung« 42.

24 Bezeichnenderweise wieder mithilfe der *hinnē*-Formel.

25 Nach 14 21 blies der Wind, ähnlich wie bei 10 13, »die ganze Nacht«, *kål hăllajᵉlā*.

maḥar-Termin

Auch mehr beiläufige Züge der Plagenerzählungen und der ihnen angeschlossenen Berichte findet man gleichförmig ausgedrückt oder einander dem Inhalt nach ähnelnd. So wird als Termin für künftige Geschehnisse oft der nächste Tag, das »morgen« (*maḥar*), vorgesehen: »Morgen« möge Mose Fürbitte einlegen 8 6. »Morgen« soll sich zeigen, daß das Gottesvolk von der Heimsuchung verschont bleibt 8 19 9 5. »Morgen« werden die Fliegen von den Ägyptern weichen 8 25. »Morgen« gedenkt Jahwe Hagel regnen zu lassen 9 18[26]. »Morgen« wird er die Heuschrecken erscheinen lassen 10 4[27]. »Morgen« soll Sabbatruhe herrschen 16 23[28]. »Morgen« verheißt Mose auf der Bergesspitze zu stehen 17 9. Auch jenseits des Ausschnittes, mit welchem wir uns hier hauptsächlich zu beschäftigen haben, ist das *maḥar*-Motiv vertreten: Gen (19 34 ?) 30 33 Ex (18 13 ?) 19 10 32 5 Num 11 18[29] 14 25[30].

kabed m^{e}ʾod

Das Ausmaß der Plagen wird mehrmals durch *kabed m^{e}ʾod* bezeichnet: *dæbær kabed m^{e}ʾod* »eine sehr schwere Seuche« 9 3, *barad kabed m^{e}ʾod* »ein sehr schwerer Hagel« 9 18. 24, *haʾărbǣ . . . kabed m^{e}ʾod* »die Heuschrecken . . . sehr schlimm« 10 14. Ähnlich das vermutlich verstümmelte *ʿarob kabed* »schlimmes Geschmeiß« 8 20. Als Parallelen können aus der Genesis herangezogen werden: *haraʿab . . . kî kabed hûʾ m^{e}ʾod* »die Hungersnot . . . denn sie war sehr schwer« 41 31 und *kabed haraʿab m^{e}ʾod* »die Hungersnot war sehr schwer« 47 13. Die eben erwähnte Kennzeichnung beläßt die betreffenden Plagen in einem allgemeinen, andere Katastrophen möglicherweise mitumschließenden Rahmen.

Einzigartigkeit der Plagen

Dem stehen andere Angaben entgegen, welche die Plagen als einzigartige, gleichsam apokalyptische Vorkommnisse apostrophieren:

> (*barad . . .*) *ʾ^{a}šær loʾ hajā kamohû b^{e}miṣrăjim l^{e}min hăjjôm*[31] *hiwwas^{e}dā w^{e}ʿăd ʿăttā* »(ein Hagel . . .) wie es ihn in Ägypten nicht gegeben hat, vom Tag seiner Gründung an bis jetzt« 9 18

[26] Man beachte wieder die *hinnē*-Formel: *hin^{e}nî mămṭîr kaʿet maḥar barad.*

[27] Wieder die Verbindung mit der *hinnē*-Formel: *hin^{e}nî mebîʾ maḥar ʾărbǣ.*

[28] Diese Stelle ist allerdings von P beeinflußt; Näheres S. 334f. 341.

[29] Diese Stelle (*hitqădd^{e}šû l^{e}maḥar*) und Ex 19 10 (*w^{e}qiddăštam hăjjôm ûmaḥar*) weisen in dem Begriff *qdš* eine weitere Gemeinsamkeit auf.

[30] Zu überlegen wäre, ob *maḥar* nicht auch in dem von P beeinflußten Kontext von Num 16 7. 16 auf die deuteronomistische Vorlage des R^{P} zurückgeht.

(barad ...) ʾᵃšær loʾ hajā kamohû bᵉkål ʾæræṣ miṣrăjim meʾaz hajᵉtā lᵉgôj »(ein Hagel ...) wie es ihn im ganzen Land von Ägypten nicht gegeben hat, seitdem es zu einem Volk wurde« 9 24

ûmalᵉʾû battǣka ... ʾᵃšær loʾ raʾû ʾᵃbotǣka wăʾᵃbôt ʾᵃbotǣka mijjôm hᵃjôtam ʿăl haʾᵃdamā ʿăd hăjjôm hăzzǣ »und deine Häuser werden sich füllen ... (scil. mit Heuschrecken), was weder deine Väter noch die Väter deiner Väter gesehen haben, seit dem Tag, da sie auf den Erdboden kamen, bis zu diesem Tag« 10 6

lᵉpanâw loʾ hajā ken ʾărbǣ kamohû wᵉʾăḥᵃrâw loʾ jihjǣ ken »vor ihnen hat es nicht so Heuschrecken gegeben wie sie, und nach ihnen wird es so nicht geben« 10 14

(ṣᵉʿaqā ...) ʾᵃšær kamohû[32] *loʾ nihjatā wᵉkamohû*[32] *loʾ tosip* »(ein Wehgeschrei ...) wie es nicht entstanden war und wie es sich nicht wiederholen wird« 11 6.

Die Bemerkungen kommen im Aussagegehalt überein; sie gehören doch wohl auch ihrer Herkunft nach zusammen. Man beachte jedoch, daß sie auf eine gleiche Aussageform keinen Wert legen.

plh- und *ʾæræṣ gošæn*-Motiv

Von der Wirkung der Plagen, die sonst umfassend gedacht ist, bleiben nur die Israeliten ausgenommen. Die Aussagen, die darauf zielen, sind im Ausdruck wieder recht verschieden gehalten:

wᵉhiplêtî ... ʾæt ʾæræṣ gošæn ʾᵃšær ʿămmî ʿomed ʿalǣha lᵉbiltî hᵃjôt šam ʿarob »und ich werde ausnehmen ... das Land Gosen, auf dem sich mein Volk befindet, so daß dort keine Fliegen entstehen« 8 18

wᵉśămtî pᵉlut[33] *bên ʿămmî ûbên ʿămmæka* »und ich werde einen Unterschied machen zwischen meinem Volk und deinem Volk« 8 19

wᵉhiplā jăhwǣ bên miqnē jiśraʾel ûbên miqnē miṣrajim wᵉloʾ jamût mikkål libᵉnê jiśraʾel dabar »und Jahwe wird unterscheiden zwischen Israels Vieh und Ägyptens Vieh, und von allem, was den Israeliten gehört, wird kein Ding sterben« 9 4

---

[31] Der Anschluß eines suffigierten inf. an einen st. abs. verstößt schwer gegen die syntaktische Regel. Das berechtigt uns jedoch noch nicht, das erleichternde *lmjwm* von Sam. für ursprünglich zu halten; vgl. Anm. 32.

[32] Das auffällige, von Sam. wieder korrigierte suff. 3. sg. m. (statt f.) ist schwerlich *text*kritisch zu erklären.

[33] M *pᵉdut* (14 Mss Kennicott *pᵉdût*), von T wörtlich wiedergegeben durch *pwrqn* = *redemptio*, gibt vor *bên ... ûbên*, was denn auch T übergeht, keinen Sinn. G διαστολήν S *pwršnʾ* = *separatio* und V *divisionem* führen auf die Lesart *pᵉlut*.

ûmimmiqnē b^{e}nê jiśra'el lo' met 'æḥad »und vom Vieh der Israeliten war nicht eines gestorben« 9 6
lo' met mimmiqnē jiśra'el 'ăd 'æḥad »vom Vieh Israels war nicht auch nur eines gestorben« 9 7
răq b^{e}'æræṣ gošæn '^{a}šær šam b^{e}nê jiśra'el lo' hajā barad »nur im Land Gosen, wo die Israeliten waren, entstand kein Hagel« 9 26
ûl^{e}kol b^{e}nê jiśra'el lo' jæḥ^{a}răṣ kælæb l^{e}šonô »aber allen Israeliten wird kein Hund seine Zunge weisen« 11 7.

Eine bedeutsame Rolle innerhalb dieser Angaben spielen offensichtlich der Begriff *'æræṣ gošæn* und die Wortfamilie *plh*.

Zweiergruppe und Dreiergruppe

Was weiter die Opfer der Plagen anbelangt, so lassen sich dafür zwei mehr oder weniger »stehende« Redewendungen beobachten: 1. eine Zweiergruppe, bestehend aus »Pharao und seinen Knechten«, 2. eine Dreiergruppe, umschließend den König, »seine Knechte und sein Volk«. Die Zweiergruppe ist folgendermaßen belegt:

wăjjăk 'æt hămmăjim ... l^{e}'ênê păr'ō ûl^{e}'ênê '^{a}badâw »und er schlug das Wasser ... vor den Augen Pharaos und vor den Augen seiner Knechte« 7 20
ûba'û b^{e}bêtæka ... ûb^{e}bêt '^{a}badǽka »und sie (scil. die Frösche) werden eindringen in dein Haus ... und in das Haus deiner Knechte« 7 28
wăjjabo' 'arob ... bêtā păr'ō ûbêt '^{a}badâw »und Fliegen drangen ein ... in das Haus Pharaos und in das Haus seiner Knechte« 8 20
ûmale'û battǽka ûbattê kål '^{a}badǽka »und es werden sich (scil. mit Heuschrecken) füllen deine Häuser und die Häuser aller deiner Knechte« 10 6.

Sie begegnet auch noch in anderen Sachzusammenhängen: *b^{e}'ênê păr'ō ûb^{e}'ênê '^{a}badâw* »in den Augen Pharaos und in den Augen seiner Knechte« 5 21 Gen 41 37 45 16 *w^{e}'ăttā wă'^{a}badǽka* »aber du und deine Knechte« Ex 9 30 *hû' wă'^{a}badâw* »er und seine Knechte« 9 34 *'æt libbô w^{e}'æt leb '^{a}badâw* »sein Herz und das Herz seiner Knechte« 10 1 *păr'ō ... hû' w^{e}kål '^{a}badâw* »Pharao ... er und alle seine Knechte« 12 30 *l^{e}băb păr'ō wă'^{a}badâw* »das Herz Pharaos und seiner Knechte« 14 5. Die konkurrierende Dreiergruppe erscheint an folgenden Stellen:

ûb^{e}ka ûbă'^{a}badǽka ûb^{e}'ămmæka[34] *jă'^{a}lû hăṣ^{e}părd^{e}'îm* »und

[34] So nach G καὶ ἐπὶ σὲ καὶ ἐπὶ τοὺς θεράποντάς σου καὶ ἐπὶ τὸν λαόν σου, dessen Lesart, wie die Parallelen auch bei M, von der Einzahl des Königs über die Mehrzahl seiner Knechte konsequent zur Vielzahl seines Volks fortschreitet. M dafür *ûb^{e}ka ûb^{e}'ămm^{e}ka ûb^{e}kål '^{a}badǽka*.

gegen dich und gegen deine Knechte und gegen dein
Volk werden die Frösche heraufrücken« 7 29
'a'tîr l^{e}ka w^{e}lă'^{a}badǣka ûl^{e}'ămm^{e}ka »ich werde flehen für
dich und für deine Knechte und für dein Volk« 8 5
w^{e}sarû hăṣ^{e}părd^{e}'îm mimm^{e}ka . . .[35] *ûme'^{a}badǣka ûme'ăm-
mæka* »und die Frösche werden weichen von dir . . . und
von deinen Knechten und von deinem Volk« 8 7
hin^{e}nî măšli^{a}ḥ b^{e}ka ûbă'^{a}badǣka ûb^{e}'ămm^{e}ka . . .[36] *æt
hæ'arob* »sieh, ich werde loslassen gegen dich und gegen
deine Knechte und gegen dein Volk . . . die Fliegen« 8 17
w^{e}sar hæ'arob mippăr'ō me'^{a}badâw ûme'ămmô »und die
Fliegen werden weichen von Pharao, von seinen
Knechten und von seinem Volk« 8 25
wăjjasăr hæ'arob mippăr'ō me'^{a}badâw ûme'ămmô »da
wichen die Fliegen von Pharao, von seinen Knechten
und von seinem Volk« 8 27.

Sie schimmert noch durch den derzeitigen, sichtlich überarbeiteten Wortlaut von

*'^{a}nî šole^{a}ḥ 'æt kål măggepotăj 'æl libb^{e}ka ûbă'^{a}badǣka
ûb^{e}'ămmæka* »ich werde schicken alle meine Plagen zu
deinem Herzen und gegen deine Knechte und gegen
dein Volk« 9 14.

qr' qal + *l^{e}* oder + *'æl*

Mit ziemlicher Regelmäßigkeit ist berichtet, der König habe, unter dem Druck der Plagen, Mose zu sich kommen lassen. Dafür wird der Begriff *qr'* qal »rufen« gebraucht, teils mit *l^{e}*, teils mit *'æl* verbunden:

wăjjiqra' (păr'ō) l^{e}mošǣ[37] »da rief (Pharao) dem Mose«
8 4 12 31
wăjjiqra' păr'ō 'æl mošǣ[38] »da rief Pharao nach Mose«
8 21 10 24

---

[35] *ûmibbattǣka* »und von deinen Häusern« hat hier eigentlich nichts zu suchen. Wegen vorhandener Entsprechungen wird es sich um einen literargeschichtlichen Einschub, nicht eine textgeschichtliche Glosse handeln. Daraus geht hervor, daß die Dreiergruppe älter ist als der jetzige Kontext. Entsprechende Beobachtungen lassen sich an den Belegstellen der Zweiergruppe anstellen.

[36] Für den Zusatz *ûb^{e}battǣka* gilt Entsprechendes wie für *ûmibbattǣka* 8 5, s. vorige Anm.

[37] Lediglich für 8 4 ist als Variante *'æl mošǣ* (*w^{e}'æl 'ăh^{a}ron*) bezeugt: Ms Nr. 600 Kennicott.

[38] 6 Mss Kennicott, 1 Ms de Rossi und Sam. lesen *l^{e}mošǣ* in 8 21, dasselbe Sam. auch in 10 24.

wăjjišlăḥ păr'ō wăjjiqra' l^emošǣ[39] »da sandte Pharao und rief dem Mose« 9 27
wăj^emăher păr'ō liqrô l^emošǣ[40] »da rief Pharao eilends dem Mose« 10 16.

Zugeständnisse des Königs

Wiederholt gesteht der König dem Herbeigeholten wenigstens bedingt zu, das Volk zu »entlassen« (*šlḥ* pi.):

wă'^ašăll^eḥā 'æt ha'am »so will ich das Volk entlassen« 8 4
'anokî '^ašăllăḥ 'æt^ekæm »ich werde euch entlassen« 8 24
wă'^ašăll^eḥā 'æt^ekæm »so will ich euch entlassen« 9 28.

Dazu kommt das nur ironisch gemeinte *'^ašăllăḥ 'æt^ekæm* von 10 10. Gelegentlich gibt der König auch an, er wolle das Volk seinem Gott nunmehr »dienen« (*'bd* qal) lassen:

l^ekû 'ib^edû 'æt jăhwǣ »geht, dienet Jahwe« 10 8. 24
l^ekû na' . . . w^e'ib^edû 'æt jăhwǣ »geht doch . . . und dienet Jahwe« 10 11
ûl^ekû 'ib^edû 'æt jăhwǣ »und geht, dienet Jahwe« 12 31.

Das spezifische *'bd* qal dieser Zusammenhänge und jenes *šlḥ* pi. gehören offenbar derselben Schicht an, wie ihre innige Verbindung in der »Entlaß«forderung bereits deutlich machte[41]. Auch der mit *'bd* qal rivalisierende[42] Begriff des Jahwe »Opferns« (*zbḥ* qal) läßt sich innerhalb königlicher Zugeständnisse beobachten:

. . . *w^ejizb^eḥû l^ejăhwǣ* »(ich will das Volk entlassen) damit sie Jahwe opfern« 8 4
l^ekû zib^eḥû le'lohêkæm ba'aræṣ »geht, opfert eurem Gott im Lande« 8 21
ûz^ebăḥtæm l^ejăhwǣ '^alohêkæm »dann könnt ihr Jahwe, eurem Gott, opfern« 8 24.

'tr qal/hi. und *ṣ'q* qal

Der König hält Mose immer wieder dazu an, daß er sich bei Jahwe für die Beendigung der jeweiligen Plage einsetze. Mose willfährt solchem Wunsche auch. Als terminus technicus für sein Fürbitten ist gewöhnlich *'tr* qal oder hi. verwendet:

hă'tîrû[43] *'æl jăhwǣ* »fleht zu Jahwe« 8 4 9 28
. . . *'ă'tîr* »(verfüge über mich wann) ich flehen soll« 8 5

---

[39] Von den hebräischen Zeugen einhellig überliefert.
[40] Einhellig bezeugt.
[41] S. 4.
[42] S. S. 4.
[43] Die Rede wendet sich hier an Mose und Aaron.

hăʿtîrû[43] *băʿ^{a}dî* »flehet zugunsten von mir« 8 24
w^{e}hăʿtărtî ʾæl jăhwæ̆ »dann werde ich zu Jahwe flehen« 8 25
wăjjæʿtăr ʾæl jăhwæ̆ »da flehte er zu Jahwe« 8 26 10 18
w^{e}hăʿtîrû[43] *l^{e}jăhwæ̆ ʾ^{æ}lohêkæm* »und fleht Jahwe, euren Gott, an« 10 17.

Dieser Begriff kommt auch sonst im älteren Pentateuchbestand vor: *wăjjæʿtăr jiṣḥaq l^{e}jăhwæ̆ . . . wăjjeʿatær lô jăhwæ̆* »da flehte Isaak Jahwe an . . . und Jahwe ließ sich von ihm erbitten« Gen 25 21. Auf der anderen Seite nimmt der Ausführungsbericht zu 8 4 mit dem gewöhnlicheren *ṣʿq* qal »schreien« Vorlieb: *wăjjiṣʿăq mošæ̆ ʾæl jăhwæ̆* »da schrie Mose zu Jahwe« 8 8. Außerdem findet sich noch eine dritte Ausdrucksweise: *ʾæproś ʾæt kăppăj ʾæl jăhwæ̆* »ich werde meine Hände ausbreiten zu Jahwe« 9 29 *wăjjiproś kăppâw ʾæl jăhwæ̆* »und er breitete seine Hände aus zu Jahwe« 9 33. Nach den Gründen für diese Ausnahmen wird später zu fragen sein; zunächst bestätigen sie einfach den Gebrauch des originellen *ʿtr* als Regel.

swr qal/hi.

Im Vorbeigehen fiel unser Blick bereits[44] auf die Rolle, welche bei der Schilderung des Plagenendes das Verbum *swr* qal bzw. hi. spielt:

w^{e}jaser hăṣ^{e}părd^{e}ʿîm »damit er die Frösche entferne« 8 4
w^{e}sarû hăṣ^{e}părd^{e}ʿîm »und die Frösche werden weichen« 8 7
w^{e}sar hæʿarob »dann werden die Fliegen weichen« 8 25
wăjjasăr hæʿarob »und die Fliegen wichen« 8 27
w^{e}jaser . . . ʾæt hămmawæt hăzzæ̆ »damit er entferne . . . diesen Tod« 10 17.

šʾr ni.

Gelegentlich wird noch hervorgehoben, daß die Beseitigung des Unheils eine restlose gewesen sei oder sein werde:

răq băj^{e}ʾor tiššaʾărnā »nur im Nil werden sie (scil. die Frösche) übrigbleiben« 8 5. 7
loʾ nišʾăr ʾæḥad »es blieb nicht eine (scil. von den Fliegen) übrig« 8 27
loʾ nišʾăr ʾărbæ̆ ʾæḥad »es blieb nicht eine Heuschrecke übrig« 10 19.

Ähnlich wird in der Meerwundererzählung über die Ägypter bemerkt:

loʾ nišʾăr bahæm ʿăd ʾæḥad »es blieb bei ihnen nicht mal einer übrig« 14 28.

---

[44] S. 15.

kbd + leb + pắr'ō

Sind die Plagen herum, so zieht der König das bereits Zugestandene wortbrüchig wieder zurück. Dieser Vorgang wird mithilfe der Begriffe *kbd* qal oder hi., *leb* und *pắr'ō* wiedergegeben:

wăjjăr' pắr'ō . . . w^{e}hăkbed[45] *'æt libbô* »da sah Pharao . . . und er verhärtete sein Herz« 8 11
wăjjăkbed pắr'ō 'æt libbô »da verhärtete Pharao sein Herz« 8 28
wăjjikbăd leb pắr'ō »da wurde Pharaos Herz hart« 9 7
wăjjăr' pắr'ō . . . wăjjăkbed libbô »da sah Pharao . . . und er verhärtete sein Herz« 9 34.

Ähnlich wird auf den Vorgang Bezug genommen: *kabed leb pắr'ō* »hart ist Pharaos Herz« 7 14 *hikbădtî 'æt libbô* »ich habe sein Herz verhärtet« 10 1. — Seine Zusage, das Volk zu »entlassen« (*šlḥ* pi.), löst der König nicht ein:

w^{e}lo' šillăḥ 'æt ha'am »und er entließ das Volk nicht« 8 28 9 7
w^{e}lo' šillăḥ 'æt b^{e}nê jiśra'el »und er entließ die Israeliten nicht« 9 35 10 20
w^{e}lo' 'abā l^{e}šăll^{e}ḥam »und er wollte sie nicht entlassen« 10 27.

ḥzq + leb + pắr'ō

Hier gilt es zu berücksichtigen, daß auch P bzw. seine Gefolgschaft von einer Verstockung des Königs zu erzählen wußte. Anstelle von *kbd* gebrauchte er jedoch die Wurzel *ḥzq*:

wăjjæḥ^{a}zăq leb pắr'ō w^{e}lo' šamă' '^{a}lehæm »da verstockte sich Pharaos Herz, und er hörte nicht auf sie« 7 13. 22 8 15.
wăjj^{e}ḥăzzeq jăhwǣ 'æt leb pắr'ō w^{e}lo' šamă' '^{a}lehæm »da verstockte Jahwe das Herz Pharaos, und er hörte nicht auf sie« 9 12
wăjj^{e}ḥăzzeq jăhwǣ 'æt leb pắr'ō »da verstockte Jahwe das Herz Pharaos« 11 10 14 8
w^{e}ḥizzăqtî 'æt leb pắr'ō »und ich werde Pharaos Herz verstocken« 14 4.

Es möchte scheinen[46], daß P auch das Motiv der (verweigerten) »Entlassung« (*šlḥ* pi). gekannt hat:

wîšăllăḥ 'æt b^{e}nê jiśra'el me'ărṣô »daß er die Israeliten aus seinem Lande entlasse« 6 11
w^{e}šillăḥ 'æt b^{e}nê jiśra'el me'ărṣô »er solle die Israeliten aus seinem Lande entlassen« 7, 2
w^{e}lo' šillăḥ 'æt b^{e}nê jiśra'el me'ărṣô »und er entließ die Israeliten nicht aus seinem Lande« 11 10.

---

[45] Zum inf. abs. anstelle eines verbum finitum vgl. Beer-Meyer, Hebräische Grammatik, momentan noch 2. Auflage 1955 132f. — Ms Nr. 3 Kennicott und Sam. lesen das erleichternde *wjkbd*.

[46] Daß der Schein trügt, wird sich S. 266f. zeigen.

Verschiedentlich hat hier auf die vorpriesterliche Darstellung wieder[47] das Vokabular von P eingewirkt; die alten Begriffe wurden durch die neuen teilweise verdrängt:

wăʼ^{a}nî ʼ^{a}ḥăzzeq ʼæt libbô w^{e}loʼ j^{e}šăllăḥ ʼæt haʻam »und ich werde sein Herz verstocken, und er wird das Volk nicht entlassen« 4 21

wăjjæḥ^{æ}zăq leb părʻō w^{e}loʼ šillăḥ ʼæt b^{e}nê jiśraʼel »da verstockte sich Pharaos Herz, und er entließ die Israeliten nicht« 9 35

wăjj^{e}ḥăzzeq jăhwæ ʼæt leb părʻō w^{e}loʼ šillăḥ ʼæt b^{e}nê jiśraʼel »da verstockte Jahwe das Herz Pharaos, und er entließ die Israeliten nicht« 10 20

wăjj^{e}ḥăzzeq jăhwæ ʼæt leb părʻō w^{e}loʼ ʼabā l^{e}šăll^{e}ḥam »da verstockte Jahwe das Herz Pharaos, und er wollte sie nicht entlassen« 10 27.

Daß Redensarten, Begriffe, Darstellungsweisen von der Art, wie sie soeben vorgestellt wurden, als Spezialitäten bestimmter Überlieferungsschichten zu gelten haben, kann dort, wo sie sich in konkurrierende Aussagenreihen einordnen, wie z. B. bei der S. 14f. erwähnten Zweier- und Dreiergruppe, mit guten Gründen nicht bezweifelt werden. Ansonsten werden wir allerdings noch eingehend prüfen müssen, ob die Vermutung, daß es sich bei diesen Phänomenen um so etwas wie Leitfossilien handelt, auch wirklich zu Recht besteht. Je geläufiger nämlich ein Ausdruck gewesen ist, oder je näher der Gebrauch einer bestimmten Vorstellung von der Thematik her lag, um so ernstlicher wird man mit der Möglichkeit rechnen, daß die vorhandenen Belegstellen dafür gar nicht gleichen Ursprungs sind. Dies könnte etwa auf die S. 15f. genannten Angaben zutreffen, wonach der König Mose immer wieder zu sich »rufen« ließ (*qrʼ* qal). Auch der Umstand, daß sachlich sich entsprechende Aussagen manchmal nicht oder nur teilweise in einander entsprechende Worte gefaßt sind, will im einzelnen behutsam bedacht werden. Solche Erscheinungen können durch disparate Darstellungen derselben Angelegenheit bedingt sein, oder sie entspringen der stilistischen Freizügigkeit bzw. dem Abwechslungsbedürfnis eines einzelnen Erzählers, oder sie erklären sich als Folge späterer Bearbeitung.

Eine Schlüsselstellung nehmen in unserer Aufgabe naturgemäß diejenigen Motive ein, welche durch mehrmalige Parallelität oder Gegensätzlichkeit, zugleich durch Zeichen nachträglichen Erweitert- und Redigiertseins als Bestandteile älterer Quellen ausgewiesen sind.

---

47 Vgl. S. 9.

Wer sie zur Kenntnis nimmt, sieht sich alsbald von einer Reihe unabweisbarer Fragen bedrängt: Welche von diesen Motiven hängen herkunftsmäßig, erzählungsmäßig zusammen und welche nicht? Wie verhalten sie, verhalten sich ihre Zusammenhänge zu den Elementen. in denen man Charakteristika bestimmter Schichten zunächst nur vermuten, nicht aber beweisen konnte? Welcherlei Einflüssen waren sie im Laufe ihrer Überlieferung ausgesetzt? Woran lassen sich diese Einflüsse fassen? Was bezweckten sie in Anbetracht dessen, was ihnen vorgegeben war? Es ist Aufgabe einer Einzelanalyse der Texte (s. Teil II!), diesen Fragen nachzugehen und sie womöglich zu beantworten.

Je weiter die analytische Untersuchung fortschreitet, desto deutlicher wird sich zeigen, worin die Merkmale der einzelnen Schichten — es sind in erster Linie *sprachliche* Indizien! — bestehen, wie sie sich zueinander verhalten, sich verbinden oder abstoßen. Auf diese Weise kommt allmählich ein umfangreiches System von Orientierungspunkten zustande (s. Teil III!), welches erlaubt, auch die Mehrzahl der an sich wenig geprägten Bestandteile des gegebenen Textes zu bestimmen. Den Hauptvorteil des ganzen Verfahrens aber hat man darin zu erblicken, daß es seine eigenen Ergebnisse einer fortlaufenden Doppelkontrolle unterwirft:

1. Ist über den Ursprung eines bestimmten Motivs an einer Stelle ein Urteil gefällt worden, so muß sich dasselbe an anderen, meist an zahlreichen anderen Stellen, und dort gewöhnlich unter völlig neuen Motiv-Konstellationen, bewähren.

2. Einzelheiten, die aus sprachlich-stilistischen Gründen und aufgrund der Analyse von Einzelstellen einer Schicht zugesprochen wurden, müssen ihre Zusammengehörigkeit auch durch inhaltliche Vereinbarkeit und Geschlossenheit bzw. durch erzählungshafte Kontinuität unter Beweis stellen.

II. Analyse

A. DIE BERUFUNG VON MOSE UND AARON EX 3. 4

Zweierlei Antworten auf die Frage, warum Mose zum Gottesberg kam

3 1

2 15-22

3 1 knüpft an Vorkommnisse an, von welchen in 2 15-22 die Rede war: »Und Mose war dabei, zu weiden (*ûmosæ hajā ro'æ*) das Kleinvieh Jetros, seines Schwiegervaters, des Priesters von Midian (*'æt ṣo'n jitrô ḥot^{e}nô kohen midjan*). Da trieb er das Kleinvieh hinter die Wüste (. . . *'ăḥăr hămmidbar*) und kam zum Berg der Gottheit (. . . *ha'^{a}lohîm*), dem Horeb.« Das Vieh, bei welchem Mose hier Hirtendienste versieht, ist ja doch dasselbe, welches zuvor die sieben Töchter eines gewissen Midianiters tränken mußten 2 16. Mose kam ihnen dabei zur Hilfe 2 17b. Darauf führten ihn die Mädchen bei ihrem Vater ein 2 18-21a. Der gab Mose eines davon, die Sippora, zur Frau 2 21b. — Über die Person des Gastgebers Moses werden allerdings sich widersprechende Angaben gemacht: In 3 1 heißt er *jitrô*, in 2 18 hingegen *r^{e}'û'el*. Aber die Rede von Moses »Schwiegervater« v. 1 bezieht sich klar auf die Angabe von 2 21b zurück. Die zweimalige Verwendung des Titels *kohen midjan* in 2 16 und 3 1 will dem Leser die förmliche Gleichsetzung von Jetro und Reuel suggerieren. Handelt es sich dabei auch nur um einen sekundären Versuch, Unvereinbares zu vereinbaren, so versteht sich auf der andern Seite doch gut, daß der Schwiegersohn eines Herdenbesitzers, welcher der Vater nur von Töchtern war 2 16. 21b, sich um die Herde seines Schwiegervaters kümmerte 3 1. So geschah es denn auf der Viehtrift, daß Mose von ungefähr an den Gottesberg gelangte.

2 23. 25*

Einer besonderen oder weiteren Begründung bedarf dieser Vorstoß eigentlich nicht. Und doch wird sie in 2 23*. 25[1] gegeben. Dort

---

[1] 2 24 scheint, als Fortsetzung zu 1 13. 14*, auf die Grunderzählung von P zurückzugehen (*'^{a}lohîm*; *zkr* qal + *b^{e}rît* wie in Gen 9 15f. P). Eine daselbst vorausgegangene Notiz über das Seufzen der Israeliten hat R^{P} in v. 23 anscheinend mit Elementen seiner deuteronomistischen Vorlage verquickt. Ein solches ist jedenfalls *mælæk miṣrăjim* (vgl. unten zu 3 18), und dann wohl der ganze vorauslaufende Passus *wăj^{e}hî băjjamîm harăbbîm hahem wăjjamăt*. Die Parallelität von *wăjje'an^{e}ḥû* (so erst

erfährt man, die Israeliten hätten wegen ihrer Sklavenarbeit zu Gott geschrien und Gehör bei ihm gefunden. Gott habe sie angesehen und sich ihnen kundgetan — nämlich dadurch, daß er nachher 3 1ff. dem Mose am Gottesberg bzw. am Dornbusch begegnete!

»Schwiegervater Moses« oder »Priester von Midian«

Jetro wird in 3 1 zugleich als Moses *ḥoten* und als *kohen midjan* ausgegeben. Das entspricht der Darstellung von 2 16, wonach der »Priester von Midian« der Vater jener sieben Hirtinnen war, zu welchen die Sippora zählte. In 18 1a findet man die beiden Jetroattribute nochmals nebeneinander: »Da hörte Jetro, der Priester von Midian, der Schwiegervater Moses, alles was Gott für Mose und für Israel, sein Volk, getan hatte.« Aber hier stehen sie in entgegengesetzter Reihenfolge. Das weckt Zweifel an ihrer Zusammengehörigkeit. 18 1a ist reichlich allgemein gehalten, macht einen verschwommenen Eindruck. Andern Notizen über Jetro — immer nur diesen, niemals Reuel! —, die ihn nur als »Schwiegervater« Moses kennen, ist wesentlich mehr Anschauungskraft und erzählerischer Belang zueigen:

wăjjelæk mošæ wăjjasåb 'æl jætær[2] *ḥot^{e}nô* »da ging Mose und kehrte zu Jetro, seinem Schwiegervater, zurück« 4 18
wăjjiqqăḥ jitrô ḥoten mošæ 'æt ṣippōrā 'ešæt mošæ »da nahm Jetro, der Schwiegervater Moses, die Sippora, Moses Frau« 18 2
wăjjabo' jitrô ḥoten mošæ . . . 'æl mošæ »da kam Jetro, der Schwiegervater Moses, . . . zu Mose« 18 5
wăjjeṣe' mošæ liqrā't ḥot^{e}nô »da ging Mose hin, seinem Schwiegervater entgegen« 18 7
wăjjiqqăḥ jitrô ḥoten mošæ 'olā ûz^{e}baḥîm le'lohîm »da nahm Jetro, der Schwiegervater Moses, ein Brandopfer sowie Schlachtopfer für Gott« 18 12.

R^{P} für priesterliches *wăjjin'^{a}qû*—vgl. *nă'^{a}qatam* 24 P!— ?) und *wăjjiz'aqû,* ferner die Wiederholung von *min ha'^{a}bodā* (dieser Begriff im vorpriesterlichen Bestand 1 14 5 9!) deuten darauf, daß schon die deuteronomistische Harmonie von einem Wehgeschrei der Bedrückten gesprochen hatte. 3 7. 9 setzen solches denn auch eindeutig voraus. — *wăjjedă' '^{æ}lohîm* 2 25 ist entweder verstümmelt oder nach G in *wăjjiwwadă' '^{a}lehæm* zu verbessern.

2 Ms Nr. 150 Kennicott und Sam. (vgl. auch S) bieten dafür das bei M sonst übliche hypokoristische *jtrw.* Umgekehrt liest aber G auch an den übrigen Stellen Ιοθορ (oder Ähnliches) = *jtr* = *jætær,* was durchaus allemale die ursprüngliche Lesart sein könnte.

Während sich einerseits die Schwiegervater-Idee nicht von der Hirtinnengeschichte und der Gestalt der Sippora trennen läßt, kann man sich auf der anderen Seite schlecht vorstellen, daß der »Priester von (ganz!) Midian« es nötig gehabt haben sollte, zugleich ein Viehzüchter großen Stiles[3] zu sein. Ebenso unwahrscheinlich ist es, daß Mose den Aufenthalt bei einem Priester dazu benutzte, daß er Schafe und Ziegen hütete. Ähnlich wie das Nebeneinander, ja die absichtliche Identifizierung der Namen Jetro und Reuel steht mithin die Zusammenstellung von *ḥotenô* + *kohen midjan* 3 1 unter Verdacht, eine nachträgliche, redaktionelle Machenschaft zu sein. Von Hause aus hatte die Vorstellung, daß Mose Dienste eines Hirten versah, mit dem »Priester von Midian« und mit dem Namen »Reuel« nichts zu schaffen; sie haftet vielmehr an dem Namen »Jetro«, an dem Begriff des »Schwiegervaters Moses«, an den sieben Töchtern, an der »Sippora«. Ein Bearbeiter hat *jitrô* in 2 16 durch *kohen midjan* und in 2 18 durch *reʿûʾel* substituiert. Die Gestalt Reuels wird vormals einer besonderen Tradition angehört haben, welche in ihm den »Priester von Midian« sah.

Herkunft der Jetrogeschichten

Es fällt auf, daß der für die alten Jetrogeschichten zuständige Erzähler fort und fort die Verwandtschaftsbeziehungen zwischen seinen Akteuren hervorhebt: *ʿjitrôʾ*[4] *ʾabîhæn* »Jetro, ihr Vater« 2 18 *ṣipporā bittô* »Sippora ,seine Tochter« 2 21 *jitrô ḥotenô* »Jetro, sein Schwiegervater« 3 1 (vgl. 4 18) *jitrô ḥoten mošǣ* »Jetro, der Schwiegervater Moses« 18 2. 5. 12 *ṣipporā*[5] *ʾešæt mošǣ* »Sippora, die Frau Moses« 18 2. Darf man nach *leʾlohîm* 18 12 und nach *hăr haʾlohîm* 3 1[6] schließen, so handelt es sich um den Verfasser der elohistischen Quelle.

2 22

Neben ihm muß zum Erzählungszusammenhang von 2 15ff. auch der Jahwist einen gewissen Beitrag geleistet haben. Dies geht hervor aus v. 22: *wattelæd ben wăjjiqraʾ ʾæt šemô geršom kî ʾamăr ger hajîtî beʾæræṣ nåkrijjā* »da gebar sie[7] einen Sohn, und man[8] nannte seinen

---

[3] Daß die Zahl der Tiere sehr groß war, ergibt sich aus 2 16f.

[4] So hieß es nach dem Vorigen anstelle des derzeitigen *reʿûʾel*.

[5] Man beachte den Sachzusammenhang mit 2 21b.

[6] *haʾlohîm* ist trotz dem Fehlen eines Korrelats bei G* kaum anzufechten; vgl. 4 27 18 5 24 13!

[7] Nach dem jetzigen Kontext: die Sippora.

[8] So ist im Sinne der Vorlage zu übersetzen; der Kontext bezieht die Aussage jedoch auf Mose.

Namen Gerschom, denn er[9] sagte: Ich bin zum Fremdling geworden in einem auswärtigen Lande«. V. 22a umschließt ja eine genealogische Notiz des jahwistischen Typs, für welchen die Verbindung von *jld* qal + *ben*(*băt*) + *qr'* qal + *šᵉmô*(*šᵉmah*) + N. N. konstitutiv sind[10]. Demgegenüber geht v. 22b offenbar auf einen von jenen »Muttersprüchen« zurück, durch welche nach der elohistischen Genealogie die Namengebung für Neugeborene erfolgte[11]. Erst der J und E zusammenfassende Bearbeiter hat demnach aus dem Sipporawort eine Aussage Moses gestaltet, genauer: eine Selbstaussage Moses. Ursprünglich wollte der Spruch natürlich etwas über das Kind aussagen.

Nach 2 22a hat J möglicherweise nur von der Geburt *eines* Mosesohnes berichtet[12]. Wie dieser hieß und wie seine Mutter hieß, bleibt fraglich. Der in v. 22b eingearbeitete Mutterspruch kehrt in 18 3 wieder, jetzt zusammen mit einem zweiten Exemplar seiner Gattung, welches auf den Namen Elieser zielt. Auch in 18 3ff. muß nunmehr Mose anstelle der Mutter als Sprechender herhalten[13], und er handelt wieder von sich statt von dem jeweiligen Sohne. Ein äußerlicher Bezug auf die Söhne blieb jedoch gewahrt. Das Ganze erscheint in verdächtiger Beiläufigkeit: »Da nahm Jetro, der Schwiegervater Moses, Sippora, die Frau Moses . . . und ihre beiden Söhne — *wovon der Name des einen Gerschom war, denn er sprach: Ich bin zum Fremdling geworden in einem auswärtigen Land; und der Name des andern Elieser war, denn ,der Gott meines Vaters gereichte mir zur Hilfe und errettete mich vom Schwert Pharaos'* — und Jetro, der Schwiegervater Moses, . . . kam zu Mose.« Nach dem Angeführten muß E von zwei Mose- bzw. Sipporasöhnen[14] gesprochen haben. Kennzeichnend für E ist in 18 3f übrigens noch der Stil der Namensaufzählung: Zuerst wurde die Anzahl der Söhne genannt, dann wurden ihre Namen einzeln aufgeführt: (*šᵉnê banîm*[15]) *šem ha'æḥad . . . wᵉšem ha'æḥad . . .* . Darüber wurde schon an früherer Stelle[16] verhandelt.

Die eben genannten Indizien kommen in der Schlußfolgerung überein, daß die Grundaussagen von 3 1 elohistisch sind: Einstmals, als Mose die Herde seines Schwiegervaters Jetro zur Weide trieb, kam er an den Gottesberg Horeb. Er kam just an *den* Berg, welcher nach I Reg 19 eine zentrale Bedeutung für das religiöse Bewußtsein des Nordreichs besessen haben muß! Nachgerade liegt die Annahme nahe, daß der Name Reuel 2 18, der Titel »Priester von

---

9 Der Kontext meint wieder Mose; aber wieso wird er nicht ausdrücklich genannt?

10 S. »Paradieserzählung« 61. 89. — G entspricht mit ἐν γαστρὶ δὲ λαβοῦσα ἡ γυνὴ ἔτεκεν υἱόν dem jahwistischen Schema noch genauer als M, doch ist er dabei vielleicht nur von 2 2a abhängig.

11 S. »Paradieserzählung« 88f.

12 4 20*. 25 werden dieser Vermutung bestätigen.

13 Auch hier wird Mose als Sprechender nicht eigens genannt, vgl. Anm. 9.

14 Das suff. f. bei *banǣha* 18 3 paßt gut zu der matriarchalischen Vorstellung der Muttersprüche.

15 So hieß es ursprünglich vor *šem* . . ., und voraus ging ein *wăttelæd*.

16 »Paradieserzählung« 76.

Midian« 2 16 3 1 und der ja auf alle Fälle jahwistische Passus *wăttelæd ben wăjjiqra'*[17] *'æt šemô* . . .[18] 2 22a Bestandteile einer Parallelerzählung des Jahwisten darstellen[19].

Offen bleibende Fragen zu 3 1

3 1 drückt sich teilweise etwas gewunden und unklar aus. Für *ûmošǣ hajā ro'ǣ* hätte *ûmošǣ ro'ǣ* genügt. Das Subjekt *mošǣ* trägt keinen besonderen Ton. Warum steht es dann voraus? Soll durch seine Stellung ein Zustand bezeichnet werden oder eine längere Dauer, ein Vorgang, der gerade währte, als Moses Vorstoß zum Horeb stattfand? Dergleichen hätte aber vor dem diesbezüglichen *wăjjinhăg 'æt hăṣṣo'n* »und er trieb das Kleinvieh« kaum besonders herausgestellt zu werden brauchen! Sodann sieht man nicht recht, welche räumliche Vorstellung mit *'ăḥăr hămmidbar* verbunden werden soll. Ähnlich vage ließ sich Gen 3 24b = R[JE] über den Aufenthalt der Keruben »östlich vom Garten Eden« aus[20].

Erschien Jahwe selbst oder nur sein Bote?

3 2

Die Aussage von 3 2a kommt hinter v. 1 überraschend: *wăjjera' măl'ăk jăhwǣ 'elâw belăbbăt 'eš mittôk hăssenǣ* »da erschien ihm der Bote Jahwes in einer Feuerflamme aus dem Dornbusch«. Von einem Dornbusch war nämlich bisher nicht die Rede. Die Aussage befindet sich in einem Spannungsverhältnis auch zur unmittelbaren Fortsetzung v. 2b: *wăjjăr' wehinnē hăssenǣ bo'er ba'eš wehăssenǣ 'ênænnû 'ukkal* »da sah er: o je, der Dornbusch stand in Brand, und der Dornbusch war nicht verzehrt«. Hienach hätte Mose ja erst jetzt etwas von einem Feuer bemerkt.

3 3

Weiter steht jene Aussage im Widerspruch zu v. 3: »Da sagte Mose: Ich will mal herzutreten, daß ich sehe (. . . *'asurā nna' we'ær'ǣ*) diese große Erscheinung (*'æt hămmăr'ǣ hăggadol hăzzǣ*), warum der Busch nicht verbrennt (*măddûa' lo' jib'ăr hăssenǣ*).« Nach v. 3 suchte Mose ja noch nach einer Erklärung des Phänomens, während v. 2a sie schon bereithält.

---

[17] Daß es bei J ebenfalls die Mutter gewesen sei, die da dem Kinde seinen Namen gab, habe ich a. a. O. 61. 89 voreilig und zu Unrecht angenommen; vgl. dagegen etwa *wăjjiqra'* Gen 25 26 38 3 *wăjjiqre'û* 25 25.

[18] Der Name *geršom* ist nur für E sicher verbürgt.

[19] Weiteres darüber S. 76. 81.

[20] Vgl. »Paradieserzählung« 65.

3 4a

Eine vorausgehende Erscheinung des *măl'ak* 2a ist also v. 3 so wenig bekannt wie v. 2b. Laut v. 4a soll es denn auch gar nicht der Bote, sondern Jahwe selber gewesen sein, der den sich heranmachenden Mose beobachtete: »Und Jahwe[21] sah, daß er herzutrat, um zu sehen (. . . *sar lir'ot*).« Somit zeichnet sich in v. 2b. 3a. 4a deutlich der Faden einer älteren, »jahwistischen« (weil den Gottesnamen Jahwe verwendenden) Dornbuschgeschichte ab, von welcher sich v. 2a mit seiner Einführung des *măl'ăk jăhwæ* als jüngere und unangemessene Prolepse abhebt.

3 2a

Allem Anschein nach möchte v. 2a das nachher Erzählte überschriftartig zusammenfassen bzw. deuten. Gleichartiges kann man in Gen 18 wahrnehmen: »da erschien ihm (*wăjjera' 'elâw*) Jahwe im Hain von Mamre« 1a liefert so etwas wie eine vorausgreifende Überschrift der folgenden Mamregeschichte.

Haben wir damit die Tendenz von v. 2a richtig erfaßt, so ist für diese Angabe der Komponist von 3 1ff. verantwortlich, d. h. der Redaktor R^{JE}, der die jahwistische Dornbuschgeschichte und die elohistische Gottesberggeschichte zusammengefügt hat. Die Gottesvorstellung seiner jahwistischen Vorlage war ihm zu habhaft. Er wünschte sie mehr ins Transzendente erhoben zu sehen: Nicht Jahwe, nur sein Bote soll sich sichtbar hervorgetan haben. Damit verbindet sich ein Zug zur Abstraktion: Nach 2b J »sah« (*r'h* qal) Mose den Busch brennen; 2a R^{JE} macht daraus ein »Erscheinen« (*r'h* ni.) des Gottesboten.

Ist der Dornbusch *nicht* verbrannt oder etwa *doch* verbrannt?

3 3

Vom Konkreten abstrahiert auch der Ausdruck *hămmăr'æ hăggadol hăzzæ* 3aγ. Er läßt sich von dem verbalen *wăjjera'* 2a R^{JE} nicht trennen. Auch innerhalb von v. 3 nimmt er sich als ein Fremdkörper aus: Die »Erscheinung« kann doch nicht gut in der Frage nach dem *Warum*, sie sollte vielmehr eigentlich in dem *Daß* des Nichtverbrennens bestehen. Dagegen würde es schon einleuchten, wenn Mose einfach »herzugetreten« wäre, um zu »sehen«[22], »warum der Dornbusch nicht verbrennt« 3b.

3 2b

Freilich, auch so bliebe es noch seltsam, daß v. 3b dem Verbum *b'r* qal durch Vorausschicken der Negation den Sinn von »*ver*brennen«

---

[21] Man beachte das Tetragramm. Es ist von den hebräischen Zeugen einhellig bezeugt.
[22] Von einem neugierigen »Sehen«wollen war schon in Gen 2 19 J die Rede.

beilegt; in v. 2bαβ J bedeutete *bʿr* qal weiter nichts als »brennen«! Und jetzt fällt auch auf, daß hinter *wăjjărʾ wᵉhinnē hăssᵉnæ boʿer baʾeš* 2bαβ der Passus *wᵉhăssᵉnæ ʾênænnû ʾukkal* 2bγ reichlich unbeholfen wirkt. Er wiederholt unnötigerweise das Subjekt *hăssᵉnæ*. Und er drückt nominaliter aus, was besser und einfacher durch verbum finitum zu sagen gewesen wäre[23]. *ʾênænnû* gemahnt an das redaktionelle *ʾjn* von Gen 2 5! Zum Aufbau und zum Verständnis der Dornbuscherzählung würde in v. 2b das bloße *wᵉhinnē hăssᵉnæ boʿer baʾeš* vollauf genügen. Angesichts des brennenden Buschs wird der jahwistische Mose auch kein anderes als das ganz natürliche Verlangen verspürt haben, zu »sehen«, »warum der Dornbusch brennt«, *măddûaʿ jibʿăr hăssᵉnæ*! Alles, was uns jetzt an ein Nichtverbrennen des Busches glauben machen will, also *wᵉhăssᵉnæ ʾênænnû ʾukkal* 2bγ und das *loʾ* von v. 3b, ist erst vom Redaktor eingetragen. Er hat das Offenbarungsgeschehen, von welchem seine jahwistische Vorlage kündete, gleichzeitig in seinem Grundanliegen geschmälert (nicht Jahwe selbst soll sich gezeigt haben) und es ins Mirakelhafte — eben zu einem *mărʾæ gadol!* — gesteigert (das Feuer soll den Busch nicht versengt haben).

Erste Worte von Jahwe bzw. von Elohim an Mose

3 4b. 5

»Jahwe« sah Mose neugierig auf den Busch zugehen 4a J. Als Fortsetzung dazu erwartet man eine Notiz über die göttliche Reaktion. V. 5 bietet eine solche in der Form einer (besonders eingeleiteten) Gottesrede. Davor ist jedoch ein anders gelagertes Gotteswort getreten: »Da rief ihm Gott aus dem Dornbusch zu und sagte: Mose! Mose! Er sagte: Da bin ich (*wăjjiqraʾ ʾelâw ʾᵃlohîm*[24] *mittôk hăssᵉnæ wăjjoʾmær mošæ mošæ wăjjoʾmær hinnenî*). | Da sagte er: Nahe nicht hierher. Zieh deine Sandalen ab von deinen Füßen, denn die Stätte, worauf du stehst, ist heiliges Land (. . . *kî hămmaqôm ʾᵃšær ʾăttā ʿômed ʿalâw ʾădmăt qodæš hûʾ*)« 4b. 5. Der Grundstock von v. 4b ist elohistisch. Man sieht es an der Gottesbezeichnung. Ein noch sicheres Indiz ist der Erzählstil. Noch an vielen anderen Stellen des vorpriesterlichen Pentateuchbestands, welche, aus anderweitigen, bzw. *auch* aus anderweitigen Gründen, E zugewiesen werden müssen, findet sich wie hier ein (mehrfacher) namentlicher Anruf mit einer anschließenden Entgegnung des Angesprochenen, die *hinᵉnî* lautet:

wăjjoʾmær ʾelâw ʾăbraham[25] *wăjjoʾmær hinnenî* »da sagte er zu ihm: Abraham! Er sagte: Da bin ich« Gen 22 1[26]

---

[23] Etwa *loʾ jeʾukkăl* oder *loʾ jeʾakel.*

[24] Von den hebräischen Zeugen einhellig belegt. G Κυριος und T *jwj* gleichen an v. 4a an.

[25] Mss Nr. 69 Kennicott Nr. 16 de Rossi sowie G V lesen noch ein zweites *ʾăbraham.*

wăjjo'mær jiṣḥaq 'æl 'ăbraham 'abîw wăjjo'mær 'abî wăjjo'mær hinænnî b^enî »da sagte Isaak zu Abraham, seinem Vater — er sagte: Mein Vater! Er sagte: Da bin ich, mein Sohn« 22 7

wăjjiqra' 'elâw[27] . . . [28] *min hăššamăjim wăjjo'mær 'ăbraham 'ăbraham wăjjo'mær hinnenî* »da rief er ihm vom Himmel zu und sagte: Abraham! Abraham! Er sagte: Da bin ich« 22 11

wăjjiqra' 'æt 'eśaw b^enô hăggadol wăjjo'mær 'elâw b^enî wăjjo'mær 'elâw hinnenî »da rief er Esau, seinen ältesten Sohn, und sagte zu ihm: Mein Sohn! Er sagte zu ihm: Da bin ich« 27 1[29]

wăjjo'mær 'abî wăjjo'mær hinnænnî »da sagte er: Mein Vater! Er sagte: Da bin ich« 27 18[30]

wăjjo'mær 'elăj măl'ăk ha'ᵆlohîm băḥᵃlôm jă'ᵃqob wa'omăr hinnenî »da sagte der Bote Gottes zu mir im Traum: Jakob! Ich sagte: Da bin ich« 31 11[31]

wajjo'mær 'ᵆlohîm l^ejiśra'el . . . [32] *jă'ᵃqob jă'ᵃqob wăjjo'mær hinnenî* »da sagte Gott dem Israel . . .: Jakob! Jakob! Er sagte: Da bin ich« 46 2[33].

Offenbar geht Ex 3 4b auf die elohistische Gottesbergerzählung zurück. Allerdings heißt es jetzt, der Anruf von Elohim sei »aus dem Dornbusch« erfolgt, *mittôk hăss^enǣ*. Derselbe Ausdruck kam aber auch schon in dem als redaktionell erkannten[34] v. 2a vor! Hier in v. 4b blendete ihn der Bearbeiter absichtlich ein, um einen Ausgleich zu schaffen mit den Vorstellungen der jahwistischen Quelle.

---

[26] Die elohistische Herkunft der Erzählung von Isaaks Opferung geht hervor u. a. aus *'ᵆlohîm* v. 8, Eigennamen + Verwandtschaftsangaben v. 3. 7. 9 (vgl. S. 23), Redewendung *wăjjiśśa' 'æt 'ênâw wăjjăr'* v. 4. 13 (vgl. S. 78).

[27] Diese Wendung wie in Ex 3 4b.

[28] *măl'ăk jăhwǣ* geht hier genauso wie in Ex 3 2a oder wie in dem offenkundigen Zusatz Gen 22 15 zu Lasten des Redaktors.

[29] Indizien für E: die Zusammenstellung von Eigenname + Verwandtschaftsangabe (vgl. S. 23). *hăggadol* wie in Gen 27 15. 42 vgl. 29 16; J hätte dafür wohl *hăbb^ekôr* gesagt, vgl. Gen 38 6 41 51. Weiteres darüber S. 261.

[30] Die liebevolle Anrede *'abî* erinnert an das *b^enî* in 27 1 E (s. o.) oder in 27 21. 26. Letzterwähnte Verse sind durch *jiṣḥaq* + *'abîw* v. 22. 26 als aus E stammend ausgewiesen.

[31] Kennzeichnend für E ist hier das Motiv der nächtlichen Gottesoffenbarung, vgl. dazu S. 133f. 389!

[32] An dem unscharfen *b^emăr'ot hăllăj^elā* ist echt lediglich die Datierung der Gottesoffenbarung auf die Nacht.

[33] Kennzeichnend für E: *'ᵆlohîm* und der Name *jiśra'el* (dazu s. S. 79).

[34] S. 25f.

Aber auch zu v. 5, der i. w. dem Jahwisten folgt, hat er anscheinend einiges beigetragen. Hinter der Aufforderung, Mose solle seine Füße entblößen, wird man zwar einem begründenden Hinweis darauf, daß die *'^{a}damā*, die den Busch umgibt, ein Heiliges sei, seine Existenzberechtigung nicht absprechen, zumal *'^{a}damā* — i. S. v. »Erde« qua Material — ein von J gerne verwendeter Begriff war[35]. Der vorhandene Hinweis jedoch kommt seltsam schwerfällig daher. Der umständlich erläuternde Relativsatz *'^{a}šær 'ăttā ʿômed ʿalâw* wäre nach der genannten Aufforderung ohne weiteres zu entbehren. Damit aber sehen wir uns an die redaktionellen *'^{a}šær*-Sätze in Gen 2 8b. 22 3 1. 23 erinnert. Das nominale *'ăttā ʿômed* läßt sich dem *w^{e}hăss^{e}næ 'ênænnû 'ukkal* von v. 2bγ R^{JE} an die Seite stellen.

3 1

Von daher fällt jetzt auch ein Licht auf das eigenartige[36] *ûmošæ hajā roʿæ* von 3 1: Es sieht nämlich so aus, als habe der Zusammenarbeiter von J und E mit Vorliebe Nominalsätze, Partizipialsätze oder überhaupt Sätze mit vorausstehendem Subjekt gebildet!

Ist nun in v. 5 der Relativsatz sekundär, so eventuell auch schon sein Bezugswort *hămmaqôm*. Ein Allgemeinbegriff wie *măr'æ* 3 R^{JE}, tritt dieses für die nämliche Sache ein wie das *'^{a}damā* des Jahwisten, welches eine bestimmtere Anschauung vermittelt. Die ursprüngliche Begründung dafür, daß Mose seine Sandalen ausziehen soll, kann sehr wohl auch ohne *hămmaqôm* ausgekommen sein und etwa so gelautet haben: *kî ha'^{a}damā qodæš* »denn die Erde ist heilig«[37]. Auf jeden Fall bringt v. 5 trotz der nachträglichen Bearbeitung noch recht gut die spezifisch jahwistische Konzeption von Heiligkeit[38] zum Ausdruck: Wo Jahwe sich offenbart, d. h. wo er einem Menschen auf *dessen* Ebene begegnet, sich ihm *menschlich* zugänglich macht, da will er allemal doch der ganz Andere, Unnahbare bleiben. Deswegen bezieht er in seine eigene Besonderung auch die Offenbarungsmittel und Offenbarungsstätten ein und erwartet vom Offenbarungsempfänger Ehrfurcht und scheue Zurückhaltung sich selbst und darum auch der Offenbarungsstätte gegenüber.

---

[35] S. »Paradieserzählung« 71f.

[36] Vgl. dazu S. 25.

[37] Jos 5 15 verblüfft durch seine Ähnlichkeit mit dem derzeitigen Wortlaut von v. 5: *šăl năʿăl^{e}ka meʿăl răglæka kî hămmaqôm '^{a}šær 'ăttā ʿomed ʿalâw qodæš hû'*. Die Übereinstimmung gibt, wie das Josuabuch überhaupt, noch manches Problem auf, sie besagt aber nichts gegen obige Analyse, da jene Stelle ihrerseits unter deuteronomistischem Einfluß steht.

[38] S. dazu »Paradieserzählung« 90ff. 122f.

Theologischer Exkurs: Gottes Offenbarung und Heiligkeit heute

In unsrer Zeit scheint Gott sich, wenn überhaupt, so nicht mehr an besonderen Orten, höchstens noch in besonderen Worten[39] zu erzeigen. Dieser Wandel ist durch eine Strukturveränderung des menschlichen Bewußtseins bedingt: Fortschreitende Erkenntnis hat Geschehnisse, welche die Alten naiv dem Horizont ihrer Umwelt zuordneten, in den Bereich der Vorstellung, der Imagination und schließlich der bloßen Phantasie verwiesen. Demgemäß wurde aus der Theophanie zuerst die Vision und zuletzt die Halluzination. Jener Wandel hängt aber auch noch damit zusammen, daß die visuelle Form der Gottesoffenbarung dort, wo sie stattfand und weiter stattfinden sollte, verpönt wurde, zuerst von der maßgebenden jüdischen Tradition, später auch vom überwiegenden Teil der christlichen. Dort durfte Jahwe nicht mehr sichtbare Gestalt annehmen[40], hier behaftete man alle über die apostolischen Osterschauungen hinaus erfolgenden Visionen mit dem Odium der Häresie. Christliche Theologie hat die Offenbarung entweder, protestantisch, eingeschränkt auf etwas, das sie gewiß von jeher auch, aber eben nicht allein gewesen war und sein wollte: auf die Audition, auf Gottes Selbstbekundung durch menschliche Rede. Oder sie hat, katholisch, vor und neben der Wortoffenbarung versucht, das Göttliche auf eigene Faust, nur unter hierarchischem Reglement, sichtbar zu machen: in den eucharistischen Elementen, im Kultgeschehen, in Bildern und Reliquien.

Aber schon die jahwistische Dornbuschgeschichte lehrt, daß zwischen visueller und auditiver Offenbarung Jahwes kein wesenhafter Unterschied besteht. Hat Mose am Dornbusch *Jahwe* gesehen? Er sah ihn und er sah ihn doch nicht. Was er sah, war das Feuer. Was er nicht gleich »sah«, war die von *diesem* Feuer unablösbare Bedeutung des Feuers: Durch das Feuer wollte Jahwe ihm sagen, daß *er* zur Stelle sei. Das Feuer war sprechendes Zeichen. Das Feuer war — Wort! Dieser Verständnis ist keineswegs in die Geschichte eingetragen. In anderen, vergleichbaren Fällen hat es J vielmehr selber auf den Begriff gebracht.

4 2-4. 6. 7

So etwa in der Erzählung vom Stab, der zur Schlange, und von der Hand, die aussätzig wurde Ex 4 2-4. 6. 7[41]. Diese Vorgänge samt ihrer sich anschließenden Umkehrung stellten für den Jahwisten nicht etwa Wundertaten Moses dar, sondern ein Sich-antreffen-Lassen Jahwes[42]. Sofern Jahwe sich in diesem seinem Handeln Moses bediente, wertete der alte Erzähler die göttlichen Wundertaten zugleich als »Zeichen« (*'ot*) dafür, daß Mose von Jahwe »gesandt« wurde[43].

Entsprechend sind jene menschenförmigen Gestaltungen aufzufassen, in welchen Jahwe sich nach Meinung des Jahwisten oftmals hervortat[44] und noch hervortut. Eine solche Gestaltung ist also nicht Jahwe qua Gestalt, sie ist aber sehr wohl Jahwe qua Bedeutung. Die *Gestalt* Jahwes stellt mithin das visuelle Analogon dar zu seinem *Namen*. Ganz wie bei diesem handelt es sich bei ihr um ein je und je auftauchendes Signal für

[39] Hierher gehören auch die Sakramente, denn sie sind nichts weiter als *verba visibilia*.
[40] Vgl. S. 26, ferner S. 34 u. ö. sowie »Paradieserzählung« 98ff.
[41] Analyse der Stelle s. S. 56ff.
[42] Der terminus technicus dafür lautet *qrh* ni.: 3 18 5 3; vgl. S. 50.
[43] *ha'ôt kî . . . šelăḥtîka* 3 12*, vgl. dazu S. 60f.
[44] Vgl. »Paradieserzählung« 98f. sowie unten S. 36. 50. 98f. 275. 382.

die Anwesenheit Gottes. Zwangsläufig muß daher der Ort, wo Jahwe sich »zeigt« oder das Wort, worin er sich zeigt, an seiner eigenen Heiligkeit partizipieren. Beide sind sie ja dafür beschlagnahmt worden, ihr Teil beizutragen zur Bezeugung des Unvergleichlichen: *hic et nunc* ist Jahwe zugegen!

Angesichts der Klärungen, die sich in der Botschaft des Jahwisten vollzogen haben, fallen die künstlichen Grenzen dahin, welche spätere *traditio humana* gezogen hat zwischen Theophanie und Wortoffenbarung, insbesondere auch zwischen Ostervision und Osterbotschaft. Uns sind nunmehr das Recht und die Handhabe entzogen, dem Gott, der menschliche Worte benutzt, um darin nichts Geringeres als sich selbst bekanntzumachen, den Gebrauch menschlicher Vorstellungen oder Bilder für eben diesen Zweck zu verwehren. Wir sind allein gehalten, zu »hören«, d. h. zur Kenntnis zu nehmen mit allen Konsequenzen des bedingungslosen Glaubens und Gehorchens, was Gott schon gesagt hat oder was er heute neu sagen will, er rede durch Worte, durch Bilder oder durch was immer sonst für Zeichen.

Gegenstandslos oder wenigstens nebensächlich wird angesichts jener Klärungen aber auch die Unterscheidung von Theophanie und Vision, von einem Sich Zeigen Gottes im Rahmen unsrer Umwelt und einem solchen innerhalb unserer Imagination, desgleichen die Unterscheidung zwischen einem Wort, das von »außer uns«, etwa aus der Bibel oder aus dem Mund eines Zeitgenossen, ergeht und einem Wort, welches als unser »eigener« Gedanke erscheint. Diese Unterscheidungen sind nichtig schon aus dem Grunde, weil die Mittel, durch die Gott sich Menschen offenbart, in jedem Fall gleicherweise menschlich und irdisch sind: inneres Wort, äußeres Wort, Vision, Theophanie. In diesem Zusammenhang will auch beachtet sein, daß uns die Phänomene der Umwelt (einschließlich der Mitteilungen anderer Menschen) stets nur in der Form von eigenen Sinneseindrücken zugänglich sind. Mag die Anregung auch immer von außerhalb kommen, uns begegnet sie doch nur auf der nämlichen Ebene unsres Geistes wie das, was wir lediglich von uns aus denken, uns vorstellen, uns einbilden.

Zum zweiten sind jene Unterscheidungen nichtig, weil alle Mittel der Offenbarung Gottes weiter nichts als *Zeichen* sind, Hinweise der Welt auf den, der gerade nicht Teil der Welt, sondern ihr Herr ist. Hinweise im Geist des Menschen auf den, der nie etwas von unsrem Geiste war noch je sein wird, sondern abgesondert bleibt von unsren Gedanken, ihnen schlechterdings überlegen. Abgesondert also auch von jenen geistigen Potenzen — sie mögen umweltbedingt oder innergeistig bedingt erscheinen —, die er dazu heranzieht, daß er sich selbst uns bezeuge. Allerdings wird man jetzt einer Theophanie jahwistischen Stils, die da Jahwe in der empirischen Umgebung des Menschen auftreten läßt, bescheinigen müssen, daß sie Gottes Wirklichkeit, sein radikales Außer-uns-Sein, angemessener auszudrücken vermag als eine Vision, welche Gott der menschlichen Innerlichkeit oder, was dasselbe ist, einem metaphysischen Jenseits zuordnet. Entsprechende Vorzüge sind dem *verbum externum* eigen. Zwischen den Offenbarungsmitteln, die außerhalb des menschlichen Körpers befindlich scheinen, und denjenigen, welche »rein« geistiger Natur sind, läßt sich also zwar keine Differenz mehr des Wesens, wohl aber der Eignung geltend machen.

Viel tiefer als sie schneidet eine Grenzscheide ein, die auf anderer Linie verläuft: Der da *vor* dem Menschen war, niemals Mensch oder menschlich wurde noch werden wird, gibt sich dem Menschen zu erkennen ausgerechnet in der einen oder anderen Form »normaler« menschlicher Geistesregungen! Durch bestimmte Sinneseindrücke, Gestaltungen, Ideen, Schemata, Worte stellt er uns *sich* vor! Der alles Bedingende erscheint in Bedingtem, der Einzigartige in Vergleichbarem. Damit aber setzt er den

Menschen unerhörten Gefahren aus. Der *Gefahr des Übersehens*, daß nämlich der Mensch die Macht, die alles macht, in ihrem Offenbarwerden überhaupt nicht bemerkt oder völlig verkennt. Das war bei dem jahwistischen Mose der Fall, als er im Busche das Feuer Jahwes lodern sah und sich dem Wahne hingab, es handle sich um ein Feuerchen so harmlos und so erklärbar wie irgendein anderes. Das ist beim Durchschnittschristen des 20. Jahrhunderts der Fall, der das Erste Gebot hört und lernt und dabei bar jeden Gespüres bleibt dafür, daß er darin vor die einzige Weltmacht zitiert und von ihr belangt wird wegen jener fatalen Selbstmächtigkeiten, auf die er *a son gré* das Weltgeschehen zurückführen zu müssen glaubt. Und wiederum ist das bei dem Atheisten der Fall, der im Brustton ehrlicher Überzeugung eben den Faktor leugnet, welcher ihn täglich in milliardenfachen Bezügen biologischer, chemischer, physikalischer und atomarer Art als den von sich total Abhängigen erweist, dem Atheisten, der den nachweislich Allbedingten (sich selbst, den Menschen!) gleichwohl bedingen und beurteilen lassen will, wer oder was Weltgeschehen und Menschenexistenz im Gange halte. — Gott setzt in seiner Offenbarung den Menschen ferner der *Gefahr der Relativierung* aus, so daß z. B. der Israelit die Epiphanie Jahwes und diejenige Baals in ein und denselben synkretistischen Topf werfen konnte, oder daß der Mensch der Neuzeit die Ostervisionen der Apostel und die Schauungen der Schwärmer aller Religionen gleicherweise als Hirngespinste abtut. — Weiter der *Gefahr, den* bloßen *Zeichencharakter der Offenbarungsmittel zu mißachten*, daß nämlich im Zeichen nicht der beachtet wird, der sich darin zeigt, sondern das Zeichen an sich vergöttert wird. Dieser Fall tritt etwa ein dort, wo man eine Menschwerdung Gottes in Jesus von Nazareth proklamiert, oder auch dort, wo der Auferstandene an sich verehrt wird, er, der in Wahrheit »nur« ein außerordentliches Tun Jahwes und somit *dessen* Erweis ist. Wiederum tritt dieser Fall ein, wenn man dem »Wort Gottes« oder schlankweg der Bibel Unfehlbarkeit zuerkennt, der Bekundung statt dem Sich Bekundenden.

Diese und ähnliche, sich ihnen zur Seite stellende Gefahren sind auf den einen gemeinsamen Nenner der Profanation zu bringen. Allemale droht der Mensch dabei zu ignorieren, daß die von Gott für sich verwendeten menschlichen Gedanken, Worte, Vorstellungen oder Bilder von Gott und für Gott verwendet sind. Damit aber sind sie ja dem Kreis ihresgleichen entnommen, so menschlich sie auch immer sein und bleiben mögen. Sie sind — *heilig*. Jahwe hat sie für sich ausgesucht. Durch sie und nur durch sie zeigt er, wer er ist, während andere Phänomene ihrer Art der menschlichen Verfügung unterstellt sind. Darum soll ihnen der Mensch mit tiefem Respekt begegnen, wohl wissend, mit wem er bei ihnen zu schaffen hat. Er soll sie säuberlich trennen von den Regungen seines eigenen Geistes, ungeachtet, daß jene sich gebärden, als wären sie diese. Nicht daß »Gott tot« sei oder sich, wie seine Welt, gegenüber früheren Epochen verändert habe, ist das entscheidende Problem unserer Zeit, sondern daß der moderne Mensch die heiligen Zeichen, worin sich ihm Gott unaufhörlich als der sehr Lebendige konfrontiert, *übersieht* wie ein Toter, *verkennt* wie ein Blinder, *verwechselt* als einer, den eigener Wechsel und Fortschritt in wachsendem Maße dem Wahnwitz verfallen läßt.

Mose verhüllt sein Gesicht vor — dem *unsichtbaren* Vätergott!

3 6a

Nach der Warnung v. 5* J spricht Jahwe den Mose noch einmal an: *wăjjo'mær 'anokî 'ᵆlohê 'abîka 'ᵆlohê 'ăbraham 'ᵆlohê jiṣḥaq we'lohê jăʿᵃqob* »und er sagte: Ich bin der Gott deines Vaters, der Gott Abrahams, der Gott Isaaks und der Gott Jakobs« 6a. Die neuerliche Redeeinleitung wäre nicht nötig gewesen. Da es sich seit v. 4b schon um das vierte *wăjjo'mær* handelt, kann man fragen, ob dasselbe etwa nur aus Freude an Stichwörterverbindungen gewählt sei. Indessen bedeutet v. 6a gegenüber v. 5 auch inhaltlich Neues. Der Selbstvorstellung des Vätergottes geht jede Bezugnahme auf den brennenden Dornbusch ab. In der jahwistischen Dornbuscherzählung hatte Jahwe sich durch das Feuer und durch seine Warnung ja auch schon genügend vorgestellt. Mit der Herkunft aus J, welcher ein Meister der Rede war[45], wäre auch die Tatsache nicht gut zu vereinbaren, daß v. 6a sich als mangelhaft formuliert bzw. durchdacht erweist: Der Singular *'abîka* wird auf 3 Erzväter exemplifiziert! Textkritisch läßt sich die Form nicht beanstanden[46]. Auch literarkritisch ist ihre Auslegung in 3 Gliedern einwandfrei[47]. Die Inkonsequenz wird darum in der Eigenart des Verfassers von v. 6a begründet sein.

Diese Annahme wird durch die Beobachtung erhärtet, daß parallele Angaben der Genesis ähnliche Defekte aufweisen: Gen 31 42 erläutert singularisches »der Gott meines Vaters« durch »der Gott Abrahams und der Schrecken Isaaks«, und in 28 13 erhält Abraham allein das Vaterprädikat: »Jahwe, der Gott Abrahams, deines Vaters«, und darauf folgt noch: »und der Gott Isaaks«.

Hat die Selbstvorstellung des Vätergottes zur elohistischen Gottesberggeschichte gehört? Dagegen spricht die soeben berührte Parallele Gen 28 13, denn sie gebraucht das Tetragramm.

3 6b

Merkmale elohistischer Darstellung lassen sich erst wieder in v. 6b registrieren: »Da verhüllte Mose sein Gesicht, denn er fürchtete sich davor, auf die Gottheit hinzublicken (... *kî jare' mehăbbît 'æl ha'ᵉlohîm*).« Typisch für E sind hier die Gottesbezeichnung und das Motiv der spontanen Angst eines Menschen vor Gott[48]. Dem Elohisten, sehr im Gegensatz zu seinem Rivalen aus dem Südreich, galt solche Angst als Symptom des Sündenfalls[49]. Wie Mose sich hier vor dem Herrn des heiligen Berges fürchtet, so fürchtete sich die schuldig

[45] S. »Paradieserzählung« 73.

[46] Nur Sam., der auch sonst gerne simplifiziert, liest den Plural *'btjk*.

[47] Immerhin wäre das bloße *'ᵉlohê 'abîka* Gen 46 3 50 17 *'ᵉlohê 'abî* 31 5 zu vergleichen. Aber wenn in Ex 3 6 auf *'abîka* einmal keine Näherbestimmung gefolgt wäre, so hätte man an Moses persönlichen Vater denken müssen statt an einen der Erzväter. Die Parallelen (s. noch Gen 24 12. 27. 42 26 24 31 29. 42. 53 32 10 43 23 46 1 48 15) schließen diese Möglichkeit aus.

[48] Wohl zu unterscheiden von der *Tugend* der Gottesfurcht (z. B. in Gen 20 8. 11 22 12), die mit demselben *jr'* bezeichnet wird.

[49] S. »Paradieserzählung« 91f. 132f.

gewordene *ḥăwwā* vor dem Herrn des heiligen Gartens Gen 3 10* E[50], oder Jakob vor dem Numen, welches in der Massebe »Bethel« hauste 28 17* E[51]. Und ebenso sollte sich nachmals das Gottesvolk fürchten vor dem Gott des Horeb Ex 20 18b E[52]. — Die Angst davor, Elohim anzuschauen, geht dem Verbergen des Gesichts zeitlich und sachlich voraus. Dementsprechend wird der alte Erzähler noch geordnet haben. Der nachbringende *kî*-Satz stammt vom Bearbeiter[53].

Gerade v. 6b* E widerrät nun entschieden einer Zuweisung von v. 6a an die elohistische Gottesberggeschichte. Warum hat Mose denn nach dieser sein »Gesicht verhüllt«? Gewiß nicht, weil Elohim sich hören (so 6a!), sondern weil er sich sehen ließ! Nachdem bereits in v. 2a auffiel, daß R^{JE} die Vorstellung einer Epiphanie Jahwes beseitigen oder entschärfen wollte, machen die uns jetzt vorliegenden Verhältnisse die Annahme vollends unumgänglich, daß die Selbstvorstellung des Vätergotts 6a eigens dazu geschaffen worden ist, die von E noch behauptete Erscheinung Elohims zu ersetzen. In Sachen Theophanie war der Redaktor nun einmal skrupulös. Er wollte den Grundsatz von Dtn 4 12 beherzigt wissen: »Den Ton von Worten habt ihr gehört, aber eine Gestalt habt ihr nicht gesehen. Nichts außer einem Ton!« Die widersprechenden alten Berichte mußten sich danach zurechtstutzen, zurechtdeuten und -ergänzen lassen. Übrigens spricht ja auch viel, ja beinah alles dafür, daß die Idee des Vätergottes in v. 6a Par. genetisch zusammenhänge mit der deuteronomi(sti)schen Wertschätzung der »Väter« im allgemeinen und »Jahwes, des Gottes der Väter« im besonderen[54].

Umständliche Angaben über den Auftrag Moses

3 7-10

Mose wird von neuem angesprochen: »Da sagte Jahwe: Ich habe wohl gesehen das Elend meines Volks, das in Ägypten ist (. . . *raʾō raʾîtî ʾæt ʿ^{å}nî ʿămmî ʾ^{a}šær b^{e}miṣrajim*), und ihr Geschrei hab ich gehört — von wegen seiner Treiber, denn ich kenne seine Schmerzen (*w^{e}ʾæt ṣăʿ^{a}qatam šamăʿtî mipp^{e}nê nog^{e}śâw kî jadăʿtî ʾæt măkʾobâw*). | Und nun bin ich herabgestiegen, es zu erretten aus der Hand der Ägypter (*waʾered l^{e}hăṣṣîlô mijjăd miṣrăjim*) und es heraufzuführen aus diesem Land (*ûl^{e}haʿ^{a}lotô min haʾaræṣ hahiwʾ*) zu einem Land schön und weit, zu einem Land, überfließend von Milch und Honig (*ʾæl ʾæræṣ*

---

[50] Vgl. a. a. O. 47. 49.

[51] Kennzeichen von E: *bêt haʾ^{æ}lohîm*, ferner die Anerkennung der vormals kanaanäischen Massebe (vgl. S. 294) und die Vorstellung einer nächtlichen Gottesoffenbarung (vgl. S. 133f).

[52] Vgl. a. a. O. 91.

[53] Weitere R^{JE}-Belege für *kî* s. S. 395!

[54] Vgl. z. B. Dtn 1 11. 21 4 1 6 3 12 1 26 7 27 3 29 24 Jos 18 3 Jdc 2 12.

ṭôbā ûreḥabā 'æl 'æræṣ zabăt ḥalab ûdebaš), zur Stätte (*'æl meqôm*) der Kanaaniter, Hittiter, Amoriter, Perizziter, Hiwwiter und Jebusiter. | Und nun, siehe das Geschrei der Israeliten ist zu mir gekommen (*we'ăttā hinnē ṣa'aqăt benê jiśra'el ba'ā 'elaj*), und auch gesehen habe ich die Bedrängnis, womit die Ägypter sie bedrängen (*wegăm ra'îtî 'æt hăllăḥăṣ 'ašær miṣrăjim loḥasîm 'otam*). | Und nun geh, daß ich dich zu Pharao sende (*we'ăttā lekā we'æšlaḥaka 'æl păr'ō*), und führe heraus mein Volk, die Israeliten (*wehôṣe' 'æt 'ămmî benê jiśra'el*) aus Ägypten« 7-10.

Die Rede wirkt stark überfüllt. Zweimal erklärt Jahwe, seines Volkes Not »gesehen« zu haben 7. 9, zweimal betont er zumal, seines Volkes »Geschrei« habe Gehör bei ihm gefunden. In v. 8 bekundet er die Absicht, selber sein Volk »hinaufzuführen« (*'lh* hi.), in v. 10b betraut er mit entsprechender Aufgabe (*jṣ'* hi.) den Mose. Zweimal begegnet die Überleitungsformel *we'ăttā* 9. 10. Im gleichen Ductus wie die grade erwähnte 10b kriegt Mose noch eine ganz anders gelagerte Aufgabe zugewiesen: Er soll zu Pharao gehen 10a. Die Entbietung ist mit zwei verschiedenen Begriffen ausgedrückt: *hlk* qal und *šlḥ* qal; der Sachzusammenhang von *lekā* mit *'æl păr'ō* ist durch *we'æšlaḥaka* unterbrochen. Vergeblich wartet der Leser auf nähere Bestimmungen darüber, wie Mose die disparaten Aufgaben meistern soll. Statt dessen ergeht sich v. 8 langs und breits in einer Schilderung des Landes Kanaan. V. 10 merkt unnötig an, Jahwes »Volk« seien die »Israeliten«. Auch sonst sind Mängel zu beklagen: Auf kollektives *'ămmî* 7a nimmt zuerst, *ad sensum*, ein Pluralsuffix Bezug: *ṣă'aqatam* 7b, dann überraschend mehrere Singularsuffixe: *nogeśâw, măk'obâw, lehăṣṣîlô, ûlehă'alotô* 7b. 8. An *ṣă'aqatam* 7 müßte *mippenê nogeśâw* eigentlich unmittelbar anschließen; in Wirklichkeit klappt es nach. *wegăm* 9 stellt zwischen Hörakt und Sehakt eine merkwürdig unbeholfene Verbindung her. Ähnlich schwerfällig wirkt der nachfolgende *'ašær*-Satz; derjenige von v. 7 ist ganz entbehrlich.

Die Wiederholungen in 3 7-10 erklären sich aus dem Bemühen des Redaktors, vorgegebene Quellenelemente heilsgeschichtlich zu interpretieren

Jahwe gibt an, es sei »herabgestiegen«: *wa'ered* 8. Dann sollte vorher eigentlich erzählt worden sein, daß »Jahwe herabstieg«, *wăjjeræd jăhwæ*. Die postulierte Erzählnotiz fehlt dem Kap. 3. In anderen Zusammenhängen läßt sie sich jedoch noch belegen: einmal in der vereinigten Turmbau- und Stadtbaugeschichte Gen 11 5 und zweimal in der Sinaiüberlieferung Ex 19 20 34 5. Diese Stellen sind jahwistischer Provenienz[55]. Der Komponist von Kap. 3 sucht den Eindruck

---

[55] Für Gen 11 5 ergibt sich dies aus dem Tetragramm. Zu Ex 19 20 vgl. »Paradieserzählung« 90f. Ex 34 5 verbindet *wăjjeræd jăhwæ* mit der seit Gen 4 26b für J charakteristischen Angabe *wăjjiqra' bešem jăhwæ*.

zu erwecken, daß sich der Jahwebote 2a bzw. Elohim 4b in dem Dornbusch einfach schon befand[56]. Nachgerade dürfte aber deutlich sein, daß die jahwistische Dornbuschgeschichte noch sehr wohl darauf hingewiesen hatte, daß »Jahwe« auf den Dornbusch »herabstieg«; erst dadurch wird derselbe in Brand gesteckt worden sein! R JE eliminierte die Notiz dort, wo sie hingehörte — wahrscheinlich wieder deswegen, weil die Vorlage den Herabsteigenden irgendwie Gestalt annehmen ließ! Er bewahrte aber Begriff und Vorstellung des Descensus dadurch, daß er sie als Selbstaussage Jahwes verwertete: Aus *wăjjeræd jăhwǣ* wurde *wa'ered*. Dies ist ein Fall der bei R JE überaus häufigen »Übertragungen«[57].

Ähnlich verfuhr der Redaktor bei der kontaminierten Turmbau- und Stadtbaugeschichte Gen 11 1ff. Dort wird noch, der J-Vorlage folgend, angezeigt: »da stieg Jahwe herab (*wăjjeræd jăhwǣ*), um . . .[58] den Turm zu sehen« 5a*. Den also schon Herabgefahrenen läßt dann aber der Bearbeiter noch erklären: »Wohlan, laßt uns herabsteigen (. . . *nereda*) und ihre Sprache dort verwirren (*wenabelā* . . .)« 7. *wenabelā* zielt auf die Erklärung des Namens Babel 9a, entstammt also der Stadtbauerzählung, die durch eine Anzahl von Merkmalen als elohistisch ausgewiesen ist[59]. *neredā* soll, zum Ausgleich, an die jahwistische Turmbaugeschichte erinnern. Der Redaktor gewann es durch »Übertragung« in Gottesrede aus dem alten erzählenden *wăjjeræd jăhwǣ*. — Aufschlußreich ist ferner die Parallele Gen 18 21. »Jahwe« sagt da: *'eradā nna' we'ær'ǣ*[60] . . . »ich will mal herabsteigen, um zu sehen . . .«. Bei J war lediglich als Faktum angezeigt, daß das Geschrei von Sodom und Gomorrha sehr schwer war (vgl. v. 20) und daß »Jahwe« deshalb »herabstieg, um zu sehen«, wie es dort zugehe (vgl. v. 21*). In dieser erzählenden Fassung konnte R JE die Aussagen nicht gut aufnehmen, denn er hatte als Rahmen für seine eigene Darstellung bereits den elohistischen[61] Bericht über den Besuch dreier[62] Männer bei Lot in Sodom gewählt. Also »übertrug« er sie in ein Selbstgespräch der Gottheit v. 20. 21.

---

[56] S. das jeweilige *mittôk hăssenǣ*.

[57] Vgl. »Paradieserzählung« 79f. sowie unten die Zusammenstellung S. 401f.!

[58] *'æt ha'îr we* ist Einschub des Ausgleichsredaktors.

[59] Babel wurde erstellt, »damit wir uns nicht zerstreuen« 4b. Diese Äußerung läuft auf der gleichen Linie wie »unstet und flüchtig (*nad*) wirst du sein in dem Lande« Gen 4 12, was seinerseits auf das Ansässigwerden Kains »im Lande *nôd* östlich von Eden« 4 16 E reflektiert; zu Kain als einer Gestalt von E s. »Paradieserzählung« 61. — Der Bau von Städten ist ein Topos elohistischer Erzählung. Nach der E-Genealogie (vgl. a. a. O. 61. 87ff.) baute Henoch eine Stadt Gen 4 17bα und Assur deren drei 10 11b. Auch Nahor Gen 11 29 (kennzeichnend für E: der Stil der Namensaufzählung, vgl. dazu S. 24) galt dem Nordreicherzähler offenbar als Stadtgründer Gen 24 10. Vgl. auch noch Gen 34 20a*.

[60] Hier dasselbe Motiv neugierigen »Sehen«wollens wie in Gen 11 5a!

[61] Augenscheinlich handelt es sich um die Fortsetzung der elohistischen (s. »Paradieserzählung« 93f.) Mamregeschichte.

[62] Aus den »Männern« von E machte R JE in 19 1 »Boten« (*măl'akîm*), aus ihrer Dreizahl wegen 18 22b eine Zweizahl.

Wenn sich Jahwes Herabkunft bei J noch auf die Entflammung des Buschs bezog, so legt ihr jetzt der Harmonisierer eine ganz andere, eine heilsgeschichtliche Bewandtnis bei: Jahwe soll »herabgestiegen« sein, um sein Volk aus Ägypten zu befreien und es ins Gelobte Land zu führen v. 8. Zum Ruhme Palästinas kann er kaum genug tun. Seine Ausführungen, zumal diejenigen über die sechs kanaanäischen Völkerschaften, sprengen entschieden den Rahmen der geschichtlichen Situation: Für Mose am Dornbusch alias Gottesberg war die Frage, wem Palästina momentan gehört oder wem es dermaleinst entrissen werden muß, noch ganz unaktuell. Der Redaktor will eben nicht geschichtliche Verhältnisse klären, sondern seinen zeitgenössischen Lesern zu Herzen reden.

Auf das Lob Palästinas hielt sich der Deuteronomismus viel zugut[63]. Ein Vertreter dieser Schule, war R^{JE} so unoriginell, daß er die Herrlichkeit des Landes hauptsächlich mithilfe von abgedroschenen Formeln pries. Um eine solche handelt es sich bei *'æræṣ zabăt ḥalab ûdebăš* 8. Innerhalb des AT[64] begegnet diese Wendung teils in jungen Schriftwerken (Dtn Jer P Ez), teils in Zusätzen zu alten[65], teils in Passagen deuteronomistischen Gepräges[66]. Ebenso formelhaft ist die Aufzählung kanaanäischer Völker, die als Urbewohner Palästinas in Betracht genommen sind v. 8. Die anderweitigen Entsprechungen finden sich an Stellen[67], wovon die Mehrzahl leicht als Nachträge[68] auszumachen oder als integrierte Teile deuteronomistischer Zusammenhänge[69] zu erkennen ist.

So viel über Palästina bemerkt wird, mit so wenigem muß sich Ägypten bescheiden: V. 8 nennt es einfach *ha'aræṣ hahiw'* »dieses Land«. Mit dem Gebrauch eines Demonstrativs hat der Redaktor sich hier und noch oft[70] die Nennung konkreter Details oder Namen erspart und sich so das Formulieren leicht gemacht. Der Allgemeinbegriff *maqôm* 8 war, wie wir gesehen haben, wahrscheinlich auch schon in v. 5 redaktionell. Die heilsgeschichtliche Absicht Jahwes, sein Volk zu »retten« (*nṣl* hi.) 8, begründet v. 7 vorweg im Sinne eben der Heilsgeschichte. Man wird darum das Begründende demselben Ver-

---

[63] Vgl. Dtn 1 25. 35 3 25 4 21f. 6 18 8 7-9 usw.

[64] Belegstellen Ex 3 17 (vgl. S. 47f.) 13 5 33 3 Lev 20 24 Num 13 27 14 8 16 13f. Dtn 6 3 11 9 26 9. 15 27 3 31 20 Jos 5 6 Jer 11 5 32 22 Ez 20 6. 15.

[65] So bei Num 13 27 14 8.

[66] So bei Ex 13 5 (vgl. S. 289f.) 33 3 Jos 5 6 Jer 11 5 32 22.

[67] Gen 13 7 15 19-21 34 30 Ex 3 17 13 5 23 23. 28 33 2 34 11 Dtn 7 1 20 17 Jos 3 10 9 1 11 3 12 8 24 11 Jdc 3 5 II Sam 24 7 I Reg 9 20 u. a.

[68] So bei Gen 13 7 15 19-21 Jos 9 1 11 3 12 8 24 11 II Sam 24 7; wahrscheinlich ist es auch bei Gen 34 30 Ex 33 2 Dtn 20 17 Jos 3 10.

[69] So bei Ex 13 5 23 23. 28 34 11.

[70] Vgl. die Zusammenstellung S. 393f.!

fasser zuweisen wie das Begründete: dem R^JE^. Der Sprachgebrauch von v. 7 erhärtet dieses Urteil. Da kommen Begriffe von sehr allgemeiner Art vor, welche dem Leser keine rechte Anschauung ermöglichen[71]: *ʿānî* »Elend«, *ṣăʿaqatam* »ihr Geschrei«, *măkʾobâw* »seine Leiden«, im Grunde auch *raʾîtî* »ich habe gesehen« und *šamăʿtî* »ich habe gehört«. Worin bestanden das Elend, die Leiden? Was schrie das Volk oder was bekam sein Gott von ihm zu sehen und zu hören? Diese Fragen läßt v. 7 unbeantwortet. Kennzeichnend für den Stil des Redaktors ist auch der überflüssige Relativsatz *ʾašær*[72] *bemiṣrăjim.*

2 23. 25*

Die nämlichen Gedanken und z. T. auch die nämlichen Begriffe[73], die in v. 7 die jahwistische Vorstellung des göttlichen Descensus v. 8a sekundär begründen, fanden wir schon in 2 23*. 25[74]. Dort versahen sie die offenbar gleichermaßen sekundäre Aufgabe, die elohistische Vorstellung vom Vorstoß Moses an den Berg Horeb 3 1 bzw. überhaupt die ganze folgende Gottesberg-Dornbusch-Erzählung zu motivieren. Allem nach führte schon in 2 23*. 25 der Redaktor das Wort!

Nach dem Obigen haben sich in v. 7. 8 heilsgeschichtliche Reflexionen des Redaktors um eine Quellenangabe gerankt. Im zweiten Teil der Jahwerede, in v. 9. 10, herrschen nun ganz analoge Kompositionsverhältnisse: *lekā . . . ʾæl pārʿō* 10a ist zweifellos Teil eines größeren Erzählungszusammenhangs.

7 15

Es ist aus einer Vorlage zitiert, wo dieser Befehl mindestens noch ein zweites Mal vorkam, s. *lek ʾæl pārʿō* 7 15. Daß er im Falle von 3 10a schon eher existierte als sein derzeitiger Kontext, geht auch aus dem sichtlich nachträglich und gewaltsam eingezwängten *weʾæšlaḥaka*[75] hervor. Der Begriff der »Sendung« Moses (*šlḥ* qal) wird sich seinerseits als Erbstück einer älteren Erzählung erweisen[76]. Demnach hat nicht ein beliebiger Glossator, sondern ein Redaktor die Einschiebung von *weʾæšlaḥaka* vollzogen. Dem Quellenfragment *lekā . . . ʾæl pārʿō* schickt nun v. 9 abermals eine heilsgeschichtliche Motivation voraus: *weʿăttā hinnē ṣaʿaqăt benê jiśraʾel baʾā ʾelaj wegăm raʾîtî ʾæt hăllăḥăṣ ʾašær miṣrăjim loḥaṣîm ʾotam.* Der Befehl sodann, welcher dem Fragmente folgt, ergänzt es durch eine heilsgeschichtliche Zweck-

---

[71] Vgl. die Zusammenstellung S. 391ff.!

[72] Vgl. die Belegesammlung S. 394!

[73] *rʾh* qal (mit Jahwe als Subjekt), *zʿq* qal (gemäß dem *ṣăʿaqatam* von 3 7) und vielleicht —vgl. aber S. 22 Anm. 1! — auch *jdʿ* qal.

[74] S. S. 21f. mit Anm. 1.

[75] Auch 3 11 verknüpft *hlk* qal *direkt* mit *ʾæl pārʿō*!

[76] S. S. 41f. 62f.

bestimmung: *w^e^hôṣe' 'æt 'ămmî b^e^nê jiśra'el mimmiṣrajim* 10b. Unter diesen Umständen wundert man sich nicht mehr, daß diese Angaben so an die Diktion von v. 7f. R^JE^ erinnern: *ṣă'^a^qā* vom Wehgeschrei der Israeliten, welches Jahwe erhört, *r'h* qal von Gottes »Sehen« als einem Ausdruck seines Mitleidens, *'^a^šær*-Satz. Anscheinend brannte der Bearbeiter darauf, die ihm überkommenen Materialien 3 1*. 8 [Anfang]*. 10a* mit seiner eigenen heilsgeschichtlichen Theologie abzustempeln: 2 23*. 25 || 3 7. 8 || 3 9. 10. Es störte ihn nicht, daß er sich dabei mehrfach wiederholte.

Wehgeschrei und Erhörung — ein deuteronomistischer Motivkomplex

Die Vorstellung, daß die Israeliten in der Not zu Jahwe schrien (*z'q* 2 23 bzw. *ṣ'q* 3 7. 9) und dann erhört wurden (*šamă'tî* 3 7 ... *ba'ā 'elaj* 3 9[77]), ist typisch deuteronomistisch. Man begegnet ihr vor allem im deuteronomistischen Rahmenwerk des Richterbuchs: Jdc 3 9. 15 4 3 6 6f. 10 10. 12(. 14), aber auch sonst in deuteronomi(sti)-schen Zusammenhängen: Dtn 26 7 Jos 24 7 I Sam 12 8. 10f. Mehrfach finden sich in diesen Stücken die Begriffe *lḥṣ* und *nṣl* hi. + *mijjăd* ...[78] — wie in Ex 3 8f.; das kann unmöglich nur ein Zufall sein! Auch die Rede vom »Herausführen« (*jṣ'* hi.) des Volkes aus Ägypten Ex 3 10b ordnet sich in diesen Motivkomplex ein[79]. Sie ist in der deuteronomistischen Literatur überhaupt gang und gebe.

Die logisch-stilistischen Gebrechen von 3 7-10 erklären sich aus der assoziativen Denkstruktur des Bearbeiters, verbunden mit überstürzter Niederschrift

In v. 7 befremdet der abrupte Übergang von einem pluralischen Verständnis des Kollektivums *'am* zu einem singularischen: *ṣă'^a^qatam — nog^e^śâw* .... Zugleich überrascht die Trennung von *mipp^e^nê nog^e^śâw* von seinem Bezugswort *ṣa'^a^qatam*. Sind jene singularischen Bezugnahmen von jüngerer Hand ergänzt? Ein solcher Erklärungsversuch scheitert an dem engen sachlichen Zusammenhang zwischen v. 7 und 8, der vorhin erörtert wurde. Man muß die vorhandenen Ungereimtheiten dem Verfasser der JE-Harmonie selbst anlasten; solche Defekte gehörten bei ihm zur Tagesordnung[80]. Allem Anschein nach hat er sein Werk, ohne ein Konzept anzufertigen, gleich ins Reine geschrieben. *w^e^'æt ṣă'^a^qatam šamă'tî* »und ihr Geschrei hab ich gehört« war ihm bereits aus der Feder geflossen, da erst wurde er sich bewußt, daß er noch geschwind anmerken sollte, *warum* die Bedrängten »schrieen«. Also setzte er, sich selbst quasi nachträglich verbessernd, noch etwas hinzu, wobei aber sein Blick, über das Pluralsuffix von *ṣă'^a^qatam* hinweg, auf das singularische Bezugswort *'ămmî* zurückfiel: *mipp^e^nê nog^e^śâw* »von wegen seiner (scil.: des Volkes)

---

[77] Die Redensart vom Zu-Gott-Kommen eines Gebets auch in Gen 18 21 R^JE^ (vgl. dazu S. 36)!

[78] Dtn 26 7 Jdc 4 3 6 9 10 12 bzw. Jdc 6 9 (8 34) I Sam 12 11.

[79] Dtn 26 8 Jos 24 5f. Jdc 6 8.

[80] Vgl. die Zusammenstellung S. 397f.!

Treiber«. Solche Fehlleistungen pflegen jedem zu passieren, wenn er etwas schriftlich konzipiert. Hier in Ex 3 7 ist aber das Konzept Literatur geworden.

Von der Eile der Niederschrift zeugt auch das zweimalige *weʿăttā* 9. 10. Nach den Feststellungen von v. 7. 8 wollte der Redaktor Jahwe ursprünglich gleich auf den Befehl *lekā . . . ʾæl părʿō* zu sprechen kommen lassen, mithilfe *eines* überleitenden *weʿăttā* »und nun«. Dieses *weʿăttā* stand bereits auf dem Papyrus. Da fiel ihm ein, daß er jenen, aus einer Quelle übernommenen Befehl noch heilsgeschichtlich motivieren sollte. Darum schaltete er jetzt seine Expektorationen v. 9 ein. Daraus ergab sich dann die Notwendigkeit, das zum Befehlswort überleitende *weʿăttā* ein zweites Mal aufzunehmen. — Der Redaktor notierte allemal sofort, was ihm von den Vorlagen grade zur Hand kam oder was ihm der eigene Sinn akzidentiell zuführte. Er arbeitete reichlich planlos. Seine Gedanken hüpften mehr, als daß sie gingen. Sie bewegten sich in zufälligen Assoziationen: Der Formel vom Land, das von Milch und Honig überfließt, konnte er die ebenso formelhafte, aber anderswohin tendierende Aufstellung kanaanäischer Völker anschließen v. 8 — nur weil auch diese Palästina betrafen! Auf ein erstes *ʾæl ʾæræṣ* durfte gleich noch ein zweites folgen, und dann erst noch das sinnentsprechende *ʾæl meqôm* v. 8. Zwei Angaben, die zwar dem Sinne nach, keineswegs aber der Formulierung nach zusammenpassen, wurden kurzerhand durch *wegăm* »und auch« zusammengeheftet v. 9. Ein anderer als R^JE^ hätte lieber das Ganze neu formuliert und es dann konzise ausgedrückt! Ihn jedoch verdroß es auch nicht, mehrmals dasselbe zu sagen v. 7f. 9f. Mochten sich Dutzende von denkenden Lesern daran stoßen, daß eine geschlossene Aussage durch einen Einschub gewaltsam unterbrochen erscheint v. 10a, ihn störte der Unterbruch gar nicht. Hauptsache nur, daß er dabei einen vorgegebenen Begriff (*šlḥ* qal) an den Mann bringen konnte, welcher ihm bedeutsam erschien.

Dem widerstrebenden Mose wird das »Gehen zu Pharao« auf bedenkliche Weise schmackhaft gemacht

3 11

Dem Befehl Jahwes, er solle »zu Pharao gehen« 10a, stellt Mose eine Frage entgegen: »Da sagte Mose zu der Gottheit (. . . *haʾalohîm*): Wer bin ich, daß ich zu Pharao gehen soll (*mî ʾanokî kî ʾelek ʾæl părʿō*) und daß ich die Israeliten aus Ägypten herausführen soll (*wekî ʾôṣîʾ ʾæt benê jiśraʾel mimmiṣrajim*)?« 11. V. 11a nimmt den Befehl von 10a, dessen Quellenhaftigkeit gesichert ist[81], in gut erzählerischer Manier auf. Die Verbindung von *hlk* qal mit *ʾæl părʿō*, dort künstlich unter-

---

[81] S. S. 38f.

brochen, ist hier noch intakt. Mose wendet sich mit seiner Frage an Elohim[82]. Darum wird man jetzt beides, den Befehl *l^{e}kā 'æl păr'ō* 10a und die Mosefrage 11a, dem Elohisten zuschreiben. Der elohistische Mose empfand Hemmungen, dem göttlichen Auftraggeber einfach Gehorsam zu leisten. Er fühlte sich unwürdig und damit unfähig, dem Befehle nachzukommen. Die Hemmungen verstehen sich auf dem Hintergrund jener prinzipiellen Angst vor jedem Kontakt mit dem Göttlichen, welche nach elohistischer Anthropologie das Wesen des infralapsarischen Menschen ausmacht[83]. Diese Beobachtung erhärtet die Zuweisung von 10a*. 11a an E. Dagegen ist v. 11b vom Redaktor angefügt. Er nimmt damit seine Angaben in v. 10b auf.

3 12

Der göttliche Gesprächspartner geht auf Moses Bedenken ein: *wăjjo'mær kî 'æjǣ 'immak* »da sagte er: Ich werde mit dir sein« 12aα. Die wörtliche Rede wird unnötigerweise durch *kî* vorbereitet. Seltsam ist, daß Gott den Mose dann auch noch dadurch beschwichtigen will, daß er ihm eine Art Beglaubigung in Aussicht stellt: *w^{e}zǣ ll^{e}ka ha'ôt kî 'anokî š^{e}lăḥtîka b^{e}hôṣî'^{a}ka 'æt ha'am mimmiṣrăjim tă'ăb^{e}dûn 'æt ha'^{a}lohîm 'ăl hahar hăzzǣ* »und dies ist für dich das Zeichen, daß ich dich gesandt habe: Wenn du das Volk aus Ägypten herausführst, werdet ihr der Gottheit dienen auf diesem Berge« 12aβ-b. Die Zusage des göttlichen Mit-Seins 12aα klingt verdächtig unbestimmt und ist in banalem Stile gehalten. Immerhin eignet sie sich noch, Moses Minderwertigkeitskomplex zu beseitigen. Die Ankündigung 12aβ-b hingegen führt vom Thema ab: Daran, daß er »gesandt« worden sei — wieder das in v. 10a nachträglich eingekeilte *šlḥ* qal! —, hatte Mose ja gar keine Zweifel angemeldet! Und wie sollte ihn ein im Schoße noch ferner Zukunft Beschlossenes, nämlich daß das Volk an eben der Stelle, wo er sich momentan aufhielt, Gott dienen werde, von seiner Eignung überzeugen, demnächst zu Pharao zu gehen (vgl. 11a) — oder meinetwegen auch davon, daß er *hic et nunc* der »Gesandte« Gottes sei? Und weiter: Eben erst war Mose zum König entboten worden; warum bedurfte er dann überhaupt eines »Zeichens« dafür, daß er Gottes Bote ist? Mußte die Anwesenheit des göttlichen Auftraggebers nicht jede Extra-Vergewisserung erübrigen?

Nun nimmt *b^{e}hôṣî'^{a}ka 'æt ha'am mimmiṣrăjim* die entsprechenden Angaben von v. 11b und 10b R^{JE} auf. Der Passus ist von v. 12 nicht wegzudenken; demnach wird die ganze Gottesantwort v. 12 von R^{JE} verfaßt sein. Das vor direkter Rede entbehrliche *kî*, der Sachbestimmungen ersparende Gebrauch von Demonstrativen (*zǣ, hăzzǣ*), die fromme Redensart vom Mit-Sein Gottes erweisen sich auch noch an

---

[82] *ha'^{a}lohîm* ist von den hebräischen Textzeugen einhellig überliefert.
[83] Vgl. S. 33f.

anderen Stellen[84] als Spracheigentümlichkeiten des deuteronomistischen Redaktors. Und wie hier ließ dieser Gott noch öfter von sich selber in der 3. Person reden[85]. Die Vorstellung eines »Zeichens«, das Mose autorisieren soll als Gottes Gesandten, und die Idee, daß das Volk auf dem Berge Elohim »dienen« werde, da sie beide in keiner Weise auf Moses Bedenken v. 11a E. 11b R^{JE} zugeschnitten sind, wird der Bearbeiter in anders gearteten Zusammenhängen vorgefunden haben. Er entfremdete sie ihrem Mutterboden und »übertrug«[86] sie in die *so* erst von ihm hergestellte Gottesrede v. 12.

tă'ăbᵉdûn 'æt ha'ᵃlohîm scheint aus der alten Elohim-Quelle genommen. Das Wort tönt, als habe es vormals im Munde *Moses* gelegen, und als seien die *Israeliten* seine ursprünglichen Adressaten gewesen, nicht, wie jetzt, der ihre Stelle vertretende Mose. Das sehr spezifische *'bd* qal »Gottesdienst halten« unseres Zitats ist bekanntlich[87] fest in der alten Entlaßforderung verankert. Angeblich soll das »Dienen« auf »diesem Berge« stattfinden. Dies entspricht offenbar noch den alten Vorstellungen, denn seine Lokalisierung »in der Wüste« 5 1 7 16 erwies sich als nachträgliche Angleichung[88]. Nun ist uns der »Berg« aus v. 1* als Requisit elohistischer Handlung bekannt[89]. *'ăl hahar hăzzæ* bestätigt somit die Zurückführung von *tă'ăbᵉdûn* auf den Nordreich-Erzähler; nur das demonstrative *hăzzæ* stammt vom Bearbeiter[90]. Auch die Entlaßforderung *šăllăḥ* (*'æt*) *'ămmî wᵉjă'ăbᵉdunî* muß elohistisch sein!

Was nun weiter das im Kern ebenfalls traditionelle *ha'ôt kî 'anokî šᵉlăḥtîka* anbelangt, so hatte Mose ursprünglich bei seiner Berufung gewiß noch keine derartige Beglaubigung nötig. Um so nützlicher konnte ein Beglaubigungszeichen für diejenige Person oder Personengruppe sein, zu welcher Mose nach der vorauszusetzenden Erzählung »gesandt« (*šlḥ* qal) wurde. Genaueren Aufschluß darüber wird die Untersuchung von 4 1ff. gewähren[91]. Schon jetzt aber darf als ausgemacht gelten, daß in v. 10a das störende *wᵉ'æšlaḥᵃka* in das elohistische *lᵉkā + 'æl păr'ō* eingezwängt wurde, um einen Quellenbericht zu berücksichtigen, der von einem »Zeichen« berichtet hatte, welches Mose als von Gott »gesendet« ausweisen sollte! — Das *'anokî* vor *šᵉlăḥtîka* will vielleicht das göttliche Subjekt besonders hervorheben.

---

[84] Weitere Belege s. S. 395. 393 f. 391!

[85] Vgl. die Zusammenstellung S. 398!

[86] Vgl. die Zusammenstellung redaktioneller Übertragungen S. 401f.!

[87] S. S. 4.

[88] S. S. 4.

[89] S. S. 21ff.

[90] Vgl. die Zusammenstellung S. 393 f.!

[91] Unten S. 56ff.

Es kann genau so gut aber auch unbetont sein; im zweiten Fall kam das Pronomen erst durch R^{JE} herein[92].

Offenbarung des Namens »Jahwe« unter wunderlichen Komplikationen

Der jahwistische Erzähler sah den Gottesnamen Jahwe als der Menschheit altbekannt an[93]. V. 13-15 führen denselben, obzwar etwas umwunden und zögernd, als Neuigkeit ein. Insofern beruhen sie offenbar auf elohistischer Grundlage. Moses göttlicher Gesprächspartner wird denn auch dreimal als *(ha)’^{a}lohîm* tituliert. Sonst findet sich allerdings wenig, das den Anschein von etwas Altem, Ursprünglichem erweckte. In v. 11 hatte Mose sich gegen den Auftrag gewandt, zu *Pharao* zu gehen. Hierauf gab Gott ihm in v. 12 mehr oder weniger passenden Bescheid.

3 13

In v. 13 aber trägt Mose plötzlich Bedenken dagegen vor, seinen eigenen *Volksgenossen* eine Botschaft von Gott zu überbringen: »Da sagte Mose zu der Gottheit: Siehe, ich werde zu den Israeliten kommen (*wăjjo’mær mošǣ ’æl ha’^{a}lohîm hinnē ’anokî ba’ ’æl b^{e}nê jiśra’el*) und werde ihnen sagen: Der Gott eurer Väter hat mich zu euch gesandt (*w^{e}’amărtî lahæm ’^{a}lohê ’^{a}bôtêkæm š^{e}laḥănî ’^{a}lêkæm*). Dann werden sie mir sagen: Was ist sein Name? Was soll ich ihnen dann sagen? (*w^{e}’am^{e}rû lî măh šš^{e}mô mah ’omăr ’^{a}lehæm*).« Diese Rede schreitet wie auf Stelzen einher. Der *casus conditionis* wird, statt einfach durch *’im* + verbum finitum, mithilfe von *hinnē* + Partizipialsatz wiedergegeben. Statt Elohim direkt nach seinem Namen zu fragen, schützt Mose umständlich die Israeliten als möglicherweise Fragende vor.

3 14 a

In seiner ersten Antwort gibt Elohim keineswegs gleich seinen Namen bekannt, sondern er konfrontiert Mose mit einer — Deutung dieses Namens! »Da sagte Gott zu Mose: Ich bin, wer ich bin (*wăjjo’mær ’^{a}lohîm ’æl mošǣ ’æhjǣ ’^{a}šær ’æhjǣ*)« 14 a. Damit aber ist ja gar nicht Moses Frage an Elohim, sondern die etwaige Frage der Israeliten an Mose beantwortet! Es sieht so aus, als habe der Verfasser der Passage ein so heftiges Verlangen verspürt, *seine* Deutung des geheimnisvollen Tetragramms vorzutragen, daß er darüber die Verklauselung der Frage Moses v. 13 außer acht ließ.

3 14 b

Dies freilich nur für einen kurzen Augenblick, denn v. 14 b nimmt den Faden von v. 13 alsobald pflichtschuldigst wieder auf: »Und er

[92] Weitere Belege für diese Erscheinung, die für den Stil von R^{JE} typisch ist, s. S. 396!

[93] S. Gen 4 26 b.

sagte: So sollst du den Israeliten sagen (*wăjjo'mær kō to'măr libenê jiśra'el*): *'æhjæ̅* hat mich zu euch gesandt (. . . *šelaḥănî 'alêkæm*).«

Es liegt am Tage, daß hier Gedanken, noch bevor sie ausgegoren waren, schon dem Papyrus anvertraut worden sind. Der betreffende Schriftsteller mußte das, was er selbst niedergeschrieben, nachträglich verbessern. Der aus der Quelle von v. 12aβγ* stammende Begriff der Sendung Moses *šlḥ* qal[94] zeigt, daß dieser Schriftsteller R^{JE} ist. In singulärer, höchst gekünstelter Weise muß ihm *'æhjæ̅* als Gottesbezeichnung herhalten 14b. Die bei E vorgebildete Frage nach dem Namen von Elohim, einmal gestellt 13b, war wohl oder übel auch zu beantworten 14b. Zum Verständnis des redaktionellen Deutungsversuchs v. 14 war aber und blieb die Meinung der Quelle, daß Elohim seinen Namen *jhwh* kundtat, die unabkömmliche Voraussetzung. So mußte der Redaktor nachgerade doch auch noch das Tetragramm geltend machen.

3 15a

Er besorgte das mit dem eben (v. 14b) erst erprobten Mittel eines notdürftigen Nachtrags: *wăjjo'mær 'ôd 'ælohîm 'æl mošæ̅ kō to'măr 'æl benê jiśra'el: jăhwæ̅ 'ælohê 'abotêkæm 'ælohê 'ăbraham 'ælohê jiṣḥaq we'lohê jă'aqob šelaḥănî 'alêkæm* »da sagte Gott noch einmal[95] zu Mose: So sollst du zu den Israeliten sagen: Jahwe, der Gott eurer Väter, der Gott Abrahams, der Gott Isaaks und der Gott Jakobs, hat mich zu euch gesandt« 15a. Es handelt sich um eine primitive Neuauflage von v. 14b R^{JE}.

In der Grunderzählung nahm die Erstoffenbarung des Gottesnamens die volle Aufmerksamkeit des Lesers in Anspruch. Dort erschien noch als große Neuigkeit, was der Redaktor jetzt dem ganz anderen und beim Leser schon bekannten Gedanken der Sendung Moses untergeordnet hat. Den Neuigkeitswert des Tetragramms beeinträchtigte der Bearbeiter auch noch dadurch, daß er es mit längst bekannten[96] und von ihm selbst sehr geschätzten Vätergott-Prädikaten versah.

3 15b

Den angerichteten Schaden macht die Fortsetzung v. 15b wieder halbwegs gut, indem sie wieder auf das *jăhwæ̅* zurücklenkt: *zæ̅ ššemî le'olam weza̅ zikrî ledor dor* »dies ist mein Name auf ewig und dies meine Benennung von Geschlecht zu Geschlecht«. Nur freilich geschieht

---

[94] Vgl. S. 42, Weiteres S. 63.

[95] Das Verfahren erinnert an Gen 22 15 R^{JE} (s. S. 28 Anm. 28): »da rief Jahwe den Abraham ein zweites Mal (*šenît*)«!

[96] Vgl. die S. 33 (mit Anm. 47) genannten Belegstellen.

diese Berichtigung auf Kosten der geschichtlichen Situation[97]: V. 15b hebt nicht auf Mose und seine Verhältnisse ab, sondern auf künftige Generationen, sprich: auf die Leser der Harmonie[98]. In der E-Vorlage war die Frage nach dem Namen der Gottheit von Mose direkt an den Gott gerichtet. Ihre derzeitige »Übertragung«[99] auf die Israeliten v. 13 mag mit der Hereinnahme des *šlḥ*-Motivs zusammenhängen. Der Hauptgrund dafür ist aber wohl der, daß R^{JE} die Frage für ungehörig hielt[100]; er wollte nicht Mose damit belasten.

Zur ursprünglichen Darstellung der Offenbarung des Gottesnamens

Der etwaige Verlauf der Dinge bei E läßt sich nach dem Ausgeführten vollends leicht rekonstruieren: »Mose sagte zu der Gottheit« 13aα: »Was ist dein Name?« 13bα*. »Da sagte Gott zu Mose« 14aα: »Jahwe ist mein Name« 15*. Natürlich hatte Mose dort seine Frage schon bei seiner ersten Gottesbegegnung geäußert. Die diesbezügliche Erzählungsepisode war also schon Bestandteil der Berufungsgeschichte, und das Vorgefallene war an dem bzw. auf dem Gottesberg lokalisiert. Wahrscheinlich wollte Mose schon ziemlich zu Beginn seiner Konfrontation mit Elohim von diesem erfahren, mit wem er es zu tun habe. Zwischen *hinnenî* 4b E und der Frage *măh ššemæka* 13bα* E stand in der Vorlage wenig oder nichts.

3 10a. 11a*

Auf jeden Fall aber nehmen der — gleichwohl für E schon gesicherte und gesichert bleibende! — Gottesauftrag, Mose solle »zu Pharao gehen« 10a*, und Moses Erwiderung hierauf 11a ihren jetzigen Platz vor der Namensoffenbarung zu Unrecht ein! Diesen Platz hat ihnen erst R^{JE}, der Komponist von Kap. 3, angewiesen.

Damit erhebt sich jetzt die Frage, ob *lekā 'æl părʿō* 10a* E in der Vorlage zur *Berufungs*geschichte gehörte. Der analoge Befehl *lek 'æl părʿō* 7 15 erging an Mose nicht etwa am Gottesberg, sondern offenbar erst in Ägypten. Dazu kommt, daß es eigentlich in der Natur der Sache läge, wenn Mose anläßlich seiner Berufung erst den Befehl empfangen hätte, Verbindung mit seinen Volksgenossen aufzunehmen und ihnen mitzuteilen, daß sie Gott auf dem Berg Horeb »dienen«

---

97 Vgl. schon zu v. 6a R^{JE} sowie die Zusammenstellung S. 398f.!

98 Insofern berührt sich unsre Stelle mit Gen 2 24 R^{JE}; weitere erbauliche Motive von R^{JE} sind S. 403ff. zusammengestellt!

99 Vgl. die weiteren R^{JE}-Belege S. 401f.!

100 Darauf deutet auch und noch klarer die Bearbeitung der (nach v. 31b anscheinend ebenfalls elohistischen) Pniël-Geschichte Gen 32 32ff. Die vormals an den Dämon gerichtete Frage »Was ist dein Name?« 28 ist jetzt als Frage des Dämons an Jakob ausgegeben; vgl. jedoch noch v. 30!

müssen 12bβγ*[101], und wenn er erst nach Informierung der Israeliten beauftragt worden wäre, nunmehr auch an den Pharao heranzutreten und von ihm die Freistellung der Israeliten für den geplanten Gottesdienst zu verlangen. Nach diesen Beobachtungen und Überlegungen kann man sich des Eindrucks kaum mehr erwehren, daß der in v. 13-15 mitspielende Gedanke, daß Mose zu den »Israeliten« gehen und ihnen etwas sagen sollte, obzwar er mit dem Motiv der Offenbarung des Gottesnamens nur sekundär liiert erscheint, gleichwohl wie dieses in der Berufungsgeschichte beheimatet ist, wohingegen die Entbietung Moses zu Pharao 10a* E in einer späteren Geschichtsphase stattfand. In dem Zusammenhang der elohistischen Berufungsgeschichte könnte man sich jetzt auch das zweifellos traditionelle *šlḥ* qal-Motiv verwurzelt denken; diesbezüglich werden uns künftige Untersuchungen jedoch eines Besseren belehren[102].

Die Ergebnisse obiger Analyse von v. 13-15 werden durch stilistische Indizien bestätigt: Die aus E übernommenen Redeeinleitungen v. 13aα. 14aα, und danach auch das Plagiat v. 15aα, konstruieren *ʼmr* qal anscheinend[103] mit *ʼæl*. Dagegen bevorzugen die vom Redaktor frei formulierten Angaben v. 13aγ. 13b. 14b anscheinend[103] die Konstruktion mit l^e[104]; Ausnahme v. 15aβ. Typisch für die Redeweise des Bearbeiters ist jedenfalls die Umständlichkeit der Angaben v. 13[105], der Gebrauch von *ʼ*^{a}*šær*[106] v. 14 und vielleicht die Demonstrativa[107] v. 15b. Bei v. 15b liegt allerdings eventuell ein Fall von anthologischer Verwendung eines vorgegebenen Hymnusfragmentes vor; der Halbvers setzt sich ja aus zwei parallelen Gliedern zusammen:

zǣ šš^e*mî l*^{e}*ʿolam* + *w*^{e}*zǣ zikrî l*^{e}*dor dor*
3 + 3

Der Redaktor, der sich häufig Redensarten und Formeln aneignete[108], hätte dieses poetische Element dann wohl in der Aussageform der 3. Person angetroffen und es für seine Zwecke in die 1. Person der Gottesrede übertragen. Aber auch die andere Möglichkeit ist nicht auszuschließen, daß er v. 15b *ad hoc* gebildet hat; schon in Gen 3 15 versuchte er sich in Poesie!

---

101 Vgl. dazu S. 42.

102 S. S. 63.

103 Die Urteile sind mit Vorbehalt ausgesprochen, da die Mss zwischen *ʼæl* und l^e oft zu schwanken pflegen.

104 Weitere R^{JE}-Belege s. S. 395!

105 Vgl. die Belegesammlung S. 397f.!

106 Vgl. die Zusammenstellung S. 394!

107 Vgl. S. 393f.!

108 Vgl. die Übersicht S. 390f.!

Irreführende Angaben über den Zweck der Ältestenversammlung

Die in v. 15 beginnende Gottesrede reicht bis v. 22, dem Ende von Kap. 3[109]. Sie ist also von befremdlicher Länge. Dazu handelt sie disparate Themata ab.

3 16aα

Nachdem er seinen Namen bekanntgegeben hat v. 15, geht der Sprechende unvermittelt zu dem Befehle über: *lek weʾasăpta ʾæt ziqenê jiśraʾel* »geh und versammle die Ältesten Israels«[110] 16aα. Der originelle Inhalt und der spezifische Erzählungsstoff des Angeführten lassen vermuten, daß man ein Quellenelement vor sich liegen hat.

4 29

Bewiesen wird es durch die Tatsache, daß es zu 16aα als Befehlsbericht den entsprechenden Ausführungsbericht gibt, der nach 4 29 versprengt und in nur noch degenerierter Fassung erscheint: *wăjjelæk mošæ̂ weʾăharon wăjjăʾăsepû ʾæt kål ziqenê benê jiśraʾel* »da ging Mose und Aaron und versammelten alle Ältesten der Israeliten«[111].

Für die Quellenhaftigkeit von v. 16aα spricht auch die Beobachtung daß »die Ältesten Israels« noch in verschiedenen anderen Erzählungszusammenhängen des vorpriesterlichen Pentateuchbestands auftauchen, allemal doch wohl in einer irgendwie vergleichbaren Funktion: In 12 21 scheint ihnen eine Aufgabe beim Passaopfer zugedacht[112]. In 17 5. 6[113], ähnlich in Num 16 25[114], sollen sie Mose zu einer Stätte der Jahweoffenbarung begleiten. Num 11 30* setzt offenbar voraus, daß sie — wie in Ex 3 16aα vorgesehen! — von Mose »versammelt« wurden (*ʾsp*)[115], und zwar, wie es scheint, zu dem Zweck, daß sie Zeugen des Wachtelwunders würden.

3 16aβ-17

Zu welchem Zweck Mose die Ältesten zu versammeln habe v. 16aα, will die Fortsetzung wissen: »Und du sollst zu ihnen sagen: Jahwe, der Gott eurer Väter, ist mir erschienen (. . . *nirʾā ʾelăj*), der Gott Abrahams, Isaaks und Jakobs, um zu sagen (. . . *leʾmor*): Ich habe genau beobachtet euch und was euch angetan wird in Ägypten (*paqod paqădtî ʾætekæm weʾæt hæʿaśûj lakæm bemiṣrajim*), | und ich dachte: Ich will euch aus dem Elend Ägyptens hinaufführen (*waʾomăr ʾăʿalæ̂ ʾætekæm meʿånî miṣrăjim*) zu dem Land der Kanaaniter und der

---

109 Der Dialog mit Mose reicht sogar noch weiter, vgl. S. 58f.

110 Sam. G* S T^l lesen *ziqenê benê jiśraʾel*, was u. U. schon in der Harmonie stand — keinesfalls aber in der Quelle.

111 Genaueres darüber S. 96f.

112 Genaueres s. S. 267ff.

113 S. dazu S. 348ff.

114 Vgl. »Paradieserzählung« 92.

115 Das gegenwärtige *wăjjeʾasep mošæ̂ . . . hûʾ weziqenê jiśraʾel* »da wurde Mose versammelt (!) . . ., er und die Ältesten Israels« ist sichtlich entartet.

Hittiter und der Amoriter und der Perizziter und der Hiwwiter und der Jebusiter, zu einem Land, überfließend von Milch und Honig« 16aβ-17. *le'mor* will angeblich früher schon Gesagtes zitieren, doch folgt darauf nur eine unwörtliche und ungenaue Bezugnahme auf die redaktionelle Gottesrede v. 7-10. V. 16aβ-17 ist eine Bildung desselben Verfassers. Es wimmelt darin von Stileigentümlichkeiten des Redaktors: Hinweis auf den Gott der Patriarchen[116], *r'h* ni. »erscheinen«[117], Zitationsformel *le'mor*[118], plattes *'śh* qal[119], terminus technicus *'lh* hi. »(aus Ägypten) hinaufführen«[120], Redensart vom Land, das von Milch und Honig fließt, nebst Aufzählung kanaanäischer Völkerschaften[121]. Charakteristisch für R^{JE} scheint auch zu sein, daß er gerne wörtliche Reden bringt[122], ferner der adverbiale Gebrauch eines inf. abs. zur Verstärkung einer finiten Form des nämlichen Verbs (*paqod paqădtî*)[123], die Unbestimmtheit der Begriffe *r'h* ni., *pqd* qal, *hæ'aśûj lakæm*, *'ᵃnî*[124] sowie die umständlich-schwerfällige Art der Darlegung[125]. — Der Ältestenversammlung 16aα, die schon in einer der Quellen vorgesehen war, will v. 16aβ-17 R^{JE} offenbar einen Sinn zuschreiben, der ihr von Hause aus fremd war: Mose sollte den Ältesten gewissermaßen eine Lektion in Heilsgeschichte erteilen[126].

3 18a

Jahwe kündigt Mose dann an, wie sich die Empfänger der Botschaft 16aβ-17 R^{JE} verhalten werden: *weśameʻû leqolæka* »und sie werden auf deine Stimme hören« 18a. Diese Bemerkung ist im Zusammenhang eigentlich ganz entbehrlich. Was soll es überhaupt, daß die Zukunft so ankündigend vorweggenommen wird? Das läßt sich momentan noch nicht klären[127]. Wir begnügen uns einstweilen mit der Vermutung, daß v. 18a vom gleichen Schriftsteller verfaßt ist wie der Passus 16aβ-17 R^{JE}, auf den er Bezug nimmt. Die Vermutung begünstigend kommt hinzu, daß R^{JE} sich auch sonst gerne der formelhaften Wendung *šm'* qal + *leqôl* oder + *beqôl* bedient hat[128]. Letztere meint eigentlich Gehorsam oder wenigstens Zustimmung; demgegenüber

---

[116] Wie in v. 6a. 13. 15 R^{JE}!

[117] Wie in 3 2a Gen 18 1 (vgl. S. 26) R^{JE}!

[118] Wie in Gen 2 16 3 17 R^{JE}, weitere Belege s. S. 391!

[119] Vgl. Gen 2 4b. 18 3 1. 13f. R^{JE} und die Zusammenstellung der R^{JE}-Belege S. 394!

[120] Wie in v. 8 R^{JE}!

[121] Wie in v. 8 R^{JE}!

[122] Vgl. 3 13 Gen 3 1b. 3. 17 R^{JE} sowie die Zusammenstellung S. 397!

[123] Vgl. *ra'ō ra'îtî* 7 R^{JE} und die weiteren Belege S. 396!

[124] Vgl. die Zusammenstellung S. 391ff.! *'ᵃnî* kam bereits in v. 7 R^{JE} vor!

[125] Vgl. S. 397f.!

[126] Weitere heilsgeschichtliche Motive des Redaktors s. S. 403ff.!

[127] S. weiter S. 63.

[128] Vgl. »Paradieserzählung« 55 sowie die Zusammenstellung unten S. 391!

erfordern die heilsgeschichtlichen Intentionen und Sachverhalte von 16aβ-17 R^{JE} eigentlich weiter nichts als Kenntnisnahme.

3 18bα

Ins Bild gesetzt über das mitleidige Vorhaben Jahwes 16. 17, sollen die Ältesten zusammen mit ihrem Informanten den ägyptischen Regenten aufsuchen: *ûba'ta 'ăttā weziqenê jiśra'el 'æl mælæk*[129] *miṣrăjim* »und du sollst hineingehen, du und die Ältesten Israels, zum König von Ägypten« 18bα. Tritt hier der ursprüngliche Zweck der Ältestenversammlung zutage? Die Textverhältnisse sprechen eher gegen diese Annahme. Hinter *ûba'ta* könnte *'ăttā weziqenê jiśra'el* leicht eine sekundäre Erweiterung des originären Subjektes von *ûba'ta* sein. In diesem Fall wäre Mose in einer Vorlage noch allein beauftragt gewesen, »hineinzugehen zum König von Ägypten«. Dazu würde auch stimmen, daß man sonst nur noch von Mose (und Aaron), aber nicht mehr von den »Ältesten Israels« hört, daß er »hineingegangen« sei bzw. »hineingehen« sollte[130]. Wahrscheinlich hat der Redaktor in v. 18bα die »Ältesten Israels« schon zum zweiten Mal mit einer Aufgabe betraut, die ihnen ehedem noch nicht obgelegen hatte.

Nachgerade erscheint *ûba'ta*[131] ... *'æl mælæk miṣrăjim* als das Seitenstück einer *Quelle* zu dem bereits für E gesicherten[132] *lk(h) 'æl păr'ō* 3 10a* 7 15. Außerdem ist deutlich geworden, daß bei der Komposition von v. 16-18 die Absicht waltete, zweierlei Aufträge Moses, welche vormals gewiß auch auf verschiedene Zeiten und Orte datiert waren, zu einer einzigen Beauftragungs- und Berufungsszene zusammenzuziehen: Mose sollte erstens wohin »gehen und die Ältesten Israels versammeln« 16aα und er sollte zweitens »zum König von Ägypten hineingehen« 18bα*. Der erste Auftrag dürfte ihm von jeher anläßlich seiner Berufung aufgetragen worden sein, der zweite jedoch eher erst, als er sich bereits in Ägypten befand.

Wozu mußte Mose »zum König von Ägypten hineingehen«?

3 18bβ-ε

Der ursprüngliche Zweck der Ältestenversammlung 16aα bleibt einstweilen im Dunkeln. Dafür erteilt v. 18bβ-ε glaubwürdige Auskunft darüber, zu welchem Ende Mose »zum König von Ägypten hineingehen« (18bα(*?)) sollte: »und saget zu ihm: Jahwe, der Gott der Hebräer, hat sich von uns antreffen lassen (*wă'amărtæm 'elâw jăhwæ 'ælohê ha'ibrijjîm niqrā 'alênû*), und nun wollen wir einen Weg von

---

129 G* Φαραω βασιλέα: Angleichung an 6 11. 13. 27. 29 usw. (R^P-Nomenklatur).

130 S. S. 2f.

131 Ursprünglich hieß es wohl *bo'*, vgl. 7 26 9 1 10 1.

132 S. S. 41.

drei Tagen in die Wüste gehen, um zu opfern Jahwe, unserem Gott (*w^{e}ʿăttā nel^{a}kā nna' dæræk š^{e}lošæt jamîm bămmidbar w^{e}nizb^{e}ḥā l^{e}jăhwæ '^{æ}lohênû*).« Mose und mit ihm angeblich auch die Ältesten — aber wie sollten diese gleichzeitig mit Mose und dasselbe wie Mose reden? — mußte also dem König eine recht originell klingende Mitteilung machen und ihm namens einer Mehrzahl eine Bitte vortragen.

5 1. 3

Nach 5 3 hat er die Botschaft in beinah dem gleichen Wortlaut auch tatsächlich übermittelt. Unser befehlendes *ûba'ta* erfährt in dem *ba'û* von 5 1* noch seine Einlösung. Bezeichnenderweise ist dieses *ba'û* aber nicht mehr auf Mose und die Ältesten, sondern auf Mose und Aaron bezogen[133].

Befehlsbericht 3 18b und Ausführungsbericht 5 1*. 3 sollten eigentlich enger verbunden sein. Offensichtlich sind sie älter als der derzeitige Kontext, der sie ungebührlich voneinander trennt, älter also als R^{JE}. Dieser fand sie vor anscheinend bei J: Moses »Hineingehen zum König von Ägypten« bildet die genaue Entsprechung zu seinem »Gehen zu Pharao« 10a* E; desgleichen läuft das *Urlaubsgesuch für eine Dreitagereise* in die Wüste und das daselbst vorgesehene »*Opfern*« der elohistischen[134] *Entlaßforderung* parallel[135]: »Entlaß mein Volk, daß sie mir *dienen* (scil. auf dem Berge)«. — Dem Ausführungsbericht 5 3 fehlt unser logisch überleitendes *w^{e}ʿăttā*: Der Redaktor hat es dem alten Befehlsbericht 18b* eigenmächtig beigefügt[136].

Mose soll sich vor dem König auf eine Gottesbegegnung berufen, die ihm und einer Mehrzahl von Personen widerfahren sei!

Gewiß schon nach J hatte Mose namens einer *Mehrzahl* zu sprechen: Bei *nel^{a}kā ... w^{e}nizb^{e}ḥā* ist der Plural durch die Natur der Sache bedingt; dann aber wird er auch schon bei (*jăhwæ ... niqrā*) *ʿalênû* echt sein. Die gemeinsame Gotteserfahrung ließ das Verlangen nach dem gemeinsamen Opfer erst aufkommen. Demnach ging der Entsendung Moses zum »König von Ägypten« 18bα* J eine Epiphanie Jahwes voraus, von welcher ein ganzer Personenkreis betroffen war — etwa die versammelten »Ältesten Israels« (16aα)? Der Wunsch der Betreffenden, Jahwe in der Wüste Opfer darzubringen, entspricht dem Vorhaben bei E, daß die Israeliten Gott auf dem Berge »dienen« werden 12bγ*. Dieser Berg meint selbstverständlich den *hăr ha'^{æ}lohîm* von 1b* E. Demgemäß wird man jetzt die »Wüste« als diejenige

---

[133] Vgl. dazu S. 99f.

[134] S. S. 42.

[135] Vgl. schon S. 4f.

[136] Vgl. *w^{e}ʿăttā* in 3 9. 10 Gen 3 22 R^{JE} sowie die Belegesammlung S. 391!

Gegend verstehen, wo der jahwistische Mose den brennenden *s^enæ̅* entdeckte 2bαβ. Der Jahwist, der es liebte, Beziehungen von Sachen durch die Ähnlichkeit ihrer Bezeichnungen anzudeuten[137], wird bei seiner Rede vom *s^enæ̅* an den Berg *sînăj* gedacht haben.

3 1

Das *'ăḥăr hămmidbar* von v. 1 aber, das sich bei der Besprechung der Stelle noch nicht recht definieren ließ[138], erweist sich nunmehr als — sachlich indefinit bleibender! — Zusatz des Ausgleichsredaktors, der damit in die sonst hauptsächlich elohistischen Vorstellungen von v. 1 einen jahwistischen Begriff einblenden wollte.

Der widerstrebende König soll zum Einlenken gezwungen werden

3 19. 20

In v. 19. 20, darüber hinaus noch in v. 21. 22, weitet sich die laufende Gottesrede zu einer großen Zukunftsschau aus, was mit einer Beauftragung Moses nichts mehr zu tun hat. Diese Schau hat es nicht eigentlich auf die Historie, vielmehr auf den Leser bzw. Hörer abgesehen. Sie will diesen erschauern machen vor Staunen, Ehrfurcht und Dankbarkeit[139]: »Ich weiß aber (*wă'^anî jadă'tî*), daß euch der König von Ägypten (... *mælæk miṣrăjim*) nicht erlauben wird zu gehen (... *lăh^alok*), es sei denn[140] durch eine starke Hand (... *b^ejad ḥ^azaqā*). | Und ich werde meine Hand ausstrecken (*w^ešalăḥtî 'æt jadî*) und Ägypten schlagen mit allen meinen Wundertaten (... *b^ekol nipl^e'otăj*), welche ich tun werde in seiner Mitte (*'^ašær 'æ'^ešæ̅ b^eqirbô*), und danach wird er euch entlassen (*w^e'ăḥ^arê ken j^ešăllăḥ 'æt^ekæm*)« 19. 20. Unser Redestück nimmt Begriffe aus v. 18b* J auf: *hlk* qal und *mælæk miṣrăjim*; aber nicht dran zu denken, daß der Jahwist selbst zwischen Befehlsbericht 18b* und Ausführungsbericht 5 1*. 3 eine Ankündigung wie die von v. 19f. eingeschoben und sich so die Kohlen aus dem eigenen Feuer gezogen hätte! Hier führt vielmehr weiterhin der Redaktor das Wort, und er stellt seine Identität dadurch unter Beweis, daß er außer den aus J datierenden Begriffen auch einen solchen aus E verwendet hat: *šlḥ* pi.[141]!

Zudem lassen sich Kennzeichen seiner eigenen Redeweise feststellen: Die zur Formel[142] erstarrte Redensart *b^ejad ḥ^azaqā* kommt im deuteronomi(sti)schen Schrifttum oft vor, vor allem wie hier, um die

---

137 S. »Paradieserzählung« 74.

138 S. 25.

139 Weitere erbauliche Motive von R^{JE} s. S. 403ff.!

140 M S T *w^elo'* (Ms Nr. 486 Kennicott läßt *w^e*, Ms Nr. 448 Kennicott läßt *w^elo'* weg). Die Lesart gibt keinen rechten Sinn. Sam. *hlw'* erscheint kaum einleuchtender. Sinnvoll ist G ἐὰν μή, was auf *b^elo'* (schwerlich auf *'im lo'*, so noch BHK³) führt.

141 Zur elohistischen Provenienz der »Entlaß«forderung s. S. 42.

142 Vgl. die Zusammenstellung S. 390f!.

Vorgänge vor dem Exodus zu bezeichnen[143]. V. 20 möchte explizieren, *inwiefern* der König »durch eine starke Hand« zum Nachgeben gezwungen werden soll. Aber die Explikation kommt über Allgemeinheiten[144] und große leere Worte nicht hinaus: *w^ešalăḥtî 'æt jadî* tönt voll, ist aber weiter nichts als eine überflüssige Floskel[145]; *b^ekol nipl^e'otăj* klingt großartig, übertreibt aber[146] maßlos und bietet keine konkrete Handhabe. Auch der *'^ašær*-Satz[147] trägt nichts Wesentliches und nichts zur Anschauung bei. Die Verbindung von *b^eqæræb* + Name eines Landes oder Volkes kursierte im Deuteronomismus als gängige Münze[148]. Und wie hier in v. 20 nimmt der Redaktor noch oft[149] mit dem Allerweltswort *'śh* qal Vorlieb.

Zu *wă'^anî jadă'tî* 19 ist noch anzumerken: R^JE weiht seine Leser offenbar gern in Gedanken Jahwes ein[150]. Was die Syntax des Satzes anlangt, ist zu fragen, warum hier ausdrücklich das Subjekt *'^anî* eingeführt ist, und warum dieses *'^anî* dem aus einem verbum finitum bestehenden Prädikat vorausläuft. Nach den klassischen Regeln wäre diese Anordnung nur gerechtfertigt, wenn das Subjekt betont wäre, oder wenn es einen Zustand, eine längere Dauer zu bezeichnen gälte. Beides ist kaum der Fall. Es wird eben die früher aufgekommene Vermutung[151] zu Recht bestehen, daß der Redaktor, Zeuge einer Spätform des Hebräischen, grundsätzlich dahin tendierte, das Subjekt vor das Prädikat zu rücken[152].

Israel wird seine Peiniger ausrauben!

Nicht genug, daß die Israeliten endlich doch entlassen werden müssen 20b, nein, sie sollen die Ägypter obendrein noch um ihre Wertsachen erleichtern 21. 22. Als private Information für Mose vorgebracht, tragen diese Angaben für die Berufungsgeschichte wenig oder nichts aus. An zwei späteren Stellen von Ex kehren sie, in teilweise wörtlicher Übereinstimmung, wieder. Dort in besserer Funktion; dieser Umstand ermöglicht erst das literarische Verständnis von v. 21f. Die analogen Notizen seien einander in drei Spalten gegenübergestellt:

---

[143] Vgl. 13 9 (dazu S. 289f.) Dtn 3 24 4 34 5 15 6 21 7 8. 19 9 26 11 2 26 8 34 12 Jos 4 24 Jer 32 21.

[144] Vgl. die Zusammenstellung S. 393!

[145] Begegnete uns schon in Gen 3 22 R^JE, vgl. die Belegesammlung S. 390f.!

[146] Weitere R^JE-Belege für Übertreibungen s. S. 397!

[147] Vgl. die Belegesammlung S. 394!

[148] Vgl. Dtn 1 42 6 15 7 21 11 6 13 2. 12. 15 16 11 usw.

[149] Weitere Belege s. S. 394!

[150] Vgl. Gen 2 18 3 (5.) 22 R^JE!

[151] S. S. 29.

[152] Vgl. die Zusammenstellung S. 396!

3 21 a

w^{e}natăttî ’æt ḥen ha‘am hăzzǣ b^{e}‘ênê miṣrajim »und ich werde geben die Anmut dieses Volks in die Augen der Ägypter« 3 21 a	*wăjjitten jăhwǣ ’æt ḥen ha‘am b^{e}‘ênê miṣrajim* »da gab Jahwe die Anmut des Volks in die Augen der Ägypter« 11 3 a	*w^{e}jăhwǣ natăn ’æt ḥen ha‘am b^{e}‘ênê miṣrăjim* »und Jahwe hatte die Anmut des Volks in die Augen der Ägypter gegeben« 12 36 a
Entsprechung bei 3 22 b	ohne Entsprechung	*wăjjăš’ilûm wăj^{e}năṣṣ^{e}lû ’æt miṣrajim* »und sie ließen sich von ihnen erbitten, und (so) beraubten sie die Ägypter« 12 36(a) b

3 21 b

w^{e}hajā kî telekûn lo’ tel^{e}kû rêqam »und es wird geschehen, wenn ihr geht, werdet ihr nicht mit leeren Händen gehen« 3 21 b	ohne Entsprechung	ohne Entsprechung

3 22 a

w^{e}ša’^{a}lā ’iššā mišš^{e}kæntah ûmiggarăt bêtah	*w^{e}jiš’^{a}lû ’îš me’et re‘ehû w^{e}’iššā me’et r^{e}‘ûtah*	*wăjjiš’^{a}lû mimmiṣrăjim*
k^{e}lê kæsæp ûk^{e}lê zahab	*k^{e}lê kæsæp ûk^{e}lê zahab*	*k^{e}lê kæsæp ûk^{e}lê zahab*
ûś^{e}malot		*ûś^{e}malot*
»und jede Frau wird von ihrer Nachbarin und von ihrer Hausgenossin silberne Sachen und goldene Sachen und Gewänder erbitten«	»(sprich doch . . .) daß sie erbitten sollen ein jeder von seinem Nächsten und eine jede Frau von ihrer Nächsten silberne Sachen und goldene Sachen«	»da erbaten sie von den Ägyptern silberne Sachen und goldene Sachen und Gewänder«
3 22 a	11 2	12 35 b

3 22b		
weśämtæm ʿäl benê-kæm weʿäl benotê-kæm wenișșältæm ʾæt mișrajim »und ihr werdet sie euren Söhnen und euren Töchtern anlegen und werdet die Ägypter berauben« 3 22b	ohne Entsprechung	Entsprechung bei 12 36b

Quellenhaftigkeit des Beraubungsmotivs

Die Übertölpelung und Beraubung der Ägypter gehört ihrem Wesen nach in die letzte Phase des Ägyptenaufenthaltes der Israeliten. Das Motiv läßt sich nicht abtrennen von der Vorstellung des Auszugs. Demnach handelt es sich dabei um spezifischen Erzählstoff, genauer: um den selbständig nicht lebensfähigen Teil eines größeren Erzählungszusammenhangs. Der Vergleich der drei Fassungen macht ersichtlich, daß sie auf einem gemeinsamen Grundbestand von Aussagen basieren, der etwa die folgenden Sätze umschlossen haben wird:

1. *wäjjiśʾalû mimmișrăjim kelê kæsæp ûkelê zahab ûśemalot* »da erbaten sie sich von den Ägyptern silberne Sachen und goldene Sachen und Gewänder«
2. *wäjjitten jähwæ ʾæt ḥen haʿam beʿênê mișrajim* »und Jahwe gab die Anmut des Volkes in die Augen der Ägypter«
3. *wäjenäșșelû ʾæt mișrajim* »und sie beraubten die Ägypter«.

Es kann keine Frage sein, daß dieses Aussagematerial aus einer Vorlage stammt.

Seine z. T. höchst eigenwillige Ausdrucksweise läßt sich vereinzelt noch in anderen alten Erzählungskomplexen des Pentateuchs belegen. So ist in Gen 39 21 davon die Rede, daß Jahwe[153] die »Anmut« Josephs »in die Augen des Gefängnisvorstehers gab«: *wäjjitten ḥinnô beʿênê śär bêt hässohär*. Und nach Gen 24 53* hat der Knecht Abrahams der Rebekka »silberne Sachen und goldene Sachen« — *kelîm* in dem ungewöhnlichen Sinne von »Wertgegenstände«! — sowie »Kleider« überreicht: *wäjjôse' . . . kelê kæsæp ûkelê zahab ûbegadîm wäjjitten leribqā*.

---

[153] Das Tetragramm wird schon in dem vorausgehenden redaktionellen *wäjehî jähwæ ʾæt jôsep wäjjeṭ ʾelâw ḥasæd* (Gedanke des göttlichen Mit-Seins, s. dazu S. 41f.!) eingeführt, so daß es keine Rückschlüsse auf die Herkunft obigen Motivs gestattet.

Verwendung des Beraubungsmotivs durch den Redaktor

11 2. 3

Der alte, momentan noch nicht identifizierbare[154] Erzähler hatte die fraglichen Sätze selbstverständlich in der Form einfacher Tatsachenmitteilung dargeboten. Die Stelle 11 2. 3 zeigt noch erstaunlich unverblümt, daß dem Verfasser der Harmonie ein solcher erzählender Text zur Hand war. Er paßte das vorgefundene *wjš'lw* an die erst von ihm selbst geschaffene Redeeinleitung *dăbbær na'* »sage doch« an, indem er die Form als *w^ejiš'^alû* »daß sie sich erbitten sollen« verstand statt als *wăjjiš'^alû* »und sie erbaten sich«; dazu bedurfte es ja nicht einmal einer Änderung des gegebenen Konsonantenbestands. Das folgende Prädikat aber, das vordem *wăjjiš'^alû* parallellief, ließ er paradoxerweise als Narrativ stehen, weil es sich aus inhaltlichen Gründen nicht mehr in die Form göttlichen Befehls ummünzen ließ: *wăjjitten jăhwæ* ... »da gab Jahwe ...«! Die eben skizzierten Verhältnisse in 11 2f. lassen den Gedanken, daß die fragliche Quelle ihrem Bericht über die erfolgte Beraubung einen diesbezüglichen Befehl Jahwes vorausgeschickt habe, kaum mehr aufkommen. Zu einer langfristigen Prognose, wie v. 21. 22 sie jetzt geben, wird sich der alte Erzähler erst recht nicht aufgeschwungen haben. Es ist vielmehr der Redaktor, der Gefallen daran fand, zukünftige Ereignisse ankündigend vorwegzunehmen[155].

Auch sonst hat er dem alten Gedankengut 21f.* seine eigenen Schriftzüge eingeprägt. *hăzzæ* hinter *ha'am* ist seine entbehrliche Zutat[156]. *w^ehajă kî telekûn lo' tel^ekû rêqam* abstrahiert von einem Vorgang, welchen der Vorgänger noch konkret geschildert hatte, ins Allgemeine[157], unter Rückgriff auf das *hlk* qal von v. 18b J bzw. v. 19a R^JE. Aus originärem *wăjjiš'^alû mimmiṣrăjim* wurde unter den Händen des Bearbeiters das ausmalende *w^ešă'^ală 'iššă miššᵉkæntah ûmiggarăt bêtah*. Aber welch absurde Vorstellung kam dabei zustande! Die Hebräerinnen, geschundene und Schutzes bedürftige Fremdlinge in Ägypten, sollen gleichwohl in ihren Häusern Ägypterinnen beherbergt haben, die nichtsdestoweniger so begütert waren, daß man sich von ihnen Wertsachen erborgen konnte! Unter der Rubrik der redaktionellen Ausschmückung[158] ist auch die Angabe 22bαβ einzuordnen, daß die entliehenen Schmuck- und Kleidungsstücke den Söhnen und Töchtern der Israeliten anzulegen seien — als ob nicht *alle* Israeliten gehalten gewesen wären, geschmückt und geziert zum Fest

---

154 Weiteres darüber s. S. 179.

155 Vgl. schon v. 12b. 18a R^JE!

156 Vgl. die weiteren R^JE-Belege für Demonstrativa S. 393f.!

157 Vgl. die Zusammenstellung S. 393!

158 Vgl. die Zusammenstellung S. 396f.!

ihres Gottes[159] zu wallen! Das gewonnene Bild wird abgerundet durch den terminologischen Befund: Die Allerweltswörter *hjh* qal 21b und *śjm* qal 22b erfreuten sich gerade bei R^JE besonderer Beliebtheit[160].

Was aber hat den Redaktor veranlaßt, die Beraubung der Ägypter, von der seine Vorlage nur als von einem Faktum berichtet, in ankündigende Gottesrede zu »übertragen«[161] und das Übertragene, fernab von seinem ursprünglichen Bezug auf den Exodus, in die Berufungsgeschichte Moses einzubetten? Es war die bereits in v. 19. 20 spürbar gewordene Absicht, die Leser der deuteronomistischen Kontamination durch Anschauung der grandiosen Zukunftsereignisse, welche für sie wie auch für den Verfasser dieser Kontamination natürlich einer Rückschau auf die Heilsgeschichte gleichkam, zu Empfindungen der Dankbarkeit, der Gefühlserhebung, der Begeisterung hinzureißen[162]. Und worin bestand das Begeisternde? Doch darin, daß die Leser als Israeliten wohl des 5. Jahrhunderts v. Chr. in den Israeliten der Mosezeit sich selbst über ihre Feinde triumphieren sahen! Solche nationalen oder gar nationalistischen Motivationen haben unserem Deuteronomisten nicht selten auch sonst die Feder geführt[163].

Die Grundaussagen von v. 21. 22, einstmals im Narrativ gehalten, wurden anläßlich ihrer »Übertragung« in Gottesrede umgestellt. Dem Redaktor ging es ja darum, Großtaten Jahwes dem Andenken der Nachwelt zu empfehlen. Aus diesem Grunde ließ er zuerst Jahwe davon reden, daß er die Ägypter den Hebräern geneigt machen werde v. 21, und erst an zweiter Stelle erfährt man, daß es etwas unverschämte Bittsteller sein werden, die solcher Gunst teilhaft werden sollen 22a. Die ursprüngliche Reihenfolge, in 12 35f. erhalten, war naturgemäß die umgekehrte.

Alter Bericht über Stabwunder und Aussatzwunder

4 2-4. 6. 7

Die v. 2-4. 6. 7 von Kap. 4 bilden zusammen einen folgerichtigen, lückenlosen Erzählungsablauf: »Da sagte Jahwe zu ihm: Was ist denn in deiner Hand? Er sagte: Ein Stab! | Da sagte er: Wirf ihn zur Erde! Er warf ihn zur Erde; da wurde er zu einer Schlange, und Mose floh vor ihr. | Da sagte Jahwe zu Mose: Recke deine Hand aus (... *šelăḥ jadeka*) und packe ihren Schwanz! Er reckte seine Hand aus (... *wăjjišlăḥ jadô*) und packte ihn[164]; da wurde sie zu einem Stab in

---

159 An ein Fest war sowohl bei J (s. v. 18b) wie bei E (s. v. 12bβ) gedacht.

160 Vgl. die weiteren Belege S. 394!

161 Vgl. die Zusammenstellung S. 401f.!

162 Vgl. S. 51.

163 Vgl. die Zusammenstellung S. 403f.!

164 Oder: »sie«.

seiner Faust. | . . . | Da sagte ihm Jahwe noch (*wăjjo'mær jăhwæ lô 'ôd*): Steck mal deine Hand in deinen Gewandbausch! Er steckte seine Hand in seinen Gewandbausch. Dann zog er sie heraus, und ach, seine Hand war aussätzig wie Schnee! | Da sagte er: Bring deine Hand abermals in deinen Gewandbausch! Er brachte seine Hand abermals in seinen Gewandbausch. Und er zog sie aus seinem Gewandbausch heraus, und ach, sie war wieder wie sein Fleisch geworden!« Von zwei Doppelwundern wird da berichtet, von je einer Verwandlung und der anschließenden Rückverwandlung. Als Wundertäter tritt nicht etwa Mose, sondern Jahwe selber hervor; jener erscheint eher als Opfer des Geschehens. Diese Verhältnisse stimmen zu den Denkvoraussetzungen des Jahwisten, wonach Jahwe die schlechthin einzige Macht in der Welt ist und deshalb nichts wissen will von den vermeintlichen Selbstmächtigkeiten und Automatismen der magischen Weltanschauung[165]. Die Darstellung der zwei Doppelwunder unterliegt einem gewissen Schematismus. Sie klingt fürs Empfinden des Heutigen fast zu monoton. Es sind analoge Szenen hergestellt, und die sich entsprechenden Vorgänge spiegeln sich in einer gleichartigen Begrifflichkeit. Auch diese Darstellungsweise spricht für die Herkunft des Stückes vom Jahwisten[166].

Unsere Episode stellt Jahwe und Mose einander allein gegenüber. Was war der ursprüngliche Sinn solcher Konfrontation? Worauf zielte Jahwe mit seinen beiden Wundern? Wann und wo fanden dieselben statt? Etwa schon am Dornbusch? Dort hatte es der jahwistische Mose ja in der Tat allein mit Gott zu tun! Klar ist, daß der Sinn des Geschehens nicht gut in diesem selbst, soweit es in v. 2-4. 6f. mitgeteilt wird, liegen kann. Das Erzählte weist also irgendwie über sich hinaus. Hatte es einmal in einem Bezug auf jene Versammlung der »Ältesten Israels« gestanden, die herbeizuführen Jahwe dem Mose am Dornbusch befahl (v. 16aα J)?

Die redaktionelle Einrahmung des jahwistischen Wunderberichtes

Innerhalb von v. 2-4. 6. 7 sind kaum Einflüsse der Redaktion zu entdecken. Möglicherweise ist in v. 6 die Konstruktion von *'mr* qal mit *l^e* (statt mit *'æl*) vom Bearbeiter eingeführt[167], und wahrscheinlich ist dieser für die ganz entbehrliche Redensart vom Handausrecken (*š^elăḥ jad^eka, wăjjislăḥ jadô*) v. 4 zuständig; das ist aber auch schon alles. Um so aufdringlicher macht sich der Redaktor in den Reflexionen von v. 1. 5. 8. 9 bemerkbar, die sich jetzt um das alte Erzählstück 2-4. 6. 7 winden.

---

165 S. »Paradieserzählung« 85. 93ff.

166 Vgl. a. a. O. 73.

167 Vgl. die Zusammenstellung S. 395!

4 1

V. 1 gibt einen Einwand[168] Moses auf die redaktionelle Gottesrede 3 15-22 wieder: »Da antwortete Mose und sagte: Aber sieh, sie werden mir nicht glauben und auf meine Stimme nicht hören (. . . *w^{e}hen lo' jă'^{a}mînû lî w^{e}lo' jišm^{e}'û b^{e}qolî*), weil sie sagen: Jahwe ist dir nicht erschienen (*kî jo'm^{e}rû lo' nir'ā 'elǣka jăhwǣ*)!« Darum wundert man sich nicht, hier auch wieder einer für R^{JE} kennzeichnenden Ausdrucksweise ansichtig zu werden: des theologischen und zur Abstraktion neigenden Fachausdrucks *r'h* ni.[169], der Formel *šm'* qal + *b^{e}qôl*[170], des begründenden *kî*-Satzes[171] und etwa noch des Aufmerksamkeit fordernden *hen*[172]. V. 1 möchte die Verwandlungswunder von v. 2-4. 6. 7 J als Beglaubigung für Mose vor den Israeliten interpretieren — eine eigentlich recht einleuchtende Vorstellung! Schon das gegenwärtig zu einer Vergewisserung Moses umfunktionierte *ha'ôt kî 'anokî š^{e}lăḥtîka* von 3 12 legte uns die Annahme nahe[173], daß einmal von einer solchen Beglaubigung erzählt gewesen sei. Die genannte Interpretation von 2-4. 6. 7 J war offenbar im Bericht der jahwistischen Quelle schon vorgebildet. In diesem Zusammenhang fällt nun auch auf, daß v. 1 die Redewendung »Hören auf die Stimme von«, die dem Bearbeiter geläufig war, dem Begriff des Glaubens (*'mn* hi.) an die Seite stellt. Es sieht ganz so aus, als sollte dieser durch jene erklärt werden, als sei dieser dem erklärenden R^{JE} bereits vorgegeben gewesen. Das »Zeichen« Jahwes, daß er den Mose »gesandt« hat 3 12, war es von Hause aus auf das »Glauben« der Israeliten hin angelegt[174]?

Der Redaktor legte sich die Stabwunder-Geschichte v. 2-4 J als eine Antwort Jahwes auf die Bedenken Moses v. 1 R^{JE} zurecht. Dabei entging ihm, daß jene Verse außer Jahwe- und Moseworten auch bloße Faktenmitteilung umschließen: 3aβb. 4b. Für ihn setzen sie einfach den seit 3 7 währenden Dialog fort!

4 5

Diese sekundäre Einschätzung von v. 2-4 macht nunmehr begreiflich, warum v. 5 völlig unvermittelt, ohne jede Redeeinleitung, ein Stück Gottesrede zitiert: »Damit sie glauben (*l^{e}mă'ăn jă'^{a}mînû*), daß dir Jahwe, der Gott ihrer Väter, der Gott Abrahams, der Gott Isaaks und der Gott Jakobs, erschienen ist (*kî nir'ā 'elǣka . . .*).« Sehr im

---

168 Zum Einwand als solchem vgl. 3 11a E und 3 11b. 13 R^{JE}.

169 Wie gehabt in 3 2. 16 Gen 18 1 (vgl. S. 26) R^{JE}, vgl. die Zusammenstellung S. 391ff.!

170 Vgl. die Belegesammlung S. 391!

171 Vgl. die weiteren Belege S. 395!

172 Vgl. dasselbe in Gen 3 22 sowie *hinnē* in Ex 3 13 R^{JE}!

173 S. 42.

174 Weiteres darüber S. 62f. 98.

Unterschied zu dem Quellenfragment 2-4 läßt sich diese Rede eigens auf Moses Bedenken 1 R^{JE} ein. Auch die Sprache und die Gedanken von v. 5 sind für den Redaktor typisch: die zusammengesetzte Konjunktion *l^{e}măʿăn*[175], *r'h* ni.[176], die Prädizierung Jahwes als des Gottes der Väter[177] sowie der Umstand, daß Jahwe von sich in der 3. Person redet[178].

Die Aussatzwunder-Geschichte 6. 7 J hat der Bearbeiter über den gleichen Leisten wie v. 2-4 J gezogen: Sie muß als Stellungnahme Jahwes auf Moses Einwand 1 R^{JE} herhalten.

4 8

Auf den Passus 7aγb, der gar keine Gottesrede darstellt, sondern einen erzählenden Hinweis auf Geschehenes, folgt darum unvermittelt wieder förmliche Rede Gottes: »Und es wird geschehen, wenn (*w^{e}hajā 'im*) sie dir nicht glauben und auf die Stimme des ersten Zeichens nicht hören (*lo' jă'^{a}mînû lak w^{e}lo' jišm^{e}ʿû l^{e}qol ha'ot hari'šôn*), so werden sie der Stimme des anderen Zeichens glauben (*w^{e}hæ'^{a}mînû l^{e}qol ha'ot ha'ăḥ^{a}rôn*)« 8. Der Jahwist hatte dem Stab- und dem Aussatzwunder noch denselben Rang und Wert beigemessen; jetzt in v. 8 hingegen sieht man sie als Klimax ausgelegt, als förmliche Glaubensbeweise, wovon der zweite den ersten überbiete.

Wer sich einmal solchen Erwägungen ergeben hat, wer also Beweise für den Glauben forderte statt der schon gegebenen Wahrheit glaubend stillezuhalten, der kann sich mit 2 Beweisen nicht wohl zufriedengeben, der muß noch auf weitere und stärkere sinnen.

4 9

Prompt stattete R^{JE} denn auch die angefangene Stufenleiter mit einer weiteren Sprosse aus: »Und es wird geschehen, wenn (*w^{e}hajā 'im*) sie auch diesen beiden Zeichen nicht glauben noch auf deine Stimme hören (*lo' jă'^{a}mînû găm lišenê ha'otôt ha'ellæ w^{e}lo jišm^{e}ʿûn l^{e}qolæka*), so sollst du von den Wassern (... *mimmêmê*) des Nils nehmen und aufs Trockene gießen, dann wird das Wasser, welches du aus dem Nil nehmen wirst, dann wird es zu Blut auf dem Trockenen (... *w^{e}hajû hămmăjim '^{a}šær tiqqăḥ min hăj^{e}'or w^{e}hajû l^{e}dam băjjăbbašæt*)« 9. Dafür hatte ihm die jahwistische Vorlage keine Handhabe geboten. V. 9 ist mithilfe einer willkürlich-phantastischen »Übertragung«[179] und Ausgestaltung aus dem traditionellen Motiv der Blutplage 7 17*. 20 gewonnen. Einst ein mit magischen Mitteln herbeigeführtes Naturereignis,

---

175 Vgl. die weiteren Belege S. 394!

176 Vgl. Anm. 169.

177 Vgl. die Zusammenstellung S. 403!

178 Wie in 3 12 R^{JE}, weitere Belege s. S. 398!

179 Vgl. die Zusammenstellung S. 401f.!

welches den ägyptischen König in Angst und Schrecken versetzen sollte, ist es hier als Demonstrationswunder zurechtgemacht, als ein fabelhaftes Mirakel[180], das glaubensunwillige Israeliten zum Glauben zwingen soll. V. 9 nimmt wieder einseitig Rücksicht nur auf Moses Bedenken 1 R^{JE}. Darüber blieben die Belange der geschichtlichen Situation außer acht[181]: Nirgends wurde auch nur angedeutet, daß Mose bei der Darbietung der »Zeichen« am Nilufer stehen werde!

Besonders verdienen die sprachlichen Eigentümlichkeiten von v. 8f. notiert zu werden: mehrmals das vulgäre *hjh* qal[182], zweimal soll es (zusammen mit *'im*) Ereignisse, die gleich beim Namen hätten genannt werden können, zuvor umständlich und allgemein[183] anvisieren[184]; ferner die Wendung *šmʿ* qal + *leqôl*[185], die hier abermals das offenbar vorgegeben gewesene *'mn* hi. interpretiert. Sie ist hier schon dermaßen zur leeren Floskel abgesunken, daß *qôl* seine Bedeutung »Ton, Stimme« nicht mehr wahrnehmen darf, wie die zweimalige st. cstr.-Verbindung dieses Begriffes mit *ha'ot* »das Zeichen« v. 8 zeigt. Weiter sind charakteristisch die Partikel *găm*[186], das Demonstrativum[187] *ha'ellæ* und der entbehrliche *a'šær*-Satz[188]. Der letzte ist beim Formulieren so lang geraten, daß der Formulierende sich veranlaßt sah, *wehajû* wieder aufzunehmen v. 9 — einer von vielen Hinweisen darauf, daß er sein Werk sogleich ins Reine geschrieben hat[189].

Der ursprüngliche Sinn der Stab- und Aussatzwunder oder der ursprüngliche Zweck der Ältestenversammlung

Die v. 5. 8. 9 R^{JE}, welche Jahwes Antwort auf Moses Bedenken 1 R^{JE} bringen, stellen Stab- und Aussatzwunder erneut als Beglaubigung für Mose vor den Israeliten hin[190].

3 12

Diese an sich einleuchtende Deutung versehen v. 8. 9 noch mit einem interessanten neuen Akzent: Sie wenden auf die Wunder den nämlichen Begriff des Zeichens (*'ôt*) an, der uns in 3 12aβγ als fester

---

180 Das Interesse des Redaktors an Mirakeln trat bereits in 3 2bγ. 3aγ hervor (vgl. S. 25ff.), vgl. weiter die Zusammenstellung S. 405!

181 Vgl. die Zusammenstellung S. 398f.!

182 Vgl. die Zusammenstellung S. 394!

183 Vgl. S. 393!

184 Vgl. schon *wehajā kî* 3 21 R^{JE}, ferner die Zusammenstellung der Belege S. 398!

185 Vgl. die Zusammenstellung S. 391!

186 Weitere R^{JE}-Belege s. S. 395!

187 Vgl. S. 393f.!

188 Vgl. S. 394!

189 Vgl. die Zusammenstellung S. 402!

190 Wie v. 1, vgl. dazu S. 58.

Bestandteil eines noch nicht identifizierten Quellenfragments begegnete[191] und der, eben diesem Fragment zufolge, von jeher die göttliche Autorisation Moses, seine Beglaubigung als der »Gesendete« (*šlḥ* qal) Jahwes gemeint zu haben scheint! 3 12 hatte die alte Idee des Beglaubigungszeichens ihrem ursprünglichen Bezug sichtlich entfremdet und sie im Sinne einer Vergewisserung Moses gedeutet. Um so ungestümer drängt sich darum jetzt die Annahme auf, daß der Redaktor den Terminus *'ôt* und die Vorstellung einer Beglaubigung Moses vor den Israeliten in 4 1. 5. 8. 9 zwar gewiß auf *seine* Weise (erst er, selber seines Glaubens nicht mehr gewiß, ließ Mose Zweifel daran äußern, ob man ihm glauben werde, und erst er gab die beiden Teile der jahwistischen Episode als Klimax aus), aber doch nicht, ohne von der Vorlage dazu inspiriert worden zu sein, auf die Doppelwunder 2-4. 6. 7 J bezogen hat! Sie wird bestätigt durch den schon berührten[192] Umstand, daß das nach Ausweis von v. 1. 8. 9 dem Redaktor schon überkommene Motiv des »Glaubens« von der Sache her als der notwendige Skopus erscheint von jenem ebenso traditionellen »Zeichen« dafür, daß Jahwe den Mose »gesendet« hat (*šlḥ* qal) 3 12: Das *Gezeigte* will naturgemäß *geglaubt* sein. Demnach mußte der jahwistische Mose Stab- und Aussatzwunder bestimmten Personen vorführen, um sich vor ihnen als Jahwes Bote zu legitimieren, und die Betreffenden haben auf die Vorführung hin auch »geglaubt«, daß Mose von Jahwe »gesandt« worden ist.

Gegen diese Rekonstruktion scheint zu sprechen, daß v. 2-4. 6f. J Jahwe und Mose einander allein gegenüberstellen, nichts wissend von einem Publikum, das die Wunder zu sehen kriegen sollte. Allein, man vergesse nicht, daß diese Verse nur einen Ausschnitt von einer größeren Erzählung bringen, einen Ausschnitt zudem, der uns die Antwort schuldig bleibt auf die zentrale Frage, was die Verwandlungswunder überhaupt sollten[193]. Sie können doch nicht nur der privaten Erbauung Moses gedient haben! Vielmehr stellten sie ursprünglich ein Stück von Moses Auftrag und Ausrüstung dar. Damals, als er am Dornbusch berufen wurde, wird ihm Jahwe die 2 × 2 Verwandlungswunder als Beglaubigung mit auf den Weg gegeben haben.

3 16

Auf den Weg nämlich, welcher ihn zu den »Ältesten Israels« 3 16aα führen sollte! Damit kommt nun an den Tag, worin der originäre, vom Bearbeiter geflissentlich eliminierte[194] Zweck der Älte-

---

[191] S. 42.

[192] S. 58.

[193] S. S. 57.

[194] S. S. 47f.

stenversammlung bestand: Mose sollte sich vor ihr durch die Wunder 4 2-4. 6. 7 als Gesandter Jahwes ausweisen!

4 29-31

Weitere, anders geartete und von den vorher gebrauchten unabhängige Indizien erheben den Rekonstruktionsversuch in den Rang einer literargeschichtlichen Tatsache: Dem schon erwähnten[195] Vermerk 4 29*, daß Mose samt Aaron die »Ältesten« der Israeliten »versammelt« habe, folgt, nach kurzer Zwischenbemerkung, die jetzt anscheinend auf Aaron bezogene Angabe: *wăjjă'ăś ha'otot l^e'ênê ha'am* »und er tat die Zeichen(!) vor den Augen des Volks« 30b. Da muß auf einmal *ha'am* heißen, was v. 29 noch als *ziq^enê b^enê jiśra'el* bezeichnet. An v. 30b sodann schließt sich der Satz: *wăjjă'^amen ha'am* »da glaubte(!) das Volk« 31a. Das heißt doch: Eben die Szene, welche wir vorhin aus zerstreuten Anhaltspunkten erschlossen haben, zeichnet uns 4 29-31 noch, wenn auch zum Teil in redaktioneller Depravierung. V. 30b ersetzt den detaillierten Bericht des Jahwisten, wie Mose dem Ältestengremium Stab- und Aussatzwunder vorführte, durch eine farblose Zusammenfassung. — Nach J verstanden die Ältesten das Gesehene noch als das, was es eigentlich war: keine Tat Moses, sondern Selbstbekundung Jahwes für Mose. Darum reagierten sie mit einer spontanen Huldigung: *wăjjiqq^edû wăjjištăḥ^awû* »da fielen sie nieder und beteten an«. 31 bγ. Ihr »Glauben« (*'mn* hi.), daß Jahwe den Mose »gesendet« hat, war selbstverständliche Folge der Epiphanie. Erst der Redaktor hat aus dem Glauben ein Problem gemacht 4 1. 5. 8. 9.

Klärung der in 3 18b erwähnten Theophanie
Herkunft des Begriffes der »Sendung« Moses (*šlḥ* qal)

3 18b

Nach Ägypten heimgekehrt, sollte Mose auf göttliches Geheiß »zum König von Ägypten hineingehen« und ihn namens einer Mehrzahl von Personen, welchen »Jahwe, der Gott der Hebräer« begegnet war[196], um einen mehrtägigen Urlaub bitten, damit sie Jahwe in der Wüste opfern könnten 3 18b* J.

3 16aα

Um welchen Personenkreis es sich da handelte, ist nunmehr klar: Es waren die versammelten »Ältesten Israels« 3 16aα J. Auch worin die Gottesbegegnung bestanden hatte, kann nicht mehr fraglich sein: Jahwe hatte sich von den Ältesten Israels insofern »antreffen lassen«, als er in ihrer Gegenwart an Mose Stab- und Aussatzwunder vollzog.

---

[195] S. 47.
[196] Vgl. S. 50.

Die Ältesten, nur sie als Vertreter der »Hebräer«, waren es dann auch, die in die Wüste zu gehen begehrten, um Jahwe zu opfern!

3 18a

Von daher wird jetzt auch das enigmatische[197] *wešameʿû leqolæka* 3 18a R JE verständlich. Der Redaktor hat diese — auf die »Ältesten Israels« gehende! — Aussage dadurch gewonnen, daß er den Ereignisbericht des Jahwisten, welcher 4 31a* zugrunde liegt und welcher besagte, daß die Ältesten Israels »glaubten« (*'mn* hi.), nach seiner Art in ankündigende Gottesrede »übertrug«[198] und dabei zugleich das alte *'mn* hi. durch sein eigenes interpretierendes *šmʿ* qal + *leqôl* ersetzte! — Auch hinsichtlich der Provenienz des Begriffes der »Sendung« Moses (*šlḥ* qal) ist Klarheit erzielt: Es handelt sich um eine Leihgabe der jahwistischen Vorlage[199]!

3 12a

Der Jahwe des Jahwisten, im Feuer des Dornbuschs Gestalt gewinnend, nahm an Mose, gleichsam zur Probe, die zwei Doppelwunder vor mit dem Bemerken, daß er ihm hiemit das »Zeichen, daß ich dich gesandt habe« 3 12aβγ übergebe oder übergeben habe. Der deuteronomistische Redaktor nahm an dem *šlḥ*-Motiv ganz besonderen Anteil: Nicht allein, daß er's, dem Quellenausgleich zuliebe, in das der Sache nach parallellaufende *lekā 'æl pārʿō* des Elohisten einschob 3 10a*[200], er verwendete es auch noch mehrere Male in eigenen Formulierungen, wo von den Belangen der Vorlagen her keine Veranlassung zu seinem Gebrauch bestanden hätte: 3 13-15 4 13. 28 5 22.

Mindestens noch *ein* weiteres Mal hat der Jahwist in seinem Geschichtswerk Betrachtungen über die Sendung Moses angestellt: Nach Num 16 13* warfen gewisse Leute dem Mose vor, er maße sich über sie die Herrschaft an. Sie wurden samt ihrem Besitz[201] mit einem Bann belegt und von den andern Hebräern isoliert[202] 26*. Mose, gefolgt von den »Ältesten Israels«, begab sich in die Nähe ihrer Zelte 25*. 26*. Die Ältesten sollten als Augenzeugen an dem bevorstehenden Ereignis »erkennen, daß Jahwe« den Mose »gesandt« hat, *tedeʿûn kî jāhwæ̅ šelaḥānî* 28*. Die Erde (*'adamā*[203]) tat ihr Maul auf und verschlang die Übeltäter 30*. 32*[204].

---

197 Vgl. S. 48.

198 Vgl. die Belegesammlung S. 401f.!

199 Nicht der elohistischen, wie es S. 46 zunächst den Anschein hatte.

200 Vgl. S. 38.

201 Das diesbezügliche *kål 'ašær le* 26. 30. 33 ist ein für J charakteristischer Ausdruck, vgl. S. 207f.

202 Ebenfalls typisch jahwistisch ist das Motiv des »Nicht-Berühren«-Dürfens, *we'ăl tiggeʿû* 26, s. »Paradieserzählung« 90ff.

203 Auch dieser Begriff — i. S. v. »Erde« (qua Material) — ist kennzeichnend für J, vgl. S. 29.

204 Vgl. a. a. O. 92.

Mose sperrt sich gegen den nicht empfangenen Auftrag, der Sprecher Jahwes zu sein!

4 10

Den nach Meinung des Komponisten[205] seit 3 7 währenden Dialog führt v. 10 fort mit einem neuerlichen[206] Einwand Moses: »Da sagte Mose zu Jahwe: Ach, mein Herr, ich bin kein Mann von Worten (. . . *bî 'ªdonaj lo' 'îš dᵉbarîm 'anokî*) — sowohl seit gestern wie seit vorgestern wie seitdem du redest zu deinem Knecht (*găm mittᵉmôl găm miššilšom găm me'az dăbbærᵉka 'æl 'ăbdæka*) —, denn ich bin schwerfälligen Mundes und schwerfälliger Zunge.« Das durch Gedankenstriche markierte Zwischenstück 10aγδ fällt aus dem Rahmen der übrigen Rede. Hier spricht Mose per Ich, dort dagegen umschreibt er seine Person unterwürfig durch *'æbæd*. V. 10aγδ weist Merkmale der Sprache des R^{JE} auf: die zusammengesetzte Konjunktion *me'az*[207], das assoziierende *găm*[208], das Verb *dbr* pi.[209]. Hierher gehört auch die Selbstumschreibung des Sprechenden durch *'æbæd*[210]. *tᵉmôl* + *šilšom* gewährt bei wörtlichem Verständnis keinen akzeptablen Sinn; die beiden Wörter sind hier nur mehr formelhaft[211] gebraucht, gleichbedeutend etwa dem deutschen »früher«.

Die Hauptaussagen 10aαβ.b, die R^{JE}, dem Ergänzer von 10aγδ, vorgegeben gewesen sein müssen, setzen sich mit einem Gottesbefehl auseinander, der Mose zum Sprecher Jahwes bestellen wollte. Einen solchen Befehl findet man vor v. 10 in der erforderlichen Ausdrücklichkeit nicht mehr. Auch daher erhellt, daß v. 10aαβ.b älter ist als sein derzeitiger Kontext. Gegen jenen jetzt verlorenen Auftrag schützt Mose eigene Unfähigkeit vor; die Art dieses Einwands erinnert mithin an das »wer bin ich, daß ich zu Pharao gehen soll?« 3 11a E[212]. Der redaktionelle Einschub 10aγδ will Moses Behauptung 10aαβ.b dadurch unterstreichen, daß er diesen sich auf frühere Gelegenheiten berufen läßt, woselbst er für Jahwe reden sollte, aber nicht konnte. Damit verkennt er völlig die geschichtliche Situation[213], denn nach ihr kann es dergleichen Anlässe noch gar nicht gegeben haben. Das alles nur einem Augenblicksverlangen nach drastischer Ausschmückung[214] zuliebe!

---

205 Vgl. S. 58f.

206 Vgl. schon 3 11a E 3 11b. 13 4 1 R^{JE}!

207 Vgl. die weiteren Belege S. 394!

208 Vgl. die Zusammenstellung S. 395!

209 Weitere R^{JE}-Belege s. S. 395!

210 Weitere Belege s. S. 391!

211 Vgl. die Zusammenstellung S. 390f.!

212 Vgl. S. 40f.

213 Vgl. die Zusammenstellung S. 398f.!

214 Vgl. S. 396!

V. 10aαβ. b stammt offenbar aus E. Moses Scheu davor, den Auftrag Gottes anzunehmen, ist doch wohl eine neue Variante jener angeborenen Angst des gefallenen Menschen vor der Sphäre des Göttlichen, die einen Wesenszug der elohistischen Anthropologie bildet[215]. Damit aber erhebt sich die Frage, in welchem Zusammenhang elohistischer Geschichtsdarstellung Mose zum Sprecher Jahwes bestellt werden und diesen seinen Auftrag ausführen sollte. Bezog sich der Auftrag auf das Auftreten vor Pharao? Nun, daß der »zu Pharao Gehende«[216] reden sollte, wird zwar vor v. 10 mit Worten von E nicht (mehr) gesagt[217], aber es versteht sich eigentlich von selbst. Die spätere Berichterstattung[218] läßt auch keinen Zweifel daran, daß es schon beim ersten Auftritt die Entlaßforderung Jahwes[219] war, was Mose dem Pharao überbringen mußte.

Verlauf der elohistischen Berufungsgeschichte

Wenn sich Moses Einwand 10aαβ.b E auf seine Mission zum König erstreckt hätte, so müßte man annehmen, daß er seinem göttlichen Vorgesetzten bei der nämlichen Gelegenheit zweimal widersprach: Zuerst 3 10a*. 11a, als er »zu Pharao« zu »gehen« geheißen wurde, und dann nochmals 4 10aαβ.b, als Jahwe ihn an Pharao seine Entlaßforderung ausrichten lassen wollte. Eine solche Duplizität ist von vornherein unwahrscheinlich. Der Befehl, zu Pharao zu gehen, umschloß doch im Grund auch schon die Aufgabe, Pharao etwas zu sagen. Somit liefe der zweite Einwand Moses auf eine bloße Repetition des ersten hinaus.

4 11

Die Lösung des Problems ergibt sich aus der Fortsetzung v. 11-14. Jahwe soll den Widerstrebenden zunächst an seine Allmacht erinnert haben: »Da sagte Jahwe zu ihm: Wer hat dem Menschen einen Mund gesetzt oder wer kann stumm oder taub oder sehend oder blind machen (. . . *mî śam pǣ la'adam 'ô mî jaśûm 'illem 'ô ḥeres 'ô piqqeᵃḥ 'ô 'iwwer*)? Doch ich, Jahwe!« 11. So weit erschöpft sich die Gottesantwort in allgemeinen Wahrheiten[220], ist sie der geschichtlichen Lage nicht speziell angepaßt[221]. Dieser Umstand und dazu noch der Vulgarismus von *śjm* (*śwm*) qal[222] entsprechen dem Stil des Redaktors, nicht demjenigen der Quellenverfasser.

[215] Vgl. S. 33f. 41 sowie »Paradieserzählung« 60f. 132.

[216] S. 3 10a*. 11a E.

[217] R^{JE} bevorzugte die analoge Angabe von J: 3 18b*!

[218] Vgl. zu 5 1.

[219] Zu deren elohistischen Herkunft s. S. 42.

[220] Vgl. die Zusammenstellung S. 393!

[221] Vgl. die Zusammenstellung S. 398f.!

[222] Vgl. die weiteren R^{JE}-Belege S. 394!

4 12

Weiter soll Jahwe den Mose durch allgemeine[223] Beistandsversprechen ermutigt haben: »Und nun geh! Ich werde mit deinem Munde sein (*weʿăttā lek weʾanokî ʾæhjæ ʿim pîka*) und werde dich weisen, was du reden sollst (*wehôrêtîka ʾašær tedăbber*)« 12. Hier führt weiterhin der Bearbeiter das Wort: *Der* liebt die fromme, aber unprofilierte Redensart vom Mit-Sein Gottes (*hjh* qal[224] + *ʿim*)[225], die Überleitungsformel *weʿăttā*[226], die Relativpartikel *ʾašær*[227], das Zeitwort *dbr* pi.[228]. *Der* auch stellt einem verbalen Prädikat mit Vorliebe sein Subjekt voran[229]: *weʾanokî ʾæhjæ*. Wollte er nun nach der von ihm selbst geschaffenen 11. 12 auch noch die alte elohistische Gottesantwort reproduzieren, so mußte der Redaktor Mose sich zuvor noch einmal zur Wehr setzen lassen.

4 13

Genau das geschieht in v. 13: »Da sagte er: Ach mein Herr, sende doch, durch wen du senden willst (. . . *bî ʾadonaj šelăḥ naʾ bejăd tišlaḥ*).« *šlḥ* qal ist aus J übernommen[230], *bîʾadonaj* aus v. 10 aα E plagiiert. Freilich stellt sich Mose jetzt in v. 13 R^JE so brüskierend auf den »Ohne-mich«-Standpunkt, daß die Antwort allein, welche ihm der elohistische Jahwe auf 10aαβ.b hatte zukommen lassen, hinter v. 13 zu schwach gewesen wäre.

4 14aαβ

Also ließ der Redaktor Jahwe noch in Zorn geraten: »Da entbrannte der Zorn Jahwes wider Mose«, *wăjjiḥăr ʾăp*[231] *jăhwæ bemošæ* 14aα. Danach konnte endlich der abgebrochene Faden der alten Erzählung wieder aufgenommen werden: »und er sagte: Aaron, dein Bruder, ist doch der Levit [. . . ?] (. . . *ʾăharon ʾaḥîka hăllewî* [. . . ?])« 14aβ. Möglicherweise ist diese E-Notiz verstümmelt[232]. Immerhin wird noch deutlich, daß der Einwand Moses 10 aαβ.b E, er sei des Redens untüchtig, Jahwe dazu veranlaßte, Aaron heranzuziehen als Moses stell-

---

[223] Vgl. S. 393!

[224] Vgl. die Zusammenstellung S. 394!

[225] Weitere Belege s. S. 391!

[226] Weitere Belege s. S. 391!

[227] Zusammenstellung der Belege S. 394!

[228] Vgl. die Zusammenstellung S. 395!

[229] Vgl. S. 396!

[230] S. S. 63 zu 3 12.

[231] Vgl. S. 391!

[232] *lewî* hatte für E u. U. den etwaigen Sinn von »Stellvertreter« (vgl. *lwh* I »begleiten« II »entleihen«). Sollte es aber doch nur eine Stammes- oder Standeszugehörigkeit Aarons bezeichnet haben, so fehlt jetzt das ursprüngliche Prädikat: »Aaron, dein Bruder, der Levit, ist doch . . .«.

vertretenden Sprecher. Die typische Verbindung von Eigenname + Verwandtschaftsbezeichnung[233] *'ăharon* + *'aḥîka* bestätigt, daß der Erzählungszusammenhang von 10aαβ.b und 14aβ aus der elohistischen Vorlage stammt. Natürlich hatte es der alte Erzähler schon bei Moses Einwand 10aαβ.b auf die Nominierung Aarons abgesehen. Und obwohl er sich durchaus als ein Erzähler von Geschichte wußte, so war ihm doch ein auf seine Gegenwart bezogener, ein ätiologischer Aspekt der Dinge kaum fremd: Es galt, das ihm zeitgenössische Priestertum der Aaroniden als Nachfolgeinstitution des Moseamtes, mithin den einzelnen Aaroniden als eine Art von *Moses praesens* auszuweisen.

Diese Feststellung ist nun geeignet, die anstehende Frage nach dem ursprünglichen Kontext des Mosebedenkens 10aαβ.b E zu klären: Die Aaroniden des Nordreichs[234] haben natürlich als Jahwes Sprecher vor Israel gegolten; demnach sollte Mose nach dem in 10aαβ.b vorausgesetzten Auftrag nicht zu Pharao, sondern zu seinen Volksgenossen reden! Damit rechtfertigt sich der schon bei 3 12bβγ[235] und 3 13-15[236] entstandene Verdacht: Der Nordreicherzähler muß ganz wie sein Rivale aus dem Süden[237] unterschieden haben zwischen einer Sendung Moses zu Pharao und einer Sendung Moses zu Israel. Die Komposition von Kap. 3. 4 erweist sich als unter dem Gesichtspunkt veranstaltet, daß vier verschiedene Beauftragungsszenen der beiden Quellen, wovon die jeweilige erste (Sendung zu den »Ältesten Israels« bzw. zu den »Israeliten«) am Dornbusch alias Gottesberg, die zweite (Sendung zum »König von Ägypten« bzw. zu »Pharao«) jedoch erst in Ägypten gespielt hatte[238], zu einer einzigen Berufungsgeschichte Moses verschmolzen werden sollten. — Was die Rolle angeht, die Aaron nach E besetzen sollte, so konnte der deuteronomistische Bearbeiter anscheinend ein gewisses Unbehagen nicht ganz unterdrücken. Für ihn war und blieb Mose der eigentliche heilsgeschichtliche Sprecher Jahwes[239]; wohl darum versuchte er in 11aβ[240]-14aα den Eindruck hervorzurufen, Jahwe habe Aaron nur widerwillig und wie zum Notbehelf als Moses Stellvertreter benannt.

---

[233] Vgl. die Zusammenstellung S. 384!

[234] Vgl. Jdc 20 28, was nach Bethel weist. Kaum von ungefähr ist Aaron in Ex 32 für die Einführung des Stierbildes zuständig (vgl. I Reg 12 28f.).

[235] S. S. 42.

[236] S. S. 43.

[237] Vgl. S. 49.

[238] Vgl. die S. 45f. angestellten Überlegungen. Für J ergibt sich aus 3 18b klar, daß Mose erst zum König entboten wurde, nachdem den Ältesten die Theophanie von 4 2-4.6.7 widerfahren war.

[239] Vgl. Moses Rolle im Dtn!

[240] *wăjjo'mær jăhwœ̄ 'elâw* 11aα wird die Einleitung schon der ursprünglichen Gottesantwort gewesen sein.

Durch obige Ermittlungen ist das elohistische Bild von der Berufung Moses i. w. wiedergewonnen: Einst, da Mose beim Auftrieb der Herde Jetros, seines Schwiegervaters, an den Gottesberg Horeb kam 3 1*, trat ihm daselbst Elohim unter die Augen. Erschreckt ob solchem Anblick, verbarg Mose sein Gesicht 6b*. Elohim rief ihn an: »Mose! Mose!«, und dieser versetzte: »Da bin ich« 4b*. Gleich darauf oder wenig später fuhr er fort: »Was ist dein Name?« 13*. Der Erschienene bekannte freimütig: »Jahwe ist mein Name« 15*. Dann trug er Mose auf, zu den Israeliten nach Ägypten zurückzukehren[241] und ihnen (unter anderem) mitzuteilen, daß sie am Gottesberg »der Gottheit dienen« müßten 3 12*. Mose sträubte sich: »Ach, mein Herr, ich bin doch kein Mann von Worten, denn ich bin schwerfälligen Mundes und schwerfälliger Zunge« 4 10aαβ.b. Hierauf benannte Jahwe ihm Aaron, seinen Bruder, als Vermittler 14aβ(*).

Elohistische und redaktionelle Angaben über Aaron und sein Mittleramt

4 14aγ

Die Titulierung Aarons als *hallewî* 14aβ, auf E zurückgehend, drückt möglicherweise eine Eignung zum vorgesehenen Amte aus[242], jedenfalls aber meint sie etwas an Aaron objektiv Gegebenes. Demgegenüber führt uns die Fortsetzung der Gottesrede die Qualifikation des Mosebruders im gleichsam subjektiven Spiegel des göttlichen Bewußtseins vor: »Ich weiß, daß er sehr gut reden kann«, *jadă‘tî*[243] *kî dăbber jedăbber hû'* 14aγ. Solche Darstellungsweise ist kennzeichnend für den Verarbeiter[244]. Auch in anderer Hinsicht entspricht die fragliche Bemerkung seinem Stil: *dbr* pi.[245], adverbiale Näherbestimmung des Verbs durch seinen inf. abs.[246], ausdrückliche Nennung des Subjektes *hû'*[247].

4 14b

Mit einem Gedankensprung, welchen das von R^{JE} so geschätzte[248] *găm* nur sehr formell vermittelt, fährt Jahwe dann fort: »und siehe auch, er wird dir entgegengehen (*wegăm hinnē hû' joṣe' liqra'tæka*) und wird dich erblicken und sich freuen in seinem Herzen« 14b. Die Ankündigung des Rendezvous geht nach »Aaron, dein Bruder, ist doch

---

[241] Vgl. *wăjjašåb 'ărṣā miṣrajim* 4 20aγ und dazu unten S. 83f.

[242] Vgl. S. 66 Anm. 232.

[243] Vgl. dazu *jadă‘tî* 3 19 und *jodea‘* Gen 3 5 R^{JE}!

[244] Vgl. schon 3 7. 9. 19-22 Gen 2 18a 3 22 11 7a (zum Letzten s. S. 35f.) R^{JE}!

[245] Vgl. die Zusammenstellung S. 395!

[246] Vgl. die Zusammenstellung S. 396!

[247] Vgl. S. 396! Das Subjekt steht hier, für R^{JE} sozusagen ausnahmsweise, nach, wahrscheinlich, weil es betont sein soll, vgl. Anm. 252.

[248] Vgl. die weiteren Belege S. 395!

der Levit« 14aβ(*) E allenfalls noch an, obwohl schon da zu fragen wäre, ob die Quelle, wäre sie wörtlich zitiert, nicht auch den Ort der Begegnung von Mose und Aaron bezeichnet hätte. Ganz entschieden aus dem Rahmen der geschichtlichen Situation[249] springt dann aber die Vorankündigung des Wiedersehens und der Wiedersehensfreude. Hier hat, wie so oft, der Redaktor eine Nachricht in Rede übertragen[250], die vordem eine rein narrative Fassung hatte. Dieses Urteil wird man dann auch schon auf *joṣe' liqra'tæka* auszudehnen haben. In der Quelle war also nur als Faktum angezeigt, daß Aaron dem Mose entgegenging[251].

4 15. 16

Nach der Abschweifung 14b kehrt die Gottesrede zu ihrem Generalthema zurück: »Und du sollst zu ihm reden und die Worte in seinen Mund legen (*w^edibbărta 'elâw w^eśămta 'æt hădd^ebarîm b^epîw*), und ich werde mit deinem Mund und mit seinem Mund sein (*w^e'anokî 'æhjæ im pîka w^e'im pîhû*) und werde euch weisen, was ihr tun sollt (*w^ehôrêtî 'æt^ekæm 'et 'ašær tă'aśûn*). | Und *er* wird für dich zum Volk reden (*w^edibbær hû'*[252] *l^eka 'æl ha'am*), und es wird geschehen: Er wird dir zum Mund und du wirst ihm zum Gott werden (*w^ehajā hû' jihjæ ll^eka l^epæ w^e'ăttā tihjæ llô le'lohîm*)« 15. 16. Den Gedanken, daß Aaron den Sprecher Moses spielen soll, findet man hier zweifach ausgedrückt. Zunächst verbreiten sich v. 15. 16a darüber umständlich[253] mit einem Schwall von Alltagsworten, wie der Redaktor sie zu verwenden liebte: *śjm, hjh* und *'śh* qal[254], *dbr* pi.[255]. *jrh* hi. kam schon in 12 R^JE vor[256]. Typisch für den Bearbeiter sind ferner das *'ašær*-Sätzchen[257], das ausdrückliche und (unbetont!) seinem Prädikat vorauslaufende *'anokî*[258], die fromme allgemeine Redensart vom Mit-Sein Gottes[259], die Unbestimmtheit von *hădd^ebarîm*[260]. *tă'aśûn* schweift erneut vom Thema ab: Daß Mose und Aaron etwas »tun« müssen, war

---

[249] Vgl. die Zusammenstellung S. 398f.!

[250] Vgl. die Zusammenstellung S. 401f.!

[251] Weiteres darüber S. 91ff.

[252] *hû'* steht hier, entgegen der klassischen syntaktischen Regel, offenbar deswegen *nach* seinem Prädikat, weil es einen Akzent trägt; vgl. Anm. 247.

[253] Vgl. die Zusammenstellung S. 397f.!

[254] Vgl. die weiteren Belege S. 394!

[255] Vgl. S. 395!

[256] Vermutlich eignet dem Begriff schon ein spezifischer Zuschnitt auf die mosaische *tôrā*.

[257] Vgl. die Zusammenstellung S. 394!

[258] Vgl. die Zusammenstellung S. 396!

[259] Vgl. die weiteren Belege S. 391!

[260] Vgl. S. 391ff.!

bisher nirgends gesagt. — Knapp und höchst originell weiß demgegenüber v. 16b den Gedanken der Mittlerschaft Aarons zu fassen: Aaron soll Moses Mund und Mose soll Aarons Gott werden! Eine so ungeheuerliche Aussage konnte nur ein Theologe wie der Elohist erschwingen, der überzeugt war von einer letzten Affinität des Göttlichen und Menschlichen, und der sich darum auch die Vorstellung einer stufenweisen Vermittlung zwischen diesen Bereichen anzueignen vermochte[261]. Abgesehen von dem unnötigen proleptischen *wᵉhajā*[262], ist v. 16b wohl ziemlich wörtlich aus der E-Vorlage angeführt. Die Subjekte *hû'* und *'attā* werden ausdrücklich genannt und vor ihre Prädikate gerückt, weil sie betont sind[263]. *pǣ* versteht sich in übertragenem Sinne, während es v. 15 R^{JE} im eigentlichen verwendete!

Wann und warum Mose nach E den Zauberstab empfangen hat

4 17

V. 17 beschließt die Gottesrede, die seit ihrem Beginn 14aβ sich hauptsächlich der Mittlerrolle Aarons gewidmet hatte, mit einem unmotiviert scheinenden Umschlag des Gedankens: »und diesen Stab sollst du in deine Hand nehmen, mit welchem du die Zeichen tun sollst«, *wᵉ'æt hămmăṭṭæ hăzzæ tiqqăḥ bᵉjadæka 'ᵃšær tă'ᵃśæ bô 'æt ha'otot.*

4 20b

In 17a tritt uns ein im Kern alter Befehlsbericht zu Gesicht, der sich einem System von Parallelen einordnet[264], und zu dem sich auch noch der zugehörige Ausführungsbericht findet, bezeichnenderweise jedoch verschleppt nach v. 20b: *wăjjiqqăḥ mošæ 'æt măṭṭē ha'ᵉlohîm bᵉjadô* »da nahm Mose den Stab der Gottheit in seine Hand«. Der Gottesbezeichnung nach zu urteilen, stammen die beiden korrespondierenden Angaben von E. Solche Provenienz ist, mit größerer Sicherheit[265], auch daran zu ersehen, daß der *măṭṭæ* von 17a. 20b mit dem Zauberstab der elohistischen Plagenberichte identisch sein muß. Der Jahwist lehnte demgegenüber jede Vorstellung von Potenzen, welche, aus der Gottheit gewissermaßen entlassen, eine gewisse Selbständigkeit oder Eigenmächtigkeit erlangen, kategorisch ab[266].

Die Applikationen des Stabs schlossen sich bei E naturgemäß den Auftritten Moses vor Pharao an[267]. Moses Ausstattung mit dem Stab

---

[261] Vgl. dazu schon »Paradieserzählung« 118. 134.

[262] Vgl. die Zusammenstellung S. 398!

[263] Dies entspricht der klassischen Regel, vgl. dagegen Anm. 252.

[264] S. S. 9f.

[265] *ha'ᵉlohîm* 4 20b könnte u. U. erst vom Bearbeiter ergänzt worden sein.

[266] S. »Paradieserzählung« 93ff. 133.

[267] Vgl. S. 132f. 145f. (149. 158.) 212.

17a* E gehörte von Hause aus offenbar zu jener sich erst in Ägypten abspielenden Szene, wo Jahwe den Mose »zu Pharao gehen« hieß 3 10a* E[268]. Die Aushändigung des Stabs war dann nichts anderes als Jahwes Reaktion auf die Bedenken 3 11a E, womit Mose sich gegen den bezeichneten Auftrag gewandt! Jetzt hat der Redaktor diese durch die wenig oder gar nicht passenden Zusicherungen und Prognosen von 3 12 ersetzt[269]. Die alte Beauftragungsszene muß etwa den folgenden Verlauf genommen haben: Jahwe sagte zu Mose in Ägypten — gewiß bei ganz bestimmter und von E noch genannter Gelegenheit —: »Geh zu Pharao« 3 10a* »und sage zu ihm: So hat Jahwe gesagt: Entlaß mein Volk, daß sie mir dienen«[270]. Mose wollte nicht: »Wer bin ich, daß ich zu Pharao gehen soll?« 3 11a. Darauf händigte ihm Jahwe einen Stab aus: »Nimm den Stab in deine Hand« 4 17a*. »Und Mose nahm den Stab der Gottheit in seine Hand« 20b.

Der Erhalt des Stabs in redaktioneller Beleuchtung

Die Befremdlichkeit, daß Ausführungen über Aarons Mittleramt plötzlich der Hinweis auf die Überreichung des Stabes an Mose 17a folgt, erklärt sich jetzt unschwer aus dem schon wiederholt[271] wahrgenommenen Bedürfnis des Redaktors, die zwei verschiedenen Aufgaben Moses, bei seinen Volksgenossen bzw. beim ägyptischen König vorzusprechen, zu einer einzigen Beauftragungsgeschichte zu vereinen. Sowohl J wie E hatten sie noch säuberlich getrennt[272]. Das Urbild zu v. 17a sah wohl noch so aus: *qăḥ 'æt hămmăṭṭæ bejadæka.* Es setzte den *măṭṭæ* als schon einmal genannt voraus. Offenbar hatte der Elohist ihn zuvor schon irgendwie als Attribut der Gottheit gezeichnet — etwa im Zusammenhang einer ausgeführten Epiphanieszene, die der Redaktor unterdrückt hat[273]? Um die vorgefundene Notiz v. 17a* besser an die — aus der elohistischen Erstbeauftragungsgeschichte datierende — Angabe 16b heften zu können, stellte der Verarbeiter *'æt hămmăṭṭæ* an die Spitze des Satzes und ergänzte Kopula und Demonstrativum[274].

Wenn der Benutzer der Harmonie v. 17a liest, soll er dabei, nach dem Wunsche des Harmonisierers, an den *măṭṭæ* des jahwistischen Verwandlungswunders v. 2 denken. Den hatte Mose jedoch bereits

---

268 Vgl. S. 45. 67.

269 Vgl. S. 41f.

270 Vgl. S. 42 und weiter S. 100. 136.

271 Vgl. S. 49. 67.

272 Vgl. S. 67.

273 Vgl. die Zusammenstellung S. 405!

274 Weitere R^{JE}-Belege für Demonstrativa s. S. 393f.!

in der Hand gehalten, als ihn Jahwe daraufhin ansprach; es war sein eigener, ein ganz gewöhnlicher Stab. Den Stab von v. 17a* E hingegen bekam er erst ausgehändigt; es war ein ganz besonderer, ein »Gottesstab« 20b. An jenem demonstrierte Jahwe seine Wundermacht und damit sich selbst; durch diesen sollte Mose zum Thaumaturgen qualifiziert werden. Die einschneidende Bedeutungsdifferenz zwischen »Stab« hier und »Stab« da ließ der Komponist sich nicht anfechten. Ihm kam's allein auf den Schein der Selbigkeit an, auf die formelle Identität der Stichwörter[275].

In der Vorlage zeigte der Auftraggeber dem Beauftragten vermutlich noch an, was er mit dem Stabe anfangen soll oder inwiefern sich derselbe eigne, Moses Besorgnisse 3 11a zu zerstreuen; darüber soll später[276] noch genauer nachgedacht werden. Was uns *'ᵃšær tăʿᵃśæ bô 'æt ha'otot* 17b jetzt als Zwecksetzung des Stabes hinstellt, cachiert nur die ursprünglichen Verhältnisse. Die Bemerkung zielt nicht mehr nur auf Moses Erstauftritt, sondern, teilweise noch Fernliegendes ankündigend, gleich auf alle seine Auftritte. Die vormals je und je ganz bestimmten Zauberwirkungen Moses mit Hilfe des Stabes, also die verschiedenartigen ägyptischen Plagen, vereinerleit sie mit dem nichtssagenden Allgemeinbegriff[277] *'otot*. Weitere Indizien für R^{JE} sind das vulgäre *ʿśh* qal und die Partikel *'ᵃšær*[278]. Letztere ist von ihrem Bezugswort *hămmăṭṭæ*, das dem Verfasser von v. 17b in v. 17a* E ja schon vorgegeben war, über die Gebühr weit entfernt.

Verschiedene Bedeutungsnuancen des Begriffes *'ot*: »Zeichen« oder »Wunder«

ha'otot 17b R^{JE} meint nicht die zurückliegenden Beglaubigungs-»Zeichen« Moses 4 1ff., sondern zielt, wie man an dem imperfektischen *tăʿᵃśæ* sieht, auf Künftiges: auf die ägyptischen Plagen. Inwiefern aber sollen diese »Zeichen«, *'otot*, sein? Der Verfasser von v. 17b hat sich diese Frage nicht gestellt. Für ihn waren die Plagen, die Mose durch Stabmanipulationen herbeiführen sollte, einfach *miracula*[279], d. h. sie waren ihm *an sich* wichtig. Im Sprachgebrauch des Redaktors bedeutet *'ot* also nur mehr so viel wie das deutsche »Wunder«. Nimmt man *'ot* dagegen in seinem eigentlichen Sinne, so kann das Wofür, das jenseits des »Zeichens« liegende Gezeigte, niemals weggedacht, auch nicht zeitweilig suspendiert werden; vielmehr bleibt es für den Begriff oder schon für den Sachverhalt, den er umreißt, schlechterdings konstitutiv. Solche Sachverhalte faßte der Jahwist noch ins Auge, wenn er die Verwandlungswunder von 4 2-4. 6f. als *'ot(ot)*

---

275 Vgl. S. 399!

276 S. S. 146f.

277 Vgl. die Zusammenstellung S. 391ff.!

278 Vgl. S. 394!

279 Vgl. die Zusammenstellung S. 405!

bezeichnete 3 12aβγ*. Sie sollten von den »Ältesten Israels« nicht etwa *an sich* angestaunt werden, sondern sollten ihnen *bezeugen*, daß Jahwe den Mose gesendet hat. Hinsichtlich dieser ihrer Bedeutsamkeit, ihres Zeige-Charakters, grenzten sie sich aus von anderen wunderbaren Ereignissen als Jahwes Epiphanie[280].

4 8. 9

Wenn der Redaktor in v. 8. 9 die jahwistischen Beglaubigungszeichen auch seinerseits noch *'otot* nannte, so schloß er sich dabei zunächst noch in etwa dem Verständnis seines Vorgängers an: Die Vorfälle sind noch nicht geradezu als Selbstwert ausgegeben, sie sollen noch Zeugnis ablegen. Zeugnis allerdings nur mehr für Mose, auf daß *er* Gehör, Gehorsam und Glaube finde! Insofern ist die alte Pointe eben doch abgebrochen: Statt Jahwe als den Auftraggeber Moses aufzuweisen, sollen die *'otot* die Glaubwürdigkeit Moses *be*weisen 8. Die Israeliten sollen dadurch überzeugt werden von etwas, das sie vordem bezweifelt hatten v. 1: von der Stichhaltigkeit der Behauptung Moses, ihm sei Jahwe erschienen. Die Theophanievorstellung des Jahwisten geriet mithin ins Räderwerk rationaler Manipulationen. Dementsprechend mußten sich die beiden Aussatzwunder als stärkerer Beweis werten lassen als die beiden Stabwunder, und der stärkere Beweis wurde durch einen noch stärkeren überrundet v. 9. Schließlich galt es ja, die hohen Ansprüche der ungläubigen *ratio* zu befriedigen! Damit sind aus den Vorfällen, die einmal echte »Zeichen« waren, unter den Händen des deuteronomistischen Redaktors schließlich doch noch Mirakel geworden.

Mose verabschiedet sich von Jetro

4 18

V. 17 schließt die Berufungsgeschichte der Harmonie in etwa ab[281]. V. 18 berichtet, Mose habe den Schauplatz dieser Geschichte hinter sich gelassen: »Da ging Mose und kehrte zurück zu Jeter, seinem Schwiegervater (*wăjjelæk mošæ̆ wăjjašåb 'æl jætær*[282] *ḥotenô*) und sagte ihm: Ich möchte jetzt gehen und zurückkehren zu meinen Brüdern, welche in Ägypten sind (*wăjjo'mær lô 'elekā nna' we'ašûbā 'æl 'ăḥăj 'ašær bemiṣrăjim*), daß ich sehe, ob sie noch am Leben sind (*we'ær'æ̆ hă'ôdam ḥăjjîm*). Da sagte Jetro dem Mose: Geh im Frieden (*wăjjo'mær . . . lemošæ̆ lek lešalôm*).« Jetro zählt zum Personal der elohistischen Quelle[283]. Daß Mose sich nach seiner Berufung am Gottesberg

280 Vgl. dazu S. 60ff.

281 Der Abschluß wird dadurch beeinträchtigt, daß Mose in v. 19. 21 noch zweimal von Jahwe angesprochen wird, ohne daß geklärt wäre, ob das anläßlich der Berufung geschah oder später.

282 Zur Form s. S. 22 Anm. 2.

283 S. S. 23f.

nicht sofort nach Ägypten begab, sondern erst zum Besitzer der Herde, die er hütete (und damit zugleich zu seinem Weibe Sippora und ihren beiden Söhnen[284]), ist in den Voraussetzungen der elohistischen Geschichtsdarstellung begründet. V. 18 basiert demnach deutlich auf einer Notiz der Nordreichquelle. In der Verbindung des Namens *jætær* mit der Verwandtschaftsbezeichnung *ḥotenô* ist dem Vers ein Stempel elohistischer Provenienz aufgedrückt[285].

Außerdem lassen sich elohistische Analogien zu dem Jetrowort *lek lešalôm* namhaft machen: Gen 26 31 44 17 Ex 18 7.

In Gen 26 31 heißt es von Isaaks Besuchern: »Da geleitete sie (*wăjješăllе ḥem*) Isaak, und sie gingen von ihm weg in Frieden (. . . *bešalôm*).« Hier ist es das Motiv des freundlichen Geleitens[286], was die Herkunft der Angabe aus E wahrscheinlich Ähnlich freundschaftlich accompagnierte Elohim die scheidende *ḥăwwā* Gen 3 23* E[287], Abraham die drei Männer, die ihn im nachmaligen Baumheiligtum Mamre aufgesucht hatten 18 16* E[288], Abraham die mißliebig gewordene Hagar 21 14 E[289] und die Söhne seiner Nebenfrauen 25 6 E[290], Laban den Jakob 31 27* E[291], Familienangehörige die abreisende Rebekka 24 59 E[292]. Deutlich handelt es sich dabei um eine Geste der Höflichkeit, die zu beachten dem Elohisten auch sonst ein wichtiges Anliegen war[293]. — In Gen 44 17 erklärt Joseph seinen Brüdern mit Ausnahme dessen, bei welchem der vorgeblich entwendete Becher gefunden worden war: »Zieht in Frieden (. . . *lešalôm*) hinauf zu eurem Vater!« Das Gefäß war Joseph so kostbar, weil es ihm Wahrsagedienste leistete v. 5*. 15 — ein magischer Zug, der nur zur synkretistischen Physiognomie des Elohisten paßt[294]. Mithin erscheint auch das *lešalôm* von v. 17 als elohistisch. — Nach Ex 18 7 haben Mose und Jetro beim Wiedersehehn einander nach ihrem Befinden gefragt, *wăjjiš'alû 'îš lere'ehû lešalôm*. Selbstredend ist die Notiz nicht zu lösen von der vorauslaufenden Nennung Jetros[295]; auch sie und ihr *lešalôm* ist elohistisch!

---

284 Vgl. S. 24.

285 Vgl. die Sammlung der Belege S. 384!

286 Einen Bedeutungsunterschied zwischen diesem *šlḥ* pi. und demjenigen der Entlaßforderung (vgl. S. 42) hat der Elohist kaum empfunden.

287 Vgl. »Paradieserzählung« 62.

288 Vgl. S. 36 mit Anm. 61.

289 Die Herkunft der Erzählung, die Gen 21 zugrundeliegt, wird ersichtlich u. a. an dem *'ælohîm* von v. 6a. 12aα. 19aα und an der Wohnsitzangabe (vgl. die Zusammenstellung der E-Belege S. 387!) v. 21a.

290 Kennzeichen für E: *lqḥ* qal + *'iššā* 1 und *jld* qal + nomen geniti 2 gemäß dem genealogischen Schema von E (vgl. Gen 4, 18ff. 6 2 10 8a. 13*. 15*. 21*. 24f.* 11 29 E und dazu »Paradieserzählung« 76. 94), ferner *'æræṣ qædæm* 6 (vgl. dazu S. 83f.!).

291 Kennzeichnend für E: die an *šlḥ* pi. geknüpften Hinweise auf Gefühlsregungen v. 27f. (vgl. dazu S. 93ff.!).

292 Kennzeichnend für E die Zusammenstellung von Eigenname + Verwandtschaftsbezeichnung *ribqā 'aḥotam*, vgl. die Belegesammlung S. 384!

293 Vgl. die weiteren Belege S. 386f.!

294 Vgl. »Paradieserzählung« 85. 93ff.

295 Vgl. oben S. 23f.

Moses Abschied von Jetro in der Beleuchtung des Redaktors

Indessen hat der Elohist zu v. 18 doch nur die Basis abgegeben. Wesentliches zur gegenwärtigen Fassung des Verses steuerte erst R^{JE} bei. Seltsam und für den Quellenbericht undenkbar ist schon, daß in der Abschiedsszene Sippora und ihre beiden Söhne fehlen. Dazu kommt, daß v. 18 zweimal nacheinander die Verba *hlk* qal und *šwb* qal verbindet — zweifellos mit Absicht, denn dieses Wortpaar begegnet auch wieder in v. 19 und 21. Eine solche Spielerei mit Stichwörtern ist der Sache der Erzählung kaum förderlich; sie steht keinem der Quellenverfasser, desto besser aber dem formalistischen Epigonen R^{JE} an[296]. Auf sein Wirken deutet wahrscheinlich auch der Umstand, daß *'mr* qal zweimal mit *l^e* konstruiert ist[297] statt mit dem in den Quellen üblichen *'æl*. Das (entbehrliche!) Relativsätzchen *'ašær*[298] *b^emiṣrajim* kam gleichlautend in 3 7 R^{JE} vor. Vor allem aber macht sich die gegebene Fassung von v. 18 damit verdächtig, daß *'æl 'ăḥăj* als vorhanden setzt, was *ha'ôdam ḥăjjîm* gerade für fraglich erachtet! Hier ist nicht sauber gedacht bzw. Disparates miteinander verquickt worden.

Für das Letzte, also für eine anthologische Verwertung verschiedenartiger Quellenelemente in v. 18, findet sich eine Reihe von Anhaltspunkten: die Rede von den »Brüdern Moses«, das Motiv neugierigen »Sehen«-wollens und die Frage nach dem »noch am Leben«-Sein.

Erstens: Die originelle Bezeichnung der in Ägypten weilenden Israeliten als »Brüder Moses« *'(ăḥăj* 18) weist doch wohl auf die nämliche Vorlage zurück wie die Erzählungsstücke *wăjjeṣe' 'æl 'æḥâw* »da ging (Mose) zu seinen Brüdern hinaus« und *'îš 'ibrî me'æḥâw*[299] »ein hebräischer Mann von seinen Brüdern« in 2 11. Diese Stücke gehören ihrerseits zum Grundbestand der beiden Kurzgeschichten 2 11f.*. 13f.*, wie man zumal an dem abermaligen *wăjjeṣe'* v. 13 sehen kann. Beide wollen die Neigung und Befähigung Moses zum Amt des Richters schildern. *'ibrî* 11 und *'ibrîm* 13 erinnern an *ha'ibrijjîm/ha'ibrîm* 3 18b 5 3 J[300]. Eben der Jahwist war es offenbar auch, der Mose *a parte potiori* als Richtergestalt deuten wollte: In Ex 18 rivalisiert ein solches Mosebild[301] mit einem anderen, wo Mose als orakelgebende Instanz gilt[302]. Das zweite erweist sich als elohistisch[303]; dann wird, sollte man meinen, für das erste J zuständig sein. Den definitiven Beweis kann Ex 24 14b erbringen, wo Mose für die Zeit seiner Ab-

---

[296] Vgl. die Zusammenstellung S. 399!

[297] Vgl. die weiteren Belege S. 395!

[298] Vgl. die Belegesammlung S. 394!

[299] *me'æḥâw* ist hier wahrscheinlich vom Redaktor ergänzt, trifft aber genau die Meinung der Vorlage.

[300] Vgl. S. 50f.

[301] V. 13. 16. 22. 26.

[302] V. 15b. 19b.

[303] S. *lidroš 'ᵉlohîm* 15b sowie *mûl ha'ᵉlohîm* 19b und beachte den für E charakteristischen Mittlergedanken (dazu vgl. S. 70).

wesenheit Aaron und Hur zu seinen Stellvertretern im Richteramt bestimmt[304]. Dieses seltene, eigentümliche Männergespann wird durch 17 10b eindeutig als jahwistisch definiert[305]. Auf dem Umweg über die Richterkonzeption Moses und den Begriff *ʿibrî* kommen wir also gleichermaßen zu dem Ergebnis, daß die Kurzgeschichten 2 11f.*.13f.* und damit die Bezeichnung der Hebräer als »Brüder Moses« aus der Südreichquelle datieren.

Was jetzt als *'ăḥāj* dasteht 4 18[306], in welchem Zusammenhang mag das Motiv beim Jahwisten vorgekommen sein? Hatte dieser erzählt, daß Mose nach seiner Berufung am Dornbusch Abschied von Reuel, dem »Priester von Midian«[307], nahm, daß er zu Reuel etwa bemerkte: *'ašûbā 'æl 'ăḥāj* »ich möchte zu meinen Brüdern zurückkehren«? In der Tat wird man *'ašûbā 'æl* von dem jahwistischen *'ăḥāj* nicht ohne Not trennen, und der Annahme einer Abschiedsszene auch bei J kommt von vornherein ein gewisses Maß an innerer Wahrscheinlichkeit zu. Leider kommt man jedoch über dieses Mutmaßen nicht mehr hinaus. Der Redaktor hat über die Beziehungen des jahwistischen Mose zum Priester von Midian eine undurchdringliche Decke des Schweigens gebreitet. Ihn, der nach deuteronomistischer Manier[308] sein Volk für das allein erwählte hielt, muß eine Darstellung, welche Mose zum Adepten eines ausländischen Religionsvertreters stempelte, im Grunde der Seele entsetzt und verdrossen haben.

Wenn sich bei J die Notiz *'ašûbā 'æl 'ăḥāj* fand, so hat man vermutlich bei E *wăjjelæk mošæ̆ 'æl jætær ḥotenô* (vgl. v. 18aα) gelesen. Damit hätten wir eine plausible Erklärung dafür gewonnen, wie der Redaktor dazukam, die Wörter *hlk* qal und *šwb* qal in v. 18 zweimal zu kombinieren: Mit Rücksicht auf J hätte er elohistisches *wăjjelæk mošæ̆* durch *wăjjašåb* ergänzt 18aα, mit Rücksicht auf E aber dem jahwistischen *'ašûbā* das *'elekā nna' we* von 18aβ(γ) vorausgeschickt.

Zweitens: Mose erklärt, zu seinen Brüdern zurückzuwollen, um irgendetwas zu »sehen«, *we'ær'æ̆* 18. Das Motiv neugierigen oder sonstwie engagierten »Sehen«-wollens ist innerhalb der alten Pentateuchstücke mehrfach für J verbürgt. Angesichts des brennenden Buschs dachte Mose: »Ich will mal hingehen, daß ich sehe (*we'ær'æ̆*), warum der Dornbusch brennt« 3 3* J[309]. Jahwe gewahrte dann auch, daß er hinging, »um zu sehen« (*lir'ot*) 3 4a J. In Gen 2 19* J[310] stellte Jahwe »dem Menschen« das von ihm gebildete Getier vor, »um zu sehen« (*lir'ôt*), wie er's nennen würde. Nach 11 5* J[311] fuhr er herab, um den Turm »zu sehen« (*lir'ot*), ähnlich nach 18 21* J[312], weil er »sehen« wollte, was es mit Sodom und Gomorrha auf sich habe. Demnach hat es den Anschein, daß unser *we'ær'æ̆* von Ex 4 18 das offenbar jahwistische *'ašûbā 'æl 'ăḥāj*

304 Vielsagend ist der Vergleich von *băʿăl debarîm* — *dabar* in dem spezifischen Sinn von *causa*! — mit *kî jihjæ̆ lahæm dabar* 18 16!

305 S. S. 384f.

306 Es handelt sich um einen Fall von »Übertragung«, vgl. dazu die Zusammenstellung S. 401f.!

307 Vgl. S. 24f.

308 Vgl. Dtn 7 6-8 10 15 14 2 28 9f. Ex 19 5 u. a. m. sowie die Zusammenstellung S. 403f.!

309 Vgl. S. 25ff.

310 Vgl. »Paradieserzählung« 27.

311 Vgl. oben S. 35f.

312 Vgl. S. 36.

von jeher fortgesetzt habe. »Ich möchte zu meinen Brüdern zurückkehren, um zu sehen . . .«, hätte demnach der jahwistische Mose zu Reuel gesagt. Offen bleibt dann jedoch, *was* er bei seinen Brüdern »sehen« wollte.

Drittens: Der Verfasser der Harmonie gibt uns jetzt an, Mose habe »sehen« wollen, »ob sie noch am Leben sind«, *hă ʿôdam ḥăjjîm*. Aber diese Fortsetzung verleugnet ihre Voraussetzung. Sie kommt als ursprünglich nicht in Betracht. Auf der anderen Seite erscheint unsere *ʿôd ḥăj*-Frage als Glied in einer Kette von analogen Aussagen, die nicht erst in der Werkstatt der Redaktion geschmiedet worden sein kann. Nach Gen 43 7 erkundigte sich Joseph bei seinen Brüdern: *hăʿôd ʾᵃbîkæm ḥaj* »ist euer Vater noch am Leben?«, ähnlich nach 43 27: *hᵃšalôm ʾᵃbîkæm . . . hăʿôdænnû ḥăj* »befindet sich euer Vater wohl? . . . ist er noch am Leben?«. Er bekam zur Antwort: *šalôm* . . .[313] *leʾabînû ʿôdænnû ḥăj* »unser Vater . . . befindet sich wohl, er ist noch am Leben« 28. Ein drittes Mal taucht jene Nachfrage in 45 3 auf: *hăʿôd ʾabî ḥăj* »ist mein Vater noch am Leben?« Umgekehrt können die Brüder ihrem Vater melden: *ʿôd jôsep ḥăj* »Joseph ist noch am Leben« 26. Der Vater, als »Israel« bezeichnet, äußert darob seine Genugtuung: *răb ʿôd jôsep benî ḥăj* »genug! Joseph, mein Sohn, ist noch am Leben« 28. Als »Israel« dann schließlich den Totgeglaubten wieder in die Arme schließen durfte, brach es aus ihm hervor: *ʾamûtā . . . kî ʿôdeka ḥăj* »ich möchte sterben . . . du bist ja noch am Leben!« 46 30.

Herkunft des ʿôd ḥăj-Motivs

Zur Bestimmung der fraglichen Redensart müssen wir noch etwas weiter ausholen. Dabei sei ausgegangen von denjenigen Belegstellen, bei welchen die Untersuchung keine gar zu weitläufige Bemühung erfordert[314]. Nach dem Kontext von Gen 43 27f. legte Joseph die bewußte Frage jemandem[315] vor, der ehedem beim Empfang seine »Füße waschen« durfte; *wăjjirḥᵃṣû răgelêhæm* heißt es in dem überarbeiteten v. 24.

> Der letzterwähnten Notiz stellt sich an die Seite das zweifellos elohistische[316] *werăḥᵃṣû răgelêkæm* »und wascht eure Füße« von Gen 18 4 und 19 2.

Zugleich richtete Joseph die Frage an jemanden, der ihm ein Geschenk, eine *minḥā*, überbringen wollte v. 25f.*[317].

> Dazu sind folgende ebenfalls elohistischen Parallelen zu vergleichen: Gen 32 14 erzählt von Jakob: »Er nahm von dem, was ihm zur Hand kam, ein Geschenk für Esau, seinen Bruder«, *minḥā leʿeśaw ʾaḥîw*[318]. Jakob forderte Esau dann auf: »so nimm mein Geschenk an aus meiner Hand«, *welaqăḥta minḥatî mijjadî* 33 10*[319].

---

313 *leʿăbdeka* ist Zutat der Redaktion, vgl. S. 64 zu 4 10.

314 Dies wäre der Fall bei Gen 43 7 45 3. 26.

315 Das Ergebnis der Quellenbestimmung vorwegnehmend sei dazu bemerkt: Aus Gen 42 16aα. 27*. 37* 43 8a*. 9a u. a. läßt sich entnehmen, daß der elohistische Joseph Ruben als einzigen von seinen angekommenen Brüdern wieder heimließ, mit der Auflage, Benjamin zur Stelle zu schaffen. Die derzeitige Darstellung nimmt Rücksicht auf die parallele Berichterstatttung von J (s. 42 18. 19*).

316 Vgl. dazu S. 36 mit Anm. 61.

317 Vgl. auch noch v. 11.

318 Kennzeichnend für E das Nebeneinander von Eigenname + Verwandtschaftsangabe, vgl. die Zusammenstellung S. 384!

319 Diese (leicht überarbeitete ([vgl. das *qăḥ naʾ* von v. 11!]) Angabe erscheint eng verbunden mit *kî ḥănnănî ʾᵉlohîm* (!) 11.

Der Gefragte hatte sich, als er Joseph erblickte, vor ihm zu Boden geworfen: *wăjjištăḥ*ª*-wû lô 'arṣā* »und sie fielen vor ihm zur Erde nieder« sagt v. 26*, diese Angabe fälschlich auf eine Mehrzahl beziehend[320].

Entsprechendes behauptete E nach Gen 18 2 von Abraham angesichts der »drei Männer«, die ihn besuchen kamen, in 33 3b[321] von Jakob gegenüber Esau: *wăjjištăḥû 'arṣā*. Vor den drei numinosen Gestalten hat sich ganz ebenso Lot verneigt: *wăjjištăhû 'ăppăjim 'arṣā* 19 1 E.

Der Gefragte hatte Benjamin zum Begleiter. Joseph faßte diesen besonders ins Auge: *wăjjiśśa' 'ênâw wăjjăr' 'æt binjamîn 'aḥîw bæn 'immô* »da erhob er seine Augen und erblickte Benjamin, seinen Bruder, den Sohn seiner eigenen Mutter« v. 29.

Auch diese Bemerkung umschließt typisch elohistische Stilmomente: die Verbindung von Eigenname + Verwandtschaftsangabe(n)[322] und die Redensart vom »Augenerheben und Erblicken«. Das erstgenannte Moment ist uns bereits geläufig. Zum zweiten seien verschiedene weitere Belege angeführt, alle elohistischer Herkunft:

wajjiśśa' lôṭ 'æt 'ênâw wăjjăr' »da erhob Lot seine Augen und erblickte« Gen 13 10[323]

wăjjiśśa' 'ênâw wăjjăr' »da erhob er (scil. Abraham) seine Augen und erblickte« 18 2[324]

wăjjiśśa' 'ăbraham 'æt 'ênâw wăjjăr' »da erhob Abraham seine Augen und erblickte« 22 4. 13[325]

wăjjeṣe' jiṣḥaq ... lipnôt 'æræb wăjjiśśa' 'ênâw wăjjăr' ... wăttiśśa' ribqā 'æt 'ênæha wătteræ' 'æt jiṣḥaq »Isaak ging hinaus ..., als der Abend hereinbrach, und er erhob seine Augen und erblickte ..., und Rebekka erhob ihre Augen und erblickte Isaak« 24 63f.[326]

wăjjiśśa' jă'ªqob 'ênâw wăjjăr' wᵉhinnē 'eśaw ba' »da erhob Jakob seine Augen und bemerkte: ach, Esau kam daher« 33 1[327]

wăjjiśśa' 'æt 'ênâw wăjjăr' »da erhob er (scil. Esau) seine Augen und erblickte« 33 5[328].

Die verschiedenartigen Materialien, die eben zum Vergleich angeführt wurden, führen doch einhellig zu dem Schluß, daß die *'ôd ḥăj*-Frage von Gen 43 27f. elohistischer Herkunft ist.

---

320 Vgl. S. 77 Anm. 315.

321 Für E beweist der enge Zusammenhang obiger Angabe mit *wăjjiśśa' jă'ªqob 'ênâw wăjjăr'* 1 E (s. unten bei Anm. 327) sowie mit *wăjjarâṣ 'eśaw liqra'tô* 4 E (s. S. 92f).

322 Vgl. die Zusammenstellung S. 384!

323 Zusammen mit v. 12 (Ende) liefert diese Angabe die Voraussetzung zu Gen 19 1* = E.

324 Vgl. S. 36. 77.

325 Vgl. S. 27 mit Anm. 26.

326 Kennzeichnend für E ist die Tageszeitangabe, vgl. »Paradieserzählung« 93f. sowie unten die Zusammenstellung S. 388! Ferner hängt die Notiz mit dem elohistischen (s. S. 92f.) *hăholek ... liqra'tenû* 65 zusammen.

327 Als Jakob den Esau erblickte, »teilte er die Kinder (*hăjᵉladîm*)« 1. Esau frug, wer dieselben seien. Darauf Jakob: Es seien die *jᵉladîm*, die Elohim (!) ihm geschenkt habe 5.

328 Zur Herkunft der Stelle vgl. die vorige Anmerkung.

Bei *răb 'ôd jôsep b^enî ḥăj* Gen 45 28 liegt die elohistische Provenienz am Tage: Im Stile des Nordreicherzählers[329] läßt diese Notiz auf den Eigennamen Joseph als Apposition eine Verwandtschaftsbezeichnung folgen. — Die Überprüfung der Verhältnisse bei Gen 46 30 ergibt dasselbe Resultat: Dem Vater, der da erklärt »ich möchte sterben . . . du bist ja noch am Leben!«, war der angeredete Joseph entgegengefahren: *wăjjă'ăl liqră't jiśra'el 'abîw* »da fuhr er hinauf, Israel, seinem Vater, entgegen«, liest man in 46 29a. Diese Bemerkung weist wieder das für E charakteristische Nebeneinander von Eigenname + Verwandtschaftsangabe auf. Kein Zufall ist es auch, daß sie für »Jakob« den Ehrennamen »Israel« gebraucht. Ein Schriftsteller, der nicht ohne die Zustimmung, sehr wahrscheinlich sogar auf ausdrücklichen Befehl des Königs von »Israel« seine Geschichtsdarstellung verfaßt hat, *mußte* für den Terminus *jiśra'el* eine Vorliebe bekunden, zumal dann, wenn dieser sich dem Stammvater aller zwölf Stämme beilegen, wenn sich damit also ein politischer Führungsanspruch des Nordreichs gegenüber dem Südreich andeuten ließ!

Hier sei noch eine Anzahl weiterer elohistischer Belegstellen für den Namen Israel angeführt: Nach Gen 32 29[330] bekam Jakob den Namen Israel, weil er »sich mit Gott geschlagen« hatte, *kî śarîta 'im 'ælohîm* (!). In 35 21 gibt die Nordreichquelle, die sich in besonderer Weise des Gegensatzes angenommen hat zwischen dem Wohnen in Städten und dem nomadischen Hausen in Zelten[331], Israel = Jakob für einen Beduinen aus: *wăjjissă'*[332] *jiśra'el wăjjeṭ 'âh^â lô* »da brach Israel auf und er schlug sein Zelt auf«. Gen 43 8. 11 fügen in der für E typischen Art[333] an *jiśra'el* eine Verwandtschaftsangabe an: *'abîw* bzw. *'^abîhæm*. Nach 46 2* rief Elohim den Israel an, und der antwortete mit dem ebenfalls spezifischen[334] »da bin ich«: *wăjjo'mær '^ælohîm l^ejiśra'el . . . jă'^aqob jă'^aqob wăjjo'mær hinnenî*. — Vom Vater übertrug sich der Ehrenname dann auf die Kinder: *wăjjiś^e'û b^enê jiśra'el 'æt jă'^aqob '^abîhæm*[335] »da hoben die Söhne Israels den Jakob, ihren Vater, empor« 46 5.

Als Joseph bei seinem Vater angelangt war, fiel er ihm um den Hals und weinte vor Rührung, *wăjjippol 'ăl ṣăwwa'râw wăjjebk* Gen 46 29b.

Äußerungen von Gefühlen gehören zur ständigen Ausstattung elohistischer Begegnungsszenen. Davon wird demnächst bei passenderer Gelegenheit besonders die Rede sein[336].

Conclusio: Auch das *'ôd^eka ḥăj* von Gen 46 30 ist für E gesichert. Ziehen wir dann auch gleich den Strich unter die ganze Aufstellung: Die drei untersuchten *dicta probantia* machten uns mit einer Fülle von Gesichtspunkten bekannt, die alle ohne Unterschied

---

329 Vgl. die Zusammenstellung S. 384!

330 Zur Herkunft der Stelle vgl. S. 45 mit Anm. 100.

331 Vgl. S. 36 mit Anm. 59. Ferner: *'^abî jośeb 'ohæl* in der elohistischen Genealogie Gen 4 20 (s. »Paradieserzählung« 76), *wăjjæ'^ehăl 'ăd s^edom* 13 12 E (vgl. S. 78 mit Anm. 323), *jośeb pætăḥ ha'ohæl* 18 1 E.

332 Vgl. *ns'* qal auch in Gen 11 2* E (s. »Paradieserzählung« 86)!

333 Vgl. die Belegesammlung S. 384!

334 S. S. 27f. Die in »Paradieserzählung« 48 ausgesprochene Vermutung, daß *ḥăwwā* auf Gottes Anruf mit *hinn^enî* geantwortet habe, gründete sich schon auf die Kenntnis der in Rede stehenden elohistischen Stileigentümlichkeit.

335 Wieder Eigenname + Verwandtschaftsangabe!

336 S. 93ff.

für die Herkunft des *'ôd ḥăj*-Motivs aus E sprechen. Die Nachfrage, ob dieser oder jener noch am Leben sei, und die Mitteilung, daß der eine oder andere sich noch am Leben befinde, ordnen sich denn auch auf das natürlichste ein in das Bild eines Literaten, der große Stücke hielt auf höfliche Sitte und guten Anstand[337] und auf die Wahrnehmung von verwandtschaftlichen Beziehungen[338].

Was hatte Mose ursprünglich gesagt, als er sich von Jetro (E) bzw. von Reuel (J) verabschiedete?

Soeben hat sich die Frage *hă'ôdam ḥăjjîm* in der redaktionellen Moserede von 4 18 als ein elohistisches Element herausgestellt. Man wird sich jetzt deshalb überlegen, in welches Aussagengefüge diese Frage einst eingebaut gewesen sein mag. Einem zum Konservatismus neigenden Beurteiler der Lage wird sich die Annahme empfehlen, ihr Standort sei schon immer ein mosaisches Abschiedswort an Jetro gewesen. In diesem Falle würde der elohistische Mose aber doch wohl auch schon geäußert haben, er wolle zurück, um zu »sehen«, ob die Seinen noch leben! Anders als so kann man sich nämlich die *'ôd ḥăj*-Frage kaum in das Abschiedswort eingeflochten denken. Ungeachtet des Vorhandenseins mehrerer jahwistischer Entsprechungen hätte man *we'ær'æ̅* 4 18 also dem elohistischen Erzähler zu überweisen. Das mag allenfalls möglich sein; wahrscheinlich indessen ist es nicht. Viel näher liegt die andere Möglichkeit, daß sich die *'ôd ḥăj*-Frage bei E noch auf ganz bestimmte Angehörige Moses, etwa auch, wie in der Josephsgeschichte, auf den Vater, bezog, und daß Mose sie seinem Bruder Aaron vorlegte, als er ihn auf dem Rückweg nach Ägypten wiedersah[339]. Für diese Auffassung spricht auch die Analogie der Verhältnisse bei Gen 43 27f. und 45 3. 26[340].

Demnach hat unser Redaktor das *hă'ôd(am) ḥăj(jîm)* von 4 18 aus seinem originären Sachzusammenhang gerissen und in die — zur Hauptsache ebenfalls nach E gezeichnete — Abschiedsszene hinein »übertragen«[341]. Wie das alte Abschiedswort Moses an Jetro gelautet hatte, bleibt dunkel. Man kann sich aber denken, daß Mose dem Schwiegervater seine Absicht mitteilte (eventuell auch begründete), wieder nach dem Land Ägypten zu gehen. Auch werden die beiden Männer eine Vereinbarung getroffen haben über den einstweiligen Verbleib der Sippora und ihrer Söhne[342] bei Jetro. 18 2. 5* E[343] zeigen jene bei diesem befindlich, als Mose, diesmal mit seinen Volksgenos-

---

[337] Vgl. die Zusammenstellung S. 386f.!

[338] Vgl. S. 384f.!

[339] S. S. 91ff.

[340] Zitiert S. 77.

[341] Vgl. die Zusammenstellung S. 401!

[342] Vgl. S. 24.

[343] Vgl. S. 22f.

sen, wieder zum Gottesberg kam. Ein Anlaß, *we'ær'æ* 4 18 von dem jahwistischen *'ašûbā 'æl 'āḥāj* zu lösen und für E zu reklamieren, besteht unter diesen Umständen nicht.

Das verlorene jahwistische Objekt zu *we'ær'æ* dürfte die Fronarbeiten betroffen haben, die von den Hebräern in Ägypten geleistet werden mußten[344]. Bekanntlich galt Mose auch dem Jahwisten als verheiratet und als Vater eines Sohnes[345]. Mutter und Sohn, deren Namen verschollen sind, u. U. auch nie genannt waren, haben nach diesem Erzähler den Heimkehrenden nach Ägypten begleitet.

4 20a

V. 20aαβ* J[346] zeigt noch, daß Mose sie auf einem Esel reiten ließ. Woher hatte er das Reittier bekommen? Etwa von Reuel? War Moses Frau, analog den Verhältnissen bei E, eine Tochter des »Priesters von Midian«? Diese Fragen muß man stellen; beantworten lassen sie sich aber nicht mehr.

Neuer Gottesbefehl an Mose, daß er nach Ägypten zurückkehren solle

Nach J und nach E hatte Mose schon bei seiner Berufung den Befehl bekommen, sich nach Ägypten zu begeben[347]. Auch die JE-Harmonie hat diesen Auftrag schon mehrfach berührt[348].

4 19

Man wundert sich darum, in v. 19 erneut von einem diesbezüglichen Befehle zu lesen: »Da sagte Jahwe zu Mose in Midian (... *bemidjan*): Geh, kehr zurück (*lek šûb*) nach Ägypten, denn die Männer, die nach deinem Leben trachten, sind alle gestorben (... *kî metû kål ha'anasîm hāmebāqešîm 'æt nāpšæka*).« Diese Bemerkung ist weder mit der Abschiedsszene 18 noch mit der Aufbruchsszene 20a fest verknüpft. Sie läßt also die geschichtlichen Verhältnisse außer acht — ein Zeichen dafür, daß R^JE ihr Verfasser sein könnte[349]. Seinem Stil entspricht auch die Allgemeinheit, die mangelnde Konkretion der Aussage[350]: *bemidjan* umreißt den Ort des Geschehens mit einem unverbindlich weiten Kreis; *ha'anašîm* läßt völlig offen, von wem Mose tödliche Gefahr drohte[351]; *kål* »alle« steht offenbar nur zum Zierat da[352]. Der Hinweis *hāmebāqešîm 'æt nāpšæka* auf ihre verderb-

[344] Vgl. 2 11-14* J!

[345] Vgl. S. 24 sowie unten S. 83.

[346] Näheres s. S. 83f.

[347] S. S. 67.

[348] In 3 13-15. 16 4 1. 5. 8f. 16.

[349] Vgl. die Zusammenstellung S. 398f.!

[350] Vgl. die Zusammenstellung S. 391ff.!

[351] Vgl. *ha'anašîm* auch in 5 9 10 7 17 9 R^JE!

[352] Vgl. die Zusammenstellung S. 394f.!

lichen Absichten soll doch wohl Bezug nehmen auf *wăjebăqqeš lăhᵃrog 'æt mošæ* »und er suchte Mose umzubringen« 2 15. Unser flüchtiger Schriftsteller übersah dabei aber ganz, daß er dort nur dem »Pharao« Mordabsichten zugeschrieben hatte[353]. Sein Hang dazu, den Mund recht vollzunehmen[354], ließ ihn aus dem einen Verfolger flugs deren viele machen, ohne daß hätte lange definiert zu werden brauchen, *welche. bqš* pi. + *næpæš* . . . »nach dem Leben von . . . trachten« hat formelhaften[355] Klang. Einen weiteren Hinweis auf die Autorschaft von R^JE^ darf man in der Wiederaufnahme des Stichwörter[356]-Paares *hlk* qal + *šwb* qal aus v. 18 erblicken. Sie kompensiert den fehlenden Sachzusammenhang durch eine formalistische Gemeinsamkeit.

Die beiden Quellen hatten für eine Wiederholung des Rückkehrbefehls sicher noch nichts übrig. Was aber bewog dann ihren Verarbeiter, v. 19 einzuschalten? Man muß wissen, daß diesem der Gedanke an eine Rückkehr von Israeliten nach Ägypten ärgerlich war[357]. Die Gründe einer solchen Gesinnung lagen in der Zeit: Ein Deuteronomist, der Palästina mit einer heilsgeschichtlichen Gloriole umgab[358], mußte die diversen Absetzbewegungen von Abrahamssöhnen nach dem Land der Pharaonen, wie sie die Wirren der ausgehenden Königszeit mit sich gebracht hatten[359], aus tiefer Seele verabscheuen. Die besonderen Umstände zwar, welche bei Mose eine Rückkehr nach Ägypten erforderten, konnte und wollte der Redaktor nicht negieren. Er hielt es aber für angebracht, daß Mose das »an sich« — eine für den Formalisten R^JE^ typische Betrachtungsweise![360] — so verwerfliche *šûb miṣrajim* eigens anbefohlen worden sei: v. 19.

Moses Rückkehr nach Ägypten — mit oder ohne Familie

Das probate Verfahren, disparate Aussagen durch gemeinsame Stichwörter aneinanderzuheften, sahen wir den Redaktor eben erst bei v. 18. 19 anwenden[361].

---

353 2 15 stellt sich seinerseits in redaktionellem Gewand dar, kennzeichnend dafür u. a. das pauschale *hăddabar hăzzæ*, vgl. dazu S. 393!

354 Vgl. die Zusammenstellung S. 397!

355 Vgl. die Zusammenstellung S. 390ff.! Besonders häufig kommt die fragliche Redensart im Jeremiabuch vor.

356 Vgl. die Zusammenstellung S. 399!

357 Vgl. zu 13 17 14 11f. R^JE^.

358 Vgl. 3 8. 17!

359 Vgl. II Reg 25 26 Jer 39 5 41 17 42 14. 19 43 7 44 1. Den Elephantine-Papyri nach zu schließen sind vielleicht schon Bevölkerungsteile des untergehenden Nordreichs nach Ägypten entronnen.

360 Vgl. die Zusammenstellung S. 399ff.!

361 S. 75. 82.

4 20
Bei v. 20 benutzt er es von neuem: »Da nahm Mose (*wăjjiqqăḥ mošǣ*) seine Frau und seine Söhne und ließ sie auf dem Esel reiten (*'æt 'ištô we'æt banâw wăjjărkibem 'ăl hăḥamor*); so kehrte er zurück ins Land Ägypten (*wăjjašåb 'ărṣā miṣrajim*); und Mose nahm (*wăjjiqqăḥ mošǣ*) den Stab der Gottheit in seine Hand (*'æt măṭṭē ha'ælohîm bejadô*).« Bindeglied ist das zweimalige *wăjjiqqăḥ mošǣ*[362]. Dasjenige von v. 20b stammt bekanntlich[363] aus der E-Vorlage. Dort schloß sich der Halbvers, Ausführungsbericht zum Befehlsbericht von 17a*, an die schon auf ägyptischem Boden spielende Szene an, wo Mose zu Pharao geschickt wurde. Aber auch dasjenige von v. 20aαβ war dem Redaktor anscheinend vorgegeben: Die hier vertretene Auffassung, daß Mose Frau und Söhne mit sich nach Ägypten nahm, läuft der elohistischen, wonach Sippora und ihre beiden Söhne bei Jetro zurückblieben[364], zuwider und wird aus J datieren. Anders als 20aαβ, zieht die genealogische Notiz 2 22a* J allerdings nur *einen* Mosesohn in Betracht, und bei dem einen ist es nach J wahrscheinlich auch geblieben[365]. *banâw* versteht sich dann als redaktionelle Angleichung an die elohistische Zweizahl der Söhne[366], als Ersatz für ein originäres *benô*. Der Esel (*hăḥamor*) war in v. 20aαβ* J nicht zum ersten Mal erwähnt; der Artikel setzt den Begriff als bekannt und damit als schon genannt voraus.

wăjjašåb 'ărṣā miṣrajim 20aγ ist einer eigenen Betrachtung wert. Für *'æræṣ miṣrăjim* sagte v. 19 R^JE lediglich *miṣrajim*. Die Verbindung von *'æræṣ* mit einem nomen territorrii ist innerhalb des älteren Pentateuchbestandes in auffallend vielen Fällen auf E zurückzuführen.

Dies ist zum Beispiel[367] der Fall bei *'æræṣ hăḥawîlā*, *'æræṣ kûš* Gen 2 11. 13[368] *'æræṣ nôd* 4 16[369] *'æræṣ šin'ar* 11 2[370] *'æræṣ hămmorijjā* 22 2[371] *'æræṣ qædæm* 25 6[372]. In Ex 2 15 heißt es von Mose: *wăjješæb be'æræṣ midjan* »er ließ sich nieder im Lande Midian«. Hier begegnet die in Rede stehende Kombination als Teil einer Wohnsitz-

---

362 Vgl. die Zusammenstellung S. 399!

363 S. S. 70.

364 Vgl. S. 22ff.

365 Vgl. S. 91 zu 4 25. Man könnte auch fragen, ob Mose mehr als zwei Personen auf den Esel geladen hätte.

366 Vgl. 24. Statt *banâw* hätte E aufgrund seiner matriarchalischen Vorstellungen eher *banǣha* bzw. genauer *šenê banǣha* (vgl. 18 6 E!) gesagt.

367 Weitere Beispiele S. 385!

368 S. »Paradieserzählung« 74.

369 S. S. 36 Anm. 59.

370 S. »Paradieserzählung« 86.

371 Vgl. S. 27f. mit Anm. 26.

372 Vgl. S. 74 mit Anm. 290.

angabe. Es war der Elohist, der, im Zuge seiner geographischen Interessen[373], Wert auf dergleichen Bestimmungen legte; vgl. außer *wăjješæb beʾæræṣ nôd* Gen 4 16 und ... *beʾæræṣ šinʿar wăjješebû šam* 11 2* E noch: *wăjjăšken miqqædæm legăn ʿedæn* Gen 3 14* E[374] *wăjješæb beʾelonê mămreʾ* 13 18 E[375] *wăjješæb bemidbăr paʾran* 21 21 E[376] *wăjješæb jiṣḥaq ʿim beʾer lăḥăj roʾî* 25 11 E[377]. Ein Aufenthalt Moses in Midain ist für J bereits durch die Gestalt des *kohen midjan* ziemlich verbürgt[378]; nun wird man aus 2 15 schließen, daß der Elohist Moses Berufung ebenfalls im Lande Midian lokalisiert hatte.

Da E den Vorgang, daß Mose nach Ägypten zurückkehrte, auf jeden Fall irgendwie angezeigt haben muß, empfiehlt sich jetzt die Annahme, daß v. 20aγ aus der Nordreichquelle übernommen ist.

Eine weitere Botschaft Jahwes an den König

In die Szene der Berufung Moses, die mit der Aushändigung des Stabes endigt 4 17, hat der Komponist allein dasjenige Gotteswort an den König eingearbeitet, welches die jahwistische Vorlage geboten hatte[379]. Die analoge Botschaft aus E, die in dem erstmaligen Entlaßbefehl bestanden haben muß[380], fand dort keine Verwendung.

4 21αβ

Es scheint, daß die neue Gottesrede in 4 21-23 das Versäumte nachtragsweise hereinholen möchte. Die Redeeinleitung *wăjjoʾmær jăhwǣ ʾæl mošǣ* »da sagte Jahwe zu Mose« 21aα folgt auf das in v. 20 Erzählte ähnlich unvermittelt wie ihre gleichlautende Vorgängerin 19aα R^{JE} auf v. 18. Der Redeanfang knüpft, über v. 20 hinweggreifend, unter Wiederaufnahme des Stichwörterpaares *hlk* qal + *šwb* qal an den redaktionellen Gottesbefehl *lek šub miṣrajim* 19aβ an: *belæktekа lašûb miṣrăjemā* »wenn du gehst, um nach Ägypten zurückzukehren« 21aβ. Dabei gilt Mose nach v. 20a doch schon als ein nach Ägypten Gelangter!

4 21aγ-b

In der Fortsetzung 21aγ-b der Rede machen sich Einflüsse der Priesterschrift geltend: »schau alle Wahrzeichen (*hămmopetîm*), die ich in deine Hand gelegt habe, daß du sie tuest vor Pharao; ich aber will sein Herz verstocken (*wăʾanî ʾaḥăzzeq ʾæt libbô*), und er wird das Volk nicht entlassen (*welo' ješăllăḥ* ...)«. Getreu dem Vorbild der

---

[373] Vgl. a. a. O. 33f. 65 und die Zusammenstellung unten S. 387!

[374] Dazu vgl. a. a. O. 65f.

[375] Vgl. S. 36. 77f.

[376] Vgl. S. 74 mit Anm. 289.

[377] Kennzeichen von E: *jiṣḥaq* + *benô* (vgl. S. 23f.) sowie der Begriff *beʾer* (vgl. S. 332).

[378] Vgl. S. 23ff.

[379] S. 3 18b*.

[380] Vgl. S. 65.

Harmonie bzw. schon des Elohisten ist hier zwar Mose, nicht Aaron[381], als der Wundertäter ausgegeben, und auch das Entlaßmotiv dürfte von dort stammen[382]; priesterlich ist jedoch wahrscheinlich der Begriff *môpet*[383] und sicher die Verbindung von *ḥzq* mit *leb*[384]. Für den Verfasser der JE-Harmonie gab es ja auch kaum einen Grund, nach 3 19 noch ein zweites Mal die Widersetzlichkeit des Königs in Aussicht zu stellen. V. 21aγ-b ist anscheinend erst nach ihm, durch R^P nämlich, hereingekommen. V. 22 ist dann die R^{JE}-Fortsetzung zu v. 21aαβ.

4 22. 23

Nach »wenn du gehst, nach Ägypten zurückzukehren« 21aβ fuhr also die redaktionelle Gottesrede folgendermaßen fort: »so sage zu Pharao: So hat Jahwe gesagt (*weʾamărta ʾæl pārʿō kō ʾamăr jăhwæ*): Mein Sohn, mein Erstgeborener ist Israel (*benî bekorî jiśraʾel*), | und ich sagte zu dir: Entlaß meinen Sohn, daß er mir diene, und du weigertest dich, ihn zu entlassen (*waʾomăr ʾelǣka šăllăḥ ʾæt benî wejăʿăbedenî wăttemaʾen lešällehô*). Siehe, ich werde umbringen deinen Sohn, deinen Erstgeborenen (*hinnē ʾanokî horeg ʾæt bin ka bekoræka*)« 22. 23. Einer Einleitung wie des vorhandenen *weʾamărta ʾæl pārʿō kō ʾamăr jăhwæ* hat der auf E zurückgehende[385] Entlaßbefehl von jeher bedurft.

3 10a

Ihr ging in der Vorlage dann etwa noch jenes *lekā ʾæl pārʿō* voraus, das der Redaktor jetzt in 3 10a installiert hat[386]; für *ʾæl pārʿō* hieß es dort also noch *ʾelâw*.

Die Entlaßforderung in seltsamer Einkleidung und Abwandlung

Der elohistische Erzähler hatte Jahwes Entlaßforderung an Pharao sonst immer so formuliert: *šallăḥ* (*ʾæt*) *ʿămmî wejăʿăbedunî*[387]. Warum tanzt diejenige von v. 22f. aus der Reihe?

5 1

Auch der in 5 1 eingearbeitete Ausführungsbericht bietet die Forderung, wenigstens bis einschließlich *ʿămmî*, in ihrer regulären Fassung dar. Anscheinend hat diese auch im Falle von v. 22f. als die ursprüngliche zu gelten. *ʿămmî* scheint da also nachträglich durch *benî* ersetzt. Jene Angabe, also »mein Volk«, war in Jahwes Mund auf keine Erklärung angewiesen. Anders bei dieser, bei »meinen Sohn«: Sie kann nicht auskommen ohne die vorauslaufende Feststellung *benî*

381 Vgl. dazu S. 9 mit Anm. 18.

382 Genaueres darüber S. 266f.

383 Vgl. 7 9 11 10 P^S.

384 S. S. 18f.

385 S. S. 42.

386 7 15f. hat die oben eruierte Anordnung noch erhalten.

387 Vgl. S. 4.

bekorî jiśra'el. Das spricht auch nicht für ihre Ursprünglichkeit. Mit dem Sohnestitel wollte der Bearbeiter, gut deuteronomistisch[388], dann wohl eine Vorzugsstellung Israels bei Gott zum Ausdruck bringen. Aber er wäre kaum auf den Begriff *ben* gekommen, hätte nicht ein anderer ihm denselben zugespielt. Wer war das? In welchem Zusammenhang fand der Redaktor dieses *ben* vor? Und wie erklärt sich die sinnlose Ungereimtheit, daß Jahwe in v. 23 vorgibt, die Entlaßforderung schon früher erhoben zu haben, daß er dem König vorwirft, sie verweigert zu haben? Bisher ist Mose doch noch gar nicht vor dem König aufgetreten; von seiner ersten Audienz ist erst in 5 1 die Rede!

Gewagte Machenschaften mit der traditionellen Vorstellung einer Tötung des ägyptischen Thronprinzen

Was die Mißachtung geschichtlicher Situationen[389] angeht, so sind wir vom Verfasser der JE-Harmonie freilich schon einiges gewohnt; aber an unserer gegenwärtigen Stelle hat er sich doch selbst übertroffen! Eine derart grobe Störung des Erzählungsablaufs läßt sich nicht allein seiner üblichen Unachtsamkeit, Flüchtigkeit und Kleinkrämerei anlasten. Sie muß schon noch besondere Gründe haben. Einen ersten Hinweis zur Lösung des Rätsels kann der Passus *hinnē 'anokî horeg 'æt bineka bekoræka* liefern. Den Gedanken, daß der Pharaonensohn sterben soll, hat der Redaktor gewiß nicht erst erfunden, sondern schon irgendwo aufgelesen. Für Ägypten kam der Tod des Thronfolgers einer nationalen Katastrophe gleich. Ein so schweres Geschütz ließ der Gewährsmann von R^{JE} doch wohl nicht am Anfang, sondern erst gegen Ende der Plagenserie auffahren! In der Tat handelt der vorhandene letzte Plagenbericht 11 1-8 12 29-33 von einer Tötung der Erstgeburt. Allerdings waren nach ihm die Erstgeburten in allen ägyptischen Häusern betroffen. Auch diese Version der Geschichte von der Tötung der Erstgeburt erscheint als quellenhaft: Sie wird deutlich von der in 12 21ff. verwerteten alten Passaätiologie vorausgesetzt[390]. Der Verfasser der Harmonie gab ihr zwar den Vorzug für seinen eigenen letzten Plagenbericht, brachte es aber nicht über sich, die andere ihm überkommene Anschauung, daß nur der Thronprinz ums Leben gekommen sei, einfach unter den Tisch fallen zu lassen. Wie sich im einzelnen noch zeigen wird[391], hatte er sie anfänglich sogar schon für seine eigene Darstellung der letzten Plage vorgesehen, so daß sie erst hintendrein doch noch Platz

[388] Vgl. z. B. Dtn 4 6f. 20. 33f. 37; weitere R^{JE}-Belege für das Motiv s. S. 403f.!

[389] Vgl. die Zusammenstellung S. 398f.!

[390] Genaueres darüber S. 269f.

[391] S. 259f.

machen mußte für ihre universale und insofern eindrucksvollere Konkurrentin. Erst in dem bis Kap. 11f. fortgeschrittenen Stadium seiner Kompositionstätigkeit, bezüglich des Kontextes von Kap. 4 also nachträglich, wies der Redaktor der Plagenankündigung *hinnē 'anokî horeg 'æt bin^eka b^ekoræka* ihren unzulänglichen Platz in 4 23 an[392].

Die einzelnen Phasen des ganzen Umpflanzungsprozesses lassen sich am Text noch einigermaßen ablesen: Die eben zitierte Strafankündigung 23b umschließt Elemente sowohl des jahwistischen wie des elohistischen Berichts über die Tötung der Erstgeburt[393]. Aus diesem Grunde muß ihr Wortlaut festgestanden haben, bevor sich der Redaktor dazu entschloß, sie nach Kap. 4 auszusiedeln. Dazumal bot die entstehende Quellenkompilation bei 4 23* noch die alte Fassung der Entlaßforderung: *šallăḥ 'æt ʿămmî w^ejăʿăb^edunî*. Als der Redaktor jedoch den bezeichneten Entschluß durchzuführen begann, gab ihm die vorgegeben gewesene und jetzt herangeholte Gestalt des Königs-Sohnes (*ben*!) die Idee ein, diese auszuspielen gegen das »Volk« (*ʿam*) der in 4 23* schon vorliegenden Entlaßforderung Jahwes — und zwar im Sinne der *talio*. Er ließ also *b^enî* »meinen Sohn« an die Stelle von *ʿămmî* »mein Volk« treten und deutete *wjʿbdnj* singularisch: »daß *er* mir diene«. Gleichzeitig sah er sich genötigt, dem Entlaßbefehl in seiner neuen Form die nötige Erklärung von *b^enî* vorauszuschicken: »mein Sohn, mein Erstgeborener ist Israel« 22bβ. Die Strafankündigung 23b war nunmehr dem Sachzusammenhang entrissen, aus welchem die Notwendigkeit der Strafe erhellte. Infolgedessen sah sich der Komponist gehalten, neue Gründe für das angekündigte Strafgericht namhaft zu machen. Hiefür ließ sich *erstens* die Entlaßforderung gebrauchen, wenn zwischen sie und ihre Einleitung noch *wa'omăr 'elæka* »und ich sagte zu dir« eingeschoben und dadurch *ad hoc* geschwind der Eindruck erzeugt wurde, die Forderung sei von Jahwe schon vorlängst erhoben, vom Pharao aber leider nicht befolgt worden. Seine gleichsam punktuelle (statt lineare) Denkungsart, die sich nur nach akzidentiellen Gesichtspunkten oder Bedürfnissen richtet, ließ den Bearbeiter dabei ganz übersehen, daß das, was er selbst vor 4 23 erzählt, für eine Verschuldung des Königs nicht die geringste Gelegenheit bietet.

Zweitens ließ sich zu dem fraglichen Behuf das alte, fest mit dem elohistischen Begriff des »Entlassens« verbundene[394] Motiv der Weige-

---

392 Wie er hier ein Vorkommnis »verfrühte«, hat er in Gen 3 18b. 21 die Versehung der Protoplasten mit Nahrung und Kleidung und in 3 20 die Erstvorstellung der *ḥăwwā* »verspätet« — allemal aus dem Grunde, weil er die betreffenden Motive an ihrem angestammten Platz nicht mehr gebrauchen wollte.

393 S. S. 259f.

394 Vgl. S. 5.

rung *m'n* pi. heranziehen: *wättᵉmaʼen lᵉšällᵉḥô.* Seine Funktion bei E hatte offenbar noch darin bestanden, den Fall zu erwägen, daß Pharao sich der Forderung Jahwes verschlösse, um dafür eine Plage anzudrohen[395]. Dies kann freilich nicht heißen, daß der Auftraggeber des elohistischen Mose schon beim ersten Mal, da er seine Entlaßforderung übermitteln ließ, ausdrücklich mit deren Verweigerung gerechnet und eine Gegenmaßnahme dafür vorgesehen hätte. Wer etwas erstmalig befiehlt, pflegt nicht gleich zu drohen. Ja, gerade das Fehlen einer Drohung hinter v. 23aβ* E wird den Redaktor nachmals dazu verleitet haben, die Androhung der Tötung des Königssohnes, die ihm bei Kap. 11. 12 überschüssig geworden war, nach 4 23b zu verlegen! Kap. 5 enthält denn auch nicht den geringsten Anhaltspunkt für die Annahme, daß zwischen dem ersten und zweiten Auftritt Moses vor dem König schon eine Plage eingetreten wäre. Das Weigerungsmotiv von 4 23aγ ist also im letzten Plagenbericht beheimatet. Zusammen mit der Strafankündigung 23b wurde es von dort nach Kap. 4 exiliert. Vor seiner Ausweisung gab es, wie noch immer in 7 27 8 17* 9 2 10 4, die Bedingung an, unter welcher die Strafansage 23b gelten sollte: »Weigerst du dich, ihn zu entlassen, so werde ich deinen Sohn, deinen Erstgeborenen, umbringen«.

Ein alter, abergläubischer Hochzeitsbrauch

4 24-26

Die in v. 24-26 vorliegende Beschneidungsepisode erscheint zunächst recht undurchsichtig: »Und es geschah auf dem Wege an der Nächtigungsstätte, da trat Jahwe an ihn heran und suchte ihn zu töten (*wäjᵉhî bäddæræk bämmalôn wäjjipgᵉšehû jähwæ wäjᵉbäqqeš hᵃmîtô*). | Da nahm Sippora ein Steinmesser und beschnitt die Vorhaut ihres Sohnes und ließ (sie) an seine Füße rühren (. . . *wättikrot ʼæt ʻårlät bᵉnah wättäggäʻ lᵉrägᵉlâw*); und sie sagte: Ein Blutbräutigam bist du für mich (*wättoʼmær kî ḥᵃtän damîm ʼättā lî*). | Da ließ er von ihm ab. Damals sagte sie ʻBlutbräutigamʼ zu den *mûlot* (*ʼaz ʼamᵉrā ḥᵃtän damîm lämmûlot*).«

Soviel ist immerhin deutlich, daß die Beschneidung von einer Frau vorgenommen wurde 25a: *ṣippōrā* hieß bei E[396], und anscheinend nur bei E[397], das Weib des Mose; der Beschnittene ist angeblich »ihr Sohn« gewesen. Angesichts der Bedeutung, die E den Müttern bei der Namengebung der Kinder beimaß[398], würde man sich bei

---

[395] Vgl. S. 5 und weiter S. 131f.

[396] S. S. 22ff.

[397] Vgl. das bloße *ʼištô* von 20aα J (insofern auch *haʼiššā* in der genealogischen Notiz 2 2a J).

[398] S. »Paradieserzählung« 87f.

ihm kaum darüber wundern, daß die Beschneidung von der Mutter vorgenommen worden sein soll. Es bleibt aber seltsam, daß v. 25a nur an *einen* Sohn denkt. Die elohistische Sippora hat ihrem Mann doch deren zwei geschenkt[399]! Erschwerend kommt noch hinzu, daß im Zentrum der Geschichte gar nicht ein Kind steht, sondern der Ehemann der Sippora: *Mose* war der Bedrohte 24; *Mose* kam nochmals mit heiler Haut davon 26a. Noch deutlicher wird das Sipporawort 25b: Es denkt an ein Vorkommnis in der Hochzeitsnacht der Sippora. Wenn nun angegeben ist, Sippora habe die abgeschnittene Vorhaut an die »Füße« ihres Sohnes bzw. ihres Mannes[400] »rühren lassen« 25aγ, so kann der ursprüngliche Bezug solcher Bemerkung jetzt kaum mehr fraglich sein: *r^{e}galîm* ist ein Euphemismus für das Geschlechtsorgan, und mit der Vorhaut ihres »Bräutigams« wird Sippora vordem natürlich ihre eigene Scham angerührt haben! Es handelte sich um eine symbolische Handlung, durch welche sie den lüsternen Intentionen des Dämons zuvorkam, der an Sippora das *ius primae noctis*[401] geltend machen wollte. Nachdem er so von Sippora überlistet worden war, ließ er von Mose sogleich ab 26a.

Damit sind die Umrisse jener Beschneidungsgeschichte hervorgetreten, die der Redaktor vorgefunden hat. Er fand dieselbe vor gewiß in der Nordreichquelle. Auf diese verweist uns nicht allein die Gestalt der Sippora, sondern auch und noch mehr die paganistische Vorstellung, daß ein göttliches Wesen mit einem menschlichen Weibe — ja eigentlich mit jeder jungen Braut! — sexuelle Kontakte aufzunehmen sucht[402]. Für den Synkretismus des elohistischen Erzählers ist ferner der Gedanke typisch, daß man den Gott durch symbolische Magie beeinflussen, um nicht zu sagen: hintergehen kann[403]. Mag immer auch schon E diesen Gott für »Jahwe« deklariert haben[404], die Namensänderung verhüllt doch nicht seine Natur. Dieser Gott ist geblieben, was er war: ein Unhold heidnischen Aberglaubens. Die Spukhaftigkeit der Umstände erinnert übrigens lebhaft an die Pniël-Geschichte von Gen 32 23ff., die ebenfalls auf E zurückgeht[405]. *wătto'mær* 25b verbindet sich nicht von ungefähr mit dem stereotypen *wătto'mær* der elohistischen Muttersprache[406].

---

[399] S. S. 24.

[400] Beide Deutungen von *l^{e}răg^{e}lâw* sind möglich; der Redaktor hat die Dinge wohl absichtlich im unklaren gelassen (s. S. 91).

[401] Vgl. dazu H. Greßmann, Mose und seine Zeit (1913) 57.

[402] Vgl. »Paradieserzählung« 94f.

[403] Vgl. die Zusammenstellung S. 388f.!

[404] Die Identifizierung der heidnischen Gottheit mit Jahwe wäre dem deuteronomistischen Redaktor von sich aus kaum eingefallen.

[405] S. S. 45 Anm. 100.

[406] Vgl. »Paradieserzählung« 88.

Die alte Beschneidungsgeschichte in der Verwendung des Redaktors

Moses Beschneidung nahm im Erzählungsablauf der Quelle einen wesentlich früheren Platz ein, nämlich dort, wo sein Aufenthalt bei Jetro und seine Verheiratung mit dessen Tochter geschildert war[407]. Der Nordreicherzähler scheint sich in seiner kultivierten Art recht gemütvoll über die Einzelheiten der Familiengründung Moses ausgelassen zu haben. Seinen Verarbeiter indessen beglückte solche Lektüre nicht sonderlich: Er zerstörte die Familienidylle und versprengte ihre Motive[408]. Nach dem Bemerkten versteht sich, daß die derzeitige Lokalisierung der Beschneidung »auf dem Wege« zwischen Ägypten und Horeb vom Redaktor stammt. Dessen Stil entspricht es auch, daß das Geschehene durch umständliches *wăjᵉhî* erst einmal allgemein anvisiert wird[409]. *wăjᵉbăqqeš hᵃmîtô* 24b gibt den alten Gedanken auch nicht mehr wortgetreu wieder; dazu ist die Angabe viel zu unanschaulich gehalten[410]. Außerdem gemahnt sie sehr an das redaktionelle *wăjᵉbăqqeš lăhᵃrog* von 2 15[411] und *hămᵉbăqqᵉšîm 'æt năpšæka* von 4 19[412].

Ist v. 24 damit im ganzen als ein redaktionelles Gebilde erwiesen, so bleibt doch zu beachten, daß auf das unbestimmte *băddæræk* noch eine wesentlich genauere Ortsbestimmung folgt: *bămmalôn*. Man vergleiche dazu die aus E hergeschriebene und dort noch auf Ruben bezogene[413] Notiz *latet mispô' lăḥᵃmorô bămmalôn* »um seinem Esel Futter zu geben an der Nächtigungsstätte« Gen 42 27. Auch unser gegenwärtiges *bămmalôn* wird aus einer der Vorlagen genommen sein. Aber aus welcher? Hochzeit und Beschneidung Moses fanden nach E ja sicher nicht nur auf einem behelfsmäßigen Rastplatz statt. Aus v. 14. 27 läßt sich jedoch auf ein anderes Ereignis elohistischer Berichterstattung schließen[414], welches sich irgendwo zwischen Ägypten und dem Gottesberg zugetragen hat: das Wiedersehen der Brüder Mose und Aaron! Wenn dieses jetzt in v. 27 »am Berg der Gottheit« lokalisiert wird, so handelt es sich um eine offenkundige Fehldeutung, welche die für E konstitutive Vorstellung ignoriert, daß Aaron dem Mose *entgegen*gezogen sei[415]. So dürfte in der Tat die Begegnung der Brüder oder irgendeine Weiterung von ihr in einem *malôn* stattgefun-

---

[407] Bei 2 21b E!

[408] Über die der Ehe entsprossenen Söhne s. S. 24.

[409] Weitere Belege s. S. 398!

[410] Vgl. die Zusammenstellung S. 393!

[411] Vgl. S. 82 mit Anm. 353. Zu *hrg* qal vgl. die Zusammenstellung S. 395!

[412] S. S. 81f.

[413] Vgl. S. 77 Anm. 315.

[414] Vgl. S. 68f. 91ff.

[415] S. S. 92f.!

den haben. Das *bămmalôn* der diesbezüglichen Notiz wählte der Redaktor dann als Haken, um daran die aus ihrer geschichtlichen Verankerung gelöste Beschneidungsgeschichte aufzuhängen.

Der urtümliche Brauch der Beschneidung des Bräutigams durch die Braut 25* war unserem Deuteronomisten nicht nur nicht geläufig, sondern dazu noch anstößig. Er schaffte den skandalösen Archaismus seiner Vorlage aus der Welt zugunsten einer eher zeitgemäßen Anschauung, indem er für Mose den Mosesohn als Beschnittenen einsetzte. Daß er sich dabei nur auf *einen* Sohn bezog, ist vielleicht als kleine Reverenz gegenüber der jahwistischen Darstellung[416] zu werten. Im übrigen lief die Redigierung weniger auf ein Eliminieren als auf ein Verdunkeln[417] der alten Anschauungen hinaus: Genug damit, daß Sippora mit der abgeschnittenen Vorhaut nicht mehr ihre eigene Scham berührt, ansonsten sei es ruhig dem Leser anheimgestellt, auf wen und auf was er *lerăgelâw* deuten möchte! Unter diesen Umständen bleibt auch unersichtlich, ob der Redaktor in v. 25b Mose oder den Mosesohn als Blutbräutigam tituliert wissen will. Eigentlich wohl am liebsten keinen von beiden; das beste wäre doch, wenn man das ominöse *ḥatan damîm* statt auf eine Person auf den Beschneidungsvorgang oder dergleichen[418] deuten würde! Gedacht, getan. Der Redaktor ließ Sippora also eine Korrektur oder Umdeutung ihres Wortes von v. 25b* E vornehmen: *'az 'amerā ḥatan damîm lămmûlot* 26b! — Angemerkt sei noch, daß auch das überflüssige *kî* hinter *wătto'mær* 25b durch ihn hereinkam[419].

Das Wiedersehen Moses und Aarons — ein Beispiel elohistischer Begegnungsszenen

4 27a

Unvermittelt, und unmittelbar von Jahwe, erhält Aaron einen Befehl: »Da sagte Jahwe zu Aaron: Geh Mose entgegen in die Wüste (. . . *lek liqră't mošæ hămmidbară*)« 27a. Wann und wo der Herr solches redete, erfährt der Leser nicht, so wenig wie er's bei v. 21* R^{JE} erfahren hatte. Ein Zusammenhang mit der Beschneidungsgeschichte 24-26 fehlt.

4 14

Es liegt aber auf der Hand, daß der Aaron von v. 27a mit dem Aaron, dem Bruder Moses, von v. 14 E[420] der Herkunft nach identisch

[416] Vgl. S. 83.

[417] Vgl. die Zusammenstellung S. 402!

[418] Von *mûlot* ist zwar die Etymologie, nicht aber der genaue Sinn klar. So viel aber ist immerhin deutlich, daß es keine Person, sondern ein Etwas bei der Beschneidung meint.

[419] Vgl. die weiteren R^{JE}-Belege S. 395!

[420] Vgl. dazu S. 66f.

ist; er soll ja Mose gleicherweise entgegenwandern wie jener. *jṣ'* qal + *liqrăʾt* 14 und *hlk* qal + *liqrăʾt* 27a sind also Varianten. Die zweite davon, mit dem jahwistischen[421] Wüstenmotiv (*hămmidbarā*) verquickt, war dem nivellierenden Einfluß der Redaktion offenbar stärker ausgesetzt. Die erste steht der originalen Aussage terminologisch näher. *jṣ'* qal meint in v. 14 kein förmliches Herausgehen aus etwas, sondern nur ein Weggehen oder Sich-Aufmachen[422]. In diesem speziellen Sinn läßt sich der Begriff ziemlich oft in der Nordreichquelle nachweisen.

Es seien hier einmal folgende Beispiele angeführt:

w^enahar joṣe' me'edæn »und ein Strom entsprang in Eden« Gen 2 10[423]

wăjjeṣe' qăjin ... wăjješæb b^e'æræṣ nôd »Kain machte sich auf ... und er ließ sich im Lande Nod nieder« 4 16[424]

wăjjeṣe' loṭ »da machte sich Lot auf« 19 14[425]

wăjjeṣe' jiṣḥaq laśûaḥ băśśadǣ »da machte Isaak sich auf, um auf dem Felde nachzusinnen« 24 63[426]

Die alte Erzählungsnotiz, die der Verarbeiter in ankündigende Gottesrede »übertragen«[427] und nach v. 14b verpflanzt hat, wird so gelautet haben: *wăjjese'* (*'ăharon*) *liqrăʾt mošǣ 'aḥîw* »da zog Aaron Mose, seinem Bruder, entgegen«. Dazu finden sich wieder zahlreiche Entsprechungen, die samt und sonders dem elohistischen Werk entnommen scheinen.

Folgende Beispiele seien genannt:

wătteṣe' le'ā liqra'tô »da zog Lea ihm entgegen« Gen 30 16[428]

wăjjeṣe' mošǣ liqrăʾt ḥot^enô »da zog Mose seinem Schwiegervater entgegen« Ex 18 7[429]

wăjjarâṣ liqra'tam »da lief er ihnen entgegen« Gen 18 2[430]

wăjjaqâm liqra'tam »da erhob er sich, ihnen zu begegnen« 19 1[431]

---

421 S. S. 50f.

422 Vgl. schon S. 3. sowie die Zusammenstellung unten S. 385!

423 Zur Herkunft s. »Paradieserzählung« 74. Ein förmliches »*Heraus* gehen aus« Eden kann nicht gemeint sein, da der Garten, welchen der Strom anschließend bewässert, noch in Eden liegt.

424 Zur Herkunft s. S. 83.

425 Vgl. S. 36. 77 f.

426 Vgl. S. 78.

427 S. 68. sowie die Zusammenstellung S. 401f!

428 Kennzeichnend für E ist die vorauslaufende Tageszeitangabe *ba'æræb*, vgl. S. 78 mit Anm. 326 sowie die Zusammenstellung S. 388!

429 Vgl. S. 22f.

430 Vgl. S. 36. 77f.

431 Vgl. Anm. 425.

wăjjarâṣ ha'æbæd liqra'tah »da lief der Knecht ihr entgegen« 24 17[432]

wăjjarâṣ liqra'tô »da lief er ihm entgegen« 29 13[433]

wăjjarâṣ 'eśaw liqra'tô »da lief Esau ihm entgegen« 33 4[434]

wăjjă'ăl liqră't jiśra'el 'abîw »da fuhr er hinauf Israel, seinem Vater, entgegen« 46 29[435]

Wie man einen Scheidenden geleitet[436], so gehört es sich auch, daß man einem Ankömmling entgegengeht. Beide Vorgänge sind Steinchen von jenem bunten Mosaik höflicher Sitte, womit der Elohist seine schönes Werk geziert hat[437].

Woher aber hat denn der elohistische Aaron, der in Ägypten Befindliche, gewußt, daß sein Bruder Mose vom Land Midian heimzukehren im Begriffe war? Die nächstliegende Möglichkeit, daß er sich erst auf den Weg machte, als er Mose kommen sah, scheitert an dem ausdrücklichen Vermerk, der v. 14b* zugrunde liegt. Danach erblickte Aaron den Mose erst, als er schon unterwegs war. Dann dürfte v. 27a R^JE, obzwar gewandelt und ohne die alten Präzisierungen, noch die ursprüngliche Vorstellung bewahren: Jahwe befahl Aaron eigens das Entgegenziehen. Von daher wird auch begreiflich, daß das Wiedersehen der Brüder anscheinend in einiger Entfernung von Ägypten stattfand und gefeiert wurde: in einem *malôn*[438] an der Piste von Ägypten zum Gottesberg.

Gefühlsäußerungen als Attribute elohistischer Begegnungsszenen

4 14b

Das ankündigende *w^era'^aka w^eśamăḥ b^elibbô* 14b R^JE geht auf eine Angabe in narrativer Form zurück: Auf das vorhin ermittelte *wăjjeṣe' ('ăh^aron) liqră't mošæ 'aḥîw* folgte in der elohistischen Quelle offenbar ein *wăjjăr' 'otô wăjjiśmăḥ b^elibbô* »und als er ihn erblickte, freute er sich in seinem Herzen«. Zwischen den beiden Aussagen fand sich dort allerdings wohl noch einiges, das uns der Redaktor jetzt vorenthält, etwa eine über das bloße *bămmalôn* hinausgehende Notiz über den Ort des Wiedersehens. Das für v. 14b Verwertete hätte an sich in den Sachzusammenhang von v. 27 gehört. Nachdem es dort aber schon

---

432 Hier läßt sich, will man das *demonstrandum* nicht als *demonstrans* benutzen, die elohistische Herkunft nur aufgrund einer umständlichen Analyse des Zusammenhangs aufzeigen.

433 Kennzeichnend für E ist das vorausgehende *jă'^aqob* + *bæn '^aḥotô*, vgl. die Zusammenstellung S. 384!

434 Kennzeichnend für E: *'^ælohîm* v. 5 und *wăjjiśśa'* + *'ênâw* v. 1. 5 (s. S. 78).

435 Kennzeichnend für E: Name *jiśra'el* (vgl. S. 79!) + Verwandtschaftsangabe *'abîw* (vgl. S. 384!).

436 S. S. 74.

437 Vgl. die Zusammenstellung S. 386f.!

438 Vgl. S. 90f.

verausgabt war, setzte der Redaktor hier kurzerhand etwas Eigenes dafür ein.

4 27b

wăjjelæk wăjjipgᵉšehû bᵉhăr ha'ælohîm wăjjiššăq lô »da ging er und traf ihn am Berg der Gottheit, und er küßte ihn«, liest man jetzt in v. 27b. *wăjjelæk* sekundiert dem *lek* des redaktionellen Befehlsberichtes 27a; auf das dort noch erhaltene elohistische *liqră't* ist jetzt verzichtet. Dafür kam das reichlich unbestimmte *wăjjipgᵉšehû* herein[439]. Den *malôn*, woselbst Mose und Aaron nach E sich besprachen, hat der Verarbeiter in der Beschneidungsszene investiert v. 24. Deshalb sah er sich gehalten, auch dafür einen — unsinnigen![440] — Ersatz zu schaffen: *bᵉhăr ha'ᵆlohîm.*

Anders verhält es sich mit dem *wăjjiššăq lô.* Aaron soll Mose geküßt haben! Dieses Zeichen herzlicher Liebe ist durch die nüchternen Aussagen, die der Verfasser der Harmonie vorausgeschickt hat, unzureichend vorbereitet. Offenbar handelt es sich um ein Stück der alten elohistischen Schilderung. Dort ging dem in Rede stehenden Fragment das oben erschlossene *wăjjăr' 'otô wăjjišmăḥ bᵉlibbô* und dazu wohl noch der eine oder andere weitere Hinweis auf Äußerungen brüderlichen Empfindens voraus — Einzelheiten, die der gemütskarge Redaktor streichen zu sollen glaubte. Äußerungen herzlicher Gefühle im allgemeinen und das Einander-Küssen im besonderen gehören zur ständigen Ausstattung elohistischer Begegnungsszenen.

Hierfür einige weitere Beispiele:

wăjjo'mær 'elâw jiṣḥaq 'abîw gᵉšā nna' ûšᵉqā llî bᵉnî wăjjiggăš wăjjiššăq lô »da sagte Isaak, sein Vater, zu ihm: Tritt bitte herzu und küß mich, mein Sohn! Da trat er herzu und küßte ihn« Gen 27 26f.[441]

wăjjiššăq jă'ᵃqob lᵉraḥel wăjjišša' 'æt qolô wăjjebk »da küßte Jakob die Rahel, und er erhob seine Stimme und weinte« 29 11[442]

wăjjarâṣ liqra'tô wăjᵉḥăbbæq lô wăjᵉnăššæq lô »da lief er (scil. Laban) ihm (scil. dem Jakob) entgegen, und er umarmte ihn und küßte ihn« 29 13[443]

wăjjarâṣ 'ešaw liqra'tô wăjᵉḥăbbᵉqehû wăjjippol 'ăl ṣăwwa'raw wăjjiššaqehû wăjjibkû» da lief Esau ihm entgegen und umarmte ihn, fiel ihm um den Hals und küßte ihn, und sie mußten weinen« 33 4[444]

---

[439] Derselbe Ausdruck schon in v. 24 R^JE! Zu seiner Unbestimmtheit vgl. die Zusammenstellung S. 391ff.!

[440] S. S. 90.

[441] Kennzeichen für E: die Verbindung von Eigenname + Verwandtschaftsangabe, vgl. S. 384!

[442] Vgl. *nś'* qal + *qôl* mit der für E gesicherten Wendung *nś'* qal + *'ênăjim* (s. S. 78).

[443] S. S. 93 Anm. 433.

[444] S. S. 78 Anm. 434.

wăj^{e}măher jôsep kî nikm^{e}rû răḥ^{a}mâw 'æl 'aḥîw wăj^{e}băqqeš libkôt wăjja-bo' hăḥădrā wăjjebk šammā »da mußte Joseph eilen, denn sein Inneres entzündete sich für seinen Bruder, und er suchte zu weinen, ging in die Kammer und weinte dort« 43 30*[445]

w^{e}lo' jakol jôsep l^{e}hit'ăppeq ... wăjjitten 'æt qolô bib^{e}kî »da konnte sich Joseph nicht mehr beherrschen ... und er ergab seine Stimme dem Weinen« 45 1. 2[446]

wăjjippol 'ăl ṣăwwerê binjamin 'aḥîw wăjjebk ûbinjamin bakā 'ăl ṣăwwa'râw wăj^{e}năššæq l^{e}kăl 'æḥâw wăjjebk ... »da fiel er Benjamin, seinem Bruder, um den Hals und weinte, und Benjamin weinte an seinem Hals. Und er küßte alle seine Brüder und weinte ...« 45 14f.*[447]

wăjjăggeš 'otam 'elâw wăjjiššăq lahæm wăj^{e}ḥăbbeq lahæm »da zog er sie an sich (scil. Israel die Söhne des Joseph) und er küßte sie und umarmte sie« 48 10[448]

wăjjippol jôsep 'ăl p^{e}nê 'abîw wăjjebk 'alâw wăjjiššăq lô »da fiel Joseph vor seinem Vater nieder und weinte bei ihm und küßte ihn« 50 1[449]

wăjjeṣe' mošǣ liqră't ḥot^{e}nô wăjjištăḥû wăjjiššăq lô »da zog Mose seinem Schwiegervater entgegen und er verneigte sich vor ihm und küßte ihn« Ex 18 7[450].

Der Elohist muß ein Mann von bemerkenswertem Feinsinn und edler Herzensbildung gewesen sein, sonst hätte er sich in seinem Geschichtswerk nicht so nachdrücklich für Mitmenschlichkeit und gute Manieren eingesetzt. In der Beziehung konnte sein Südreich-Rivale nicht Schritt mit ihm halten.

Aaron wird in sein Amt eingeführt

Als der elohistische Mose am Gottesberg den Befehl erhielt, zu den Israeliten nach dem Land Ägypten zu gehen, benannte Jahwe ihm Aaron als Mittelsmann und stellvertretenden Sprecher v. 14*. 16*.

4 28

Dann war gewiß auch erzählt, wie der Mosebruder seine Rolle übertragen bekam. V. 28 mag mit der Anschauung recht haben, daß seine Amtseinführung schon beim ersten Wiedersehen erfolgte: »Und

---

445 Die Angabe scheint leicht redigiert. Zu ihrer Herkunft beachte man das *'^{æ}lohîm* in v. 29b.

446 Derselbe Joseph erklärt in v. 4: *'^{a}nî jôsep '^{a}ḥîkæm* (Eigenname + Verwandtschaftsangabe, s. S. 23!). Auf E weist auch der Ausdruck *bêt păr'ō* v. 2 zurück (vgl. dazu S. 101f. 148 u. a.).

447 Die (etwas überarbeitete) Angabe läßt auf einen Eigennamen wieder eine Verwandtschaftsangabe folgen (vgl. S. 23). Übrigens spiegelt sich in ihr das Liebeswerben des Staates Israel um den Stamm Benjamin wider!

448 Kennzeichen für E: *'^{æ}lohîm* v. 9, *jiśra'el* v. 8 (dazu s. S. 79!).

449 Zur Herkunft beachte das *jiśra'el* in v. 2.

450 Vgl. S. 92 Anm. 429.

Mose teilte Aaron alle Worte Jahwes mit, daß er ihn gesandt habe, und alle Zeichen, die er ihm befohlen hatte (*wăjjăgged . . . 'æt kål dib^{e}rê jăhwæ '^{a}šær š^{e}laḥô w^{e}'et kål ha'otot '^{a}šær siwwahû*).« Aber so formlos und allgemein[451] hatte der Quellenverfasser sich darüber noch nicht geäußert. Die Hereinnahme des jahwistischen Begriffes *šlḥ* qal[452] und der Versuch, dem elohistischen Mose die Beglaubigungszeichen des Jahwisten[453] anzuhängen, erweisen den Vers ganz klar als Bildung des Ausgleichsredaktors.

wăjjăgged erinnert an *higgîd* Gen 3 11 R^{JE}[454]. *dib^{e}rê jăhwæ* entspricht dem ebenso unbestimmten *d^{e}barîm* von v. 15 R^{JE}[455], die Mose dem Aaron »in den Mund legen« sollte. Daß gleich von »allen« Jahweworten und »allen« Zeichen die Rede ist, erklärt sich aus der Neigung des Formulierenden, den Mund voll zu nehmen[456]. V. 28a stellt das Gesendetsein Moses als Hauptgegenstand der Botschaft Jahwes an die Israeliten hin. Dieselbe Ansicht wurde schon in 3 13-15 R^{JE} vertreten[457]. Für den Stil des Redaktors sind ferner die beiden *'^{a}šær*-Sätze typisch[458]. Auch ist es kaum Zufall, daß Jahwe expressis verbis als Befehlender (*swh* pi.) erscheint[459].

Was der Redaktor aus der Jahweepiphanie vor den Ältesten Israels gemacht hat

Den Auftrag, zu »gehen und die Ältesten Israels« zu »versammeln« 3 16aα, bekam der Mose des Jahwisten, seinerzeit am Dornbusch, ganz allein.

4 29

Jetzt soll an der Durchführung des Befehls auch Aaron partizipiert haben[460]: »Da ging Mose und Aaron und versammelten alle Ältesten der Israeliten (*wăjjelæk . . . wăjjă'ăs^{e}pû 'æt kål ziq^{e}nê b^{e}nê jiśra'el*)« 29. Doch steht *wăjjelæk* aus gutem Grunde noch als Singularform da. V. 29 beruht offenkundig auf dem alten Ausführungsbericht zu 3 16aα J. Der Redaktor bereicherte denselben um *w^{e}'ăh^{a}ron, kål*[461]

---

[451] Vgl. die Zusammenstellung der redaktionellen Belege S. 391ff.!

[452] S. S. 63.

[453] Vgl. 4 2-4. 6. 7 J.

[454] Dort fragt Jahwe-Elohim die *ḥăwwā*: »Wer hat dir *mitgeteilt*, daß du nackt bist?« Vgl. dazu »Paradieserzählung« 49.

[455] Vgl. S. 69.

[456] Vgl. die Zusammenstellung S. 397!

[457] Desgleichen in 4 1. 5. 8f., nur daß da das ausdrückliche *šlḥ* qal fehlt.

[458] Vgl. die Zusammenstellung S. 394!

[459] Vgl. die Zusammenstellung S. 392f.!

[460] Schon in v. 15 legte der Redaktor ein Interesse an den Tag, Aaron an Moses Taten zu beteiligen!

[461] Vgl. die weiteren Belege S. 394f.!

und *b*^{e}*nê*[462], transponierte das vorgefundene *wj'sp* in den Plural und verbannte den so überarbeiteten Ausführungsbericht aus seinem ursprünglichen Zusammenhang mit 3 16aα ans Ende von Kap. 4[463].

Der Elohist muß noch erzählt haben, wie Mose und Aaron nach ihrem Wiedersehen miteinander nach Ägypten wanderten und wie Aaron den Israeliten die Gottesbotschaft bekanntgab, welche Mose erhalten hatte[464]. Nichts von der einst gewiß sehr bunt ausgemalten Szenenfolge hat die deuteronomistische Redigierung überstanden.

4 30a

Der Redaktor führt den elohistischen Aaron jetzt als nichtssagenden Prediger beim jahwistischen Ältestengremium vor: »Da redete Aaron alle Worte, die Jahwe zu Mose geredet hatte (*wăj*^{e}*dăbber* ... *'et kål hădd*^{e}*barîm '*^{a}*šær dibbær* ...)« 30a. Auch seine Sprache verrät ihn: zweimaliges *dbr* pi.[465], hyperbolisches *kål*[466], undefinierbares *hăd-d*^{e}*barîm*[467], Partikel *'*^{a}*šær*[468].

Nach J wurde Mose bei seiner Berufung am Dornbusch mit den 2 × 2 Verwandlungswundern ausgerüstet; Jahwe wollte ihn durch sie vor den zu versammelnden Ältesten Israels beglaubigen[469]. Das Vorhaben wurde dann natürlich auch durchgeführt. Der Erzähler benutzte zur Schilderung der Ereignisse die nämlichen Wörter, die er für die Vorausschau verwendet[470]. Seinem Verarbeiter war diese Schilderung offenbar zu weitschweifig.

4 30b

Er faßte sie knapp zusammen: *wăjjă'ăś ha'otot l*^{e}*'ênê ha'am* »und er tat die Zeichen angesichts des Volks« 30b. Aus Jahwes Selbsterweis für Mose ist dabei eine Wundervorführung[471] Aarons[472] geworden, und die Versammlung der »Ältesten Israels« wandelte sich zu einer solchen des »Volks«[473]. Der Bearbeiter trat auf der ganzen Linie aus

---

[462] Vgl. dazu schon S. 47 Anm. 110.

[463] Vgl. darüber schon S. 62.

[464] S. S. 67ff.

[465] Weitere R^{JE}-Belege S. 395!

[466] Vgl. S. 394f.!

[467] Vgl. S. 391ff.!

[468] Vgl. S. 394!

[469] Vgl. S. 60ff.

[470] S. 4 2-4. 6f.

[471] Vgl. dazu S. 72f.

[472] Über die in v. 15b. 29 R^{JE} behauptete Teilnahme Aarons an Moses Taten hinausgehend erscheint Aaron jetzt sogar als alleiniger Wundertäter; doch ist bei der ungenauen Denkweise des Redaktors nicht ganz sicher, ob er wirklich Aaron als Subjekt von *wăjjă'ăś* gemeint hat.

[473] Der Redaktor wußte mit der alten Institution der Ältestenversammlung wahrscheinlich nichts mehr anzufangen; dagegen war ihm die Vorstellung einer Volksver-

den vorgegebenen Details die Flucht in Allgemeinheiten[474] an. Kennzeichnend für seine Rede ist auch das triviale *ʿśh* qal[475]; bei den beiden Vorgängern hatte es noch kaum Verwendung gefunden.

Das Hervortreten Jahwes für Mose hatte bei J selbstverständlich[476] seinen Zweck noch erreicht: Die Ältesten Israels erkannten und glaubten, daß Jahwe Mose gesendet hat (*šlḥ* qal).

4 31

Die betreffende Quellennotiz griff der Redaktor auf: »Da glaubte das Volk (*wăjjăʾamen haʿam*), und sie hörten, daß Jahwe die Israeliten angesehen und daß er ihr Elend erblickt habe (*wăjjišmeʿû kî paqăd . . . ʾæt benê jiśraʾel wekî raʾā ʾæt ʿånjam*), und sie beugten sich und fielen nieder (*wăjjiqqedû wăjjištăḥawû*)« 31. Als Subjekt des »Glaubens« führte er, statt der Ältesten Israels, aber wieder das »Volk« ein. *Was* es zu glauben galt, wurde unterschlagen; oder vielmehr es wurde in widernatürlichem Nachhinein — der Hörakt ist *hinter* dem Glaubensakt genannt! — ein neuer, sekundärer Glaubensgegenstand eingeführt. Für die göttliche Bewandtnis und Not-Wendigkeit des Glaubens hatte unser Deuteronomist so wenig Verständnis wie die modernen Protestanten; infolgedessen sah er gleichermaßen das Tun des Menschen als die Hauptsache an[477]. Wenn die Ältesten bei J in den Stab- und Aussatzwundern Jahwe selbst unmittelbar am Werke sahen, so muß sich das Volk jetzt etwas erzählen lassen über Jahwes heilsgeschichtliche[478] An- und Absichten. *paqăd jăhwæ ʾæt benê jiśraʾel* nimmt das *paqod paqădtî ʾætekæm* von 3 16 R^{JE} auf; *raʾā ʾæt ʿånjam* entspricht *raʾō raʾîtî ʾæt ʿanî ʿămmî* 3 7 R^{JE}[479].

wăjjiqqedû wăjjistăḥawû soll der Leser der Harmonie im Sinne einer Akklamation deuten: Die Israeliten hätten dankbar und ehrerbietig begrüßt, was Aaron ihnen über Jahwes Heilsplan berichtet hatte. Aber dazu hätten sie sich vor Aaron doch nicht gleich zu Boden zu stürzen brauchen! Ursprünglich bezeichneten diese Worte eben einen anderen Vorgang: die spontane Huldigung der Ältesten Israels vor Jahwe, welcher sich soeben in den Verwandlungswundern

sammlung wohl geläufig, vgl. Dtn 1 1 4 1 5 1 9 1 10 12 31 1. 11 32 44 I Sam 8 10 II Reg 8 2 (anders v. 1!) 27 11. 15ff. und noch Neh 8 1. Schon nach 4 1. 5. 8f. R^{JE} sollte Mose die Beglaubigungszeichen den Israeliten überhaupt dartun.

474 Vgl. die Zusammenstellung S. 391ff.!

475 Weitere Belege s. S. 394!

476 Nicht mehr selbstverständlich war es für R^{JE}, s. 4 1. 5. 8f.

477 Besonders klar erkennt man dies an der Erklärung bzw. Verdrängung von *ʾmn* hi. durch *šmʿ* qal + *leqôl/beqôl* 3 18a 4 1. 8f. R^{JE}. Vgl. S. 391!

478 Vgl. die Zusammenstellung S. 403ff.!

479 Vgl. weiter *wăjjărʾ* 2 25 *raʾîtî* 3 9 R^{JE}!

von ihnen »antreffen ließ«[480]. Nach dem Quellenbericht ging die Prostration natürlich dem »Glauben« voraus. Die derzeitige Umstellung der beiden Motive trägt dem Wunsch des Bearbeiters Rechnung, nichts mehr von einer förmlichen Theophanie verlauten zu lassen[481]. Sollten vom Huldigungsakt bei J wenigstens die Begriffe erhalten bleiben, so mußte man sie neu interpretieren, mußte sie nach Reihenfolge und Wert in den zweiten Rang verweisen.

Ähnlich wie hier ist der Redaktor schon in Gen 24 26 vorgegangen. Dort hatte die jahwistische Vorlage *wăjjiqqod wăjjištăḥû lejăhwæ* auf den Mann am Brunnen bezogen, vor welchen Jahwe sich hingestellt hatte[482]. Jetzt dagegen soll der Passus weiter nichts als ein dankbares Erstaunen ausdrücken, die Reaktion des zur Brautwerbung entsandten Abrahamsknechtes auf die Eröffnung der Rebekka, woher sie stamme, und auf ihr freundliches Übernachtungsangebot. — Der Elohist bezeichnete die Proskynese durch eine andere Wendung: *šḥh* hitpal. (+ *'ăppăjim*) + *'ărṣā*[483].

B. MOSES ERSTER AUFTRITT VOR DEM KÖNIG UND SEINE FOLGEN EX 5 1—6 1

Widersprüchliches über die Begleitung Moses

Bei E bekam Mose nur für sich den Befehl, »zu Pharao« zu »gehen« 3 10a*[1]. Entsprechendes gilt für J: Auch dort sollte Mose allein »zum König von Ägypten hineingehen« 3 18b*[2]. Mit dem Auftrag des jahwistischen Mose hat der Bearbeiter jetzt auch die »Ältesten Israels« betraut, in deren Namen Mose freilich schon immer reden mußte. Ihm lag daran, ihre wahre Funktion zu vertuschen[3].

5 1

Während der Redaktor nun aber die parallelen Gottesbefehle noch getrennt berücksichtigte 3 10a*. 18b*, gibt er die einst dazugehörenden Ausführungsberichte nur noch vereint und verkürzt wieder: *we'ăḥăr ba'û mošæ we'ăḥaron wăjjo'merû 'æl păr'ō kō 'amăr jăhwæ 'ælohê jiśra'el šăllăḥ 'æt 'ămmî wejaḥoggû lî bămmidbar* »und danach gingen Mose und Aaron hinein und sagten zu Pharao: So hat Jahwe,

---

480 S. *niqrā 'alênû* 3 18b J und dazu S. 49ff.

481 Vgl. die Zusammenstellung S. 405!

482 Jahwe kündigte seine Epiphanie mit den (jetzt mißdeuteten) Worten *hinnē 'anokî niṣṣab 'ăl 'ên hămmajim* v. 13 an, vgl. »Paradieserzählung« 98ff. sowie unten die Zusammenstellung S. 377!

483 Vgl. S. 78.

1 Vgl. S. 38. 40f.

2 Vgl. S. 49.

3 Vgl. S. 47ff.

der Gott Israels, gesagt: Entlaß mein Volk, daß sie mir festen in der Wüste« 1. Zugleich setzte er sich zu seiner eigenen Fassung von 3 18b in Widerspruch, da es jetzt nicht, wie dort vorgesehen, der Kreis der Ältesten, sondern der elohistische Aaron ist, der da Mose beim »Hineingehen« (J-Motiv) begleitet. Der unlängst von ihm gefaßte Beschluß, Aaron an den Taten Moses zu beteiligen[4], ließ eben die Erinnerung an das vorher Geplante völlig verblassen. *we'ăḥăr* heftet Moses und Aarons Auftritt an die Ältesten- oder Volksversammlung 4 29-31 an, mit der er von Haus aus nichts Direktes zu schaffen hatte[5]: Die bei J bzw. E vorauszusetzenden Angaben *wăjjabo' mošæ̃ 'æl mælæk miṣrajim / wăjjelæk mošæ̃ 'æl păr'ō* waren dort jeweils noch direkt oder wenigstens rasch auf den zugehörigen Befehlsbericht gefolgt. Bemerkenswert am derzeitigen Zusammenhang von 4 29-31 mit 5 1 bleibt jedoch, daß hier auch der Verfasser der Harmonie nicht mehr leugnet, daß Mose sich an seine eigenen Volksgenossen gewandt hat, bevor er den ägyptischen König aufsuchte[6].

»Gott Israels« — »Gott der Hebräer«

Mose und Aaron leiten Pharao die Entlaßforderung Jahwes zu v. 1. Ihr Auftrag *šăllăḥ 'æt 'ămmî* ist aus der elohistischen[7] Vorlage wörtlich zitiert. Eine Ansage der Botschaft gleich dem vorhandenen *kō 'amăr jăhwæ̃* muß ihr von jeher vorausgelaufen sein. Die Näherbestimmung von *jăhwæ̃* durch *'ælohê jiśra'el* paßt denn auch gut zu der elohistischen Voraussetzung, daß der Name Jahwe neu, dem König noch nie zu Ohren gekommen und darum erklärungsbedürftig war[8]. Außerdem trägt sie der besonderen Liebe des Elohisten zu dem Namen *jiśra'el*[9] Rechnung. Gewiß kam *'ælohê jiśra'el* dann auch schon im einschlägigen *Befehls*bericht von E, also bei 4 22*, vor. Der Jahwist zog es in den analogen Fällen 3 18b* 5 3* vor, »Jahwe« als den »Gott der Hebräer« näher zu kennzeichnen. Zwar mied er den Terminus *jiśra'el* nicht völlig, aber er beschränkte seinen Gebrauch, soviel ich sehe, ganz auf den zusammengesetzten Begriff *ziqenê jiś-*

---

[4] S. 4 15b. 29.

[5] Vgl. unser *we'ăḥăr* auch mit *'ăḥarê ken* 3 20 R^{JE} sowie mit *'ăḥăr* 3 1 R^{JE}! Letzteres hat allerdings räumlichen Sinn.

[6] So bei J wie bei E, vgl. S. 67.

[7] S. S. 42.

[8] Vgl. 3 15* E.

[9] Vgl. S. 79. — Die nächste Parallele zu unserer Stelle liefert Gen 33 20* E: *wăjjăṣṣæb ... wăjjiqra' 'el 'ælohê jiśra'el.* Bezeichnenderweise vermeidet diese Angabe noch das Tetragramm. *wăjjăṣṣæb* reflektierte ursprünglich auf die Errichtung einer *măṣṣebā,* die E mit der Gottheit noch geradezu identifiziert zu haben scheint (ähnlich Gen 28 18f.* E, vgl. S. 34 mit Anm. 51).

ra'el[10]. »Israel« in absolutem Gebrauch bedeutete für ihn als Judäer eben in erster Linie: Nordreich, und für dieses konnte er aus politischen und, noch mehr, aus quasi konfessionellen Gründen keine Sympathien hegen. Wenn er die alte Institution der »Ältesten Israels« in Anspruch nahm, so vermutlich deswegen, weil diese sich in der Richter- und beginnenden Königszeit als ein Band erwiesen hatte, das die divergierenden Stämme zusammenhielt[11]. Noch unter David trieben die »Ältesten Israels« (und das heißt hier: die Sippenvorsteher der Nordstämme) eine Politik, die auf Einheit zielte und dem Isaisohne entgegenkam[12].

Der Elohist hatte erzählt, daß »Mose zu Pharao ging« und die Gottesbotschaft der Entlaßforderung »zu ihm sagte«: *wăjjo'mær 'elâw*. Der Redaktor setzt jetzt Aaron zuliebe den Plural *wăjjo'mᵉrû*, ohne zu bedenken, daß die beiden nicht gut im Sprechchor geredet haben können[13]. Unter Verzicht auf *'elâw*[14] verpflanzte er diese Angabe vor *'æl păr'ō*, das der Elohist noch direkt an *wăjjelæk mošæ̆* angeschlossen hatte[15]. Die Zweckbestimmung *wᵉjă'ăbᵉdunî* »daß sie mir dienen«, welche die Forderung *šăllăḥ 'æt 'ămmî* zu beschließen pflegte[16] und einst gewiß auch im vorliegenden Falle beschlossen hatte[17], mußte dem interpretierenden *wᵉjaḥoggû lî* weichen. Beigefügtes *bămmidbar*, Leihgut aus 3 18b J, offenbart, daß für diese Veränderungen der Ausgleichsredaktor verantwortlich ist. Laut E sollte der Gottes»dienst« ja auf dem Gottesberg stattfinden[18].

Pharao lehnt die Entlaßforderung rundum ab

5 2

Nun die Gegenrede des Königs: »Da sagte Pharao: Wer ist Jahwe, daß ich auf seine Stimme hören sollte, Israel zu entlassen (... *'ᵃšær 'æšmă' bᵉqolô lᵉšăllăḥ 'æt jiśra'el*)? Ich kenne Jahwe nicht und werde Israel auch nicht entlassen (... *wᵉgăm 'æt jiśra'el lo' 'ᵃšăllăḥ*)« 2. Sie beruht im wesentlichen wieder auf elohistischen Angaben. Stolz auf seine geographischen und ethnographischen Kenntnisse[19], gefiel sich der Nordreicherzähler darin, den Herrscher Ägyptens regelmäßig durch das ägyptische Fremdwort *păr'ō* zu bezeichnen[20], während sein

[10] Vgl. S. 47.

[11] Vgl. I Sam 4 3 8 4 IIReg 8 3.

[12] S. II Sam 3 17 5 3!

[13] Ebensowenig überlegte R^{JE} sich bei *wă'ᵃmărtæm* 3 18b.

[14] Zu seiner Entsprechung im Befehlsbericht vgl. S. 85.

[15] Gemäß 3 10*. 11a 7 15 E.

[16] S. S. 4.

[17] Vgl. S. 85ff.

[18] Vgl. S. 21. 42.

[19] Vgl. S. 83f. und die Zusammenstellung S. 387f.!

[20] Belegesammlung S. 386!

judäischer Rivale mit dem anspruchslosen *mælæk miṣrăjim* sich begnügte[21]. Zu »Jahwe«, der für Pharao noch eine X war, hatte der elohistische Mose lediglich angemerkt 1b, er sei »der Gott Israels«. Man versteht darum wohl, daß Pharao fragte: »Wer ist Jahwe?«, daß er fortfuhr: »Ich kenne Jahwe nicht«, und daß er die Forderung des Unbekannten, die ihm wirtschaftliche Einbußen zumutete[22], *a limine* abwies: »Ich werde Israel nicht entlassen«. Ohne diese Zurückweisung wäre der Fortgang der Dinge bei E undenkbar.

Insoweit werden die Angaben von v. 2 alt sein. Der Verfasser der Harmonie konnte die vorgefundenen Stücke allerdings nicht unkommentiert und unredigiert lassen. Was vormals eine echte Frage gewesen, verwandelt sein Zusatz *'ašær 'æšmăʿ beqolô lešăllăḥ 'æt jiśra'el* in einen Ausdruck der Geringschätzung. *'ašær*, was hier einen konsekutiven Beisinn annimmt[23], hatten die Quellen noch sehr sparsam verwendet[24]; im deuteronomistischen Patois des Redaktors hingegen ist es gang und gäbe[25]. Ähnlich die Formel *šmʿ* qal + *beqôl*[26]. Das ihr zur Erklärung beigefügte *lešăllăḥ*[27] *'æt jiśra'el* ist in freier Anlehnung an die E-Vorlage[28] formuliert. Unklar bleibt, wie der elohistische Pharao von dem Bemerken, daß er Jahwe nicht kenne, zu seiner Zurückweisung des göttlichen Entlaßbefehls übergegangen war. Das vorhandene *wegăm*[29], vom Redaktor stammend, knüpft nur mehr einen formellen und behelfsmäßigen Zusammenhang.

Mose und Aaron bestehen auf — dem jahwistischen Urlaubsgesuch!

5 3abαβ

Mose und sein Begleiter lassen sich von der Widerspenstigkeit des Königs nicht einschüchtern; sie halten an ihrem Begehren fest. Dies ist nach dem RJE-Zusammenhang der Sinn von v. 3abαβ: »Da sagten sie: Der Gott der Hebräer hat sich von uns antreffen lassen; wir wollen nun einen Weg von drei Tagen in die Wüste gehen, um zu opfern Jahwe, unsrem Gott (... *'ælohê haʿibrîm niqra' ʿalênû nelakā nna' dæræk šelošæt jamîm bămmidbar wenizbeḥā lejăhwæ 'ælohênû*) ... .« Der Komponist ist aber ziemlich ungeschickt zu Werke gegangen, denn die zweite Äußerung der Gottesboten fällt gelinder aus als die

[21] Belege s. S. 378!

[22] Die Israeliten waren nach E als Bauarbeiter eingesetzt, vgl. S. 108f.

[23] Im selben Sinne wie hier *'ašær* war in 3 11a E *kî* verwendet!

[24] Einige Beispiele werden S. 207f. genannt.

[25] Vgl. die Zusammenstellung S. 394!

[26] Weitere Belege s. S. 391!

[27] *le* + inf. bei erläuternder Zusatzbemerkung — weitere RJE-Belege für diese Erscheinung s. S. 396!

[28] Genauer ist an die Entlaßforderung 1b* oder an deren Zurückweisung 2bβ* zu denken.

[29] Vgl. die Belegesammlung für *găm* S. 395!

erste (1b), statt diese zu überbieten. Sie bildet kein förmliches Gotteswort mehr, sondern nur noch menschliche Rede, keine Vorschrift, sondern nur noch einen Wunsch oder eine Bitte.

3 18b

Von Haus aus handelte es sich bekanntlich[30] um den Ausführungsbericht zu dem Befehlsbericht 3 18b* J. Der Bearbeiter hat ihn nur ein wenig gekürzt[31]. Nach dem J-Bericht brachte Mose das Urlaubsgesuch zwar allein und ohne Begleiter vor, aber er sprach im Namen und dann wohl auch im Auftrag der »Ältesten Israels«, denen bei der Vorführung der Beglaubigungszeichen Moses Jahwe selber begegnet war[32]. Nur für die Ältesten und etwa noch für sich selbst suchte Mose den wenigstens siebentägigen[33] Urlaub zu erwirken. Bei J war es also nur ein beschränkter Kreis von Volksvertretern, welcher an einem bestimmten, dem König aber nicht genauer bezeichneten Punkt in der Wüste[34] Opfer darbringen sollte für Jahwe. Anders bei E: Dort verlangte Jahwe selber von Pharao die Freigabe seines ganzen Volks. Alle Israeliten sollten ihm auf dem Berg Horeb »dienen«. An das Darbringen von Opfern hat indessen auch E gedacht[35], nur daß er die Angelegenheit anders als J ausdrückte.

5 3bγδ

Entgegen dem Befehl 3 18b nennen Mose und Aaron in v. 3bγδ dem König noch einen Grund dafür, daß die Israeliten ihrem Gott Jahwe »opfern« müssen: »damit er uns nicht mit der Pest oder mit dem Schwert anfalle«, *pæn jipga'enû băddæbær 'ô bæḥaræb*. Die Zugabe wirkt fehl am Platz. Wes Menschen Hand soll denn das »Schwert« gegen die Israeliten erheben? Nach Lage der Dinge kommt dafür doch nur der ägyptische König in Betracht — aber das ist unsinnig, denn dieser kann seine Untertanen doch nicht dafür blutig bestrafen, daß sie ihm zugut ihrem Gott den Gehorsam versagen! Das — synekdochisch zu verstehende — *ḥæræb* läßt sich also nicht in gelebtes Leben übersetzen. Es wird, in seiner Verbindung mit *dæbær*, lediglich als abgegriffene Münze in Zahlung gegeben, nach deren Gepräge man

---

[30] S. S. 50.

[31] Vor *'ᵃlohê* entfiel *jăhwǣ*. Auch die Redeeinleitung (*wăjjo'mær mošǣ 'æl mælæk miṣrajim* o. ä.) wurde zusammengestrichen.

[32] Vgl. S. 62f. 96ff.

[33] Je drei Tage wurden ja schon für die Hin- und die Rückreise erfordert.

[34] J meinte natürlich den *sᵉnǣ* und damit den Berg Sinai (vgl. S. 51).

[35] Vgl. S. 252 zu 10 26.

nicht mehr fragt[36]. Wir haben die Verwendung solcher Formeln bereits als eine Spracheigentümlichkeit des Redaktors erkannt[37]. Auch das Bindewort *pæn* ist uns bei ihm schon begegnet[38].

Wie hatte der König nach J auf das Urlaubsgesuch der Ältesten Israels reagiert?

5 4aα

Die Bitte der Ältesten um einen mehrtägigen Opferurlaub übermittelte der jahwistische Mose dem »König von Ägypten«[39]. Derselbe hat sie dann auch beantwortet. In v. 4 blieb die Einleitung seiner Rede annähernd erhalten: *wăjjoʾmær ʾªlehæm mælæk miṣrăjim* »da sagte zu ihnen der König von Ägypten«. Ursprünglich galt allein Mose als der Angesprochene: *ʾelâw* statt des gegenwärtigen *ʾªlehæm*. Ist auch von der königlichen Antwort selbst etwas bewahrt? Wenn sie, was anzunehmen ist, konsequent gehalten war, so redete sie in Mose eine Mehrzahl an, nämlich die »Ältesten Israels«, in deren Namen Mose ja das Urlaubsgesuch vorgetragen hatte.

5 4aβ-b

Der zweite Teil der vorhandenen Königsrede erweckt in der Tat ganz den Eindruck, nicht etwa für »Mose und Aaron«, wie es die Einleitung und der erste Teil der Rede wollen, auch nicht für Mose allein, denn dieser hatte zuvor kaum fronen müssen, sondern für eine solche Schar von »Urlaubsüchtigen« gemünzt zu sein: *lᵉkû lᵉsibᵉlotêkæm* »geht zu euren Fronarbeiten« 4b. Nicht so die vorwurfsvolle[40] Frage 4aβγ, mit der jetzt das Wort des Königs anhebt: *lammā mošæ wᵉʾăhªron tăprîʿû ʾæt haʿam mimmăʿªśâw* »warum, Mose und Aaron, wollt ihr das Volk abschweifen lassen von seinen Geschäften?« Sie nennt eigens Mose und Aaron und gibt diese nicht etwa als Fronarbeiter aus, sondern als Aufrührer, die die israelitischen Sklaven von der Arbeit abhalten wollen. Von einer solchen Absicht konnte allenfalls bei E, wo das ganze Volk freigestellt werden sollte, kaum aber bei J die Rede sein, denn diesem Erzähler zufolge sollte es sich ja nur um eine relativ kurze Absenz der Volks*vertreter* handeln. Die ausdrückliche Erwähnung des redaktionellen Gespannes »Mose und Aaron« überhebt uns denn auch jeden Zweifels daran, daß die Frage 4aβγ ihre Fassung dem Redaktor verdankt.

---

[36] In solcher formelhaften Weise kommen die beiden Begriffe auch sonst häufig vor, s. Jer 14 12 21 7. 9 24 10 27 8. 13 29 17f. 32 24. 36 34 17 38 2 42 17. 22 44 13 Ez 5 12 6 11 12 16 14 21, auch Dtn 28 21 II Sam 24 13 Am 4 10.

[37] Vgl. die Zusammenstellung der Belege S. 390f.!

[38] In Gen 3 3b. 22!

[39] S. 3 18b*.

[40] Vgl. die Zusammenstellung S. 404!

Dagegen darf die Aufforderung 4b als Teil der alten Königsantwort betrachtet werden. Sie verwendet das spezifische *sibelot* für dieselbe Angelegenheit, welche 4aγ R^{JE} mit dem Allerweltswort[41] *mă'aśîm* umschreibt. Übrigens hat die Aufforderung etwas Abschließendes an sich. Es wird ihr also einmal ein an dieselbe pluralische Adresse gerichtetes Wort der Ablehnung oder des Tadels vorausgegangen sein. Möglicherweise läßt sich davon noch eine Spur in dem redaktionellen *lammā mošæ we'ăharon tăprî'û 'æt ha'am mimmă'aśâw* aufweisen. Es fällt nämlich auf, daß der redaktionelle Namensaufruf *mošæ we'ăharon* zwischen *lammā* und *taprî'û* etwas stört, als bildete er eine künstliche Zäsur, eine nachträgliche Einschaltung. Nun kann *ha'am* so wenig wie *mimmă'aśâw* auf die Quelle zurückgehen, dieses nicht, weil es einen der nur für R^{JE} kennzeichnenden Vulgärbegriffe umschließt, jenes nicht, weil es eine Vorstellung einmischt, die nur in der anderen Quelle, bei E, Gültigkeit besaß. Das angeschnittene Problem konzentriert und beschränkt sich also auf die beiden Wörter *lammā* und *tăprî'û*. Dabei wird man sich vergegenwärtigen müssen, daß der Redaktor mit unvokalisierten Texten arbeitete. Er las *tprj'w*, oder vielmehr wahrscheinlich *tpr'w*, denn da das Objekt *'æt ha'am* für seinen Vorgänger entfällt, ist kein Grund dafür zu sehen, daß der zu vermutende Grundtext die fragliche Verbalform als hi. gedeutet haben sollte. Dieser Text sprach ja auch nicht Mose und Aaron, sondern, in Mose, die Ältesten Israels an, und zwar dann doch wohl so: *lammā tippare'û* »warum wollt ihr müßig gehen?«. Damit hätten wir eine Aussage gewonnen von genau der Art, wie man sie vor dem definitiven *lekû lesibelotêkæm* 4b J erwarten sollte[42].

Noch eine Antwort des Königs!

5 5

Mit v. 4b hat der König zu den beiden Gottesboten eigentlich das Nötige schon gesagt. Nichtsdestoweniger läßt ihn v. 5 aufs neue Stellung nehmen: »Da sagte Pharao: Sieh, das Volk des Landes sind sowieso schon so viele (. . . *hen răbbîm 'ăttā 'am*[43] *ha'aræṣ*), und da wollt ihr sie noch ausruhen lassen von ihren Fronarbeiten (*wehišbăttæm 'otam missibelotam*).« Wie in 4a R^{JE} und im Gegensatz zu 4b J gelten Mose und Aaron als die Angesprochenen, und vom Volk wird in der 3. Person statt in der 2. Person gehandelt. *wehišbăttæm 'otam missibelotam* 5b läuft formal und inhaltlich dem *taprî'û 'æt ha'am mimmă'aśâw* von 4a parallel. Für das auf J zurückgehende *taprî'û*

---

[41] Vgl. die Zusammenstellung S. 394!

[42] Weiteres zur jahwistischen Königsantwort s. S. 119.

[43] Sam. *m'm* ist eine der bei diesem Textzeugen häufigen Erleichterungen.

tritt aber das weniger originelle *w^{e}hišbăttæm* ein; umgekehrt ist das platte *mimmă'^{a}śâw* durch das spezifische, aus J datierende[44] *missib^{e}lotam* ersetzt. V. 5b erscheint ebenfalls als Bildung des Redaktors. Aber was bewog ihn, dem König abermals, sogar mit einer besonderen Redeeinleitung, das Wort zu erteilen? Nun, die neue Königsrede geht in einer Beziehung über das vorher in v. 4 schon Gesagte hinaus: Pharao — dieser Titel ist nach dem Vorbild von E gebraucht — weist unwirsch auf die Menge des Volkes hin. Mit ihr begründet er die Ablehnung der Bitte um einen Opferurlaub.

Damit ist zweifellos ein an sich traditioneller Gedanke aufgenommen. Auf die Vorstellung, daß die Israeliten überhand nahmen, gründet sich schon das jetzt in 1 15ff. eingearbeitete Erzählstück von der Tötung der israelitischen Knäblein. Das Stück stammt von E[45], ebenso wie die von ihm abhängige Geschichte von der Rettung des neugeborenen Mose 2 2ff.[46]. Wurde v. 5a im Anschluß an ein »Pharao«-Wort der elohistischen Vorlage hergestellt? In diesem Falle müßte sich der König nach seinem radikal ablehnenden Bescheid v. 2* E gleichwohl noch auf ein weiteres Gespräch mit Mose eingelassen haben. Das ist von vornherein unwahrscheinlich, und es finden sich dafür sonst auch keine Anhaltspunkte. Die Verhältnisse in v. 5 deuten vielmehr darauf, daß der Redaktor hier die alte elohistische Vorstellung in eigener Regie verwaltet: *hen* kam bereits in 4 1 Gen 3 22 R^{JE} vor; für *'ăm ha'aræṣ* hätte sich der Elohist gewiß einen weniger gängigen, weniger von palästinischen Bedingungen bestimmten Ausdruck einfallen lassen. Vor allem aber wird das »sieh, das Volk des Landes sind sowieso schon so viele« ja nur als zu- und untergeordneter, allein kaum existenzfähiger Vorspann benutzt für das auf jeden Fall redaktionelle, ideell bei J vorgezeichnete »und da wollt ihr sie noch ausruhen lassen von ihren Fronarbeiten«. Darum wird man v. 5a jetzt zusammensehen mit jener bekannten Verheißung Jahwes an die Erzväter, die besagt, daß der »Same« der Väter zahlreich wie Sand am Meer und ein großes Volk werden solle. Sie wird an vielen, besonders hervorgehobenen und offenbar unüberarbeiteten Stellen des älteren Pentateuchbestandes[47] vorgetragen. Schon deshalb ist die Annahme nicht zu umgehen, daß es sich um Verlautbarungen der letzten Hand handelt. Die Größe des Volkes Israel war also eine Lieblingsvorstellung des deuteronomistischen Redaktors. Was diesen zur Bildung von v. 5 veranlaßt hat, ist einzig und allein der Wunsch gewesen, die

---

44 S. 4b.

45 Kennzeichnend dafür ist u. a. der Stil der Namensaufzählung bei *šem ha'ăḥăt* . . . *w^{e}šem hăššenît* . . . 1 15 (vgl. dazu S. 24).

46 Dazu s. S. 134. 187.

47 Gen 12 2 13 16 15 5 16 10 18 18 21 18 22 17 24 60 26 4. 24 28 14 32 13 46 3 Ex 32 10.

Größe seines Volks[48] in Erinnerung zu bringen. Der Bequemlichkeit halber tat er es im Zuge einer simplen Analogiebildung[49] zu dem eben schon Gesagten.

Pharao ordnet eine Erschwerung der Sklavenarbeit an

5 6-9

Vor der Szene des Auftritts von Mose und Aaron fällt unvermittelt der Vorhang, ohne daß man die beiden Boten hätte wieder abtreten sehen. Und schon kriegt der Betrachter ein neues Bühnenbild vorgestellt: »Und Pharao befahl an jenem Tage den Treibern des Volkes und seinen Vorarbeitern folgendermaßen (*wăjeṣăw păr'ō băjjôm hăhû' 'æt hănnogeśîm ba'am we'æt šoṭerâw le'mor*): | Fahrt ja nicht fort, dem Volk zur Ziegelanfertigung Stroh zu geben wie bisher (*lo' to'sipûn latet tæbæn la'am lilbon hällebenîm kitemôl šilšom*)! Sie sollen gehen und sich Stroh einsammeln (*hem jelekû weqošešû lahæm tæbæn*). | Aber das Soll an Ziegeln, welches sie bisher gemacht haben, sollt ihr ihnen auferlegen (*we'æt mätkonæt hällebenîm 'ašær hem 'ośîm temol šilšom taśîmû 'alêhæm*). Zieht ja nichts davon ab (*lo' tigre'û mimmænnû*). Sie sind nämlich Faulenzer (*kî nirpîm hem*). Darum schreien sie folgendermaßen: Wir wollen gehen, wollen opfern unsrem Gott (*'ăl ken hem ṣo'aqîm le'mor nelekā nizbeḥā le'lohênû*). | Schwer soll die Sklavenarbeit auf den Männern lasten, daß sie dran zu tun haben und nicht auf Lügenworte achten (*tikbăd ha'abodā 'ăl ha'anašîm wejă'aśû bah we'ăl jiš'û bediberê šaqær*)« 6-9. Für den unverhofften Szenenwechsel v. 6 ist gewiß der Regisseur, will sagen: R^{JE} verantwortlich. *băjjôm hăhû'*, eine Zeitangabe, die das neue mit dem alten Geschehen wenigstens superfiziell zusammenhält, kann hinsichtlich seiner Unschärfe gleichziehen mit *băjjamîm harăbbîm hahem* 2 23 R^{JE}[50]. Die ungenaue, unanschauliche Darstellungsweise des Redaktors zeigt sich auch daran, daß nichts über das Wo und Wie der Befehlsübermittlung an die Obmänner mitgeteilt wird[51]. Die Zusammensetzung dieses Personenkreises erscheint übrigens problematisch — schon, was die Formulierung angeht: *nogeśîm* steht im stat. abs. und wird mit *be* konstruiert, also noch stark als Verbalnomen empfunden; das parallele *soṭerîm* dagegen ist in den stat. cstr. gesetzt und mit Suffixen versehen.

5 14

Sodann versteht man es wohl von den »Treibern«, daß sie Bedrückungsmaßnahmen durchführen sollten, aber nicht ebenso von

---

[48] Ein nationalistisches Motiv — vgl. die Zusammenstellung S. 403f.!

[49] Vgl. die Zusammenstellung S. 398!

[50] Vgl. S. 21 Anm. 1.

[51] Mißachtung der geschichtlichen Situation — vgl. die Zusammenstellung S. 398f.!

den »Vorarbeitern«, denn diese hatten nach einer späteren Erzählungsnotiz, die sie allein, ohne die Treiber, nennt, selber unter Bedrückung zu leiden: »und die Vorarbeiter der Israeliten wurden geschlagen« 14aα[52]. Offenbar erscheinen in dem fraglichen Personenkreis unvereinbare Elemente redaktionell geeint.

Ein Abklatsch des jahwistischen Urlaubsgesuches

Die weitschweifige, umständliche[53] Anordnung des Königs 7-9 nimmt mit *nelᵉkā nizbᵉḥā le'lohênû* 8bδ auf das Urlaubsgesuch der »Ältesten Israels« 3* J Bezug. Letzteres hatte aber genauer so gelautet: *nelᵃkā nna' dæræk šᵉlošæt jamîm bămmidbar wᵉnizbᵉḥā lᵉjăhwæ 'ᵃlohênû*[54]. Der Wunsch der Ältesten wird jetzt auch dem Volk insgesamt zugeschrieben, den Verhältnissen bei E entsprechend. Kein Wunder, dann, daß der Wortlaut des Gesuchs um seine geschichtlichen Details verkürzt ist: Den Verarbeiter interessierten diese nicht[55]! Die Worte *'ăl ken hem ṣo'ᵃqîm le'mor* 8bβγ, die das Zitat des Gesuches einführen, vervollständigen das gewonnene Bild. Hier sind der Nominalsatz[56], der als solcher von der Sache her nicht gerechtfertigt erscheint[57], und die Zitationsformel *le'mor*[58] Merkmale der Sprache des Redaktors. Zumindest den Redeteil 8bβ-δ also hat erst dieser verfaßt.

Nach E waren die Israeliten in Ägypten als Bauarbeiter eingesetzt

Die Israeliten sollen das Stroh, das sie zur Produktion der (lufttrockneten) Ziegel benötigen, nicht mehr geliefert bekommen. Sie sollen es sich selbst beschaffen, jedoch ohne daß ihnen dafür von der bisherigen Leistung etwas nachgelassen würde 7. 8a. Vor den Augen des überraschten Lesers wird da, im Vorbeigehen, ein ganzes Geschichtsgemälde enthüllt: daß die israelitischen Beisassen Ziegel erzeugen mußten, daß ihnen vorgeschrieben war, wieviel sie abzuliefern hätten, daß die Ägypter ihnen den notwendigen Strohhäcksel zur Verfügung stellten! Das alles und noch mehr muß doch einmal liebevoll, eingehend, der Reihe nach erzählt gewesen sein, so daß sich die neue Schikane des Königs, welche die Ziegelproduzenten mit der zusätzlichen Mühe der Strohbeschaffung belastete, ganz natürlich anschließen konnte. Jetzt dagegen hängt sie in der Luft; ihre Voraussetzungen müssen nachgebracht werden.

---

[52] Genaueres darüber S. 115.

[53] Vgl. S. 397f.!

[54] S. dazu S. 49f.

[55] Vgl. die Zusammenstellung S. 398f.!

[56] Vgl. die Zusammenstellung S. 395f.!

[57] *ṣa'ᵃqû* hätte denselben Dienst getan.

[58] Vgl. die weiteren Belege S. 391!

1 14

Was uns der Verfasser der Harmonie als Voraussetzung bietet, beschränkt sich auf die verschwommene und zusammengestoppelt wirkende Andeutung 1 14a: »Und sie (scil. die Fronvögte) verbitterten ihr Leben mit schwerer Sklavenarbeit (*ʿabodā*), mit Lehm und mit Ziegeln (. . . *ûbilebenîm*) und mit aller Sklavenarbeit auf dem Felde (*ûbekål ʿabodā bäśśadæ*).«

1 11

Nur über Zweck und Ziel der Bauerei gibt er, selbstverständlich im Anschluß an seinen Gewährsmann, genaueren Bescheid: »und es (scil. das Volk bzw. Israel) baute dem Pharao Vorratsstädte: Pitom und Raamses« 1 11b. Der Titel *pärʿō*[59], das Motiv des Städtebaus[60], das geographische Anliegen, das sich in der Nennung der Städtenamen bekundet[61], heißen uns diese Notiz auf die Nordreichquelle zurückführen. Der Einsatz der Israeliten als Bausklaven war dort anscheinend mit der Besorgnis des Königs angesichts der starken Vermehrung dieser Fremdlinge[62] begründet[63]. — Diejenigen Begriffe in v. 7. 8a, welche einen unmittelbaren Sachbezug auf die Ziegelproduktion haben, werden schon in der Quelle vorhanden bzw. vorgebildet gewesen sein, nämlich: *tæbæn* »Stroh, Häcksel«, *lbn* qal + *lebenîm* »Ziegel erzeugen«, *qšš* po. »Stroh sammeln«, *grʿ* qal »kürzen, herabsetzen«. Für die figura etymologica *lbn* qal + *lebenîm* liefert die kontaminierte Turmbau-Stadtbaugeschichte Gen 11 1ff. einen zweiten Beleg: *nilbenā lebenîm* »laßt uns Ziegel erzeugen«, läßt der Kontaminator die Erbauer in v. 3 sagen — doch wohl in Anlehnung an eine narrative Angabe der elohistischen Stadtbaugeschichte[64].

Liegt der Anordnung Pharaos 5 6-9 ein elohistisches Analogon zugrunde?

Daß der Elohist erzählt hatte, »Pharao« habe auf Moses Vorsprache hin den Ziegel fabrizierenden Israeliten bei gleichbleibendem Ausstoß den zusätzlichen, überaus zeitraubenden Arbeitsgang des Strohsammelns abverlangt, erscheint nach dem vorigen deutlich. Es bleibt jedoch die Frage, ob die Quelle auch schon einen förmlichen Königsbefehl kannte, ob sie sich nicht vielmehr darauf beschränkt hatte, die Vornahme der Schikane als Faktum anzuzeigen. Für die erste Möglichkeit sind keinerlei verläßliche Anhaltspunkte zu gewinnen. Die vorhandene *Redeeinleitung* v. 6 nimmt mit *pärʿō* zwar

---

[59] Vgl. S. 101f. sowie die Zusammenstellung der Belege S. 386!

[60] Vgl. S. 36f. mit Anm. 59.

[61] Vgl. die Zusammenstellung S. 387f.!

[62] Vgl. S. 106.

[63] Vgl. 1 9b*. 12b.

[64] Vgl. S. 36.

den bei E üblichen Begriff auf, aber das Prädikat *wăjeṣăw* »und er befahl«, das hier die Hauptlast eines Beweises für E zu tragen hätte, ist mit dem an sich überflüssigen, aber vom Redaktor sehr geschätzten[65] *le'mor* ausstaffiert. *ṣwh* pi. war in 4 28 Gen 2 16 3 11. 17 vom Redaktor verwendet. Die beigefügte ungenaue Zeitbestimmung *băjjôm hăhû'* mußte ihm auch schon ins Stammbuch geschrieben werden[66]. Überhaupt, wer sollten denn bei E die Befehlsempfänger gewesen sein? Doch kaum die *šoṭerîm*, denn diese wurden, wie wir schon feststellten, ursprünglich eher selbst schikaniert. Die *nogeśîm* aber sind in Anbetracht von *mippenê nogeśâw* 3 7 RJE[67] dem Verdacht ausgeliefert, der Vorstellungswelt erst des Redaktors zu entstammen.

Von der *Rede selbst* kommt der Teil v. 8b. 9 für ein elohistisches Vorbild überhaupt nicht in Betracht. *nelekā nizbeḥā le'lohênû* 8b reflektiert ja auf das jahwistische Opfervorhaben, und die es einführenden Worte sind im Stil von RJE gehalten[68].

5 17

Das noch vorauslaufende *kî nirpîm hem* beinhaltet zwar eine alte Beschuldigung, die auch v. 17a verwertet. Diese ist sachlich aber nur bei J angebracht: Dort gab es »Faulenzer«, die ein paar Tage feiern wollten 3 18b* 5 3*, während sich nach E die Israeliten anscheinend ganz von Ägypten absetzen und dem Dienst ihres Gottes widmen sollten. Der Redeschluß v. 9 ist für einen, der nach Quellenelementen fahndet, überhaupt unergiebig. Er bleibt in Allgemeinheiten stecken[69] (*'abodā*[70], *ha'anašîm*[71]) und verwendet das vulgäre *'šh* qal[72]. Bei *we'ăl jiš'û bedibrê šaqær* bleibt unerfindlich, inwiefern Mose und Aaron nach Meinung des Königs *gelogen* haben könnten. *dibrê šæqær* stellt eben ein polemisches Schlagwort dar, das der Redaktor nach seiner Art anwandte[73], ohne sich Rechenschaft über seinen eigentlichen Sinn zu geben. Sein Sitz im Leben war wahrscheinlich einmal die Auseinandersetzung mit der falschen Prophetie[74].

---

[65] Vgl. die Zusammenstellung S. 391!

[66] S. 107.

[67] Vgl. S. 34ff. 39f.

[68] S. S. 108.

[69] Vgl. die Zusammenstellung S. 391ff.!

[70] Dieser Begriff kam schon zweimal in 1 14a RJE (s. S. 109) vor! Dort hebt er sich durch seine Unanschaulichkeit kraß ab von den aus E entliehenen, künstlich parallelgeschalteten Wörtern *ḥomær* und *lebenîm*.

[71] Vgl. S. 393!

[72] Vgl. die Zusammenstellung S. 394!

[73] Vgl. die Zusammenstellung S. 390ff.!

[74] Vgl. Jer 7 4. 8, auch Dtn 18 22 I Reg 22 22f. Jer 5 31 13 25 14 14 20 6 23 14. 25f. 32 27 10. 15 28 15 29 9. 23. 31.

Der Redeteil v. 7. 8a schließlich, zugestandenermaßen[75] mit elohistischem Gedankengut durchsetzt, entbehrt gleichwohl nicht eines kräftigen redaktionellen Einschlags. Angenommen einmal, der elohistische Pharao habe auch schon förmlich geboten: »Fahrt ja nicht fort, dem Volk Stroh zu geben«, hätte er dann auch erläuternd hinzugefügt: »um die Ziegel zu erzeugen«? Nein! denn dieses war den Lesern des alten Geschichtswerkes schon hinlänglich bekannt. Nur die Benutzer der Harmonie haben es vorher noch nicht gesagt bekommen. Unter solchen Umständen fällt die Annahme schwer, daß *lo' to'sipûn* nicht schon seit eh und je auf *kit^emol šilšom* als Fortsetzung angewiesen war. Letzteres aber ist eine zur Bedeutung von bloßem »(wie) früher« herabgesunkene Formel[76], deren in 4 10 der Redaktor sich bedient hatte[77]. So wird er dafür auch im vorliegenden Falle zuständig sein. V. 8a räumt die letzten Zweifel an seiner Verfasserschaft aus. Hier kommt das formelhafte *t^emôl šilšom* gerade noch einmal vor, eingebettet in weitere Kennzeichen der Sprache des Bearbeiters: *'^ašær*[78], gemeines *'śh* qal und *śjm* qal[79], Nominalsatz *hem 'ośîm*[80]. Der Relativsatz bringt wieder[81] Informationen nach, die R^JE seinen Lesern bisher schuldig geblieben war. *mätkonæt* ist einer der von ihm geschätzten Abstraktbegriffe[82].

5 19

Die Quelle hatte *gr'* qal + *min* noch mit *l^ebenîm*, also mit einem Konkretum, verbunden v. 19.

Die anstehende Frage läßt sich nachgerade dahingehend beantworten, daß die in v. 7. 8a verwerteten E-Begriffe, nämlich *gr'* qal + *min*, *tæbæn*, *lbn* qal + *l^ebenîm* und *qšš* po., vormals noch nicht Teile einer Rede, einer königlichen Verordnung waren, sondern Bestandteile eines bloßen Ereignisberichtes. Der Redaktor hat hier also wieder einmal[83] Erzählstoff in wörtliche Rede »übertragen«[84]. V. 6-9 insgesamt sind sein Erzeugnis.

---

[75] S. S. 108.

[76] Vgl. S. 390ff.!

[77] Vgl. S. 64.

[78] Vgl. die Zusammenstellung S. 394!

[79] Weitere Belege S. 394!

[80] Vgl. S. 395f.!

[81] Vgl. vorhin *lilbon häll^ebenîm* . . . v. 7.

[82] Vgl. die Zusammenstellung S. 391ff.!

[83] Wie z. B. schon in 3 8. 21f. 4 1. 5. 8. 9 Gen 3 5. 10!

[84] Vgl. die Zusammenstellung S. 401 f.! — Bei *hem jel^ekû* 7b ist nicht sicher auszumachen, ob *hem* der Hervorhebung des Subjekts dient (»sie selbst«) oder von R^JE nur gewohnheitsmäßig (vgl. S. 396!) gesetzt wurde.

Die Anordnung Pharaos wird nicht etwa durchgeführt, sondern bekanntgegeben!

5 10. 11

Pharao hatte von den Treibern und Vorarbeitern verlangt, daß sie seine Verordnung in die Tat umsetzten 7-9. Das hindert diese jedoch nicht, dieselbe den Israeliten nunmehr lediglich zur Kenntnis zu geben: »Da gingen weg (oder: hinaus) die Treiber des Volks und seine Vorarbeiter (*wăjjeṣ*^{e}*'û nog*^{e}*sê ha'am w*^{e}*šoṭ*^{e}*râw*) und sagten zu dem Volk folgendermaßen: So hat Pharao gesagt (*wăjjo'm*^{e}*rû ... le'mor kō 'amăr păr'ō*): Ich gebe euch kein Stroh [mehr] (*'ênænnî noten lakæm tæbæn*). Geht ihr, nehmt euch Stroh her, wo ihr findet (*'ăttæm l*^{e}*kû q*^{e}*ḥû lakæm tæbæn me'*^{a}*šær timṣa'û*), doch von eurer Sklavenarbeit wird kein Ding abgezogen (*kî 'ên nigra' me'*^{a}*bodăt*^{e}*kæm dabar*)!« 10. 11. Der Komponist unseres Zusammenhangs war nun einmal auf Redestücke versessen[85]. Fragen der logischen Gedankenverknüpfung berührten ihn wenig: Pharaos Verlautbarungen werden angeblich im Wortlaut angeführt: tatsächlich weichen sie von der Anordnung 7-9, mit der sie identisch sein müßten, in mancherlei Details ab. Z. B. insofern, als sie sich direkt an das Volk wenden, nicht mehr an die Treiber und Vorarbeiter; die Gedanken von v. 9 werden überhaupt nicht mehr aufgenommen. Von jenen Obmännern heißt es, sie hätten sich vom König entfernt: *wăjjes*^{e}*'û* 10a. Hierzu fehlt die komplementäre Angabe, die besagen sollte, daß sie sich zum König begaben. Sie wäre bei v. 6 fällig gewesen oder davor. Nun erinnere man sich, daß wir eben vor v. 6 einen Vermerk über das »Hinausgehen« oder »Weggehen« '(*jṣ* qal) Moses und Aarons vermißt haben[86]. Es sieht ganz so aus, als habe der Redaktor die *jṣ'*-Aussage, die nach seinem eigenen Erzählungszusammenhang Mose und Aaron zustünde und die in den beiden Quellenberichten Mose allein zukam[87], kurzerhand auf den erst von ihm formierten Kreis der *nog*^{e}*śîm* und *šoṭ*^{e}*rîm* »übertragen«[88].

Auch nach seiner sprachlichen Gestaltung vermag v. 10f. seinen Verfasser nicht zu verleugnen. Für ihn, der sich beim Formulieren und Komponieren von Gesichtspunkten und Einfällen des Augenblicks leiten ließ, kam eine konstante Ausdrucksweise nicht in Betracht; die er in v. 6 als *nog*^{e}*śê ba'am* »die das Volk Antreibenden« genannt, bezeichnet er jetzt als *nog*^{e}*śê ha'am* »die Treiber des Volks«. Auf *wăjjo'mær* ließ er zum Überfluß noch *le'mor* folgen, einfach weil ihm die Zitationsformel leicht auf die Zunge zu liegen oder aus der

[85] Vgl. die Zusammenstellung S. 397!

[86] S. 107.

[87] Vgl. S. 3 und weiter S. 232.

[88] Vgl. die Zusammenstellung S. 401f.!

Feder zu fließen kam[89]. Häufig baute er in Reden noch Zitate von anderen Reden ein[90]. Typisch für seinen Jargon sind die nominalen Aussagen im allgemeinen[91] und die Verwendung von *'jn* im besonderen[92] bei *'ênænnî noten* und *'ên nigra'*, ferner die Partikel *'*^{a}*šær*[93], die Unbestimmtheit von *me'*^{a}*bodăt*^{e}*kæm*[94] und *dabar*[95], der Vulgarismus von *dabar*[96]. Vor dem Imperativ *l*^{e}*kû* wurde das Subjekt *'ăttæm* ausdrücklich genannt vielleicht nicht, weil es besonders hervorgehoben werden sollte, sondern nur, weil der Formulierende die Reihenfolge Subjekt—Prädikat, also die Nominalsatz-Anordnung, besonders liebte[97]. Nicht aus Bedürfnis nach Abwechslung, nur mit der Inkonsequenz der Nachlässigkeit verband er das aus E übernommene *gr'* qal + *min* diesmal nicht mehr mit *mătkonæt*[98], sondern mit *'*^{a}*bodā*. Als der Verfasser von v. 10. 11 verdankte er seinen Vorlagen zwar einige Anregungen, die sich in *wăjjeṣ*^{e}*'û*, *šoṭ*^{e}*râw*[99], *tæbæn* und *nigra'* begrifflich verdichten, von einem Auftritt von Obmännern vor dem Volk aber haben jene allem nach so wenig gewußt wie von einer Audienz derselben bei dem König (6-9). Was aber hat dann den Redaktor veranlaßt, diese Szenen frei zu erfinden? Es wird der Wunsch gewesen sein, die Grausamkeit der Bedrücker und damit die Leiden des Volkes Israel auszumalen — eine Vorstellung, die ihm schon in 2 23 3 7. 9 als heilsgeschichtlich[100] bedeutsam erschienen war.

Elohistische Notiz über die Zerstreuung der Israeliten

Bekanntlich war es der Elohist, der sich die Israeliten beim Bau, insbesondere in der Ziegelerzeugung, tätig gedacht und der erzählt hatte, daß Pharao, über die Entlaßforderung Jahwes verärgert, ihnen als zusätzliche Last die Strohbeschaffung aufgebürdet habe[101].

5 12

An diese Vorgänge knüpft die Mitteilung an, die wir jetzt in v. 12 lesen: »Da zerstreute sich das Volk im ganzen Land Ägypten (*wăjja-*

---

89 Vgl. die Zusammenstellung S. 391!

90 So z. B. in 3 13. 17 4 1. 23 5 8 Gen 3 2. 17 R^{JE}!

91 Vgl. die weiteren Belege S. 395 f.!

92 Vgl. S. 396!

93 Weitere Belege s. S. 394!

94 Vgl. *'*^{a}*bodā* in 1 14a 5 9 R^{JE}!

95 Vgl. die weiteren Belege S. 393!

96 Weitere Belege s. S. 394!

97 Vgl. S. 395f.!

98 So in v. 8 R^{JE}.

99 Genaueres S. 115.

100 Vgl. die Zusammenstellung S. 403ff.!

101 S. S. 108.

pæṣ haʿam bekål ʾæræṣ miṣrajim), um Stroh zu sammeln für den Ziegel (*leqošeš qăš lăttæbæn*).« Die figura etymologica *qšš* po. + *qăš* erinnert kaum zufällig an das elohistische *lbn* qal + *lebenîm* 7, zumal ja schon feststeht, daß *qšš* po. aus der Nordreichquelle übernommen ist[102]. Die Verbindung von *ʾæræṣ* mit einem nomen territorii ist für die Sprache von E auf jeden Fall charakteristisch[103]. Auch das Verbum *pwṣ* hatte E im vorliegenden oder einem ähnlichen Sinne schon wiederholt gebraucht: von den Erbauern der Stadt Babel, die sich nicht zerstreuen wollten, die aber Elohim, getreu altem Vorsatz[104], dennoch zerstreuen ließ Gen 11 4b*. 8*[105], von den Völkern, die den drei Noahsöhnen, sowie den Sippen, die dem Kanaan entsprossen sind Gen 9 19b* 10 18b*[106]. Mögen in v. 12 die Begriffe *haʿam*[107] und *kål*[108] auch immer erst durch die Redaktion hereingekommen sein, so scheint doch der Grundbestand der Aussagen ziemlich wörtlich aus dem E-Bericht über die Folgen von Moses Erstauftritt übernommen. Der alte Erzähler, wenn er beklagte, daß sich die Israeliten zum Strohsammeln zerstreuen mußten, nahm offenbar an, daß sie normalerweise geschlossen, d. h. in einer bestimmten Gegend von Ägypten, zusammenwohnten.

Zwischen »Treibern« und »Vorarbeitern« wird jetzt auf einmal unterschieden!

Entgegen dem Befehl des Königs 7-9 sind die Fronvögte der Israeliten, die der Redaktor mit den beiden Begriffen *nogeśîm* und *šoṭerîm* umschrieb[109], bisher nur als Übermittler einer Botschaft des Königs hervorgetreten 10. 11.

5 13

Jetzt führt v. 13 wenigstens die *nogeśîm* der ihnen zugedachten Rolle des Schikanierens zu, freilich nicht ohne ihnen dabei sofort wieder das Wort zu erteilen: »Und die Treiber drängten, indem sie sagten (*wehănnogeśîm ʾaṣîm leʾmor*): Vollendet eure Werke, die Sache eines Tages an ihrem Tage (*kăllû măʿaśêkæm debăr jôm bejômô*), wie da, als das Stroh war (*kăʾašær bihjôt hăttæbæn*)!« Diese Angaben sind im Stil des gleichen Schriftstellers gehalten wie die Mitteilungen von

[102] Vgl. S. 109. — Als weitere Analogie kommt *śrp* qal + *liśerepā* Gen 11 3* in Betracht, ein Vorgang, der ebenfalls mit der Ziegelerzeugung zu tun hat.

[103] Vgl. dazu S. 83f.

[104] Vgl. Gen 4 12b E und dazu S. 36 Anm. 59.

[105] Vgl. S. 36.

[106] Vgl. »Paradieserzählung« 76.

[107] *haʿam* war in 4 1[6]. 30f. 5 4. 6f. 10 vom Redaktor verwendet.

[108] Vgl. die Zusammenstellung S. 394f.!

[109] Vgl. S. 107f.

6-9. 10f. über Pharaos Anordnung und deren Proklamation durch die Obmänner: Der Nominalsatz[110] *wehănnogeśîm 'aṣîm*, der von der Sache her nicht gerechtfertigt ist[111], die abermalige, durch *le'mor* eingeleitete Rede[112], der Vulgarismus von *mă'aśêkæm*[113] und *bihjôt*[114] — primitiver hätte man die Sache nicht ausdrücken können! —, die Relativpartikel *'ašær*[115], die formelhafte[116], dem spätbiblischen Hebräischen geläufige Redewendung *debăr jôm bejômô*[117] bezeugen in vielstimmigem Konzert die Verfasserschaft des Redaktors.

5 14aαβ

Wieso aber hat R^JE^ in v. 13 als Quäler nur noch die *nogeśîm* genannt? Daran muß die Notiz schuld sein, die man in v. 14aαβ verzeichnet findet: *wăjjukkû šoṭerê benê jiśra'el* »da wurden die Vorarbeiter der Israeliten geschlagen«. Sie zeichnet nämlich von den *šoṭerîm*, welche v. 6. 10 R^JE^ als Spießgesellen der *nogeśîm* eingestuft hatten, ein neues, dem widersprechendes Bild: Statt zu schinden, wurden sie selber geschunden. Offensichtlich gelten sie hier nicht als Ägypter, sondern als verantwortliche Israeliten. Der Redaktor muß die Notiz in einer seiner Vorlagen angetroffen haben. Sie gefiel ihm, da sie seinem Bedürfnis entgegenkam, die Leiden Israels in Ägypten herauszustreichen[118]. So kam sie in sein Werk herein, obwohl sie das Bündnis, das er zwischen seinen *nogeśîm* und den *šoṭerîm* der Quelle gestiftet hatte, sprengen mußte: Die »Treiber« konnten ja nicht gut auch »geschlagen« werden! Einem Erfordernis oder Wunsch des Augenblicks zuliebe wurde jetzt eben auf einmal differenziert. Der Quellenangabe 14aαβ, die sich nur auf die »Vorarbeiter« bezog und beziehen ließ, hat der Redaktor eine eigene Angabe nur über die »Treiber« vorangestellt: v. 13. — Aufschlußreich ist ein syntaktischer Vergleich der heterogenen Aussagen: Dem Nominal- und Partizipialsatz *wehănnogeśîm 'aṣîm* 13 des Bearbeiters kommt genau derselbe zeitliche und modale Sinn zu wie dem alten Verbalsatz *wăjjukkû šoṭerê benê jiśra'el*. Eine feine Illustration für das gewandelte Sprachempfinden des Epigonen!

[110] Vgl. die Belege S. 395f.!

[111] Warum eigentlich nicht *wăjja'uṣû hănnogeśîm*?!

[112] Vgl. S. 113 mit Anm. 90. Zu *le'mor* vgl. die Zusammenstellung S. 391!

[113] *mă'aśîm* kam mit entsprechendem Bezug schon in 4a R^JE^ vor!

[114] Vgl. die weiteren R^JE^-Belege für *hjh* qal S. 394!

[115] Vgl. S. 394!

[116] Vgl. die Zusammenstellung der Formeln S. 390 f.!

[117] Vgl. außer 5 19 16 4 noch Lev 23 37 I Reg 8 59 (in deuteronomistischer Umgebung!) II Reg 25 30 Jer 52 34 Dan 1 5 Esr 3 4 Neh 11 23 I Chr 16 37 II Chr 8 13f. 31 16.

[118] Vgl. S. 113.

Entgegen seiner anfänglichen Intention hat der Quellenkontaminator zwischen »Treibern« und »Vorarbeitern« doch noch unterschieden. Nachgerade mußte sich ihm ein Versuch empfehlen, das Verhältnis der beiden Gruppen in einer Weise zu definieren, die das Getrennte wieder verband.

5 14aγ-b

Die Quellennotiz 14aαβ wurde darum so ergänzt: *'ašær śamû ʿalêhæm nogeśê pǎrʿō le'mor mǎddûaʿ lo' killîtæm ḥåqekæm lilbon kitemôl šilšom gǎm temôl gǎm hǎjjôm* »welche die Treiber Pharaos über sie gesetzt hatten, indem man sagte: Warum habt ihr die euch vorgeschriebene Produktion nicht auch gestern, auch heute erfüllt wie bisher?« 14aγ-b. Der Relativsatz mit dem typischen *'ašær*[119] und *śjm* qal[120] stellt die gesuchte Relation her: Die »Vorarbeiter« werden den »Treibern« jetzt kurzerhand untergeordnet statt beigeordnet. Er paßt jedoch schlecht zum engagierten Tenor des Fragmentes 14aαβ, handelt es sich bei ihm doch um trockene Schreibtischreflexion! Hinter dem Relativsatz konnte der Redaktor nicht umhin, schon wieder eine wörtliche Rede anzubringen. Das diese einleitende *le'mor*[121] liefert als adverbiale Bestimmung von *wǎjjukkû* eine höchst zeugmatische Konstruktion[122]. Es sollte eben um jeden Preis eine Rede angebracht werden. Wer als Sprechender zu denken sei, blieb in der Schwebe. Dem Verfasser der Rede lag nicht daran, die geschichtlichen Vorgänge zu klären[123].

5 *18*

Planlos wählte er auch die Begriffe aus: Was er in v. 8 *mǎtkonæt* »Richtmaß, Soll«, in v. 11 einfach *ʿabodā* »Arbeit« genannt, was er in v. 18 *tokæn* »Quantum« nennen wird[124], heißt hier *ḥoq* »Maß«. Gemeinsam ist diesen Termini indessen, daß sie von der Sache abstrahieren[125]. Die Formel *temôl šilšom* lag dem Redaktor von soeben (v. 7. 8) noch im Sinn — warum sie also nicht gleich wieder benutzen? *temôl* »gestern« hat in ihr seine eigentliche Bedeutung eingebüßt; nichtsdestoweniger regte es unseren Begriffsklauber, der nicht logisch, sondern in Assoziationen dachte, dazu an, dieses Wort nun auch noch im ursprünglichen Sinne zu verwenden: *gǎm temôl gǎm hǎjjôm*! *gǎm* ist eines von seinen Modewörtern[126].

---

119 Vgl. die Belegesammlung S. 394!

120 Vgl. S. 394!

121 Seit v. 6 schon das fünfte!

122 Vgl. die Zusammenstellung S. 397f.!

123 Vgl. die Zusammenstellung S. 398f.!

124 Vgl. S. 118.

125 Vgl. die Zusammenstellung S. 391ff.!

126 Belege s. S. 395!

5 7

klh pi. kam bereits in v. 13 R^JE vor. *lbn* qal ist degeneriert aus dem elohistischen *lbn* qal + *l^ebenîm* 7. Ähnlich wird übrigens das bloße *qšš* po. 7 vom *qšš* po. + *qăš* der Vorlage 12 abgeleitet gewesen sein.

Die »Vorarbeiter der Israeliten« sollen sich bei Pharao beschwert haben!

5 15. 16

Der gleiche Personenkreis, der soeben, laut Quellenzeugnis, noch mit dem Stock traktiert worden war 14aαβ, hat jetzt auf einmal die Möglichkeit, direkt beim Hohen Hause zu interpellieren: »Da gingen hinein die Vorarbeiter der Israeliten und schrieen zu Pharao folgendermaßen (*wăjjabo'û šoṭ^erê b^enê jiśra'el wăjjiṣ'^aqû 'æl păr'ō le'mor*): Warum tust du deinen Knechten so (*lammā tă'^aśæ kō lă'^abadâka*)? | Stroh wird deinen Knechten keines gegeben, aber Ziegel, sagen sie uns, müßt ihr machen (*tæbæn 'ên nittan lă'^abadâka ûl^ebenîm 'om^erîm lanû '^aśû*); und siehe, deine Knechte werden geschlagen. Doch die Schuld ist bei dir (*w^ehinnē '^abadâka mukkîm w^eḥăṭṭa't 'immæka*[127])« 15. 16. Das kann nicht gut die Ansicht des alten Erzählers von v. 14aαβ gewesen sein. Die Aussagen v. 15. 16 schreiten denn auch in ganz redaktioneller Gewandung einher: *šoṭ^erê jiśra'el*, was nach v. 14 als Subjekt hätte nicht nochmals genannt zu werden brauchen, erscheint von dort »übertragen«[128]; Entsprechendes gilt für *mukkîm*: Es wurde aus dem narrativen *wăjjukkû* des Quellenfragments 14aαβ gewonnen und sekundär in Rede transponiert. *ṣ'q* qal[129], *le'mor*[130] und *'śh* qal[131] sind uns in Formulierungen des Redaktors schon begegnet und werden es noch öfter tun. *kō* dokumentiert seine bekannte Abneigung oder sein Unvermögen, sich faßlich auszudrücken[132]. Merkmale seines Stils sind ferner zu erblicken in der demütigen Selbstumschreibung der Redenden durch *'æbæd* + suff. 2. sg.[133], in den Nominalsätzen[134] *tæbæn 'ên nittan* und *'om^erîm*, in der Partikel *'jn*[135], in der Zitierung einer Rede inner-

---

127 M *w^eḥaṭa't 'ămmæka* ist dubios punktiert. Ms Nr. 4 Kennicott liest *w^eḥaṭa'ta l^e'ămmæka* »und du hast an deinem Volk gesündigt«, was auch G S vorauszusetzen scheinen. Aber konnte Jahwes Volk als dasjenige Pharaos ausgegeben werden? — σ' καὶ ἁμαρτίαν ἔχεις; darauf beruht die oben angenommene Lesart.

128 Vgl. die Zusammenstellung S. 401f.!

129 Vgl. 8 R^JE ,auch *ṣă'^aqā* in 3 7. 9 R^JE! Weitere Belege in der Zusammenstellung S. 395!

130 Vgl. S. 391!

131 Vgl. S. 394!

132 Vgl. S. 393!

133 Vgl. S. 391!

134 Vgl. die weiteren Belege S. 395f.!

135 Vgl. S. 396!

halb einer Rede[136]. Die Interpellationsszene 15. 16 verdankt ihre Entstehung wieder dem Bedürfnis des Verfassers der JE-Harmonie, die Leiden Israels auszumalen, auf daß vor solch dunkler Folie die Heilsabsichten und Heilstaten Jahwes desto heller erstrahlten! Den (in den Quellen vorgebildeten) Gedanken des Leidens stattete er hier insofern noch mit einer neuen Nüance aus, als er *expresso verbo* von einer Schuld redete[137] und diese dem ägyptischen König aufbürdete.

Pharaos Antwort auf die Beschwerde der Vorarbeiter

5 17. 18

Erst der Redaktor ließ die »Vorarbeiter« Einspruch erheben 15. 16. Vor ihm hat es dann natürlich auch noch keine Entgegnung Pharaos an diese Leute gegeben. Von einer solchen hört man in v. 17. 18: »Da sagte er: Faulenzer seid ihr, Faulenzer! Darum sagt ihr: Wir wollen gehen, wir wollen Jahwe opfern (*wăjjo'mær nirpîm 'ăttæm nirpîm ʿăl ken 'ăttæm 'omᵉrîm nelᵉkā nizbᵉḥā lᵉjăhwǣ*). | Und nun geht, arbeitet, aber Stroh wird euch nicht gegeben werden, aber ein Quantum an Ziegeln müßt ihr geben (*wᵉʿăttā lᵉkû ʿibᵉdû wᵉtæbæn lo' jinnaten lakæm wᵉtokæn lᵉbenîm tittenû*)!« Kennzeichen der Herkunft von R^JE liefert auch wieder der Sprachgebrauch: Wie in 8 R^JE[138] wird das jahwistische Urlaubsgesuch nur mehr entstellt wiedergegeben. Seine Einleitung *'ăttæm 'omᵉrîm* weist die Form eines Nominalsatzes[139] auf. Ebenso steht die rhetorische Überleitungsformel *wᵉʿăttā* dem Redaktor zu Gesicht[140]. Das wenig bestimmte *ʿibᵉdû* ist mit *ʿᵃbodā* 1 14a 2 23 5 9. 11 R^JE, der Abstraktbegriff *tokæn* mit dem synonymen *mătkonæt* 8 R^JE zusammenzusehen. *wᵉtæbæn lo' jinnaten lakæm* hat Entsprechungen an *latet tæbæn laʿam* 7 und *'ênænnî noten lakæm tæbæn* 10 R^JE. Diese drei Redestücke gehen auf eine einzige Erzählnotiz bei E zurück, die besagte, daß »Pharao« den Israeliten »kein Stroh mehr gab«. Mit dem ihm insoweit vorgegebenen Begriff *ntn* qal stellte der Verarbeiter seine eigene Stichwortspielerei[141] an: *lo' jinnaten — tittenû*.

Ein Literat, der Begriffe klaubt und ohne Konzept arbeitet[142], der nicht auf große Linien übergreifender Zusammenhänge, sondern auf die wechselnden Opportunitäten jeweiliger Umstände achtet, muß sich fortgesetzt in Selbstwidersprüche verwickeln. So hatte der Redaktor die Bitte um einen Opferurlaub in 3 18 Mose und den Ältesten, in

---

[136] Vgl. S. 113 mit Anm. 90.

[137] Weitere Belege dafür s. S. 392!

[138] Vgl. S. 108f.

[139] Vgl. die Zusammenstellung S. 395f.!

[140] Weitere Belege s. S. 391!

[141] Vgl. die Zusammenstellung S. 399!

[142] Vgl. die zusammengestellten Belege S. 402!

5 3 Mose und Aaron in den Mund gelegt; hier in v. 17 aber müssen sich dafür die Vorarbeiter behaften lassen. Der Widerspruch wird zwar dadurch etwas gemildert, daß jene für das Volk sprachen, zu welchem auch die Vorarbeiter gehören; nur glaube man nicht, daß der Redaktor sich bei der Sache so viel gedacht habe! Weiter: In v. 6-8 waren die Vorarbeiter zu Peinigern der Israeliten bestellt. Dann aber veranlaßte das Quellenfragment 14aαβ den Redaktor, seine Vorstellung flugs zu revidieren; aus den Unterdrückern wurden Prügelknaben 15. 16. Neuerdings müssen sie sich noch als Faulenzer beschimpfen lassen 17.

Der Vorwurf, Faulenzer zu sein, richtete sich ursprünglich gegen die »Ältesten Israels«

5 8

Pharao wirft den Vorarbeitern vor, sie (bzw. die von ihnen repräsentierten Israeliten) seien Faulenzer 17a. Entsprechend urteilte er über das Volk schon in v. 8b. In bemerkenswerter Parallelität ist das *nirpǣ*-Sein an beiden Stellen als Beweggrund zu dem Urlaubsgesuch hingestellt. Die Fassung des Urlaubsgesuches ist hier und dort redaktionell degeneriert. Dann wird auch *ʿăl ken* 8b. 17b, das die ursächliche Verknüpfung von Faulheit und Urlaubsgesuch hervorhebt, vom Redaktor stammen[143]. Andererseits darf jedoch nicht verkannt werden, daß der Vorwurf der Faulheit in der sachlichen Konsequenz des Gesuches liegt. Die redaktionellen Redestücke 8b. 17a werden den Begriff *nirpǣ*, der selten vorkommt[144] und originell klingt, aus der J-Vorlage übernommen haben[145]. Dort betraf er die »Ältesten Israels«, die einen mehrtägigen Urlaub beantragt hatten 3 18b* 5 3*.

5 4

Mithin dürfte das *nirpîm* von Haus aus einen Teil jener Königsantwort gebildet haben, von der das Wesentliche schon in v. 4 aufgespürt werden konnte[146]. In ihrem vollen Wortlaut mag dieselbe etwa so gelautet haben: *wăjjoʾmær ʾelâw mælæk miṣrăjim lammā tippareʿû nirpîm ʾăttæm lekû lesibelotêkæm* »da sagte der König von Ägypten zu ihm (scil. zu Mose): Warum wollt ihr müßig gehen? Ihr seid Faulenzer! Geht an eure Frondienste!«

Worin aber hatten nach J die Frondienste der Hebräer bestanden? Der Verfasser der Quellenharmonie hat sich weitgehend die konkurrierenden Anschauungen von E zu eigen gemacht, wonach die Israeliten bei Bau- oder Bauvorbereitungsarbeiten eingesetzt wurden.

---

143 Der Redaktor lieferte gerne »Begründungen«, vgl. die Zusammenstellung S. 395!

144 V. 8. 17 sind für das ptc. ni. von *rph* die einzigen biblischen Belegstellen!

145 Vgl. S. 110.

146 S. 104f.

1 14

Über die jahwistische Ansicht von der Angelegenheit darf man von ihm kaum mehr als noch die eine oder andere Anspielung erwarten. Eine solche scheint in 1 14a R^JE[147] vorzuliegen: *wăjemarerû 'æt ḥăjjêhæm bă'abodā qašā beḥomær ûbilebenîm ûbekål 'abodā băśśadǣ* »da machten sie (scil. die Fronvögte) ihnen das Leben bitter mit schwerer Arbeit, mit Lehm und mit Ziegeln und mit allerlei Arbeit auf dem Felde«. *bă'abodā* drückt in gewohnter Unanschaulichkeit[148] aus, worauf es dem Redaktor ankam: den Gedanken des Leidens seines Volkes[149]. *beḥomær ûbilebenîm* berücksichtigt elohistische Angaben[150]. Was aber soll dahinter das nochmalige redaktionelle *'abodā*? Es hält nur als Stütze her für das angeschlossene *băśśadǣ*! An dieser Ortsbestimmung war dem Verfasser von 1 14a doch wohl deswegen gelegen, weil der *śadǣ* in der jahwistischen Vorlage eine bedeutsame Rolle gespielt hatte[151]. Demnach hatten die »Hebräer« auf den Fluren Dienst zu tun, vermutlich als Landarbeiter[152].

Die Vorarbeiter beschweren sich bei Mose und Aaron

5 19-21

Die erlittene Abfuhr 17. 18 läßt die *šoṭerê benê jiśra'el* — sie werden nach v. 14 und 15 nun schon das dritte Mal eigens als Subjekt genannt! — ihrer Lage schmerzlich bewußt werden: »Da sahen die Vorarbeiter der Israeliten sich im Übel, indem man sagte: Ihr dürft von euren Ziegeln ja keine abziehen; die Sache eines Tages an ihrem Tage (*wăjjir'û šoṭerê benê jiśra'el 'otam bera' le'mor lo' tigre'û millibenêkæm debăr jôm bejômô*)!« 19. Sie lassen ihre Wut an den Schuldigen aus: »Und sie fielen über Mose und Aaron her, die ihnen entgegentraten, als sie von Pharao weggingen (*wăjjipge'û 'æt mošǣ we'æt 'ăharon niṣṣabîm liqra'tam beṣe'tam me'et păr'ō*), | und sagten zu ihnen: Möge Jahwe wider euch erscheinen und richten, weil ihr unsern Geruch stinkend gemacht habt in den Augen Pharaos und in den Augen seiner Knechte (*wăjjo'merû 'alehæm jera' jăhwǣ 'alêkæm wejišpoṭ 'ašær hib'ăstæm 'æt rêḥenû be'ênê păr'ō ûbe'ênê 'abadâw*), um ein Schwert in ihre Hand zu geben, um uns umzubringen (*latæt ḥæræb bejadam lehåregenû*)« 20. 21.

Zur redaktionellen Gestalt der Szene

Daß die israelitischen Vorarbeiter sich bei Pharao beschwerten und von ihm abgewiesen wurden 15f. 17f., hat erst R^JE erzählt; auch ihre Reaktion darauf v. 19 ist demnach von ihm skizziert. Auf diesen Befund verweisen auch wieder sprachliche Indizien, die im Laufe

---

147 Vgl. dazu schon S. 109.

148 Vgl. die Zusammenstellung S. 391ff.!

149 Vgl. S. 113. 118.

150 s. S. 108f.

151 Vgl. »Paradieserzählung« 71 sowie unten die Zusammenstellung S. 379!

152 Dies würde der Anschauung der jahwistischen Schöpfungsgeschichte entsprechen, die den *'adam* als Landbearbeiter verstand.

unserer Untersuchungen immer mehr Gewicht gewinnen: Doch gewiß erst der späte Hebraist R^{JE} brachte es über sich, ein Verb im qal mit einem pronomen personale als Objekt zu verbinden, um auf diese Weise eine reflexive Beziehung auszudrücken: *wăjjir'û* . . . *'otam*[153]. *le'mor* benutzt er seit v. 6 schon zum siebenten Mal[154]. Logisch läßt es sich so wenig wie in 14a R^{JE} verifizieren: Man sieht nicht, wer das redende Subjekt sein soll. Infolgedessen bleibt auch die geschichtliche Situation unklar[155]. Dem Komponisten kam es wieder einmal nicht sowohl auf Geschehenes als vielmehr auf Geredetes an[156]. Die mit Hilfe von *le'mor* eingeleitete Rede will erläutern, worin der üble Zustand (*ra'*[157]), in welchem sich die Vorarbeiter »sahen«, bestand[158]. Das formelhafte[159] *d^{e}băr jôm b^{e}jômô* kam bereits in 13 R^{JE} vor. *šot^{e}rê b^{e}nê jiśra'el* ist wie bei v. 15 R^{JE} aus dem genauer noch nicht bestimmten Quellenfragment 14aαβ entliehen. *gr'* qal + *min* geht auf E zurück[160], wo es indessen eine narrative Fassung besaß. Auch seine Verbindung mit dem Konkretum *l^{e}benîm* ist wahrscheinlich alt[161].

Der für den Redaktor typische Mangel an Verständnis für die geschichtlichen Umstände tritt in v. 20a noch krasser zutage. Von einem Zusammenstoß der Vorarbeiter mit Mose und Aaron ist da die Rede, ohne daß vorweg die Voraussetzungen zu einer solchen Begegnung gegeben worden wären. Weder von diesen beiden noch auch von jenen ist berichtet, daß sie ihre durch ein »Hineingehen« 1. 15 förmlich eingeleitete Audienz beim König durch ihr »Hinausgehen« ebenso förmlich beendet hätten. Nur *en passant* und nachtragsweise wird zu Mose und Aaron noch schnell angemerkt, sie seien den Vorarbeitern »entgegengetreten«: *niṣṣabîm liqra'tam.* Und dann wird, in einer den Vorgängen selbst entgegengesetzten Reihenfolge, das bei den »Vorarbeitern« Versäumte notdürftig nachgeholt: *b^{e}ṣe'tam me'et păr'ō. wăjjipg^e'û* zeichnet von dem Zusammenstoß kein genaues, szenisch ausgereiftes Bild[162]; ähnlich unbestimmt war das Verb *pg'* qal in 3 R^{JE} gebraucht. Die Hand des Redaktors weist sich auch noch darin aus, daß Mose von Aaron begleitet wird[163].

---

153 Vgl. dazu die Zusammenstellung S. 398!

154 Vgl. weiter die Belegesammlung S. 391!

155 Vgl. die Zusammenstellung S. 398f.!

156 Vgl. S. 397!

157 Der Begriff bleibt im Unanschaulichen, vgl. die Zusammenstellung S. 391ff.!

158 *l^e* + inf. im Sinne einer Erläuterung, vgl. dazu die weiteren R^{JE}-Belege S. 396!

159 Vgl. S. 390f.!

160 Vgl. S. 109.

161 Vgl. dagegen v. 8. 11 R^{JE}.

162 Vgl. die Zusammenstellung S. 391ff. 398f.!

163 Vgl. die Zusammenstellung S. 406!

Die mit Hilfe von *nṣb* ni. + *liqrăʾt* und *jṣʾ* qal + *meʾet părʿō* gemachten Aussagen sind zu der gegenwärtigen Nachträglichkeit und Beiläufigkeit künstlich degradiert. *liqrăʾt* nach einem Verbum der Bewegung kommt als wesentliches Element elohistischer Begegnungsszenen vor[164].

7 15

Der Gottesbefehl 7 15a E[165] kennt es ebenfalls in der Verbindung mit *nṣb* ni.: *lek ʾæl părʿō*[166] *băbboqær*[167] *hinnē joṣeʾ*[168] *hămmăjemā wenișṣăbta liqraʾtô*. Man fragt sich darum, ob unser zweckentfremdetes *nișṣabîm liqraʾtam* auf eine entsprechende Angabe über Moses Auftritt vor Pharao zurückgeht. Daß der Elohist über diesen Auftritt sich noch genauer ausgelassen hatte, als es die in 3 10a* 5 1* verwerteten Fragmente von ihm[169] erahnen lassen, liegt auf der Hand. *beṣetam meʾet părʿō* ist zweifellos entartet aus dem stereotypen *wăjjeseʾ mošæ meʿim*(!) *părʿō*, durch das eine der Vorlagen den Abgang Moses zu markieren pflegte[170]. Nachdem es der Quellenverarbeiter unterlassen hatte, diese (oder auch nur eine vergleichbare) Notiz dort anzubringen, wo auch noch seine eigene Darstellung sie benötigt hätte[171], »übertrug«[172] er sie jetzt einfach auf den Abgang der Vorarbeiter, die erst er selbst mit dem ägyptischen König konfrontiert hatte 15-18. *jṣʾ* qal + *meʿim părʿō* weiß nichts von einem Wodrinsein des Königs[173]. Demnach bildet es die komplementäre Aussage zu *hlk* qal + *ʾæl părʿō* 3 10a. 11a 7 15 und muß wie dieses[174] aus E stammen. Diejenigen Stellen aber, welche *jsʾ* qal zwar ebenfalls auf Moses Abgang vom König beziehen, dabei aber mit *ʾæt haʿîr* verbinden und an ein Wo-Herausgehen Moses denken[175], müssen mit dem *bwʾ* qal + *ʾæl mælæk misrăjim* von 3 18b zusammengesehen und damit[176] dem Jahwisten zugeschrieben werden.

---

164 S. S. 386.

165 Vgl. dazu weiter S. 133ff.

166 Vgl. dazu schon S. 38. 40f.

167 Zu den Tageszeitangaben bei E vgl. S. 388!

168 *jṣʾ* qal in dem für E charakteristischen Sinne von »weggehen, sich aufmachen«, vgl. S. 92.

169 Vgl. dazu S. 38ff. 99ff.

170 Vgl. S. 3.

171 Nämlich nach v. 5, vgl. dazu S. 107.

172 Vgl. die weiteren Belege S. 401f.!

173 Vgl. S. 2f.

174 Vgl. S. 41.

175 Vgl. S. 3.

176 Vgl. S. 50.

Sehr originell klingt der Vorwurf, den Mose und Aaron zu hören bekommen: *hib'ăštæm 'æt rêḥenû be'ênê păr'ō ûbe'ênê 'abadâw* 21bαβ. Man versteht recht gut, daß er von den »Vorarbeitern der Israeliten« erhoben worden sein soll, denn diese wurden ja nach dem Quellenfragment 14aαβ »geschlagen«, und zwar doch wohl schon immer in der Folge davon, daß Mose beim König einen Vorstoß zugunsten von arbeitenden Israeliten unternommen hatte. Redaktionell an 21bαβ scheint nur zu sein, daß sich die Beschuldigung auch gegen Aaron richtet. Nach dem Bericht beider Quellen war Mose ja allein zum König gegangen[177]. Daß die fragliche Beschuldigung ein Stück alter Überlieferung bildet, ist auch dem Umstand zu entnehmen, daß ihre derzeitige Einkleidung nicht recht auf sie zugeschnitten ist. Was die Vorarbeiter Mose in v. 21bαβ zur Last legen, wiegt an sich wahrlich schon schwer genug; nichtsdestoweniger erscheint es jetzt einer vorauslaufenden Verwünschung *unter*geordnet: *jera' jăhwæ̂ 'alêkæm wejišpoṭ 'ašær* 21a(b). So urwüchsig die Beschuldigung klingt, so blaß, unanschaulich, theologisch nimmt sich davor das Vokabular der Verwünschung aus. *r'h* ni. vom »Erscheinen« der Gottheit begegnete schon wiederholt in redaktionellen Passagen[178]. Die Partikel *'ašær*, hier in kausalem Sinne verwendet, fehlt kaum einem größeren Satz, den der Redaktor formuliert hat[179]. *wejišpoṭ* erinnert an die Frage von Gen 18 25b: »Sollte der Richter (*šopeṭ*) der ganzen Erde nicht Recht tun?«, die Teil eines typisch redaktionellen Zusammenhangs ist[180].

Nicht weniger als die Vorhut 21a(b) hebt sich die Nachhut 21bγ von dem offenbar alten Stücke 21bαβ* ab: *latæt ḥæræb bejadam lehåregenû*. Daß der König den Vorarbeitern oder den Israeliten überhaupt nach dem Leben stehe, daran war in 21bαβ nicht gedacht. Es paßt auch nicht in den weiteren Sachzusammenhang, wonach dem König an ihrer Arbeitsleistung und insofern natürlich auch an ihrem Leben lag v. 18. V. 21bγ erscheint als Zusatz, der die Dinge gewaltig übertreibt[181]. Er will die ägyptischen Schikanen so schauerlich wie möglich schildern, um so die Leiden Israels[182] zu unterstreichen. Deutlich führt hier also wieder der Redaktor das Wort. Wie so oft, ließ ihn ein momentanes Aussagebedürfnis übersehen, was er selber wenig zuvor gesagt. *ḥæræb* ist in v. 21bγ ähnlich abgeblaßt und uneigentlich

---

177 Vgl. S. 99.

178 In 3 2. 16 4 1. 5!

179 Vgl. die Zusammenstellung S. 394!

180 Kennzeichnend für R^JE ist die Integrität der Sätze und vor allem ihr Wortschatz: theologische Schlagwörter *ṣăddîq, raša'* 23-26. 28, *nś'* qal i. S. v. »vergeben« 24. 26, *šopeṭ, mišpaṭ* 25 (vgl. dazu S. 392!; Allerweltswort *'śh* qal 25. 29f. (vgl. S. 394!); *bă'abûr* 26. 29. 31f. (vgl. S. 394!); *hăddabar hăzzæ̂* 25 (vgl. S. 393!) u. a. m.

181 Vgl. die Belegesammlung S. 397!

182 Vgl. dazu schon S. 113. 115.

gebraucht wie in der Formelsprache von v. 3bγδ R JE[183]. Wahrscheinlich ist *hrg* qal ebenfalls ein Ausdruck erst der Spätzeit[184].

»Pharao und seine Knechte« — eine Redefigur des Elohisten

Bereits in der Einleitung konnte das mehrmals begegnende Nebeneinander von *pǎrʿō* + *ʿabadâw* als Element einer Quelle definiert werden, welchem in einer anderen Quelle eine Dreiergruppe gegenüberstand, die sich zusammensetzte aus dem König, »seinen Knechten« und »seinem Volk«[185]. Den Umstand, daß 5 21 die Zweiergruppe zum ersten Mal in unseren engeren Gesichtskreis einführt, nehmen wir zum Anlaß, Ermittlungen über ihre Herkunft anzustellen. Als nächste Parallelen zu unserer Stelle bieten sich zwei Bemerkungen in Gen 41 37 und 45 16 zur Untersuchung an, welche *pǎrʿō* + *ʿabadâw* ebenso einem zweimaligen *beʿênê* unterordnen.

a) Joseph hatte »Pharao«[186] den Vorschlag unterbreitet, er solle sich nach einem »verständigen und weisen Manne« umsehen und ihn über das »Land Ägypten« bestellen, damit er Vorkehrungen gegen die Hungersnot treffe Gen 41 33. Unter offenkundiger Bezugnahme auf seinen Antrag heißt es nun in v. 37: »Und das Wort war gut in den Augen Pharaos und in den Augen aller seiner Knechte«, *wǎjjitǎb hǎddabar beʿênê pǎrʿō ûbeʿênê kǎl*[187] *ʿabadâw*. Dieses Placet hatte zur Folge, daß »Pharao« zu »seinen Knechten« sagte: »Findet man einen Mann wie diesen, in welchem der Geist Gottes (*rûaḥ ʾ*lohîm*!) wäre ?« v. 38. Das fragliche Motiv erscheint hier also deutlich als Bestandteil eines elohistischen Kontextes.

Auch die weiteren Voraussetzungen von Gen 41 37 erweisen sich als elohistisch. Josephs Vorschlag v. 33 beruhte auf seiner Deutung der Träume Pharaos. Als Pharao ihn bat, ihm dieselben zu erklären, gab Joseph zur Antwort: »Elohim (!) wird Pharaos Heil bekunden!«, *ʾælohîm jǎʿanǣ ʾæt šelôm pǎrʿō* v. 16b*[188], Die Ehre, Traumdeuter des Königs zu sein, wurde dem Sklaven Joseph zuteil, weil er sich im Gefängnis als Ausleger der Träume des Hofmundschenken und Hofbäckers bereits bewährt hatte Gen 40 12. 13a. 19. Damals betonte er: »Deutungen sind doch Gottes Angelegenheit!«, *halo' leʾlohîm* (!) *pitronîm* v. 8. Die Deutungen, die er nach dieser Grundsatzerklärung den gefangenen Beamten gab, sollten sich rasch bewahrheiten: »Pharao« veranstaltete für »alle seine Knechte« ein Gelage v. 20. Bei dem Anlaß »beförderte«[189] er den Mundschenken und den Bäcker »inmitten seiner Knechte« v. 20 — jenen in sein altes Amt und diesen an den Galgen.

b) Als Joseph sich seinen Brüdern offenbarte, sprach sich die Nachricht rasch im »Haus Pharaos« herum: *wehǎqqol*[190] *nišmǎʿ bêt pǎrʿō* Gen 45 16a. Sie fand großen An-

---

[183] *pæn jipgaʿenû bǎddæbær ʾô bæḥaræb.*

[184] Vgl. die Zusammenstellung der Belege S. 395!

[185] Vgl. S. 14f.

[186] *pǎrʿō* ein Charakteristikum von E, s. S. 101f..

[187] *kǎl,* was den Vergleichsstellen fehlt, ist Zutat des Bearbeiters, vgl. S. 394f.!

[188] Für die Vorausstellung des Subjekts ist RJE zuständig, vgl. S. 396!

[189] *nś'* qal + *ʾæt roʾš* ist absichtlich so doppelsinnig gehalten.

[190] Vgl. Anm. 188.

klang: *wăjjiṭăb be'ênê pǎr'ō ûbe'ênê 'abadâw* v. 16b. Die vorausgehende Wiedererkennungsszene, auf die sich diese Angaben stützen, ist in allen wesentlichen Zügen aus elohistischem Material gestaltet. Da werden Gefühlsregungen[191] des Helden gezeigt: »und Joseph konnte sich nicht mehr beherrschen« v. 1aα, »und er ergab seine Stimme dem Weinen« v. 2a. Der Kernsatz in v. 4 enthält das charakteristische Nebeneinander von Eigenname + Verwandtschaftsangabe[192]: »Da sagte Joseph zu seinen Brüdern: Tretet mal her zu mir! Sie traten herzu. Da sagte er: Ich bin Joseph, euer Bruder (*jôsep 'aḥîkæm*)!« Weiter findet man die *'ôd ḥăj*-Frage[193] gestellt: »Lebt mein Vater noch?« 3. Josephs Leiden in Ägypten werden rückschauend so gedeutet: »Elohim (!) schickte mich vor euch her ..., um euch das Leben zu erhalten« 7 (vgl. 5. 8). Die Szene erfährt in dem Gunsterweis Josephs gegen Benjamin ihre Krönung: »Da fiel er Benjamin, seinem Bruder, um den Hals und weinte, während Benjamin an seinem Halse weinte« 14. Wieder sieht man da einen Eigennamen mit Verwandtschaftsangabe versehen und das Empfinden der handelnden Personen betont.

Die Untersuchung der beiden Genesisstellen zeigt mit aller Deutlichkeit, daß die Zweiergruppe »Pharao« und »seine Knechte« im allgemeinen und der Ausdruck *be'ênê pǎr'ō ûbe'ênê 'abadâw* im besonderen E zuzurechnen sind.

7 20

Ein Satz, den man jetzt leicht überarbeitet[194] in Ex 7 20 liest, erhärtet dieses Resultat: »Da schlug er das Wasser vor Pharao und vor seinen Knechten (... *le'ênê pǎr'ō ûle'ênê 'abadâw*)«. Er handelt von Moses Zauberstab und muß aus diesem Grunde gleichfalls aus E stammen.

Die »Vorarbeiter der Israeliten« protestieren bei Mose — elohistische Herkunft dieser Szene

Für den Vorwurf *hib'ăštæm 'æt rêḥenû be'ênê pǎr'ō ûbe'ênê 'abadâw* 21bαβ* ist damit die elohistische Provenienz gesichert. Daß er aus dem Munde der *šoṭerîm* verlautet und sich gegen Mose richtet, läßt sich kaum anfechten. Denn wer soll sich nach E schon so geäußert haben, wenn nicht die Männer, welche nach v. 14aαβ E »geschlagen« worden waren? Erst recht kam bei E als Adressat einer solchen Beschuldigung allein Mose in Betracht — nicht, wie jetzt, außerdem noch Aaron.

7 14

Der Zusammenhang von 21bαβ* mit 14aαβ leuchtet auch aus dem Grunde ein, weil letzteres den bei E hochgeschätzten Namen *jiśra'el*[195] umschließt. Möglicherweise hat sich das *nṣb* ni. + *liqră't* von v. 20aβ

---

[191] S. S. 93f.

[192] Vgl. die Zusammenstellung S. 384!

[193] Dazu s. S. 77ff.

[194] Vgl. S. 144f.

[195] Vgl. die Zusammenstellung S. 386!

in der Quelle dann nicht, wie oben[196] vermutet, auf die Begegnung Moses mit Pharao bezogen, sondern auf ein Herantreten der Vorarbeiter an Mose — gerade umgekehrt, als es jetzt behauptet ist. Wie dem im einzelnen auch sei, jedenfalls wird der Elohist nicht versäumt haben, die Umstände zu schildern, unter welchen die Vorarbeiter ihren Protest vorbrachten.

Mose wendet sich jetzt resigniert an Jahwe

Der elohistische Mose ließ die Anschuldigung der Vorarbeiter
21bαβ E schwerlich unwidersprochen. Die gegenwärtige Darstellung jedoch will nichts davon wissen, daß Mose und Aaron die Verwünschung 21aβ-b, die sie hatten über sich ergehen lassen müssen, mit einer Gegenrede pariert hätten.

5 22. 23

Sie schließt die Beschwerdeszene auch nicht ausdrücklich ab. Mose — inkonsequenterweise nur mehr dieser! — soll so reagiert haben: »Da kehrte Mose zu Jahwe zurück und sagte: Mein Herr, warum hast du diesem Volk übelgetan? Warum hast du mich denn gesandt? (*wăjjašåb . . . ʼæl jăhwǣ wăjjoʼmăr ʼ^{a}donaj lamā h^{a}reʿotā laʿam hăzzǣ lammā zzǣ š^{e}lăḥtanî*) | Und seitdem ich hineingegangen bin zu Pharao, um in deinem Namen zu reden, hat er diesem Volk übelgetan, aber gerettet hast du dein Volk keineswegs (*ûmeʼaz baʼtî ʼæl părʿō l^{e}dăbber biš^{e}mæka herăʿ laʿam hăzzǣ w^{e}hăṣṣel loʼ hiṣṣălta ʼæt ʿammæka*)« 22. 23. An welchen Ort begab sich Mose denn? Wo traf er Jahwe an? Darüber wird kein Wort verloren. Dem Bericht erstattenden R^{JE} lag nun einmal nichts an der geschichtlichen Situation[197]. Er spricht nur so obenhin von einer *Rück*kehr Moses zu Jahwe. Mose hatte sich zuvor ja gar nicht förmlich »bei Jahwe« aufgehalten. Die Vorstellung des *šwb* erscheint als Ausgeburt einer momentanen Empfindung des Redaktors[198]: Nach dem bösen Geschwätz der Vorarbeiter, meinte er wohl, zieme es einem Manne wie Mose, Rücksprache zu nehmen mit seinem Auftraggeber. So ließ er jenen flugs »zu Jahwe zurückkehren«.

Der Inhalt der Moserede ist ähnlich unbestimmt wie ihre geschichtliche Einkleidung. *rʿʿ* hi., gleich zweimal hintereinander verwendet und mit *laʿam hăzzǣ* zusammengespannt, läßt offen, *inwiefern* dem Volk übel mitgespielt wurde[199]. Bei *š^{e}lăḥtanî* bleibt unklar, warum und wohin Mose »gesandt« wurde. Zu *nṣl* hi. ist nicht angedeutet, wie

---

196 S. 121f.

197 Vgl. die Zusammenstellung S. 398f.!

198 Vgl. S. 399ff.!

199 Vgl. die Zusammenstellung S. 393!

sich die Rettung gestalten sollte. Die Rede erweist sich auch dadurch als eine redaktionelle Bildung, daß sie an frühere Aussagen des Redaktors anknüpft: Mose stellt darin rückblickend seine »Sendung« in Frage — in 4 13 R^{JE} hatte er's im voraus getan. Nichts mehr erinnert an die Verhältnisse, auf die der *Jahwist* den Begriff der »Sendung« *šlḥ* qal bezogen hatte[200]. *ba'tî 'æl părʿō* schließt sich an das schon kontaminierte *ba'û . . . 'æl părʿō* 5 1[201] an. Aaron ist jetzt willkürlich übergangen. Der Passus *wᵉhăṣṣel lo' hiṣṣăltа 'æt ʿămmæka* spielt etwas maliziös an auf Jahwes Versicherung bei der Berufung Moses: *wa'ered lᵉhăṣṣîlô mijjăd miṣrăjim* 3 8 R^{JE}[202].

Verschiedene Kleinigkeiten des Sprachgebrauchs vertiefen noch den schon gewonnenen Eindruck vom Charakter der v. 22. 23: Die eine genauere Definition bequem umgehende Rede von »diesem Volk«, *haʿam hăzzæ*[203], der Gebrauch des Demonstrativums[204], die zusammengesetzte Konjunktion *me'az*[205], das Verbum *dbr* pi.[206], der inf. abs. als adverbiale Näherbestimmung einer finiten Form desselben Verbs bei *wᵉhăṣṣel lo' hiṣṣălta*[207] — jede von diesen Einzelheiten ist typisch für den Sprachgebrauch des deuteronomistischen Redaktors. Für v. 22. 23 hatte er kein Vorbild in den Quellen. Er bildete sie ganz aus eigenen Stücken, wahrscheinlich, um zu verdeutlichen, daß Jahwe, trotz Widerständen sogar bei seinen eigenen und eigensten Leuten, unerschütterlich festhält an seinen Heilsabsichten 6 1, um endlich doch damit ans Ziel zu gelangen[208].

Jahwes Erwiderung verwertet Elemente der alten Moseantwort an die »Vorarbeiter der Israeliten«!

6 1

Die Gegenrede Jahwes 6 1 muß als solche genauso redaktionell sein wie das Gebet Moses 5 22f., auf welches sie Bezug nimmt: »Da sagte Jahwe zu Mose: Jetzt wirst du sehen, was ich Pharao antun werde (. . . *ʿăttă tir'æ 'ᵃšær 'æʿᵉśæ lᵉpărʿō*), denn unter dem Druck einer starken Hand wird er sie entlassen müssen und unter dem Druck einer starken Hand wird er sie vertreiben aus seinem Land (*kî bᵉjad ḥᵃzaqă jᵉšăllᵉḥem ûbᵉjad ḥᵃzaqă jᵉgarᵉšem me'ărṣô*).« Wenigstens der

---

200 Vgl. S. 62f.

201 Dazu s. S. 99ff.

202 Vgl. S. 37f.

203 Vgl. die weiteren Belege S. 393f.!

204 Vgl. S. 393f.!

205 Vgl. S. 394!

206 Vgl. S. 395!

207 Weitere R^{JE}-Belege für dieses Phänomen s. S. 396!

208 Zur heilsgeschichtlichen Tendenz des Redaktors vgl. S. 403f.!

Relativsatz mit seinem *'ᵃšær*[209] und dem vulgären *'śh* qal[210] trägt denn auch für R^JE typische Schriftzüge. Der Terminus *šlḥ* pi. jedoch ist aus E übernommen[211]. In diesem Zusammenhang fällt auf, daß die Angabe über die »Entlassung« durch eine solche über eine »Vertreibung« fortgeführt und überboten wird, wobei sich das adverbiale *bᵉjad ḥᵃzaqā* wiederholt. *bᵉjad ḥᵃzaqā jᵉgarᵉšem* sieht aus wie eine Analogiebildung[212] von *bᵉjad ḥᵃzaqā jᵉšällᵉḥem,* die dieses korrigieren und verschärfen soll. Das Korrigierende wird dann vom Bearbeiter, das Korrigierte vom Elohisten stammen.

Einen Fall wie hier, wo elohistisches *šlḥ* pi. durch beigefügtes redaktionelles *grš* pi. in den Schatten gestellt wird, haben wir bereits in Gen 3 23a. 24a kennengelernt. »Da entließ ihn Jahwe Elohim aus dem Garten von Eden«, heißt es dort im Anschluß an eine entsprechende, aber *ḥäwwā* betreffende Notiz des Nordreicherzählers. Dem Bearbeiter war Entlassung zu wenig; er fügte hinzu: »Da *vertrieb* er den Menschen«[213]. — In welchem elohistischen Kontext das *bᵉjad ḥᵃzaqā jᵉsällᵉḥem* unserer Exodusstelle vorgekommen sein mag? Das Wort klingt, als wäre es von jeher zu jemandes Trost oder Beruhigung gesprochen gewesen. Dann aber wird es bei E, wohl zusammen mit vorauslaufendem *tir'û + kî,* das Hauptstück jener Antwort ausgemacht haben, welche Mose den unzufriedenen Vorarbeitern (21b*) erteilt haben muß: »Ihr werdet sehen, daß euch Pharao unter dem Druck einer starken Hand entlassen wird«, *tir'û kî jᵉšälleᵃḥ 'ætᵉkæm pär'ō bᵉjad ḥᵃzaqā.*

14 13

Mit überraschend ähnlichen Worten suchte der elohistische Mose nach 14 13* die Israeliten zu beschwichtigen, als sie bestürzt waren über das Herannahen ihres Verfolgers[214]! Den Redaktor vermochte das vorgefundene Trostwort allein nicht zu befriedigen. Als Heilsgeschichtler[215] wollte er den Triumph der Israeliten über Ägypten dick unterstreichen[216]: Pharao wird das Volk nicht nur ziehen lassen (*šlḥ* pi.), er wird es geradezu zum Land hinauswerfen (*grš* pi.); als so gewaltig erweist sich an ihm die Hand Jahwes!

---

[209] Vgl. die weiteren Belege S. 294!

[210] Vgl. S. 294!

[211] S. S. 24. 85.

[212] Vgl. dazu 5 4aγ || 5b und die Zusammenstellung S. 398!

[213] S. »Paradieserzählung« 64f.

[214] Näheres darüber S. 307f.

[215] Vgl. dazu S. 403f.!

[216] Vgl. die Zusammenstellung S. 403!

Der ursprüngliche Zusammenhang der elohistischen Elemente in 5 1—6 1

Was uns der deuteronomistische Redaktor in 5 1—6 1 über Moses Erstauftritt und dessen Auswirkungen erzählt, gibt sich in seiner Abfolge von vielen kleinen Szenen, die nicht sauber durchkonzipiert sind, in seinem Überfluß an wörtlichen Reden und in seinem Übermaß an inneren Widersprüchen als Neukomposition zu erkennen. Das hindert indessen nicht, daß das Neue durchweg von alten, hauptsächlich elohistischen Anregungen abhängig ist. Die andere Quelle durfte nur ein Weniges beisteuern: die Vorstellung des »Hineingehens« von Mose 5 1*, das Urlaubsgesuch 3*(. 8*. 17*) sowie Bruchstücke der Antwort, die der »König von Ägypten« dem Gesuchsteller Mose erteilt hatte 4*. 8bα*. 17a*.

Die elohistischen Motive mußten sich bei der Vereinnahmung für die Harmonie zum Teil beträchtliche Veränderungen gefallen lassen. Darum empfiehlt sich jetzt ein abschließender Versuch, sie wieder in ihren originalen Zusammenhang zu transferieren: »Mose ging zu Pharao« und überbrachte ihm die Botschaft: »So hat Jahwe, der Gott Israels, gesagt: Entlaß mein Volk, daß sie mir dienen« 5 1*. Pharao lehnte rundum ab, weil er nicht wisse, wer Jahwe überhaupt sei 2*. Sofort oder wenig später scheint Mose ihn wieder verlassen zu haben 20b*. Sein Vorpreschen hatte aber ganz Unbeabsichtigtes zur Folge: Pharao stellte den Israeliten für die ihnen obliegende Ziegelerzeugung keinen Strohhäcksel mehr zur Verfügung. Sie mußten sich selber danach umtun. Gleichwohl wurde das bisherige Ablieferungssoll nicht ermäßigt. Der Elohist hatte diese Vorkommnisse einfach als Geschehenes angezeigt; erst sein Verarbeiter machte sie zum immer wiederkehrenden Thema verschiedener wörtlicher Reden 7f. 10f. 14. 16. 18f. Daß die Israeliten sich in ganz Ägypten zerstreuten, um sich Häcksel zu besorgen, wird von v. 12 noch in der alten narrativen Form mitgeteilt. Unter den bezeichneten Umständen ließ die Produktivität der Ziegelindustrie natürlich nach. Aus diesem Grunde wurden die verantwortlichen »Vorarbeiter der Israeliten geschlagen« 14aαβ — auch hier noch die alte Form der Tatsachenmitteilung! Sie suchten den Initianten der unseligen Entwicklung auf, um sich bei ihm zu beschweren: »Du hast unsern Geruch stinkend gemacht bei Pharao und bei seinen Knechten« 20*. 21*. Mose begegnete ihrem Unmut mit der tröstlichen Versicherung: »Ihr werdet erleben, daß euch Pharao unter dem Druck einer starken Hand entläßt!« 6 1*.

C. MOSES ZWEITER AUFTRITT VOR DEM KÖNIG UND DIE ERSTE PLAGE

Ex 7 14-18. 20aβ-b*. 21a. 23-25

Sporadische Elemente der JE-Harmonie in 6 2—7 13

Das lange Zwischenstück 6 2—7 13 ist der Priesterschrift verpflichtet. Motive aus der deuteronomistischen Harmonie tauchen nur ganz vereinzelt darin auf, vor allem in den beiden folgenden Passagen:

> *w^{e}hoṣe'tî 'æt^{e}kæm mittăḥăt sib^{e}lot miṣrăjim w^{e}hiṣṣăltî 'æt^{e}kæm me'^{a}bodatam* »und ich werde euch herausführen, hervor unter den Frondiensten der Ägypter, und werde euch erretten von ihrer Sklavenarbeit« 6 6
>
> *('^{æ}lohêkæm) hămmoṣî' 'æt^{e}kæm mittăḥăt sib^{e}lot miṣrajim* »(euer Gott) der euch herausgeführt hat, hervor unter den Frondiensten der Ägypter« 6 7.

Diese beiden Stücke sind auf ihren von P her geprägten Kontext angewiesen, dieser jedoch keineswegs auf sie. Deshalb kann es sich nicht geradezu um Fragmente der Harmonie handeln. Es liegen vielmehr nur begriffliche Anleihen von dort vor: *jṣ'* hi. »(aus Ägypten) herausführen«[1], *sib^{e}lot* »Frondienste«[2], *nṣl* hi. »retten«[3], *'^{a}bodā* »Sklavenarbeit«[4]. Als Verfasser der Zusätze hat man sich einen Schreiber zu denken, der den Priesterkodex und die deuteronomistische Harmonie noch als verschiedene Größen vorfand oder wenigstens empfand — wahrscheinlich also R^{P}.

Des weiteren ist *lip^{e}nê păr'ō w^{e}lip^{e}nê '^{a}badâw* 7 10 wohl unter der Einwirkung der elohistischen Zweiergruppe[5] entstanden. Dies ist um so wahrscheinlicher, als der vorauslaufende Befehlsbericht v. 9 nur das einfache *lip^{e}nê păr'ō* gebraucht. Offenbar wieder eine Begriffsanleihe! — Daß man in dem Zwischenstück, wie überhaupt in den priesterlichen Partien, Anzeichen einer ideellen Abhängigkeit von der Harmonie entdecken kann, verwundert nicht. So gemahnen *wa'era' 'æl 'ăbraham 'æl jiṣḥaq w^{e}'æl jă'^{a}qob* »und ich erschien bei Abraham« usw. 6 3 und *ha'aræṣ '^{a}šær naśa'tî 'æt jadî latet 'otah l^{e}'ăbraham l^{e}jiṣḥaq ûl^{e}jă'^{a}qob* deutlich an die R^{JE}-Konzeption des Vätergottes[6]. Derartige Erscheinungen berühren aber nicht den Gegenstand hiesiger Untersuchungen.

Direkter Zusammenhang zwischen 7 14 und 6 1?

Der letzte greifbare Satz der Harmonie vor dem großen Einschub aus P umschloß eine Gottesrede: »Da sagte Jahwe zu Mose: Jetzt wirst du sehen, was ich Pharao antun werde, denn unter dem

---

[1] Wie in 3 10-12 R^{JE}. Die relativ ältere Fortsetzung v. 6b nennt denselben Vorgang *g'l* qal »erlösen«!

[2] Wie in 5 4b J.

[3] Wie in 3 8 5 23 R^{JE}.

[4] Wie in 1 14 2 23* 5 9. 11 R^{JE}.

[5] S. S. 124f.

[6] Vgl. 3 6. 13. 15f. 4 5 R^{JE} sowie S. 106.

Druck einer starken Hand . . . wird er sie vertreiben aus seinem Land« 6 1.

7 14

Der erste Satz danach bringt schon wieder eine Gottesrede an Mose: »Da sagte Jahwe zu Mose: Schwer ist Pharaos Herz. Er hat sich geweigert, das Volk zu entlassen (*wăjjo'mær jăhwæ̆ 'æl mošæ̆ kabed leb păr'ō me'en lᵉšăllăḥ ha'am*)« 7 14. Hingen die beiden Sätze in der Harmonie noch unmittelbar zusammen? Oder wurde dazwischen Befindliches von R^P ausgeschieden? Die zweite Annahme läßt sich nicht förmlich widerlegen; es fehlen dafür aber positive Anhaltspunkte. In 6 2—7 13 entdeckten wir vorhin zwar einige Notizen, die Begriffe der Harmonie zum Zug bringen wollen, aber keine Bruchstücke der Harmonie. Auf den Inhalt besehen, ist nach 6 1 nichts zu erwarten als das, was 7 14ff. tatsächlich bringen, nämlich die Voraussetzungen zu der ersten Plage. Gewiß stößt sich das Stilempfinden des Heutigen daran, daß auf eine Gottesrede sofort eine zweite, ebenfalls eingeleitet durch *wăjjo'mær jăhwæ̆ 'æl mošæ̆*, gefolgt sein soll. Für einen assoziativen Denker wie R^JE galten aber andere Maßstäbe[7]. Darum wird man 7 14 am ehesten doch als die »alte« R^JE-Fortsetzung zu 6 1 ansprechen müssen.

Warum kriegt Mose gesagt, was er doch schon weiß? — Erste Einblicke in das Schema der elohistischen Plagenberichte

Wo wurde Mose von Jahwe angesprochen und *wann*? Darüber erteilt v. 14 so wenig Auskunft, wie es zuvor etwa 3 21 oder 6 1 R^JE getan. Im Unterschied zu seinen beiden Gewährsmännern, zumal dem Elohisten, lag dem Kontaminator nichts an einer geschichtlichen Situation, die man sich vorstellen kann[8]. Seltsam ist auch, daß Mose, bevor er einen Auftrag erhält (v. 15), erst noch gleichsam privatim informiert wird: *kabed leb păr'ō me'en lᵉšăllăḥ ha'am* 14aβb. Dabei weiß er über das Mitgeteilte aus eigenster Erfahrung schon Bescheid, hatte er sich doch die Absage Pharaos selber anhören müssen 5 2. V. 14aβb ist sachlich also ganz überflüssig und bringt keine neuen Gesichtspunkte. Dieser Teil der Gottesrede verdankt seine Entstehung allein dem Bedürfnis des Redaktors, Quellenelemente weiterzureichen, die dort, wo er sie fand, noch ganz anders bezogen waren.

Bei diesen Quellenelementen handelt es sich *erstens* um den Begriff *m'n* pi. Schon die Einleitung machte deutlich[9], daß *m'n* pi. unlösbar mit dem Entlaßmotiv *šlḥ* pi. verbunden ist. Mittlerweile stellte sich auch schon heraus, daß die Begriffskonstellation von E

[7] Vgl. seine Komposition von 3 5+6. 14a+14b+15!

[8] Vgl. die Zusammenstellung S. 398f.!

[9] S. S. 5.

stammt[10]. Der elohistische Mose pflegte vom zweiten Auftritt an der stereotypen Entlaßforderung Jahwes *šällăḥ ('æt) 'ămmî wejă'ăbedunî* eine Inbetrachtnahme des Weigerungsfalles *we'im ma'en 'ăttā lešălleaḥ ('æt 'ămmî)* und dieser wiederum eine Drohung anzuschließen: »Entlaß mein Volk, daß sie mir dienen! Weigerst du dich aber, (mein Volk) zu entlassen, so ...«.

7 *16. 17*

Die Entlaßforderung des zweiten Auftritts blieb in v. 16a wörtlich erhalten. Die Inbetrachtnahme des Weigerungsfalles aber, die ihr vormals folgte, ließ der Redaktor in unserer Perikope als solche nicht mehr zur Geltung kommen. Die in v. 17 vorhandene Strafansage wird nicht durch sie, sondern mithilfe des Erkenntnismotives[11] eingeführt: »An diesem wirst du erkennen, daß ich Jahwe bin: Siehe, ich werde schlagen ...«. Das auf diese Weise »arbeitslos« gewordene Weigerungsmotiv *m'n* pi. + *šlḥ* pi. verwertete der Redaktor für eine Privatinformation an Mose[12] 14b. Da findet man jetzt also im Rückblick[13] vermerkt, was ursprünglich in drohender Vorausschau gesagt war.

Es handelt sich *zweitens* um den Ausdruck *leb păr'ō* »Herz Pharaos« in Verbindung mit einer Form des Verbs *kbd* »schwer sein«. Die in der Einleitung[14] aufgeführten Belegstellen lassen erkennen, daß sich die betreffende Angabe von Haus aus auf den Schluß, nicht, wie jetzt in v. 14, auf den Anfang von Plagen bzw. Plagenberichten bezog. »Pharao« habe da, heißt es noch verschiedentlich, »sein Herz schwer gemacht« (*kbd* hi.)[15]. »Schwer« will sagen: hart und unnachgiebig. Demnach scheint das Herz vorher leicht oder wenigstens leichter gewesen zu sein! Dem Titel *păr'ō* nach zu schließen[16], ist diese Angabe ebenfalls bei E beheimatet. Darauf deutet auch der Umstand, daß sie (oder ihresgleichen) noch an drei Stellen[17] mit dem elohistischen Gedanken des (Nicht-)Entlassens fortgeführt wird: Pharao »machte sein Herz schwer und entließ das Volk nicht«. Damit zeichnen sich jetzt schon wesentliche Züge der elohistischen Berichterstattung über die ägyptischen Plagen ab: Anscheinend fruchtete es nichts, daß Mose, vom zweiten Auftritt an, die Entlaßforderung durch Androhung göttlicher Repressalien verschärfte. Pharao verweigerte die Entlassung trotzdem, so daß die angedrohten Drangsale in Gang gebracht

---

[10] S. S. 87f.

[11] Vgl. S. 7ff.

[12] Es handelt sich um einen Fall von »Übertragung«, vgl. dazu die Zusammenstellung S. 401f.!

[13] Vgl. die Zusammenstellung S. 397!

[14] S. 18.

[15] S. 8 11. 28 9 34, vgl. 9 7.

[16] Vgl. S. 101f.

[17] In 8 28 9 7. 34f.

werden mußten. Sie allerdings bewogen dann den König zum Einlenken. Aus Gründen, die ermittelt werden müssen, hat er aber zuletzt »sein Herz« jeweils wieder »schwer gemacht«. Er nahm also die schon ausgesprochenen Zugeständnisse wieder zurück.

Über diese Selbstrevision des Königs verlautet am Schluß des jetzigen ersten Plageberichtes bezeichnenderweise nichts mehr. Der Redaktor hatte das elohistische *wăjjăkbed păr'ō 'æt libbô* ja schon für das von ihm gebildete Redestück *kabed leb păr'ō* 14aβ verausgabt[18]. Was vormals das Ende des elohistischen Blutplageberichtes geziert, stört jetzt durch seine Überflüssigkeit den Beginn der redaktionellen Nacherzählung, und was einst die Verhärtung von Pharaos Haltung aufgrund des zweiten Moseauftrittes bezeichnet hatte, beklagt jetzt die Einstellung des Königs nach dem ersten Moseauftritt.

Den Befehl, zu Pharao zu gehen, hat der elohistische Mose bei Nacht erhalten!

7 15aα

Nach seiner privaten Unterrichtung 14 empfängt Mose den Auftrag: *lek 'æl păr'ō băbboqær* »geh am Morgen zu Pharao« 15aα. Von einer Sachbedingtheit solcher Abfolge läßt sich nichts erkennen. Durch seine Parallelität zu *l^ekā . . . 'æl păr'ō* 3 10a[19] ist der angeführte Befehl als elohistisch ausgewiesen. Die Tageszeit[20], die er nennt, läßt darauf schließen, daß die Gottesoffenbarung bei Nacht vor sich ging. Die ausdrücklichen diesbezüglichen Bemerkungen der Quelle sind offenbar dem geschichtlichen Desinteresse des Redaktors[21] zum Opfer gefallen.

Die Gottheit und ihr Bereich weisen bei E eine ausgesprochene Affinität zur Nacht, zu nächtlichem Spuk, zu nächtlichen Träumen auf. In einem Nachtgesicht kam »Elohim« zu Abimelech, ihn zur Rede zu stellen wegen Abrahams Weib Gen 20 3 E. Des Nachts muß der elohistische Abraham beauftragt worden sein, sich mit Isaak zum Lande Moria zu begeben, denn er machte sich am Morgen früh auf Gen 22 3[22]. Das Numen, welches dem Jakob die nächtliche Überquerung des Jabbok verwehren wollte, fühlte sich wie ein Gespenst bedroht durch den nahenden Tag: »Laß mich los« (*šăll^eḥenî*[23]), sprach es[24] zum Patriarchen, »denn die Morgenröte ist aufgestiegen« Gen 32 27 E[25]. Ähnlich hielten die drei numinosen »Männer« der elohistischen[26] Sodomgeschichte Lot

---

[18] Eine »Übertragung« — vgl. dazu die Zusammenstellung S. 401f.!

[19] Dazu s. S. 41.

[20] Weitere Belege für elohistische Tageszeitangaben s. S. 388!

[21] Vgl. die Zusammenstellung S. 398f.!

[22] Zur Provenienz der Erzählung s. S. 27f. Anm. 26.

[23] Zu *šlḥ* pi. als typischem E-Begriff s. S. 42. 74.

[24] E scheint das Numen seiner Tradition zuerst nur als »Mann« hingestellt zu haben v. 25bα, aber sein nachmaliges »du hast mit Elohim gerungen« 29b zeigt klar, wer nach seiner Ansicht in dem Manne steckte.

[25] Zur Herkunft der Pniëlgeschichte s. S. 45 (mit Anm. 100). 89.

[26] S. S. 36. 77f.

angesichts der aufgestiegenen Morgenröte zur Eile an Gen 19 15f.* offenbar, weil sie ihm in der Gefahrenzone nur so lange Schutz gewähren konnten, als die Dunkelheit ihnen selbst Schutz bot. »Pharaos« Beamten und »Pharao« persönlich wurden in Nachtträumen Ausblicke zuteil in die Zukunft Gen 40 5* 41 1*. 5*[27]. Und gewiß trifft auch die Vermutung ins Schwarze, daß der Bräutigam Mose von dem lüsternen Dämon in der Hochzeits-*Nacht* gefährdet wurde Ex 4 24* E[28]. Vorher waren die beiden Brautleute ja kaum allein.

Die Begegnung mit Pharao soll »am Ufer des Nils« erfolgen

7 15a

Außer der Tageszeit bekommt Mose in dem Gottesbefehl auch gleich den Ort genannt, woselbst er den König treffen soll: »Geh am Morgen zu Pharao — siehe, er wird sich gerade ans Wasser begeben (*hinnē joṣe' hămmăj*^{e}*mā*) — und tritt ihm entgegen am Ufer des Nils (*w*^{e}*niṣṣăbta liqra'tô 'ăl ś*^{e}*păt hăj*^{e}*'or*)« 15a. Das topographische Bemühen der Angabe klingt gut elohistisch[29]. Elohistisch ist auch seine Nomenklatur: *jṣ'* qal i. S. v. »weggehen, sich aufmachen«[30], *liqră't* nach einem Verb des Sich-Fortbewegens[31]. Hatte der Verfasser der Harmonie in Kap. 5 überhaupt nicht durchblicken lassen, wo Mose nach E oder auch nach J dem König zum ersten Mal begegnete, so stand er, inkonsequent wie er war, diesmal nicht an, die Ortsvorstellung seines elohistischen Gewährsmannes bezüglich der Begegnung Moses mit Pharao der Nachwelt weiterzuüberliefern: Die beiden Antipoden trafen sich »am Ufer des Nils«[32]. Bei der Szenerie am Nilufer handelt es sich offenbar um einen Topos elohistischer Erzählung.

Im Schilf *'ăl ś*^{e}*păt hăj*^{e}*'or* wurde auch das Knäblein versteckt, das später Mose heißen sollte 2 3. Die wunderbare Errettung dieses Kindes knüpft bekanntlich an das elohistische Erzählstück von der Tötung der israelitischen Säuglinge durch die Hebammen der Ägypter an[33]. Der Bericht darüber trägt auch an sich selbst Merkmale der Nordreichquelle, so z. B. den Titel *păr'ō*[34], die Begriffe *jælæd* »Kind«[35] und *'amā* »Magd«[36] oder die Betonung menschlicher Gefühle[37]. — »Am Ufer des Nils« sah Pharao

---

[27] Vgl. S. 124.

[28] Vgl. S. 88ff.

[29] Vgl. S. 83f. und die Zusammenstellung S. 387f.!

[30] Vgl. die weiteren Belege S. 385!

[31] Vgl. S. 92f. 386!

[32] Aaron beizuziehen hat der Redaktor diesmal vergessen, weil er nur die Quelle zitierte (vgl. dagegen 5 1 8 4).

[33] S. S. 106.

[34] V. 5. 7-10. Vgl. die Zusammenstellung S. 386!

[35] V. 3. 7. 10. Vgl. das Vorkommen in Gen 21 8a. 14. 15 E (dazu S. 74 Anm. 289)!

[36] V. 5. Vgl. das Vorkommen in Gen 20 17* E (ausdrückliches *'*^{æ}*lohîm*!) und 30 3a E (beachte das sachlich hinzugehörige *wătto'mær raḥel danănnî '*^{æ}*lohîm* v. 6, dazu »Paradieserzählung« 88)!

[37] *nă'ăr bokǣ wăttăḥmol 'alâw* v. 6, vgl. dazu S. 93ff.

sich in seinem Traum 41 17, ebenda erblickte er die sieben mageren Kühe 41 3 E[38].

8 16

Nach dem *hinnē jôṣe' hămmăjemā* von Ex 8 16 zu schließen, hatte der Elohist zumindest noch *ein* weiteres Treffen von Mose und Pharao am Nilufer lokalisiert.

Mose soll den Stab mit zu Pharao nehmen

Der eben besprochene Gottesbefehl 15a, der allem Anschein nach wörtlich aus der E-Vorlage angeführt ist, faßt bereits den Zeitpunkt ins Auge, wo Mose dem König gegenübertritt.

7 15b

Seltsamerweise blickt die Fortsetzung des Befehls 15b auf die frühere Begebenheit zurück, da Mose aufbrechen mußte: »Und den Stab, welcher in eine Schlange verwandelt wurde, sollst du in deine Hand nehmen (*wehămmăṭṭæ 'ašær næhpăk lenaḥaš tiqqăḥ bejadæka*).« Der Hinweis auf das In-die-Hand-Nehmen des Stabs geht auf die elohistische Vorlage zurück[39]. Da Moses Stabmanipulation nachher in Anwesenheit Pharaos stattfand[40], wird er schon immer zur gleichen Gottesrede wie die Aufbietung Moses 15a E gehört haben. Nicht als echt gelten kann aber das widernatürliche Hysteronproteron von 15a + 15b. Der Redaktor hat offenbar die ursprüngliche Reihenfolge verkehrt. Vermutlich deshalb, weil er nach seiner Vorbemerkung über Pharaos Widersetzlichkeit 14aβb bei dem Thema Pharao noch verweilen wollte: 15a. Andernfalls hätte er ja erst vom »Stab« handeln 15b und dann auf »Pharao« zurückkommen müssen 15a. Das hätte nicht seiner assoziierenden, begriffsklauberischen Denkweise entsprochen. Auch in den vorgegebenen Wortlaut griff der Redaktor ein: Er stellte *hămmăṭṭæ* betont voraus[41] und fügte einen erläuternden *'ašær*-Satz[42] bei, der den elohistischen Zauber»stab« identifizieren will mit dem »Stab« des jahwistischen Verwandlungswunders 4 2-4.

Was der Redaktor aus der zweiten Entlaßforderung gemacht hat

Wozu wurde der elohistische Mose das zweite Mal zu Pharao entboten 15*?

7 16a

Darüber erteilt die Fortsetzung z. T. noch verläßliche Auskunft: »Dann sage zu ihm: Jahwe, der Gott der Hebräer, hat mich zu dir gesandt, um zu sagen (*we'amărta 'elâw jăhwæ 'ælohê ha'ibrîm šelaḥănî*

[38] Vgl. S. 124.

[39] Vgl. S. 70 zu 4 17a.

[40] V. 20*, vgl. dazu S. 125.

[41] Wie in 4 17a R^{JE}, vgl. S. 71.

[42] Vgl. die weiteren Belege S. 394!

'elâka le'mor): Entlaß mein Volk, daß sie mir dienen in der Wüste (*šällăḥ 'æt 'ămmî weјă'ăbedunî bămmidbar*)« 16a. Mose sollte offenbar die Entlaßforderung erneuern[43]. Daß es *Jahwes* Forderung sei, gab er bei E allerdings noch durch das übliche[44] *kō 'amăr jăhwæ* zu verstehen. Diesen Passus ersetzte RJE hier durch eine Neubildung, die jahwistisches Begriffsgut einmengt: *jăhwæ 'ᵃlohê ha'ibrîm*[45] *šelaḥănî*[46] *'elâka le'mor*. *šlḥ* qal hat er schon mehrfach sehr nach eigenem Gutdünken verwendet[47]. *le'mor* ist kennzeichnend für seinen eigenen Sprachgebrauch[48]. Der vorgesehene Gottes»dienst« soll angeblich »in der Wüste« stattfinden, *bămmidbar*. Damit blendet der Bearbeiter in das elohistische Vorhaben noch einmal[49] die Ortsvorstellung des jahwistischen »Opfer«festes ein.

Was aber bezweckte der elohistische Erzähler mit seiner Erneuerung der Entlaßforderung *šällăḥ 'æt 'ămmî weјă'ăbedunî*? Pharao hatte diese in der vorliegenden Form doch schon einmal gehört! Eine bloße Repetition hätte wenig Sinn gehabt. Tatsächlich hatte E die Forderung diesmal mit einem neuen Akzent versehen: Jahwe drohte Pharao Unheil an für den Fall, daß er die Forderung verweigern sollte[50]. Hinter *weјă'ăbedunî* müßten eigentlich die Inbetrachtnahme des Weigerungsfalles und eine Plagenandrohung stehen.

7 16b

Diesen Platz belegt jetzt eine vorwurfsvolle Erinnerung an früher Unterlassenes: *wehinnē lo' šamă'ta 'ăd kō* »und siehe, du hast nicht gehört bis jetzt« 16b. Solche Worte des Tadels schätzte der Redaktor sehr. In v. 14 z. B. ließ er Jahwe Beschwerde führen: »Schwer ist Pharaos Herz; er hat sich geweigert, das Volk zu entlassen.« Und in 4 23 RJE mußte sich der König monieren lassen: »Ich sagte zu dir: Entlaß meinen Sohn ..., und du hast dich geweigert, ihn zu entlassen«[51].

Der Vorwurf 16b läuft der Aufforderung 16a im Grunde wider den Strich. Wenn dem König schon in *einem* Atemzug etwas befohlen und die bisherige Unterlassung eben des Befohlenen zur Last gelegt werden sollte, so hätte nur die entgegengesetzte Reihenfolge eingeleuchtet:

---

43 Vgl. 5 1* E.

44 Vgl. 4 22 5 1 7 26 8 16 9 1. 13 10, 3.

45 S. 3 18b* 5 3a*.

46 S. 3 12aγ J.

47 In 3 13-15 4 13. 28 5 22! Unsere Stelle bezieht *šlḥ* erstmalig klar auf Moses Gang zum König (statt zum Volk oder zu dessen Vertretern).

48 Vgl. die weiteren Belege S. 391!

49 Wie in 5 1!

50 Vgl. dazu schon S. 88. 132.

51 Vgl. die weiteren Belege S. 404!

Bisher hast du falsch gehandelt; mach deine Sache jetzt gefälligst besser! Aber der Quellenverarbeiter achtet ja auch sonst kaum auf die innere Logik geschichtlicher Abläufe[52]. Er schuf v. 16b nur ganz *ad hoc*, um einen Ersatz zu liefern für die ausgeschiedene bzw. für v. 14b teilweise schon »verplante« Plagenandrohung des Elohisten. Übrigens ist der Ersatz von dem Ersetzten ideell abhängig: *lo' šamăʿta* erscheint abgeleitet von der elohistischen Vorstellung des »Sich-Weigerns« *m'n* pi. – *ʿăd kō*[53] datiert auf reichlich allgemeine und insofern unscharfe Weise. Für den Stil des Redaktors ist dies von symptomatischer Bedeutung: Überall, wo er selbständig formulierte, pflegte er genaue Bezeichnungen tunlichst zu vermeiden[54].

Ist das jahwistische Urlaubsgesuch gleichfalls wiederholt worden?

Der ausgleichende Redaktor hat in v. 16 die elohistische Entlaßforderung dem jahwistischen »Gott der Hebräer« in den Mund gelegt. Welchem alten Zusammenhang entnahm er dieses Gottesprädikat? Ließ der Südreicherzähler seinen Mose, nachdem er die Residenzstadt verlassen hatte[55], dem König von Ägypten etwa noch ein zweites Mal das bekannte[56] Gesuch unterbreiten: »Jahwe, der Gott der Hebräer, hat sich von uns antreffen lassen; wir wollen einen Weg von drei Tagen in die Wüste gehen, um Jahwe, unsrem Gott zu opfern«? Das ist recht unwahrscheinlich. Der König wußte ja schon vom vorigen Auftritt her, was die Ältesten sollten und auf welches Erlebnis sie sich beriefen. Bloße Repetition wäre auch hier sinnlos gewesen. Die Entlaß*forderung* bei E ließ sich durch immer neue und schrecklichere Drohungen mit wachsendem Nachdruck ausstatten. Die *Bitte* der Fronarbeiter bei J hingegen war keiner derartigen Steigerung fähig. Mose hätte sie schlechterdings nur nach Art eines quengelnden Kindes wiederholen können.

Kein Wunder denn, daß sich weder im gegenwärtigen noch in den übrigen Plagenberichten vertrauenswürdige Zeichen dafür entdecken lassen, daß das Urlaubsgesuch in der Quelle erneuert worden wäre[57]. Nach elohistischem Bericht ist die erste Plage in Gang gesetzt worden, nachdem Pharao die zweite, erstmals durch eine Drohung verstärkte Entlaßforderung abgelehnt hatte. Nach jahwistischem Bericht aber schloß sie sich an die Ablehnung des offenbar einmaligen Urlaubsgesuches an. Allerdings nicht unmittelbar. Mose mußte die Plage

---

[52] Vgl. die Zusammenstellung S. 398f.!

[53] Vgl. *kō* schon in 5 15 R^{JE}!

[54] Vgl. die Zusammenstellung S. 393f.!

[55] Vgl. dazu S. 122.

[56] S. 3 18b* 5 3*.

[57] Wegen 8 21b-23 s. S. 182ff.

dem König zuerst noch ankündigen; bei diesem Anlaß trat er jedoch nicht mehr als Bittsteller für die »Ältesten Israels« auf, sondern als der Bote Jahwes[58]. Vermutlich hatte der Jahwist dann in diesem Sachzusammenhang von Jahwe als dem »Gott der Hebräer« geredet.

Die erste Gottesbotschaft an den König nach J

In die an Mose gerichtete Gottesrede 14aβ-18 führte das redaktionelle *le'mor* 16 das Zitat einer Gottesbotschaft an den König (der überarbeiteten Entlaßforderung nämlich) ein. Gottesbotschaft an den König bringen auch v. 17. 18.

7 17aα

Unnötigerweise ist sie aber mit einer neuen Einleitung versehen: *kō 'amăr jăhwæ* »so hat Jahwe gesagt« 17aα. Da ein sachlicher Grund zu der neuen Einleitung nicht besteht, wird sie aus einer der Vorlagen übernommen sein. V. 16 endete mit einem redaktionellen *kō*; v. 17 beginnt mit einem anscheinend quellenhaften *kō*: Nicht zuletzt die Stichwörtergemeinschaft[59] wird den Komponisten veranlaßt haben, die ihm vorgegebene Redeeinleitung 17aα hinter v. 16 zu befördern. Handelt es sich um die in v. 16 verdrängte[60] Redeeinleitung der elohistischen Entlaßforderung?

7 17aβ-b

Jahwe läßt dem König zunächst ankündigen: »An diesem wirst du erkennen, daß ich Jahwe bin: Siehe, ich werde schlagen (*beзo't tedă' kî 'anî jăhwæ hinnē 'anokî măkkæ*) mit dem Stab, welcher in meiner Hand ist, auf das Wasser, welches im Nil ist, daß es sich zu Blut verwandelt (*bămmăṭṭæ 'ašær bejadî 'ăl hămmăjim 'ašær băje'or wenæhæpekû ledam*)« 17aβ-b. Die Aussage umschließt drei verschiedene Elemente, deren Quellenhaftigkeit schon in der Einführung[61] sichtbar wurde: das Motiv der Erkenntnis des Königs, die göttliche Ansage in der Form *hinnē* + pron. pers. 1. sg. + ptc. und die Vorstellung des Zauberstabs. Die letzte, für die auch das Miterwähnen der den Stab führenden »Hand« charakteristisch ist, hat sich bereits als elohistisch erwiesen[62]. In der Nordreichquelle war es allerdings nicht Jahwe, sondern Mose, der den Stab manipulierte[63].

7 20

Diese Auffassung scheint der Ausführungsbericht 20aβ-b auch jetzt noch zu vertreten: »Da erhob er (seine Hand) mit dem Stab und schlug

---

[58] Die Einzelheiten s. im Folgenden.

[59] Zur Rolle der Stichwörter bei R^JE vgl. die Belege S. 399!

[60] S. S. 136.

[61] S. 7ff. 6f. 9f.

[62] S. 70f.

[63] Vgl. 4 17a*. 20b 14 16aα* 17 5b*.

das Wasser ... vor den Augen Pharaos und vor den Augen seiner Knechte ...«, heißt es da von einem *menschlichen* Subjekt[64]. Wie aber kam dann der Verfasser von v. 17 auf die Idee, den Stab der Hand Moses zu entwinden und ihn Jahwe auszuhändigen?

Der Grund dieser Maßnahme ist unschwer in dem Schon-Vorhandengewesen-Sein einer Plagenankündigung Jahwes zu erkennen, welche anhub mit den Worten: *hinnē 'anokî măkkæ̅*. Andererseits muß bei E ein Gottesbefehl an Mose vorgelegen haben, der — gemäß seinem in v. 20* eingearbeiteten Ausführungsbericht — besagte, Mose solle seinen Stab erheben und »das Wasser schlagen«. Beide Ausgaben verwendeten *nkh* hi. Diese Gemeinsamkeit des Verschiedenen mußte einem Formalisten wie R^JE in die Augen stechen. Ihn dünkte das Stichwort[65] *nkh* hi. ein probates Mittel, die beiden vorgefundenen Aussagen miteinander zu vermischen[66]. So ließ er auf das *măkkæ̅* der alten Plagenankündigung Vorstellungen folgen, die E an *sein nkh* hi. geknüpft hatte: den »Stab«, die denselben haltende »Hand«, das »Wasser«, welches sich hokuspokus »zu Blut verwandelt«. Das ursprüngliche Objekt des göttlichen »Schlagens« scheint demgegenüber der Nil gewesen zu sein.

7 25

Diese Aussageweise findet man noch im Schlußsatz des derzeitigen Plagenberichts, in 7 25: *'ăḥᵃrê hăkkôt jăhwæ̅ 'æt hăjᵉ'or* »nachdem Jahwe den Nil geschlagen hatte«; und demnächst wird uns v. 18 ihre Ursprünglichkeit bestätigen[67]. *Jahwe* schlug den *Nil*, *Mose* schlug das *Wasser* — das sind konkurrierende Angaben, die sich gegenseitig ausschließen. Die letzte stand bekanntlich bei E; demnach wird die erste vom anderen alten Erzähler stammen: Die mit *hinnē* feierlich eingeleitete Ankündigung Jahwes *hinnē 'anokî măkkæ̅ 'æt hăjᵉ'or* ist jahwistisch.

Naturgemäß war diese Ankündigung, genau so wie die elohistische Entlaßforderung, einmal förmlich als Gottesbotschaft deklariert. *kō 'amăr jăhwæ̅* 17aα wird dann wohl nicht aus E, sondern zusammen mit *hinnē 'anokî măkkæ̅* aus J übernommen sein.

7 16

Das jahwistische *'ᵃlohê ha'ibrîm*, jetzt in v. 16 einem sekundären Gebrauche zugeführt, ist hinter dem *jăhwæ̅* von 17aα J beheimatet. Entsprechend findet man es noch in 9 1. 13 10 3! — Mose hatte nach J zwar unter Umständen schon seinen ersten Gang zum König auf

---

[64] Genaueres darüber S. 144ff. Zur elohistischen Zweiergruppe vgl. schon S. 124f.

[65] Vgl. S. 399!

[66] Vgl. dazu schon »Paradieserzählung« 78f.

[67] Vgl. S. 143.

Jahwes Befehl angetreten[68], aber er gab sich damals nur als Sprecher der »Ältesten Israels« aus, die in der Wüste Jahwe zu opfern wünschten[69]. Erst als er den König zum zweiten Mal[70] aufsuchte — das Diesbezügliche ist bei 7 14f. zum Vorteil der elohistischen Variante unterdrückt — gab er sich als Boten Jahwes zu erkennen. Seine Botschaft bestand in der unbedingten Ankündigung Jahwes: »Ich werde den Nil schlagen.« Demgegenüber hatte der elohistische Mose mit einer Plage lediglich zu drohen in dem Falle, daß Pharao die geforderte Entlassung erneut verweigern sollte.

Ursprünglicher Zusammenhang der elohistischen Elemente von 7 17

»Stab«, »Hand«, »Wasser«, das sich durch Schlag mit dem Stab »zu Blut verwandelt« 17b — diese Ausdrücke und Vorstellungen hatte der Elohist noch auf Mose als handelndes Subjekt bezogen. Auch abgesehen von ihrer jetzigen »Übertragung«[71] auf Jahwe, hat der Redaktor sie uns in reichlich denaturierter Verfassung hinterlassen. Die beiden betulich erläuternden Relativsätze[72] sind seine eigene Bildung. Der erste sollte den Terminus »Hand« ins Spiel bringen: *bămmăṭṭæ ʾašær bejadî*. Die Quelle hatte ihn unter anderen Konstellationen gebraucht: Zu Beginn einer nächtlichen Offenbarung erteilte Jahwe dem Mose Befehl, »den Stab in seine Hand« zu »nehmen« 15b*[73]. Etwas später, aber anscheinend noch bei derselben Gelegenheit[74], gebot er ihm, seine »Hand« zu »erheben«[75] und das Wasser zu schlagen. Die betreffende Notiz wurde ausgeschieden, weil der Redaktor den elohistischen Mosestab in die Hand Jahwes gelegt wissen wollte. — Der zweite Relativsatz kombiniert den für J wesentlichen Begriff des »Nils« mit dem im elohistischen Grundbericht bedeutsameren des »Wassers«: *hămmăjim ʾašær băjeʾor*. Auf diese Erläuterung könnte man gut verzichten, zumal 15a E schon geklärt hat, daß das zu schlagende

---

[68] Vgl. 3 18b.

[69] S. S. 50f. 60ff.

[70] Der jahwistische Mose kann die Plagenankündigung nicht gut schon beim ersten Auftritt übermittelt haben, denn dann hätte ihm Jahwe befohlen haben müssen, zuerst in der Ältesten und darauf in seinem göttlichen Namen zu sprechen. Er hätte die Ablehnung des Urlaubsgesuchs vorausgesehen und Mose einschlägig instruiert. Mit alledem wäre die Erzählung unnötig kompliziert und ihre Spannung beeinträchtigt worden.

[71] Vgl. die weiteren Belege S. 401f.!

[72] Vgl. S. 394!

[73] Vgl. dazu S. 135.

[74] V. 20* zählt die Stabmanipulation noch zur Auftrittsszene am Nil. Demnach muß Mose die sie betreffende Anweisung auch in der voraufgehenden Nacht empfangen haben.

[75] Vgl. *wăjjaræm* 20 sowie *jarîm . . . jadô* 17 11 E (dazu unten S. 355).

Wasser dasjenige des »Nils« ist. Dem Begriffsklauber R^{JE} aber erschien sie nötig und nützlich, denn er war bestrebt, heterogene Elemente seiner Vorlagen miteinander zu verschmelzen.

V. 17 vermittelt das jahwistische *măkkæ* mit dem elohistischen *hămmăjim* durch die Präposition *ʿăl*: »*auf* das Wasser ... schlagend«.

7 20

Demgegenüber hatte *nkh* bei E (und übrigens auch bei J[76]) noch den Akkusativ regiert, s. *wăjjăk 'æt hămmăjim* 20aβ. Die entsprechende Angabe war Teil eines Befehls, der etwa so gelautet haben wird: *wăhᵃrîmôta 'æt jadᵉka wᵉhikkîta 'æt hămmăjim bᵉʿênê părʿō ûbᵉʿênê ʿᵃbadâw* »dann sollst du deine Hand erheben und das Wasser schlagen vor den Augen Pharaos und vor den Augen seiner Knechte[77]«. Es möchte scheinen, daß davon das am Ende von v. 17 vorhandene *wᵉnæhæpᵉkû lᵉdam* »so wird es sich zu Blut verwandeln« die alte Fortsetzung sei. Aber diese Annahme läßt sich nicht halten. Die fragliche Äußerung muß vielmehr schon jene Drohung ausgemacht haben, die Jahwe dem Pharao zu übermitteln geboten hatte — noch bevor er dem Boten vorschrieb, was er im Falle, daß Pharao sich weigere, zu tun habe! Insgesamt hatte die Plagenandrohung dann etwa folgenden Wortlaut: *wᵉ'im ma'en 'ăttā lᵉšăllēᵃḥ wᵉnæhæpᵉkû hămmăjim lᵉdam* »weigerst du dich aber, (sie) zu entlassen, so wird sich das Wasser zu Blut verwandeln«. Der konditionale Vordersatz war also auf sehr adäquate Weise im Nachsatz durch perf. cons. weitergeführt. Darauf folgte wohl gleich der vorhin postulierte Befehl: *wahᵃrîmôta* usw. Eine private Aufklärung Moses, was das ihm anbefohlene Wasserschlagen bewirken werde, war dahinter völlig überflüssig: Mose wußte darüber aus der ihm anvertrauten Gottesbotschaft ja schon Bescheid!

Der ursprüngliche Zusammenhang des Erkenntnismotivs

Das *hinnē* der jahwistischen Plagenankündigung will Aufmerksamkeit wecken für das nachfolgend angesagte Handeln Jahwes: »*Siehe*: Ich werde den Nil schlagen«. Es ist ganz unwahrscheinlich, daß sich die Quelle zum selben Behuf noch eines zweiten Mittels bedient haben sollte, wie es der jetzige Kontext tut. Der schickt ja dem *hinnē* eine mit *bᵉzo't* demonstrativ eröffnete Bemerkung voraus: *bᵉzo't tedăʿ kî 'ᵃnî jăhwæ* »an diesem wirst du erkennen, daß ich Jahwe bin:« 17aβγ. Argwohn erregt auch, daß das Erkenntnismotiv — im Unterschied sowohl zu dem jahwistischen *hinnē* wie zu dem eventuell redaktionellen *bᵉzo't*[78]! — eigentlich nicht auf ein Tun Jahwes abhebt,

---

[76] S. *'æt hăjᵉ'or* 25.

[77] Zur elohistischen Zweiergruppe s. S. 124f. sowie S. 145.

[78] Zum häufigen Gebrauch von Demonstrativa durch R^{JE} vgl. die Zusammenstellung S. 393f.!

sondern auf Jahwe selbst als Täter. *b^ezo'ṯ* will es offenbar einem sekundären Zweck zuführen. Dem feierlichen, erst fürs Folgende Beachtung heischenden *hinnē* wird in der Quelle also noch keine Aussage von Jahwe vorausgelaufen sein; der jahwistische Mose hatte beim zweiten Auftritt weiter nichts auszurichten als die erste Plagenankündigung[79].

In anderer Beziehung verdient die Einkleidung des Erkenntnismotivs in v. 17aβγ freilich doch noch Vertrauen, mehr Vertrauen sogar als die meisten anderen seiner Belegstellen[80]: Hier wird nämlich die Plage selbst als Grund der Erkenntnis des Königs angesehen, nicht etwa nur ein beiläufiger, nebensächlicher Zug der Plagengeschichte. Man sollte meinen, daß die (momentan noch fragliche) Quelle des Motivs eine göttliche Voransage des betreffenden Unheils gebracht und daran die Aussage über das königliche »Erkennen« angefügt hatte, und zwar wohl in der vom AT vielfach bezeugten Form des perf. cons.: *w^ejadă'ta kî 'anî jăhwæ* »und du sollst erkennen, daß ich Jahwe bin«[81]. — Nun ist der König sowohl nach J wie nach E vorweg informiert worden über die Heimsuchung, die ihm und den Seinen bevorstand. Bei E wurde ihm, genauer gesagt, die Plage allerdings nur ange*droht* für den Fall, daß er sich der Forderung Jahwes verschließen sollte. Demgegenüber scheint das dem König auf den Kopf zugesagte »du wirst erkennen ...« 17a* mit einem *unbedingten* Eintreten der Plage zu rechnen, wie es von dem jahwistischen »siehe, ich werde (den Nil) schlagen« 17b* tatsächlich vorgesehen ist. Auch wer bei seinen Überlegungen lieber von der an den Parallelstellen üblichen Finalfassung des Motivs: *l^emă'ăn tedă'* »damit du erkennst« ausgehen wollte, wird zu dem Ergebnis kommen, daß die zu erzielende Jahweerkenntnis wie geschaffen erscheint, zu erklären, wieso der jahwistische Jahwe die Plagen dem König überhaupt ankündigen ließ, wohingegen die Plagenandrohungen bei E, da sie der wiederholten Entlaßforderung mehr Nachdruck verschaffen sollten, keiner weiteren Motivation mehr bedurften.

Was das »Geschlagen« werden des Nils zur Folge haben wird

7 18

Die Botschaft an den König, zugleich die an Mose ergehende Gottesrede beschließt v. 18 mit Aussagen, die sich auf den »Nil« beziehen: »Und die Fische, welche im Nil sind, werden sterben (*w^ehăddagā 'ašær băj^e'or tamûṯ*), und der Nil wird stinken (*ûba'ăš hăj^e'or*), und es wird die Ägypter verdrießen (*w^enil'û miṣrăjim*), Wasser aus dem Nil zu trinken.«

---

79 Vgl. dazu schon S. 137f.

80 S. S. 7f.

81 Vgl. noch das *wîdă'tæm* von 10 2*!

7 20. 21

Die Abfolge von v. 18 auf 17, desgleichen nachher von 21 auf 20, möchte den Eindruck hervorrufen, das Sterben der Fische sei durch die Blutförmigkeit des Wassers (letzteres eine Vorstellung von E!) bedingt gewesen. Aber das Nilwasser wäre doch auch allein schon der Blutförmigkeit wegen übelriechend und untrinkbar geworden. Auch hatte die plötzliche Verwandlung des Wassers zu Blut bei E ihren Sinn offenbar in sich selbst getragen: Vor Pharaos und seiner Knechte Augen geschehend, wollte sie denselben Schrecken und Respekt einjagen. Und wenn es sich bei ihr um eine schlagartige magische Transsubstantiation handelte, so mißt v. 18 deutlich mit anderem Maße, denn hier wird der allmähliche und natürliche Ursache-Wirkung-Zusammenhang aufgezeigt von Fischsterben, Geruchsbelästigung und Ungenießbarkeit des Trinkwassers. Die Verwandlung des Wassers zu Blut und das Fischsterben stellen im Grunde also unvereinbare Konkurrenzmotive oder Themata verschiedener Erzählungen dar. — Bedenkt man dazu, daß das noch relativ unbestimmte »siehe, ich werde (den Nil) schlagen« 17, womit der jahwistische Jahwe seine Rede zum König begann, mit Hinweisen auf die Folgen des »Schlagens« fortgeführt gewesen sein muß, so wird mit einemmal ersichtlich, daß diese Fortsetzung, wenn auch etwas überarbeitet, in v. 18 noch zu fassen ist. Umgekehrt kann uns v. 18, da er ein Geschehen um den *je'or* zeichnet, die aus anderer Ursache[82] aufgestellte Behauptung bestätigen, daß auf *hinnē 'anokî măkkæ* 17 J ursprünglich nicht . . . *'ăl hămmăjim*, sondern *'æt hăje'or* folgte.

Die alte Anordnung der Gedanken ließ der Redaktor in v. 18 unangetastet. Eingriffe in den vorgegebenen Wortlaut dagegen konnte er sich nicht ganz versagen: *wehăddagā . . . tamût* läuft sachlich und zeitlich dem folgenden *ûba'ăš hăje'or* und *wenil'û miṣrăjim* völlig parallel. Warum steht dann bei jenem das Subjekt voraus, bei diesen dagegen nach? Deswegen, weil sich dort der Bearbeiter von seiner Vorliebe für die Nominalsatz-Struktur[83] zu einer Umstellung des originären *ûmeta hăddagā* bestimmen ließ. Es entspricht einer — aus der Textkritik sattsam bekannten — psychologischen Regel, wenn er sich zu weiteren Umstellungen dann nicht mehr aufraffen konnte. Jener Umstellung wird übrigens auch noch der Umstand förderlich gewesen sein, daß der Redaktor dem überkommenen *hăddagā* durch Beifügung des freilich überflüssigen *'æšær băje'or*[84] mehr syntaktisches Gewicht zumaß.

---

[82] S. S. 139.

[83] Vgl. die Belegesammlung S. 395f.!

[84] Derselbe Relativsatz schon in v. 17b R^{JE}; zu *'ašær* vgl. die Zusammenstellung S. 394.

Eine Lücke im Textbestand der Harmonie?

Der Elohist hatte natürlich noch erzählt, daß Mose dem Befehl v. 15. 16* entsprach, daß er also »am Morgen zu Pharao ging«, ihm »am Ufer des Nils entgegentrat«, Jahwes Entlaßforderung wiederholte und drohte, »das Wasser« werde »sich zu Blut verwandeln«, wenn der König den Gehorsam verweigere. Er hatte erzählt, daß auch dieser zweite Vorstoß des Mose fehlschlug — wie? — und daß Mose sich dann wieder entfernte. Ebensowenig kann der Jahwist sich den Ausführungsbericht erspart haben zu seinem Befehlsbericht, von dem Teile in v. 17f. eingearbeitet sind. Der jahwistische Mose, nachdem er zum König von Ägypten in die Residenzsstadt hineingegangen war, kündigte dem König also tatsächlich an, Jahwe werde »den Nil schlagen«, dessen Fische würden sterben, der Nil werde stinkend, sein Wasser ungenießbar. Danach war noch mitgeteilt, daß Mose die Stadt verließ (*wăjjeṣe' mošǣ 'æt ha'îr*).

7 19. 20aα

Von der beidseitigen Berichterstattung fehlt im heutigen Text jede Spur. V. 19-20aα kolportieren priesterlichen Bericht über eine Blutplage. Jahwe habe Mose aufgefordert, Aaron zu sagen, daß er seinen Stab nehmen und die Hand ausrecken[85] solle über alle Gewässer der Ägypter, damit sie zu Blut würden. Mose und Aaron hätten dann genau so getan, wie Jahwe befohlen hatte.

Der vermißte Ausführungsbericht der deuteronomistischen Harmonie wurde möglicherweise durch v. 19. 20aα P verdrängt. Die Verhältnisse in denjenigen Plagenerzählungen, welche an entsprechender Stelle von R^P nicht unterbrochen worden sind[86], sind einer solchen Annahme allerdings nicht gerade förderlich. Da R^{JE} den von E wenigstens *pro forma* ins Auge gefaßten Fall, daß Pharao die geforderte Entlassung auch gestatten könnte, nicht mehr erwog, sondern dem König gleich seine bisherige Widersetzlichkeit vorhalten 16b und dafür Strafe ansagen ließ 17f. — dies *notabene* nur im Rahmen der Botschaftsübermittlung an Mose! —, dürfte ihm der nächste Fortgang der Dinge eher als selbstverständlich und keiner Rede mehr wert erschienen sein. Statt sich nach v. 18 noch weiter der Vorbereitung der Plage zu widmen, wandte er sich vermutlich gleich ihrem Verlauf zu 20aβ-b*. 21a. Demnach wäre bei der Einfügung von 19. 20aα P vom deuteronomistischen Werk nichts, jedenfalls nicht viel, verloren gegangen.

Moses erste Stabmanipulation

7 20aβ-b

Bei der Einfügung von 19. 20aα P ist die Fassung von v. 20aβ-b, welche in der JE-Harmonie stand, etwas geändert worden. Jetzt lesen wir: »Da erhob er (seine Hand) mit dem Stab und schlug das Wasser, welches im Nil war (*wăjjarǣm bămmăṭṭǣ wăjjăk 'æt hămmăjim 'ašær băje'or*), vor Pharao und vor seinen Knechten (*le'ênê păr'ō ûle'ênê 'abadâw*). Da verwandelte sich alles Wasser, welches im Nil war, zu Blut (*wăjjehapekû kål hămmăjim 'ašær băje'or ledam*).« Die abgekürzte Redeweise *wăjjarǣm bămmăṭṭǣ* läßt sich aber nur hinter 19 P und nach dem Vorbild des priesterlichen *neṭē 'æt jadeka bemăṭṭæka* »recke

[85] Zu *nṭh* qal vgl. S. 9f.

[86] S. bei 8 18+19 9 5+6 9 18-22; anders 10 1/3.

deine Hand mit deinem Stabe aus« 8 1 einigermaßen verstehen[87]. Der deuteronomistische Redaktor wird das schon von ihm vorgefundene[88] *wăjjaræm* noch mit ausdrücklichem Objekt verbunden haben: *'æt măṭṭehû*[89] oder *'æt jadô*[90]: »da erhob er seinen Stab« bzw. »da erhob er seine Hand«. Vermutlich war in der Harmonie als Subjekt von *wăjjaræm* noch eigens *mošǣ* genannt.

Obschon v. 20aβ-b durch die Hände zweier Redaktoren gelaufen ist, gibt er noch ziemlich wortgetreu die elohistischen Aussagen über den Anfang der Blut»plage«[91] wieder. *wăjjăk* nimmt das befehlende *wᵉhikkîta* auf, das sich für E aus v. 17 noch erschließen läßt[92]. Das »Wasser« (*'æt hămmăjim*), das Mose »schlug«, ist identisch mit dem »Wasser«, zu welchem Pharao nach 15 E (*hinnē joṣe' hămmăjᵉmā*) am Morgen lustwandeln sollte. Als alt und echt wird man dann auch ansehen, daß *măjim* dem Verbum *nkh* hi. als einfaches Objekt zugeordnet ist[93]. Des weiteren entspricht das Nebeneinander von »Pharao« und »seinen Knechten« der elohistischen Darstellungsweise[94]. Die Angabe, daß Mose das Wasser vor Pharao und seinen Knechten geschlagen habe, setzt die typisch elohistische Szenerie am Ufer des Nils[95] voraus. Statt *lᵉ'ênê* wird der alte Erzähler allerdings noch wie sonst[96] *bᵉ'ênê* gesagt haben, eine Wendung, die auch dem Jahwisten geläufig war[97]. *lᵉ'ênê* trägt dem Sprachempfinden des jüngeren Redaktors Rechnung[98]. *wăjjehapᵉkû ... hămmăjim ... lᵉdam* »und das Wasser verwandelte sich zu Blut« ist dann wieder aus der E-Vorlage angeführt[99]. Dort nahmen die Worte als Ausführungsbericht jene Drohung auf, welche Mose bei seinem zweiten Auftritt gegen Pharao hatte ausstoßen müssen — für den Fall, daß er dem Gott Israels den Gehorsam verweigern würde: »dann wird«, hatte der am Nilufer Stehende gesprochen, »das Wasser sich zu Blut verwandeln«, *wᵉnæhæpᵉkû hămmăjim lᵉdam* 17*[100]. Tatsächlich muß Pharao die Entlas-

---

[87] Vgl. dazu schon S. 9.

[88] Vgl. S. 9f.

[89] Gemäß 14 16aα (vgl. dazu S. 309f.).

[90] Gemäß 17 11 (vgl. S. 355).

[91] Die herkömmliche Bezeichnung »Plage« paßt hier eigentlich nicht. E ging es um einen magisch-göttlichen Machterweis, nicht um Bestrafung.

[92] S. S. 141.

[93] Vgl. demgegenüber *nkh* hi. + *'ăl* 17 (dazu S. 141).

[94] Vgl. S. 124f.

[95] Vgl. S. 134f.

[96] Vgl. die Belege S. 124.

[97] S. 3 21*.

[98] Vgl. *lᵉ'ênê* in 4 30 R^JE, ferner in 8 22 17 6 R^JE!

[99] Bei dem zu entbehrenden *hămmăjim* ist dies nicht ganz gewiß, vgl. weiter unten.

[100] Vgl. dazu S. 141.

sung dann wieder versagt haben, so daß Mose nach dem Stabe griff. Die elohistischen Angaben, welche v. 20aβ-b* verwertet, lagen in der Harmonie anscheinend noch unversehrt vor. Unversehrt, aber nicht unkommentiert! Zweimal hat nämlich der Redaktor das vorgegeben gewesene *hămmăjim* mit der überflüssigen und pedantischen klingenden Erläuterung *'ašær băjᵉ'or*[101] versehen. Beim zweiten Mal schickte er *hămmăjim* außerdem noch ein plerophorisches *kål*[102] voraus. Möglicherweise wurde hier auch *hămmăjim* selbst erst von ihm eingeführt.

Welche Funktion hatte der Stab Moses nach E beim ersten Auftritt erfüllt?

4 17a 4 20b

Mose bekam den Stab schon ausgehändigt 4 17a* E, als Jahwe ihn das erste Mal zu Pharao schickte. Natürlich nahm er ihn dann auch schon zum ersten Auftritt mit 4 20b. Aber wozu eigentlich? Die Gottesbotschaft, die er dazumal ausrichten mußte, umschloß ja lediglich die Entlaßforderung 5 1*. Sie bedrohte Pharao noch nicht. Er wurde für seine Widersetzlichkeit nachher auch noch nicht belangt. Erst beim zweiten Auftritt diente der Stab dazu, eine Plage hervorzuzaubern 7 17*. 20aβ-b*. Es sieht fast so aus, als sei er beim ersten Auftritt Moses noch funktionslos gewesen. Aber damit hätte der Elohist seiner eigenen Erzählkunst ein schlechtes Zeugnis ausgestellt. Tatsächlich wird, nach seiner Auffassung, der Stab für Mose schon bei der ersten Audienz von großer Wichtigkeit gewesen sein. Diese nahm von den Beteiligten zwar nur Mose selbst wahr, und er benötigte den Stab noch zu keiner ins Auge fallenden Handlung, so daß sich der Berichterstatter einschlägige Hinweise geschenkt haben mag. Um so dringlicher war das bedrohte Selbstbewußtsein des Gottesboten auf das magische Utensil angewiesen. Der Stab begleitete Mose als Talisman und verlieh ihm dadurch erst die Sicherheit des Auftretens, die Gewißheit und Zuversicht, jemand zu sein, der sich vor Seiner Majestät sehen lassen könne.

3 11a

Man wird also jene Mosefrage 3 11a, welche seinerzeit Jahwe zur Aushändigung des Stabes an den Fragenden bewog[103], als den Schlüssel zur Lösung unseres Problems anzusehen haben.

Von daher fällt ein Schlaglicht auf die theologische Denkstruktur des Elohisten: Seines Erachtens genügt es dem frommen Menschen nicht, wenn Gott ihm etwas sagt oder gebietet. Soll er parieren, so muß Gott ihm dazuhin etwas Gegenständliches, Faßbares

---

[101] Derselbe Relativsatz schon in v. 17 Rᴶᴱ! Zu *'ašær* vgl. die Zusammenstellung S. 394!

[102] Vgl. die Zusammenstellung S. 394f.!

[103] Vgl. S. 71.

zukommen lassen, welches ihm ein Gefühl eigener Würde und Wichtigkeit verschafft. Nur auf dem Umweg über die Selbstbeurteilung wird der Berufene zum Boten. Am Ende fungiert dabei gar nicht der göttliche Auftraggeber als maßgebende Instanz, sondern das von ihm gewissermaßen anzureichernde menschliche Selbstbewußtsein.

Der Ausführungsbericht über das Fischsterben

wăjjaræm ... *wăjjăk* 20aβ besaß in der Harmonie wahrscheinlich noch sein ursprüngliches Subjekt: *mošǣ*. Zumindest war Mose noch als Subjekt *gedacht*. Schon darum mußte der Redaktor auf eine Wiedergabe des alten Ausführungsberichtes zu 17b* J verzichten. In diesem galt ja Jahwe als der »Schlagende«. *wăjjăk jăhwǣ 'æt hăje'or* »da schlug Jahwe den Nil« muß er gelautet haben. Diese Angabe stand in der Quelle wohl direkt hinter derjenigen über Moses Abgang, also hinter dem *wăjjeṣe' mošǣ 'æt ha'îr*[104]. Aufnahme in die Harmonie fand dann wieder ihre sie detaillierende Fortsetzung.

7 21a

Sie ist der Ausführungsbericht zu dem Ankündigungsbericht v. 18* J: »Und die Fische, die im Nil waren, starben (*wehăddagā 'ašær băje'or metā*), und der Nil fing an zu stinken, und die Ägypter konnten kein Wasser aus dem Nil trinken (*wăjjib'ăš hăje'or welo' jakelû* ...)« 21a. Freilich mußte sie sich bei ihrer Vereinnahmung für die Harmonie etliche Veränderungen gefallen lassen: Einfügung des unnötigen Relativsatzes *'ašær*[105] *băje'or*, Vorausstellung des Subjektes[106] *hăddagā*, Ersetzung des gewählten *wăjjilla'û* »und es verdroß sie«[107] durch das gewöhnliche *welo' jakelû* »und sie konnten nicht«.

7 21b. 22

Hinter die Schilderung der Fischseuche v. 21a rückte der Endredaktor des Pentateuchs eine vergleichbare Notiz aus P, die Fortsetzung zu v. 19. 20a P: »Und es entstand das Blut im ganzen Land Ägypten« 21b. Außerdem schloß er noch die bei P üblichen Bemerkungen über die ägyptischen Zauberer an, die das Wunder Aarons nachvollziehen[108], und über Pharaos Herzensverhärtung[109]: »Da taten die Zauberpriester der Ägypter ebenso mit Hilfe ihrer Geheimkünste, und das Herz Pharaos verstockte sich und er hörte nicht auf sie, wie Jahwe gesagt hatte« 22. Nach dieser Einschaltung kommt v. 23 auf den »Pharao« zurück, vor welchem sich das Nilwasser zu Blut verwandelt hatte 20aβ-b. Der Vers stellt doch wohl die vormals direkte R^JE-Fortsetzung zu v. 20aβ-b dar.

---

[104] Vgl. dazu S. 122.
[105] Vgl. die Zusammenstellung S. 394!
[106] Vgl. S. 143 zu v. 18 sowie die Zusammenstellung S. 396!
[107] So hieß es bei J entsprechend dem *wenil'û* von v. 18.
[108] Vgl. 7 11 8 3. 14 (9 11) P.
[109] Vgl. S. 18f.

War Pharao nach E wirklich so unnachgiebig?

»Pharao« wurde zum Augenzeugen der Transsubstantiation des Nilwassers v. 20aβ-b* E. Auf solchen Machterweis muß er irgendwie reagiert haben. Doch wie?

7 23a

Der Verfasser der Harmonie wollte das in v. 23a Gesagte im Sinne einer solchen Reaktion verstehen: *wăjjipæn păr'ō wăjjabo' 'æl bêtô* »da wandte Pharao sich um und ging zu seinem Haus«. Die Angabe geht offenbar auf E zurück. Allein nach dieser Quelle ist die Konfrontation zwischen Mose und dem König ja außerhalb des Palastes erfolgt 15a. Der Jahwist ließ die beiden einander in der Residenzstadt[110] und dann doch wohl auch in der Residenz selbst gegenübertreten. Dazu kommt noch, daß es von den beiden alten Erzählern allem Anschein nach nur E war, der sich des ägyptischen Fremdwortes *păr'ō* bediente[111]. Dabei kann man sich aber v. 23a E nicht gut als genuine Fortsetzung zu v. 20aβ-b* E denken. Als Pharao das Blut im Nil gewahrte, wie sollte er sich da einfach abgewandt und den Schauplatz kommentarlos verlassen haben? Vielmehr brachte die Nordreichquelle zwischen 20aβ-b* und 23a noch einige Bemerkungen, die einsichtig machten, *warum* der König sich abwandte und nach Hause ging.

7 23b

Tatsächlich ist es dem Verarbeiter auch nur notdürftig gelungen, das in v. 23a E Gesagte als Reaktion des Königs auf das Blutwunder zu deuten: Er mußte v. 23a eine Motivation anhängen, die der Sache nach unbedingt hätte vorauslaufen müssen: *welo' šat libbô găm lăzo't* »und er kehrte seinen Sinn auch nicht an dieses« 23b.

Die Begrifflichkeit von v. 23b ist für den Redaktor typisch: das etwas vulgäre[112] *šjt* qal, die Partikel *găm*[113], der bequem unanschaulich bleibende Rückbezug[114] mit Hilfe eines Demonstrativums[115]. Vielleicht ließ er sich zu der Angabe durch das elohistische *wăjjăkbed* (*păr'ō*) *'æt libbô* »da machte (Pharao) sein Herz schwer« inspirieren, das seinerseits, unter Verzicht auf die alte Fortsetzung *welo' šillăḥ 'æt ha'am* »und er entließ das Volk nicht«, bereits für v. 14 verausgabt worden ist[116]. Mit v. 23b und mit seiner Umdeutung von 23a E ver-

[110] Vgl. S. 2f. 122.

[111] Vgl. S. 101f. und die Zusammenstellung S. 386!

[112] Vgl. die Zusammenstellung S. 394!

[113] Vgl. S. 395!

[114] Vgl. S. 397!

[115] Vgl. S. 393f.!

[116] S. S. 132.

folgte er offenbar die Absicht, den König als völlig intransigent abzustempeln. Diese Tendenz lag ja auch schon den redaktionellen Jahweworten von v. 14 (*kabed leb păr'ō me'en lešăllăḥ ha'am*) und 16b (*wehinnē lo' šamă'ta 'ăd kō*) zugrunde.

Demgegenüber entsteht jetzt der Verdacht, daß Pharao sich nach E gerade nicht so zugeknöpft erzeigt haben könnte. Wenn er dort am Schluß der Begegnung mit Mose »sein Herz schwer gemacht« hat, so folgt daraus doch, daß es wenig zuvor nicht ebenso »schwer«, mithin zu irgendeinem Entgegenkommen oder Kompromiß bereit war. Nichts liegt denn auch von der Sache her näher als die Annahme, daß das Wunder der Verwandlung des Nilwassers zu Blut, das der elohistische Mose vor Pharaos Augen vollbrachte, einen beträchtlichen, in bezug auf die frühere Haltung[117] also mäßigenden Einfluß auf den König übte. Wenn dieser dann zuletzt doch wieder zu seiner harten Ausgangsposition zurückkehrte[118], so wird dieses Verhalten durch Moses Gegenzug auf seinen Kompromißvorschlag hin bedingt gewesen sein. Damit wären wir wohl in etwa derjenigen Vorgänge ansichtig geworden, deren Erwähnung zwischen v. 20aβ-b* E und 23a E von der JE-Redaktion ausgeschieden worden ist.

Die Ägypter wußten sich zu behelfen

7 24

Der Verfasser der JE-Harmonie, der — im Gegensatz zu seinem elohistischen Gewährsmann — an eine völlige Unnachgiebigkeit Pharaos glauben wollte v. 23, verstand danach sicher auch die Aushebung von Trinkwassergruben v. 24 als ein Zeichen ägyptischer Halsstarrigkeit: »Da gruben alle Ägypter (... *kål miṣrăjim*) entlang dem Nil nach Wasser, um trinken zu können (... *măjim lištôt*), denn sie konnten nicht trinken vom Gewässer des Nils (*kî lo' jakelû lištot mimmêmê hăje'or*).« Aber das ist sekundäre Interpretation. An sich möchte v. 24a weiter nichts als erzählen, wie die Ägypter, durch die Fischseuche wegen ihres Trinkwassers in Ungelegenheiten geraten 21a* J, sich behelfen mußten. V. 24a* stellt also die ursprüngliche J-Fortsetzung zu v. 21a* dar. Beider Zusammenhang wird jetzt durch v. 23a E. 23b R^JE ungehörig unterbrochen. Die Einschaltung brachte es mit sich, daß in v. 24a das Subjekt *miṣrăjim* neu eingeführt wurde. Bei der Gelegenheit fügte ihm der Bearbeiter auch gleich noch das pleonastische *kål*[119] hinzu. Statt *măjim lištôt* hieß es in der Vorlage vermutlich noch *lištôt măjim* — ganz wie in v. 18. 21a.

Warum die Ägypter Grundwassergruben aushoben 24a, verstand sich nach 21a* J noch von selbst. Der Redaktor jedoch, umständlich

---

[117] Vgl. 5 2* E.

[118] S. das (nach v. 14 »übertragene«) *wăjjăkbed ... 'æt libbô*, dazu S. 132.

[119] Vgl. die Zusammenstellung S. 394f.!

wie er war und wohl auch wieder seines Einschubes v. 23 wegen, meinte den Grund nochmals nennen zu sollen: v. 24b. Er ergeht sich ja überhaupt gerne in Begründungen[120]. Hier war er dafür auf die Vorstellungen des Jahwisten angewiesen. Von dessen Ausdrucksweise aber wich er in bezeichnenden Einzelheiten ab: Kommunes *lo' jakelû* steht wieder[121], wo die Quelle *wăjjilla'û* gesagt hätte. *šth* qal ist mit *min* konstruiert statt mit bloßem Objekt 18. 21a J. An die Stelle des alten, schlichten *măjim* trat *mêmê hăje'or*.

Dem Ereignisbericht 24a* hatte der Jahwist keine entsprechende Ankündigung vorausgeschickt, so wenig wie es jetzt die Harmonie tut. Jahwe wollte den Ägypterkönig natürlich nur durch die vorangekündigte *Not* zu seiner selbst Erkenntnis nötigen, nicht aber durch deren vorangekündigte Behebung durch die Ägypter! Es spricht aber sehr für den Wirklichkeitssinn des Jahwisten[122], daß er die Selbsthilfe- oder Notbehelfsaktion der Ägypter eigens vermerkt hat.

Das Schema der »sieben Tage«

7 25

Der aus J und E kontaminierte Bericht über die erste »Plage« läßt nichts darüber verlauten, daß das Fischsterben (J) aufgehört habe, das Nilwasser wieder genießbar geworden sei. Und er schweigt sich auch darüber aus, daß das Blut im Nil (E) sich in Wasser zurückverwandelt habe. V. 25, den die masoretische Tradition für den Schluß des Berichtes nimmt, sagt eigentlich nur, wie lange es währte, bis Mose das dritte Mal zum König entboten wurde (v. 26): *wăjjimmale' šib'ăt jamîm 'ăḥarê hăkkôt jăhwæ 'æt hăje'or* »und es verstrichen sieben Tage, nachdem Jahwe den Nil geschlagen hatte«. Insofern sollte man den Vers besser als Auftakt zum nächsten Plagebericht verstehen. Die Angabe, daß »Jahwe den Nil schlug« (*wăjjăk jăhwæ 'æt hăje'or*), stand bei J noch im Zentrum der Erzählung. Jetzt, hinter dem redaktionellen *'ăḥarê*[123], erscheint sie an die Peripherie gedrückt. *wăjjimmale'* läßt offen, womit die sieben Tage »gefüllt« waren[124]. Übrigens ist das Vorausgehen eines solchen Zeitraums für das Neu-Entsandt-Werden Moses v. 26 nicht eben belangvoll. Einen Grund, das Siebentage-Motiv zu erfinden, hatte der Redaktor sicher nicht. Er wird es aus einem sinnvolleren Bezug in einer von seinen beiden Vorlagen gerissen haben[125].

---

[120] Vgl. S. 395!

[121] Wie in v. 21 (vgl. dazu S. 147)!

[122] Vgl. »Paradieserzählung« 74 sowie unten die Zusammenstellung S. 380f.!

[123] Vgl. *we'ăḥarê ken* 3 20 *we'ăḥăr* 5 1 R^{JE}!

[124] Zur unkonkreten Darstellungsweise des Redaktors vgl. die Belegesammlung S. 391ff.!

[125] Ein Fall von »Übertragung«, vgl. die Zusammenstellung S. 401f.!

Das Schema der »sieben Tage« kommt in den vorpriesterlichen Erzählstücken des Pentateuchs öfter vor. Einer der beiden Grundberichte, auf welchen die vorpriesterliche Sintfluterzählung basiert, hatte offenbar das ganze Geschehen um die Flut in Sieben-Tage-Intervalle aufgeteilt: Jahwe kündigte Noah zunächst an, er werde in jetzt »noch sieben Tagen regnen lassen«, *l^ejamîm ʿôd šibʿā ʾanokî mămṭîr* Gen 7 4*. Nach den sieben Tagen, *l^ešibʿăt hăjjamîm*, brach die Flut über das Land herein 10*. Später, als die zur Erkundung ausgeschickte Taube wieder zur Arche zurückgekehrt war 8 9, »wartete«[126] Noah »noch sieben weitere Tage, *ʿôd šibʿăt jamîm ʾaḥerîm*; dann ließ er die Taube erneut fliegen 10*. Vom Beginn der Flut bis zu dem ersten Erkundungsflug dürften gleichfalls schon sieben Tage verstrichen sein, was uns der jetzige Text verschweigt. »Noch sieben weitere Tage« mußte Noah nachher »warten«[127] 12a*, bis er eine andere wichtige Maßnahme ergreifen, d. h. wohl: bis er das Dach der Arche entfernen durfte 13b. — Den Regen, welcher die Katastrophe verursachte, drückte der betreffende Grundbericht durch *mṭr* hi. aus, wobei Gott als Subjekt gilt 7 4*. Demgegenüber scheint sich der zweite Grundbericht dazu des Substantivs *gæšæm* bedient zu haben 7 12. Der Wechsel der Terminologie kann kein Zufall sein, denn v. 12 verbindet mit *gæšæm* auch eine andersartige Zeitvorstellung: »Da entstand der Regen auf der Erde, vierzig Tage und vierzig Nächte lang.« Dem entsprechende Zeitangaben finden sich noch in 7 4aγ. 17a 8 6a. — In Gen 31 21-23 wird von Jakob erzählt, er habe unter Mitnahme seiner ganzen Habe das Weite gesucht. Am dritten Tag darauf sei seine Flucht Laban zu Ohren gekommen. Laban sei hinter dem Fliehenden alsbald nachgejagt »den Weg von sieben Tagen«, *dæræk šibʿăt jamîm*. Wiederum nahmen nach Gen 50 10 die Trauerfeierlichkeiten für den verstorbenen Jakob »sieben Tage« in Anspruch. Und laut Num 12 14f. wurde über die straffällig gewordene Mirjam verfügt, daß sie »sieben Tage« lang vom Lager auszuschließen sei.

Es wäre ganz abwegig, wenn man die angeführten Belegstellen kurzerhand über einen Leisten schlagen, wenn man also die Rede von »sieben Tagen« im älteren Pentateuchbestand unbesehen als Spezifikum einer Quelle ausgeben wollte. Die Sieben stellt ja »eine im religiösen Leben allgemein als heilig geführte Zahl von kosmisch-kalendarischer Bedeutung« dar[128]. Zumal in Israel, wo sich anscheinend schon früh eine feste Sabbatordnung eingebürgert hatte, mußte es naheliegen, alle möglichen Vorgänge, Bräuche oder Begehungen auf sieben Tage anzuberaumen. In Num 12 14f. tritt der bezeichnete allgemeine Hintergrund denn auch mit aller Deutlichkeit hervor: Jahwe beruft sich für die erwähnte Verfügung auf eine Art Präzedenz- oder Analogiefall, nämlich auf die Sitte, daß ein Mädchen, das von ihrem Vater bespien wurde, sich sieben Tage lang zu schämen (und damit dem Vater aus den Augen zu gehen) hat. Ähnlich setzt Gen 50 10 es wohl als üblich voraus, daß um einen lieben Toten sieben Tage lang getrauert wurde.

Anders liegen die Dinge jedoch bei Gen 31 21-23. Hier war es völlig der Willkür des Erzählenden anheimgestellt, die Zahl der Tage zu bestimmen, die Laban benötigen sollte, um Jakob einzuholen. Wieso denn ausgerechnet deren sieben? Fünf oder drei Tage hätten doch auch genügt, ja, ein solcher geringerer Zeitaufwand wäre sogar besser am Platze gewesen, denn der Fliehende mußte sein ganzes Kleinvieh mitführen

---

126 M *wăjjaḥæl*. Anscheinend muß man mit den Versionen *wăj^ejăḥel* verstehen.
127 M *wăjjijjaḥæl*. Vgl. Anm. 126.
128 A. Strobel in BHH III (1966) 1785.

und ernähren, während sein Verfolger unbelastet drauflosreiten konnte. Willkürlich hatte der Erzähler auch schon den Termin gewählt, da die Kunde von Jakobs Flucht zu Laban gelangt sein soll: »am dritten Tag« nach der Flucht v. 22. Entsprechend sind die Verhältnisse bei der Sintfluterzählung zu beurteilen. Die vorhandenen Spuren einer Spielart dieser Geschichte, die mit ganz anderen Intervallen rechnete, stellt förmlich unter Beweis, was eigentlich sowieso schon evident ist, nämlich daß der fragliche Berichterstatter nur aufgrund seiner persönlichen Eigenart[129] die Geschehnisse auf zumindest dreimal sieben Tage verteilt hat.

Unter die Rubrik erzählerischen Beliebens ist nun anscheinend auch das Siebentagemotiv von Ex 7 25 zu rücken. Welche besondere Funktion dasselbe ursprünglich auch immer wahrgenommen haben mag, aus der dargestellten Sache selbst — Fischseuche bzw. Blutwasserplage — ergab sich schwerlich eine Nötigung dazu, gerade mit sieben Tagen zu kalkulieren. Die Verantwortung für die Verwendung des Motivs trifft also allein den Erzählenden in seiner individuellen Wesensart. Insoweit als das Siebentage-Schema im älteren Pentateuchbestand eine solche quasi persönliche Note trägt, kann es sich dabei sehr wohl um den Topos einer bestimmten Quelle handeln.

Welcher alte Erzähler hatte seine Sintflutgeschichte wochenweise geordnet? Der Begriff *mṭr* hi., der ihn von seinem Konkurrenten unterscheidet, kam in des *Jahwisten* Schöpfungsgeschichte vor Gen 2 5*[130].

9 18

In Ex 9 18 begegnet man ihm als Teil einer *jahwistischen* Plagenankündigung: *hinenî mămṭîr . . . barad*. Hält man daneben das durch *kî*[131] doch wohl erst nachträglich zu etwas Beiläufigem erniedrigte *'anokî mămṭîr* von Gen 7 4, so drängt sich die Annahme auf, daß vor diesem *'anokî mămṭîr* vormals noch das für J charakteristische *hinnē*[132] gestanden hatte. Das Siebentagemotiv in Gen 7. 8 stammt anscheinend also vom Jahwisten.

14 5

Ganz entsprechend fällt die Entscheidung bei Gen 31 21-23 aus: Zu dem dortigen *wăjjuggăd lelaban băjjôm hăššelîšî kî barăḥ jă'aqob* »am dritten Tage wurde Laban gemeldet, daß Jakob geflohen war« 22 bietet Ex 14 6 eine genaue Parallele: *wăjjuggăd lemælæk miṣrăjim kî barăḥ ha'am* »da wurde dem König von Ägypten gemeldet, daß das Volk geflohen war«. Diese ist u. a. durch das spezifische *mælæk miṣrăjim*[133] als jahwistisch ausgewiesen. Außerdem besteht eine unverkennbare Motivverwandtschaft zwischen *băjjôm hăššelîšî . . . dæræk šib'ăt jamîm* »am dritten Tag . . . einen Weg von

---

[129] Bei deren Ausbildung spielen natürlich auch die jeweilige Umwelt, das geistige Milieu des betreffenden Menschen, seine Schulung und Bildung eine Rolle.

[130] Vgl. »Paradieserzählung« 70.

[131] Vgl. die R^JE-Belege für begründendes *kî* S. 395!

[132] Vgl. S. 6f. 139.

[133] S. 3 18b* 5 4* und vgl. dazu S. 101f.

sieben Tagen« v. 22f. und dem wiederum jahwistischen *dæræk šᵉlošæt jamîm* »einen Weg von drei Tagen« von Ex 3 17b 5 3[134].

Die Analogien der jahwistischen Sintflut- und Jakobsgeschichte lassen es geraten erscheinen, *šibʿăt jamîm* in Ex 7 25 auf die Berichterstattung des Jahwisten zurückzuführen.

Das Problem der Beendigung der ersten Plage

Indes fangen mit dieser Erkenntnis die hauptsächlichen Schwierigkeiten von 7 25 erst recht an: Worauf hatte J denn die »sieben Tage« verwandt? Warum schweigt sich der Verfasser der Quellenharmonie über den Abschluß der Plage aus? Etwa, weil seine Quellen oder eine derselben darüber nichts mitgeteilt hatten? Falls aber doch etwas mitgeteilt war, wie sahen dann die Voraussetzungen zum Ende der Plage aus? — Nach Darstellung des *Jahwisten* verstanden es die Ägypter, die Auswirkungen der Fischseuche auf ein halbwegs erträgliches Maß zu reduzieren: Sie huben Gruben zur Trinkwassergewinnung aus 24*. Hat sich die weitere Heimsuchung des Nils damit erübrigt? Das kann nicht gut die Meinung des Südreicherzählers gewesen sein. Die Selbsthilfe der Ägypter bedeutete für ihn kaum mehr als einen provisorischen Notbehelf. Der Nil fuhr ja auch fort, das Land mit seinem Gestank zu verpesten (vgl. 21aα*)! Vollständige Abhilfe erschien also geboten. In den folgenden jahwistischen Plagenberichten forderte der König Mose offenbar regelmäßig[135] auf, Fürsprache bei Jahwe einzulegen und dadurch das Unheil zu beseitigen, was dann allemal auch geschah. Gerade bei J, der Wert darauf legte, einander entsprechende Szenen zu bilden[136], ist nicht einzusehen, warum er im Falle der Fischseuche auf die Bitte des Königs um Moses Fürsprache und auf die dadurch erzielte restlose Beseitigung der Plage verzichtet haben sollte. Offenbar schied erst der Redaktor die diesbezüglichen Angaben aus, sei es, weil er hier noch zur Kenntnis nahm, daß sie seine eigenen Vorstellungen von Pharaos Verbohrtheit (v. 23) kompromittierten, sei es (und das ist wahrscheinlicher) mit Rücksicht auf die noch zu klärenden Bedingungen bei E. Die »sieben Tage« dürften dann im jahwistischen Grundbericht noch den Zeitraum abgegrenzt haben, während dessen der »König von Ägypten« die Fischseuche in Kauf und mit dem Notbehelf seiner Untertanen vorlieb nahm. Am achten Tag riß ihm dann der Geduldsfaden: Er wandte sich an Mose um Hilfe.

Nach *elohistischer* Darstellung, so vermuteten wir[137] und so wird es der ganze weitere Verlauf der Untersuchungen bestätigen[138], kam

---

[134] Vgl. S. 50. 102f.

[135] Vgl. dazu S. 16f.; zur Herkunft des Motivs s. S. 160f.

[136] Vgl. »Paradieserzählung« 73 und unten S. 379!

[137] S. S. 149.

[138] Vgl. S. 159f. 170f. 184ff. 235f. 250f.

Pharao in Anbetracht des Blutes im Nil der Entlaßforderung Jahwes ein Stückchen weit entgegen. Da aber Mose nichts von einem Kompromiß wissen wollte, gab der König seine Bereitschaft zu einem Zugeständnis auf und kehrte unverrichteterdinge in seinen Palast zurück. Was folgt daraus für den Verlauf der Blutplage? Man sollte wohl meinen, daß das vom König gemachte Zugeständnis an die Bedingung geknüpft war, daß Mose das Blut wieder in Wasser verwandle. Wenn anders nun Mose nichts von dem Zugeständnis wissen wollte, so ließ er sich auch nicht auf die Bedingung ein! Es sieht demnach so aus, als habe die erste Plage des Elohisten bei Beginn der zweiten noch angedauert! Daraus würde sich zwanglos das seltsame Schweigen des deuteronomistischen Redaktors über das Ende der ersten Plage erklären.

D. MOSES DRITTER AUFTRITT VOR DEM KÖNIG UND DIE ZWEITE PLAGE
Ex 7 26-29 8 4-10. 11*

Erneute Entlaßforderung Jahwes

7 26

Sieben Tage, nachdem Jahwe den Nil geschlagen 25 R^JE^, ergeht an Mose ein neuer Befehl: »Da sagte Jahwe zu Mose: Geh hinein zu Pharao (*wăjjo'mær jăhwæ̆ 'æl mošæ̆ bo' 'æl păr'ō*) und sage zu ihm: So hat Jahwe gesagt: Entlaß mein Volk, daß sie mir dienen (*w^e'amărta 'elâw kō 'amăr jăhwæ̆ šăllăḥ 'æt 'ămmî w^ejă'ăb^edunî*)« 26. *bo' 'æl păr'ō* ist kontaminiert aus jahwistischem *bo' 'æl mælæk miṣrăjim*[1] und elohistischem *lek 'æl păr'ō*[2]. Schon diesen Prototypen wird eine Einleitung vorausgelaufen sein wie das vorhandene *wăjjo'mær jăhwæ̆ 'æl mošæ̆*. Nur werden die alten Erzähler auch noch der Umstände gedacht haben, unter welchen Jahwe das Wort nahm. Der Verarbeiter ließ einschlägige Bestimmungen weg, weil ihm das Verständnis für das geschichtliche Detail fehlte[3]. Er verschweigt auch, wo Mose den König — sei es nun nach J[4] oder nach E[5] — treffen sollte. Sein Augenmerk richtete sich auf die *Worte*, die dem König zu übermitteln waren. Unter ihnen steht die Entlaßforderung vornean, präsentiert noch in ihrer elohistischen Gestalt 26bγ[6]. Sie war von jeher auf die voraus-

---

[1] S. 3 18bα* J und vgl. dazu S. 49f. mit Anm. 131.

[2] S. 3 10a* 7 15 E. Dasselbe Mischungsverfahren wurde schon in 5 1 angewandt, s. S. 99.

[3] Vgl. die Zusammenstellung S. 398f.!

[4] J wird wie üblich an die Residenz»stadt« gedacht haben.

[5] Bei E spielte die Begegnung sich wahrscheinlich wieder am Nil ab; aus diesem stiegen nachher die Frösche empor.

[6] Vgl. S. 4. 42.

geschickte Anweisung *w^e'amărta 'elâw kō 'amăr jăhwæ* angewiesen. Möglicherweise war *jăhwæ* in der Quelle noch einmal[7] durch *'^alohê jiśra'el* näher bestimmt.

Womit drohte der elohistische Mose?

Es war bei E das dritte Mal, daß Jahwe dem Pharao durch seinen Boten gebot, er solle sein Volk entlassen 26bγ. Die Wiederholung dieser Forderung bekam dadurch ihr besonderes Gewicht und ihren besonderen Sinn, daß Jahwe seinem Wunsche zum zweiten Mal[8] Nachdruck durch eine Drohung verschaffte, und zwar doch wohl eine Drohung, die furchterregender klang als ihre Vorgängerin.

7 27a

Ihren Anfang, und d. h. die originäre Fortsetzung der Entlaßforderung, ließ der Verarbeiter diesmal[9] unversehrt stehen: *w^e'im ma'en 'ăttā l^ešălle^aḥ* »weigerst du dich aber, (sie) zu entlassen«[10] 27a. Das Wort ist schon gewissermaßen mit erhobenem Zeigefinger gesprochen.

7 27b

Dann aber läuft es eigentlich seiner Natur entgegen, wenn der angeschlossene Nachsatz mit einem eigenen Weckruf beginnt: *hinnē 'anokî nogep 'æt kål g^ebûl^eka băṣ^epărd^e'îm* »siehe, ich werde treffen dein ganzes Gebiet mit den Fröschen« 27b. *hinnē* hat seinerseits etwas derart Resolutes an sich, daß es die anstehende Plage schwerlich nur — wie v. 27a E es tut! — für eine gefährliche Eventualität erachtet. Sie gilt hier vielmehr schon als ausgemacht und unabwendbar. So erweist sich die Ankündigungsform *hinnē* + pron. pers. 1. sg. + ptc. auch im vorliegenden Falle[11] als nicht aus E übernommen.

Die masoretische Punktierung *băṣ^epărd^e'îm* 27b klingt, als wären »*die* Frösche« schon vorgekommen oder für den Leser selbstverständlich. Artikelloses *biṣ^epărd^e'îm* wäre sachlich besser.

7 28aα

Einer solchen Erwartung entspricht seltsamerweise v. 28aα, und zwar nicht allein der Vokalisierung, sondern sogar auch dem Konsonantenbestand nach: *w^ešarăṣ hăje'or ṣ^epărd^e'îm* »und der Nil wird wimmeln von Fröschen«. Dabei wäre hier, nach 27b, der Artikel vor *ṣ^epărd^e'îm* gerade angebracht! Von Hause aus wird v. 28aα die Frösche eben erstmals in den Gesichtskreis eingeführt haben. V. 27b hat davor eigentlich nichts zu suchen. Zwischen dem »Treffen« des königlichen Gebiets 27b und dem Fröschegewimmel im Nil 28aα

[7] Vgl. 5 1* E.
[8] Vgl. S. 132.
[9] Vgl. dagegen 7 14b* E.
[10] Zur Echtheit von *w^e'im* im Gegensatz zu *kî 'im* in 8 17 9 2 10 4 vgl. S. 173.
[11] Zu 7 17b s. S. 139.

ist denn auch kein einleuchtender Sachkonnex zu erkennen. Die bezeichneten Umstände finden ihre einfache Erklärung in der Annahme, daß 28aα die alte Fortsetzung von 27a E ist: »Weigerst du dich aber, (sie) zu entlassen« — »so wird[12] der Nil von Fröschen wimmeln.«

7 28aβ-b

Es liegt ganz auf der Linie von v. 28aα E, wenn anschließend von der Ausbreitung und Zudringlichkeit der Frösche die Rede ist: *weʿalû ûbaʾû bebêtæka*[13] *ûbăḥadăr miškabeka weʿăl miṭṭatæka*[14] *ûbebêt*[15] *ʿabadǣka ûbeʿămmæka*[16] *ûbetănnûrǣka ûbemišʾarotǣka* »und sie werden heraufsteigen und eindringen in dein Haus und in dein Schlafzimmer und auf dein Lager und in das Haus deiner Knechte und gegen dein Volk und in deine Backöfen und in deine Teigtröge« 28aβ-b. Freilich ist die Passage sichtlich überfüllt. *bebêtæka* und *ûbebêt ʿabadǣka* sollten naturgemäß unmittelbar beieinander stehen. Ihr Zusammenhang ist unterbrochen bzw. ausgeweitet durch Zusätze eines Bearbeiters, welchem es Vergnügen bereitete, die Zudringlichkeit der Frösche derb auszumalen[17]. Das sehr ungeschickt[18] ergänzte *ûbeʿămmæka* zeigt, daß es sich dabei um R^JE handelt: Die elohistische Zweiheit von »Pharao« und »seinen Knechten« sollte bereichert werden um einen Bestandteil der konkurrierenden Dreiergruppe[19] — doch sicher zum Ausgleich mit der anderen Quelle! Der elohistische Kern von 28aβ-b umfaßt lediglich die Worte *weʿalû ûbaʾû bebêtæka ûbebêt ʿabadǣka*. Seinerseits durch die Zusammenstellung von »Pharao« und »seinen Knechten« als elohistisch ausgewiesen[20], bildet er die naturgegebene Fortsetzung zu *wešarăṣ hăjeʾor ṣepărdeʿîm* 28aα, bestätigt somit also die Annahme, daß v. 28aα aus E abgeschrieben und die ursprüngliche Fortsetzung von *weʾim maʾen ʾăttā lesalleaḥ* 27a E ist. Insgesamt hatte demnach die Drohung, mit der Pharao zum Gehorsam gezwungen werden sollte, etwa den folgenden Wortlaut: »Weigerst du dich aber, (sie) zu entlassen, so soll der Nil wimmeln von Fröschen, und sie werden heraufsteigen und eindringen in dein Haus und in das Haus deiner Knechte.«

---

[12] Das perf. cons. *wešarăṣ* liefert die syntaktisch bestmögliche Fortführung des kondizionalen Vordersatzes.

[13] Den Plural *bbtjk* liest 1 Edition (nach Kennicott) sowie G (εἰς τοὺς οἴκους): Angleichung an die pluralischen Begriffe in 28bβ.

[14] Sam. (G) *wbḥdrj mškbjk . . . mṭtjk*; das letzte auch Mss Nr. 13 69 158 Kennicott (S T): Angleichung an 28bβ.

[15] Sam. (G V) *wbbtj*.

[16] G vereinfachend καὶ τοῦ λαοῦ σου = *weʿămmæka*.

[17] Vgl. dazu die Zusammenstellung S. 396!

[18] Die Präposition *be* nimmt hier einen anderen Sinn an! Vgl. die Zusammenstellung S. 398!

[19] Vgl. S. 14f.

[20] Vgl. S. 124f.

Was kündigte der jahwistische Mose an?

7 27b

Die in v. 27b mitgeteilte Plagenankündigung *hinnē 'anokî nogep 'æt kål gebûleka bāṣepārdeʿîm* geht wie ihre Entsprechung *hinnē 'anokî măkkǣ* ... 7 17 auf den jahwistischen Erzähler zurück. Ob sie allerdings über *'anokî* hinaus noch dem Wortlaut der Quelle folgt, kann bezweifelt oder muß zumindest überlegt werden.

ngp qal kommt innerhalb der vorpriesterlichen erzählenden Pentateuchstücke noch viermal vor: in 12 23a. b. 27 32 35. Keine von diesen Stellen kann Anspruch auf Quellenhaftigkeit erheben[21]. Allemal erscheint das fragliche Verb darin schon zum abstrakten theologischen Schlagwort avanciert[22]. Demgegenüber kennen es die Gesetze von Ex 21 22. 35, die gewiß ein beträchtliches Alter haben, noch in dem profanen und konkreten Sinne von »stoßen, verletzten«. Etwas von dieser konkreten Art haftet *ngp* qal bisweilen auch noch in den Fällen an, wo es in theologischer Beziehung verwendet, also auf Jahwe als Subjekt bezogen ist, z. B. in Jdc 20 35 I Sam 4 3 25 38 26 10 II Sam 12 15.

10 4.14.19.

Unter dem eben bezeichneten Aspekt ließe sich unser *nogep* sehr wohl dem jahwistischen *măkkǣ* »schlagend« von 7 17 zur Seite stellen. Diese Auffassung wird auch durch die Tatsache empfohlen, daß der in 7 27b als Objekt dienende Ausdruck *kål gebûl* in 10 14. 19 fest verankert in jahwistischen Erzählungszusammenhängen[23] wiederkehrt. *gebûl* allein begegnet in 10 4b noch einmal als Teil einer Plagenankündigung des jahwistischen Typs[24]. Nach dem Bemerkten wird man jetzt außer *hinnē 'anokî* und der Partizipialform doch auch das vorhandene *ngp* qal + *'æt kål gebûleka* als echt jahwistisch ansehen. Keinesfalls darf als echt aber auch das angeschlossene *bāṣepārdeʿîm* gelten. Diese Bestimmung legt dem *ngp* qal ja nachgerade doch noch einen abstrahierenden, übertragenen Sinn bei: »Mit den Fröschen« kann das »Gebiet« des Königs nur sehr uneigentlich »gestoßen« werden! Der alte Erzähler hätte die Frösche auch nicht auf eine so beiläufige und unmodifizierte Art vorgestellt[25].

Das jahwistische *hinnē 'anokî nogep 'æt kål gebûleka* zog natürlich wie seine Entsprechung von 7 17*[26] noch eine ausführende Angabe nach. Das Wesentliche davon hat uns die JE-Redaktion vorenthalten.

---

[21] Zu 12 23. 27 s. S. 272—274. In 32 35 erscheint *wăjjiggop jāhwǣ 'æt haʿam* »da schlug Jahwe das Volk« als unanschauliches Surrogat des Redaktors für genauere Auslassungen der Quelle von 32 20* über die Wirkung des Tranks, der den Israeliten aufgenötigt wurde.

[22] Wie z. B. auch bei *wa'æggop 'æt miṣrăjim* »und ich schlug die Ägypter« Jos 24 5 (Dtr.).

[23] Vgl. dazu S. 242. 246.

[24] S. dazu S. 229f.

[25] Vgl. dagegen 7 18* J.

[26] Vgl. dazu S. 143.

7 29

V. 29 ermöglicht nur noch sehr beschränkte Rückschlüsse: *ûb^{e}ka ûb^{e}ʿămm^{e}ka ûb^{e}kål ʿ^{a}badâka jăʿ^{a}lû hăṣ^{e}părd^{e}ʿîm* »und wider dich und wider dein Volk und wider alle deine Knechte werden die Frösche heraufsteigen«. *jăʿ^{a}lû hăṣ^{e}părd^{e}ʿîm* nimmt lediglich das elohistische ... *ṣ^{e}părd^{e}ʿîm w^{e}ʿalû* 28 auf. Der Bezugspunkt für das »*Herauf*steigen« ist wie dort der relativ tiefer gelegene *Nil*. Dagegen sollte man nach v. 27b* J aber eher einen Vorgang erwähnt finden, der daraus folgt, daß Jahwe das königliche »*Gebiet*« treffen wird. Die diesbezügliche Aussage des Jahwisten paßte dem Verarbeiter anscheinend nicht recht ins Konzept. Er begnügte sich damit, ein Teilstück derselben zu verwerten: die bekannte Dreiergruppe[27]. Dem griechischen Übersetzer[28] lag das Trio noch in einer dem Original näherstehenden Fassung vor: *ûb^{e}ka ûbăʿ^{a}badǣka ûb^{e}ʿămmǣka*. V. 29, hinter 28 merklich nachklappend, fand in die Harmonie nur deshalb Eingang, weil deren Verfasser ein begriffsklauberisches Gefallen hatte an der jahwistischen Dreiheit. Nicht umsonst ist sie betont an die Spitze des Satzes gestellt worden! Somit sieht man an v. 29 zwar noch, gegen wen sich die Plage bei J richtete, aber nicht mehr, worin die Plage bestand. Es erhebt sich die Frage, ob der Südreicherzähler überhaupt eine *Frösche*plage im Sinne hatte.

Ein Stück der JE-Harmonie ging verloren

Dem Beauftragungsbericht 7 26-29 folgte in der Harmonie vielleicht noch ein Ausführungsbericht oder wenigstens die Andeutung eines solchen. Auf jeden Fall aber muß der Harmonisierer etwas über den Eintritt der Fröscheplage bemerkt haben, etwa in Anlehnung an elohistische Aussagen über die Anwendung des mosaischen Zauberstabs. Die in Rede stehenden Notizen hat R^{P} ausgeschieden zugunsten eines Abschnittes von P: 8 1-3[29]. Der Verlust ist nicht wieder gutzumachen. Trotzdem kann man sich in etwa ausmalen, wie die Dinge bei E weitergelaufen sind. Am Morgen nach dem Offenbarungsempfang »ging Mose zu Pharao«. Die Begegnung scheint wieder am Ufer des Nils stattgefunden zu haben. Möglicherweise nahm Mose dazu auch gleich wieder den Stab mit. Oder mußte er ihn diesmal erst *nach* dem Auftritt vor Pharao anwenden? So oder so, in jedem Fall trug Mose Pharao zum dritten Mal Jahwes Entlaßforderung vor,

---

[27] Vgl. die Einleitung S. 14f.

[28] G* liest καὶ ἐπὶ σὲ καὶ ἐπὶ τοὺς θεράποντάς σου και ἐπὶ τόν λαόν σου.

[29] In v. 1-3 steht: »Da sagte Jahwe zu Mose: Sage zu Aaron: Recke deine Hand mit deinem Stabe aus über die Ströme und über die Nilarme und über die Tümpel und führe die Frösche herauf auf das Land Ägypten. | Da reckte Aaron seine Hand aus über die Gewässer Ägyptens und führte den Frosch herauf, und er bedeckte das Land Ägypten. | Da taten die Zauberpriester ebenso mit ihren Geheimkünsten und führten die Frösche herauf auf das Land Ägypten.«

zum zweiten Mal verschärft durch eine Drohung. Irgendwie gab Pharao der Forderung nicht in der gewünschten Weise statt. Darauf mußte Mose mit dem Stab die Plage einleiten. Der Nil begann von Fröschen zu wimmeln, und die Frösche bestiegen das Land. Sie drangen in das Haus Pharaos und in das Haus seiner Knechte ein. Mose entfernte sich wieder, entweder schon vor oder dann nach der Stabanwendung.

Nicht so klar ist, wie die Geschichte bei J weiterlief. Natürlich kam Mose auch hier seinem Auftrag nach. Er ging zum König von Ägypten hinein in seine Stadt. In der Residenz angelangt, übermittelte er die Ankündigung Jahwes: »Siehe, ich werde dein ganzes Gebiet treffen . . . .« Den Sinn der Ankündigung markierte wieder das Erkenntnismotiv: ». . . und du wirst erkennen, daß ich Jahwe bin.« Nach Erledigung seines Auftrags ging Mose wieder zur Stadt hinaus. Ohne sein Zutun »traf Jahwe das ganze Gebiet des Königs von Ägypten«. Aber was für Folgen zeitigte die göttliche Maßnahme?

Mose wird zu Pharao gerufen

8 4

Nach der entstandenen Lücke nimmt v. 4 den »Faden« der R^JE^-Erzählung wieder auf: »Da rief Pharao Mose und Aaron (*wăjjiqraʾ părʿō lemošǣ ûleʾăharon*) und sagte: Fleht zu Jahwe (. . . *hăʿtîrû ʾæl jăhwǣ*), daß er entferne die Frösche von mir und von meinem Volk (*wejaser hăṣepărdeʿîm mimmænnî ûmeʿămmî*), so will ich das Volk entlassen, daß sie Jahwe opfern (*wăʾašăllеḥā ʾæt haʿam wejizbeḥû lejăh-wǣ*).« Wenn Mose gerufen wurde, so setzt dies voraus, daß er sich vorher von Pharao getrennt hatte. Eine diesbezügliche Mitteilung fehlt dem Kontext, fehlte vielleicht auch schon der Harmonie[30]. *wăj-jiqraʾ părʿō lemošǣ* geht deutlich auf einen vergleichsweise älteren Erzählungszusammenhang zurück. Das Vorhandensein mehrerer Parallelen[31] weist in die nämliche Richtung. Wegen des Titels *părʿō*[32] wird man dabei an die elohistische Quelle denken. Mit *ûleʾăharon* erinnert sich der Bearbeiter seines Vorsatzes, Aaron an Moses Taten partizipieren zu lassen[33]. Jedoch weiß schon v. 5 von einer Anwesenheit Aarons nichts mehr!

Warum wurde der elohistische Mose zu Pharao gerufen? Dem König wird es mit den zudringlichen Fröschen, die sich nicht einmal aus seinem Palaste heraushalten ließen[34], allmählich zu bunt geworden sein. Er wurde nachgiebig. Durch einen Kompromißvorschlag, der

---

[30] Vgl. S. 167 zu *wăjjeṣeʾ mošǣ* 8 8!

[31] S. S. 15f.

[32] Vgl. S. 101f. und die Zusammenstellung S. 386!

[33] Vgl. 4 15b. 28f. 30b 5 1a. 4a RJE!

[34] Vgl. *ûbaʾû bebêtæka* 7 28 E.

der Entlaßforderung Jahwes einen Schritt weiter entgegenkam als der vorige[35], wollte er sich die Beendigung der Fröscheplage und darüber hinaus auch der anscheinend[36] noch fortdauernden Blutplage[37] erkaufen. *wă'ᵃšăllᵉḥā 'æt ha'am* erscheint als degeneriertes Überbleibsel jenes pharaonischen Zugeständnisses. Dabei wird ganz verschwiegen, daß die Erlaubnis des Königs irgendwie eingeschränkt bzw. an eine Auflage geknüpft war.

Die Bitte des Königs um Moses Fürbitte

Das Fürbittemotiv *hă'tîrû 'æl jăhwæ* hätte in der elohistischen Erzählung kaum einen passenden Platz gefunden. »Pharao«, der Jahwes Repressalien gegen sich dadurch *selber* in Gang gesetzt hatte, daß er nicht auf die durch Drohungen verstärkte Entlaßforderung einging, kann sein eigenes Zugeständnis *wă'ᵃšăllᵉḥā 'æt ha'am* und zugleich die Beseitigung des Unheils *wᵉjaser hăṣᵉpărdᵉ'îm* ... doch nicht gut von einer Vorleistung *Moses* abhängig gemacht haben! Er mußte sich vielmehr an die eigene Brust schlagen und klein beigeben. In der jahwistischen Erzählung verhielt es sich anders: Mose sprach das Urlaubsgesuch der Ältesten nur beim ersten Auftritt aus[38]. Einmal nur hat es der König dann auch ausgeschlagen. Die darauffolgenden Plagen waren nicht, jedenfalls nicht so prononciert, als aus dem Verhalten des Königs folgend dargestellt. Ja, sie wollten dem König nur zu der durchaus positiven, wenn auch erschreckenden Erkenntnis verhelfen, »daß ich Jahwe bin«. Aus dem Grunde wurden sie ihm ja auch von Jahwe jeweils vorangesagt. Wenn der König wünschte, daß die Plagen rasch beendet würden, so blieb ihm unter den gegebenen Umständen kaum eine andere Wahl als die, den Mittelsmann Jahwes seinerseits um Vermittlung bei Jahwe anzugehen.

Somit drängt sich die Annahme auf, daß das Fürbittemotiv der jahwistischen Berichterstattung entstammt. Sie muß ihre Berechtigung aber auch noch am Detail der Textanalyse erweisen. Der Fürbittegedanke erscheint in v. 4 in redaktioneller Ausprägung und Verhüllung. Das pluralische *hă'tîrû* — anstelle von originärem *hă'ter* — möchte wieder einmal Aaron ins Spiel bringen. *mimmænnî ûme'ămmî* sieht aus wie eine sekundäre Verkürzung der jahwistischen Dreiergruppe[39]; diese hätte dann an zweiter Stelle noch die Knechte des

---

35 Dazu s. S. 148f.

36 Dazu s. S. 154.

37 Das Gesagte trifft *mutatis mutandis* auch dann zu, wenn die Blutplage bei E nicht an der ersten und die Fröscheplage nicht an der zweiten Stelle gestanden haben sollte.

38 Vgl. S. 137f.

39 Vgl. dazu S. 158.

Königs erwähnt: *ûme'ᵃbadăj*. Elohistisches[40] *šlḥ* pi. ist mit jahwistischem[41] *zbḥ* qal zu *einer* Aussage verquickt: *wă'ᵃšăllᵉḥā 'æt ha'am wᵉjizbᵉḥû lᵉjăhwæ*. Alt und quellengemäß ist jedoch der Zusammenhang zwischen *'tr* hi. + *'æl jăhwæ* und dem *wᵉjaser*. Er liegt in der Natur der Sache. Außerdem wird das »Entfernen« (*swr* hi.) oder »Weichen« (*swr* qal) einer Plage auch sonstmals[42] als Ziel bzw. als Folge der Fürbitte Moses (*'tr* qal oder hi.) dargetan. Dieses *swr* nun bedarf in jedem Falle einer Ergänzung, die die Frage nach dem Wovon beantwortet. Die Parallelen 8 7. 25. 27 geben diese Antwort mit Hilfe des jahwistischen Trios, das auch in unserem v. 4 vorausgesetzt scheint: vom König, von seinen Knechten, von seinem Volk. Als weiteres Indiz kommt hinzu, daß das doch recht spezifische *'tr* in Gen 25 21 zweimal mit dem Tetragramm verbunden ist: *wăjjæ'tăr jiṣḥaq lᵉjăhwæ . . . wăjje'atær lô jăhwæ* »da flehte Isaak zu Jahwe . . . und Jahwe ließ sich von ihm erflehen«. Also auch aufgrund des analytischen Befundes wird man das Fürbittemotiv dem Jahwisten zuweisen müssen.

Aus dem Umstand, daß der »König von Ägypten« sich nach Ausbruch der Plage hilfesuchend an Mose gewandt hat, folgt, daß dem Jahwisten ähnlich wie seinem Rivalen 4aα* so etwas wie eine Nachbegegnung der beiden Kontrahenten bekannt war. Entweder ließ der König Mose hier ebenfalls herbeirufen, oder er sandte ihm einen Boten, oder er suchte Mose höchstselbst auf[43]. — Ungewiß bleibt einstweilen auch noch[44], welche Plage Jahwe nach J »entfernen« sollte. Ist das *wᵉjaser* angeschlossene *hăṣᵉpărdᵉ'îm* alt? Oder wollte damit R^JE nur die Thematik des anderen Erzählers berücksichtigen? Zu fragen ist auch, ob der König bei J als Gegenleistung für Moses (erfolgreiche) Fürbitte den Opferurlaub zu gewähren versprach. Darauf könnte *wᵉjizbᵉḥû lᵉjăhwæ* zurückweisen. Andererseits erscheint das Opfermotiv da nur verkürzt[45] und zusammengespannt mit dem elohistischen *šlḥ* pi. Diese Umstände mahnen zur Vorsicht. Wenn anders Mose sich anläßlich der von Jahwe inaugurierten *Haupt*begegnung auf das Ansagen der Plage zu beschränken hatte und nichts mehr von Opferurlaub verlauten ließ, so hat der König anläßlich der *Nach*begegnung, die er selbst herbeiführte, auch nur die Beendigung des Notstandes ins Auge gefaßt.

---

40 Vgl. S. 42.

41 Vgl. S. 50.

42 In 8 25. 26f.

43 Die vierte Möglichkeit, daß der König noch im Verlauf der Plagenankündigungsszene an Mose bittend herantrat, hat außer Betracht zu bleiben: Die Plage hätte dann ja gar keine Zeit gefunden, sich auszuwirken.

44 Lösung s. S. 165.

45 Gemäß 5 8. 17 R^JE (vgl. dazu S. 108. 118f.)!

Die Frage des Zeitpunkts der Fürbitte wird unnatürlich hochgespielt

8 5-7

Mose tut dem König den Gefallen. Er läßt ihn sogar über sich verfügen: »Da sagte Mose dem Pharao: Geruhe über mich zu bestimmen[46], wann ich flehen soll für dich und für deine Knechte und für dein Volk (*wăjjo'mær mošæ̆ lepăr'ō hitpa'er 'alăj lematăj 'ă'tîr leka welă'abadâka ûle'ămmeka*), die Frösche zu beseitigen von dir und von deinen Häusern (*lehăkrît hăṣepărde'îm mimmeka ûmibbattâka*); nur im Nil sollen sie übrigbleiben (*răq băje'or tiššа'ărnā*). | Da sagte er: Morgen (*wăjjo'mær lemaḥar*)! Und er sagte: Deinem Wort gemäß!, damit du erkennst, daß es nichts gibt wie Jahwe, unsern Gott (*wajjo'mær kidebareka lemă'ăn tedă' kî 'ên kejăhwæ̆ 'ælohênû*). | Und die Frösche werden weichen von dir und von deinen Häusern und von deinen Knechten und von deinem Volk (*wesarû hăṣepărde'îm mimmeka ûmibbattâka ûme'abadâka ûme'ămmæka*); nur im Nil sollen sie übrigbleiben (*răq baje'or tiššа'ărnā*)« 5-7. Man kann sich nur wundern über die Bedeutung, die hier dem *Termin* der Fürbitte beigemessen wird! Der König stand unter schwerem Druck, so daß er sich nicht mehr mit eigenen Mitteln oder Männern helfen konnte. Er erniedrigte sich zum Bittsteller bei Mose. Konnte es da im Ernst eine Frage sein, wann er die Not loszuwerden wünschte? Doch, wenn irgend möglich, sofort! Wirkt schon die Großmutsgeste Moses, daß er sich den Zeitpunkt seines Gebets vom Bittsteller vorschreiben lassen will, als reichlich komisch, so läßt sich folgendes Phänomen von Pharao nur noch mit Kopfschütteln registrieren: Dem Regenten tut die Plage, die er *partout* beseitigt sehen möchte, scheint's dennoch so wenig weh, daß er sich, in völlig freier Entscheidung, den Helfersdienst Moses erst für den nächsten Tag ausbedingt! Zugleich zeigt sich der für den Verlauf der Plage nebensächliche Umstand, daß Mose dem Terminwunsch des Königs willfährt, in den Rang allerhöchster Wichtigkeit erhoben, sofern es nämlich gerade er sein soll, der da dem König die Erkenntnis von Jahwes Unvergleichlichkeit abnötigt!

Also eine Serie von inneren Ungereimtheiten! Die Dimensionen des alten Fürbitte- und des Erkenntnismotivs sind offensichtlich verrückt, die ursprünglichen Maßstäbe zweckentfremdet oder vertauscht. Welche Absicht waltet dabei ob? Doch die, eine künstliche Koinzidenz zu konstruieren des Termins, den der König wünscht, und des Kairos, da die Plage ihr Ende findet. Dieses verblüffende In-eins-Fallen der Zeitpunkte aber sollte als »Zeichen« herhalten von der Art, welche unser deuteronomistischer Theologe für glaubensnotwendig hielt, als Beweis, der die skeptische Ratio davon überzeugt, daß Jahwe etwas (oder gar etwas Besonderes) ist[47]. Demgegenüber kann der

[46] Etwa dies scheint das singuläre *hitpa'er 'alăj* zu bedeuten.

[47] Vgl. 3 3aγ. 12bβγ 4 1. 5. 8f. R^{JE} und die Zusammenstellung S. 405!

Jahwist die Terminangelegenheit, wenn überhaupt, nur in anderem Bezug erwähnt, sie aber keinesfalls schon so zu einer Affäre aufgebauscht haben. Alle diesbezüglichen Äußerungen haben als redaktionell zu gelten: *wăjjo'mær mošæ lepăr‘ō*[48] *hitpa'er ‘alăj lematăj* sowie *wăjjo'mær lemahar wăjjo'mær kidebareka lemă‘ăn.*

Wie hatte Mose bei J auf die Bitte des Königs um seine Fürsprache geantwortet?

Alt und echt erscheint jedoch der Gedanke, daß der König, nachdem er Mose um seine Verwendung bei Jahwe gebeten, eine freundliche Zusage erhielt. Ohne eine solche bliebe der weitere Verlauf der Dinge unerklärlich. *'ă‘tîr* »ich werde flehen« 5 hatte vormals also noch ein anderes, nämlich sein eigenes Gewicht. Nicht *wann* Mose flehe, sondern *daß* er flehe, erschien da als die Hauptsache. — Mose gibt an, wem seine Fürsprache zugutekommen soll: dem König, seinen Knechten und seinem Volk. Diese Dreiheit ist typisch jahwistisch[49]. Trotzdem kann *leka welă‘abadâka ûle‘ămmæka* hinter dem ebenfalls jahwistischen *'ă‘tîr* kaum als ursprünglich angesehen werden. Hatte Mose erst einmal erklärt, daß er sich fürbittend einsetzen wolle, so verstand sich nach der Bitte des Königs *hă‘ter 'æl jăhwæ wejaser* (*hăṣepărde‘îm*?) *mimmænnî ûme‘abadăj ûme‘ămmî* (vgl. v. 4*) doch wohl von selbst, für wen. Erst hinter der nachstehenden Zusicherung *wesarû* (*hăṣepărde‘îm*?) 7 ist die Dreiergruppe wieder am Platz, und sie ist auch noch vorhanden: *mimmeka . . . ûme‘abadâka ûme‘ămmæka.*

Selbstverständlich und darum überflüssig erscheint auch die Zweckbestimmung *lehăkrît hăṣepărde‘îm mimmeka ûmibbattâka.* Den Sachverhalt, dem v. 4* J in *wejaser* (*hăṣepărde‘îm*?) *mimmænnî ûme‘abadăj*[50] *ûme‘ămmî* wohlbemessenen Ausdruck verliehen, umschreibt sie ziemlich formlos. An dem *ûmibbattâka* wird vollends ersichtlich, daß der Passus vom Ausgleichsredaktor stammt. Dieser Ausdruck soll doch der Vorstellung des Elohisten Genüge tun, daß die Frösche in das »Haus« Pharaos eingedrungen sind[51]. Der alte Erzähler hatte freilich nur von einer Einzahl gesprochen! — Hinter *lehăkrît hăṣepărde‘îm mimmeka ûmibbattâka* nimmt *răq băje'or tiššа'ărnā* 5b zwangsläufig den Sinn einer weiteren Zweckbestimmung an. Zur intendierten Parallelität will allerdings die andersartige Konstruktion des Satzes nicht recht passen. Er kehrt in v. 7b nochmals wieder, dort in besserem Zusammenhang. Anscheinend ist er aus einer der Vorlagen abgeschrieben — eine Annahme, die auch durch die Existenz von Entsprechungen in anderen Plageberichten[52] empfohlen wird.

---

[48] Zu *'mr* qal + *le* vgl. die weiteren R^JE-Belege S. 395!

[49] Vgl. S. 158.

[50] Dieser Begriff fehlt dem jetzigen v. 4.

[51] Vgl. 7 28* E!

[52] S. S. 17.

Von der ursprünglichen jahwistischen Moseantwort hat uns v. 5 nach dem Vorigen lediglich das eine Wort *'ăʿtîr* erhalten. Wie fuhr der jahwistische Mose fort? Zunächst einmal gewiß mit *'æl jăhwæ*[53]: »Ich werde *zu Jahwe* flehen.« Wahrscheinlich beraumte Mose sein Gebet dann noch auf den nächsten Tag an: *'ăʿtîr 'æl jăhwæ maḥar* »morgen werde ich zu Jahwe flehen«. Bei *maḥar*[54] muß es sich nämlich, ungeachtet seiner derzeitigen, es überbetonenden Verwendung durch den Bearbeiter, um ein Element des jahwistischen Grundberichtes handeln. *maḥar*, hier nachträglich erweitert durch *le*[55], taucht wiederholt in göttlichen Ankündigungen des jahwistischen Typs[56] auf: in 9 18a 10 4b 17 9*. Gelegentlich findet man es auch eng verbunden mit der eigentümlich jahwistischen Heiligkeitskonzeption[57]: in 19 10 und Num 11 18. Nun wäre es denkbar, daß unser *maḥar* vormals zu der Plagenankündigung *hinnē 'anokî nogep 'æt kål gebûleka* 7 27 J gehört hatte. Der Redaktor hätte es dann auf die Fürbitte-Angelegenheit »übertragen«. Aber wäre er in diesem Fall auch noch auf den Gedanken gekommen, es für sein Koinzidenz-Mirakel auszuschlachten, für ein Zusammentreffen von Terminen, die er beide erst selbst erfunden hätte? Wahrscheinlicher ist, daß er *maḥar* als Teil der Fürbittenzusage Moses vorfand[58]. Es bezog sich dann von jeher auf den Zeitpunkt, da Mose zu Jahwe flehen sollte, nur wurde der Termin nicht vom König, sondern, und das ist ganz natürlich, von Mose selber bestimmt.

Ob der jahwistische Mose in seiner Antwort das Thema der königlichen »Erkenntnis«[59] angeschnitten hat (vgl. jetzt 6b)? Jedenfalls nicht so, daß er die Erkenntnis auf eine für die Plagengeschichte unwesentliche Kuriosität zurückgeführt hätte! Denkbar wäre, daß dem König die Erkenntnis aus dem angekündigten Effekt der Fürbitte, d. h. aus der vorgesehenen Beseitigung der Plage, hatte erwachsen sollen. Davon aber handelt die Moserede, mit Worten aus J, erst in v. 7a*: *wesarû hăṣepărdeʿîm mimmeka ûmibbattâka ûmeʿabadâka ûmeʿămmæka*. Das Erkenntnismotiv müßte in der Quelle also schon *hinter* der v. 7a zugrundeliegenden Notiz gestanden haben. — *ûmibbattâka* 7a macht sich selbst ohne weiteres als Einschub kenntlich. Der Redaktor hat den Begriff der »Häuser« Pharaos mit Vorbedacht in die

53 Entsprechend v. 4* J.

54 Zum topischen Charakter des Motivs vgl. schon S. 12.

55 Vgl. *lematăj* 5 RJE!

56 Dazu vgl. S. 139.

57 Vgl. S. 29.

58 Vgl. dazu das Aaronswort *ḥăg lejăhwæ maḥar* 32 5, das ebenfalls auf J zurückzugehen scheint.

59 Zur jahwistischen Provenienz des Motivs vgl. schon S. 141f.

jahwistische Dreiergruppe hineingemengt: Er wollte damit, wie bereits in v. 5a[60], an die elohistische Terminologie erinnern. Das, worin der Fremdkörper eingezwängt erscheint, lag ihm offenbar schon vor, also das jahwistische Trio *mimmᵉka ûmeʿᵃbadǣka ûmeʿămmæka* samt dem dieses tragenden Prädikat *wᵉsarû*. Der jahwistische Mose schloß sich mit diesem Stück seiner Antwort aufs engste dem Worte des Königs an: *hăʿter ʾæl jăhwǣ wᵉjaser* (*hăṣᵉpărdᵉʿîm*?) *mimmænnî ûmeʿᵃbadăj ûmeʿămmî* (vgl. 4*). Genau das Gewünschte, wollte er damit sagen, soll dir geschehen! In Summa sahen die Bitte des Königs und die Antwort des Mose also etwa so aus: »Flehe zu Jahwe, daß er entferne ... von mir und von meinen Knechten und von meinem Volk!« — »Morgen will ich zu Jahwe flehen. Dann werden ... weichen von dir und von deinen Knechten und von deinem Volk.«

Das Thema des jahwistischen Plagenberichts

Indes ist noch immer offen, auf welcherlei Plage oder Plagegeister sich der Südreicherzähler bezog. Man möchte meinen: ebenso auf die Frösche wie sein Konkurrent aus dem Nordreich. Wie hätte der Redaktor sonst die Selbstzucht aufbringen sollen, für die bei J genannten Schäden bzw. Schädlinge konsequent diejenigen von E einzusetzen? Einen förmlichen Beweis für jene Auffassung scheint das *răq băjᵉʾor tiššaʾărnā* von v. 7b zu liefern. Diese auf jeden Fall quellenhafte Angabe ist doch wohl auf das jahwistische *wᵉsarû ... mimmᵉka ûmeʿᵃbadǣka ûmeʿămmæka* 7a* als Voraussetzung angewiesen. Der gewissermaßen negativen Aussage 7a* stellt sich 7b als positives Gegenstück zur Seite[61]. Nun ist in v. 7b zwar nicht ausdrücklich von Fröschen die Rede, aber was für Tiere, die im Nile zu leben pflegen, sollen denn sonst dem Fluß entstiegen sein und auf dem Lande Ungemach verursacht haben? Weitere Anhaltspunkte für die genannte Auffassung kann man v. 9. 10 entnehmen[62].

Standort und Wortlaut des Erkenntnismotivs von 8 6

Was man in v. 6b gewahrt, ist nur noch ein Schatten des alten jahwistischen[63] Motivs der Jahweerkenntnis. Sekundär ist sein Zusammenhang: Er möchte die Erkenntnis Jahwes einer bloßen Kuriosität entspringen lassen. Sekundär ist auch die Art seiner Formulierung. Was den Zusammenhang betrifft, so wurde schon bemerkt[64], daß von einem »Erkennen« des Königs ursprünglich nicht gut vor v. 7* J die

---

60 Dazu vgl. S. 163.

61 Dieselbe Struktur ist in 10 19 J zu beobachten; vgl. dazu S. 246.

62 Vgl. dazu S. 169.

63 Vgl. S. 141f.

64 S. 164.

Rede gewesen sein kann, höchstens dahinter. Der Jahwist hätte die Jahweerkenntnis dann von der Abwendung der Fröscheplage hergeleitet. Aber auch diese Vorstellung ist kaum zu halten. Denn wenn die *Beseitigung* der Plagegeister dem »König von Ägypten« Respekt vor Jahwe[65] eingeflößt hätte, würde sie ein Ziel erreicht haben, das die *Lästigkeit* derselben noch verfehlt hätte, und das wäre absurd. Vielmehr wird Mose die königliche Bitte um seine Fürsprache nur deshalb ohne weiteres erfüllt haben, weil der Bittende als solcher bewies, daß er erkannt hatte, was er erkennen sollte: wer Jahwe ist, daß er der alleinige Urheber der Plage ist. Mithin kann der Platz des Erkenntnismotivs auch innerhalb des Fröscheplageberichts[66] nur dort gewesen sein, wo Jahwe dem König die Plage ankündigen ließ, also hinter den verlorenen Detailangaben, die auf *hinnē 'anokî nogep 'æt kål gebûleka* 7 27 J folgten[67].

Nun zum Wortlaut des Erkenntnismotivs in v. 6b: Die zusammengesetzte Konjunktion[68] *lemă'ăn* knüpft das auf J zurückgehende *tedă'* an das redaktionelle *kidebareka*. Damit setzt sie sich dem Verdacht aus, selber erst vom Redaktor eingeführt worden zu sein. Der alte Erzähler sagte vermutlich einfach *wejadă'ta* »und du wirst erkennen«[69]. Was aber sollte der König nach J denn »erkennen«? Doch gewiß dasselbe wie bei der ersten Plage 7 17 und auch wieder bei einer späteren 8 18, nämlich »daß ich Jahwe bin«, *kî 'anî jăhwæ*. Der Südreicherzähler war sich noch wohl bewußt, daß er damit ein *non plus ultra* an Erkenntnis bezeichnete. Seinem Verarbeiter jedoch ging es anders. Er war überzeugt, daß die Erkenntnis Jahwes oder, was im Grunde dasselbe ist, der Glaube an ihn durch fabelhafte Wunderbeweise herausgefordert und herangezüchtet werden müsse[70]. Überdies hatte er eine grundsätzliche Neigung dazu, den Mund vollzunehmen und zu übertreiben[71]. Infolgedessen dünkte ihn das schlichte *kî 'anî jăhwæ*, das er in seiner Vorlage las, unzureichend. Er ersetzte es durch eine scheinbar gewichtigere Aussage: *kî 'ên kejăhwæ 'ælohênû*. Die Partikel *'jn* ist eines der Kennzeichen seiner Sprache, zugleich Ausdruck seiner Vorliebe zu Nominalsätzen[72]. Bei *'ælohênû* schwingt als Oberton natio-

---

65 Respekt ist nach J ein konstituierender Bestandteil der Jahweerkenntnis; vgl. »Paradieserzählung« 122.

66 Zum Fischseuchenbericht s. S. 141f.

67 Vgl. S. 157f.

68 Zusammengesetzte Konjuktionen und Präpositionen kommen in der Sprache des Redaktors besonders häufig vor, vgl. die Zusammenstellung S. 394!

69 Vgl. die Überlegungen S. 142.

70 Vgl. S. 59. 162 sowie die Zusammenstellung S. 405!

71 Vgl. die Belegesammlung S. 397!

72 Vgl. S. 395f.!

naler Stolz mit: Der Triumph[73] »unsres Gottes« über den fremdländischen Widersacher ist der *unsrige*! Umständehalber ist von Jahwe nur mehr in 3. Person die Rede; als Sprechender gilt in v. 6b R^JE ja Mose.

Probleme der Nachbegegnung zwischen Mose und dem König

8 8a

Der Verfasser der JE-Harmonie hatte seine Nachbegegnungsszene mit der Bemerkung *wăjjiqra' păr'ō lᵉmošǣ ûlᵉ'ăhᵃron* 4aα eröffnet, von der schon die elohistische Urform den entsprechenden Dienst versah. Nun schließt er diese Szene auch mit einer Anleihe aus E[74]: *wăjjeṣe' mošǣ wᵉ'ăhᵃron me'im păr'ō* »da ging Mose und Aaron von Pharao weg« 8a. Er hat Aaron in den Satz eingebracht[75], sonst aber nichts am alten Wortlaut geändert. Die Tatsache, daß die genannten Angaben beide aus E daticren, bedeutet noch nicht, daß sie bzw. ihre Urbilder dort als Ein- und Ausleitung der *Nach*begegnung miteinander korrespondierten. *wăjjeṣe' mošǣ me'im păr'ō* hatte ursprünglich, mindestens *auch* und vor allem, vielmehr das Ende der *Haupt*begegnung markiert, die nicht auf Pharaos, sondern auf Jahwes Wunsch hin zustandegekommen war. Die Bemerkung entspricht ja genau dem *wăjjelæk mošǣ 'æl păr'ō* »da ging Mose zu Pharao«[76] oder auch dem alternierenden *wăjjitjăṣṣeb mošǣ lipᵉnê păr'ō* »da stellte Mose sich vor Pharao«[77], d. h. den Angaben, durch die E die Hauptbegegnungen einzuleiten pflegte. Außerdem war sie am Ende der Hauptbegegnungen unentbehrlich, denn nur ein Mose, der sich zuvor entfernt hatte, konnte dann von »Pharao« zur Nachbegegnung »gerufen« werden[78].

8 26 9 33 10 18 10 6 11 8

Nach dem Ausgeführten muß man damit rechnen, daß *wăjjeṣe' mošǣ me'im păr'ō* in v. 8a, ebenso später in 8 26 9 33 10 18, erst vom Bearbeiter ans Ende der Nachbegegnung »übertragen«[79] worden ist und daß es eigentlich, wie jetzt noch in 10 6 11 8, den Abschluß der Hauptbegegnungsszene bilden müßte. Wer diese Annahme von der Hand weist, muß sich dafür mit der nicht gerade naheliegenden Vermutung befreunden, daß die fragliche Angabe bei E sowohl die Haupt- wie die Nachbegegnung abgeschlossen hatte[80].

Analoge Überlegungen sind in bezug auf die jahwistischen Plagenberichte anzustellen. *wăjjeṣe' mošǣ ('æt ha'îr)* »Mose verließ (die

---

[73] Vgl. S. 403!

[74] S. S. 122f.

[75] Vgl. die Zusammenstellung S. 406!

[76] Vgl. dazu S. 2f. 122.

[77] Vgl. 8 16 und dazu S. 172f.

[78] Vgl. S. 159f. zu 8 4.

[79] Vgl. die Zusammenstellung S. 401f.!

[80] Weiteres zum Problem s. S. 171.

Stadt)« bildete dort das ausleitende Gegenstück zu dem einleitenden *wăjjabo' mošæ* (*'æl mælæk miṣrăjim*) »da ging Mose hinein (zum König von Ägypten)«[81]. Eine solche Ausleitung war unentbehrlich, da sich an das Zusammentreffen der beiden Männer eine weitere Begegnung anschloß, wo der König, eventuell vermittels eines Boten, wahrscheinlicher aber persönlich, Mose um seine Fürsprache bei Jahwe bat. Unter Umständen könnte *wăjjeṣe' mošæ* (*'æt ha'îr*) auch diese Nachbegegnungsszene beschlossen haben, aber dann müßte ja der Bittende den Gebetenen erst zu sich in die Residenz geholt haben[82].

Redaktionelle Bemerkung über den Vollzug der Fürbitte

8 8b

Daß der jahwistische Mose sein Versprechen eingelöst hat und am folgenden Tag »zu Jahwe flehte«, unterliegt keinem Zweifel. V. 8b teilt uns den Vorgang aber nicht mehr mit den alten Worten mit: *wăjjiṣ'ăq mošæ 'æl jăhwæ 'ăl d*^{e}*băr hăṣ*^{e}*părd*^{e}*'îm '*^{a}*šær śam l*^{e}*păr'ō* »und Mose schrie zu Jahwe von wegen der Frösche, welche er Pharao zugefügt hatte«. Das originäre *wăjjæ'tăr*[83] mußte dem vulgären *wăjjiṣ'ăq* des Redaktors weichen[84]. Das kanzleistilhaft trockene *'ăl d*^{e}*băr hăṣ*^{e}*părd*^{e}*'îm* hatte in der Quelle keine bzw. nur eine anschaulichere Entsprechung[85]. *'*^{a}*šær śam l*^{e}*păr'ō* bietet wie die meisten redaktionellen *'*^{a}*šær*-Sätze[86] eine überflüssige Erläuterung. Das Allerweltswort *śjm* qal ist typisch für den Wortschatz des Redaktors[87]. Insgesamt zeichnet sich 8b durch einen primitiven Stil aus. Mose waltet hier übrigens allein als Fürbittender, obwohl nach v. 4 R^{JE} auch Aaron um diesen Dienst gebeten worden war. Aber auch schon die Zusage der Fürbitte 5 R^{JE} hatte Mose allein und nur für seine Person gegeben. Folgerichtigkeit war nirgends die Sache des deuteronomistischen Redaktors. Beim Formulieren von v. 8b stand er auch noch im Banne der entsprechenden Angabe bei J, die sich nur auf Mose bezog.

Das Ende der Fröscheplage

8 9. 10

Moses Gebet hat seinen Zweck nicht verfehlt; die Frösche kamen um, doch mußten sich die Ägypter noch über ihre Leichname ärgern: »Da tat Jahwe gemäß dem Worte Moses (*wăjjă'ăś . . . kid*^{e}*băr mošæ*),

---

[81] Vgl. dazu S. 122.

[82] Weiteres zum Problem s. S. 223.

[83] So in 8 26 10 18 und Gen 25 21.

[84] Vgl. die weiteren Belege S. 395!

[85] Zur Unanschaulichkeit redaktioneller Äußerungen vgl. die Zusammenstellung S. 391ff.!

[86] Vgl. S. 394!

[87] Vgl. S. 394!

und die Frösche starben von den Häusern, von den Höfen und von den Feldern weg (*wăjjamutû hăṣepărdeʿîm min hăbbattîm min hăḥaṣerot ûmin hăśśadot*). | Man schüttete sie haufenweise auf, daß das Land davon stank (*wăjjiṣberû ʾotam ḥămarîm ḥămarîm wăttibʾăš haʾaræṣ*)« 9. 10. In der grandios realistischen Schilderung[88] des Schicksals der toten Tiere v. 10 tritt offenbar ein Stück des jahwistischen Berichts zutage. Es erinnert lebhaft an die bunten Farben, mit denen der Südreicherzähler den Trinkwasser-Notbehelf der Ägypter gemalt hatte 7 24*. Und wie hier das Land vom tierischen Aas stinkt, hatte es nach 7 18*. 21* J der Nil getan. Das jetzt ungenannte Subjekt von *wăjjiṣberû* dürften von Haus aus die Ägypter gewesen sein[89]. Die Tiere, deren Leichname sie aufhäufen, sind natürlich dieselben wie die, von welchen es in v. 9bα heißt, sie seien gestorben, also die Frösche. *wăjjamutû hăṣepărdeʿîm* scheint also schon immer die Voraussetzung zu v. 10 J gewesen zu sein. Dieser Befund deutet erneut darauf, daß von einer Fröscheplage auch beim Jahwisten die Rede war[90].

Daß »die Frösche starben«, erfuhr der Leser dort noch gleich hinter »da flehte Mose zu Jahwe«. Erst der deuteronomistische Theologe brachte das konkrete Sterben der Frösche auf den abstrakten[91] Begriff einer Gebetserhörung: *wăjjăʿăś jăhwæ kidebăr mošæ* 9a. Seine Sprache verrät ihn: plattes *ʿśh* qal[92], bemühende Details ersparendes[93] *kidebăr*[94]. Wo es ihm sein Bedürfnis nach drastischer Gestaltung[95] anriet, konnte er freilich auch einmal ins einzelne gehen: *min hăbbattîm min hăḥaṣerot ûmin hăśśadot* 9bβ. Dieser Passus unterbricht den alten Zusammenhang von *wăjjamutû hăṣepărdeʿîm* mit *wăjjiṣberû ʾotam*. Hinter *mwt* qal bildet das *min* dirimens keine gute Konstruktion; es gehörte ursprünglich eben zu *ṣwr* qal/hi.[96]. Der Plural *hăbbattîm* möchte wieder einmal[97] den von E singularisch gebrauchten Begriff *bjt* geltend machen. *hăśśadot* entstammt möglicherweise dem terminologischen Arsenal der jahwistischen Erzählung[98].

---

[88] Vgl. die Zusammenstellung S. 380f.!

[89] Gemäß 7 24* J.

[90] Vgl. zu der Sache schon S. 165.

[91] Vgl. die Zusammenstellung S. 391ff.!

[92] Vgl. S. 394!

[93] Vgl. S. 393f.!

[94] Wie gehabt in v. 6 R^{JE}!

[95] Vgl. die Zusammenstellung S. 396!

[96] Vgl. v. 4*. 7 J. Zu den syntaktischen Mängeln bei R^{JE} vgl. die Zusammenstellung S. 397f.!

[97] Wie bei *ûmibbattæka* 5. 7 R^{JE}!

[98] Zur charakteristischen Rolle des Begriffs *śadæ* in der jahwistischen Schöpfungsgeschichte vgl. »Paradieserzählung« 71.

Wie schloß der Jahwist seinen Bericht über die Fröscheplage ab?

Der »König von Ägypten« trug Mose die Bitte vor: »Flehe zu Jahwe, daß er entferne (*swr* hi.) die Frösche von mir und von meinen Knechten und von meinem Volk« 4*. Mose versetzte darauf: »Morgen werde ich zu Jahwe flehen. Dann werden die Frösche weichen *swr* qal) von dir und von deinen Knechten und von deinem Volk; nur im Nil werden sie übrigbleiben« 5-7*. Nach dem zweimaligen, reziproken *swr* versteht man, daß der Jahwist das Verb nicht gleich noch ein drittes Mal bringen wollte. Um die faktische Beseitigung der Frösche zu bezeichnen, wählte er neue Worte: Nach Moses Gebet »starben die Frösche, und (die Ägypter) schütteten sie haufenweise auf, daß das Land davon stank« 9*. 10*. Diese Angaben erübrigten es, das ankündigende »nur im Nil werden sie übrigbleiben« 7b durch einen analog formulierten Ausführungsbericht aufzunehmen. V. 10 war durch nichts mehr zu überbieten. Es bestand auch kein Grund dafür, auf die Urlaubsangelegenheit zurückzukommen[99]. Mithin wird v. 10 vom jahwistischen Grundbericht das *fulmen in clausula* gebildet haben.

Wie schloß der Elohist seinen Bericht über die Fröscheplage ab?

8 11aα-γ

Demgegenüber behauptet der jetzige Text, das Ende der Fröscheplage, von welchem nur im Anschluß an J die Rede gewesen 9. 10, habe die Verstockung Pharaos nach sich gezogen: *wăjjăr' păr'ō kî hajetā harewaḥā wehăkbed*[100] *'æt libbô* »da sah Pharao, daß die Erleichterung entstanden war, und er verhärtete sein Herz« 11aα-γ. Das Motiv der Herzensverhärtung *kbd* hi. + *leb* stammt bekanntlich aus der elohistischen Quelle[101]. Das in 9 34 entsprechend wiederkehrende *wăjjăr' păr'ō*[102] lief ihm anscheinend schon dort voraus. Wenn Pharao sein Herz »schwer machte«, sollte man auch hier wieder[103] meinen, daß es ehedem »leichter« gewesen ist. Wir haben schon zu rekonstruieren versucht[104], und spätere Beobachtungen bringen an den Tag[105], inwiefern solches bei E der Fall war: Pharao rief Mose zu sich 4aα*, um einen der Entlaßforderung Jahwes etwas entgegenkommenden Vorschlag zu unterbreiten. Was er danach zu »sehen« bekam und was seine Kompromißbereitschaft erstickte, kann nur das Verhalten des Mose gewesen sein: Mose hatte seiner Mißbilligung des pharaonischen

99 Schon bei der Plagenankündigung hatte Jahwe davon abgesehen, vgl. S. 137f.

100 Zur Form s. S. 18 Anm. 45.

101 S. S. 132f. zu 7 14.

102 Zu *păr'ō* vgl. die Sammlung elohistischer Belegstellen S. 386!

103 Vgl. S. 149.

104 Vgl. S. 132f. 148f.

105 Vgl. S. 184ff. 234f. 250f.

Kompromißvorschlages Ausdruck verliehen. Stattdessen läßt der Redaktor den König jetzt das Ende der jahwistischen Fröscheplage »sehen«: *wăjjăr' ... kî hajetā harewaḥā*. Das vulgäre *hjh* qal[106] und der Abstraktbegriff[107] *rewaḥā* verdeutlichen auch vom Sprachgebrauch her, daß das Objektsätzchen eine redaktionelle Machenschaft darstellt. Der Verfasser der Harmonie will nichts mehr davon wissen, daß Pharao vorher nachgiebig gesonnen war: Dieser verhärtet nur mehr ein Herz, das ohnedies schon hart war.

Der inf. abs. *wehăkbed* ist textkritisch kaum zu beanstanden; vermutlich soll er der Aussage eine besondere Note, etwa einen grimmigen Beiklang, verleihen. Literarkritisch genuin, also für E vorauszusetzen, ist aber wohl *wăjjăkbed*, das die Parallelen 8 28 9 34 noch erhalten haben. Die Stelle 8 28, außerdem noch 9 7, liefert die alte und unentbehrliche Ergänzung mit: *welo' šillăḥ 'æt ha'am* »und er entließ das Volk nicht«. In der deuteronomistischen Harmonie war sie auch an unserer Stelle noch vorhanden; R^{P} hat sie dann durch ihre priesterliche Entsprechung *welo' šamă' 'alehæm kă'ašær dibbær jăhwæ* 11aδb[108] ersetzt. — Das elohistische *wăjjăr' păr'ō ... wăjjăkbed 'æt libbô welo' šillăḥ 'æt ha'am* blickte noch auf die Szene der Nachbegegnung[109]. Nach Lage der Dinge muß sich diese zur Hauptsache als Dialog zwischen Pharao und Mose abgespielt haben. Dann aber fällt auf, daß die angeführte Aussage von E aus dem vorgezeichneten Rahmen von Rede und Gegenrede ausgebrochen ist. Dem König wird gerade nicht mehr das Wort erteilt; seine Stellungnahme ist nur noch gleichsam aus der Ferne beschrieben. Das muß einen besonderen Grund haben. Offenbar wollte die Aussage das bisherige Zwiegespräch förmlich abbiegen, um es so zum Ende zu bringen. Sie ist als das Schlußwort des E-Berichtes über die Fröscheplage — entsprechend dann auch als Schlußwort der anderen elohistischen Plagengeschichten mit Ausnahme der letzten[110]! — konzipiert. Der Erzähler faßte darin das Ergebnis des ganzen Plage-Unternehmens zusammen: Alles war vergeblich! Hinter der bezeichneten Aussage konnte und mußte sich auch ein Vermerk darüber erübrigen, daß Mose wieder weggegangen sei.

8 8

Demnach hatte *wăjjese' mosæ me'im păr'ō* (vgl. 8a*) in der Quelle allein das Ende der von *Jahwe* in die Wege geleiteten Zusammenkünfte zu markieren.

---

106 Vgl. die weiteren R^{JE}-Belege S. 394!

107 Vgl. S. 391ff.!

108 Vgl. dazu schon S. 18f.

109 Demgegenüber hat R^{JE} jetzt die Nachbegegnung schon durch *wăjjeṣe' mošæ we'ăhron me'im păr'ō* 8a abgeschlossen.

110 Vgl. dazu S. 279.

Man mache sich klar, was die Verbitterung Pharaos am Schluß der Nachbegegnung für seine anfängliche Absicht bedeutet! Er hatte Mose ja zu sich »gerufen« (vgl. 4aα*), um einzulenken, um einen Ersatz für die geforderte Entlassung anzubieten oder diese selbst unter bestimmten Einschränkungen zu genehmigen. Selbstverständlich wollte er auf diese Weise die Fröscheplage und die noch fortdauernde[111] Blutplage loswerden. Wenn Mose dann das Angebot refüsierte und dadurch den König auf seine unnachgiebige Ausgangsposition[112] zurückdrängte, so war keinerlei Grund vorhanden, die beiden Plagen abzubrechen, wohl aber Anlasses genug, sie fortzusetzen! Kein Wunder also, daß man in 7 26—8 11 wie auch schon in 7 14-25 nicht die Spur einer elohistischen Nachricht entdecken kann, die mit einem Plagen*ende* rechnete. Offenbar hat der elohistische Jahwe den ägyptischen König durch eine wachsende Massierung von Plagen immer mehr unter Druck gesetzt, hat ihm immer weitergehende Zugeständnisse abgenötigt, bis er sich endlich vorbehaltlos der göttlichen Forderung unterwarf.

E. MOSES VIERTER AUFTRITT VOR DEM KÖNIG UND DIE DRITTE PLAGE

Ex 8 16-28

Beauftragung Moses nach E

Der neue Plagenbericht setzt genauso unvermittelt mit einer Rede Jahwes zu Mose ein wie seine beiden Vorgänger. Wann und wo Jahwe an Mose herantrat, wird für die Quellen, zumindest die elohistische, noch von Belang gewesen sein; ihren Verarbeiter interessierte es nicht mehr[1].

8 16
Mose wird zunächst wieder mit der göttlichen Entlaßforderung betraut: »Da sagte Jahwe zu Mose: Brich früh am Morgen auf und stelle dich vor Pharao (*wăjjo'mær jăhwǣ 'æl mošǣ hăškem băbboqær w^{e}hitjăṣṣeb lip^{e}nê păr'ō*) — siehe, er wird sich gerade ans Wasser begeben (*hinnē joṣe' hămmaj^{e}mā*)! — und sage zu ihm: So hat Jahwe gesagt: Entlaß mein Volk, daß sie mir dienen (*w^e'amărta 'elâw kō 'amăr jăhwǣ šăllăḥ 'ămmî w^{e}jă'ăb^{e}dunî*)!« 16. Die Entlaßforderung ist wörtlich aus der E-Vorlage übernommen[2]. Dort fanden sich auch schon die zugehörigen

---

111 Vgl. S. 154.

112 Vgl. S. 101f.

1 Vgl. die Zusammenstellung S. 398f.!

2 Vgl. S. 42. 85.

Einleitungen *wăjjo'mær jăhwǣ 'æl mošǣ . . . w^{e}'amărta 'elâw kō 'amăr jăhwǣ*[3]. *hăškem băbboqær* rechnet wieder[4], gut elohistisch, mit einem nächtlichen Empfang der Offenbarung[5]. *hinnē joṣe' hămmaj^{e}mā* stand gleichlautend in 7 15 E.

9 13

Unter diesen Umständen wird man sich an dem Wechsel vom dortigen *lek 'æl păr'ō* zum gegenwärtigen und in 9 13 wiederkehrenden *hitjăṣṣeb lip^{e}nê păr'ō* nicht aufhalten. Er bestätigt nur die alte Erkenntnis[6], daß der Elohist im Gebrauch seiner Ausdrucks- und Darstellungsmittel gern etwas alternierte, ohne daß sein Stil dadurch seine besondere Normierung eingebüßt hätte. V. 16 ist im großen ganzen wortgetreu aus der Vorlage übernommen. Daß die Begegnung der beiden Kontrahenten am Ufer des Nils erfolgen sollte, hatte eventuell schon E nicht mehr vermerkt, da es sich nach den vorausgegangenen Berichten auch von selbst verstand.

Androhung einer Fliegenplage

8 17

Der elohistischen Vorlage gemäß bezieht Jahwe in seine Botschaft an den Pharao gleich die Möglichkeit einer Verweigerung des von ihm Geforderten ein: »denn wenn du kein Entlassender bist meines Volks (*kî 'im 'ên^{e}ka m^{e}šălle^{a}ḥ 'æt 'ămmî*), sieh, ich werde gegen dich und gegen deine Knechte und gegen dein Volk und gegen deine Häuser die Fliegen loslassen (*hin^{e}nî măšlî^{a}ḥ b^{e}ka ûbă'^{a}badâka ûb^{e}'ămm^{e}ka ûb^{e}battâka 'æt hæ'arob*), und die Häuser der Ägypter werden sich füllen von den Fliegen, und auch der Erdboden, auf dem sie sind (*ûmal^{e}'û battê miṣrăjim 'æt hæ'arob w^{e}găm ha'^{a}damā '^{a}šær hem 'alâha*)« 17. Diese Möglichkeit drückt der Verfasser der Harmonie hier aber mit Worten eigener Wahl aus: *kî 'im 'ên^{e}ka m^{e}šălle^{a}ḥ* vertritt das originäre *w^{e}'im ma'en 'ăttā l^{e}šăllăḥ*[7]. Das begründende *kî* bleibt logisch unbefriedigend: Pharao soll das Volk doch nicht bloß deswegen entlassen, »weil« er es sonst büßen muß! Aber R^{JE} liebte nun einmal die Begründungen[8]. Der Nominalsatz[9] *'ên^{e}ka*[10] *m^{e}šalle^{a}ḥ* umschreibt einen Sachverhalt, den der Elohist regelmäßig durch *m'n* pi. wiedergegeben hatte[11].

---

[3] Vgl. S. 85.

[4] Vgl. 7 15 E.

[5] Vgl. dazu die Zusammenstellung S. 389! Insbesondere sei an *wăjjăškem . . . băbboqær* Gen 22 3 erinnert.

[6] Vgl. »Paradieserzählung« 76.

[7] So noch in 7 27 E.

[8] Vgl. weitere Belege S. 395!

[9] Vgl. S. 395f.!

[10] Vgl. die Belegesammlung S. 396!

[11] S. 4 23* 7 14*. 27 9 2 10 4.

An die wenigstens inhaltlich noch auf E beruhende Protasis 17aα nun ist nach bewährtem Rezept[12] als Apodosis eine Plagenankündigung der Form *hinnē* + pron. pers. 1. sg. + ptc. angeschlossen. Der schon gewonnenen Einsicht, daß diese vom Jahwisten stammt[13], werden wir hier insofern vergewissert, als sie das jahwistische[14] Trio von König—Knechten—Volk mitumfaßt: *hinenî măšlîaḥ beka ûbăʿabadǣka ûbeʿămmeka*. Die Kontamination der heterogenen Momente mußte sich dem Redaktor diesmal ganz besonders empfehlen, da beiderseits »dasselbe« Stichwort[15], nämlich die Konsonantenkombination *mšlḥ* auftaucht! Hinter *beka ûbăʿabadǣka ûbeʿămmeka* hat *ûbebattǣka* eigentlich nichts zu suchen. Es mutet dem Leser die absonderliche Vorstellung zu, daß die Stechmücken sich gleichermaßen über Menschen und — Gebäude hermachten! Der Redaktor ergänzte den Ausdruck, um wieder einmal[16] an die Rolle zu erinnern, welche in der elohistischen Grunderzählung das — dort freilich singularische! — *bjt* gespielt hatte[17]. Daß ihm dabei ein Denkfehler unterlief, scheint sogar er bemerkt zu haben: Das angeschlossene *ûmaleʾû battê miṣrăjim ʾæt hæʿarob* 17bα — *bjt* ist schon wieder im Plural gebraucht! — möchte den Fehler ausbügeln. Diese Berichtigung freilich kann den Eindruck hervorrufen, die Leute seien bloß in ihren Häusern von den Fliegen gequält worden. Darum fügte der Bearbeiter flugs noch eine zweite Korrektur hinzu: *wegăm haʾadamā ʾašær hem ʿalǣha* 17bβ. Will sagen: Die Ägypter sind auch im Freien gestochen worden! *găm*[18] und *ʾašær*[19] sind typische R^JE-Begriffe. *ʾadamā* bedeutet hier nicht jahwistisch »Erde« als bildsamen Stoff, sondern deuteronomistisch »Erdboden« als eine nach oben offene Fläche[20]. Der ganze Zusammenhang von v. 17b stellt sich als ein notdürftiges, in der Eile[21] hingeschriebenes Machwerk dar — ein Urteil, das sich mit nur wenigen Einschränkungen auf die ganze deuteronomistische Harmonie ausdehnen ließe.

Probleme der elohistischen Plagenandrohung und der jahwistischen Plagenankündigung

Der Redaktor läßt uns in etwa noch die Umstände erkennen, unter welchen der elohistische Mose die Entlaßforderung zu über-

---

12 S. 4 23 7 27!

13 Vgl. S. 139 zu 7 17.

14 S. S. 158.

15 Weitere Belege für die Stichwörter-Liebhaberei des Redaktors s. S. 399!

16 Wie bei *ûmibbattǣka* 8 5. 7 *hăbbattîm* 8 9!

17 Vgl. 8 20 (dazu S. 175).

18 Vgl. die Zusammenstellung S. 395!

19 Vgl. S. 394!

20 Vgl. dazu »Paradieserzählung« 69.

21 Weitere Belege für die flüchtige Arbeitsweise des Redaktors s. S. 402!

mitteln hatte (nämlich morgens nach der Offenbarungsnacht und am »Wasser« des Nils v. 16!), unterdrückt aber die gegen Pharao auszusprechende Drohung. Umgekehrt teilt er anscheinend noch mit, was der jawistische Mose ankündigen sollte (Jahwe werde den *arob* loslassen gegen den König, seine Knechte und sein Volk v. 17aβ!), verschweigt aber, wie er die Unglücksbotschaft aufgetragen bekam und wie er sie weiterleiten sollte. Was das letzte betrifft, so wird es sich diesmal kaum anders verhalten haben als früher[22] und später[23]: Mose mußte »zum König von Ägypten« in die Stadt »hineingehen«, um ihm Jahwes Botschaft auszurichten. Da er diese im Wortlaut anvertraut bekam, war sie auf gleichartige einführende Redensarten angewiesen wie ihre elohistische Entsprechung: *wäjjoʾmær jahwæ ʾæl mošǣ . . . weʾamärta ʾelâw kō ʾamär jähwǣ*[24].

8 20

Was aber die Drohung anbelangt, womit der elohistische Mose Pharao gefügig machen sollte, so ist sie selbst zwar verloren, aber von ihrem Ausführungsbericht ist zumindest ein Stück erhalten geblieben, eingearbeitet in v. 20: *wäjjaboʾ ʿarob . . . bêtā pärʿō ûbêt ʿabadâw* »da drangen Fliegen ein in das Haus Pharaos und in das Haus seiner Knechte«. Dieses Erzählungsstück mit seiner charakteristischen Zweiergruppe[25] entspricht ja ziemlich genau dem ankündigenden *ûbaʾû bebêtæka . . . ûbebêt ʿabadâka* des vorigen elohistischen Plagenberichts[26] — sogar insofern, als hier *ʿarob* »Fliegen« und dort *ṣepärdeʿîm* »Frösche« ohne Artikel angeführt ist[27]! Damit aber wird beide Male dem Umstand gebührend Rechnung getragen, daß die betreffenden Plagegeister bisher noch nicht in Szene getreten und daher noch unbestimmt waren. Nach der Inbetrachtnahme des Weigerungsfalles *weʾim maʾen ʾättā lešällăḥ* »weigerst du dich aber, (sie) zu entlassen«[28] wird also die elohistische Gottesbotschaft an Pharao, sofort oder nach einigen Zwischenbemerkungen, so fortgefahren sein: *ûbaʾ ʿarob* (*be*)*bêtæka û*(*be*)*bêt ʿabadâka* »so werden Fliegen eindringen in dein Haus und in das Haus deiner Knechte«.

Jedenfalls hatte der Elohist von einer *ʿarob*-Plage erzählt! Das erweckt nachträgliche Zweifel, ob von einer solchen Plage auch in der anderen Quelle die Rede war. Die jahwistische Ankündigung *hinenî mäšlîaḥ beka ûbăʿabadâka ûbeʿämmeka* kann mit dem Objekt *ʾæt hæʿarob* sehr wohl erst vom Ausgleichsredaktor versehen worden sein

[22] Vgl. 3 18b* 5 1a* 7 26a*.

[23] Vgl. 9 1a* 10 1a*.

[24] Vgl. S. 139. 154.

[25] Vgl. dazu S. 124f. sowie die Zusammenstellung S. 385!

[26] S. S. 156 zu 7 28.

[27] Vgl. dazu S. 155.

[28] Vgl. S. 173.

v. 17, so daß J sich noch auf eine andere Plage bezogen hätte. Dieser Verdacht wird noch gefördert, wenn nicht bestätigt durch die Beobachtung, daß v. 17 ohne sachliches Recht von »dem« *ʿarob* überhaupt oder »dem« *ʿarob* als einer dem Leser schon bekannten Größe handelt. Derselbe logische Fehler unterlief in 7 27 bei dem redaktionellen *bäṣepärdeʿîm*[29]!

9 18. 23

Dem steht ein sicher rein jahwistisches[30] Beispiel entgegen: *hinenî mämṭîr . . . barad* »sieh, ich werde regnen lassen Hagel« 9 18! Auch der korrespondierende Ausführungsbericht läßt *barad* undeterminiert: *wäjjämṭer jähwæ barad* »da ließ Jahwe Hagel regnen« 9 23[31]. In der Perikope 8 16-28 läßt sich kein einziges jahwistisches Fragment namhaft machen, in welchem der Begriff *ʿarob* »Fliegen« sicher verankert wäre.

Eine neue Begründung für die »Erkenntnis« des Königs

8 18. 19

Jahwe kündet dem König weiterhin an, sein eigenes Volk werde von der Plage nicht behelligt: »und ich werde auszeichnen an jenem Tage das Land Gosen (*wehiplêtî bäjjôm hähûʾ ʾæt ʾæræṣ gošæn*), auf welchem mein Volk steht (*ʾašær ʿämmî ʿomed ʿalâha*), so daß dort keine Fliegen sind (*lebiltî hæjôt šam ʿarob*), damit du erkennst, daß ich Jahwe bin inmitten des Landes (*lemäʿän tedäʿ kî ʾanî jähwæ beqæræb haʾaræṣ*). | Und ich werde einen Unterschied machen zwischen meinem Volk und deinem Volk (*weśämtî pelut*[32] *bên ʿämmî ûbên ʿämmæka*). Morgen wird dieses Zeichen geschehen (*lemahar jihjæ haʾot häzzæ*)« 18. 19. Aus der Verschonung der Israeliten soll dem König die Erkenntnis Jahwes erwachsen — das ist etwas merkwürdig! Einen Menschen, der schwerkrank in seiner Wohnung liegt, pflegt das Wohlbefinden seines Nachbarn wenig zu beeindrucken, denn er hat genug mit *sich* zu schaffen. Aber den ägyptischen König, der samt seinen Beamten und seinem Volke die Zuchtrute Jahwes zu spüren bekam und dem im voraus gesagt worden war, *wer* ihn züchtigen würde, soll, hinsichtlich Jahwes, erst das bessere Los der Landesfremden zur Räson bringen! Eine solch widernatürliche Vorstellung vermochte erst der Redaktor zu vertreten. Er, der sich kaum an geschichtliche Belange und Folgerichtigkeiten kehrte[33], konnte die Gotteserkenntnis freilich

---

[29] Vgl. dazu S. 155.

[30] Genaueres s. S. 205.

[31] Anders verhält es sich bei *häddagā* »die Fische« in 7 18* J, denn da ist schon eine gewisse Bestimmtheit der Tiere gegeben durch die vorauslaufende Erwähnung des »Nils«.

[32] S. S. 13 Anm. 33.

[33] Vgl. die Zusammenstellung S. 398 f.!

auf eine Begebenheit gründen, die für den Erkennenden existentiell bedeutungslos war, Hauptsache nur, daß sie ihm in die Augen stach, ein Staunen erregendes Mirakel[34] war. Bezeichnenderweise verwendet v. 19 den Begriff *'ot* in dem für R^JE^ typischen Sinne von »Wunder«[35].

Auch sonst präsentieren uns v. 18. 19 hauptsächlich R^JE^-Terminologie: die unscharfe Zeitbestimmung *bǎjjôm hǎhû'*[36], den *'ašær*-Satz[37], den Nominalsatz *'ǎmmî 'omed*[38], vulgäres *hjh* qal (zweimal!) und *śjm* qal[39], das Demonstrativum *zǣ*[40]. Die zusammengesetzte Konjunktion[41] *lebiltî* kam schon in Gen 3 11 R^JE^ vor. Der damit eingeleitete und negierte Infinitiv hat den Sinn einer Erklärung[42]. *plh* hi. und *pelut* tendieren zur begrifflichen Abstrahierung[43]. Ihre Aufgabe ist es, eine Vorzugsstellung Israels[44] geltend zu machen. Der dem zugrundeliegende Gedanke der Verschonung Israels allerdings war dem Verarbeiter schon gegeben. Man sieht es an dem Umstand, daß die Ausnehmung bzw. Vorzugsbehandlung Israels noch jetzt in einem einleuchtenden Kausalnexus gesehen wird mit dem Wohnen der Israeliten in der *'æræṣ gošæn* 18; das Nähere ist noch zu klären[45]. Übrigens ist es dem R^JE^ auch kaum zuzutrauen, daß er die *plh*-Konzeption aus freien Stücken geschaffen und obendrein noch mehrfach wiederholt hätte[46].

Mit der Angabe von Jahwe, das Wunder der Auszeichnung Israels werde »morgen« (*lemaḥar*) geschehen, setzt sich der Komponist in Widerspruch zu seinem eigenen *bǎjjôm hǎhû'*. Offenbar wurde er sich erst *in statu componendi* bewußt, daß man in diesem Zusammenhang noch den bei J[47] (jedoch in anderem Bezug[48]) vorgezeichneten Termin des *maḥar* — erst R^JE^ machte daraus *lemaḥar*[49]! — unterbringen könnte. Offen bleibt, welche Funktion *maḥar* in der Quellenerzählung wahrnahm. Vielleicht hatte Jahwe dort die neue, inhaltlich leider nicht

---

34 Weiteres zu diesem R^JE^-Motiv S. 405!

35 Vgl. dazu schon S. 72f.

36 Schon gehabt in 5 6 R^JE^!

37 Vgl. die weiteren Belege S. 394!

38 Vgl. S. 395f.!

39 Vgl. S. 394!

40 Vgl. S. 393f.!

41 Vgl. S. 394!

42 Vgl. S. 396!

43 Vgl. S. 391ff.!

44 Weiteres zum nationalistischen Trend des Redaktors s. S. 403f.!

45 S. S. 178f.

46 Vgl. S. 13f.

47 S. S. 164.

48 Ein Fall von »Übertragung«, vgl. S. 401f!

49 Wie in v. 6 R^JE^!

mehr bestimmbare Plage für »morgen« angemeldet[50], oder Mose versprach nachmals dem König, »morgen« werde er die gewünschte Fürbitte tun[51].

Gegenwärtige und ursprüngliche Fassung des Erkenntnismotivs

Die vorausgehenden Ausführungen ergaben, daß das »Erkennen« des Königs vordem noch nicht am Verschonungsgedanken hing. Ursprünglich sollte es sich doch wohl wieder[52] aus der vorangesagten Plage ergeben: *hinᵉnî măšlîaḥ bᵉka ûbă'ᵃbadǣka ûbᵉ'ămmᵉka 'æt ... wᵉjadă'ta ...* »sieh, ich werde gegen dich und gegen deine Knechte und gegen dein Volk ... loslassen, und du wirst erkennen ...«. *lᵉmă'ăn (tedă')* ist redaktionell wie der Passus, dem es sich anschließt[53]. Der Inhalt der Erkenntnis wird dagegen noch mit den alten Worten[54] beschrieben: *kî 'ᵃnî jăhwǣ.* Freilich bedeuteten sie dem Bearbeiter auch hier[55] zu wenig. Darum fügte er noch das gut deuteronomistisch klingende *bᵉqæræb ha'aræṣ* bei[56].

Der Wohnsitz der Israeliten im »Lande Gosen«

Bei der Besprechung von Kap. 5 zeigte es sich[57], daß E die Israeliten während ihres Ägyptenaufenthalts in einer bestimmten Gegend Ägyptens wohnhaft dachte. Man möchte jetzt vermuten, daß diese Gegend die in 8 18 erwähnte *'æræṣ gošæn* ist. Dafür spricht auch der Sprachgebrauch: Es ist ja elohistische Sitte, die Namen von Ländern oder Landschaften dem st. cstr. von *'æræṣ* anzuhängen[58]. Wiederum ließ der *elohistische* Joseph nach Gen 45 9. 10[59] seinen Vater bitten: »Zieh zu mir herunter, unverzüglich, und laß dich im Lande Gosen nieder (*wᵉjašăbta bᵉ'æræṣ gošæn*) und sei nahe bei mir!« Der Ausführungsbericht zu dieser Angabe steckt jetzt in Gen 47 27: *wăjješæb jiśra'el ...*[60] *bᵉ'æræṣ gošæn* »da ließ sich Israel ... im Lande Gosen nieder«. Er ist ganz im Stile des Nordreicherzählers gehalten[61]. In Gen 46 34 erfährt man interessanterweise noch den Grund dafür, daß die Israelsöhne in Gosen angesiedelt wurden: »Ihr sollt euch im Lande Gosen niederlassen, denn ein Greuel ist den Ägyptern ein jeder Kleinviehhirt (*kî tô'ᵃbăt miṣrăjim kål ro'ē ṣo'n*).« Diese Begründung trägt dem geographisch-

---

[50] Gemäß 9 18a J (vgl. S. 205).

[51] Gemäß dem Prototyp von 8 6 (s. S. 164).

[52] Vgl. S. 141f. 165f.

[53] Vgl. das über *lᵉmă'ăn* 6 Ausgeführte S. 166 sowie die Zusammenstellung der Belege S. 394!

[54] Vgl. S. 166.

[55] Wie bei v. 6!

[56] Vgl. S. 52 mit Anm. 148!

[57] S. 114.

[58] S. S. 83f.

[59] Joseph gab sich seinen Brüdern zu erkennen v. 4 E (vgl. S. 95 Anm. 446), weil er nicht mehr an sich halten konnte v. 1 E (s. S. 95). Ein Merkmal von E ist auch die Wohnsitzangabe v. 10 (vgl. S. 387!).

[60] Das generalisierende *bᵉ'æræṣ miṣrăjim* hat der Redaktor eingeschoben.

[61] Wohnsitzangabe — »Israel« (vgl. S. 79) — *'æræṣ* + nomen territorii.

ethnographischen Anliegen des Nordreicherzählers[62] Rechnung, insbesondere seiner Vorstellung einer Polarität zwischen nomadischer Lebensweise und ständiger Ansässigkeit[63].

3 21. 22 12 21ff

Nach alledem steht fest, daß die Anschauung, daß die Israeliten im Lande Gosen wohnten, vom Elohisten stammt. Die ihr entgegenstehende Ansicht aber, daß Israeliten und Ägypter *promiscue* wohnten, wird man jetzt dem Jahwisten zuschreiben. Sie begegnete uns schon in der Beraubungsepisode 3 21. 22 Par.[64] und wird auch von der in 12 21ff. verwerteten Passaätiologie vorausgesetzt[65].

Die Verschonung der Israeliten und anhängende Probleme

Dem Verfasser der Harmonie ist es in 8 18f. nicht sowohl um die Verschonung als vielmehr um die Auszeichnung der Israeliten vor den Ägyptern zu tun. Dieser zweite Gedanke fußt jedoch auf dem ersten. Das Verschonungsmotiv wird in der ursächlichen Verbindung mit dem *'æræṣ gošæn*-Motiv bei E vorgegeben gewesen sein. Allerdings nicht in der Form einer Ankündigung, wie sie uns jetzt v. 18. 19 bieten — gerade, als ob eine solche Ankündigung den König zur Entlassung des Volks (v. 16) ermuntern könnte! Vielmehr hatte der Elohist einfach die Tatsache angezeigt, daß die Fliegen nicht bis nach Gosen gelangten. Unter den Voraussetzungen der elohistischen *'arob*-Geschichte war das wohl recht begreiflich: Mose, der den König am Nil treffen sollte 16, mußte vermutlich wieder ebendort[66] mit dem Stab ins Mittel treten. Wie das vorige Mal die Frösche, zauberte er dann diesmal die Fliegen aus dem Wasser hervor. Diese suchten die in der Nähe des Wassers Wohnenden heim, die Fellachen also und ihre Regenten. Das Nomadenvolk der Israeliten dagegen hielt sich seitab im Weide- und Steppengebiet von Gosen auf. Wenn diese Überlegung richtig ist, so möchte man annehmen, daß der alte Erzähler schon in den vorausgegangenen Plagenberichten, d. h., sofern man der überlieferten Anordnung trauen darf[67], in der Geschichte von der Blutplage und von der Fröscheplage, zu verstehen gegeben hatte, daß die Bewohner des Landes Gosen unbehelligt blieben.

Unvermittelter Beginn der Plage

8 20 Von der Beauftragung Moses 16-19 geht die jetzige Berichterstattung unversehens zum Beginn der Plage über: *wăjjă'ăś jăhwæ*

---

[62] Vgl. die Zusammenstellung S. 387f.!

[63] Vgl. dazu S. 79.

[64] Vgl. S. 52ff.

[65] Weiteres darüber S. 267ff.

[66] Wie bei 7 20aβ-b E!

[67] Dies bleibt freilich ungewiß; vgl. zu dem Problem S. 363.

ken wăjjabo' ʿarob kabed bêtā părʿō ûbêt ʿabadâw ûbekål[68] *'æræṣ miṣrăjim tiššaḥet*[69] *ha'aræṣ mippenê hæʿarob* »da tat Jahwe so, und es drangen schlimme Fliegen ein zum Haus Pharaos und zum Haus seiner Knechte und ins ganze Land Ägypten. Das Land wurde verdorben von den Fliegen« 20. Kein Wort mehr darüber, daß Mose den ihm erteilten Auftrag ausführte (so noch J und E), daß Pharao die Entlaßforderung Jahwes abermals abschlägig beschied (so E), daß Mose auf Befehl Jahwes den Zauberstab anwandte und die Fliegen auf den Plan rief (so doch wohl E) und daß er den König wieder verließ (so J und E). Uninteressiert an geschichtlichen Details und geschichtlichen Szenerien[70], begnügte sich der Redaktor mit einem kurzen, zusammenraffenden Vermerk. Jahwe habe getan, wie er — aber nach 16-19 doch erst Mose, noch nicht dem König gegenüber! — angekündigt. *wăjjăʿaś jăhwæ ken* erinnert an *wăjjăʿăś jăhwæ kidebăr mošæ* 9 R^{JE}[71]. Die Ausdrucksweise ist wie bei R^{JE} üblich denkbar primitiv: plattes *ʿśh* qal[72], bequem undifferenziertes *ken*[73].

Ursprung und Auswirkungen der Fliegenplage

wăjjabo' ʿarob . . . bêtā părʿō ûbêt ʿabadâw entspricht bekanntlich[74] fast ganz dem ankündigenden *ûba'û bebêtæka . . . ûbebêt ʿabadæka* von 7 28. Es geht genauso auf die elohistische Vorlage zurück, für die der Gebrauch der Zweiergruppe »Pharao und seine Knechte« charakteristisch ist[75]. Der Verfasser der Harmonie erwähnt im gegenwärtigen — wie vielleicht auch schon im vorausgegangenen[76] — Plagenbericht nicht mehr, was der elohistische Mose zur Entstehung der Plage beitrug. Auch ohnedies versteht sich aufgrund der erhaltenen Parallelaussagen[77], daß er den Stab zur Hand nehmen und damit auf das Wasser (vgl. 16) bzw. auf das angrenzende Ufer schlagen mußte. Die unmittelbare Folge der Stabmanipulation bestand dann darin, daß der *ʿarob* entstand oder herumschwirrte[78]. Erst danach kam die jetzt in v. 20 verwertete Notiz über sein Eindringen in das Haus Pharaos und das Haus seiner Knechte. Die verlorenen elohistischen Angaben hätten uns die fehlende letzte Gewißheit verschaffen können darüber, ob das herkömmliche Verständnis von *ʿarob* zutrifft oder nicht.

---

68 Sebir Sam. G[15] *bekål*, was wohl nur eine Erleichterung ist.

69 Sam. G S *wtšḥt* (lectio facilior).

70 Vgl. die Zusammenstellung S. 398f!

71 Vgl. dazu S. 169.

72 Weitere Belege s. S. 394!

73 Vgl. die Zusammenstellung S. 393!

74 Vgl. S. 175.

75 Vgl. S. 124f.

76 Vgl. S. 158f.

77 Vgl. S. 9f.

78 Vgl. das die Frösche betreffende *šrṣ* 7 28 E!

Auch ohne diese Gewißheit ist zu bezweifeln, ob das Attribut *kabed*, was eigentlich ja »schwer« bedeutet, mit *ʿarob* gut zusammengeht. Gegen die Echtheit dieser Verbindung steht auch, daß dem *kabed* überall, wo es sonst das Ausmaß einer Plage zu bezeichnen hat[79], *meʾod* »sehr« nachsteht. *kabed meʾod* lautet offenbar die ursprüngliche Fassung des Motivs. Ihr muß naturgemäß ein größeres Gewicht beigelegt gewesen sein, als unserem *kabed* an seinem jetzigen Ort zwischen *wăjjaboʾ ʿarob* und *bêtā* zukommt. Für seine Degradierung und Verkürzung ist der Redaktor verantwortlich. Er hat es nach seiner Art[80] aus anderem Zusammenhang[81] hierher »übertragen«.

Dem elohistischen *bêtā păr*ʿ*ō ûbêt* ʿ*abadâw* parallelgeschaltet, aber durch seinen allgemeinen Sinn[82] und durch Gebrauch der Präposition *be* deutlich als Zusatz abgehoben, nimmt *ûbekål ʾæræṣ miṣrăjim* eine ähnliche Ergänzungsfunktion wahr, wie das redaktionelle *wegăm haʾadamā ʾašær hem ʿalâha* in v. 17[83]. *kål* scheint zu vergessen, daß das Land Gosen, das von den Fliegen verschont bleiben soll v. 18, *auch* zu Ägypten gehört. Der Redaktor nahm eben den Mund gern etwas voll[84]. Indessen dürfte auch schon J, auf welcherart Plage er sich auch immer bezogen haben mag, an eine Heimsuchung von ganz Ägypten gedacht haben[85].

Was die Fliegen in dem »Haus Pharaos« und dem »Haus seiner Knechte« anrichteten, brauchte kaum jemals gesagt zu werden. Schon eher machte der Bearbeiter sich mit seinem *ûbekål ʾæræṣ miṣrăjim* einer Erklärung schuldig, worin die Wirkung des *ʿarob* auf das »Land« bestand. Er gab sie ab in der Form der Angabe *tiššaḥet haʾaræṣ mippenê hæʿarob*. Die Frage, *wie* die Fliegen das ganze Land zugrunderichten konnten, bereitete ihm kaum Kopfzerbrechen. Seine Neigung, zu übertreiben[86], und die Gewohnheit, unanschauliche und unverifizierbare Aussagen zu machen[87], ließen eine solche Frage überhaupt nicht aufkommen. — Einfaches *min* hätte denselben Dienst wie das vorhandene *mippenê* getan. Bei dieser Gelegenheit sei mit Nachdruck auf eine Erscheinung hingewiesen, die wir am Rande schon mehrfach notierten: Der Redaktor entwickelte eine gewisse Vorliebe für zusam-

79 Nämlich in 9 3. 18. 24 10 14.

80 Vgl. die Zusammenstellung S. 401f.!

81 Genaueres darüber S. 205.

82 Vgl. die Zusammenstellung S. 391ff.!

83 Dazu s. S. 174.

84 Vgl. die weiteren Belege S. 397!

85 Vgl. das ausdrückliche *kål* (!) *gebûleka* 7 27 J (dazu S. 157). Obige Annahme ist auch darum notwendig, weil J mit einer gemischten Siedlungsweise von Ägyptern und Hebräern gerechnet hat (s. S. 179).

86 Vgl. S. 397!

87 Vgl. S. 391ff.!

mengesetzte Präpositionen und Konjunktionen. Dazu noch einige Beispiele aus dem schon analysierten Stoff: *l*^{e}*biltî* »nicht zu« 8 18 Gen 3 11 R^{JE}, *l*^{e}*mă'ăn* »damit« 4 5 8 6. 18 R^{JE}, *bă'*^{a}*bûr* »wegen« Gen 3 17 R^{JE}, *me'az* »seitdem« 4 10 5 23 R^{JE}, *'ăl d*^{e}*băr* »von wegen« 8 8 R^{JE}, *b*^{e}*qæræb* »inmitten von« 3 20 8 18 R^{JE}[88].

Ein Zugeständnis des Königs an Mose!

8 21

Zum ersten Male gibt jetzt auch die R^{JE}-Berichterstattung zu, daß Pharao sich durch die Plage zu einem Kompromißvorschlag erweichen ließ[89]: *wăjjiqra' păr'ō 'æl*[90] *mošæ ûl*^{e}*'ăh*^{a}*ron*[91] *wăjjo'mær l*^{e}*kû zib*^{e}*ḥû le'lohêkæm ba'aræṣ* »da rief Pharao nach Mose und dem Aaron und sagte: Geht, opfert eurem Gott im Lande!« 21. Die Israeliten bekommen hier also die Erlaubnis, ihr Vorhaben zu verwirklichen, allerdings nicht jenseits, sondern nur innerhalb der Grenzen Ägyptens.

Es sieht jedoch so aus, als sei es, entgegen dem bisher Vermuteten, der König nicht von E, sondern von J gewesen, der sich zu einem Zugeständnis bereitfand. Einerseits zwar wird man das Motiv des Herbeirufens *wăjjiqra' păr'ō* wie bisher und aus demselben Grunde wie bisher[92] auf die elohistische Quelle zurückführen. Unsere Stelle mit ihrem überraschenden, aber gut bezeugten Wechsel der Präpositionen hat sogar noch die alte Konstruktionsweise von *qr'* qal erhalten: Der Elohist, der nur Mose mit Pharao verhandeln ließ, sagte *qr' 'æl* ... »nach ... rufen«. Der Redaktor dagegen, der Aaron beteiligen wollte[93], bevorzugte *qr' l*^{e} ... »dem ... rufen«. Auf der anderen Seite aber nimmt das Königswort *l*^{e}*kû zib*^{e}*ḥû le'lohêkæm ba'aræṣ* nicht etwa die »Entlaß«forderung der elohistischen, sondern das Opferurlaubsgesuch der jahwistischen Quelle[94] auf. So entsteht der Eindruck, daß auch das einschränkende, den Kompromißgedanken tragende *ba'aræṣ* dem Jahwisten zuzuschreiben sei.

Indessen wird man bei der Arbeitsmethode des Redaktors, der seit dem Beginn seines Werkes in Gen 2. 3 oft und oft eine intensive »Engführung« und Verschränkung der ihm vorgegebenen Themata und Aussagen betrieb, sich vor voreiligen Schlüssen allemal hüten müssen. Wenn der jahwistische Mose namens der »Ältesten Israels«[95]

---

[88] Weitere Beispiele S. 391. 394!

[89] Vgl. dazu schon S. 149. 159f.

[90] Zur Textbezeugung s. S. 15 Anm. 38.

[91] Zeugen für die einfachere Lesart *we'æl 'ăh*^{a}*ron* sind nur Mss Nr. 17 136 Kennicott Nr. 549 de Rossi.

[92] Vgl. S. 159 zu 8 4.

[93] Vgl. die weiteren Belege S. 406!

[94] S. 3 18b* 5 3*.

[95] Vgl. S. 62f.

die Bitte ausgesprochen hatte: »Wir wollen gehen (*nelᵃkā nna'*) den Weg von drei Tagen in die Wüste, um Jahwe, unsrem Gott, zu opfern (. . . *wᵉnizbᵉḥā lᵉjăhwæ 'ᵃlohênû*)«, so bezeichnete *hlk* qal dabei das Zurücklegen einer Wegstrecke *per pedes*. Anders dagegen unsere Bezugnahme darauf in v. 21: *lᵉkû* »geht« kann hier im Grunde nicht mehr heißen als: »auf!«, »los!«. Im alten Vollsinn verstanden, liefe der Begriff neben dem *ba'aræṣ* nämlich auf eine *contradictio in adjecto* hinaus: Entweder »gehen« sie, oder aber sie bleiben »im Lande«. Weiter ist zu bedenken: Die Ältesten bei J wollten »opfern Jahwe, unsrem Gott«. Der »Pharao« aber von v. 21 will die Israeliten »opfern« lassen »eurem Gott«. Analoge Verkürzungen der jahwistischen Grundaussage wurden schon in 5 8. 17 8 4 R^JE registriert[96]. Auch v. 21b stellt offenbar kein förmliches Zitat aus der Quelle dar, sondern nur eine Äußerung des Redaktors, die sich jahwistischer Termini bedient. Was die Herkunft der Vorstellung angeht, daß der König das geplante Fest »im Lande« zu begehen gestattet habe, so ist der Angabe noch nichts Gewisses zu entnehmen.

Mose lehnt den Kompromißvorschlag ab. Weitere redaktionelle Anleihen aus J 8 22. 23

»Pharao« räumte den Israeliten das Recht ein, innerhalb der Landesgrenzen zu »opfern« (*zbḥ* qal) 21. Natürlich muß dann auch Moses Antwort darauf um diesen jahwistischen Begriff kreisen: »Da sagte Mose: Es ist nicht statthaft, so zu tun (. . . *lo' nakôn lă'ᵃśôt ken*), denn das, was den Ägyptern ein Greuel ist, opfern wir Jahwe, unsrem Gott (*kî tô'ᵃbăt miṣrăjim nizbăḥ lᵉjăhwæ 'ᵃlohênû*). Sieh, wir opfern das, was den Ägyptern ein Greuel ist, vor ihren Augen (*hen nizbăḥ 'æt tô'ᵃbăt miṣrăjim lᵉ'ênêhæm*); sollten sie uns da nicht steinigen (*wᵉlo' jisqᵉlunû*)? | Den Weg von drei Tagen wollen wir gehen in die Wüste und Jahwe, unsrem Gott, opfern (*dæræk šᵉlošæt jamîm nelek bămmidbar wᵉzabăḥnû lᵉjăhwæ 'ᵃlohênû*), wie er zu uns sagt (*kă'ᵃšær jo'măr 'elênû*)« 22. 23. Zweimal steht hier dem jahwistischen *zbḥ* qal noch die alte vollständige Bezeichnung des Opferempfängers zur Seite: *lᵉjăhwæ 'ᵃlohênû*. Auch klingt es plausibel, daß Mose dem König, der die Israeliten »im Land« halten wollte, das alte Begehren entgegenhält, daß »in der Wüste«, drei Tagereisen entfernt, geopfert werden solle. Dies scheint für die Echtheit des Sachzusammenhangs zwischen königlichem Angebot *zibᵉḥû . . . ba'aræṣ* 21 und Ablehnung des Angebots *nelek bămmidbar* 23 zu sprechen.

Nähere Betrachtung bringt aber an den Tag, daß die jahwistischen Wendungen auch innerhalb der Moseantwort 22f. teilweise degeneriert und durchweg einem fremden Zweck dienstbar gemacht sind. Schon der Anfang der Rede weist eine spezifische R^JE-Terminologie

---

[96] 5 8 nur *le'lohênû*, 5 17 und 8 4 nur *lᵉjăhwæ*.

auf: nominale[97] und zugleich abstrakte[98] Ausdrucksweise bei *lo' nakôn*, vulgäres *'śh* qal[99] mit dem unscharfen und pauschalen Rückbezug *ken*[100]. Von dem also redaktionellen *lo' nakôn lă'ᵃśôt ken* aber hängt das der Begrifflichkeit und Vorstellung nach jahwistische *nizbăḥ lᵉjăhwæ 'ᵃlohênû* logisch ab. Letzteres würde der Jahwist, der sich beim Formulieren strenge Maßstäbe anlegte, auch kaum durch *hen nizbăḥ* sofort nochmals aufgenommen haben. Der Partikel *hen*, die hier schon den Sinn einer konditionalen Konjunktion anzunehmen scheint, sind wir schon in 5 5 Gen 3 22 11 6 R^JE^ begegnet. Auch *lᵉ'ênê* entspricht dem Sprachgebrauch des Redaktors[101]. Die Idee, daß die Israeliten wegen ihrer den ägyptischen Vorschriften zuwiderlaufenden Opfersitten samt und sonders gleich »gesteinigt« werden könnten, ist in der geschichtlichen Situation nicht hinreichend begründet[102] und setzt obendrein die israelitische Strafpraxis voraus. Man erinnert sich dabei an jenen redaktionellen Zusatz in 5 3, der Mose und Aaron über die Israeliten sagen läßt, sie müßten Jahwe opfern, da dieser sonst über sie »herfalle mit der Pest oder mit dem Schwert«[103], oder auch an jenen Vorwurf der Vorarbeiter gegen Mose und Aaron, der besagte, sie hätten Pharao und seinen Beamten »ein Schwert in ihre Hände gegeben, um uns umzubringen« 5 21 R^JE^[104]. Mose rekurriert dann zwar in v. 23 nahezu wörtlich auf das alte Urlaubsgesuch 3 18b* 5 3* J, aber es gibt doch zu denken, daß J das Verbum *zbḥ* noch in der Imperfektform eingeführt hatte mit vorausgehendem finalem *wᵉ*: *nelᵃkā . . . wᵉnizbᵉḥā*, wohingegen v. 23 sich mit der bloßen Parataxe begnügt: *nelek . . . wᵉzabăḥnû*. Dazu kommt, daß von einem Befehl Jahwes an die Israeliten, daß sie ihm opfern müßten, weder in 3 18b* 5 3* J noch sonstwo die Rede war, und daß es in der Quelle gar nicht die Israeliten, sondern nur ihre Ältesten waren, die da Jahwe Opfer darzubringen wünschten. Auch *kă'ᵃšær*[105] *jo'măr*[106] *'elênû* ist also deutlich redaktionell.

Herkunft der Vorstellung eines begrenzten Zugeständnisses

Nachdem die Ausgestaltung von v. 22. 23 als wesentlich redaktionell erkannt ist, wird man darauf achten, daß Mose sich hier

---

[97] Vgl. die Zusammenstellung S. 395f.!

[98] Vgl. S. 391ff.!

[99] Vgl. 394!

[100] Vgl. S. 393!

[101] Schon dagewesen in 4 30 7 20 R^JE^!

[102] Vgl. S. 398f !

[103] Vgl. dazu S. 103f.!

[104] Vgl. dazu S. 123f.

[105] Zu *'ᵃšær* vgl. die Zusammenstellung S. 394!

[106] Das Imperfekt spiegelt anscheinend das Bewußtsein davon wieder, daß Jahwe zuvor einen solchen Befehl noch nicht erteilt hat.

hinsichtlich des Kompromißvorschlags von Pharao 21 auf zwei im Grunde völlig verschiedene Gesichtspunkte beruft: 1. darauf, daß Jahwe sein Volk zum Opfer in die Wüste beordere 23, 2. darauf, daß die Opfer der Israeliten für die Ägypter einen unerträglichen Greuel bedeuten würden 22. Der letzterwähnte Einwand ist untheologisch, rein auf die Sache bezogen. Er erscheint wie zugeschnitten auf die Zumutung des Königs, daß die Feier »im Lande« und damit im Bereich ägyptischer Jurisdiktion stattfinden müsse. Mose widersteht dieser Zumutung klüglich mit einem »ägyptischen» Argument: — Unsere animalischen! — Opfergaben sind in deinem Gebiet unzulässig! Das entscheidende Moment dieser Gedankenführung ist der Begriff *tô-ʿᵃbăt miṣrăjim*. Dabei aber handelt es sich um ein Spezifikum elohistischer Erzählung!

In Gen 46 34 E motivierte *tôʿᵃbăt miṣrăjim*, wie wir sahen[107], das separate Wohnen der israelitischen Kleinviehzüchter in der *ʾæræṣ gošæn*. Man findet das Motiv auch noch in Gen 43 32. Joseph hatte befohlen, das Essen aufzutischen. »Da tischten sie ihm für sich auf und ihnen (scil. Josephs Brüdern) für sich und den Ägyptern, die mit ihm aßen, für sich, denn (*kî*) die Ägypter können nicht mit den Hebräern essen, denn es ist den Ägyptern ein Greuel (*kî tôʿebā hiwʾ lᵉmiṣrajim*).« Die umständliche Ausdrucksweise, das zweimalige kausale *kî*[108] und andere Einzelheiten lassen in diesen Angaben freilich auch die Hand des deuteronomistischen Redaktors erkennen, aber die Vorstellung, daß den Ägyptern die Tischgemeinschaft mit Israeliten eine *tôʿebā* bedeutete, sieht ihm nicht gleich. Er fand sie vor — natürlich nicht bei J, denn dieser Erzähler ließ Ägypter und Hebräer auf trautem Fuß miteinander verkehren[109], sondern eben wieder bei E, der auch sonst einer Kluft zwischen den beiden Völkern das Wort redete: Wie die Israeliten ihres Nomadentums wegen in eine Randprovinz Ägyptens eingewiesen wurden Gen 46 34* E, wie ihnen nicht zu speisen erlaubt war an der Tafel von Ägyptern 43 32* E, eben so waren sie von den Einheimischen auch durch ihre Opfersitten streng geschieden Ex 8 22*.

Wenn aber das *tôʿebā*-Motiv von v. 22 elohistisch ist, so wird auch das damit korrespondierende *baʾaræṣ* 21 eine Idee des Elohisten wiedergeben. Dieser hatte anscheinend erzählt, daß »Pharao«, bedrängt durch die Fliegen, die Frösche und durch das Blut im Nil, »nach Mose rief« 21a, um die »Entlassung« des Volks zum Zwecke des geplanten Gottes»dienstes« auszusprechen. Dabei verlangte er jedoch einschränkend, der Gottesdienst müsse, statt auf dem Horeb, innerhalb Ägyptens zelebriert werden. Mose habe dieses Ansinnen aber zurückgewiesen mit dem Vermerk, die israelitischen Opfer seien auf ägyptischem Gebiet unzulässig 22*. Diesen elohistischen Vorstellungskomplex hat dann der Ausgleichsredaktor in v. 21-23 mit voller Berechnung jahwistisch eingefärbt. Es durfte nicht mehr das elohistische

---

[107] S. 178.

[108] Vgl. die Zusammenstellung S. 395!

[109] s. 3 21f.* Par. J.

»Dienen«, es mußte das jahwistische »Opfern« sein, das da »im Lande« vorgenommen werden sollte 21. Und das Verlangen Pharaos, daß die Feier im Lande zu begehen sei, mußte die Antithese bilden zum jahwistischen Opferfest »in der Wüste« 23, statt zum elohistischen Gottes»dienst« auf dem *hăr ha'ᵃlohîm.*

Aus welchem Zusammenhang die jahwistischen Vorstellungen von 8 22f. stammen

Woher bezog der Redaktor die einschlägigen jahwistischen Formulierungen? Etwa aus dem Plagenbericht, dem die in v. 17-20 aufgezeigten J-Elemente entnommen sind? In diesem Fall müßte der jahwistische Mose entgegen unserer bisherigen Annahme[110] das Urlaubsgesuch *wiederholt* haben. Aber damit hätte sich die alte Darstellung in Widersprüche verwickelt. *nizbăḥ/wᵉzabăḥnû* 22. 23 läßt sich schwerlich trennen von dem im Namen der Ältesten gesprochenen *wᵉnizbᵉḥā* 3 18 5 3 J. Demnach müßte Mose erneut als Sprecher dieses Personenkreises aufgetreten sein; dagegen steht, daß ihn der Plagenbericht eindeutig als Sprecher Jahwes zeichnete 17aβ* J. Oder er müßte, wie es jetzt in v. 23 geschieht, den Wunsch der Ältesten als Jahwes Gebot neuinterpretiert haben; durch diesen Wechsel hätte er sich als Gesandten Jahwes nicht gerade glaubwürdiger gemacht. Und überhaupt: Warum steht *zbḥ* qal in der 1. p. pl. da? Warum ist der angebliche Gottesbefehl nicht auch in aller Form (2. p. pl.) als solcher wiedergegeben, etwa mit Hilfe des von R^{JE} so oft verwendeten *le'mor*? Doch deshalb, weil die 1. p. pl. bei J vorgebildet war! Demnach dürften die jahwistischen Termini und Vorstellungen in v. (21.) 22f. aus den Grundstellen 3 18b* + 5 3* J entliehen sein, d. h. aus dem Zusammenhang der ersten jahwistischen Auftrittsszene. Der Verfasser der Harmonie brauchte an der eng beschriebenen Papyrusrolle, in der sich ihm das Werk des Südreicherzählers darbot, gewiß nur wenig zurückzudrehen, um die Beschreibung jener Szene wieder vor Augen zu haben. Sein Verlangen, die Begrifflichkeit seiner beiden Vorlagen zu verschmelzen, war stark genug, um ihn zu solchem Rückgriff zu veranlassen.

Schon wieder ein Zugeständnis Pharaos!

8 24

Die bloße Standhaftigkeit Moses 23 soll den König bewogen haben, der Forderung Jahwes noch einen weiteren Schritt entgegenzukommen: »Da sagte Pharao: Ich werde euch entlassen (. . . *'anoki 'ᵃšăllăḥ 'ætᵉkæm*), und ihr könnt Jahwe, eurem Gott, in der Wüste opfern (*ûzᵉbăḥtæm lᵉjăhwæ 'ᵉlohêkæm bămmidbar*), nur sollt ihr euch ja nicht weit entfernen (*răq hărḥeq lo' tărḥîqû lalækæt*). — Flehet für mich (*hă'tîrû*

[110] Vgl. S. 137f.

bă'ª dî)!« 24. Das einschränkende Moment des Zugeständnisses steckt in *răq hărḥeq lo' tărḥîqû*. Die Angabe schließt sich eng an das vorige Zugeständnis an. Da wollte der König die Feier nur innerhalb Ägyptens erlauben 21; jetzt dagegen erklärt er sich bereit, die Israeliten fortzulassen, sofern sie in der Nähe des Landes bleiben.

Herkunft des neuen Zugeständnisses
Über den inneren Fortschritt der elohistischen Plagenberichte

Der bezeichnete Sachzusammenhang deutet darauf, daß der zweite Kompromißvorschlag aus derselben Quelle wie der erste stammt, d. h. aus E. Zur Bestätigung dieser Annahme läßt sich darauf verweisen, daß die Wortwurzel *rḥq*, wie übrigens auch das gegenteilige *qrb*[111], eine beachtliche Rolle innerhalb elohistischer Ortsangaben spielt.

In Gen 21 wird z. B. von der elohistischen[112] Hagar berichtet, als ihr, der in der Wüste von Beerseba Umherirrenden, das Wasser im Schlauch ausgegangen sei, habe sie den »Knaben« (*jælæd*)[113] unter einen der Sträucher gelegt, sei weggegangen und habe sich gegenüber, »so weit weg wie die, die mit einem Bogen schießen« (*hărḥeq kimetăḥªwê qæšæt*), niedergelassen 16. — Als Abraham unterwegs war, um »Isaak, seinen Sohn«[114] als Opfer darzubringen, »erhob er seine Augen und erblickte«[115] die Opferstätte »von ferne« (*meraḥoq*) Gen 22 4 E. — »Von ferne« (*meraḥoq*) wurden die Brüder des herbeikommenden Joseph gewahr. Da sprachen sie zueinander: »Sieh, da kommt ja dieser Träumer daher« Gen 37 18f.* E[116]. — Nachdem man den »Knaben« (*jælæd*)[117], der nachmals Mose heißen sollte, ins Schilf »am Ufer des Nils«[118] gelegt hatte, stellte sich seine Schwester »in der Ferne« (*meraḥoq*) hin, um zu warten oder zu wachen Ex 2 4 E[119]. — Das Volk, dem Jahwe durch Blitze, Donner und Widderhornschall seine Präsenz auf dem Gottesberg zu wissen tat, stand nur »in der Ferne« (*meraḥoq*) da, da es die Nähe Gottes fürchtete Ex 20 18* E[120].

Freilich hatte der alte Erzähler die beiden zusammenhängenden Zugeständnisse Pharaos noch nicht in der gleichen Szene untergebracht. Die Notiz v. 23, die sie jetzt als Teile derselben Szene miteinander verknüpft, wurde bezeichnenderweise ganz mit einer jahwistischen Vorstellung bestritten, nämlich derjenigen des Urlaubs-

---

111 Vgl. dazu S. 305.
112 Vgl. schon »Paradieserzählung« 95.
113 Der Begriff ist für E charakteristisch; vgl. S. 134 mit Anm. 35.
114 Beachte die für E typische Zusammenstellung von Eigenname + Verwandtschaftsangabe, vgl. S. 384!
115 Zu dieser elohistischen Wendung s. S. 78.
116 Kennzeichnend für E das Motiv der Träume, vgl. S. 124. 133f.
117 Vgl. Anm. 113.
118 Elohistischer Topos, s. S. 134f.
119 Zur Provenienz der Erzählung s. S. 134.
120 Vgl. »Paradieserzählung« 91.

gesuchs. Pharao hatte sich ursprünglich zu seinem weitergehenden Vorschlag v. 24* auch nicht nur durch Moses Standhaftigkeit ermuntern lassen. Dazu bedurfte es vielmehr einer neuen Plage! Die zwei Zugeständnisse sind also in verschiedenen Plagenberichten von E beheimatet. Die an *ba'aræṣ* 21 haftende Einschränkung hatte wohl nicht zur Fliegen-, sondern (die Richtigkeit der überlieferten Reihenfolge vorausgesetzt) schon zur Fröscheplagengeschichte gehört[121] — dorthin, wo wir die Existenz eines solchen Kompromißvorschlages bereits postuliert haben[122]. Hingegen dürfte *răq hărḥeq lo' tărḥîqû* 24 ein Bestandteil schon der elohistischen *'arob*-Plagengeschichte gewesen sein. Die Quelle hatte Pharaos Zugeständnisse in den Mittelpunkt der *Nach*begegnungen gestellt: Pharao ließ jeweils »nach Mose rufen«, um ihm einen Kompromiß mit der Forderung Jahwes vorzuschlagen. Nur bei der ersten Plage scheint es keine Nachbegegnung gegeben zu haben; Pharao drückte dort angesichts der Verwandlung des Nilwassers zu Blut sofort ein gewisses Entgegenkommen aus. Es wird entsprechend gering gewesen sein. Und wie dann Jahwe durch weitere und intensivere Plagen wachsenden Druck auf den König ausübte, so war Pharao auf der anderen Seite nach Ausbruch einer jeden weiteren Plage zu einem noch größeren Zugeständnis bereit, bis er sich zuletzt ohne Wenn und Aber unter die Forderung Jahwes beugte. — Bedeutsam ist, daß v. 24a — sehr im Gegensatz zu v. 22[123]! — noch den von Haus aus zu den Zugeständnissen gehörigen Begriff der Entlassung sinngetreu[124] bewahrt hat: *wăjjo'mær păr'ō 'anokî 'ašăllăḥ 'ætekæm.*

Zur redaktionellen Gestalt von 8 24
Verkürzung der jahwistischen Bitte des Königs um Fürsprache

Allerdings ist der angegebene Passus nicht mehr ganz wörtlich aus der Quelle angeführt. Dort brauchte hinter *wăjjiqra' păr'ō 'æl mošæ* (21a) + *wăjjo'mær* (24a) das Subjekt *păr'ō* nicht nochmals genannt zu werden. Auch das ausdrückliche, aber unbetonte *'anokî* ist dem Redaktor auf die Rechnung zu setzen[125]. Der Elohist wird nach *'ašăllăḥ* (*'ætekæm*[126]) gleich mit *răq hărḥeq lo' tărḥîqû* oder Entsprechendem fortgefahren sein. Das nachstehende, entbehrliche *lalækæt*, desgleichen das vorauslaufende *ûzebăḥtæm lejăhwæ 'ælohêkæm băm-*

[121] U. U. sogar schon zur Blutplagengeschichte, doch möchte ich lieber vermuten, daß Pharao dort die Israeliten aufforderte, sie sollten doch zuerst einmal ihre versäumten Leistungen nachholen.

[122] Vgl. S. 160.

[123] Vgl. S. 182f.

[124] Etwas anders verhielt es sich bei *wă'ašălleḥā 'æt ha'am* 8 4.

[125] Vgl. die Zusammenstellung S. 396!

[126] Hieß es bei E noch *'æt ha'am* (wie in 8 4)?

midbar nimmt die jahwistische Begrifflichkeit von v. 23 wieder auf. Abermals stehen die Begriffe im Dienst des elohistischen Gedankens königlicher Zugeständnisse. Es ist darum nur natürlich, daß dem Komponisten der Übergang von 24a zu dem genuin jahwistischen[127] Erzählungsmotiv der Bitte um Fürsprache *hăʿtîrû băʿadî* 24b nur in einem abrupten Gedankensprung gelang. Hatte Pharao zunächst in Mose und Aaron die durch diese repräsentierten Israeliten angesprochen 24a, so wendet er sich in v. 24b an sie plötzlich nur noch qua Einzelpersonen. Bei J ging seine Bitte Mose allein an: *hăʿter*, statt des jetzigen *hăʿtîrû*. Hinter *hăʿter* aber kann das übliche *ʾæl jăhwǣ* nicht gefehlt haben: Mit »flehe *zu Jahwe*« gab der »König von Ägypten« ja zu verstehen, daß die Plage ihren Zweck erfüllt und ihn zur Erkenntnis Jahwes genötigt hat. Gewiß schloß er dann auch wieder den Wunsch an, Jahwe möge die bestimmte, jetzt aber leider nicht mehr bestimmbare Plage von ihm, von seinen Knechten und von seinem Volk »entfernen«: *wᵉjaser . . . mimmænnî ûmeʿᵃbadăj ûmeʿămmî*[128]. Bequemlichkeitshalber hat R^{JE} diese alte Fortsetzung zu *hăʿter* durch das einfache *băʿadî* ersetzt.

Mose sagt die gewünschte Fürbitte zu

8 25a

Etwas ausführlicher ließ er seine Quelle in der angeschlossenen Antwort Moses zu Wort kommen: »Da sagte Mose: Siehe, ich werde mich von dir entfernen (. . . *hinnē ʾanokî jôṣeʾ meʿimmak*) und zu Jahwe flehen (*wᵉhăʿtărtî ʾæl jăhwǣ*), so werden weichen die Fliegen von Pharao, von seinen Knechten und von seinem Volk morgen (*wᵉsar hæʿarob mippărʿō meʿᵃbadâw ûmeʿămmô maḥar*)« 25a. Hier ist nach *ʿtr* hi. das alte *ʾæl jăhwǣ* noch erhalten, desgleichen *wᵉsar*[129]. Daß es der *ʿarob* war, der nach dem jahwistischen Bericht »weichen« sollte, bleibt zweifelhaft[130]. Klar ist aber, daß Mose das »Weichen« der Plage, ganz dem Wunsch des Königs gemäß[131], wieder[132] auf die Dreiergruppe bezog: »von dir und von deinen Knechten und von deinem Volk, *mimmᵉka ûmeʿᵃbadǣka ûmeʿămmᵉka*. Unter den Händen des Verarbeiters wurde daraus das gegenwärtige *mippărʿō meʿᵃbadâw ûmeʿămmô*. Es verstößt gegen das zuvor noch beachtete Stilgesetz der Anrede: Mose handelt von dem angesprochenen König in der 3. Person! Wie erklärt sich das? Offenbar wollte der Ausgleichsredaktor den elohisti-

---

[127] Vgl. S. 160 f.
[128] Gemäß 8 4*.
[129] Entsprechend dem *wᵉsarû* der Zusage von 8 7.
[130] Vgl. S. 175f.
[131] Vgl. S. 161. 165.
[132] Vgl. 8 7!

schen *păr'ō*-Titel[133] einblenden. Die noch verbleibenden Suffixe hatten sich dann danach zu richten. R^{JE} nahm diese Änderungen und das durch sie bedingte logisch-syntaktische Ungenügen leichten Herzens in Kauf; oft läßt er Personen sogar von sich selbst in der 3. Person sprechen[134].

V. 25a sieht für Moses Gebet und für dessen Wirkung verschiedene Zeitpunkte vor: »Zu Jahwe flehen« will Mose gleich nachher, wenn er den König verläßt (*hinnē 'anokî jôṣe' me'immak*); aber »weichen« soll die Plage erst »morgen« (*maḥar*).

8 26

Die erste Angabe ist durch »Übertragung«[135] aus dem elohistischen[136] Ereignisbericht *wăjjeṣe' mošǣ me'im păr'ō* gewonnen, der in v. 26a noch mitgeteilt wird. Auf die Gestaltung hat vielleicht die jahwistische *hinnē*-Formel[137] als Vorbild eingewirkt. Wohl nur jener redaktionellen Zeitangabe wegen erscheint *'tr* hi. »flehen« jetzt im perf. cons.: *w^ehă'tărtî*. Ursprünglich ist wahrscheinlich das imperf. *'ă'tîr*[138]. Die zweite Zeitangabe nimmt insofern noch einen ursprünglichen Bezug wahr, als Mose, und zwar diesmal aus eigenen Stücken[139], das *maḥar*[140] als Termin nennt. Von Haus aus hatte er aber sein eigenes Tun so befristet, nicht dasjenige Jahwes: Er kündigte dem »König von Ägypten« an, daß er »morgen« zu Jahwe flehen werde. *maḥar* tat in der Quelle also den Dienst, welchen jetzt *hinnē 'anokî jôṣe' me'immak* versieht.

Der redaktionelle Zusammenhang der Fürbittenzusage

Die Komposition v. 21-25 ist mit inneren Widersprüchen behaftet. Sie erweckt den Eindruck, Pharao habe sich durch die Zugeständnisse (Gedanke von E) die Fürbitte Moses (Gedanke von J) erkaufen wollen. Das erste Zugeständnis lehnte Mose noch ab, das zweite jedoch honorierte er angeblich durch seine Fürbittenzusage. Aber wenn der König sich selbst schon zum Bittsteller vor Mose erniedrigte, kann er sein Ziel, nämlich die rasche Beseitigung der Plage, eigentlich nicht gut mit nur vorbehaltlichen Genehmigungen zu erreichen versucht haben! Es bleibt auch unklar, warum Mose sich auf den zweiten Vorschlag des Königs eingelassen haben soll. Dieser war ja noch immer

---

[133] Vgl. die Zusammenstellung S. 386.

[134] Vgl. die Belege S. 398!

[135] Weitere Beispiele für redaktionelle »Übertragung« s. S. 401f.!

[136] Vgl. S. 122 zu 5 20, wo eine ähnliche Übertragung vorliegt.

[137] Dazu s. S. 139. Es sei aber auch an das elohistische *hinnē joṣe' hămmăj^emā* 7 15 8 16 erinnert.

[138] Vgl. 8 5*?

[139] Anders jetzt in 8 6 R^{JE}.

[140] Zur jahwistischen Provenienz des Motivs s. S. 164.

an eine Bedingung geknüpft, die dem Verlangen nach einer Dreitagereise in die Wüste 23a zuwiderlief. Dazu kommt noch ein dritter Widerspruch: Der König hatte sowohl Aaron wie Mose um ihre Fürbitte gebeten 24b; hernach aber gibt Mose allein und nur für seine eigene Person eine Zusage 25a.

8 25b

War Mose mit dem zuletzt gemachten Zugeständnis des Königs zufrieden, so sah er in seiner Weisheit der weiteren Entwicklung doch nicht arglos und optimistisch entgegen. Diese Auffassung des Redaktors fand ihren Niederschlag in v. 25b: *răq 'ăl josep păr'ō hatel lᵉbiltî šăllăḥ 'æt ha'am lizboᵃḥ lᵉjăhwæ̆* »nur möge Pharao nicht fortfahren, zu betrügen, indem er das Volk nicht entläßt, Jahwe zu opfern«. In der Rückschau[141] auf früher Gesagtes bringt die Notiz zugleich die redaktionelle Vorstellung vom ägyptischen König auf den Begriff, die unausgesprochen schon der Komposition von 8 4-11aγ zugrunde lag: Wenn der Herrscher bei J als ein Mann galt, der in den Katastrophen seines Landes Jahwe kennenlernen mußte (und durfte), wenn er von E als ein hinhaltender, zuletzt aber doch überwundener Taktiker gezeichnet war, so hat R^JE aus ihm einen wortbrüchigen *Betrüger* gemacht. Als solcher, wollen Moses Mahnworte 25b dem Leser der Harmonie suggerieren, wird er sich demnächst von neuem erweisen.

In sprachlicher Hinsicht liefert v. 25b ein gutes Beispiel intensiver redaktioneller Begriffsmischung: *răq* war vermutlich[142], *šăllăḥ 'æt ha'am* sicher bei E vorgegeben bzw. vorgebildet. Bei *lizboᵃḥ lᵉjăhwæ̆* handelt es sich um degenerierte J-Terminologie[143]. Das rückblickende *jsp* hi.[144], das von der Sache abstrahierende *tll* hi.[145], die zusammengesetzte Konjunktion *lᵉbiltî*[146] und *lᵉ(biltî)* + inf. im Sinne einer Erläuterung[147] entsprechen dem Stil des Redaktors. Hierher gehört auch *păr'ō*, sofern dieser Begriff den angesprochenen König wieder als 3. Person taxiert[148].

Mose leistet Fürbitte

8 26

Das Versprechen 25aαβ R^JE wird eingelöst: *wăjjeṣe' mošæ̆ me'im păr'ō wăjjæ'tăr 'æl jăhwæ̆* »da ging Mose von Pharao weg und flehte

---

[141] Vgl. die Zusammenstellung S. 397!

[142] Vgl. *răq hărḥeq lo' tărḥîqû* 24 E!

[143] Vgl. zuletzt *zibᵉḥû le'lohêkæm* 21 R^JE, dazu S. 182f.

[144] Weitere R^JE-Belege für *jsp* hi. s. S. 397!

[145] Vgl. S. 391ff.!

[146] Vgl. S. 394!

[147] Vgl. S. 396!

[148] Vgl. S. 398!

zu Jahwe« 26. *wăjjeṣe' mošæ me'im păr'ō* ist wörtliches Zitat aus E[149]. Für die Harmonie ist es zu wörtlich, denn ihr Verfasser hätte auch Aaron abtreten lassen müssen[150]. Ursprünglich hatte die Bemerkung nicht die Nach-, sondern die Hauptbegegnung abgeschlossen[151]. *wăjjæ'tăr 'æl jăhwæ*, alter Ausführungsbericht zu dem Ankündigungsbericht *'ă'tîr 'æl jăhwæ*[152], ist, ebenfalls wörtlich, aus der jahwistischen Quelle angeführt. Dort fand das Gebet erst am nächsten Tag, d. h. am Tag nach der Nachbegegnung statt[153]. Aus diesem Grunde muß die Nachbegegnungsszene bei J, anders als bei E[154], mit einer passenden Notiz förmlich ausgeleitet gewesen sein: Mose ging weg, oder der König bzw. sein Bote ging weg. Leider hat uns der Redaktor die diesbezüglichen Angaben des Jahwisten nirgends mehr mitgeteilt, wahrscheinlich, weil sie sich mit den Vorstellungen des Elohisten überhaupt nicht vereinbaren ließen.

Das Ende der Fliegenplage

Moses Fürbitte (J) hatte gewiß wieder die gewünschte Beendigung der herrschenden Plage zur Folge. Der Bearbeiter, der sich diese Anschauung zu eigen macht, legte Wert darauf, sie als förmliche Gebetserhörung herauszustellen.

8 27a

Das geschieht mithilfe von Worten, die schon v. 9a R^{JE}[155] gebraucht hatte: *wăjjă'aś jăhwæ kidebăr mošæ* »da tat Jahwe entsprechend dem Wort Moses« 27aα. Die an sich recht unbestimmte[156] Angabe wird dann noch erläutert: *wăjjasăr hæ'arob mippăr'ō me'abadâw ûme'ămmô* »und es wichen[157] die Fliegen von Pharao, von seinen Knechten und von seinem Volk« 27aβγ. Das Angeführte entspricht dem überarbeiteten Wortlaut von v. 25 und wird ebenso redaktionell sein. J hatte das erfolgte Ende der fraglichen Plage vermutlich auch hier[158] anders und genauer bezeichnet; *swr* qal/hi. + *min* + Dreiergruppe fand sich bei ihm nur im Fürbittengesuch des Königs und in der korrespondierenden Fürbittenzusage Moses[159].

---

149 S. S. 122. 167.

150 Nach 21a R^{JE} ist Aaron ja auch »gerufen« worden.

151 S. S. 167. 171.

152 Vgl. v. 25aβ*.

153 Vgl. *maḥar* 25aδ* J.

154 Vgl. S. 171.

155 Vgl. S. 169.

156 Vgl. die Zusammenstellung S. 391ff.!

157 *wăjjasăr* kann ebenso gut als hi.-Form verstanden werden: »und er entfernte«.

158 Vgl. v. 9f.* (dazu S. 168f.) sowie 10 19b (dazu S. 246).

159 Vgl. v. 4* + 5*. 7*, v. 24b* + 25*.

8 27b

Die Fortsetzung *lo' niš'ăr 'æḥad* »und es blieb nicht eine übrig« 27b gehört ihrer Herkunft nach gewiß mit *răq băj^e'or tišša'ărnā* 5b = 7b J[160] zusammen. Ihr derzeitiger Bezug auf den *'arob* ergibt sich wahrscheinlich nur aufgrund von Machinationen des Bearbeiters. Der alte Erzähler kann sehr wohl an andere Plagengeister gedacht haben[161]. Die *komplette* Beseitigung der Plage war ihm wichtig, weil sie die Plage noch einmal als eine Tat Jahwes kenntlich machen konnte. Man könnte fragen, ob der Jahwist den Gedanken von 27b schon in der Form von Ereignisberichten wiedergab, ob er nicht vielmehr die Form der Ankündigung gewählt hatte, wie sie anscheinend in seinem Bericht über die Fröscheplage vorlag 5b = 7b[162]. Indessen liegen die Parallelen 10 19b 14 28b ebenfalls als Ereignisbericht vor[163].

Abschluß des elohistischen Berichts über die Fliegenplage

Bedrängt und bedrückt wegen des Blutes im Nil, wegen der Frösche und der Fliegen, hatte Pharao Mose zu sich rufen lassen 21a* E. Hoffend, damit das Ende der Plagenserie einhandeln zu können, unterbreitete er ihm diesmal anscheinend etwa folgendes Angebot: Ich »entlasse« euch, damit ihr Jahwe »dient«. Aber ihr dürft euch von da und da — vom Land Gosen? vom Land Ägypten? — nicht weit entfernen 24*. Anders als es jetzt der Harmonisierer darstellt 25f., wies der elohistische Mose auch diesen Vorschlag zurück. Er versuchte, dem Pharao plausibel zu machen, daß der Gottes»dienst« nirgendwo anders als auf dem Gottesberg Horeb begangen werden könne.

8 28

Die Folge seiner Stellungnahme war, daß Pharao sein Vermittlungsangebot wieder zurückzog: *wăjjăkbed păr'ō 'æt libbô . . . w^elo' šillăḥ 'æt ha'am* »da verhärtete Pharao sein Herz . . . und entließ das Volk nicht« 28. Mit dieser Bemerkung, die sich absichtlich nicht mehr auf der vorgezeichneten Bahn des Zwiegesprächs von Pharao und Mose bewegt[164], schloß der Nordreicherzähler seinen Bericht über die *'arob*-Plage ab. Durch Einordnung in einen veränderten Zusammenhang verlieh ihr der Redaktor eine neue, die bei ihm übliche[165] Begründung: Pharao hat sein Versprechen, die Israeliten abziehen und opfern zu lassen v. 24, gebrochen, nachdem er die Fliegenplage

160 Vgl. S. 165.
161 Vgl. S. 175.
162 Vgl. S. 170.
163 Vgl. dazu S. 246. 323.
164 Vgl. dazu S. 171.
165 Vgl. insofern 8 10f. 9 34 10 19. 20*!

losgeworden war. Der ursprünglichen Berichterstattung zufolge wurde er sie, bis zum Schluß, gerade nicht los, weil Mose den Preis refüsierte, um welchen er sich ihre Beseitigung hatte erkaufen wollen.

Die strenge Erzählkunst der alten Quellen hat Rückbezüge und Rückverweise wie »wieder«, »nochmals«, »auch diesmal«, »fortfahren zu«, »wie er gesagt hatte« meist auch dort vermieden, wo unser Stilgefühl sie besonders erwarten würde: bei Angaben über Vorgänge, die sich wiederholen. Z. B. ließ E seinen Mose zu Beginn eines jeden neuen Plagenberichtes denselben Spruch aufsagen: »so hat Jahwe gesagt: Entlaß mein Volk, daß sie mir dienen«, ohne seine Selbigkeit irgend zu kennzeichnen. Entsprechendes gilt von seiner Schlußbemerkung: »da verhärtete Pharao sein Herz und entließ das Volk nicht« 8 28 Parr. Sie kam völlig gleichlautend am Ende der meisten[166] elohistischen Plagenberichte vor. Dem Redaktor jedoch fehlte das Empfinden für die solcher Stereotypie innewohnende Gewichtigkeit.

8 28

Durch Einfügung von *găm băppă'ăm hăzzo't* hinter *libbô* 28 stellte er eine ausdrückliche Beziehung her auf die schon dagewesenen analogen Vorkommnisse[167]: »da verhärtete Pharao sein Herz *auch bei diesem Mal* und er entließ das Volk nicht«. Bezeichnenderweise verwendet der Einschub typische R^{JE}-Begriffe: *găm*[168], *pă'ăm* i. S. v. »Mal«[169], Demonstrativum[170] *zo't*.

F. MOSES FÜNFTER AUFTRITT VOR DEM KÖNIG UND DIE VIERTE PLAGE

Ex 9 1-7

Beauftragung Moses im Stil des Redaktors

9 1

Wie üblich lag dem Verfasser der JE-Harmonie nicht am Wann und Wo[1], sondern nur am Daß der neuen Beauftragung Moses: »Da sagte Jahwe zu Mose: Geh hinein zu Pharao und sprich zu ihm: So hat Jahwe, der Gott der Hebräer, gesagt (*wăjjo'mær jăhwæ 'æl mošæ*

---

[166] Ausnahmen bildeten der letzte und wahrscheinlich auch der erste Bericht.

[167] Weitere redaktionelle Rückbezüge s. S. 379!

[168] Vgl. die Belegesammlung S. 395!

[169] *băppă'ăm hăzzo't* erinnert speziell an *zo't hăppă'ăm* Gen 2 23 R^{JE}. Weiteres s. S. 395!

[170] Vgl. S. 393f.!

[1] Vgl. die Zusammenstellung S. 398f.!

bo' 'æl păr'ō wᵉdibbărta[2] *'elâw kō 'amăr jăhwæ 'ᵉlohê ha'ibrîm*): Entlaß mein Volk, daß sie mir dienen (*šăllăḥ 'æt 'ămmî wᵉjă'ăbᵉdunî*)« 1. Die Angabe klingt völlig homogen. Wüßten wir über die Materialien und die Machenschaften von R^JE nicht von anderwärts Bescheid, so ließe sich ihre Zusammensetzung nicht mehr klären: *bo'*[3] und *'ᵉlohê ha'ibrîm*[4] entstammen der jahwistischen, *'æl păr'ō*[5] und die Entlaßforderung[6] der elohistischen Vorlage. Aussagen wie *wăjjo'mær jăhwæ 'æl mošæ* und *wᵉdibbărta 'elâw kō 'amăr jăhwæ* waren in beiden vorhanden[7]. Anstelle des gegenwärtigen *wᵉdibbărta*[8] hieß es dort allerdings noch *wᵉ'amărta*.

Erweiterte Inbetrachtnahme des Weigerungsfalls

9 2

Der elohistischen Entlaßforderung folgt noch wie eh und je eine Notiz, die den Fall setzt, daß die Entlassung verweigert wird: *kî 'im ma'en 'ăttā lᵉšălleaḥ wᵉ'ôdᵉka măḥᵃzîq bam* »denn wenn du dich weigerst, (sie) zu entlassen, und sie weiterhin festhältst« 2. Aber das ursprüngliche[9] adversative *wᵉ'im* mußte dem unziemlich begründenden *kî 'im*[10] des Bearbeiters weichen. Dieser fügte auch *wᵉ'ôdᵉka măḥᵃzîq bam* hinzu und stellte so einen ausdrücklichen Rückbezug[11] her auf die früheren Weigerungen Pharaos.

Plagenankündigung in nur noch losem Anschluß an J

9 3

Der im Kern elohistischen Inbetrachtnahme des Weigerungsfalls hat der ausgleichende Redaktor nach bewährtem Muster[12] statt der elohistischen Drohung eine jahwistische bzw. vom Jahwisten abhängige Plagenankündigung folgen lassen: *hinnē jad jăhwæ hôjā bᵉmiqnᵉka 'ᵃšær băśśadæ . . .*[13] *dæbær kabed mᵉ'od* »siehe, die Hand Jahwes wird

---

[2] Die varia lectio *wᵉ'amărta* ist schlecht bezeugt: 4 Mss, davon je zwei nach Kennicott und Ginsburg, sowie Sam.

[3] Vgl. S. 49 mit Anm. 131.

[4] Vgl. S. 100f.

[5] Vgl. S. 40f.

[6] Vgl. S. 42.

[7] Vgl. dazu S. 139. 175.

[8] *dbr* pi. ist im Späthebräischen häufig; weitere R^JE-Belege dafür s. S. 395!

[9] Vgl. dazu S. 155. 173.

[10] S. S. 173. — Weitere Belege für redaktionelles *kî* s. S. 395!

[11] Vgl. die Zusammenstellung S. 397!

[12] S. 7 27 8 17!

[13] Die nachträgliche Detaillierung von *bᵉmiqnᵉka* durch *băssûsîm băḥᵃmorîm băggᵉmăllîm băbbaqar ûbăṣṣo'n*, die *bᵉ* in anderem Sinne verwendet, ist wahrscheinlich eine spätere Glosse.

an deinen Viehbesitz geraten, der auf dem Felde ist — eine sehr schwere Pest!« 3. Das Redestück wird zwar noch, dem Vorbild der Quelle gemäß, als Jahwewort deklariert (1bβ), es handelt aber von Jahwe in der 3. Person[14]: *jăd jăhwæ* steht da, wo eigentlich ein pron. pers. 1. sg. (*'anokî* bzw. suffigiertes *-nî*) stehen müßte. Der anthropomorphen »Hand Jahwes« ist Anschaulichkeit nur scheinbar zueigen; in Wirklichkeit soll der Ausdruck jene Unmittelbarkeit, in welcher Jahwe nach J auf das konkrete Weltgetümmel einzuwirken pflegt, ablösen durch eine mehr transzendente Gottesvorstellung[15]. *hôjā* entspricht formal, d. h. qua Partizip, noch der Vorlage; das vulgäre Verb *hjh* qal als solches hat jedoch erst der Bearbeiter gewählt[16]. Genauer gesagt handelt es sich bei *hjh* qal + *jăd jăhwæ* + *b^e* um eine dem späten, zumal dem deuteronomistischen Hebräischen geläufige Formel[17], die R^JE sich zunutze gemacht. Typisch für seinen Stil ist auch das Relativsätzchen *'^ašær*[18] *băśśadæ*. Vom jahwistischen Erkenntnismotiv blieb diesmal keine Spur erhalten.

Ob *b^emiqn^eka* auf J zurückgeht, hat unter den bezeichneten Umständen als zweifelhaft zu gelten. Zu denken gibt ja auch, daß der Begriff *miqnæ*, der eigentlich weiter nichts als »Erwerb« oder »Besitz« bedeutet, keine konkrete Anschauung vermittelt: So drückt sich sonst der Redaktor[19], nicht seine Quellen, aus. Damit aber wird die Thematik der ganzen Perikope problematisch! *băśśadæ*, was aus der alten jahwistischen Plagenankündigung übernommen sein mag[20], kann allein nicht mehr viel besagen. Auch das ebenfalls quellenhafte *kabed m^e'od*[21] hilft uns kaum aus der Verlegenheit, denn sein derzeitiges Bezugswort *dæbær* klingt wieder verdächtig allgemein und unbestimmt[22]; außerdem ist die syntaktische Funktion von *dæbær kabed m^e'od* 3b hinter v. 3a unklar[23]. Die jahwistische Plagenankündigung, die v. 3 voraussetzt, erscheint also bis zur Unkenntlichkeit überarbeitet.

---

[14] Vgl. die weiteren redaktionellen Belege S. 398!

[15] Ähnlich wie das ebenso redaktionelle *măl'ăk jăhwæ* 3 2!

[16] Vgl. die Belegesammlung S. 394!

[17] Vgl. Dtn 2 15 13 10 17 7 Jos 2 19 Jdc 2 15 I Sam 5 9 7 13 12 15 18 17. 21 24 13f. II Sam 24 17.

[18] Vgl. die Übersicht S. 394!

[19] Vgl. die Zusammenstellung S. 391ff.!

[20] Vgl. S. 169 (mit Anm. 98) zu *hăśśadot* 8 9.

[21] Vgl. S. 181. 205.

[22] Vgl. das formelhafte *băddæbær* 5 3b R^JE!

[23] Ist daran der Glossator schuld (vgl. Anm. 13)? Vermutlich hatte schon R^JE den Satz nicht klar konzipiert. Das kommt öfter bei ihm vor, vgl. die Zusammenstellung S. 397f.!

Auszeichnung Israels vor Ägypten

9 4

Die angekündigte Viehseuche soll nur die Ägypter treffen: *w^ehiplā jăhwæ̅ bên miqnē jiśra'el ûbên miqnē miṣrajim w^elo' jamût mikkål lib^enê jiśra'el dabar* »und Jahwe wird unterscheiden zwischen Israels Viehbesitz und Ägyptens Viehbesitz, und von allem, was den Israeliten gehört, wird keine Sache sterben« 4. Die vorgebliche Gottesrede führt Jahwe weiterhin als 3. Person[24]. Dem Berichterstatter war nicht das Verschontwerden der Israeliten die Hauptsache, sondern daß mit ihnen anders und besser verfahren wurde als mit den Ägyptern[25]. Diese Idee drückt erneut[26] das abstrahierende *plh* hi. aus. Auch seine Verbindung mit *bên ... ûbên* ist nicht neu[27]. Dagegen fehlt derjenige Ausdruck, welcher für die elohistische Vorstellung einer Verschonung Israels, die auch unserer Stelle[28] zugrundeliegen dürfte, wesentlich war: *'æræṣ gošæn.* Daß Israel seinen »Viehbesitz« — wieder das allgemeine *miqnæ̅*[29]! — behalten dürfe, soll eben nicht durch natürliche Verhältnisse mitbedingt sein, sondern als schlechthinniges Mirakel[30] dastehen. Diese Tendenz und die zugleich massive[31] und primitive[32] Ausdrucksweise sind kennzeichnend für den Redaktor. Ob ihm für v. 4, ja überhaupt für den ganzen Abschnitt 1-7 ein besonderer elohistischer Plagenbericht zuhanden war, kann man bezweifeln. Vielleicht begnügte er sich diesmal mit der Verwertung von Reminiszenzen aus anderen elohistischen Plagenberichten.

»Morgen« soll das Mirakel geschehen

9 5

Eigentlich hätte die Rede Jahwes einfach weiterlaufen können. Sie setzt aber von neuem ein: *wăjjaśæm jăhwæ̅ mô'ed le'mor maḥar jă'^aśæ̅ jăhwæ̅ hăddabar hăzzæ̅ ba'aræṣ* »da setzte Jahwe einen Termin folgendermaßen: Morgen wird Jahwe diese Sache tun im Lande« 5. Warum oder wozu die neue Einleitung? Nun, das zusätzliche Redestück hebt sich auch inhaltlich von v. 4 ab, als ein Nachtrag. Der Verfasser der Harmonie, der hier wie üblich[33] gleich ins Reine schrieb,

---

[24] Weitere Belege s. S. 398!
[25] Vgl. 18f. (S. 177)!
[26] Wie in 8 18 R^JE!
[27] Vgl. 8 19!
[28] Vgl. S. 178.
[29] Vgl. die weiteren Belegstellen S. 393!
[30] Vgl. S. 405!
[31] Vgl. die weiteren Belege S. 396!
[32] Übertreibendes *kål* (vgl. S. 394!), Allerweltswort *dabar* (vgl. S. 394!)!
[33] Vgl. S. 402!

hatte Jahwes Ankündigung, daß er Israel bevorzugt behandeln werde, schon vollständig niedergeschrieben 4, als ihm in den Sinn kam, auf sie das bei J vorgefundene *maḥar*[34] zu »übertragen«[35]. Die Begrifflichkeit von v. 5 spiegelt den redaktionellen Charakter dieser Maßnahme treulich wider: vulgäres *śjm* qal[36], Allgemeinbegriff[37] *mô'ed*, Zitationsformel *le'mor*[38], vulgäres *'śh* qal[39]; Jahwe redet von sich selbst in 3. Person (*jăhwæ̈* 2⁰)[40]; Rückbezug[41] und abermaliger Vulgarismus bei *hăddabar hăzzæ̈*[42]. *ba'aræṣ* erinnert an *beqirbô* 3 20 *beqæræb ha'aræṣ* 8 18 R^{JE}[43]. In der jahwistischen Quelle bildete *maḥar* noch einen Bestandteil, sei es der göttlichen Plagenankündigung[44], sei es der Fürbitte-Zusage des Mose[45].

Ein eigenartiger Ausführungsbericht!

Mose erhielt zwar einen Auftrag v. 1-4, aber damit hat es auch schon sein Bewenden. Der Verfasser der Harmonie ersparte sich jede Andeutung darüber, daß er dem Auftrag nachgekommen sei, sich also zu Pharao begeben und ihm die göttliche Entlaßforderung samt Plagenandrohung übermittelt habe[46]. Erst recht wird über die Reaktion des Königs nichts gesagt: über seine Weigerung, die nach v. 2a die Plage eigentlich hätte auslösen müssen.

9 6

Ja sogar die Viehplage interessierte im Grunde nicht mehr; dem Quellenverarbeiter lag einzig und allein daran, daß Jahwe die mirakulöse Auszeichnung der Israeliten, die er angekündigt 4f., nunmehr auch ausgeführt habe: »Da tat Jahwe diese Sache am folgenden Tag (*wăjjă'ăś jăhwæ̈ 'æt hăddabar hăzzæ̈ mimmåḥarat*), und aller Viehbesitz der Ägypter starb, aber vom Viehbesitz der Israeliten starb nicht ein einziges (*wăjjamåt kol miqnē miṣrajim ûmimmiqnē benê jiśra'el lo' met 'æḥad*)« 6. Die Darstellung dieses Vorgangs kostete ihn

---

[34] Vgl. 8 6*. 19* J.
[35] Vgl. die Zusammenstellung S. 401f.!
[36] Vgl. die weiteren Belege S. 394!
[37] Vgl. S. 391ff.!
[38] Vgl. S. 391!
[39] Vgl. S. 394!
[40] Vgl. S. 398!
[41] Vgl. S. 397!
[42] Vgl. S. 393f.! *hăddabar hăzzæ̈* begegnete schon in 2 15 R^{JE}!
[43] Vgl. S. 52.
[44] Wie in 9 18a J.
[45] Wie bei 8 6* J.
[46] Mißachtung der geschichtlichen Situation, vgl. S. 398f.!

nicht viel; er konnte sich dabei bequem an die banale Begrifflichkeit der Ankündigung 4f. anlehnen[47].

Pharao soll sich eigens vergewissert haben

9 7a

Kaum zu glauben, daß die Israeliten dermaßen ausgezeichnet wurden; also ließ sich der König den Befund durch Kundschafter besonders bestätigen: *wăjjišlăḥ păr'ō wehinnē lo' met mimmiqnē jiśra'el 'ăd 'æḥad* »da sandte Pharao hin, und siehe: Von dem Viehbesitz Israels war nicht mal eines gestorben« 7a. Um den Triumph seines Volkes[48] so recht auszukosten, hat der Redaktor hier, ohne den geringsten Anhalt in seinen Vorlagen, sogar eine eigene kleine Erzählungsszene erfunden! Sie ist allerdings mehr als dürftig ausgefallen. Man erfährt weder, wer da ausgesandt wurde, noch wie die Entbotenen zurückkamen und Bericht erstatteten[49]. Der Verfasser der Szene begnügte sich damit, zur Ehre Israels und zum Erstaunen des fremden Königs nochmals das große Mirakel herauszustellen.

Unmotivierte Herzensverhärtung des Königs

Da »alle« Nutztiere der Ägypter eingegangen waren v. 6 — eine maßlose Übertreibung![50] —, erübrigte es sich diesmal, dem jahwistischen Vorbild folgend von einem Ende der Plage zu reden. Darum bestand hier für den König auch keine Veranlassung, eine Nachbegegnung herbeizuführen und Moses Fürsprache zu erbitten (J) oder ihm eine Kompromißlösung vorzuschlagen (E). Oder hat sich R^{JE} so viel gar nicht gedacht? Hielt er dergleichen Einzelheiten einfach für unnötiges Beiwerk, wo für ihn doch Israels Glorie auf dem Spiel stand? Wie dem auch sei, jedenfalls hat er die Perikope 9 1-7 deshalb so kurz gehalten und wesentlich selbständiger gestaltet als seine übrigen Plagenberichte, weil er in ihr ein besonderes Paradigma liefern wollte für die Ehrenstellung, die das Volk Israel seiner Ansicht nach bei Gott einnimmt.

Wenn nun die Viehplage sich selbst erledigt, wenn sie kein förmliches Ende genommen hat, wie sollte der Bericht über sie dann schließen? Der Verfasser der Harmonie sah da kein Problem.

9 7b

Er machte sich einfach wie sonst die Schlußnotiz der elohistischen Plagenberichte zueigen: *wăjjikbăd leb păr'ō welo' šillăḥ 'æt ha'am* »da

---

47 Nochmals *'śh* qal+*hăddabar hăzzœ*; vgl. S. 393! Zu *kol* vgl. S. 394f., zu *miqnē* S. 393! *ûmimmiqnē . . . lo' met 'æḥad* entspricht *welo' jamût mikkål . . . dabar* 4 R^{JE}!

48 Vgl. die weiteren Belege für diesen Gedanken S. 403!

49 Mißachtung der geschichtlichen Situation, vgl. S. 398f.!

50 Weitere R^{JE}-Beispiele s. S. 394f. 397!

verhärtete sich Pharaos Herz und er entließ das Volk nicht« 7b. *wăjjikbăd leb păr'ō* ist degeneriert[51] aus originärem *wăjjăkbed păr'ō 'æt libbô*[52]. Diese Entartung deutet doch wohl wieder darauf, daß die elohistische Angabe nur aus dem Gedächtnis zitiert ist, daß es keine spezielle E-Vorlage zu 1-7 gab[53]. — Aber warum soll Pharaos Herz sich denn verhärtet haben? Der Grund dafür kann doch nicht darin bestehen, daß Israels Viehbesitz unangetastet blieb 7a R^{JE}! V. 7a steht ohne innere Beziehung neben 7b. Der Komponist hat es sich leicht gemacht. Er übernahm die elohistische Idee einer Verstockung des Königs, ohne sich die Frage nach der Ursache der Verstockung zu stellen[54].

G. MOSES SECHSTER AUFTRITT VOR DEM KÖNIG UND DIE FÜNFTE PLAGE

Ex 9 13-30[1]. 33-34. 35a*

Neue Beauftragung Moses nach E

9 13

Der Anfang v. 13 des sechsten Plagenberichtes der Harmonie stimmt weitgehend mit dem des vierten 8 16 E überein, erscheint also ebenfalls aus der elohistischen Quelle übernommen: »Da sagte Jahwe zu Mose: Mache dich früh am Morgen auf und stelle dich vor Pharao (*wăjjo'mær jăhwæ 'æl mošæ hăškem băbboqær wᵉhitjăṣṣeb lipᵉnê păr'ō*) und sage zu ihm: So hat Jahwe, der Gott der Hebräer, gesagt (*wᵉ'amărta 'elâw kō 'amăr jăhwæ 'ᵃlohê ha'ibrîm*): Entlaß mein Volk, daß sie mir dienen (*šăllăḥ 'æt 'ămmî wᵉjă'ăbᵉdunî*).« Nennenswert sind nur die beiden folgenden Abweichungen: 1. 8 16 brachte nach *păr'ō* die zweifellos echte Zeitangabe *hinnē jôṣe' hămmajᵉmā*. Sie oder Vergleichbares dürfte ursprünglich auch unsere Stelle geboten haben. Mose mußte ja doch erfahren, wo er den König treffen würde. Den Verarbeiter dünkte die betreffende Notiz ebenso entbehrlich wie der Hinweis auf die nächtlichen Umstände, unter welchen Jahwe zu Mose sprach. Er schied beide aus. 2. Umgekehrt fehlt unser *'ᵃlohê ha'ibrîm*

---

51 Vgl. *kabed leb păr'ō* 7 14 R^{JE}!

52 Erhalten in 8 28 (9 34), vgl. 8 11.

53 Vgl. schon S. 197.

54 Mangel an Interesse für die geschichtliche Situation, vgl. die Zusammenstellung S. 398f.!

1 V. 31. 32 ist eine am falschen Platz in den Text geratene Randglosse. Der Ergänzer bot seine Gelehrsamkeit auf, um den Widerspruch zwischen 9 25 und 10 5. 12. 15 abzumildern.

der Vergleichsstelle. Es ist hier wie in 7 16[2] und 9 1 des Ausgleichs mit J[3] wegen hereingenommen, vielleicht als Ersatz für elohistisches *ʾ^{æ}lohê jiśraʾel*[4].

Jahwe kündigt gleich alle seine Plagen an!

9 14a

Was jetzt auf die elohistische Entlaßforderung *šăllăḥ ʾæt ʿămmî w^{e}jăʿăb^{e}dunî* folgt, hat nichts mehr oder nur noch Entferntes mit der alten Plagenandrohung zu tun: *kî băppăʿăm hăzzoʾt ʾ^{a}nî šole^{a}ḥ ʾæt kål măggepotăj ʾæl libb^{e}ka ûbăʿ^{a}badæka ûb^{e}ʿămmæka* »denn bei diesem Mal werde ich senden alle meine Plagen zu deinem Herzen und gegen deine Knechte und gegen dein Volk« 14a. Das Unheil soll jetzt nicht mehr nur in dem Falle eintreten, daß der König die geforderte Entlassung verweigert[5]. Es wird also nicht mehr angedroht, sondern angekündigt. Und die Ankündigung verleiht nicht mehr dem göttlichen Verlangen Nachdruck, sondern begründet es quasi, was nicht gerade sinnvoll ist[6]. Vor allem aber handelt es sich bei dem vorgesehenen Unglück nicht mehr, wie für die Quelle vorauszusetzen ist, um eine bestimmte Unannehmlichkeit oder Katastrophe, sondern, wie es merkwürdig allgemein[7] und umfassend heißt, um die Gesamtheit der göttlichen Plagen. Wie ist das zu verstehen? Es kann doch nicht im Ernst gemeint sein, daß Jahwe *alle* ihm möglichen Plagen und alle auf einmal sendet, zumal vier davon schon vorbei sind. Tatsächlich ist ein Verständnis der seltsamen Ausdrucksweise von der geschichtlichen Situation her ausgeschlossen[8].

3 20

Sehr wohl möglich ist es jedoch von den Verhältnissen her, welche der Redaktor in seiner elohistischen Vorlage antraf: *kål măggepotăj* soll, wie offenbar schon das praktisch gleichbedeutende und ebenso abstrakte *kål nipl^{e}ʾotăj* von 3 20 R^{JE}[9], die Vorstellung des Nordreicherzählers aufnehmen, daß es zu einer Kumulation von Plagen gekommen sei[10]. Das Bedürfnis des Redaktors, starke und übertreibende Aussagen zu machen[11], begünstigte noch diese Aufnahme.

---

[2] Vgl. dazu S. 137f.

[3] S. 3 18b* 5 3*.

[4] S. 5 1bα.

[5] Zur Inbetrachtnahme des Weigerungsfalls bei E s. S. 88. 132. 155.

[6] Vgl. S. 173. Zu dem redaktionellen begründenden *kî* vgl. die weiteren Belege S. 395!

[7] Vgl. die Zusammenstellung S. 391ff.!

[8] Vgl. S. 398f.!

[9] Vgl. dazu S. 52.

[10] Vgl. dazu schon S. 172.

[11] Vgl. S. 397!

Sehr eindeutig lautet bei v. 14a das Zeugnis der sprachlichen Gegebenheiten, die für unser analytisches Urteil allemal die letzte und die entscheidende Instanz bilden: *pă'ăm* ist eines der Modewörter des R^JE^[12], *băppă'ăm hăzzo't* ein für ihn charakteristischer Rückbezug auf früher Gesagtes[13], *'ani šoleaḥ* — warum denn nicht einfach *'æšlăḥ*? — eines von seinen Nominalsatz-Gebilden[14]. Übertreibendes *kål* findet man in seinen Aussagen häufig[15]. Dem Begriff *măggepā* fehlt die Anschaulichkeit[16]. *ûbă'abadâka ûbe'ămmæka* erscheint verkürzt aus der jahwistischen Dreiergruppe[17]. Das Fragment dürfte, genauer gesagt, einer jahwistischen Plagenankündigung entstammen[18]. Der zweimalige Gebrauch der Präposition *be* ist offenbar alt: Er hebt das Stück deutlich ab von dem unfeinerweise[19] vorausgeschickten und parallelgeschalteten *'æl libbeka.* Letzteres ist redaktioneller Ersatz für das originäre *beka* »gegen dich«[20]. Den hier reichlich deplaziert wirkenden Begriff des »Herzens« von Pharao hat der Redaktor gewählt in wortklauberischer Anlehnung an den Satz, mit welchem E die Mehrzahl seiner Plagenberichte beschlossen hatte: *wăjjăkbed păr'ō 'æt libbô* ....

9 14b

Möglich ist, daß der Blick des Redaktors dabei schon auf die Fortsetzung gerichtet war, die einen Vorgang im Herzen Pharaos erwähnt: *bă'abûr teda' kî 'ên kamonî bekål ha'aræṣ* »auf daß du erkennest, daß meinesgleichen nicht ist auf der ganzen Erde« 14b.

Überarbeitetes Erkenntnismotiv

Nach dem fragmentarischen *ûbă'abadâka ûbe'ămmæka* nimmt der Verfasser der Quellenharmonie mit dem Erkenntnismotiv zum zweiten Mal innerhalb v. 14 eine Anleihe aus einer jahwistischen[21] Plagenankündigung auf. Es entspricht noch den Voraussetzungen der Quelle, daß dem König die Erkenntnis Jahwes aus dem bevorstehenden Unheil erwachsen soll[22], nur daß dabei nicht mehr, wie bei J[23], an eine bestimmte Einzelplage gedacht ist, sondern an die redaktionelle

---

[12] Weitere Belege s. S. 395!

[13] Vgl. S. 397!

[14] Vgl. S. 395f.!

[15] Weitere Belege s. S. 394f.!

[16] Vgl. S. 391ff.!

[17] Vgl. dazu S. 14f. 158.

[18] Vgl. 7 29* 8 17* J!

[19] Weitere zeugmatische Konstruktionen des Redaktors s. S. 397f.!

[20] Gemäß 7 29 8 17.

[21] Zur Herkunft des Erkenntnismotivs s. S. 141f.

[22] Vgl. ebenda.

[23] S. v. 18a!

Gesamtheit von Plagen 14a. Aber nicht nur den Bezug des Erkenntnismotivs hat der Komponist verändert, sondern auch die Weise seines syntaktischen Anschlusses und vor allem seinen Inhalt: Für das ursprüngliche *wejadăʿta* ist *băʿabûr tedăʿ* eingetreten; die zusammengesetzte Konjunktion bzw. Präposition *băʿabûr* gehört zum Wortschatz unseres Deuteronomisten[24]. Für das unscheinbare *kî ʾanî jăhwæ̅* des Jahwisten[25] trat wieder einmal[26] eine Unvergleichlichkeitsaussage ein. Die Partikel *ʾjn* hat R^JE auch sonst häufig verwendet[27]. *bekål haʾaræṣ* meint schwerlich nur das ganze Land Ägypten, sondern schon den ganzen Erdkreis[28]; damit aber überschreitet es die Grenzen des Schauplatzes der Erzählung[29]. Der Verfasser von v. 14b will weniger dem König als vielmehr d e n L e s e r n der Quellenkontamination e i n e L e k t i o n e r t e i l t sehen über die Einzigartigkeit Jahwes[30].

Der Grund für die angekündigten Heimsuchungen

9 15

Was Jahwe mit der vorgesehenen Plagenfülle 14a be*zwecken* will, gab v. 14b an: Der König soll seine Unvergleichlichkeit erkennen. Die *Ursache* jener Plagen nennt dann anscheinend v. 15: »Denn jetzt habe ich meine Hand ausgestreckt und dich und dein Volk mit der Pest geschlagen (*kî ʿăttā šalăḥtî ʾæt jadî waʾăk ʾôteka weʾæt ʿămmeka băddabær*), und du wurdest aus dem Lande vertilgt (*wăttikkaḥed min haʾaræṣ*).« Man versteht aber nicht recht, wieso die Erinnerung an einen früheren Strafakt Jahwes die bevorstehenden neuen Schläge motivieren soll.

(9 16)

Unklar ist auch, warum auf v. 15 ein Theologumenon über den Sinn der Existenz Pharaos folgt: *weʾûlam băʿabûr zoʾt hæʿæmădtîka băʿabûr hărʾoteka ʾæt koḥî ûlemăʿăn săpper šemî bekål haʾaræṣ* »jedoch wegen diesem hab ich dich auftreten lassen: um dich sehen zu lassen meine Macht, und damit man meinen Namen kundtue auf der ganzen Erde« 16.

9 17

Danach wiederum ist unbegreiflich, aus welchem Grunde sich eine Beschuldigung des Königs durch Jahwe anschließt: »Du führst

---

[24] Vgl. die Zusammenstellung S. 394!

[25] Erhalten in 7 17 8 18.

[26] Vgl. *kî ʾên kejăhwæ̅ ʾælohênû* 8 6!

[27] Belege s. S. 396!

[28] Vgl. *hašopeṭ haʾaræṣ* Gen 18 25, Bestandteil eines von R^JE verfaßten Zusammenhangs!

[29] Verstoß gegen die geschichtliche Situation, vgl. die weiteren Belege S. 398f.!

[30] Weitere Belege für die erbauliche Tendenz von R^JE s. S. 403ff.!

dich immer noch auf gegen mein Volk, indem du sie nicht entläßt (*ʿôdᵉka mistôlel . . . lᵉbiltî šăllᵉḥam*)« 17. Sieht man jedoch näher zu, so stellt sich heraus, daß v. 17 einen Gedanken bringt, der sich aufs beste dazu eignet, die Plagenankündigung 14a im Sinne des Redaktors zu begründen: den Gedanken der fortwährenden Widersetzlichkeit des Königs[31]. Zusammen mit v. 17 nun ergibt die allein nicht als Begründung geeignete Rückverweisung v. 15 einen guten Sinn: Obwohl Jahwe eben erst den *dæbær* geschickt hat, läßt der König das Gottesvolk immer noch nicht los; darum muß er mit einer Massierung von Plagen rechnen! Dem Bemerkten zufolge war in der Harmonie v. 17 noch direkt mit v. 15 verbunden, wahrscheinlich durch adversatives *wᵉ*(*wᵉʿôdᵉka*[32]). V. 16 stellt demgegenüber einen späteren Zusatz dar. Er nimmt wohl begriffliche Anleihen bei v. 14 auf[33], sein sachliches Anliegen aber, daß Jahwe an dem König sich selber erweisen wolle, ist bei R^JE ohne Vorbild und Entsprechung.

Dagegen sind v. 15 + 17 typische R^JE-Gebilde. So entspricht es dem Stil des Redaktors, wenn v. 15 sich zurückbezieht auf schon Berichtetes, nämlich auf v. 1-7. Nur freilich betraf der *dæbær* dort bloß den »Viehbesitz«, während er hier gegen Menschen gerichtet erscheint. Aber solche Unfolgerichtigkeiten findet man gerade bei Rückbezügen des Redaktors sehr häufig[34]. Auch v. 17 bringt eine Bezugnahme; sie erinnert nach Form und Inhalt besonders an *wᵉʿôdᵉka măḥᵃzîq bam* 9 2 R^JE[35]. Gut redaktionell sind ferner das begründende *kî*[36], die formelhafte Wendung *šlḥ* qal + *jad* + suff.[37], das von der jahwistischen Dreiergruppe abgeleitete *ʾôtᵉka wᵉʾæt ʿămmᵉka*[38], das unbestimmte *dæbær*[39], das maßlos übertreibende[40] *wăttikkaḥed min haʾaræṣ*[41], das abstrahierende *mistôlel*[42] und die nominale Ausdrucksweise[43], die zusammengesetzte Konjunktion *lᵉbiltî*[44] sowie *lᵉ*(*biltî*) + inf.

---

[31] Ein Topos von R^JE, vgl. schon 3 19 4 23 7 14. 16b. 23b 8 25!

[32] Dasselbe schon in 9 2 R^JE!

[33] *băʿᵃbûr* und *haʾaræṣ*. Die Übernahme ist vielleicht unbewußt vor sich gegangen.

[34] Vgl. S. 397!

[35] Eine Ähnlichkeit besteht auch mit *wăttᵉmaʾen lᵉšăllᵉḥô* 4 23 *meʾen lᵉšăllăḥ haʿam* 7 14 *ʾal josep părʿô hatel lᵉbiltî šăllăḥ ʾæt haʿam* 8 25 R^JE!

[36] Weitere Belege s. S. 395!

[37] Weitere Belege s. S. 391!

[38] Vgl. insofern *mimmænnî ûmeʿămmî* 8 4 R^JE. Weitere »Übertragungen« s. S. 401f.!

[39] Vgl. S. 392!

[40] Vgl. S. 397!

[41] Ähnlich *tiššaḥet haʾaræṣ mippᵉnê hæʿarob* 8 20 R^JE!

[42] Vgl. S. 391ff.!

[43] Vgl. S. 395f.!

[44] Vgl. S. 394!

im Sinne einer Erklärung[45]. Dem Redaktor ging es in v. 15 + 17 darum, die chronische *Hartnäckigkeit* des Königs herauszustellen. Ähnlich wie in 7 14 wird damit die elohistische Inbetrachtnahme des *Weigerungs*falls kompensiert, die er hinter v. 13bγ ausgeschieden hat[46].

Nachgerade kündigt Jahwe doch noch eine spezielle Plage an!

Mit der gleichsam universalen Plagenankündigung 14a wollte der Verfasser der JE-Harmonie der Kumulationsvorstellung des Elohisten Rechnung tragen. Auch ihre Begründung 15 + 17 ließ er sich zur Hauptsache vom Nordreicherzähler suggerieren. Sie stellt so etwas wie einen Midrasch dar über das alte »wenn du dich aber weigerst«. Womit hatte Jahwe in dem vorausgesetzten E-Plagenbericht denn gedroht? Welches bestimmte, die Fliegenplage[47] ergänzende und wohl auch qualitativ überbietende Unheil stellte er Pharao für den Weigerungsfall in Aussicht? Darüber schweigt sich der Harmonisierer einstweilen[48] aus.

9 18a

Dagegen berücksichtigt er die Plagenankündigung der anderen Quelle: zuerst die Opfer (König, Knechte, Volk), welche die neue Plage von J betreffen sollte 14aγ, dann ihren Zweck, die Erkenntnis des Königs zu wecken 14b, und schließlich auch noch ihren eigentlichen Inhalt: *hinenî mămṭîr ka'et mahar barad kabed me'od* »sieh, ich werde morgen um diese Zeit einen sehr schweren Hagel regnen lassen« 18a. Kennzeichnend für J sind die Form der Ansage *hinnē* + pron. pers. 1. sg. + ptc.[49] und die Ansetzung des Geschehens auf das »morgen«[50], aber auch der Terminus *mṭr* hi.[51] und das Prädikat *kabed me'od*[52].

Für das einfache *maḥar* der Quelle steht jetzt *ka'et maḥar*. Damit will der Bearbeiter die mirakelhafte[53] Selbigkeit der Zeitpunkte von Ankündigung und Erfüllung betonen[54]. Auch das über-

---

[45] Vgl. S. 396!

[46] Vgl. dazu S. 201.

[47] Obiges ist gesagt unter der (unsicheren!) Voraussetzung, daß die überlieferte Reihenfolge der Plagen von E noch der alten entspricht.

[48] Weiteres s. S. 214f.

[49] Dazu s. S. 139.

[50] Vgl. S. 164.

[51] Vgl. Gen 2 5* 7 4 (dazu oben S. 151f.) 19 24* (dazu oben S. 36) sowie Ex 16 4 J!

[52] Vgl. dazu S. 181. 205. Die jahwistische Provenienz wird bestätigt durch Gen 18 20, wo *kabedā me'od* als ursprüngliches Prädikat des jedenfalls jahwistischen *ză'aqăt sedom wă'amorā* (vgl. oben S. 36!) erscheint.

[53] Vgl. die Zusammenstellung S. 405!

[54] Dies erinnert an 8 5. 6 R^JE, vgl. dazu S. 162.

kommene *kabed me'od* war ihm zu wenig; er ergänzte es durch eine Erstmaligkeitsaussage[55].

9 18b

Der traditionell nur »sehr schwere« Hagel muß jetzt einer gewesen sein, »wie einer seinesgleichen in Ägypten nicht war von dem Tag seiner Gründung an bis jetzt«, *'ašær lo' hajā kamohû bemiṣrăjim lemin hăjjôm hiwwasedā we'ăd 'ăttā* 18b. Diese Aussage kommt einer Korrektur von *kabed me'od* gleich und zeigt so dessen höheres Alter. Der Jahwist, der damit seinen Sinn für das Natürliche und Wirklichkeitsgemäße[56] beweist, sah das Hagelwetter zwar als ein sehr heftiges an, meinte aber nicht, daß es das Maß auch sonst geschehender Unwetter überschritten habe. Wenn es demgegenüber der Redaktor für das schlimmste erklärt, das es je in Ägypten gab, so verbündet sich in solcher Angabe sein Hang, zu übertreiben[57], mit einem erbaulichen Anliegen, welches in der Außerordentlichkeit des göttlichen Einsatzes[58] Jahwes besondere Zuwendung zu seinem Volk dargestellt sehen möchte[59]. Des Widerspruchs zwischen der speziellen 18 und der generellen Plagenankündigung 14a wurde R^{JE} kaum gewahr[60].

Wie die Vorstellung, so ist auch das Begriffsmaterial von v. 18b redaktionell: die Relativpartikel *'ašær*[61], das Allerweltswort *hjh* qal[62], die Zeitangabe *'ăttā*[63]. *bemiṣrăjim* stellt sich an die Seite von *beqæræb ha'aræṣ* 8 18 *ûbekål 'æræṣ miṣrăjim* 8 20 R^{JE}. *lemin hăjjôm hiwwasedā* verstößt gegen eine Grundregel des Hebräischen: Der st. cstr. ist mit dem Artikel versehen! Ein Recht, den Verstoß textkritisch zu beseitigen, hätten wir nur dann, wenn dem Redaktor nicht auch sonst so mancher Fehler unterlaufen wäre[64]. Eben den Platz nach 18a* J, welchen jetzt die Erstmaligkeitsaussage des Verfassers der Harmonie belegt, nahmen vordem u. a. die Dreiergruppe und das Erkenntnismotiv von J ein: »Sieh, ich werde morgen einen sehr schweren Hagel regnen lassen auf[65] dich und auf deine Knechte und auf

---

[55] Vgl. Einleitung S. 12f.

[56] Vgl. die Zusammenstellung S. 380f.!

[57] Vgl. die weiteren Belege S. 397!

[58] Insofern vgl. 3 19b 6 1 R^{JE} sowie die Belege zum redaktionellen Mirakel-Motiv S. 405!

[59] Weitere Belege zur erbaulichen und zugleich nationalistischen Tendenz von R^{JE} s. S. 403ff.!

[60] Weitere logische Ungereimtheiten s. S. 399!

[61] Weitere Belege s. S. 394!

[62] Vgl. S. 394!

[63] Wie in v. 15 R^{JE}, vgl. weiter die Belege zu *we'ăttā* S. 391!

[64] Vgl. S. 398!

[65] Nach v. 14 scheint J hier die Präposition *be* (nicht *'ăl*) verwendet zu haben. Freilich bleiben die Einzelheiten obiger Rekonstruktion ungewiß.

dein Volk ... und du wirst erkennen, daß ich Jahwe bin.« Dem Gotteswort liefen die üblichen vorbereitenden Angaben voraus: daß und wie Jahwe den Mose ansprach, ihn zum König von Ägypten in die Stadt hinein beorderte und ihm die Plagenansage des »Gottes der Hebräer« überbringen hieß. Von ihnen hat lediglich das Gottesprädikat *'ælohê ha'ibrîm* die Arbeit des R^JE^ überstanden (v. 13b).

Jahwe ermahnt Pharao, er solle sein Vieh in Sicherheit bringen!

9 19

Seine für den König bestimmte, aber, nach v. 13b, immer noch nur dem Mose angezeigte Rede setzt Jahwe mit dem befremdlichen Befehl fort: »Und nun, sende aus, laß Zuflucht nehmen deinen Viehbesitz und alles, was dir gehört auf dem Felde (*we'ăttā šelăḥ ha'ez 'æt miqneka we'et kål 'ašær leka băššadǣ*) ...[66]; wird's nicht ins Haus versammelt, so wird der Hagel auf sie niedergehen, daß sie sterben (*welo' je'asep hăbbăjetā wejarăd 'alehæm hăbbarad wametû*)« 19. Wie widersinnig! Jahwe konnte unter den obwaltenden Umständen doch nicht an der Bewahrung des königlichen Besitzes interessiert sein! Ähnlich unmotiviert erscheint die Vorstellung, daß von dem Hagel das Vieh und sonstige bewegliche Habe getroffen werde. Warum nicht vielmehr die Nutzpflanzen der Gärten und Felder? Diese Mißachtung der geschichtlichen Situation weist auf R^JE^ als Verfasser von v. 19[67]. Wie wenig er seine Aussagen bedacht hat, sieht man auch daran, daß von den Tieren, die da gerettet werden sollten, fast gleichzeitig in der Einzahl und in der Mehrzahl die Rede ist[68]. Die Identität des Verfassers weist sich auch in der Wahl der Begriffe aus: des überleitenden *we'ăttā*[69], des unbestimmten *šelăḥ*[70], des abstrakten *miqnǣ*[71]. Der Redaktor drückt den Hagelschlag mit Hilfe des simplen *jrd* qal aus, wohingegen J *barad* als Objekt an der Seite des gewählten *mṭr* hi. geführt hatte (v. 18a).

»Alles, was dir gehört« — ein Element jahwistischer Berichterstattung

Von den redaktionellen Termini in v. 19 nimmt sich allerdings die Wendung *kål 'asær le(ka)*, von der *baššadǣ* kaum zu trennen ist, aus. Dazu gibt es verschiedene Parallelen, die in größeren Erzählungs-

[66] *kål ha'adam wehăbbehemā 'ašær jimmaṣe' băššadǣ* 19bα ist eine epexegetische Glosse. Statt *behemā*, das u. a. auch in Gen 2 20 3 14 in nachredaktionellen Zusätzen auftaucht, hätte R^JE^ doch wohl wieder *miqnǣ* gesagt.

[67] Vgl. dazu die Belegesammlung S. 398f.!

[68] Vgl. die weiteren R^JE^-Belege S. 398!

[69] Vgl. S. 391!

[70] Vgl. *wăjjišlăḥ* 7 R^JE^. *Wer* gesandt werden soll, bleibt ungesagt.

[71] Vgl. die weiteren Belege S. 393!

zusammenhängen verankert und darum als quellenhaft anzusehen sind.

Nach Gen 20 7 wurde Abimelech[72], nachdem er sich Abrahams Ehefrau angeeignet hatte[73], folgendermaßen bedroht: »*Sterben* mußt du und alles, was dir gehört«, *môt tamût ʾăttā w^{e}kål ʾ^{a}šær lak*. Gen 24 36 verwertet eine alte Notiz[74], die besagt, daß Abraham noch bei Lebzeiten alles, was er hatte, seinem Sohn übergab: *wăjjittæn lô ʾæt kål ʾ^{a}šær lô*. An die gleiche Notiz erinnert sich Gen 25 5: *wăjjitten ʾăbraham ʾæt kål ʾ^{a}šær lô l^{e}jiṣḥaq*. Den Vorwurf der Labansöhne gegen Jakob in Gen 31 1 hat auch kaum erst der Redaktor aufgebracht[75]: »Jakob hat genommen alles, was unsrem Vater gehörte (. . . *kål ʾ^{a}šær l^{e}ʾabînû*)«; er setzt nämlich eine ganze Geschichte voraus. Mit allem, was ihm gehörte, ist Jakob nachmals geflohen, *wăjjibrăḥ hûʾ w^{e}kål ʾ^{a}šær lô* 31 21. Dem Sklaven Joseph vertraute sein ägyptischer Herr alles an, was ihm zueigen war: *wăjjă-ʿ^{a}zob kål ʾ^{a}šær lô b^{e}jăd jôsep* Gen 39 6. Die Übeltäter von Num 16, die Moses Autorität in Frage gestellt hatten[76], fuhren lebendigen Leibs zur Scheol hinab samt allem, was ihnen gehörte: *wăjjer^{e}dû hem w^{e}kål ʾ^{a}šær lahæm ḥăjjîm š^{e}ʾolā* v. 33.

Die Todesandrohung von Gen 20 7 stellt offenbar das Seitenstück dar zu der elohistischen Vorstellung, daß Abimelechs[77] Frau und seine Mägde steril wurden[78]. Sie korrespondiert deutlich mit dem jahwistischen[79] Gedanken, daß Abraham Fürbitte einlegen mußte, um Abimelechs Leben zu erhalten[80]. Demgemäß wird man sie und damit ihr *kål ʾ^{a}šær lak* der jahwistischen Quelle zuweisen. — Das *kål ʾ^{a}šær lô* von Gen 24 36 25 5 bezieht sich auf Isaak als den Alleinerben Abrahams. In 24 2 findet man es auf jenen »Knecht« Abrahams »übertragen«[81], der nach der elohistischen Darstellung[82] für Isaak auf Brautsuche ausreisen mußte. Den Anlaß zu solcher Kontamination gab offenbar der Umstand, daß im Parallelbericht des Jahwisten[83] Isaak, nachdem er den Besitz seines Vaters übernommen hatte, sich persönlich nach einer Frau umsah. Also auch hier scheint die fragliche Wendung aus J zu stammen. — Im Falle von Gen 31 1 wäre es für unseren Zusammenhang zu bemühend, ihre Herkunft zu bestimmen. Anders

---

72 Ob der Name Abimelech von Haus aus zu dieser oder vielmehr einer anderen Tradition gehört, sei hier einstweilen dahingestellt.

73 Vgl. *ʾ^{a}šær laqăḥta w^{e}hîwʾ b^{e}ʿulăt băʿăl* 3*.

74 Daß die Notiz älter ist als der Kontext, ergibt sich aus ihrer nochmaligen Verwendung in 25 5 und aus dem Umstand, daß in 24 2 der Ausdruck *hămmošel b^{e}kål ʾ^{a}šær lô* auf Abrahams *Knecht* »übertragen« erscheint.

75 Dieser ist indessen für die jetzige Gestalt von 31 1 verantwortlich; man beachte das charakteristische *leʾmor*, *ʿśh* qal und *zǣ*.

76 V. 13*. 28*.

77 Vgl. Anm. 72.

78 Vgl. *wăjjirpaʾ ʾ^{æ}lohîm* (!) *ʾæt . . . ʾištô w^{e}ʾămhotâw wăjjeledû* 17.

79 Vgl. oben S. 160f.

80 S. *w^{e}jitpăllel băʿăd^{e}ka wæḥjē* 7* und *wăjjitpăllel ʾăbraham* 17.

81 Vgl. Anm. 74.

82 In v. 17 verbindet sich *ʿæbæd* mit der elohistischen (vgl. S. 386!) Vorstellung des Entgegengehens: *wăjjarăṣ haʿæbæd liqraʾtah*. In v. 50 sagt Betuël, den E als Vater der Rebekka ausgab (s. die charakteristischen Verwandtschaftsangaben in v. 15) zu dem Gesandten Abrahams in Bezug auf seine Tochter: »Nimm (sie) und geh!« Die Begegnung der Rebekka mit Isaak fand nach E erst später statt, s. Gen 24 63f. (dazu S. 92).

83 Dazu vgl. schon »Paradieserzählung« 99.

wiederum bei Gen 31 21: Hier hängt *kål 'ašær lô* an dem für J charakteristischen Flucht-Motiv (*brḥ* qal)[84]. Die Num-Stelle schließlich haben wir bereits bei früherer Gelegenheit als zu J gehörig erkannt[85].

Den angeführten Parallelen nach zu schließen, dürfte der Redaktor das *kål 'ašær le* von v. 19 in seiner jahwistischen Vorlage aufgelesen haben. Darauf deutet ja auch die Verbindung dieser Wendung mit dem gut jahwistisch klingenden[86] *băśśadæ*.

9 25

Darum wird man jetzt annehmen, daß *kål 'ašær le*[87] + *băśśadæ* in der Hagelplagengeschichte des Südreicherzählers zur Bezeichnung des entstandenen Schadens gedient hatte — und dies mit um so größerem Recht, als in v. 25 *kål 'ašær băśśadæ* tatsächlich noch als Objekt neben *wăjjăk hăbbarad* steht: »Da schlug der Hagel . . . alles, was auf dem Felde war.« Ursprünglich mag ein *wehikkā 'et kål 'ašær leka băśśadæ* »und er wird schlagen alles, was dir gehört auf dem Felde« einen Teil von jener detaillierenden Fortsetzung gebildet haben, welche nach v. 18a* J unerläßlich war, so daß die ganze Plagenankündigung bei J etwa so gelautet hätte: »Sieh, ich werde morgen einen sehr schweren Hagel regnen lassen auf dich und auf deine Knechte und auf dein Volk, und der Hagel wird alles zerschlagen, was dir auf dem Felde gehört; dann wirst du erkennen, daß ich Jahwe bin.«

Ein deuteronomistisches Paradigma

Wie aber kam der Verfasser der Harmonie denn dazu, Jahwe eine Fürsorglichkeit beizulegen v. 19, die zum Tenor des ägyptischen Plagen-Berichts nicht im geringsten paßt?

9 20. 21

Die Antwort auf diese Frage ergibt sich aus den beiden folgenden Versen: *hajjare' 'æt debăr jăhwæ me'ăbedê păr'ō henîs 'æt 'abadâw we'æt miqnehû 'æl hăbbattîm | wă'ašær lo' śam libbô 'æl debăr jăhwæ wăjjă'azob 'æt 'abadâw we'æt miqnehû băśśadæ* »wer das Wort Jahwes fürchtete von den Knechten Pharaos, ließ seine Sklaven und seinen Viehbesitz in den Häusern Zuflucht nehmen. | Welcher aber sein Herz nicht auf Jahwes Wort richtete, der ließ seine Sklaven und seinen Viehbesitz auf dem Felde« 20. 21. Offenbar hatte der Redaktor schon bei der Niederschrift von v. 19 die Absicht, das Paradigma »Gehorsam — Ungehorsam gegen Jahwes Gebot« zu entfalten. Da er sich um die Belange der geschichtlichen Situation kaum kümmerte, war ihm

---

[84] Weiteres darüber s. S. 300f.

[85] »Paradieserzählung« 92.

[86] Vgl. die Zusammenstellung der Belegstellen S. 379!

[87] Auf *le* folgte in jedem Fall eine Bezugnahme auf den *mælæk miṣrăjim*.

dafür auch das ungeeignetste Mittel, die Person des ägyptischen Königs, recht. V. 19 stand schon auf dem Papyrus, da erst[88] wurde ihm bewußt, daß sich die zwei Teile des Paradigmas an dem einen Pharao gar nicht illustrieren lassen. Kurz entschlossen wich er darum nachträglich noch auf die Sklaven Pharaos aus! Einem spontan aufkommenden Erbaulichkeitsbedürfnis[89] zuliebe wurde der Rahmen des geschichtlich Möglichen gesprengt, mußte die Historie sich eine Absurdität aufbürden lassen. Die Beauftragung Moses, wie v. 13 sie gezeichnet, ist erst recht in Vergessenheit geraten. Von einer Ausführung des Auftrags ist so wenig wie bei 8 16ff. oder 9 1ff. die Rede.

Das Paradigma vom Gehorsam und Ungehorsam und deren Folgen ist gut deuteronom(ist)isch[90]. In stilistischer Beziehung weisen v. 20. 21 wieder Merkmale der R^{JE}-Sprache auf: Vorausstellung des Subjekts[91] bei *hăjjare'* . . . *henîs*, Abstraktbegriff *miqnæ*[92], Unbestimmtheit von *hăbbattîm*[93], Relativpartikel *'ašær*[94], Allerweltswort *śjm* qal[95]. *lo' śam libbô* gemahnt an *welo' šat libbô* 7 23 R^{JE}. *băśśadæ* ist wieder aus J entliehen[96]. Der Redaktor hält sich nicht an die Gepflogenheit seiner Vorlagen, analoge Begebenheiten analog auszudrücken: Was er in v. 19a durch *'wz* hi. wiedergab, umschreibt er in v. 19b mit Hilfe von *'sp* ni. + *hăbbăjetā*, in v. 20b vermittels *nws* hi. + *'æl hăbbattîm*. Wiederum bezeichnet er den Konditionalfall in v. 20 durch ptc., in v. 21 aber durch die Relativpartikel. Den Nachsatz leitet hier ein imperf. cons., dort aber ein bloßes perf. ein. Im ganzen wirken v. 20. 21 stilistisch recht unbeholfen[97]. Die Formulierungen wurden *ad hoc* geschwind verfaßt und im voraus kaum bedacht[98]. Unbedachtsamkeit tritt auch darin zutage, daß v. 19-21 den Ägyptern Viehbesitz zuschreibt, wiewohl sie denselben nach 6 R^{JE} schon ganz verloren hatten. Ob die vorhandenen »Häuser« für das Vieh überhaupt genügend Raum boten, hat sich der Verfasser der Verse so wenig überlegt wie die andere Frage, auf welche Weise die ägyptischen Beamten die Möglichkeit bekamen, Jahwes Wort zu hören und zu »fürchten«[99].

---

[88] Weitere Belege zum Konzeptcharakter der Harmonie s. S. 402!

[89] Vgl. die Zusammenstellung S. 403ff.!

[90] Vgl. z. B. Dtn 5 9f. 6 13f. 8 1ff. + 11ff. 11 26ff. 27 12f. 28 1ff. + 15ff. 30 16f. I Reg 9 4ff.

[91] Vgl. die Zusammenstellung S. 396!

[92] Vgl. die weiteren Belege S. 393!

[93] Von »Häusern« war bislang gar nicht die Rede. Der Begriff wird nur *ad hoc* eingeführt.

[94] Vgl. die Belegesammlung S. 394!

[95] Vgl. S. 394!

[96] Wie bei v. 19, vgl. S. 207f.

[97] Vgl. die Zusammenstellung S. 397f.!

[98] Weitere Belege zum Konzeptcharakter der Harmonie s. S. 402!

[99] Weitere Belege für das mangelnde Verständnis des Redaktors gegenüber der geschichtlichen Situation s. S. 398f.!

Hagelschlag infolge Stabmanipulation!

9 22-24*

Seinem paränetischen Anliegen zugut tat R^JE^ in v. 20f. etwas voreilig so, als sei die Hagelplage schon in Gang gekommen[100]. Rücksicht auf das Quellenmaterial bewog ihn dann aber, erst in v. 22-24 über ihr Eintreten zu berichten: »Da sagte Jahwe zu Mose: Recke deine Hand aus zum Himmel, damit ein Hagel entstehe im ganzen Land Ägypten (... *n^e^ṭē 'æt jad^e^ka 'ăl hăššamăjim wîhî barad b^e^kål 'æræṣ miṣrajim*) ...[101] und auf alles Gewächs des Feldes im Land Ägypten (*w^e^'ăl kål 'eśæb hăśśadǣ b^e^'æræṣ miṣrajim*). | Da reckte Mose seinen Stab aus zum Himmel (*wăjjeṭ ... 'ăl hăššamăjim*), und Jahwe gab Donner und Hagel, und es ging Feuer zur Erde (*w^e^jăhwǣ natăn qolot ûbarad wăttih^a^lăk 'eš 'arṣā*). Jahwe ließ Hagel regnen auf das Land Ägypten (*wăjjămṭer jăhwǣ barad 'ăl 'æræṣ miṣrajim*). | Und es entstand ein Hagel, und Feuer wurde hin- und widergenommen in dem Hagel (*wăj^e^hî barad w^e^'eš mitlăqqăḥat b^e^tôk hăbbarad*) — ein sehr schwerer, wie keiner gewesen ist im ganzen Land Ägypten, seitdem es zu einem Volk geworden ist (*kabed m^e^'od '^a^šær lo' hajā kamohû b^e^kål 'æræṣ miṣrăjim me'az haj^e^tā l^e^gôj*).«

Das Angeführte ist allerdings nicht mehr ganz identisch mit dem Bericht des R^JE^. Begriffe in der Harmonie, welche die Stabmanipulation betrafen, hat der Endredaktor des Pentateuchs durch Korrelate von P ersetzt[102]: *n^e^ṭē/wăjjeṭ* steht wahrscheinlich für (*qăḥ b^e^jad^e^ka* ...) *wăh^a^rîmôta*/(*wăjjiqqăḥ b^e^jadô* ...) *wăjjaræm*. Auch *jad^e^ka* kam möglicherweise erst durch R^P^ herein[103]. Dem Vorbild von P entspricht ferner *'ăl* ... als präpositionale Ergänzung von *nṭh* qal[104]. Daß der Stab sich gegen den »Himmel« zu richten habe, mag aber schon R^JE^ und vor ihm E erzählt haben[105].

Äußerer und innerer Zusammenhang von 9 22-24*

Der Befehlsbericht *wăjjo'mær jăhwǣ 'æl mošǣ n^e^ṭē 'æt jad^e^ka 'ăl hăššamăjim* 22aαβ weist zurück auf eine der bei E üblichen[106] Anweisungen Jahwes, Mose solle seinen Stab anwenden[107], für welche der deuteronomistische Redaktor bislang höchstens einmal, nämlich hinter 7 29, wo jetzt eine Lücke im Textbestand der Harmonie klafft, eine sinngetreue Verwendung hatte, nicht aber bei den anderen Plagen-

[100] Weitere Belege für die akzidentielle Kompositionsweise s. S. 399ff.!

[101] *'ăl ha'adam w^e^'ăl hăbb^e^hemā* 22bα ist jüngere Glosse, vgl. S. 207 Anm. 66.

[102] Vgl. dazu S. 9f.

[103] Vgl. *ûn^e^ṭē jad^e^ka* 7 19 P und Entsprechendes in 8 1f. 13 P.

[104] Vgl. *'ăl mêmê miṣrăjim* ... 7 19 *'ăl hănn^e^harot* ... 8 1 P.

[105] Hieß es *w^e^hikkîta 'æt hăššamăjim*? Vgl. *wăjjăk 'æt hămmăjim* 7 20 E.

[106] Vgl. S. 9f.

[107] Der Vorgang war, den erhaltenen Analogien nach zu schließen, durch *lqḥ* qal + *b^e^jad* + suff. sowie durch *rwm* hi. und *nkh* hi. ausgedrückt.

geschichten[108]. Wann und wo Mose den Befehl bekam, hatte der Nordreicherzähler gewiß noch bemerkt oder wenigstens angedeutet; von R^{JE} dagegen erfuhr man es so wenig wie jetzt von R^{P}. Nicht nur hinter der ins Erbauliche abschweifenden Vorwegnahme v. 20f., sondern auch nach der Bestellung Moses zum Gottesboten v. 13-19 erscheinen die Angaben von v. 22 unvorbereitet. Man sieht weder, wie der Boten- und der Manipulationsauftrag zusammenhängen, noch ob sie bei gleicher oder verschiedenen Gelegenheiten an Mose ergingen. In der elohistischen Grunderzählung ergab sich der Manipulationsauftrag irgendwie daraus, daß Pharao die geforderte Entlassung des Gottesvolks (v. 13) verweigerte — oder etwa schon daraus, daß Jahwe die Verweigerung planend vorhersah und einkalkulierte? Letzteres war anscheinend bei der elohistischen Blutplagengeschichte der Fall[109]. Mose erhielt dort den Boten- und den Manipulationsauftrag offenbar auf einmal, denn er führte sie auch bei derselben Gelegenheit aus: anläßlich des Zusammentreffens mit Pharao am Ufer des Nils.

10 12f. 21f.

An unserer Stelle und entsprechend bei 10 12f. 21f. ist aber eher mit dem anderen Fall zu rechnen, daß Mose die Stabanwendung erst befohlen wurde, nachdem er sich seines Botenauftrags entledigt und Pharao ihm eine Abfuhr erteilt hatte. Und zwar aus dem Grunde, weil hier auf den Manipulationsbefehl sogleich der Bericht über dessen Ausführung folgt. Diese Anordnung, die keinen Zwischenraum läßt für einen Bericht über die Übermittlung der Jahwebotschaft an Pharao und über dessen Weigerung, kann nicht gut erst von R^{JE} rühren — der war für eine solche Systematisierung nicht begabt! —, aber auch kaum von R^{P}, denn dieser beschränkte sich allem nach auf begriffliche Verbesserungen[110]. Sie geht vielmehr wohl auf die alte Nordreichquelle zurück. Demnach hätte E zuerst den Botenauftrag an Mose gebracht, dann dessen Durchführung und die Weigerung des Königs, und schließlich den Manipulationsbefehl samt Ausführung und damit den Anbruch der neuen Plage.

Auch innerhalb von v. 22-24* sind die Gedanken wenig folgerichtig geführt. Angeblich soll der Hagel entstehen »*im* (*b^e*) ganzen Land Ägypten« und »*auf* (*ʿăl*) alles Gewächs des Feldes im Land Ägypten« 22. Hier sind anscheinend wesensverschiedene Bestimmungen künstlich zusammengespannt[111]. Selbst R^{JE} wurde sich des zeugmatischen

[108] Also nicht bei 7 17f. 20aβ-b 8 20 9 6.

[109] S. S. 135.

[110] An mehr ist nicht zu denken, weil v. 13-34 sonst keine Einflüsse aus P aufweisen und weil v. 22-24 ihrerseits noch deutlich auf Aussagen von R^{JE}, J und E basieren.

[111] An eine Veränderung der Präpositionen durch den späten Glossator (vgl. Anm. 101) ist nicht zu denken. Bei R^{JE} findet man noch öfter Beispiele eines abrupten Wechsels in der Konstruktion, vgl. S. 398!

Charakters dieser Aussage bewußt: Er heftete die disparaten Glieder zusammen mit Hilfe der Stichwort-Klammer[112] *be(. . .) 'æræṣ misrăjim.* Die faktische Wirkung der Stabmanipulation sieht nach v. 23 etwas anders als die geplante aus: Es »*wurde*« nicht »ein Hagel im ganzen Land Ägypten«, sondern »Jahwe *gab* Donner und Hagel«. Außerdem »ging Feuer zur Erde«. Obendrein hat Jahwe dann noch »Hagel *regnen* lassen auf das Land Ägypten«. Diese Angaben von v. 23 stimmen also nicht nur nicht zum Wortlaut des Vorhabens 22, sie sind auch untereinander nicht recht ausgewogen. Zweimal ist darin vom Kommen des Hagels die Rede. V. 24aα notiert es gar noch ein drittes Mal: *wăjehî barad.* Diese Notiz nimmt als Ausführungsbericht die Zweckangabe *wîhî barad* 22 auf; nicht mehr berücksichtigt wird deren Ergänzung *bekål 'æræṣ misrăjim* usw. An ihrer Statt bringt v. 24aβγ eine weitere unvorhergesehene Neuigkeit: *we'eš mitlăqqăḥăt betôk hăbbarad.* Allerdings war vom Kommen des Feuers schon die Rede: *wăttihalăk 'eš 'arṣā* 23aδ; neu an v. 24aβγ ist jedoch die Art seines Erscheinens. Hinter 24aγ bemerkt man eine Zäsur. Zwar will *kabed me'od* 24bα als Attribut von *hăbbarad* 24aγ verstanden sein, dagegen steht aber, daß es entgegen der Regel indeterminiert bleibt[113]. V. 24bα möchte über den »Hagel« Bedeutsames aussagen, wohingegen v. 24aγ ihn nur am Rande erwähnt. Und weiter: *kabed me'od* läßt realistisch die Möglichkeit offen, daß Ägypten schon ähnlich schlimme Hagelschläge erlebt hat. Demgegenüber will die angeschlossene Erstmaligkeitsaussage[114] *'ašær lo' hajā kamohû bekål 'æræṣ miṣrăjim me'az hajetā legôj* 24bβγ diese Möglichkeit gerade ausschließen[115]. Die Verfasser der alten Quellen pflegten bei ihrem Erzählen schlicht und konsequent dem Ablauf der erzählten Geschehnisse zu folgen; Ungereimtheiten wie die eben verzeichneten wären ihnen nicht unterlaufen. Im Werk ihres deuteronomistischen Zusammenarbeiters jedoch bilden sie den Regelfall[116].

Herkunft der Bestandteile von 9 22-24*

Der eben bemerkte Mangel an Folgerichtigkeit ist der eigentümlich assoziierenden Denkweise des Redaktors[117] in Rechnung zu stellen. Gleichzeitig wirkt in ihm die Heterogenität der in v. 22-24* vereinigten Aussagen nach. Was den elohistischen Ursprung und Zusammenhang der Bemerkungen über die Anwendung des Zauberstabs betrifft, so wurde oben[118] schon das Nötige gesagt. Klar ist nach v. 18a* J auch

---

112 Zur Rolle der Stichwörter bei R^{JE} vgl. die Zusammenstellung S. 399!

113 Andere grammatikalisch-syntaktische Fehler von R^{JE} s. S. 398!

114 Vgl. v. 18b R^{JE}!

115 Gemäß den Verhältnissen in v. 18.

116 Vgl. die Zusammenstellung S. 397f. 399!

117 Vgl. die Belegesammlung S. 399ff.!

118 S. 211f.

schon, daß *wăjjămṭer jăhwæ barad* 23 den Anfang des alten Ausführungsberichtes zur jahwistischen Plagenankündigung darstellt und daß das jetzt nach v. 24b versprengte *kabed me'od* eigentlich hinter *barad* 23 stehen müßte: »Da ließ Jahwe regnen einen sehr schweren Hagel.« Dieser Bemerkung gingen im Bericht der Quelle zwei Szenen voraus: die Beauftragung Moses als Boten und sein Auf- und wieder Abtreten beim König. Aus J datiert ferner der Ausdruck *kål 'eśæb hăśśadæ*[119] 22, vielleicht samt dem vorauslaufenden (*we*)*'ăl*. In diesem Fall hätte man (*we*)*'ăl kål 'eśæb hăśśadæ* als alte Fortführung von *wăjjămṭer jăhwæ barad kabed me'od* bzw. als ein Stück dieser Fortführung zu verstehen. Wegen der Verhältnisse in v. 25[120] bleibt dies jedoch fraglich.

Die Komplementärstücke *wîhî barad* 22aγ und *wăjehî barad* 24aα nehmen sich aus wie eine Dublette zu dem jahwistischen Aussagenpaar *hinenî mămṭîr ... barad* 18 + *wăjjămṭer jăhwæ barad* 23. Darf man daraus schließen, daß sie in der anderen Quelle beheimatet sind? Die Frage kann, wenn überhaupt, für 22aγ höchstens bedingt bejaht werden. Ein Hinweis auf die eventuell neu hinzutretende Plage fand sich bei E ja schon innerhalb der Gottesbotschaft an Pharao, so daß Mose nicht mehr mitgeteilt zu werden brauchte, wozu er den Stab anwenden solle[121]. Nach E konnte ein Hagel ja auch nicht gut, wie es jetzt in 22aγ heißt, »im ganzen Land Ägypten« fallen, denn ein Teil von Ägypten, nämlich die *'æræṣ gošæn*, mußte gewiß wieder ausgespart werden[122]. Wahrscheinlich — und dieses Bedenken wendet sich auch gegen v. 24aα — hätte der Nordreicherzähler den Vorgang auch nicht so platt ausgedrückt: Das Allerweltswort *hjh* qal sieht eher dem Verarbeiter gleich[123], und seinem Stil entspricht auch das gesucht kraftvolle *bekål 'æræṣ miṣrăjim*[124]. Gegen die Annahme, daß 22aγ + 24aα aus E übernommen sind, spricht schließlich noch die sachliche Übereinstimmung dieser Angaben mit den Aussagen von J. Sollten die konkurrierenden Quellenberichte wirklich gleichermaßen von einem »Hagel« erzählt haben?

In diesem Zusammenhang fällt nun auf, daß es zu *wăjjămṭer jăhwæ barad* 23 J außer dem anscheinend nur redaktionellen *wăjehî barad* 24 noch eine weitere Entsprechung gibt: das beiden vorauslaufende *wejăhwæ natăn qolot ûbarad* 23aβγ. Das Subjekt steht vornean, ohne daß diese Stellung etwas Besonderes zu bezwecken hätte. Darin

---

119 Vgl. Gen 2 5* 3 18b* J!

120 Dazu s. S. 216f.

121 Vgl. die entsprechenden, genauer ausgeführten Überlegungen S. 141 zu 7 17 (Ende).

122 Dies geht aus v. 26 hervor, vgl. dazu S. 217f.

123 Vgl. die Zusammenstellung der R^{JE}-Belege S. 394!

124 Dasselbe schon in 8 20 (9 14) R^{JE}! Zu *kål* vgl. die weiteren Belege S. 394f.!

tritt doch wohl wieder einmal die Neigung des Redaktors[125] zutage, den Aussagen die syntaktische Anordnung von Nominalsätzen zu geben selbst dann, wenn sie eine einfache Aktion wiedergeben[126]. Möglicherweise stammt das etwas gemeine *ntn* qal ebenfalls erst von ihm[127]. Dagegen kam er schwerlich von sich aus auf die Idee, dem »Hagel« weitere meteorologische Erscheinungen beizugesellen, nämlich *qolot* »Stimmen«, d. h. Donnerschläge. Wo aber Donner ertönt, da sieht man auch Blitze; das angeschlossene *wättih*^{a}*lăk 'eš 'arṣā* 23aδ gründet sich offenbar auf dasselbe alte Vorstellungsgut. Das farblose *hlk* qal, in der nur dem Späthebräischen erträglichen imperf.I-Form[128] erscheinend, hat allerdings vielleicht erst der Redaktor eingebracht.

9 33

Aber *'arṣā* schrieb er nieder im Anschluß an eine vorgefundene Notiz, von der in *nittăk 'arṣā* 33[129] noch etwas mehr anklingt, und über die *'eš* bringt v. 24aβγ noch eine genauere, eigenartige und, wenigstens im Kern, sicher auch quellenhafte Angabe: *w*^{e}*'eš mitlăqqăḥăt b*^{e}*tôk hăbbarad*. Sie ähnelt verblüffend der »sich hin- und herwendenden Schwertflamme« (*lăhăṭ hăḥæræb hămmithăppækæt*) von Gen 3 24 E. Zugleich nimmt in ihr die sich abzeichnende Szenerie beinahe gespenstische Züge an.

9 28

Es hätte des förmlichen *qolot '*^{æ}*lohîm* von v. 28 kaum bedurft: Auch ohnedies würde man die bezeichneten Erzählungsmomente auf den Elohisten zurückführen. Sein Plagenbericht bezog sich anscheinend auf ein Unwetter, in welchem der Hagel nur (oder höchstens) einen Faktor neben anderen darstellte.

Die Erstmaligkeitsaussage *'*^{a}*šær lo' hajā kamohû b*^{e}*kål 'æræṣ misrăjim me'az haj*^{e}*tā l*^{e}*gôj* 24bβγ will ganz wie ihre Entsprechung in v. 18b R^{JE}[130] das jahwistische *kabed m*^{e}*'od* in den Schatten stellen. Sie bezieht sich auf denselben Hagel und hätte darum eigentlich gleich zu lauten wie jene. Aber ihr gemeinsamer Verfasser hielt nichts auf die Sitte seiner Vorgänger, Gleiches mit gleichen oder wenigstens vergleichbaren Worten zu bezeichnen. Die Begriffe zu 24bβγ holte er sich aus seinem eigenen dürftigen Wortschatz hervor: Relativpartikel *'*^{a}*šær*[131], zweimal

---

125 Vgl. die Belege S. 395f.!

126 Tempus und Modus von *w*^{e}*jăhwæ natăn* sind durchaus gleich wie bei dem folgenden *wättih*^{a}*lăk 'eš*.

127 Weitere R^{JE}-Belege s. S. 394!

128 Vgl. noch *tih*^{a}*lăk* Ps 73 9 und *jăh*^{a}*lokû* Hi 41 11.

129 Genaueres dazu s. S. 224.

130 Vgl. dazu S. 206.

131 Vgl. die Belegesammlung S. 394!

das vulgäre *hjh* qal[132], zum Übertreiben[133] tendierendes *bekål 'æræṣ miṣrăjim*[134], zusammengesetzte Konjunktion *me'az*[135].

Der vom Hagel verursachte Schaden

9 25

V. 25 führt aus, welchen Schaden der Hagel angerichtet hat: *wăjjăk hăbbarad bekål 'æræṣ miṣrăjim 'et kål 'ašær băśśadǣ* ...[136] *'et kål 'eśæb hăśśadǣ hikkā hăbbarad we'æt kål 'eṣ hăśśadǣ šibber* »und der Hagel zerschlug im ganzen Land Ägypten alles, was auf dem Felde war ... ; alles Gewächs des Feldes zerschlug der Hagel und alles Gehölz des Feldes zerbrach er«. Dabei wird offensichtlich auf jahwistisches Begriffsmaterial zurückgegriffen: *kål 'ašær băśśadǣ*[137] — hier vermißt man die bei J nach dem *'ašær* übliche Angabe eines Besitzers! —, *kål 'eśæb hăśśadǣ*[138] und dann wohl auch *kål 'eṣ hăśśadǣ*[139]. Die Wiederaufnahme von *wăjjăk hăbbarad* durch *hikkā hăbbarad* wurde schwerlich erst durch die späte Glosse[140] veranlaßt. Vielmehr sollte *'et kål 'eśæb haśśadǣ hikkā hăbbarad* schon in der Harmonie als Gegenstück erscheinen zu *we'æt kål 'eṣ hăśśadǣ šibber*: Das eine »zerschlug« der Hagel, das andere »zerbrach« er. Die beiden Angaben sollten zusammen das vorauslaufende *wăjjăk hăbbarad ... 'et kål 'ašær băśśadǣ* erläutern, oder dieses hatte umgekehrt jene vorweg zusammenzufassen.

Daß *kål 'eśæb hăśśadǣ* schon bei J als Objekt von *nkh* hi. diente, ist mit guten Gründen nicht zu bezweifeln. Die Verbindung entspricht ja der Natur der Sache. Analog ist über *šbr* pi. + *'æt kål 'eṣ hăśśadǣ* zu urteilen. Auf keinen Fall aber hatte das Stilempfinden des alten Erzählers schon die ungeschickte Doppelverwendung von *nkh* hi. zugelassen. *kål 'ašær băśśadǣ*, was jetzt in v. 25 dem ersten *nkh* hi. zum Objekt dient, war von Haus aus eher als ein zuvor genannte Dinge Abrundendes verwendet[141] denn als vorauslaufende Zusammenfassung. Der derzeitige Trend vom Allgemeinen zum Besonderen mag mit der Einführung von *bekål 'æræṣ miṣrăjim*[142] zusammenhängen,

[132] Vgl. S. 394!

[133] Vgl. die Zusammenstellung S. 394f. 397!

[134] Diese Ortsangabe schon in 8 20 9 22 RJE!

[135] Vgl. die weiteren Belege S. 394!

[136] *me'adam we'ăd behemā we* hat der aus v. 19bα. 22bα und Gen 2 20 3 14 schon bekannte Glossator ergänzt.

[137] Vgl. S. 207f. 209.

[138] Vgl. dazu S. 214.

[139] Es kann dazu an *kol śîaḥ hăśśadǣ* Gen 2 5* J erinnert werden. In jedem Fall ist der Begriff des *śadǣ* für J charakteristisch (vgl. die Zusammenstellung S. 379!)

[140] S. Anm. 136.

[141] Vgl. unter diesem Gesichtspunkt die S. 207ff. angeführten Parallelen.

[142] Schon gehabt in 8 20 9 22. 24b RJE!

das sich zwischen Verbum und Objekt einzwängt: Erst nachdem er nach seiner Art[143] den Mund etwas vollgenommen hatte 25aαβ, ließ der Komponist die Detailangaben seiner J-Vorlage zur Geltung kommen 25b.

Fragen der Anordnung jahwistischer Angaben

Wie J seine Aussagen geordnet, läßt sich nach dem Bemerkten nur noch vermutungsweise klären. Auf *wăjjămṭer jăhwǣ barad kabed meʾod* »da ließ Jahwe einen sehr schweren Hagel regnen« 23b + 24bα folgte jedenfalls einmal *wăjjăk* (*hăbbarad*) *ʾet kål ʿeśæb hăśśadǣ* »und er (bzw. und der Hagel) zerschlug alles Gewächs des Feldes«, wahrscheinlich sogar unmittelbar. Schloß sich dann als weiteres Objekt noch *weʾet kål ʾašær băśśadǣ* »und alles, was auf dem Felde war« an? Wohl kaum, denn dahinter hätte *wăješăbber ʾæt kål ʿeṣ hăśśadǣ* »und er zerbrach alles Gehölz des Feldes« keinen angemessenen Platz mehr gefunden. Vielleicht hatte das zweite Objekt (zu *wăjjăk*) *weʾæt kål ʾeṣ hăśśadǣ* »und alles Gehölz des Feldes« gelautet, und dann kam *wăješăbber ʾet kål ʾašær baśśadǣ* »und er zerbrach alles, was auf dem Felde war«. Möglich ist aber auch, daß das *kål ʾašær . . . băśśadǣ* sich nur in der Ankündigung Jahwes (vgl. v. 18*. 19*) fand, wo nach *ʾašær* auch die sonst übliche Besitzerangabe, d. h. in diesem Fall *leka*[144], Platz hatte. *kål ʿeśæb hăśśadǣ* und *kål ʿeṣ hăśśadǣ* wären dann nur im Ausführungsbericht (vgl. v. 25*) vorgekommen. Sicheres hinsichtlich der Anordnung der Aussagen bei J läßt sich nicht mehr ausmachen. Die Intensität der Redigierung setzt nun einmal der Rekonstruktion der Quellenberichte unüberschreitbare Grenzen.

Die Plage traf doch nicht ganz Ägypten!

9 26

Nachdem v. 25 eben erst betont hat, die Schäden des Hagels seien »im ganzen Land Ägypten« aufgetreten, statuiert v. 26 doch noch eine Ausnahme: *răq beʾæræṣ gošæn ʾašær šam benê jiśraʾel loʾ hajā barad* »nur im Lande Gosen, wo die Israeliten waren, wurde kein Hagel«. Die Vorstellung, daß Gosen als Wohnsitz der Israeliten von der Plage ausgenommen war, geht wie bei 8 18[145] auf E zurück. Für diesen Erzähler ist ja auch die Verbindung von *ʾæræṣ* mit einem nomen territorii charakteristisch[146]. *răq* ist wohl ebenfalls aus der E-Vorlage übernommen[147]. Im übrigen hat der Verarbeiter die tradierte Idee

---

143 Vgl. S. 397!

144 Ist noch erhalten in v. 19aγ J.

145 Vgl. S. 178f.

146 Vgl. die Belegesammlung S. 385!

147 Vgl. *răq* in 8 24 E!

aber in seine eigenen Worte gefaßt: *'ašær*[148], *śjm* qal[149], *hjh* qal[150]. *'ašær šam benê jiśra'el* erinnert an *'ašær 'ămmî 'omed 'alǽha* 8 18 R JE[151]. *hajā barad* entspricht dem *wîhî/wăjehî barad* von v. 22. 24 R JE. Da der Komponist die Art hatte, die Gedanken um akzidentielle Punkte herum zu kristallisieren[152], wurde er des Widerspruchs zwischen v. 25 und v. 26 kaum ansichtig.

Ein Schuldbekenntnis Pharaos

9 27

Die Verhältnisse zwingen den König zum Nachgeben: »Da sandte Pharao hin und rief Mose und Aaron und sagte zu ihnen (*wăjjišlăḥ ... wăjjiqra' lemošæ ûle'ăharon wăjjo'mær 'alehæm*): Ich habe dasmal gesündigt; Jahwe ist im Recht und ich und mein Volk sind im Unrecht (*ḥaṭa'tî hăppă'ăm jăhwæ hăṣṣăddîq wă'anî we'ămmî hareša'îm*)« 27. Dem liegt eine elohistische Notiz zugrunde, die noch so gelautet hatte: *wăjjiqra' păr'ō 'æl mošæ*[153]. *wăjjišlăḥ* ist eine ungenaue[154] und überflüssige Zutat des Redaktors[155], *le* sein Ersatz für originäres *'æl*[156]. Kennzeichnend für seine Bearbeitung ist auch das Streben, Aaron an dem Tun Moses zu beteiligen[157]: *ûle'ăharon*. Bei E war Mose allein der Gerufene und darum auch allein der Angeredete: *'elâw* statt des gegenwärtigen *'alehæm*. Pharaos Rede wurde nicht durch ein Schuldbekenntnis eröffnet, sondern kam gleich zur Sache, indem sie der absoluten Entlaßforderung Jahwes um einen weiteren Schritt entgegenkam[158]. Pharao fügte sich dabei nicht etwa einer inneren Einsicht, nicht einmal zum Schein, sondern nur dem verstärkten Druck seines Widersachers.

Das Schuldbekenntnis *ḥaṭa'tî hăppă'ăm jăhwæ hăṣṣăddîq wă'anî we'ămmî hareša'îm* ist reichlich allgemein ausgefallen[159]. Es basiert mit seinem *hăppă'ăm*[160] auf der erst von R JE vertretenen Anschauung, daß Pharao zu wiederholten Malen wortbrüchig geworden sei[161].

---

148 Vgl. die weiteren Belege S. 394!

149 Vgl. S. 394!

150 Vgl. S. 394!

151 Vgl. dazu S. 177.

152 Vgl. die Zusammenstellung S. 399ff.!

153 Vgl. S. 182 zu 8 21.

154 Wen Pharao gesandt haben soll, wird nicht gesagt.

155 Vgl. *wăjjišlăḥ* 7 *šelăḥ* 19 RJE!

156 Vgl. S. 182.

157 Vgl. die Zusammenstellung S. 406!

158 Vgl. S. 184ff.

159 Vgl. die Zusammenstellung der Belege S. 391ff.!

160 Zu *pă'ăm* als Modewort von RJE vgl. die Zusammenstellung S. 395! Zum damit ausgesprochenen Rückbezug vgl. S. 397!

161 Vgl. zuletzt S. 193 zu 8 28.

Der ägyptische König wird am Maßstab deuteronomistischer Moral gemessen[162]. In diesem Zusammenhang legt R^JE^ eine gewisse Vorliebe für den Begriff *ḥṭ'* an den Tag[163], und auch der Gegensatz *ṣăddîq—rašaʿ* steht hier nicht beispiellos da[164]. Seltsamerweise will sich der König nur für »dasmal« ins Unrecht setzen. Das klingt, als behalte er sich die Rechtlichkeit seines früheren Tuns vor. Aber an diese Konsequenz seiner Ausdrucksweise hat der Redaktor kaum gedacht. Auch die Rede von einer Mitschuld des pharaonischen »Volks« ist nicht ganz durchdacht[165].

Fürbittemotiv und Entlaßmotiv kombiniert

9 28

Etwas unvermittelt geht die Rede des Königs von dem Schuldbekenntnis 27 zu einer Bitte über: »Flehet zu Jahwe (*hăʿtîrû 'æl ăhwæ*), und genug des Entstehens von Donnerschlägen Gottes und Hagel (*wᵉrăb mihjot qolot 'ᵃlohîm ûbarad*)! Dann will ich euch entlassen, und ihr braucht nicht länger dazubleiben (*wă'ᵃšăllᵉḥā 'ætᵉkæm wᵉlo' to'sipûn lăʿᵃmod*)« 28. V. 28a gibt eben ein Stück Rede wieder, das der Komponist so unverbunden schon vorgefunden hatte: Die jahwistische[166] Bitte um Fürsprache *hăʿter 'æl jăhwæ*[167] bildete noch den *Anfang* einer Königsrede. Der alte Erzähler fuhr vermutlich wieder[168] mit *wᵉjaser. . .* » daß er entferne . . .« fort. Über diese Fortsetzung erfahren wir so wenig wie über die Umstände, unter welchen nach J die Nachbegegnung zustandekam.

8 4

Die Weise, wie der Redaktor die jahwistische Bitte um Fürsprache in seine Neukomposition einbezog 28, war in 8 4 schon einmal da[169]. Auch dort war es der von Pharao gerufene Mose (E), der die Bitte zu hören kriegte. Und als Lohn für die Fürbitte wurde ihm schon dort die elohistische »Entlassung« des Volks verheißen. Unser *wă'ᵃšăllᵉḥā 'ætᵉkæm* entspricht dem dortigen *wă'ᵃšăllᵉḥā 'æt haʿam*. Ursprünglich hatte »Pharao« seine Entlaßzusage an eine ganz anders geartete Bedingung geknüpft, die die Entlassung selbst beschnitt, statt Mose

---

[162] Vgl. insofern *wᵉḥăṭṭa't* 5 16 *hatel* 8 25 *mistôlel* 9 17 R^JE^!

[163] Vgl. die weiteren Belege S. 392!

[164] Vgl. Gen 18 23ff. R^JE^!

[165] Weitere Belege für logische Mängel bei R^JE^ vgl. S. 398f.!

[166] Vgl. S. 161.

[167] Vgl. S. 160 und beachte das noch singularische *'ăʿtîr* 8 5 *wᵉhăʿtărtî* 8 25. — Ähnlich (und aus demselben Grunde) unverbunden stand *hăʿtîrû* 8 24 da.

[168] Vgl. 8 4 sowie 10 17 J.

[169] S. S. 159ff.

zu einer paradoxen[170] Vorleistung zu verpflichten. R^JE hat uns diese Bedingung vielleicht deshalb nicht mehr verraten, weil sie sich mit seiner Konzeption eines (scheinbar) reumütigen Königs schlecht vereinbaren ließ; zudem lag ihm nichts an der elohistischen Idee eines schrittweisen Entgegenkommens von Pharao[171]. So können wir darüber, im Anschluß an die erhalten gebliebenen Analogieaussagen[172], nur noch vage Vermutungen anstellen, etwa die, daß Pharao die an sich zugestandene Entlassung noch davon abhängig machte, daß die Abziehenden sich von einer ägyptischen Truppe eskortieren lassen.

Zwischen der Bitte *hăʿtîrû ʾæl jăhwǣ* 28aα und dem Versprechen *wăʾᵃšăllᵉḥā ʾætᵉkæm* 28bα wirkt *wᵉrăb mihjot qolot ʾᵃlohîm ûbarad* 28aβγ wie ein locker sitzender Einschub. Nichtsdestoweniger drückt es einen wesentlichen Gedanken aus: Der König erinnert hier an den Effekt, den er sich von Moses Gebet erhofft und von dem natürlich auch die Gültigkeit seines Versprechens mit abhängt. Offensichtlich ist es dem Redaktor nicht gelungen, das, was er sagen wollte, in eine der Bedeutung des zu Sagenden angemessene Fassung zu bringen[173]. *mihjot* ... *(û)barad* entspricht seinem *wîhî/wăjᵉhî barad* 22. 24 *loʾ hajā barad* 26. Die Vorstellung von »Stimmen Elohims«, die den Hagel begleitet haben sollen, entnahm er doch wohl der elohistischen Vorlage[174]. Die Reihenfolge *qolot* + *barad* wird noch von v. 23. 29. 33 bezeugt; in v. 34 dagegen ist sie umgekehrt.

wᵉloʾ tosipûn lăʿᵃmod 28bβ sieht aus wie eine ins Negative gewandte Analogiebildung[175] zu dem auf E basierenden *wăʾᵃšallᵉḥā ʾætᵉkæm* 28bα. Der Komponist wollte damit einen Rückbezug[176] herstellen auf die Einschränkungen, die Pharao in 8 21b. 24aγ geltend machen wollte, als er die Entlassung des Volks zugestand: Diesmal soll das Volk nicht mehr im Lande oder an der Landesgrenze bleiben müssen! Damit berücksichtigt er wenigstens andeutungsweise die Anschauung seines elohistischen Gewährsmannes, die besagte, daß Pharao bei jeder weiteren Nachbegegnung Jahwes Entlaßforderung einen Schritt nähertrat[177]. *jsp* hi.[178] und *ʿmd* qal[179] werden von R^JE öfter gebraucht.

---

[170] Vgl. dazu schon S. 160.

[171] Vgl. 3 19f. 7 23 8 4 R^JE.

[172] S. 8 21f.*. 24* 10 11*. 24a E.

[173] Vgl. die Zusammenstellung S. 397ff.!

[174] Vgl. S. 214f. Zum Sprachgebrauch vgl. *hăr haʾᵆlohîm* 3 1 *măṭṭē haʾᵆlohîm* 4 20 E.

[175] Vgl. die weiteren Belegstellen S. 398!

[176] Vgl. S. 397!

[177] Vgl. dazu S. 184f.

[178] Vgl. die weiteren Belege S. 397!

[179] Kam schon in 3 5 8 18 R^JE vor!

Mose sagt die gewünschte Fürbitte zu

9 29a

Dem jahwistischen Vorbild gemäß[180] erklärt Mose — er allein! — sich nunmehr bereit, dem Wunsch des Königs zu willfahren: »Da sagte Mose zu ihm: Wenn ich die Stadt verlasse (*wăjjo'mær 'elâw mošǣ keṣe'tî 'æt ha'îr*), so will ich meine Hände zu Jahwe ausbreiten (*'æproś 'æt kăppăj 'æl jăhwǣ*)« 29a. In 8 25 war die Fürbittezusage ähnlich datiert: *hinnē 'anokî joṣe' me'immak wehă'tărtî 'æl jăhwǣ*[181]. Aber während jener Zeitangabe der elohistische Ereignisbericht *wăjjeṣe' mošǣ me'im păr'ō* zugrundeliegt, hängt unsere gegenwärtige von dessen jahwistischer Entsprechung *wăjjeṣe' mošǣ 'æt ha'îr* ab[182]. Der jahwistische Mose hatte sein Gebet doch wohl wieder[183] auf den morgenden Tag (*maḥar*) angesetzt. Für das nach v. 28aα auch an unserer Stelle zu erwartende *'ă'tîr*[184] heißt es *'æproś 'æt kăppăj*.

9 33

Dazu stimmt dann auch der Ausführungsbericht 33aβ: *wăjjiproś kăppâw* »und er breitete seine Hände aus«. Der alte Südreicherzähler hatte sich sonst befleißigt, Gleiches mit den gleichen Worten auszudrücken. Daß er es hier anders gehalten haben sollte, ist nicht anzunehmen: Erst sein Verarbeiter ging von *'tr* qal bzw. hi. ab und alternierte. Nach Lage der Dinge wird man es kaum als Zufall betrachten, daß die unserem Stoff am nächsten liegenden Belegstellen für die Wendung *prś* qal + *kăppê* + suff. in deuteronomistische Zusammenhänge eingebettet sind[185]. Offenbar ist *'æproś 'æt kăppăj* ganz wie das *wăjjiṣ'ăq* von 8 8 R^JE dazu bestimmt, das altertümliche *'tr* des Jahwisten durch ein der Zeit des Redaktors geläufiges Synonymon zu ersetzen.

Der vorgesehene Effekt der Fürbitte

9 29b

Schon im jahwistischen Grundbericht hatte Mose im Anschluß an seine Fürbittenzusage angekündigt, was seine Fürbitte bewirken werde[186]. Der also hergebrachten Vorstellung verlieh der Redaktor eine neue Gestalt: *hăqqolôt jæḥdalûn wehăbbarad lo' jihjǣ 'ôd lemă'ăn tedă' kî lejăhwǣ ha'aræṣ* »die Donnerstimmen werden aufhören und der Hagel wird nicht mehr sein, damit du erkennst, daß die Erde

[180] Vgl. S. 163ff. zu 8 5.

[181] Vgl. dazu S. 190.

[182] Vgl. dazu S. 122. Es handelt sich um einen Fall von »Übertragung«, vgl. dazu die Zusammenstellung S. 401f.!

[183] Vgl. 8 6* (dazu S. 164) und 8 25* (dazu S. 190).

[184] Vgl. 8 5. 25*.

[185] Es handelt sich um I Reg 8 22. 38. 54.

[186] Vgl. 8 7*. 25a* J.

Jahwe gehört« 29b. Zum Zweck des Quellenausgleichs blendete er das elohistische[187] *qolôt*-Motiv ein. In zwei Aktionssätzen erscheint das Subjekt vor sein jeweiliges Prädikat gerückt[188]. *barad* ist einmal mehr[189] mit *hjh* qal verbunden. *ʿôd* stellt einen Rückbezug[190] auf früher Erzähltes her. Die Jahweerkenntnis des Königs hatte v. 14 im Anschluß an J noch als Plagenziel ausgegeben[191]; jetzt dagegen soll sie sich auf einmal, ähnlich wie bei 8 6 R^{JE}[192], aus dem Erhörtwerden von Moses Gebet und damit aus der Beendigung der Plage ergeben. Das schlichte, gewichtige *kî ʾ^{a}nî jăhwǣ*, welches im Originalbericht den Gegenstand der Erkenntnis ausgemacht hatte, mußte wieder einmal[193] einer scheinbar bedeutsameren Aussage weichen: *kî l^{e}jăhwǣ haʾaræṣ*. Diese läßt die geschichtliche Situation dahinten[194]. Auch die zusammengesetzte Konjunktion *l^{e}măʿăn* wird man wieder dem Bearbeiter zuschreiben[195].

Mose bekundet ein inspiriertes Vorherwissen

9 30

Die Rede Moses schließt folgendermaßen ab: *w^{e}ʾăttā wăʿ^{a}badǣka jadăʿtî kî ṭæræm tîr^{e}ʾûn mipp^{e}nê jăhwǣ ʾ^{æ}lohîm* »aber du und deine Knechte — ich weiß, daß ihr euch vor Jahwe Elohim noch nicht fürchtet« 30. Erneut wird der ägyptische König am Maßstab jüdischer Moral gemessen[196]. *ṭæræm tîr^{e}ʾûn mipp^{e}nê jăhwǣ ʾ^{æ}lohîm* meint nicht etwa, im Sinne von E[197], die spontane Angst des Menschen vor dem Numinosen, sondern die deuteronomistische Tugend der Gottesfurcht[198]. Daß es mit dem vorauslaufenden *tedăʿ kî l^{e}jăhwǣ haʾaræṣ* 29b inhaltlich nicht zusammengeht, ist dem Verfasser von v. 30 offenbar entgangen: Seine Gedanken hüpfen gleichsam von Punkt zu Punkt, statt daß sie Punkte durch Linien verbinden[199]. V. 30 will im Spiegel von Moses inspirierter Vorherkenntnis[200] zeigen, daß Pha-

187 Vgl. S. 215.

188 Vgl. die Zusammenstellung S. 396!

189 Wie in v. 22. 24. 26 R^{JE}!

190 Vgl. die Zusammenstellung S. 397!

191 S. S. 202f.

192 Vgl. dazu S. 162.

193 Wie bei 8 6(. 18) 9 14 R^{JE}!

194 Vgl. die Zusammenstellung S. 398f.! *haʾaræṣ* meint doch wohl wie in v. 14 den ganzen Erdkreis.

195 Weitere R^{JE}-Belege s. S. 394!

196 Vgl. zuletzt S. 219.

197 Vgl. dazu S. 33.

198 Vgl. schon *hăjjareʾ* 9 20 R^{JE} sowie die Zusammenstellung S. 404f.!

199 Vgl. dazu die weiteren Belege S. 399ff.!

200 Unser *jadăʿtî* entspricht dem von Jahwe gesagten *jadăʿtî* von 3 20 R^{JE}; vgl. auch *jode^{a}ʿ* Gen 3 5 R^{JE}!

raos Sündenbekenntnis 27 R^{JE} lediglich eine Finte war, daß der König sich im Grunde immer noch intransigent verhalte[201], daß Jahwe noch weitere Schläge gegen ihn werde führen müssen. Zum Geschehen des fünften Plagenberichts trägt die ganze Bemerkung nichts bei[202]. Dafür ist sie förderlich für die Erbauung des Lesers[203]. *wᵉʼăttā wăʻᵃbadæ̂ka* steht etwas isoliert, syntaktisch nicht recht bewältigt[204], vornean. Wahrscheinlich blickt es zurück auf eine noch anders geartete Erzählnotiz des Elohisten, in welcher die Zweiergruppe »Pharao und seine Knechte«[205] vorkam. Die zusammengesetzte Präposition *mippᵉnê* begegnete schon in 8 20 R^{JE}[206]. Was unseren Deuteronomisten hier veranlaßt hat, wie einst am Anfang seiner Kompilation[207] die beiden Gottesbezeichnungen *jăhwæ* und *ʼᵉlohîm* zu verkoppeln, steht dahin; viel hat er sich dabei aber kaum gedacht.

Moses Fürbitte führt das Ende der Plage herbei

9 33

Mose löst sein Versprechen 29 ein: *wăjjeṣeʼ mošæ meʻim părʻō ʼæt haʻîr wăjjipros kăppâw ʼæl jăhwæ wăjjăḥdᵉlû hăqqolôt wᵉhăbbarad ûmaṭar loʼ nittăk ʼarṣā* »da verließ Mose, weg von Pharao, die Stadt und breitete seine Hände zu Jahwe aus. Da hörten die Donnerschläge und der Hagel auf, und es wurde kein Regen mehr zur Erde gegossen« 33. Was er über sein Weggehen bemerkt, ist *ad vocem jṣʼ* qal[208] zusammengearbeitet aus dem elohistischen *wăjjeṣeʼ mošæ meʻim părʻō* und seinem jahwistischen Analogon *wăjjeṣeʼ mošæ ʼæt haʻîr*[209]. Diese Angaben hatten an ihrem ursprünglichen Ort aber nicht eine Nach-, sondern die Hauptbegegnung ausgeleitet[210]. Allenfalls bei J wäre es denkbar, daß er das *wăjjeṣeʼ mošæ* zum Beschluß der Nachbegegnungsszenen noch einmal verwendet hätte. Aber die Voraussetzung dazu hätte ja sein müssen, daß der König von Ägypten den Mose zu sich in die Residenz bestellte. Solche Allüren konnte er sich als ein Bittsteller, der Jahwe als Urheber des Hagels erkennen mußte und nun auf Moses Fürsprache bei Jahwe angewiesen war, aber kaum leisten. Wahrscheinlich hatte er sich eher umgekehrt seinerseits zu Mose begeben.

---

[201] Vgl. insofern 7 16. 23 8 25 9 17 R^{JE}!

[202] Vgl. die Zusammenstellung S. 398f.!

[203] Weitere erbauliche Angaben von R^{JE} s. S. 403ff.!

[204] Weitere Beispiele dieser Art s. S. 397f.!

[205] Vgl. dazu S. 124f. Zu der »Übertragung« vgl. S. 401f.!

[206] Vgl. weiter die Belegesammlung S. 394!

[207] In Gen 2. 3.

[208] Zur Bedeutung der Stichwörter für R^{JE} vgl. die weiteren Belege S. 399!

[209] Vgl. dazu schon S. 122.

[210] Vgl. zu diesem Problem S. 171. 192.

Mithin sind die kompilierten Quellenelemente beide erst durch »Übertragung«[211] nach v. 33 gelangt.

Daß Mose die Fürbitte leistet und dadurch die Plage abwendet, entspricht dem jahwistischen Vorbild. In der Wahl der Ausdrucksmittel jedoch wich der Verfasser der Harmonie stark von seiner J-Vorlage ab. *wăjjiproś kăppâw . . . wăjjăḥdᵉlû hăqqolôt wᵉhăbbarad* ist im Anschluß an die redaktionelle Gestalt von v. 29 formuliert. Auf diese Weise kam wieder das elohistische *qolôt*-Motiv zur Geltung; das an sich dazugehörige Motiv des »Feuers« zu berücksichtigen, hat der Redaktor schon in v. 28. 29 vergessen. Beim Elohisten konnte von einem »Aufhören« des Donners und Hagels gar nicht die Rede sein. Mose hatte dort ja wieder die Bedingung zurückgewiesen, unter welcher Pharao allein bereit gewesen wäre, die Entlassung zu genehmigen[212]. So mußte die Plage, zusammen mit allen, die vor ihr eingetreten waren[213], ihren Fortgang nehmen. — *ûmaṭar lo' nittăk 'arṣā* kommt einigermaßen überraschend, denn der fünfte Plagenbericht hat bisher noch nichts über »Regen«fälle verlauten lassen, und auch von sonst etwas war noch nirgends gesagt, daß es »zur Erde gegossen« worden sei. Es war eben nicht seine eigene Darstellung, sondern waren die Quellenberichte, die den Komponisten zu der fraglichen Aussage inspirierten: *maṭar* ist durch unsachgemäße »Übertragung«[214] aus dem jahwistischen *mṭr* hi. »(Hagel) regnen lassen« 18a. 23b gewonnen worden; bei *ntk* ni. + *'arṣā* handelt es sich vermutlich um die alte elohistische Aussage über das Erscheinen des »Hagels«[215].

Pharao verhärtet sein Herz

9 34. 35a*

Für den Schluß seines fünften Plagenberichts hat R^JE gewohnheitsmäßig[216] die elohistische Verstockungsnotiz verwendet. Seine Schlußbemerkungen liegen uns in einer von R^P leicht retouchierten Fassung vor: »Da sah Pharao, daß der Regen und der Hagel und die Donnerschläge aufgehört hatten (*wăjjăr' păr'ō kî ḥadăl hămmaṭar wᵉhăbbarad wᵉhăqqolot*), und er fuhr fort zu sündigen und verhärtete sein Herz (*wăjjosæp lăḥᵃto' wăjjăkbed libbô*), er und seine Knechte (*hû' wă'ᵃbadâw*), | . . . und entließ die Israeliten nicht (*wᵉlo' śillăḥ 'æt*

[211] Vgl. die Belegesammlung S. 401f.!

[212] Vgl. S. 219f.

[213] Zur elohistischen Kumulationsvorstellung s. S. 172. 201.

[214] Vgl. die Zusammenstellung S. 401f.!

[215] Vgl. S. 215. Denkbar, aber weniger wahrscheinlich ist auch die andere Möglichkeit, daß der elohistische Plagenbericht sich auf Regen (*gæšæm*?)- statt Hagelfälle bezogen hatte.

[216] Vgl. 8 11 (nicht aber 7 25!). 28 9 7!

b^{e}nê jiśra'el)« 34. 35a*. In der JE-Harmonie und schon bei E hieß es *ha'am* »das Volk«[217], wo jetzt *b^{e}nê jiśra'el* steht. Zwischen die elohistischen Stücke *wăjjăkbed libbô*[218] und *w^{e}lo' šillăḥ*[219] ist jetzt das priesterliche *wăjjæḥ^{æ}zăq leb păr'ō*[220] eingeschoben.

Einschneidendere Veränderungen hat sich R^{JE} gegenüber *seiner* Vorlage, d. h. gegenüber der elohistischen Quelle, herausgenommen. Was »Pharao«[221] »sah«, das war bei E wieder[222] eine bestimmte Verhaltensweise Moses, die eine strikte Ablehnung des königlichen Kompromißvorschlages[223] beinhaltete. Ihretwegen verhärtete der König dann sein Herz: Er nahm das bereits Zugestandene zurück und wollte überhaupt nichts mehr von Entlassung wissen. Demgegenüber darf Pharao jetzt nur noch »sehen«, daß die Plage beendet ist. Und weil er des Druckes entledigt ist, wird er erneut wortbrüchig[224]. Mit alledem liefert der Redaktor eine Illustration jenes deuteronomistischen Grundsatzes, der besagt, daß Not das Beten lehrt, Freiheit von Not aber das Sündigen[225]. *kî ḥadăl hămmaṭar w^{e}hăbbarad w^{e}hăqqolot*, das sekundäre Objekt des alten *wăjjăr'*, entspricht dem *kî haj^{e}tā har^{e}wahā* von 8 11 R^{JE}[226]. Die Begriffe sind willkürlich[227] aus v. 33b R^{JE} übernommen. *wăjjosæp*[228] *lăḥ^{a}ṭo'*[229] gewährleistet eine rückwärtige Beziehung[230] auf das Sündenbekenntnis Pharaos 27 R^{JE}. Die Ausweitung des Subjektes von *wăjjăkbed* durch *hû' wă'^{a}badâw* ist sichtlich sekundär[231]; wahrscheinlich wollte der Redaktor damit noch einmal an die elohistische Zweiergruppe erinnern oder auch an seine eigene Erwähnung derselben in v. 30a.

---

[217] Vgl. 8 28 9 7 E.

[218] Vgl. dazu S. 133.

[219] Vgl. dazu S. 171.

[220] Vgl. Einleitung S. 18f.

[221] Weitere elohistische Belege s. S. 386!

[222] Wie in 8 11 (vgl. S. 170f.)!

[223] Vgl. dazu S. 220.

[224] Gemäß 8 11*. 27f. R^{JE}!

[225] Vgl. dazu z. B. Dtn 8 11ff. Jdc 2 16ff. 6 7ff.

[226] Vgl. S. 171.

[227] *maṭar, barad* und *qolot* sind in entgegengesetzter Reihenfolge angeführt. *maṭar* ist den beiden anderen Begriffen jetzt (anders v. 33) völlig parallelgeschaltet.

[228] Weitere R^{JE}-Belege s. S. 397!

[229] Weitere Belege s. S. 392!

[230] Vgl. S. 397!

[231] Weitere R^{JE}-Belege für diese Erscheinung s. S. 398!

H. MOSES SIEBTER AUFTRITT VOR DEM KÖNIG UND DIE SECHSTE PLAGE
Ex 10 1-19. 20*

Mose erneut aufgeboten

10 1

Der Anfang des sechsten Plagenberichtes der JE-Harmonie entspricht zunächst der kontaminierten Fassung von 7 26a 9 1a[1]: *wăjjo'mær jăhwæ 'æl mošæ bo' 'æl păr'ō* »da sagte Jahwe zu Mose: Geh hinein zu Pharao« 1a. Dann aber kommt neu hinzu, daß der erhaltene Befehl »begründet« wird: *kî 'anî hikbădtî 'æt libbô we'æt leb 'abadâw lemă'ăn šitî 'ototăj 'ellæ beqirbô* »denn ich habe sein Herz und das Herz seiner Knechte verhärtet, um diese meine Zeichen zu setzen in seiner Mitte« 1b. Solche Begründung[2] ist indessen kaum geeignet, Mose zum Gehorsam anzuspornen; ihre Tendenz besteht vielmehr darin, dem Leser die ägyptischen Plagen als großartige Manifestationen göttlicher Macht[3] nahezubringen[4]. Wie bei 3 20 9 14 R^{JE} ist dabei wohl an die Gesamtheit der Plagen gedacht.

V. 1b ist in allen sprachlichen Details eine typische R^{JE}-Bildung: *'anî hikbădtî 'æt libbô we'æt leb 'abadâw* nimmt die ihrerseits schon redigierte Angabe *wăjjăkbed libbô hû' wă'abadâw* 9 34b auf, nur daß jetzt auf einmal Jahwe als der erscheint, der das Herz der Widersacher verhärtet habe. Aber diese Anschauung hat der Redaktor schon in 3 19 ausgesprochen[5]. Das Subjekt *'anî* ist ausdrücklich genannt nur, um die Reihenfolge Subjekt-Prädikat herstellen zu können[6]. Charakteristisch für den Stil des Redaktors ist ferner die zusammengesetzte Konjunktion *lemă'ăn*[7], das vulgäre *šjt* qal[8], das Demonstrativum[9] *'ellæ*[10]. Vor dem letztgenannten blieb wider die Regel der Artikel weg[11]. *'ot* meint in 1b wie bei R^{JE} üblich so viel wie »Wunderzeichen«[12]. Das Suffix bei *beqirbô* zeugt von wenig Überlegung: Es bezieht sich *pro forma* auf *păr'ō*, meint in Wirklichkeit aber die Mitte des pharaonischen Gebietes[13].

---

1 Vgl. S. 154f. 194f.

2 Zu den redaktionellen »Begründungen« vgl. die Zusammenstellung S. 395!

3 Zum Zeichen- oder Mirakelmotiv vgl. S. 405!

4 Weitere erbauliche Angaben des Redaktors s. S. 403ff.!

5 Vgl. S. 51f.

6 Vgl. die Zusammenstellung S. 396!

7 Vgl. die Zusammenstellung S. 394!

8 Schon gehabt in 7 23 R^{JE}, vgl. auch die Zusammenstellung S. 394!

9 Vgl. die weiteren Belege S. 393f.!

10 Es erspart dem Formulierenden die Bemühung um eine bessere Distinktion, vgl. die Zusammenstellung S. 393f.!

11 Vgl. S. 397f.!

12 Vgl. dazu S. 72f.

13 Andere logische Defekte s. S. 399! Zu *beqæræb* vgl. S. 391!

Ein Zusatz von jüngerer deuteronomistischer Hand

10 2a

In v. 1b R^{JE} zeigte Jahwe dem Mose an, wozu er Pharao und seine Diener verhärtet habe: »um diese meine Zeichen zu setzen in seiner Mitte«. Überraschend tritt dem noch eine zweite Zweckangabe zur Seite: *ûlᵉmăʿăn tᵉsăpper bᵉʾâzᵉnê binᵉka ûbæn binᵉka ʾet ʾᵃšær hitʿăllălti bᵉmiṣrăjim wᵉʾæt ʾototăj ʾᵃšær śămtî bam* »und damit du erzählst in die Ohren deines Sohnes und deines Sohnessohnes, wie ich den Ägyptern mitgespielt habe, und meine Zeichen, welche ich aufgerichtet habe unter ihnen« 2a. Scheinbar ist weiterhin Mose angesprochen. Aber warum sollte der, gerade nur der, seine (priesterliche!) Nachkommenschaft belehren? Der Appell, man möge seinen Kindern und Kindeskindern die heilsgeschichtlichen Taten Jahwes zu Gehör bringen, überhaupt das religiöse Interesse an den Nachfahren, ist eines der Merkmale des Deuteronomismus, der sich damit an den Israeliten überhaupt wandte[14]. Der Israelit überhaupt und nicht Mose ist im Grund auch von v. 2a gemeint. Damit aber schießt die Angabe sehr erheblich über die Erzählungssituation hinaus, weiter, als es in v. 1b der deuteronomistische Redaktor getan hatte. Anscheinend ist v. 2a von einem jüngeren Vertreter der deuteronomistischen Schule in die Harmonie eingetragen. Wir werden noch mehr derartige Zusätze antreffen[15]. *Ganz* sicher läßt sich die Möglichkeit, daß v. 2a von R^{JE} selber verfaßt wurde, allerdings nicht ausschließen. Das sonst, nämlich im Verhältnis zwischen den Quellen und ihrem Verarbeiter, entscheidende Kriterium des Sprachgebrauchs versagt hier weitgehend[16]. Überhaupt wird es bei jedem Satz innerhalb der Harmonie, der im deuteronomistischen Stile gehalten ist, aber keine Einschüsse aus J oder E enthält, schwierig sein, zwischen R^{JE} und etwaigen anderen Vertretern der deuteronomistischen Schule zu unterscheiden.

Das Erkenntnismotiv in neuartigem Zusammenhang

10 2b

Der Annahme, daß v. 2a eine nachredaktionelle Ergänzung sei, steht die Fortsetzung v. 2b nicht im Wege: *wîdăʿtæm kî ʾᵃnî jăhwæ̂* »und ihr werdet erkennen, daß ich Jahwe bin«. Der gegebene Zusammenhang der beiden Vershälften, von welchen die zweite mit ihrem Erkenntnismotiv bekanntlich auf J zurückweist[17], überzeugt nicht. Die pluralische 2b und singularische Anrede 2a lassen sich nur sehr zur Not zusammenreimen. Dagegen kann man sich schon denken, daß sich v. 2b wie v. 1aβb R^{JE} an Moses — in diesem Fall eben stellvertretende — Adresse wenden will. Man wird also v. 2b direkt mit v. 1 verbinden.

Durch »Übertragung«[18] hat der Redaktor hier das Motiv des »Erkennens« erstmals zu einer Angelegenheit Moses und seiner Ge-

---

[14] Vgl. z. B. Dtn 4 9 6 2. 20 11 2. 21 31 13 Jos 4 6. 21 und auch wieder Ex 12 26 13 8 20 5f.

[15] In 9 16 12 25-27a 13 3ff.

[16] *lᵉmăʿăn*, *ʾᵃšær*, *ʾototăj*, *śjm* qal, *bᵉʾâzᵉnê* und die Abstraktheit von *ʿll* hit. würden an sich gut zu R^{JE} passen. Immerhin beachte man, daß *lᵉmăʿăn* hier mit verbum finitum statt, wie in v. 1 R^{JE}, mit inf. verbunden ist. *ʾototăj* scheint aus v. 1 entliehen.

[17] Vgl. S. 141f.

[18] Vgl. die Zusammenstellung S. 401f.!

nossen gemacht[19]. Als Grund der Plage wird ähnlich wie bei 9 14 R^JE nicht etwa mehr eine bestimmte Einzelplage, sondern das Gesamt der Plagen ausgegeben. Abgesehen von der Pluralform *wîdă'tæm* blieb die Erkenntnisaussage selbst aber in ihrem alten Wortlaut erhalten: *jd'* qal als perf. cons.[20], *kî 'anî jăhwæ* als Bezeichnung des Inhalts der Erkenntnis[21].

Mose richtet Jahwes Entlaßforderung aus, obwohl sie ihm gar nicht aufgetragen wurde!

Den Befehlsberichten, die die Entbietung Moses zum König zum Inhalt haben[22], ist bis jetzt nur einmal, in 5 1, ein einigermaßen entsprechender Ausführungsbericht gefolgt. Allenfalls nach 7 18. 29 könnte die Harmonie noch einen solchen Ausführungsbericht geboten haben, der dann der Endredaktion des Pentateuchs zum Opfer gefallen wäre. Bei 8 20 9 6. 19 sieht man aber deutlich, daß bereits der deuteronomistische Redaktor auf den Ausführungsbericht verzichtet hatte. Vielleicht dünkte ihn die Berücksichtigung der einschlägigen Quellenangaben zu umständlich, zu bemühend, oder er hielt es einfach für selbstverständlich, daß Mose seinen Aufträgen nachkam.

10 3

In v. 3 jedoch wurde einmal anders verfahren: »Da ging Mose und Aaron hinein zu Pharao und sagten zu ihm (*wăjjabo' . . . 'æl păr'ō wăjjo'merû 'elâw*): So hat Jahwe, der Gott der Hebräer, gesagt (*kō 'amăr jăhwæ 'ælohê ha'ibrîm*): Bis wann weigerst du dich, dich vor mir zu beugen (*'ăd matăj me'ănta le'anot mippanaj*)? Entlaß mein Volk, daß sie mir dienen (*šăllăḥ 'ămmî wejă'ăbedunî*)!« Das hat seinen besonderen Grund. Nachdem der Komponist den Sendungsbefehl *bo' 'æl păr'ō* 1aβ gleich mit kausalen und finalen Motivationen 1b. 2b ausgestattet, ließ sich die neue Gottesbotschaft an den König nämlich nicht mehr gut im Befehlsbericht unterbringen. Das dann erforderlich gewesene *we'amărta 'elâw kō 'amăr jăhwæ* »und sage zu ihm: So hat Jahwe gesagt« hätte hinter v. 2b fehl am Platze gewirkt. Doch der Redaktor wußte Rat: Er nahm den Befehl 1aβ durch ein (inkonsequenterweise nun auch Aaron einbeziehendes[23]) *wăjjabo' mošæ we'ăharon 'æl păr'ō* ausdrücklich auf, um alsdann die noch fehlende Gottesbotschaft einfach in den Rahmen des Ausführungsberichtes zu spannen. Sehr im Gegensatz zu den Grundberichten führt Mose jetzt also sozusagen Nicht-Befohlenes aus. Dieses Bei-

---

19 Vgl. dagegen 7 17 8 6. 18 9 14. 29.

20 Wurde postuliert auf S. 142.

21 Wie noch in 7 17 (8 18).

22 S. 3 10a. 18b 7 15. 26 8 16 9 1. 13.

23 Vgl. die Zusammenstellung S. 406!

spiel lehrt einmal mehr[24], wie planlos der Redaktor zu Werke gegangen ist. Seine Reinschrift war nahezu identisch mit der Kladde[25].

Die Einleitung der Gottesbotschaft *wăjjo'meru 'elâw kō 'amăr jăhwæ*, die sekundäre Hereinnahme Aarons ausgenommen, kam sowohl bei J wie bei E vor[26]. J fügte ihr noch das vorhandene *'ælohê ha-'ibrîm* an[27]. Die vorwurfsvolle[28] Frage *'ăd matăj me'ănta le'anot mippanaj* hat erst der Verfasser der Harmonie formuliert. Auf schon Dagewesenes zurückblickend[29], will sie die königliche Intransigenz zum Ausdruck bringen[30]. *'ăd matăj* gemahnt an *lematăj* 8 5 R^JE^. *me'ănta* ist durch »Übertragung«[31] aus der Protasis der elohistischen Plagenandrohung gewonnen, die sich in v. 4a eingearbeitet findet[32]. *le'anot* wurde vom Standpunkt israelitischer Moral aus formuliert[33]. Die zusammengesetzte Präposition[34] *mippenê* ist uns schon in 8 20 9 30 R^JE^ aufgefallen. Dem redaktionellen Vorwurf folgt die Entlaßforderung *šăllăḥ 'ămmî wejă'ăbedunî* unversehrt in ihrer alten Fassung; damit hatte bei E die Gottesbotschaft an Pharao noch begonnen.

Kontaminierte Plagenandrohung und -ankündigung

10 4a

Die alte Fortsetzung hierzu, die Inbetrachtnahme des Weigerungsfalls[35], konnte ihren Platz noch behaupten. Aber der Verarbeiter hat sie wieder[36] in die wenig sinnvolle Form einer »Begründung« gesteckt: *kî 'im ma'en 'āttā lešălleaḥ 'æt 'ămmî* »denn wenn du dich weigerst, mein Volk zu entlassen« 4a. Auch das entbehrliche *'æt 'ămmî* stammt wahrscheinlich von ihm[37].

10 4b

Sodann fügte er nach bewährter Methode[38] an die elohistische Prämisse eine Plagenankündigung des jahwistischen Typs: *hinenî*

---

[24] Vgl. die Zusammenstellung S. 402!

[25] Eine (zumindest scheinbare) Ausnahme von der Regel wurde bei 4 22f. sichtbar.

[26] Vgl. S. 139. 175. 195.

[27] Vgl. dasselbe in 3 18b 5 3 7 16 9 1. 13.

[28] Vgl. die weiteren R^JE^-Belege S. 404!

[29] Vgl. die Zusammenstellung S. 397!

[30] Weitere R^JE^-Belege dafür S. 403!

[31] Vgl. S. 401f.!

[32] Entsprechend sind *wăttema'en* 4 23 und *me'en* 7 14 R^JE^ entstanden!

[33] Vgl. S. 404!

[34] Vgl. die Zusammenstellung S. 394!

[35] Vgl. dazu schon S. 132.

[36] Wie in 8 17 9 2. 14!

[37] In 7 27a 9 2a* E fehlt es, in 8 17aα R^JE^ dagegen ist es ebenfalls vorhanden.

[38] Vgl. (4 23) 7 27 8 17 9 2f.!

mebî' maḥar 'ărbæ̂ bigebulæka »sieh, ich werde morgen Heuschrecken in dein Gebiet bringen« 4b. Ihre Herkunft wird ersichtlich nicht allein an dem *hinnē* + pron. pers. 1. sg. + ptc.[39], sondern auch an der Datierung auf *maḥar*[40] und an dem Begriff *gebûl*[41]. Allem nach hatte v. 4b in der gegebenen Fassung auch schon in der Vorlage gestanden[42].

Detailangaben über die bevorstehende Heuschreckenplage

10 5. 6a

Die Gottesbotschaft an den König über die kommenden Heuschrecken setzt sich folgendermaßen fort: »und sie werden den Anblick des Landes verdecken, daß man das Land nicht sehen kann (*wekissā 'æt 'ên ha'aræṣ welo' jûkăl lir'ot 'æt ha'aræṣ*) und werden auffressen den Rest des Bewahrten, das euch übrigblieb vom Hagel (*weakăl 'æt jætær häppeleṭā hännis'æræt lakæm min häbbarad*), und werden auffressen alles Gehölz, das euch aus dem Felde sprießt (*weakăl 'æt kål ha'eṣ häṣṣomeaḥ lakæm min häśśadæ̂*), | und werden füllen deine Häuser und die Häuser aller deiner Knechte und die Häuser aller Ägypter (*ûmale'û battæ̂ka ûbattê kål 'abadæ̂ka ûbattê kål miṣrajim*), was deine Väter und Vätersväter nicht erlebt haben, seit sie auf dem Erdboden sind bis auf diesen Tag (*'ašær lo' ra'û 'abotæ̂ka wă'abôt 'abotæ̂ka mijjôm heјôtam 'ăl ha'adamā 'ăd häjjôm häzzæ̂*)« 5. 6a.

Rekonstruktion der elohistischen Plagenandrohung

10 15

wekissā 'æt 'ên ha'aræṣ, was wörtlich ja durch »und sie werden das *Auge* des Landes bedecken« wiederzugeben wäre, klingt recht originell. Die Notiz muß älter sein als ihr derzeitiger Kontext: V. 15 bringt noch den zu ihr gehörigen Ausführungsbericht; er ist erweitert, also redigiert: *wăjekăs 'æt 'ên kål* (!) *ha'aræṣ*. Aber auch schon die Ankündigung kam dem Redaktor erklärungsbedürftig vor. Er ergänzte: *welo' jûkăl lir'ot 'æt ha'aræṣ*. Die Heterogenität dieses Zusatzes wird erkennbar an dem ungeschickten Subjektswechsel und an der unschönen Wiederholung von *ha'aræṣ*. *lo' jûkăl* — das Subjekt muß der Leser sich denken! — erinnert anscheinend nicht zufällig an das redaktionelle *lo' jakelû* 7 21. 24. Als Quelle kommt für *wekissā 'æt 'ên ha'aræṣ* kaum J in Betracht, denn was dieser *gebûl* nannte v. 4b, heißt hier

---

[39] Vgl. dazu S. 139.

[40] Vgl. S. 164.

[41] Vgl. denselben in 7 27b* 10 14aγδ. 19b J!

[42] Dies gilt auch von *mebî'*, obwohl *bw'* hi. terminus technicus einer späteren »Katastrophentheologie« ist (vgl. Lev 26 25 Dtn 29 26 Jos 23 15 II Sam 17 14 I Reg 9 9 14 10 21 21. 29 II Reg 21 12 22 16. 20 Jes 7 17 31 2 Jer 4 6 5 15 6 19 u. ö.) J hat den Ausdruck *bw'* hi. schon in Gen 2 19. 22 und Ex 4 6 verwendet.

'æræṣ. Demnach dürfte es sich um ein Stück der alten Fortsetzung der elohistischen Inbetrachtnahme des Weigerungsfalles 4a* handeln. Der elohistische Jahwe drohte »Pharao« also für den Fall, daß er die Entlassung des Gottesvolks verweigern sollte, eine schädliche Macht an, welche »das Auge des Landes bedecken« werde. Welche Macht? Etwa Heuschreckenschwärme wie in der jahwistischen Berichterstattung?

10 12-15

Ein Vorblick auf v. 12-15 heißt uns diese Frage bejahen. Dort wetteifert mit der naturnahen Schilderung von J, welche die Heuschrecken vom Ostwind herbeigetragen werden läßt, die für magische Praktiken eingenommene Darstellung von E, derzufolge Moses Stabmanipulation ein »Heraufsteigen« von Heuschrecken auf das Land Ägypten bewirkte: *w^{e}jă'ăl 'ăl 'æræṣ miṣrajim* 12aγ *wăjjă'ăl ha'ărbæ 'ăl kål 'æræṣ miṣrăjim* 14aαβ. *'lh* qal war bei E schon für die Frösche verwendet 7 28*. Charakteristisch für diesen Erzähler ist auch das Nebeneinander von *'æræṣ* + nomen territorrii[43]. Zwar wäre an sich denkbar, daß erst der Ausgleichsredaktor die Heuschrecken zum Subjekt des »Heraufsteigens« gemacht hat; aber was soll denn sonst, wenn nicht die Heuschrecken, über das Land Ägypten gekommen sein und es dem Anblick entzogen haben? So wird man auch in der Nordreichquelle eine Heuschreckenplage voraussetzen. Jahwes Drohung fing dann wohl so an: *w^{e}'im ma'en 'ăttā l^{e}šălle^{a}ḥ w^{e}'alā 'ărbæ 'ăl 'æræṣ miṣrăjim w^{e}kissā 'æt 'ên ha'aræṣ* »wenn du dich aber weigerst, (sie) zu entlassen, so werden Heuschrecken heraufsteigen über das Land Ägypten und werden den Anblick des Landes verdecken«.

Damit verband sich dann wohl noch — wie bei der Frösche- und Fliegenplage[44] — ein Hinweis darauf, daß die Plagegeister in das »Haus Pharaos« und in das »Haus seiner Knechte« (*bjt* jeweils im Singular!) eindringen werden (*bw'* qal), also etwa *ûba' b^{e}bêt^{e}ka ûb^{e}bêt '^{a}badæka* »und sie werden eindringen in dein Haus und in das Haus deiner Knechte«. Davon leitete sich der Redaktor das gegenwärtige *ûmal^{e}'û battæka ûbattê kål '^{a}badæka ûbattê kål miṣrăjim* 6aα ab, worin er *bjt* wie üblich[45] im Plural gebraucht. Die nächste Entsprechung dazu bietet 8 17 R^{JE}: *ûmal^{e}'û battê miṣrăjim 'æt hæ'arob*[46]. Die zusätzliche Hereinnahme der »Ägypter« erinnert an *ûb^{e}kål 'æræṣ miṣrăjim* 8 20 R^{JE}[47].

---

[43] Vgl. die Zusammenstellung S. 385!

[44] Vgl. 7 28* 8 20* E!

[45] Vgl. 8 5. 7 .9. 17 R^{JE}!

[46] Vgl. dazu S. 174.

[47] Vgl. dazu S. 181.

Möglicherweise ist sie durch Äußerungen des jahwistischen Erzählers bedingt[48]. V. 6a zeigt verschiedentlich die bekannte Neigung des Redaktors, den Mund etwas voll zu nehmen und große Worte zu machen, s. *ml'* qal[49], das zweimalige *kål*[50] und die neue Erstmaligkeitsaussage *'ašær lo' ra'û 'abotăka wă'abôt 'abotăka mijjôm hæjôtam 'ăl ha'adamā 'ăd hăjjôm hăzzǣ*. Im Unterschied zu ihren schon bekannten Entsprechungen[51] ist sie nicht dem traditionellen *kabed me'od* angehängt. Da ihm einschlägige Vorbilder fehlten, mußte der Redaktor diese Aussage ganz aus dem eigenen Wortschatz bestreiten: *'ašær*[52], Rede von den Vätern[53], Allerweltswort *hjh* qal[54], *'adamā* i. S. v. einer nach oben offenen Fläche[55], Demonstrativum[56] *zǣ*.

Weitere Einzelheiten von der jahwistischen Plagenankündigung

Nach Analogie von 7 18*. 29a* 9 19aγ* J ist damit zu rechnen, daß der jahwistische Jahwe über die bevorstehende Heuschreckenplage 4b noch verschiedene Detailangaben gemacht hatte. Etliches davon läßt sich noch in v. 5b aufspüren. *we'akăl 'æt kål ha'eṣ hăṣṣomeaḥ lakæm min hăśśadǣ* umschließt für J charakteristische Begriffe, nämlich *ṣmḥ* qal[57], *śadǣ*[58] und wohl auch *kål (ha)'eṣ . . . hăśśadǣ*[59]. Das entbehrliche und hinter dem *bigebulæka* von v. 4b J kaum denkbare *lakæm* scheint vom Redaktor eingeschoben. Freilich sind der Freßgier der Heuschrecken nach J sicher nicht nur und nicht einmal in erster Linie die — Blätter bzw. auch Früchte[60] der — *Bäume* anheimgefallen.

10 15

Insofern erteilt der Ausführungsbericht in v. 15 noch zuverlässigere Auskunft: *wăjjo'kăl 'æt kål 'eśæb ha'aræṣ* »und sie fraßen alles Gewächs des Landes«. *ha'aræṣ* steht dort als ein mit Rücksicht auf E

---

48 Vgl. *miṣrăjim* in 3 21* 7 18b. 21aβ* J.

49 Schon gehabt in (7 25) 8 17 R^JE!

50 Vgl. die Belegesammlung S. 394f.!

51 S. 9 18b. 24b R^JE.

52 Vgl. S. 394!

53 Vgl. dazu, *mutatis mutandis*, S. 33.

54 Vgl. S. 394!

55 Wie in 8 17 Gen 2 6 R^JE!

56 Vgl. S. 393f.!

57 Vgl. Gen 2 5*. 9aα 3 18a J!

58 Vgl. die weiteren Belege S. 379!

59 Vgl. *kål 'eṣ hăśśadǣ* 9 25 *kål śîaḥ hăśśadǣ* Gen 2 5* J!

60 Die direkte Verbindung von *'kl* qal mit *'eṣ* wirkt hart. Hatte J sich noch genauer ausgedrückt?

gewählter Ersatzbegriff für das jahwistische *hăśśadǣ*[61]. Die reziproke Ankündigung *weʾakăl ʾæt kål ʿeśæb hăśśadæ* »und werden auffressen alles Gewächs des Feldes« hat der Redaktor substituiert durch einen Rückbezug[62] auf dieHagelplage: *weʾakăl ʾæt jætær hăppeleṭā hănniš ʾæræt lakæm min hăbbarad.* Die Ausdrucksweise ist geschwollen, zum Teil abstrakt[63]. Von dem, was der alte Erzähler gesagt, blieb lediglich *weʾakăl* stehen. Unnötiger-, zugleich aber auch bezeichnenderweise[64] hat es der Komponist vor dem jahwistischen *ʾæt kål haʿeṣ* ... repetiert, oder, vielleicht richtiger, er hat es zusammen mit diesem Objekt noch einmal von der Vorlage abgeschrieben.

Mose soll sich jetzt brüsk entfernt haben

Nach E wird Mose, nachdem er die Gottesbotschaft vorgetragen hatte, die Antwort des Königs abgewartet haben. Diese bestand in einer erneuten Zurückweisung der göttlichen Entlaßforderung (v. 3b).

10 6b

Seinen Hinweis darauf, daß Mose sich wieder entfernt habe, brachte der alte Gewährsmann später, als es jetzt sein Verarbeiter tut: *wăjjipæn wăjjeṣeʾ meʿim părʿō* »da wandte er sich und ging von Pharao weg« 6b. Der Wortlaut der elohistischen Notiz blieb indessen erhalten[65], und auch ihr Standort ist demjenigen der Parallelen 8 8a*. 26a 9 33 (Anfang) insofern vorzuziehen, als er noch auf das Ende der Hauptbegegnung, nicht der Nachbegegnung zielt[66]. Aus welchem Grunde hat der Redaktor den Abgang Moses etwas »verfrüht«[67]? Offenbar wollte er den Mose nunmehr etwas andere Saiten aufziehen lassen. Er sollte noch gebieterischer und kompromißloser als zuvor erscheinen. Er sollte dem König nicht einmal mehr die Möglichkeit zu einer Stellungnahme lassen. R^JE arbeitete damit auf eine Zuspitzung der Lage hin[68].

---

[61] Vgl. *ʿeśæb hăśśadǣ* 9 22. 25 Gen 2 5 3 18b J! Näheres zur Stelle s. S. 243.

[62] Vgl. die Zusammenstellung S. 397!

[63] Vgl. die weiteren R^JE-Belege S. 391ff.!

[64] Die Anapher von *weʾakăl* ist Ausdruck der assoziierenden Denkweise. Ähnliche Wiederholungen fanden sich in 3 9f. 14f. 4 9. 18f. 20 5 18 6 1 7 28f. Gen 3 17f. R^JE, vgl. die Zusammenstellung S. 398. 399ff.!

[65] *wăjjipæn* wie in 7 23a E; zu *wăjjeṣeʾ meʿim părʿō* vgl. schon S. 122f. E hatte *mošǣ* vielleicht noch ausdrücklich als Subjekt genannt.

[66] Vgl. dazu S. 171.

[67] Vgl. sein Verfahren mit 7 23a E, dazu S. 148.

[68] Desgleichen geschieht in v. 7. 28f.!

Pharaos Knechte legen sich ins Mittel

10 7

In der nächstfolgenden Szene setzt der Verfasser der Harmonie abermals neue Akzente: »Da sagten die Knechte Pharaos zu ihm: Bis wann soll uns der da noch zum Fallstrick werden (... *'ăd matăj jihjæ zæ lanû l^{e}môqeš*)? Entlaß die Männer, daß sie Jahwe, ihrem Gott, dienen (*šăllăḥ 'æt ha'^{a}našîm w^{e}jă'ăb^{e}dû 'æt jăhwæ '^{æ}lohêhæm*). Weißt du noch immer nicht, daß Ägypten umkommt (*h^{a}ṭæræm tedă' kî 'ab^{e}dā miṣrajim*)?« 7. Einerseits soll hier wohl der alte Starrsinn des ägyptischen Königs[69] kritisch beleuchtet werden, andererseits aber wollte der Redaktor zeigen, daß die gegnerischen Bastionen zu zerbröckeln beginnen, daß die Dinge zum Ende der Plagen hin sich dramatisch zuspitzen. Damit trifft v. 7 mit der redaktionellen Tendenz von v. 6b zusammen. Wenn R^{JE} sich hier und in 9 20 der »Knechte Pharaos« als Muster der Einsicht und Tugend bedient, so hinderte ihn das nicht, sie andere Male ihrem argen Chef völlig gleichzustellen[70]. Beide Betrachtungsweisen lassen sich ja zur Erbauung des Lesers[71] heranziehen — und darauf allein hatte er es letzten Endes abgesehen!

Das vorwurfsvolle[72] *'ăd matăj* wurde schon in v. 3 R^{JE} registriert. *hjh* qal + *l^{e}môqeš* + *l^{e}* ist eine zumal in deuteronomistischen Passagen des AT gängige[73] Formel[74]. Mit *zæ*[75] enthob sich unser bequemer Schriftsteller der Bemühung, die Empfindungen der Königsbeamten gegenüber Mose schärfer zu konturieren[76]. *šăllăḥ* + *w^{e}jă'ăb^{e}dû* ist aus der elohistischen Entlaßforderung 3b nach v. 7 »übertragen«[77]. Für das originäre Objekt *'ămmî* tritt das weniger bestimmte[78] *ha'^{a}nasîm*[79] ein. *ṭæræm* kam schon in 9 30 R^{JE} vor, ebenfalls mit vorwurfsvollem Tonfall[80]. Das übertreibende[81] *'ab^{e}dā miṣrajim*, was genauer

---

[69] Vgl. dazu die Zusammenstellung S. 403!
[70] In 9 34b 10 1b! Dabei wirkt die Rücksicht auf E ein.
[71] Vgl. die Zusammenstellung S. 403ff.!
[72] Vgl. S. 404!
[73] Vgl. Ex 23 33 34 12 Dtn 7 16 Jos 23 13 Jdc 2 3 8 27.
[74] Vgl. die Zusammenstellung S. 390f.!
[75] Weitere R^{JE}-Belege für Demonstrativa s. S. 393f.!
[76] Vgl. S. 393f.!
[77] Vgl. S. 401f.!
[78] Vgl. S. 391ff.!
[79] Schon dagewesen in 4 19 5 9 R^{JE}!
[80] Vgl. S. 404!
[81] Vgl. S. 397!

perfektisch, etwa durch »Ägypten ist ruiniert« wiederzugeben wäre, gemahnt an *tiššahet ha'aræṣ* 8 20 R^{JE}[82].

Vorweggenommene Nachbegegnung. Wer will alles zum Gottesdienst?

10 8

Pharao gibt seinen Knechten keine Antwort. Dafür läßt er Mose und Aaron heranholen: »Da wurde zurückgebracht Mose und Aaron zu Pharao (*wăjjûšăb 'æt mošæ̆ we'æt 'ăharon 'æl păr'ō*), und er sagte zu ihnen: Geht, dienet Jahwe, eurem Gott (. . . *lekû 'ibedû 'æt jăhwæ̆ 'ælohêkæm*)! Wer alles sind, die da gehen (*mî wamî hăholekîm*)?« 8. Man sieht: Dem Komponisten war es lediglich um die Zurechtweisung des Pharao v. 7 zu tun, nicht um die Ausgestaltung einer entsprechenden Szene[83]. Auch das passivische *wăjjûšăb* bleibt blaß. Man erfährt nicht, wie die beiden Männer zur Stelle geschafft wurden. Von einer Nachbegegnung zwischen Mose — nur diesem![84] — und dem König war in den beiden Vorlagen erst *nach* Hereinbrechen der Plage die Rede: Bei J sollte Mose durch seine Fürbitte die Heuschrecken beseitigen helfen, und bei E wollte Pharao sich durch ein neues, noch weitergehendes Zugeständnis[85] die Freiheit erkaufen vom Druck all der Plagen, die sich mittlerweile angestaut hatten[86].

Eben dieses Zugeständnis nun hat der Quellenverarbeiter in die erst von ihm geschaffene Nachbegegnungsszene v. 8 vorverlegt. Man sieht ihm seine elohistische Herkunft an dem spezifischen *'bd* qal[87] ohne weiteres an. Offenbar konnte sich Pharao noch immer zu keinem vollen Ja zur Entlaßforderung Jahwes verstehen. Seine Frage, wer von dem Volk denn alles ziehen wolle, deutet schon die beabsichtigte Restriktion an. In ihrer Formulierung *mî wamî hăholekîm* nimmt sie das voraufgehende *lekû* auf, wodurch wohl die Echtheit von beidem erwiesen wird, zumal dieses *hlk* qal in der Entgegnung Moses 9a und im Endbescheid Pharaos 10aαβ von neuem verwendet ist.

Pharao schränkt sein Zugeständnis aufs neue ein

10 9-11a

Mose — der E-Vorlage gemäß nur mehr dieser! — beantwortet die Frage des Königs im Sinne der absoluten Entlaßforderung Jahwes: »Da sagte Mose: Mit unsern Jungen und mit unsern Alten werden wir

---

[82] Vgl. dazu S. 181.

[83] Mangel an Verständnis für die geschichtliche Situation, vgl. dazu die Zusammenstellung S. 398f.!

[84] Zu Aarons redaktioneller Rolle vgl. die Zusammenstellung S. 406!

[85] Vgl. zuletzt S. 220.

[86] Vgl. dazu S. 201.

[87] Vgl. dazu S. 42.

gehen (... *bin^e^'arênû ûbiz^e^qenênû nelek*); mit unsern Söhnen und mit unsern Töchtern, mit unserm Kleinvieh und mit unsrem Rindsvieh werden wir gehen (*b^e^banênû ûbib^e^nôtenû b^e^ṣo'nenû ûbib^e^qarenû nelek*), denn wir haben ein Jahwefest (*kî ḥăg jăhwæ̆ lanû*)« 9. Damit aber ist Pharao nicht einverstanden: »Da sagte er zu ihnen: *So* möge Jahwe mit euch sein, wie ich euch und euren Anhang entlasse (*wăjjo'mær 'ᵃlehæm j^e^hî ken jăhwæ̆ 'immakæm kă'ᵃšær 'ᵃšăllăḥ 'æt^e^kæm w^e^'æt ṭăpp^e^kæm*)! Seht, ihr habt Böses vor (*r^e^'û kî ra'ā nægæd p^e^nêkæm*)! | Nicht also! Geht doch (nur) ihr Männer und dient Jahwe, denn das wünscht ihr ja (*lo' ken l^e^kû na' hăgg^e^barîm w^e^'ib^e^dû 'æt jăhwæ̆ kî 'otah 'ăttæm m^e^băqq^e^sîm*)!« 10. 11a. Moses Antwort v. 9 vollzieht sich in zwei Redeeinsätzen. Der zweite repetiert vom ersten das Stichwort[88] *nelek* und ist mit einer ziemlich überflüssigen Begründung[89] versehen. Unter Hintansetzung der Frage 8b E findet man hier in den Kreis der Gottesdienstbesucher gewissermaßen auch die Schafe, Ziegen und Rinder der Israeliten einbezogen[90]. Auf diese allein reflektiert in isolierender Betrachtungweise[91] die Begründung *kî ḥăg jăhwæ̆ lanû*: Man braucht die Tiere fürs Opfer.

10 24

Dieser Gedanke sowie der Ausdruck *ṣo'n ûbaqar* sind in eklektizistischem Vorgriff auf 10 24a E gewählt[92]. *ḥăg* erscheint gleich dem *w^e^jaḥoggû* von 5 1 als redaktioneller Ersatz für den elohistischen Begriff des Gott »Dienens« (*'bd* qal). Beim zweiten Redeeinsatz handelt es sich demnach deutlich um eine redaktionelle Analogiebildung[93] zu dem aus E übernommenen Passus *bin^e^'arênû ûbiz^e^qenênû nelek*. Mit dem letzterwähnten Redestück hatte der elohistische Mose wohl sagen wollen, daß *alle* Israeliten, »jung und alt«, Gott zu dienen die Absicht hätten.

Moses Antwort 9 provoziert den König dazu, jene Einschränkung seines Zugeständnisses, welche sich schon in seiner Frage angedeutet 8b, vollends zu äußern: v. 10. 11a. Dies entspricht den Voraussetzungen des Quellenberichts. Allerdings war dort die Rede Pharaos sogleich zur Sache gekommen: *lo' ken l^e^kû na' hăgg^e^barîm w^e^'ib^e^dû 'æt jăhwæ̆* 11aαβ. Demgegenüber läßt jetzt der Redaktor den König mit einer umständlich verklausulierten Absage anheben: *j^e^hî ken jăhwæ̆ 'immakæm kă'ᵃšær 'ᵃšăllăḥ 'æt^e^kæm w^e^'æt ṭăpp^e^kæm* 10aβγ, will sagen: Jahwe möge so wenig mit euch sein, wie ich euch entlasse. Der heid-

---

88 Vgl. die Zusammenstellung S. 399!

89 Weitere R^JE^-Begründungen s. S. 395!

90 Verstoß gegen die geschichtliche Situation, vgl. S. 398f.!

91 Weitere Beispiele dafür S. 399ff.!

92 Vgl. weiter S. 250.

93 Weitere R^JE^-Belege s. S. 398!

nische König verwünscht die Israeliten gewissermaßen[94], und zwar im Namen ihres eigenen Gottes! Typisch für R^JE sind das *'ašær*[95] und die erbauliche[96] unbestimmte Redensart vom »Mitsein« Gottes (*hjh* qal[97] + *'im*)[98]. Der Allgemeinbegriff[99] *ṭap* tritt hier ein u. a. für das konkretere *ṣo'n* + *baqar* von v. 9b, welches letztlich aus E datiert. Der Verwünschung bzw. Absage folgt noch ein Vorwurf[100]: *re'û kî ra'ā nægæd penêkæm* 10b. Das unbestimmte *ra'ā* erinnert an *ra'* 5 19 und *hare'otā* 5 22 R^JE. Dem heutigen Leser will der Übergang von 10aβ-b R^JE zu 11aαβ E nur mit einem Gedankensprung gelingen; der Verfasser der Harmonie jedoch hielt diesen Übergang für vermittelt durch die Doppelung des Stichwortes[101] *ken*! *ken* 1⁰ geht auf seine Rechnung, *ken* 2⁰ auf diejenige des Elohisten.

Dem Endbescheid Pharaos *lo' ken lekû na' häggebarîm we'ibedû 'æt jähwæ* 11aαβ ist bei E noch ein ablehnendes Wort Moses, vielleicht unterstrichen durch entsprechende Gesten[102], angefügt gewesen.

*10 20**

Dahinter kam der übliche Schlußvermerk über Pharaos Herzensverhärtung, jetzt verwertet in v. 20*. Der Redaktor, der hinter v. 11aαβ erst noch vom Einbruch der Plage handeln mußte und die Verhärtung des Königs durch das von J behauptete Ende der Plage motivieren wollte, fand für das bezeichnete Mosewort keine Verwendung. Dafür hängte er dem übernommenen Endbescheid Pharaos eine von ihm selbst stammende »Begründung«[103] an: *kî 'otah 'ättæm mebäqešîm* 11aγ. Es trifft gar nicht zu, daß die Israeliten nur von ihren »Männern« wünschen, daß sie fortziehen und Jahwe dienen. In isolierender, atomisierender Betrachtungsweise[104] dachte der Redaktor eben nur an das voraufgehende *we'ibedû 'æt jähwæ*, als er die »Begründung« formulierte! Kennzeichnend für seinen Stil sind ferner das Partizipialsatz-Gebilde[105] und der Begriff *bqš* pi.[106].

---

94 Vgl. dazu die Verwünschung 5 21 R^JE!

95 Vgl. S. 394!

96 Vgl. S. 403ff.!

97 Weitere R^JE-Belege für *hjh* s. S. 394!

98 Weitere Belege für diese Redensart s. S. 391!

99 Vgl. die Zusammenstellung S. 391ff.!

100 Vgl. S. 404!

101 Vgl. S. 399!

102 Daran läßt das *wäjjär'* von 8 11 9 34 E denken.

103 Vgl. S. 395!

104 Vgl. die weiteren Belege S. 399ff.!

105 Vgl. S. 395f.!

106 Schon gehabt in 2 15 4 19. 24 R^JE!

Abschluß der redaktionellen Nachbegegnungsszene

10 11b

Die von RJE inszenierte Nachbegegnung schließt ebenso unpräzise ab, wie sie begonnen hatte: *wăjegaræš*[107] *'otam me'et pene păr'ō* »da jagte man sie weg von Pharaos Angesicht« 11b. Wer Mose und Aaron[108] wegtreib, wird so wenig mitgeteilt wie in v. 8aα RJE, wer sie heranholte. *grš* pi. fand sich bereits in 6 1 Gen 3 24 RJE. Zu dem umständlichen *me'et pene*[109] hat den Redaktor das Vorbild des elohistischen *me'im*[110] bestimmt. 5 20 RJE hatte dieses durch *me'et* allein ersetzt.

Mose soll jetzt den Stab anwenden

Die Notwendigkeit, den Zauberstab anzuwenden und der ausdrückliche göttliche Befehl dazu[111] ergaben sich im elohistischen Grundbericht noch daraus, daß Pharao die Entlaßforderung Jahwes 3b, die durch Androhung von Heuschrecken intensiviert worden war, ablehnte[112].

10 12

Jetzt will sie der Quellenverwerter als Folge davon verstehen, daß Mose und Aaron schändlich vom Königshofe gejagt wurden: »Da sagte Jahwe zu Mose: Recke deine Hand aus über das Land Ägypten um der Heuschrecken willen (... *neṭē jadeka 'ăl 'æræṣ miṣrăjim ba'ărbǣ*), damit sie heraufsteigen über das Land Ägypten und auffressen alles Gewächs des Landes und alles, was der Hagel übriggelassen hatte (*wejă'ăl 'ăl 'æræṣ miṣrajim wejo'kăl 'æt kål 'eśæb ha'aræṣ we'et kål 'ašær hiš'ir hăbbarad*)« 12. Für den von RP retouchierten Anfang des Befehls sowie für dessen alsbaldige Fortführung durch den Ausführungsbericht *wăjjeṭ mošǣ 'æt măṭṭehû 'ăl 'æræṣ miṣrăjim* 13aα ergeben sich gegenüber 9 22f. keine neuen Gesichtspunkte. *ba'ărbǣ* hängt logisch und syntaktisch mehr in der Luft, als die deutsche Übersetzung es ahnen läßt. Möglicherweise ist die Angabe haplographiert aus *wejabo' 'ăbǣr* »damit Heuschrecken kommen«[113], doch kann man sie auch mit dem *băṣepărde'îm* von 7 27 RJE vergleichen und für eine ungenaue, lässige Ausdrucksweise des Redaktors[114] erachten.

---

[107] Sam. (G S) *wjgršw*, vgl. V; sinngemäße Erleichterung.

[108] Zu Aaron vgl. die Zusammenstellung S. 406!

[109] Vgl. *mippenê* 8 20 9 30 10 3 RJE sowie die Zusammenstellung S. 394!

[110] In dem stereotypen *wăjjeṣe' mošǣ me'im păr'ō* v. 6b Parr.

[111] Von diesem Befehl gilt das S. 211f. über 9 22f. Ausgeführte.

[112] Vgl. dazu S. 146. 158f.

[113] Vgl. T *wjjtj gwb'* und G καὶ ἀναβήτω ἀκρίς. Das Letztere steht freilich für *ba'ărbǣ wejă'ăl*!

[114] Vgl. die Zusammenstellung S. 391ff, 397f.!

Das auf die Heuschrecken gehende *'lh* qal + *'ăl 'æræṣ miṣrajim* klingt gut elohistisch[115], nur freilich hatte die Quelle diese Aussage bereits in Form der göttlichen Plagenandrohung gebracht[116]. Als Zweckangabe hinter dem Manipulationsbefehl wurde sie erst vom Verarbeiter verwertet[117]. Entsprechend ist über *wejo'kăl 'æt kål 'eśæb ha'aræṣ* zu urteilen: Dieses ist entartet und »übertragen «[118] aus dem *we'akăl 'æt kål 'eśæb hăśśadǣ* der jahwistischen Plagenankündigung, welches R^{JE} in v. 5 durch einen Rückbezug auf die Hagelplage ersetzt und verdrängt hat[119]. Anstelle des originären *hăśśadǣ*[120] führte er *ha'aræṣ* ein — zum Ausgleich mit dem elohistischen *'æræṣ miṣrajim.* Eine Bezugnahme[121] auf die vergangene Hagelplage sollte auch dem gegenwärtigen Zusammenhang nicht fehlen: *we'et kål 'ašær hiš'ir hăbbarad.* Auch ihre Terminologie ist wieder kennzeichnend für den Redaktor: *kål*[122], *'ašær*[123], *š'r*[124]. Dieser Rückbezug ist aber nicht so bombastisch ausgefallen wie sein Vorgänger 5bαβ R^JE.

Die Stabmanipulation und ihre Folgen

10 13-15

Dem Befehlsbericht 12 folgt der Ausführungsbericht wie bei 9 22f. und 10 21f. auf dem Fuße[125]: *wăjjeṭ mošǣ 'æt măṭṭehû 'ăl 'æræṣ miṣrăjim* »da reckte Mose seinen Stab aus über das Land Ägypten« 13aα. Die bei E gegebenen Hinweise auf die näheren Umstände, unter welchen der Befehl an Mose erteilt und von ihm ausgeführt wurde, fanden keine Aufnahme in die Harmonie[126], doch informiert diese ihre Leser ziemlich ausführlich über die Folgen der Stabmanipulation: »Und Jahwe trieb einen Ostwind in das Land jenen ganzen Tag über und die ganze Nacht (*wejăhwǣ nihăg rûaḥ qadîm ba'aræṣ kål hăjjôm hăhû' wekål hăllajelă*). Als es Morgen wurde, hatte der Ostwind die Heuschrecken gebracht (*hăbboqær hajă werûaḥ hăqqadîm naśa' 'æt ha'ărbǣ*). | Und die Heuschrecken stiegen herauf über

115 *'lh* qal gemäß 7 28* E. Zu *'æræṣ* + nomen territorii vgl. die Zusammenstellung S. 385!

116 S. S. 141. 231.

117 Solche redaktionellen Zweckangaben fanden wir schon in 7 17 und 9 22!

118 Vgl. die Zusammenstellung S. 401f.!

119 Vgl. S. 233.

120 Vgl. die Zusammenstellung S. 379!

121 Vgl. S. 397!

122 Vgl. S. 394f.!

123 Vgl. S. 394!

124 Gemäß v. 5 R^JE!

125 Zu den diesbezüglichen Problemen s. S. 212.

126 Fehlendes Verständnis für die geschichtliche Situation, vgl. dazu die Zusammenstellung S. 398f.!

das ganze Land Ägypten (*wăjjă'ăl ha'ărbæ̂ 'ăl kål 'æræṣ miṣrăjim*) und ließen sich nieder im ganzen Gebiet von Ägypten (*wăjjanăḥ bekol gebûl miṣrajim*) — sehr viele; vor ihnen sind nicht so Heuschrekken entstanden wie sie und nach ihnen werden nicht so entstehen (*kabed me'od lepanâw lo' hajā ken 'ărbæ̂ kamohû we'ăḥarâw lo' jihjæ̂ kken*). | Und sie verdeckten den Anblick des ganzen Landes, daß das Land dunkel wurde (*wăjekăs 'æt 'ên kål ha'aræṣ wăttæḥšăḥ ha'aræṣ*), und sie fraßen auf alles Gewächs des Landes und alle Früchte der Bäume, die der Hagel zurückgelassen (*wăjjo'kăl 'æt kål 'eśæb ha'aræṣ we'et kål perî ha'eṣ 'ašær hôtîr hăbbarad*), und es blieb nichts Grünes zurück an den Bäumen und am Gewächs des Feldes im ganzen Land Ägypten (*welo' nôtăr kål jæræq ba'eṣ ûbe'eśæb hăśśadæ̂ bekål 'æræṣ miṣrajim*)« 13aβ-15.

Elohistische Elemente in v. 13-15 und ihre Bearbeitung

Auf den elohistischen Vermerk über die Ausführung der Stabmanipulation, der hinter v. 13aα steckt, wegen der R^P-Retouchierung aber nicht mehr zu greifen ist[127], folgte in der Quelle zunächst *wăjjă'ăl 'ărbæ̂*[128] *'ăl ... 'æræṣ miṣrăjim* 14aαβ* und dann *wăjekăś 'æt 'ên ... ha'aræṣ* 15(Anfang), also: »und es stiegen Heuschrecken herauf über das Land Ägypten und sie verdeckten den Anblick des Landes«. Dieser Bericht stimmte mit der Drohung überein, mit welcher Jahwe den Pharao zum Einlenken nötigen wollte[129]. Der Bearbeiter bereicherte die Angaben zweimal um *kål*[130]. Er unterbrach ihren Zusammenhang durch anderweitige Aussagen. Er versah *wăjekăs 'æt 'ên kål ha'aræṣ* wie bereits die zugehörige Ankündigung 5aα E[131] mit einer nachträglichen Erläuterung: *wăttæḥšăk ha'aræṣ* entspricht dem dortigen *welo' jûkăl lir'ot 'æt ha'aræṣ*. Beide Zusätze nehmen vom vorauslaufenden Quellenfragment den Begriff *ha'aræṣ* auf. — Man möchte vermuten, daß der alte Nordreicherzähler auch mitgeteilt hatte, was die ins Land eingefallenen Heuschrecken fraßen. Vielleicht hat sich eine Reminiszenz davon in v. 15 niedergeschlagen, etwa der Ausdruck *perî ha'eṣ*[132] oder auch *kål jæræq* (*ba'eṣ*), dessen derzeitige Stellung vor dem auf J zurückgehenden *ûbe'eśæb hăśśadæ̂* nicht recht einleuchtet. Sicheres ist nicht mehr festzustellen.

---

[127] Vgl. dazu S. 211ff.

[128] E hatte dieses Substantiv so wenig determiniert wie das *ṣepărde'îm* von 7 28 oder das *'arob* von 8 20 E. Zu dem Artikel vgl. S. 155. 175f.

[129] Vgl. dazu S. 231.

[130] Vgl. die weiteren R^{JE}-Belege S. 394f.!

[131] Vgl. S. 230.

[132] Darf *mipperî 'eṣ hăggan* Gen 3 2* E verglichen werden?

Jahwistische Elemente in v. 13-15 und ihre Bearbeitung

Das »Heraufsteigen« der Heuschrecken »auf das Land Ägypten« 14aαβ* E war eine Folge von *Moses* Stabanwendung. V. 13 schickt andere, konkurrierende Bemerkungen über den Beginn der Plage voraus. Nach diesen war es *Jahwe*, der die Heuschrecken nach Ägypten schaffen ließ, und zwar mit Hilfe eines Ostwindes. Hier kommt die jahwistische Darstellung zum Zuge. Für sie ist es kennzeichnend, daß die Urheberschaft Jahwes betont wird[133] und daß das von Jahwe Gewirkte ein sozusagen ganz gewöhnliches Naturgeschehen ist[134].

Des natürlichen Mittels eines[135] *rûaḥ* hat Jahwe sich nach J zu wiederholten Malen bedient: Von einem Ostwind wurden die Heuschrecken gebracht, (*nś'* qal 13b), von einem Westwind wieder entfernt (*nś'* qal v. 19aαβ). Ein *rûaḥ* schaffte die Wachteln herbei übers Meer Num 11 31. Er warf sie hin auf das Lager der Hebräer und auf seine Umgebung »etwa den Weg eines Tages dahin und etwa den Weg eines Tages dorthin«[136]. Nach Ex 14 21 hat ein starker Ostwind[137], der die ganze Nacht hindurch[138] blies, die Meerenge vom Wasser befreit und sie so für die Fliehenden[139] passierbar gemacht. Auch zur Beseitigung der Sintflut wurde nach jahwistischem Bericht der Wind herangezogen Gen 8 1*[140].

Die jahwistischen Notizen von v. 13 sind redigiert auf uns gekommen. Seinem späten Sprachempfinden stattgebend[141], stellte der Redaktor die Subjekte vor ihre verbalen Prädikate: *weǰăhwæ nihăg, hăbboqær hajā, werûaḥ hăqqadîm naśa'*. Zum terminologischen Ausgleich mit dem elohistischen Bericht steuerte er noch die Ortsbestimmung *ba'aræṣ* v. 13 bei[142]. Wie das bloße, von keinem Demonstrativum begleitete *kål hăllajela* im Verein mit der Parallele 14 21 zeigt, stellt mindestens *hahû'*[143], wahrscheinlicher aber das ganze *kål hăjjôm hăhû'* nebst der folgenden Kopula eine Zugabe des Bearbeiters dar. Sie soll offenbar gewährleisten, daß die Stabanwendung Moses auf der Stelle wirksam wurde, nicht etwa erst bei Einbruch der Dunkelheit. Dadurch ging eine jahwistische Pointe verloren: Das Blasen des Windes »die

133 Vgl. 7 17*. 25*. 27b 8 17* 9 18a. 23b* J!

134 Zum Wirklichkeitssinn des Jahwisten vgl. die Zusammenstellung S. 380f.!

135 J scheint den Begriff noch maskulinisch verstanden zu haben.

136 *kedæræk jōm kō ûkedæræk jôm kō* erinnert nicht zufällig an *dæræk šelošæt jamîm* 3 18b 5 3 J *dæræk šib'ăt jamîm* Gen 31 23 J (vgl. zum letzteren S. 151)!

137 *rûaḥ qadîm* wie in Ex 10 13!

138 *kål hăllăjelā* wie in Ex 10 13!

139 Zu dem für J typischen *brḥ* qal s. S. 300f.

140 Vgl. dazu S. 151.

141 Vgl. die Belegesammlung S. 396!

142 Dieses Verfahren wurde vorhin schon bei *ha'aræṣ* 12 angewandt!

143 Vgl. die weiteren Belege S. 394!

ganze Nacht über« besaß eine Abzweckung auf das für J so charakteristische »Morgen«[144]: Als es tagte, waren die Heuschrecken da! *hăbboqær hajā* gibt zwar noch die Terminvorstellung des Quellenverfassers wieder, jedoch ohne deren topischen Sinn zu ermessen. Für die umständliche Vor-Fixierung von Geschehnissen durch *hjh* qal[145] zeichnet auch andernorts der Redaktor verantwortlich[146]. Der Jahwist hatte für v. 13aβ-b etwa so erzählt: *wăjenăheg jăhwæ rûaḥ qadîm kål hăllajelā wăjjiśśa' rûaḥ hăqqadîm 'ărbæ* »da ließ Jahwe einen Ostwind wehen die ganze Nacht, und der Ostwind brachte Heuschrecken«.

Die Zeitangabe »am Morgen« gehörte in der Vorlage vermutlich erst zur Fortsetzung, die unschwer in dem *wăjjanăḥ bekol gebûl miṣrajim* 14aγδ wiederzuerkennen ist. Im jetzigen Kontext erscheint diese Notiz als Dublette zum elohistischen *wăjekăs 'æt 'ên ha'aræṣ* 15aα. Was E *'æræṣ* nannte, bezeichnete sein Rivale in dem betreffenden Zusammenhang als *gebûl*[147]. *kabed me'od* 14bα bezieht sich etwas gewaltsam[148] auf das längst vorausgegangene *ha'ărbæ* 14aα E zurück; eigentlich müßte es direkt hinter seinem Bezugswort stehen. Daß der Jahwist dieses andernorts[149] relativ gut für ihn verbürgte Prädikat auch auf den *'ărbæ* angewandt habe, kann man von der Sache her bezweifeln: »Heuschrecken« können nicht gut »sehr schwer« sein! Vielleicht ist es darum kein Zufall, daß das *kabed me'od* hinter v. 4b J fehlt. Der Redaktor mag es nur mehr gewohnheitsmäßig benutzt haben. Immerhin empfand er das Motiv noch als ein hergebrachtes, das es zu verbessern und zu überbieten gelte: *lepanâw lo' hajā ken 'ărbæ kamohû we'ăḥarâw lo' jihjæ ken* 14bβγ. Die Erstmaligkeitsvorstellung der Parallelen 9 18. 24 10 6 ist hier zu einer Einmaligkeitsaussage gesteigert. So übertrieben gewaltig[150] der Inhalt dieser Aussage klingt, so schwerfällig[151] und primitiv ist doch ihre sprachliche Form: zweimal das platte *hjh* qal[152], zweimal der die Konkretion meidende[153] Rückbezug *ken*[154]. Was *ken* 1° meint, eben das besagt *kamohû* noch einmal. *we'ăḥarâw* vergleiche man mit *we'ăḥarê ken* 3 20 *we'ăḥăr* 5 1 *'ăḥarê* 7 25 RJE.

[144] Vgl. die Zusammenstellung S. 379!

[145] Weitere redaktionelle Belege für *hjh* qal s. S. 394!

[146] Vgl. *wehajā kî* 3 21 *wehajā 'im* 4 8f. *wehajā* 4 16 RJE sowie die Zusammenstellung S. 398!

[147] Der Begriff begegnete schon in 7 27b* 10 4b J!

[148] Vgl. die Entsprechung in 9 3. 24 RJE sowie die Zusammenstellung S. 397f.!

[149] In 9 18a. 23f.*.

[150] Vgl. die Zusammenstellung S. 397!

[151] Vgl. S. 398!

[152] Weitere RJE-Belege S. 394!

[153] Vgl. die weiteren Belege S. 391f.!

[154] Vgl. *ken* in 3 20 8 20. 22 10 10 RJE!

Der jahwistische Erzähler fuhr fort mit Hinweisen auf den Schaden, den die Heuschrecken in ganz Ägypten anrichteten. Sie »fraßen alles Gewächs des Feldes« sowie die Blätter und eventuell auch Früchte der »Bäume, die aus dem Felde sprossen«. Den ersten Hinweis tranportierte der Redaktor hinter das elohistische *wăjᵉkăs 'æt 'ên (kål) ha'aræṣ* und seine Erläuterung hiezu *wăttæḥšăk ha'aræṣ* 15aα. Er lautet jetzt *wăjjo'kăl 'æt kål 'eśæb ha'aræṣ* 15aβ. Das alte *hăśśadæ̂* wurde abermals[155] durch *ha'aræṣ* ersetzt. Es ist schon das dritte in v. 15[156]. Auf die Existenz des zweiten Hinweises läßt sich schließen von der Ankündigung *wᵉ'akăl 'æt kål ha'eṣ hăṣṣomeᵃḥ . . . min hăśśadæ̂* in v. 5[157], vielleicht auch von *wᵉ'et kål pᵉrî ha'eṣ* 15aγ, wenn anders hier nicht Einflüsse aus E wirksam sind[158]. Der Rückverweis[159] auf die Hagelplage *'ᵃšær*[160] *hôtîr hăbbarad* 15aδ stimmt inhaltlich überein mit den beiden schon dagewesenen in v. 5. 12 R^JE und muß wieder als Beitrag des Redaktors gelten.

Über das Etymon *jtr* besteht Stichwortverbindung[161] zum folgenden *wᵉlo' nôtăr kål jæræq ba'eṣ* 15b. Die weitere Bestimmung *ûbᵉ 'eśæb hăśśadæ̂* scheint zu der Angabe nicht recht zu passen. Am »Kraut des Feldes« ist doch wohl alles grün außer den hier kaum in Betracht kommenden Wurzeln; was also soll dann davon noch übriggeblieben sein? Auch die Reihenfolge *ba'eṣ—bᵉ'eśæb* ist einigermaßen befremdlich, weil sie die schlimmeren Schäden in den zweiten Rang verweist. Vielleicht hat der Redaktor *ûbᵉ'eśæb hăśśadæ̂* zum Zwecke des Quellenausgleichs nachgetragen, so daß *wᵉlo' nôtăr kål jæræq ba'eṣ* als Zitat aus E einzuschätzen wäre[162]. In dem redaktionellen Rückverweis 15aδ wäre das Verbum *jtr* dann wohl im Hinblick auf dieses Quellenfragment gewählt[163]. Ein sicheres Urteil läßt sich nicht mehr gewinnen. — Daß der bezeichnete Schaden »im ganzen Land Ägypten« eintrat 15 (Ende), brauchte nach dem Vorausgegangenen[164] kaum mehr vermerkt zu werden. Aber der Komponist nahm nun einmal den Mund gern

---

[155] Wie in v. 12b!

[156] Spielerei mit einem Stichwort, vgl. dazu die Zusammenstellung S. 399!

[157] Vgl. dazu S. 232f.

[158] Vgl. S. 240.

[159] Weitere R^JE-Belege s. S. 397!

[160] Vgl. S. 394!

[161] Vgl. S. 399!

[162] Vgl. S. 240. Andererseits könnte man die Angabe mit dem jahwistischen *lo' niš'ăr 'æḥad* 8 27b und seinen Parallelen zusammensehen; aber diese verwenden gerade nicht *jtr*!

[163] V. 5. 12 R^JE gebrauchen *š'r*; in v. 5 kommen allerdings auch noch die Substantiva *jætær* und *pᵉleṭā* vor.

[164] S. *wăjᵉkăs 'æt 'ên kål ha'aræṣ* 15(Anfang).

etwas voll[165]. In der Sache stimmt seine Angabe mit der jahwistischen Darstellung überein, daß die Heuschrecken »sich im ganzen Gebiet von Ägypten niederließen« 14aγδ, schwerlich aber mit der elohistischen Darstellung, denn diese hatte doch wohl auch bei der Heuschreckenplage darauf hingewiesen, daß das Land Gosen verschont blieb[166].

Sündenbekenntnis und Fürbittegesuch des Königs

Unter dem Eindruck der Heuschreckenkatastrophe ließ Pharao nach E wieder Mose herbeiholen, diesmal offenbar mit besonderer Dringlichkeit: *wăjemăher păr'ō liqro' 'æl mošæ* »da rief Pharao eilends nach Mose« hieß es in der Vorlage.

10 16a

Der Verfasser der Harmonie übernahm die Notiz, substituierte aber *'æl*[167] durch das ihm geläufige *le*[168] und gesellte dem Mose Aaron hinzu[169]: *wăjemăher păr'ō liqro' lemošæ ûle'ăharon* »da rief Pharao eilends Mose und Aaron« 16a. Ursprünglich hatte der König die Nachbegegnung veranlaßt, um Jahwes absoluter Entlaßforderung noch einen Schritt näherzutreten. Der Redaktor hat das betreffende Zugeständnis bekanntlich[170] für die erst von ihm inszenierte Nachbegegnung 8-11 vereinnahmt: Pharao wollte nur die israelitischen Männer zum Gottesdienst auf dem Horeb wallfahren lassen. Moses ablehnende Antwort auf diesen Kompromißvorschlag ist unter den Redaktionstisch gefallen.

10 16b. 17

Statt dessen läßt R^JE jetzt den König wieder einmal[171] ein Sündenbekenntnis abgeben: »und er sagte: Ich habe gesündigt (. . . *ḥaṭa'tî*) an Jahwe, eurem Gott, und an euch! | Und nun, vergebet doch meine Sünde, nur noch dasmal (*we'ăttā śe'û*[172] *na' ḥaṭṭa'tî 'ăk hăppă'ăm*)« 16b. 17aαβ. Das Sündenbekenntnis bereitet einem neuen Fürbitteersuchen den Weg: »und fleht Jahwe an, euren Gott, daß er bloß diesen Tod von mir entferne (*wehă'tîrû lejăhwæ 'ælohêkæm wejaser me'alăj răq 'æt hămmawæt hăzzæ*)« 17aγb. Das Sündenbekenntnis

---

165 Vgl. *bekål ha'aræṣ* in 8 20 9 (22.) 24f. (10 14aβ) R^JE sowie die Zusammenstellung S. 397!

166 Vgl. 8 18* 9 26* E.

167 Noch erhalten in 8 21* 10 24.

168 Wie in 8 4 9 27, vgl. 8 21a!

169 Vgl. die Zusammenstellung S. 406!

170 S. S. 235.

171 Wie in 9 27 R^JE!

172 Nach *lemošæ ûle'ăharon* 16 und vor *wehătîrû* 17 konnte selbst ein R^JE nicht gut *śa'* (so M) formulieren. Man lese mit Sam. Vers. *śe'û*; M ist haplographiert.

entbehrt jeglichen Anhalts in den Vorlagen. Diese Tatsache spiegelt sich in seiner Begrifflichkeit wieder: theologischer Allgemein- und Abstraktbegriff *ḥṭ'(t)*[173], überleitendes *we'ăttā*[174], *pă'ăm* i. S. v. »Mal«[175]. Das Fürbittegesuch beruht auf jahwistischem *hă'ter 'æl jăhwæ wejaser 'æt ha'ărbæ mimmænnî ûme'abadăj ûme'ămmî* »flehe zu Jahwe, daß er die Heuschrecken entferne von mir und von meinen Knechten und von meinem Volk«[176]. Der Bearbeiter nahm daran verschiedene Veränderungen vor. Vor allem ließ ihn der Wunsch, sich drastisch auszudrükken[177], das anschauliche *ha'ărbæ* der Vorlage durch das in übertragenem Sinne gebrauchte und darum abstrahierende[178] *hămmawæt* ersetzen. Da dessen Bezug auf die Heuschrecken keineswegs ohne weiteres klar ist, fügte er noch das Demonstrativum[179] *hăzzæ* hinzu. Die alte Dreiergruppe mußte verschwinden, für die einfache Präposition *mimmænnî* trat die zusammengesetzte *me'alăj*[180] ein. Ursprünglich hatte der »König von Ägypten« wahrscheinlich höchstselbst den Mose aufgesucht[181], um ihm die Bitte um Fürbitte vorzutragen.

Mose entfernt sich unvermittelt

Die Rede des Königs 16b. 17 bleibt unbeantwortet und damit das einschlägige Material der jahwistischen Quelle unberücksichtigt: Der jahwistische Mose hatte doch wohl wieder versprochen, »morgen« werde er »zu Jahwe flehen«, dann würden »die Heuschrecken weichen« von ihm, von seinen Knechten und von seinem Volk«[182].

10 18a

Demgegenüber läuft jetzt der Gottesbote ohne Kommentar weg: *wăjjeṣe'*[183] *me'im păr'ō* »da ging er von Pharao weg« 18a. Diese Notiz entstammt bekanntlich der E-Vorlage, wo sie jedoch die von Jahwe inaugurierte Hauptbegegnung abgeschlossen hatte[184]. Die Nachbegegnung beendet E mit dem üblichen Hinweis auf Pharaos Herzensverhärtung[185]. Der Blick auf die Vorlage, die nur von einem Weggehen

[173] Vgl. die weiteren Belege S. 392!
[174] Weitere Belege S. 391!
[175] Vgl. S. 395!
[176] Vgl. 8 4*. 24f.* 9 28* J.
[177] Vgl. die Zusammenstellung S. 396!
[178] Vgl. S. 391ff.!
[179] Weitere RJE-Belege s. S. 393f.!
[180] Vgl. die Zusammenstellung S. 394!
[181] Vgl. zu dem Problem S. 223.
[182] Vgl. 8 5-7*. 25* J.
[183] Etwa 15 Mss Sam. Mss G S ergänzen *mošæ*.
[184] Vgl. dazu S. 167. 171.
[185] S. v. 20*.

Moses wußte, ließ den Redaktor übrigens ganz vergessen, daß er vorhin in v. 16 auch Aaron hatte zu Pharao rufen lassen[186].

Moses Fürbitte und ihre Folgen

10 18b

Wie Mose sich als Einziger entfernt 18a, so nimmt er auch allein die Fürbitte vor, um welche Pharao nach v. 17 R^JE doch auch den Aaron gebeten hatte: *wăjjæʿtăr ʾæl jăhwæ* »und er flehte zu Jahwe« 18b. Der Redaktor schloß sich hier dem Wortlaut seiner J-Vorlage an[187].

10 19

Aus ihr ist dann auch der ganze folgende Vers zitiert: *wăjjăhapok jăhwæ rûaḥ jam ḥazaq meʾod wăjjiśśaʾ ʾæt haʾărbæ wăjjitqaʿehû jammā sûp loʾ nišʾăr ʾărbæ ʾæḥad bekol gebûl miṣrajim* »da ließ Jahwe umgekehrt einen sehr starken Westwind blasen, und er trug die Heuschrecken weg und stieß sie ins Schilfmeer. Es blieb keine einzige Heuschrecke übrig im ganzen Gebiet von Ägypten« 19. Das göttliche Machtmittel des *rûaḥ* haben wir schon als jahwistischen Topos kennengelernt[188]. *ḥazaq meʾod* erinnert an *kabed meʾod* 9 18a. 24* J. *wăjjiśśaʾ* entspricht dem *naśaʾ* von v. 13* J. *loʾ nišʾăr ʾæḥad* hieß es in 8 27 J schon von anderen Plagegeistern[189]. »Im ganzen Gebiet von Ägypten«, *bekol gebûl miṣrajim,* hatten sich nach v. 14aγδ J die Heuschrecken zuvor niedergelassen. Nach dem allem erscheint v. 19 wörtlich aus der Quelle übernommen. Die Stelle macht wieder deutlich, daß J das faktische Ende der Plage mit anderen Worten beschrieben hatte als den königlichen Wunsch danach und die diesbezügliche Zusage Moses[190].

Nur noch ein Rest vom Schlußwort des R^JE-Berichtes

Die JE-Harmonie wird ihre sechste Plagenerzählung wie üblich[191] mit dem (neu motivierten[192]) Schlußwort des E-Berichtes beendet haben: *wăjjăkbed părʿō (ʾæt) libbô weloʾ šillăḥ ʾæt haʿam* »da verhärtete Pharao sein Herz und er entließ das Volk nicht«.

10 20*

Davon hat lediglich das *weloʾ šillăḥ* die Endredaktion des Pentateuchs überstanden v. 20. Für das alte *ʾæt haʿam* führte R^P, wie bereits

---

186 Isolierende Betrachtungsweise, vgl. dazu die Belegesammlung S. 399ff.!

187 V. 18b = 8 26b J.

188 S. 241.

189 Vgl. ferner 8 5b = 7b J.

190 Entspricht den Verhältnissen in 8 4f.*. 7*. 9f.* J; vgl. S. 168. 192.

191 Vgl. 8 11*. 28 9 7. 34. 35*.

192 Vgl. dazu S. 193f.

in 9 35, *'æt b*^{e}*nê jiśra'el* ein; den Platz von *wăjjăkbed păr'ō ('æt) libbô* aber belegte er diesmal[193] nicht mehr[194] mit dem priesterlichen *wăjjæḥ*^{a} *zăq leb păr'ō*, sondern mit einer eigenen Abwandlung hievon, welche die Initiative Jahwes hervorhebt: *wăj*^{e}*ḥăzzeq jăhwǣ 'æt leb păr'ō* »da verstockte Jahwe das Herz Pharaos«[195].

I. DIE SIEBTE PLAGE
Ex 10 21-29

Mose muß sofort den Stab anwenden!

10 21*

Von einer Entbietung Moses zum König ist hier nicht mehr die Rede. Der siebte Plagenbericht nach der Zählung der deuteronomistischen Harmonie setzt gleich mit dem Stab-Manipulationsbefehl ein: »Da sagte Jahwe zu Mose: Recke deine Hand zum Himmel empor (*wăjjo'mær jăhwǣ 'æl mošǣ n*^{e}*ṭē jad*^{e}*ka 'ăl hăššamăjim*), damit Finsternis entstehe über dem Land Ägypten (*wîhî ḥošæk 'ăl 'æræṣ miṣrajim*), so daß Finsternis zum Tasten nötigt (*w*^{e}*jameš ḥošæk*)[1]« 21. *n*^{e}*ṭē jad*^{e}*ka 'ăl hăššamăjim* wurde *so* wieder erst von R^{P} formuliert[2], setzt aber in der Harmonie und damit letzten Endes bei E ein Äquivalent voraus. *wîhî ḥošæk 'ăl 'æræṣ miṣrajim* ist zusammenzusehen mit den redaktionellen Zweckangaben in 7 17 9 22 10 12[3]. Der Elohist hatte seinen Manipulationsbefehl mit keiner derartigen Angabe versehen, da dem angeredeten Mose aus der ihm zuvor anvertrauten Gottesbotschaft an den Pharao schon bekannt war, was die anbefohlene Zauberhandlung bewirken sollte. Diese Gottesbotschaft wird wieder die Entlaßforderung sowie eine neue, noch stärkere Drohung umschlossen haben. Was für eine Drohung?

---

[193] Desgleichen in 10 27 11 10.

[194] Wie in 9 35!

[195] R^{P} hebt auch sonst gern die Initiative bzw. die Urheberschaft Jahwes hervor, vgl. weiter 11 10 14 2. 4. 15. 17 15 22 u. a.

[1] Oder: »daß man Finsternis greifen kann«, oder, nach H. P. Rüger, ZAW 82 1970 109, »und Finsternis treffe ein«. Rüger will den Passus als interpretierende Glosse ausscheiden. Aber das wäre ein Akt der Willkür. Die vermeintliche Überflüssigkeit von *w*^{e}*jameš ḥošæk* weist eher darauf, daß die vorgeschlagene Deutung nicht stimmt. — Die Übersetzung »daß man Finsternis greifen kann« stützt sich auf G ψηλαφητὸν σκότος V *ut palpari queant*, gibt aber keinen befriedigenden Sinn. Die oben gebotene Übersetzung wird durch die hi.-Form empfohlen und paßt in den Zusammenhang.

[2] Vgl. dazu S. 9f. 211.

[3] Vgl. S. 141. 214. 239. Vielleicht hat R^{P} auch hier den Wortlaut der Harmonie ein wenig verändert, vgl. 9 9a P!

10 23

Die Einzelheiten bleiben ungewiß bis auf die Inbetrachtnahme des Weigerungsfalles, die wie üblich *we'im ma'en 'ättā lešälleaḥ* gelautet haben wird. Immerhin macht v. 23[4] wahrscheinlich, daß schon im Quellenbericht eine Finsternis vorgesehen war, die Ägypten — wohl mit Ausnahme des Landes Gosen — heimsuchen sollte. *wejameš ḥošæk* weist dann zurück auf anders bezogene und ausführlichere Bemerkungen von E über die Auswirkungen dieser Finsternis[5]. Selbstverständlich kam der elohistische Mose dem Auftrag Jahwes auch nach. Er begab sich zu Pharao und überbrachte ihm Jahwes Forderung. Pharao lehnte dieselbe ab. Wohl erst daraufhin[6] forderte Jahwe den Mose auf, den Stab anzuwenden: v. 21*.

Die Ausscheidung sämtlicher Nachrichten, welche dem Stab-Manipulationsbefehl bei E vorausgegangen waren, sowie etwaiger jahwistischer Mitteilungen über einen neuen Auftritt Moses geht zu Lasten des R^{JE}. Das ergibt sich mit aller Deutlichkeit aus den Verhältnissen in v. 28f. und in der nächsten Perikope[7]. Dem Redaktor war es dabei wieder[8] darum zu tun, die Geschehnisse dramatisch zuzuspitzen: Gegen das Ende der Plagenära hin sollte ohne Zwischenspiel Schlag auf Schlag folgen. Diese Vorstellung erscheint nicht sonderlich originell: Der Verfasser der Harmonie hat sie sich doch wohl von der elohistischen Idee einer Massierung der Plagen[9] suggerieren lassen[10].

Ausführung des Befehls

10 22

Der jetzt und wahrscheinlich schon immer dem Befehlsbericht direkt angeschlossene Ausführungsbericht über die Stabanwendung[11] ist anfänglich wieder nach P stilisiert: *wäjjeṭ mošæ 'æt jadô 'äl häššamajim* »da reckte Mose seine Hand zum Himmel empor« 22a. Die Fortsetzung *wäjehî ḥošæk 'apelā bekål 'æræṣ miṣräjim šelošæt jamîm* »und es entstand eine dunkle Finsternis im ganzen Land Ägypten drei Tage lang« 22b entspricht dem ankündigenden *wîhî ḥošæk 'äl 'æræṣ miṣräjim* 21 nur teilweise. Neu ist vor allem die Befristung der Plage auf »drei Tage«. Sie läßt sich nicht gut vereinbaren mit der Anschauung von E, daß die verschiedenen Plagen sich anhäuften und nicht

---

4 Vgl. weiter S. 249f.

5 Weitere Beispiele von »Übertragung« s. S. 401f.!

6 Gemäß 9 22* 10 12* E, vgl. S. 212.

7 S. S. 253ff.

8 Wie bei der Nachbegegnungsszene 10 8-11!

9 Vgl. dazu S. 172.

10 Demgemäß verhielt es sich schon mit dem *kål mäggepotäj* von 9 14 (s. S. 201), dem *'ototäj 'ellæ* von 10 1 (s. S. 226) und dem *bekol nipleotäj* von 3 20 R^{JE} (s. S. 52)!

11 Dazu und zu den anhängenden Problemen s. S. 212.

eher aufhörten, als daß Pharao die Entlassung der Israeliten ohne Wenn und Aber gestattet hatte[12]. Wenn anders von den »drei Tagen« in der Nordreichquelle die Rede gewesen ist, so müßte sie der Erzähler schon auf einen andersartigen Vorgang bezogen haben[13]. Im anderen Fall geht das Motiv auf J zurück[14]. Möglich, daß auch der Südreicherzähler von einer Finsternis in Ägypten berichtet hatte. Eine solche Annahme könnte auch erklären, warum in v. 22 dem Begriff *ḥošæk* ein Synonymon, das weniger geläufige *'ᵃpelā*, zur Seite gestellt ist. Indessen lassen sich für sie, abgesehen von dem nochmaligen *šᵉlošæt jamîm* in v. 23, keine weiteren Anhaltspunkte buchen. An der Quellenhaftigkeit unserer Zeitangabe besteht kein Zweifel, doch bleibt ihre spezielle Herkunft fraglich. Immerhin deutet sie aber darauf, daß v. 22b in diesem Wortlaut schon der JE-Harmonie angehört hat. Typisch für deren Verfasser sind *hjh* qal[15] und das *kål*[16] vor *'æræṣ miṣrājim*.

Folgen der Finsternis in Ägypten

10 23a

V. 23a malt das Motiv der Finsternis aus, diesmal in der Form von Ereignisbericht[17] *lo' ra'û 'îš 'æt 'aḥîw wᵉlo' qamû 'îš mittāḥtâw šᵉlošæt jamîm* »sie sahen einander nicht und konnten sich keiner von seinem Platze erheben drei Tage lang«. Die Aussagen sind ins Gewand der Alltagssprache gekleidet.

10 24

In der Sache widersprechen sie der in v. 24 reproduzierten Ansicht von E, daß Pharao Mose herbeigerufen habe — durch Boten natürlich! Ist das aus einer Quelle übernommene, genauer aber leider nicht mehr bestimmbare *šᵉlošæt jamîm* etwa angefügt worden, um den vorhandenen Widerspruch zu mildern — so nämlich, daß sich die Sendboten erst *nach* den drei Tagen auf den Weg gemacht hätten? Aber damit würde der Schaden ja nur noch schlimmer. Denn wenn man nach den drei Tagen wieder einen Botengang tun konnte, so doch wohl nur deswegen, weil die Plage beendet war (22b!); damit aber hätte sich die Heranholung Moses ganz erübrigt! V. 23a ist wahrscheinlich nur ein Erzeugnis des zu Übertreibungen[18] geneigten Redaktors. Im

---

[12] Vgl. S. 172.

[13] Etwa darauf, wie lang es währte, bis Pharao Mose holen ließ. Das Drei-Tage-Motiv ist für E in Gen 40 12f. 18f. belegt.

[14] Jahwistische Belege für *šᵉlošæt jamîm*: 3 18 5 3 8 23 15 22 Gen 30 36.

[15] Vgl. die weiteren Belege S. 314!

[16] Vgl. S. 394f.!

[17] Vgl. das ankündigende *wᵉjameš ḥošæk* 21b R^{JE}.

[18] Weitere Belege s. S. 397!

Eifer der Niederschrift[19] entging seiner Aufmerksamkeit, daß es schließlich auch noch Lampen und Fackeln gibt auf der Welt! Auch versäumte er es zunächst, sicherzustellen, daß es nur die Ägypter waren, die einander nicht mehr sehen und sich nicht mehr erheben konnten.

Israeliten ausgenommen!

10 23b

Erst nachtragsweise[20] wird dies am Gegenbeispiel der Israeliten deutlich gemacht: *ûlekål benê jiśra'el hajā 'ôr bemôšebotam* »aber alle Israeliten hatten Licht an ihren Wohnsitzen« 23b. Auch *bekål 'æræṣ miṣrăjim* 22b hatte diese Ausnahme nicht vorbedacht. Anlaß, die letzte zu erwähnen, gab dem Redaktor seine elohistische Vorlage. Allerdings übersetzte er das dort Vorgefundene in seine primitive und an Anschauung arme Sprache: undifferenziertes *bemôšebotam*[21] anstelle des elohistischen Land-Gosen-Motivs[22], Allerweltswort *hjh* qal[23], entbehrliches und übertreibendes *kål*[24].

Nachbegegnung und noch weitergehendes Zugeständnis

10 24a

V. 24a entspricht nach (Stellung und) Wortlaut offenbar noch dem elohistischen Urbild: *wăjjiqrā' părʿō 'æl mošǣ wăjjo'mær lekû ʿibedû 'æt jăhwǣ răq ṣo'nekæm ûbeqărekæm juṣṣag* »da rief Pharao nach Mose und sagte: Geht, dienet Jahwe; nur euer Kleinvieh und Rindvieh soll dagelassen werden«, Selbst das nach *qr'* qal genuine *'æl*[25] blieb erhalten. Aaron wurde nicht ins Spiel gebracht[26].

10 8

lekû ʿibedû[27] *'æt jăhwǣ* lautete Pharaos Zugeständnis schon in v. 8aγ E, nur daß dort noch die Apposition *'ælohêkæm* hinzukam, vielleicht als Zutat des Bearbeiters[28]. Auch in den früheren Plagenberichten des Elohisten mögen Pharaos Zugeständnisse zum Teil[29]

---

19 Zum Konzeptcharakter der deuteronomistischen Harmonie vgl. S. 402!

20 Vgl. Anm. 19.

21 Vgl. die Zusammenstellung S. 391ff.!

22 S. 8 18* 9 26* E.

23 Vgl. die weiteren Belege S. 394!

24 Vgl. S. 394f.!

25 Vgl. S. 182.

26 Nur wenige (Ms Kennicott Nr. 17 de Rossi Nr. 661 [primo]) oder wenig verläßliche Textzeugen (Sam. G T[1] V) bringen auch hier Aaron herein.

27 Das spezifische *ʿbd* qal der elohistischen Entlaßforderung!

28 Im Deuteronomismus ist diese (oder eine entsprechende) Apposition hinter *jăhwǣ* an der Tagesordnung.

29 Vgl. jedoch *wă'ašallehā* 8 4* *'anokî 'ašăllăḥ 'ætekæm* 8 24* E.

mit den bezeichneten Worten begonnen haben. *răq* fand sich in analoger Funktion schon bei *răq hărḥeq lo' tărḥîqû* 8 24aγ E. Unsere Stelle läßt noch deutlich erkennen, wie der elohistische Pharao der göttlichen Entlaßforderung bei jeder neuen Nachbegegnung einen Schritt weiter entgegenkam: Das vorige Mal[30] wollte er Frauen und Kinder nicht fortlassen, diesmal dagegen will er nur noch das Vieh zurückhalten. Vermutlich war es dem König dabei um Faustpfänder zu tun, welche die Wallfahrer zwingen sollten, wieder nach Ägypten zurückzukehren.

10 24b

Etwas, das sich nach v. 24a E ganz von selber versteht, glaubte der Verfasser der Harmonie in seiner betulichen Art noch eigens anmerken zu sollen: *găm ṭăppekæm jelek 'immakæm* »auch euer Anhang soll mit euch gehen« 24b. Er verleugnet dabei nicht sein Idiom: *găm*[31], Abstraktbegriff *ṭăp*[32]; *hlk* qal erscheint aus v. 24a E »übertragen«[33].

Mose lehnt die Einschränkung ab

10 25. 26aα

Die Entgegnung Moses 25. 26 ist außerordentlich ungefüge angelegt[34]. Eingespannt in das gesucht wirkende Schema eines »sowohl — als auch« geht sie aus von einer ganz ausgefallenen Forderung, um dann fortzuschreiten zu einem passablen, zu einem nach v. 24a E angemessenen Verlangen: »Da sagte Mose: Sowohl du wirst in unsre Hand Schlacht- und Brandopfer geben (... *găm 'ăttā titten bejadenû zebaḥîm we'olôt*), damit wir sie Jahwe, unsrem Gott, machen (*we'aśînû lejăhwæ 'ælohênû*), | als auch unser Viehbesitz wird mit uns gehen (*wegăm miqnenû jelek 'immanû*)« 25. 26aα. Indessen sind beide Angaben im Stil des Redaktors gehalten: *găm*[35], triviales *ntn* qal und *'śh* qal[36], Abstraktbegriff *miqnæ*[37]; *jelek 'immanû* läuft dem *jelek 'immakæm* von v. 24b R^JE parallel. Von den Subjekten *'ăttā* und *miqnenû* steht zumindest das zweite ohne triftigen Grund *vor* seinem verbalen Prädikat[38].

---

30 S. 9a. 11aαβ E.
31 Vgl. die weiteren Belege S. 395!
32 Vgl. die Zusammenstellung S. 393!
33 Vgl. S. 401f.!
34 Vgl. die weiteren Belege für solche Erscheinungen bei R^JE S. 397f.!
35 Vgl. S. 395!
36 Vgl. S. 394!
37 Weitere Belege s. S. 393!
38 Vgl. die Belegesammlung S. 396!

10 26aβ

Die Angabe v. 26aα verstärkend tritt hinzu: *lo' tiššā'er pārsā* »keine Klaue soll übrigbleiben« 26aβ. Es ist wiederum R^{JE}, der sich dermaßen derb auszudrücken liebte[39].

10 26aγ-b

Warum er auf die ungute Anordnung der Aussagen 25. 26aα verfiel, kann uns das Weitere lehren: *kî mimmænnû niqqăḥ lă'abod 'æt jăhwæ 'ælohênû wă'anăḥnû lo' nedă' măh nnă'abod 'æt jăhwæ 'ăd bo'enû šammā* »denn von ihm müssen wir nehmen, um Jahwe, unsrem Gott, zu dienen, und wir wissen nicht, womit wir Jahwe dienen sollen, bis wir dorthin kommen« 26aγ-b. Der Redaktor war nämlich darauf aus, zunächst wieder einmal etwas für den Triumph Israels[40] zu tun: Der Ägypterkönig wird, so fingierte er *ad maiorem gloriam populi sui*, den Israeliten sogar von seinem eigenen Vieh zur Verfügung stellen müssen 25aβ-b. Hintendrein aber wollte er auch die ursprüngliche Moseantwort noch etwas zur Geltung bringen, ihr Ideengut 26aα und einzelne Begriffe von ihr 26aγ-b. Der elohistische Mose hatte das Ansinnen Pharaos 24a E, daß das Klein- und Großvieh der Israeliten in Ägypten verbleiben müsse, mit der Begründung zurückgewiesen, daß man dieses Vieh für den geplanten Gottes»dienst«[41] benötige. Mit ähnlicher Sachlichkeit sahen wir ihn in 8 22* E gegen eine andere Einschränkung der königlichen Abreiseerlaubnis opponieren! *mimmænnû niqqăḥ lă'abod 'æt jăhwæ* war so oder annähernd so wohl schon in der E-Vorlage zu lesen, vielleicht auch *lo' nedă' măh nnă'abod 'æt jăhwæ 'ăd bo'enû . . . . 'ælohenû* ist vielleicht vom Bearbeiter ergänzt[42]. Das ausdrückliche, als Subjekt vorausgestellte *wă'anăḥnû* trägt deutlich seine Schriftzüge[43]. Das bequem ungenaue[44] *šammā* weist auf eine Ortsangabe zurück, die im Grundtext noch gegeben bzw. noch in Erinnerung war[45], die aber dem R^{JE}-Kontext fehlt[46].

Pharaos Herzensverhärtung. Sie ist noch motiviert im Sinne des Elohisten!

10 27*

Moses Kompromißlosigkeit hatte nach dem E-Bericht wie üblich[47]

---

39 Weitere Belege s. S. 396f.!

40 Weitere Belege für dieses R^{JE}-Motiv s. S. 403!

41 Beachte das spezifische *'bd* qal und vgl. dazu v. 8. 24 E sowie 3b Par. E.

42 Vgl. S. 250 Anm. 28.

43 Vgl. die Belege S. 396!

44 Vgl. S. 393f.!

45 E dachte an den Gottesberg Horeb, vgl. 3 12*.

46 Zu den (oftmals ungenauen oder bezugslosen) Bezugnahmen des Redaktors vgl. die Zusammenstellung S. 397!

47 Vgl. dazu S. 170f.

die Verstockung des Königs zur Folge. Die diesbezügliche Angabe wurde von R^{JE} noch verwertet, mußte sich aber später von R^{P} dieselben Berichtigungen gefallen lassen wie v. 20a[48]: *wăjeḥăzzeq jăhwǣ 'æt leb păr'ō welo' 'abā lešălleḥam* »da verstockte Jahwe das Herz Pharaos, und er wollte sie nicht entlassen« 27. Trotzdem ist noch zu erkennen, daß R^{JE} sich diesmal ungewöhnlich eng seinem elohistischen Vorbild — ein jahwistisches gab es zu unserer Perikope vielleicht gar nicht[49] — angeschlossen hatte: Die Herzensverhärtung Pharaos ist nicht wie sonst mit dem Ende der Plage, wovon ja allein J etwas gewußt hatte, motiviert, sondern erscheint noch wie ursprünglich in der Haltung Moses begründet — eine schöne Bestätigung für die oben[50] erarbeitete Auffassung vom Schluß der elohistischen Plagenberichte! *welo' 'abā lešălleḥam* 27b entspricht dem Wortlaut der Harmonie; der gegenüber v. 27a eintretende Subjektswechsel ist erst durch die dortigen Eingriffe des R^{P} bedingt[51]. V. 27b seinerseits ist unter den Händen von R^{JE} degeneriert aus dem bei E vorauszusetzenden *welo' šillăḥ 'æt ha'am*[52].

Ein dramatisierender Zusatz des deuteronomistischen Redaktors

10 28. 29

Mit dem Vermerk über Pharaos Herzensverhärtung hatte E das Gespräch zwischen dem König und Mose, das während der Nachbegegnung stattfand, und darüber hinaus den ganzen Plagenbericht abgeschlossen[53]. Dies hielt jedoch seinen Verarbeiter nicht ab, jenen Dialog über v. 27* hinaus fortzuführen: »Da sagte ihm Pharao (*wăjjo'mær lô păr'ō*): Geh weg von mir; hüte dich, sieh nicht noch einmal mein Gesicht. Wann du nämlich mein Gesicht sehen wirst, so mußt du sterben (*lek me'alaj hiššamær leka 'ăl tosæp re'ôt panăj kî bejôm re'oteka panăj tamût*). | Da sagte Mose: So (wie) du gesagt hast! Ich werde dein Gesicht nicht noch ein weiteres Mal sehen (*wăjjo'mær mošǣ ken dibbărta lo' 'osip 'ôd re'ôt panâka*)« 28. 29. Diesem Zusatz geht es nicht allein darum, hervorzuheben, daß Mose schändlich behandelt und davongejagt wurde[54], er soll vielmehr zugleich die Absicht des Komponisten bekunden, daß es zu keiner weiteren Zusammenkunft der beiden Kontrahenten kommen soll. Diese Intention hatte schon die Weglassung der Auftrittsszene vor v. 21

---

[48] Vgl. dazu S. 246f.

[49] Vgl. S. 249.

[50] Vgl. S. 170f.

[51] R^{P} wollte wieder die Initiative Jahwes geltend machen.

[52] Vgl. 8 28 9 7. 35* 10 20*.

[53] S. S. 171.

[54] Insofern vgl. *wăjegaræš 'otam me'et penê păr'ō* 11b R^{JE}!

angedeutet[55]. Wie ernst es der Verfasser der JE-Harmonie damit meinte, offenbart der Umstand, daß er Mose dem Verlangen des Königs ausdrücklich zustimmen läßt. Später konnte er sein Vorhaben allerdings doch nicht folgerichtig ausführen[56].

Auch am Sprachgebrauch weisen v. 28. 29 sich als völlige Neubildung des Redaktors aus: *'mr* qal mit *l^e* konstruiert[57], zusammengesetzte Präposition *me'ăl*[58]. *hiššamær* ist eine dem Deuteronomismus geläufige Mahnung[59]. Typisch für R^{JE} sind ferner *jsp* hi.[60], das einen Rückbezug herstellt[61], das begründende *kî*[62], *b^ejôm* + inf.[63], das Verbum *dbr* pi.[64]. Das dreimalige umständliche *r'h* qal + *panîm* hätte sich leicht vermeiden lassen. *tamût* erinnert an *băddæbær 'ô bæḥaræb* 5 3 *latæt ḥæræb b^ejadam l^ehår^egenû* 5 21 *jisq^elunû* 8 22 R^{JE}: Der deuteronomistische Redaktor fuhr gerne gleich mit den stärksten Kanonen auf[65].

K. DIE ACHTE PLAGE UND DER AUSZUG

Ex 11 1-8(. 10*) 12 21-27. 29-39 13 3-22

Eine private Information für Mose

Die achte Plagenerzählung der Harmonie hebt an mit dem üblichen *wăjjo'mær jăhwæ 'æl mošæ* 1aα[1], das sich ähnlich, jedoch noch mit Zeit- und Ortsbestimmungen ausgestattet, schon in den Quellenerzählungen gefunden hatte. Da der Komponist weitere Zusammenkünfte Moses und Pharaos zu vermeiden trachtete 10 28f., mußte der Gottesbefehl an Mose, er solle zum König gehen und ihm die und die Botschaft ausrichten, entfallen.

11 8b

Zumindest E hatte einen solchen Befehl samt seiner Ausführung noch angezeigt, wie das jetzt in v. 8b überlieferte, in seiner derzeitigen

---

55 S. S. 247f.

56 Vgl. weiter S. 257.

57 Vgl. die weiteren Belege S. 395!

58 Vgl. die Zusammenstellung S. 394!

59 Vgl. z. B. Dtn 4 9 6 12 8 11 12 13. 19. 30 15 9.

60 Weitere Belege s. S. 397!

61 Vgl. die Zusammenstellung S. 397!

62 Vgl. S. 395!

63 Wie in Gen 2 4b. 17 3 5 R^{JE}!

64 Weitere Belege s. S. 395!

65 Vgl. die Zusammenstellung S 396f.!

1 Vgl. 7 14. 26 8 16 9 1. 13 10 1. 21.

Umgebung aber eigentlich unsinnig gewordene *wajjeṣe' me'im păr'ō* »da ging er von Pharao weg« beweist[2]. Aber auch J dürfte seinen Bericht über die letzte ägyptische Plage mit der üblichen Aufbietung Moses eröffnet haben. Dies läßt sich ersehen aus den genauer noch zu erörternden[3] Verhältnissen in 4 22f. sowie aus der Tatsache, daß in 11 7b das jahwistische Erkenntnismotiv verwertet ist.

11 1

Der Verfasser der Harmonie, da er eine Beauftragung Moses für den König nicht mehr in Betracht ziehen wollte, behalf sich einfach mit einem *privatissime* für Mose[4]: »Da sagte Jahwe zu Mose: Noch *eine* Plage werde ich über Pharao und über die Ägypter bringen (*'ôd nægă' 'æḥad 'abî' 'ăl păr'ō we'ăl miṣrăjim*). Danach wird er euch von da entlassen (*'ăḥarê ken jeśällăḥ 'ætekæm mizzæ̂*). Wenn er entläßt, wird er ganze Sache machen (*keśälleḥô jekällæ̂*[5]): Er wird euch von da auf- und davonjagen (*gareš jegareš 'ætekæm mizzæ̂*)« 1.

In Wirklichkeit hatte er dabei freilich gar nicht Mose, sondern seine Leser im Blick: Die Aussicht auf Jahwes baldigen Triumph über seine Widersacher sollte jene erbauen und erfreuen[6]. In diesem Zusammenhang wird der elohistische Begriff der Entlassung *šlḥ* pi. wieder einmal[7] durch den — offenbar für RJE charakteristischen — Begriff der Vertreibung *grš* pi.[8] überboten. *'ôd* stellt einen der von ihm so geschätzten, von den Quellenverfassern jedoch weitgehend vermiedenen ausdrücklichen Rückbezüge auf früher Gesagtes[9] her. *nægă'* abstrahiert vom konkreten Geschehen[10]. Darum erscheint *bw'* hi. hier deutlich in der Begriffsrolle spätisraelitischer Katastrophentheologie[11]. *'ăḥarê*[12] *ken jeśällăḥ 'ætekæm* kündete Jahwe gleichlautend schon in 3 20 RJE an. *mizzæ̂* erspart dem bequemen Formulierer die Notwendigkeit, sich genau auszudrücken[13]. In Assoziationen zu denken gewohnt, nimmt er diesen Begriff in dem überbietenden Folgesatz noch einmal auf[14]. Auch die Näherbestimmung von *jegareš*

---

[2] Zu seiner elohistischen Herkunft vgl. S. 122. 167.

[3] S. S. 260f.

[4] Ein solches fanden wir schon in 7 14 10 1 RJE!

[5] So möchte ich anstelle des problematischen *kalā* von M lesen (Haplographie).

[6] Weitere RJE-Belege für dieses Motiv s. S. 403!

[7] Wie in 6 1 Gen 3 23f.!

[8] Weitere RJE-Belege für den Begriff s. S. 395!

[9] Vgl. S. 397!

[10] Vgl. die Zusammenstellung S. 391ff.!

[11] Vgl. S. 230 Anm. 42.

[12] Außer der oben angeführten Stelle vgl. noch *we'ăḥăr* 5 1 *'ăḥarê* 7 25 *we'ăḥarâw* 10 14 RJE!

[13] Vgl. weitere Beispiele dieser Art S. 393f.!

[14] Vgl. die Zusammenstellungen S. 399ff.!

durch den inf. abs. *gareš* hat als ein Kennzeichen des Stils von R^JE zu gelten[15]. Der Redaktor verzichtete darauf, die Situation, in der Mose privatim belehrt wurde, förmlich abzuschließen[16].

Mitteilungen für das Volk

11 2

Nachdem Mose zuerst persönlich unterrichtet worden war über das Bevorstehende, erteilt Jahwe ihm jetzt den Auftrag, Direktiven zur Vorbereitung des Exodus an »das Volk« weiterzuleiten: »Sprich doch zu Ohren des Volks (*dăbbær na' be'åzenê ha'am*), daß sie erbitten sollen ein jeder von seinem Nächsten und eine jede Frau von ihrer Nächsten silberne Sachen und goldene Sachen (*wejiš'alû 'îš me'et re'ehû we'iššā me'et re'ûtah kelê kæsæp ûkelê zahab*)« 2. Dem liegt bekanntlich[17] eine Tatsachenmitteilung von J[18] zugrunde, die nur die Worte *wejiš'alû* und *kelê kæsæp ûkelê zahab* deckt. Der Bearbeiter münzte dieselbe in Gottesrede um[19] und ergänzte noch einiges. Das Ergänzte zeigt seine Schriftzüge: *dbr* pi.[20], *be'åzenê*[21], *me'et*[22]. *'îš . . . re'ehû* vgl. mit *'îš . . . 'aḥîw* 10 23 R^JE. Es überrascht, daß die Gottesbotschaft nur in indirekter Rede mitgeteilt ist, obwohl der Redaktor die direkte liebt[23]. Seine Bequemlichkeit hat ihn hier die erstgenannte Form wählen lassen: Das *wjš'lw* der Vorlage[24] konnte dann stehen bleiben, es brauchte nur anders gelesen bzw. vokalisiert zu werden.

Unvermittelter Übergang von der Redeform zur narrativen Form

11 3a

Daß die eben genannte Erklärung nicht aus der Luft gegriffen ist, zeigt mit aller Deutlichkeit die Fortsetzung: *wjtn*[25] *jăhwæ 'æt ḥen ha'am be'ênê miṣrajim* »da gab Jahwe die Anmut des Volks in die Augen der Ägypter« 3a. Sie wurde nämlich in ihrer alten narrativen Fassung belassen — dabei wäre eine Weiterführung oder aber ein klarer Abschluß der vorausgehenden Gottesrede am Platze gewesen[26]!

---

15 Vgl. S. 396!

16 Mißachtung der geschichtlichen Situation, vgl. die Zusammenstellung S. 398f.!

17 Vgl. S. 52ff.

18 Zu dieser Herkunft s. S. 179.

19 Ein Fall von »Übertragung«, vgl. S. 401f.!

20 Weitere R^JE-Belege s. S. 395!

21 Wie in der deuteronomistischen Glosse 10 2, vgl. weiter Dtn 5 1 31 11. 28. 30 32 44.

22 Zusammengesetzte Präposition, vgl. die Zusammenstellung S. 394!

23 Vgl. S. 397.

24 Erhalten in 12 35.

25 Von den Masoreten zu Recht *wăjjitten* (nicht *wejitten*) punktiert; so verstand es nach v 3b schon der Redaktor.

26 Verstoß gegen die geschichtliche Situation, vgl. S. 398f.!

Man wundert sich nicht, daß zu dem Befehlsbericht v. 2 nirgends ein Ausführungsbericht zu entdecken ist; einen solchen hat es nie gegeben.

Mose soll in hohem Ansehen gestanden haben

11 3b

Die jahwistische Quelle hatte nur die Gunst erwähnt, deren sich das Gottesvolk bei den Ägyptern erfreute v. 3a. Die Gedankenassoziation eines Späteren hat dahinter eine Bemerkung über das Ansehen Moses angebracht: *găm ha'îš mošæ̆ gadol m^{e}'od b^{e}'æræṣ miṣrăjim b^{e}'ênê 'ăb^{e}dê pắr'ō ûb^{e}'ênê ha'am* »auch der Mann Mose war sehr groß im Lande Ägypten in den Augen der Knechte Pharaos und in den Augen des Volks« 3b. Für den Zusatz kann ein nach-redaktioneller Glossator zuständig sein. Der Umstand jedoch, daß wie in 9 20 10 7 R^{JE} die »Knechte Pharaos« herangezogen sind, macht eine Verfasserschaft des deuteronomistischen Redaktors wahrscheinlicher. Zu diesem paßt auch die Primitivität der Ausdrucksweise[27]. *găm* hat er gerne benutzt[28]. *b^{e}'ênê* scheint aus 3a J übernommen. V. 3b läßt die geschichtliche Situation außer acht[29]: Hier ist von einer generellen, in 3a J dagegen von einer besonderen, auf eine einmalige Situation bezogenen Gunst die Rede.

Nachgerade muß Mose doch noch eine göttliche Plagenankündigung übermitteln!

11 4a

Nach v. 3b recht unvermittelt, tritt Mose jetzt als Gottesbote hervor: »Da sagte Mose: So hat Jahwe gesagt (*wăjjo'mær mošæ̆ kō 'amăr jăhwæ̆*)« 4a. Kein Wort darüber, wann Mose sprach, wo und zu wem[30]. Von Haus aus gewiß wieder[31] zum ägyptischen König, den er hernach in v. 8b ja auch verläßt! Dort ist der Verfasser der Harmonie so inkonsequent, die Meinung seines elohistischen Vorgängers durchscheinen zu lassen, daß Mose beim König hatte etwas erledigen müssen. Hier in v. 4a dagegen bemüht er sich noch, wenn auch reichlich krampfhaft, seinem Vorsatz von 10 28f. treu zu bleiben, daß zwischen dem König und Mose keine Begegnung mehr erfolgen soll: Statt wie bei E zu »Pharao« oder wie bei J zum »König von Ägypten« sagt Mose jetzt seine Sache einfach zu — niemandem! Die Botenformel *kō 'amăr jăhwæ̆* kam in den beiden Quellen je zweimal vor: im Rahmen der Aufbietung Moses und im Rahmen der Angaben über die Ausführung seines Auftrags. Ähnlich wie bei 10 3[32] rekurriert der Verarbeiter an unserer Stelle nur noch auf den Ausführungsbericht.

---

[27] Vgl. die Zusammenstellung S. 390ff.!

[28] Weitere Belege s. S. 395!

[29] Vgl. Anm. 26.

[30] Vgl. Anm. 26.

[31] Wie in 5 1 7 16f. 26 8 16 9 1. 13 10 1.

[32] Vgl. dazu S. 228.

Tötung der Erstgeburt angekündigt

Entgegen bisherigem Brauch läßt die Gottesbotschaft an den (geflissentlich unerwähnt bleibenden) König nichts mehr von der alten elohistischen Entlaßforderung verlauten. Auch die Inbetrachtnahme des Weigerungsfalles, die bei E die göttlichen Plagenandrohungen einzuleiten pflegte, hinterließ im gegenwärtigen Zusammenhang keine Spuren.

11 4b. 5a (.b)

Wie bei J setzt die Jahwerede gleich mit einer Plagenankündigung ein: »Wenn es Mitternacht ist (*kăḥ^{a}ṣot hăllăj^{e}lā*), werde ich mitten durch Ägypten ziehen (*'^{a}nî jôṣe' b^{e}tôk miṣrajim*). | Da wird alle Erstgeburt im Land Ägypten sterben, vom Erstgeborenen Pharaos an, der auf seinem Thron sitzt, bis zum Erstgeborenen der Sklavin, die hinter der Handmühle ist (*ûmet kål b^{e}kôr b^{e}'æræṣ miṣrăjim mibb^{e}kôr păr'ō hăjjošeb 'ăl kis^{e}'ô 'ăd b^{e}kôr hăššipḥā '^{a}šær 'ăḥăr hareḥajim*)« 4b. 5a. Der uns von 9 19. 22. 25 Gen 2 20 3 14 schon bekannte Glossator ergänzte noch: »und alle Erstgeburt des Viehs (*w^{e}kol b^{e}kôr b^{e}hemā*[33])« 5b.

12 29

Die Zeitbestimmung *kăḥ^{a}ṣot hăllăj^{e}lā*, die der Ausführungsbericht in 12 29 in der — ursprünglicheren oder umgekehrt depravierten? — Fassung *băḥ^{a}ṣî hăllaj^{e}lā* »in der Mitte der Nacht« wiederaufnimmt, geht auf die Darstellung des Nordreicherzählers zurück. Tageszeitangaben[34] gehörten bei ihm ebenso wie Ortsangaben[35] zum guten Stil. Für seine Theologie ist es kennzeichnend, daß besondere göttliche Wirksamkeiten sich des Nachts vollziehen[36].

12 30. 31

Eine Probe auf unser Exempel liefert die Stelle 12 30aα. 31aα, indem sie erzählt »Pharao«[37], sei in der Nacht(!) aufgestanden und habe Mose rufen lassen. Hier findet man das Motiv der Unheilsnacht in enger, doch wohl unlöslicher Verbindung mit dem elohistischen Erzählungselement der Herbeirufung Moses[38].

Tötung aller ägyptischen Erstgeborenen oder Tötung nur des Thronprinzen

Schwierigkeiten bereitet der Passus *'^{a}nî joṣe' b^{e}tôk miṣrajim*. Der Partizipialsatz mit seinem futurischen Sinn mag wie bei *'^{a}nî šole^{a}ḥ* 9 14 R^{JE} von der jahwistischen Form göttlicher Ankündigungen

[33] Der Begriff *b^{e}hemā* ist das gemeinsame Kennwort dieser Glossen.

[34] Vgl. die Zusammenstellung S. 388!

[35] Vgl. S. 387f.

[36] Vgl. dazu schon S. 133 sowie die Zusammenstellung S. 389!

[37] Zur elohistischen Provenienz des Begriffs vgl. S. 101f. sowie die Zusammenstellung S. 386!

[38] Vgl. dazu S. 159 zu 8 4.

angeregt sein[39]. Es fehlt jedoch das für diese konstitutive *hinnē*, und *jṣ'* qal in dem eigentümlichen Sinn von »(hin)durchgehen«, welcher in v. 4 angesetzt werden muß, war dem jahwistischen Erzähler kaum geläufig[40], übrigens auch kaum dem elohistischen[41]. Vielleicht hat der Redaktor das Verb aus einem anderen Sachbezug gerissen und unter Veränderung seines Sinns hierher »übertragen«[42].

12 29

Auf jeden Fall aber wird man die Doppelerwähnung[43] von *miṣrajim* und den vom Ausführungsbericht 12 29 mit ähnlichen, bezeichnenderweise aber nicht identischen Worten wiederholten Versuch, die Idee, daß alle Erstgeborenen der Ägypter sterben müssen, durch derbe Ausmalung *mibbᵉkôr păr'ō hăjjošeb 'ăl kisᵉ'ô 'ăd bᵉkôr hăššipḥā 'ᵃšær*[44] *'ăḥăr hareḥajim* auszukosten[45], auf sein Konto buchen müssen. Er wollte wieder einmal[46] den Triumph Jahwes und damit Israels über seine Feinde herausstellen.

12 22ff.

Die Idee selbst freilich, die er ausgestaltete, war ihm von einer seiner Quellen überkommen. Sie liegt auch der alten, jetzt in 12 22ff. eingearbeiteten Passa-Ätiologie zum Grunde[47]. In der Vorstellung derselben, daß Jahwe unheilbringend vorbeigeschritten sei, wird man auch das ideelle Vorbild zu unserem *'ᵃnî joṣe'* erblicken müssen. Wie das Erzählstück von der Beraubung der Ägypter[48] rechnet die Passa-Ätiologie mit einem gutnachbarlichen Zusammenwohnen von Israeliten und Ägyptern — sehr im Gegensatz zu E, der den Israeliten separate Wohnsitze im Lande Gosen zuwies[49]. Demnach war es der Jahwist, der da angenommen hatte, es seien alle Erstgeborenen der Ägypter ums Leben gekommen, und von welchem der Redaktor diese Konzeption für seinen eigenen letzten Plagenbericht übernahm. Der jahwistische Gedanke wurde in v. 5a dann wohl deshalb so stark herausgestrichen, weil der Redaktor auch die entgegenstehende Auffassung des Elohisten kannte, die besagte, daß nur der Erstgeborene Pharaos das Leben lassen mußte.

[39] Vgl. dazu S. 139.
[40] Vgl. die Zusammenstellung S. 379.
[41] Vgl. S. 385.
[42] Belege für redaktionelle Übertragungen s. S. 401f.!
[43] Vgl. die Zusammenstellung S. 398!
[44] Vgl. S. 394!
[45] Weitere Belege s. S. 396!
[46] Vgl. die weiteren Fälle S. 403!
[47] Genaueres darüber S. 267ff.
[48] Dazu vgl. S. 52ff.
[49] Vgl. S. 178f.

4 22. 23

Der Verfasser der Quellenkompilation mochte die elohistische Auffassung nicht völlig unterdrücken, er hat sie aber aus dem Zusammenhang seiner eigenen letzten Plagengeschichte ausgeschieden und nach 4 22. 23 verbannt: *weʾamărta ʾæl părʿō kō ʾamăr jăhwæ benî bekorî jiśraʾel . . . šăllăḥ ʾæt benî wejăʿăbedenî wătt^ema'en l^ešăll^eḥô hinnē ʾanokî horeg ʾæt bin^eka b^ekoræka*[50]. Hinsichtlich der Zusammensetzung dieser Angaben, deren Analyse schon in Angriff genommen, aber noch nicht zu Ende geführt ist, besteht jetzt kaum mehr eine Unklarheit: *weʾamărta ʾæl (părʿō*[51]*) kō ʾamăr jăhwæ . . . šăllăḥ ʾæt . . . wjʿbdnj* hieß es bei E, nicht allein im ersten, sondern auch im letzten Bericht über die Entsendung Moses zu Pharao. Die jetzt in den Vorwurf[52] *wătt^ema'en l^ešăll^eḥô* degenerierte Inbetrachtnahme des Weigerungsfalles dagegen kam nur im letzten elohistischen Plagenbericht vor; der erste hatte noch gar keine Plagenandrohung vorgesehen. Es erscheint darum jetzt nicht mehr verwunderlich, daß wir vorhin in der Gottesbotschaft von 11 4b. 5a ausgerechnet die Entlaßforderung und die Inbetrachtnahme des Weigerungsfalles vermißt haben[53]! Auch das *ʾæt bin^eka* der Tötungsansage 4 23b muß für E veranschlagt werden. Dazu paßt übrigens die schon erwähnte Stelle 12 30aα. 31aα: Die Unglücksbotschaft, die Pharao mitten in der Nacht aus dem Bett jagte und nach Mose rufen ließ, kann nur den Tod seines eigenen Sohnes betroffen haben; den Hinschied »aller« ägyptischer Erstgeborenen hätte er schwerlich so schnell erfahren. — Das etwas gekünstelt wirkende *benî* 4 23a sowie *benî bekorî jiśraʾel* 4 22b hat der Redaktor eingeführt. Mit der Vorstellung der Gottessohnschaft Israels wollte er seinem Volk eine Vorrangstellung bei Jahwe bescheinigen[54].

Den Sachverhalt der Erstgeburt pflegte die elohistische Quelle, soviel ich sehe, nicht durch das Etymon *bkr*, sondern mithilfe von *gadôl* zu bezeichnen[55]. Dagegen werden von J wiederholt Ableitungen

---

[50] Vgl. dazu schon S. 85ff.

[51] Bei E hieß es noch *'elâw*; das Bezugswort *părʿō* war kurz zuvor ja schon genannt.

[52] Der Redaktor liebte die Vorwürfe, vgl. die Zusammenstellung S. 404!

[53] S. S. 258.

[54] Vgl. die weiteren Belege S. 403f.!

[55] Vgl. *wăjjiqraʾ* (*jiṣḥaq*) *ʾæt ʿeśaw benô hăggadol* Gen 27 1 mit der für E charakteristischen Zusammenstellung von Eigenname + Verwandtschaftsangabe, entsprechend bei *ʿeśaw benah hăggadol* Gen 27 15. Derselben Erzählschicht gehört an das gegenteilige (*wăttiqraʾ*) *l^ejăʿ^aqob b^enah* (Eigenname + Verwandtschaftsangabe!) *hăqqaṭan* Gen 27 42. Desselben Sprachgebrauchs wird man in Gen 29 16 gewahr: *ûl^elaban štê banôt šem hăgg^edolā leʾā w^ešem hăqq^eṭannā raḥel*; hier ist für E die Art der Namensaufzählung kennzeichnend (vgl. S. 384f.!).

der Wurzel *bkr* benutzt[56]. Demnach darf man *bᵉkorî* und *bᵉkorǣka* in 4 22f. wohl als Zugaben des Redaktors zum Zwecke des Quellenausgleichs betrachten. Jedenfalls aber ist die Ankündigungsform von 4 23b, das *hinnē* + *'anokî* + ptc.[57] (*horeg*), am Vorbild der letzten jahwistischen Plagenankündigung orientiert.

12 29

Wie diese angefangen hatte, darf man vielleicht dem *wᵉjăhwǣ hikkā kål bᵉkor* »und Jahwe schlug alle Erstgeborenen« des derzeitigen Ausführungsberichtes 12 29 entnehmen, nämlich so: *hinnē 'anokî măkkǣ*[58] *'æt kål bᵉkôr miṣrajim* »siehe, ich werde schlagen alle Erstgeborenen der Ägypter«. *hrg* qal 4 23b ist als redaktioneller Ersatzbegriff anzusehen[59]. Umgekehrt darf man vielleicht *ûmet* 11 5a für die letzte Plagenandrohung von E vindizieren, die dann etwa so gelautet hätte: *wᵉ'im ma'en 'attā lᵉšălleᵃḥ ûmet binᵉka hăggadol* »weigerst du dich aber, (sie) zu entlassen, so muß dein ältester Sohn sterben« — der Nachsatz wie üblich mit perf. cons. beginnend. Abgesehen von der stereotypen Inbetrachtnahme des Weigerungsfalles *wᵉ'im ma'en 'ăttā lᵉšălleᵃḥ* läßt sich hier über Mutmaßungen allerdings nicht mehr hinauskommen.

Der erwiesene Umstand nun, daß 4 22. 23 nach bewährtem Rezept[60] des Ausgleichsredaktors Elemente der letzten jahwistischen Plagenankündigung und der letzten elohistischen Plagenandrohung miteinander kombiniert, macht ersichtlich, daß diese Kontamination vorgenommen worden sein muß, ehe sich der Redaktor zur Verlegung des Ganzen nach Kap. 4 entschloß. Offenbar hatte er zuerst die Absicht, die kontaminierte Plagenankündigung, natürlich noch in rein ankündigender Form[61], in seinem eigenen letzten Plagenbericht unterzubringen; er gab sie dann aber auf, weil er lieber die jahwistische Vorstellung vom Tod *aller* Erstgeborenen kolportieren und wahrscheinlich auch, weil er einen Selbstwiderspruch gegen seine Ankündigung 10 28f., wonach es keine Begegnung zwischen Mose und Pharao mehr geben soll, in der krassen Form von 4 22f. vermeiden wollte. So wurde die Bildung von 11 4. 5a notwendig; es handelt sich dabei gewissermaßen um einen innerredaktionellen Ersatz.

---

[56] Vgl. *wăjjimkor 'æt bᵉkoratô lᵉjă'ᵃqob* Gen 25 33 (zur Herkunft s. »Paradieserzählung« 88), *wăjjiqqăḥ jᵉhûdā 'iššā lᵉ'er bᵉkôrô* Gen 38 6 (die Angaben von v. 2f. fortsetzend, die im Stil jahwistischer Genealogie gehalten sind, vgl. a. a. O. 61) und *wăjjiqra' jôsep 'æt šem hăbbᵉkôr mᵉnăššǣ* Gen 41 51 (Teil einer genealogischen Angabe).

[57] Vgl. die Zusammenstellung S. 377!

[58] So weit wie in 7 17 J!

[59] Vgl. die weiteren R^{JE}-Belege S. 395!

[60] Vgl. 7 27 8 17 9 2 10 4!

[61] Dazu s. oben S. 86f.

Schlechthinnige Einzigartigkeit der neuen Plage

11 6

War der Redaktor schon in v. 5a beim Ausmaß der künftigen Plage verweilt, so kann er sich in v. 6 in der Schilderung desselben kaum mehr genugtun: *w^ehaj^etā ṣ^e'aqā g^edolā b^ekål 'æræṣ miṣrajim 'ašær kamohû lo' nihjatā w^ekamohû lo' tosip* »und es wird ein großes Geschrei entstehen im ganzen Land Ägypten, wie *ihres*gleichen nicht geworden ist und *ihres*gleichen nicht wiederkehren wird«. Ähnlich maßlos[62] hatte er sich schon über frühere Plagen ausgelassen[63]. Um die Einzigartigkeit des Geschehens zu akzentuieren, dehnt er seine vergleichende Betrachtung sogar in die sozusagen apokalyptische Sphäre der Zukunft aus. V. 6 weist das bei redaktionellen Eigenbildungen übliche Gepräge auf: plattes *hjh*[64], *ṣ^e'aqā*[65], *'ašær*[66], *jsp* hi.[67]. Seit v. 4b wird »Ägypten« (*b^ekål 'æræṣ miṣrajim*[68]) schon das dritte Mal erwähnt. Das suff. m. bei (*w^e*)*kamohû*, das textkritisch nicht beanstandet werden sollte[69], paßt gar nicht zu dem Bezugswort *ṣ^e'aqā* — doch wohl, weil dem Redaktor in seinen Gedanken unvermerkt ein Begriff wie *nægă'*[70] zwischeneinfloß. Solche Ungereimtheiten oder Fehler sind bei ihm keine Seltenheit[71].

Die Israeliten sollen ungeschoren davonkommen

11 7

Die Mose- und Jahwerede fährt fort mit der Ankündigung: »Aber allen Israeliten wird kein Hund seine Zunge weisen (*ûl^ekol b^enê jiśra'el lo' jæḥ^erăṣ kælæb l^ešonô*) . . ., damit ihr erkennt, daß Jahwe unterscheidet zwischen Ägypten und Israel (*l^emă'ăn tede'ûn*[72] *'ašær jăplæ jăhwæ bên miṣrăjim ûbên jiśra'el*)« 7. Die deftige Rede vom Hund, der seine Zunge herausstreckt, verursacht eine Dissonanz in einem so ernsten Zusammenhang, wo es um die Gefahr geht, welche von Jahwe her droht. Hier hat sich der Redaktor anscheinend eine sprichwörtliche Formel[73] zueigen gemacht, weil sie seinem Bedürfnis nach drasti-

---

62 Zu den Übertreibungen des Redaktors vgl. die Zusammenstellung S. 397!

63 Die einschlägigen Notizen sind zusammengestellt S. 12f.

64 Vgl. die Belegesammlung S. 394!

65 Wie in 3 9 R^JE, vgl. *ṣ'q* qal in 5 8. 15 8 8 R^JE!

66 Weitere Belege s. S. 394!

67 Weitere Belege s. S. 397!

68 Diese Wendung schon in 8 20 9 22. 24f. 10 15. 20 R^JE! Zu *kål* vgl. die Zusammenstellung S. 394f.!

69 Sam. »verbessert« in (*w^e*)*kamôha*.

70 Vgl. v. 1.

71 Vgl. die Zusammenstellung S. 397f.!

72 Ms Nr. 11 de Rossi sowie Sam. G lesen *tedă'*.

73 Vgl. die Zusammenstellung S. 390f.!

schem Ausdruck[74] Genüge zu leisten schien. Der Zusatz *l^eme'îš w^e'ăd b^ehemā* »vom Mann bis zum Vieh« überspannt die Feder der Bildhaftigkeit noch mehr: Hier bringt der Glossator von v. 5b usw.[75] wieder einmal die *b^ehemā* in Erinnerung. Da bei E die letzte Plage nur den einen Pharaosohn traf, wird sich dort der sonst — freilich in Form von Ereignisbericht! — übliche Hinweis, daß die Israeliten verschont wurden, diesmal[76] erübrigt haben. Unsere diesbezügliche Aussage entbehrt also eines unmittelbaren Anhalts in der Vorlage. Schon in 8 19 9 4-7a 10 23b hatte der Redaktor den elohistischen Verschonungsgedanken in eigener Regie verwaltet, hatte aus der Verschonung Israels einen Akt seiner Auszeichnung[77] gemacht. Einen solchen Akt gibt er hier, wie bereits in 8 18[78], als Mirakel[79] aus, aus welchem Jahweerkenntnis erwachsen soll 7b. Da der König aus dem Spiel bleiben sollte[80], darf er nicht mehr, wie in der J-Vorlage[81], als das Subjekt des »Erkennens« gelten. Andererseits getraute sich der Bearbeiter aber anscheinend auch nicht, so weit von seinem Gewährsmann abzugehen, daß er in aller Form die Israeliten als Erkennende ausgegeben hätte[82]. V. 7 nimmt auf Israel nur als 3. Person Bezug. So nahm er seine Zuflucht einfach zu einem undefinierbaren »ihr«[83]: *ted^e'ûn*. Der Erkenntnisgegenstand erscheint gegenüber dem jahwistischen Original, das hier wie sonst *kî 'anî jăhwǣ* geboten haben wird[84], ebenfalls erheblich abgewandelt: Die Erkenntnis zielt nicht mehr auf Jahwe selbst, sondern auf das deuteronomistische Lieblingsthema der Bevorzugung Israels[85]. Gegenstand und Grund der Erkenntnis laufen in den unklaren Gedankengängen des Redaktors also in eines zusammen! Bei J schloß sich das Erkenntnismotiv doch wohl wieder der Plagenankündigung an[86]; beide zusammen sollten dem König vorweg die wahre Ursache der Plage ersichtlich machen. Erwartungsgemäß zeigt v. 7b auch in sprachlicher Beziehung Merkmale seiner redaktionellen Herkunft: zusammengesetzte Konjunktion *l^emă'ăn*[87], *'^ašær*[88],

[74] Vgl. S. 396!

[75] Vgl. S. 258.

[76] Vielleicht aber auch noch andere Male, z. B. bei der Fröscheplage.

[77] Vgl. die Zusammenstellung S. 403f.!

[78] Vgl. dazu S. 177ff.

[79] Vgl. die weiteren R^JE-Belege für das Motiv S. 405!

[80] Gemäß 10 28f. R^JE.

[81] Und danach noch in 7 17 8 6. 18 9 14!

[82] Vgl. 10 2b!

[83] Andere »Verdunklungsversuche« des Redaktors s. S. 402!

[84] Vgl. 7 17 8 18 10 2b J.

[85] Vgl. die Zusammenstellung S. 403f.!

[86] Vgl. S. 142.

[87] Vgl. S. 394!

[88] Vgl. S. 394!

abstrahierendes[89] *plh* hi. + *bên* . . . *ûbên*[90]; Jahwe spricht von sich als 3. Person[91].

Plötzlich redet Mose doch noch zum König!

11 8a

Von dem seit v. 1 zwar nur notdürftig, aber doch mit deutlicher Absicht gewahrten Schein, daß Mose anläßlich der letzten Plagengeschichte in keinen Kontakt mit Pharao mehr gekommen sei, nimmt die (seit v. 4b laufende) Moserede zuguterletzt doch noch Abstand: *wejaredû kål ʿabadǣka ʾellǣ ʾeläj wehištăḥawû lî leʾmor ṣeʾ ʾăttā wekål haʿam ʾašær berägelǣka weʾăḥarê ken ʾeṣeʾ* »und es werden herabkommen alle diese deine Knechte und werden vor mir niederfallen, indem sie sagen: Zieh aus, du und das ganze Volk, welches in deinem Gefolge ist; und danach werde ich ausziehen« 8a. Zu dieser Inkonsequenz[92] ließ sich der Redaktor von dem Einfall bestechen, er könne dem ägyptischen König, mithilfe der von ihm gern bemühten »Knechte« des Königs[93], nochmals eine Demütigung bereiten, und damit zugleich Mose und Israel einen glänzenden Triumph[94]. Die Vorstellung der königlichen Boten, die vor Mose niederfallen, ist allerdings kaum einfach erfunden; R^{JE} wird sie vielmehr aus einem anderen, narrativen Zusammenhang in die vorliegende Rede »übertragen« haben[95]. Daß die Moserede primär Gottesrede sein sollte 4a, begann er schon in v. 7b außer acht zu lassen, sofern dort von Jahwe als 3. Person die Rede ist; hier in v. 8a erteilte er ohne besonderen Übergang Mose allein das Wort.

Woher die Knechte »herabkommen« sollen, wird dem Leser der Harmonie nicht mitgeteilt; der Verfasser derselben interessierte sich nicht für dergleichen geschichtliche Einzelheiten[96]. Wenig sinnvoll erscheint, daß Mose zuerst allein aufgefordert werden soll, auszuziehen — das Subjekt von *ṣeʾ* wird durch *ʾăttā wekål haʿam* gewissermaßen nachträglich aufgestockt[97] —, und daß er auch nur für seine eigene Person den Auszug ansagt (*ʾeṣeʾ*). Das beweist einmal mehr, wie flüchtig der Quellenkontaminator gearbeitet hat[98]. In v. 8a wimmelt es von Eigentümlichkeiten seiner hebräischen Mundart: zweimal über-

89 Vgl. S. 391ff.!
90 Wie in 9 4 R^{JE}, vgl. 8 19 R^{JE}!
91 Weitere Belege s. S. 398!
92 Zu den logischen Inkonsequenzen des Redaktors vgl. die Zusammenstellung S. 399!
93 Vgl. 9 20 10 7, auch 9 30. 34 10 1 R^{JE}!
94 Vgl. die weiteren Belege des Motivs S. 403!
95 Vgl. die Belegesammlung S. 401f.!
96 Vgl. S. 398f.!
97 Vgl. S. 398!
98 Weitere Belege s. S. 402!

flüssiges, übertreibendes *kål*[99], entbehrliches Demonstrativum[100] *'ellæ*, regelwidrig indeterminiert[101]; Zitationsformel *le'mor*[102] und Einführung eines Redezitats in eine Rede, *'ašær*-Satz[103], *'ăḥarê*[104] bzw. *'ăḥarê ken*[105]. *js'* qal hat hier den prägnanten Sinn von »aus Ägypten ziehen«. So war das Verb dem späten, zumal dem deuteronomi(sti)schen Hebräischen geläufig[106]. Die alten Erzähler hatten den Auszug in vielen Details geschildert und ihn darum noch nicht auf diesen kurzen Nenner gebracht[107].

Mose entfernt sich von dem König, zu dem er doch gar nicht gegangen war!

11 8b

An 8a R^JE ist das elohistische[108] Fragment *wăjjeṣe' me'im păr'ō* in v. 8b nicht zuletzt deshalb angeschlossen, weil in ihm, obzwar mit ganz anderem Sachbezug, noch einmal das Stichwort[109] *jṣ'* qal begegnet. Es meint hier noch wie einst den Abschluß der von Jahwe veranlaßten Hauptbegegnung, nur daß eine solche Begegnung nach dem Vorsatz des Bearbeiters 10 28f. hätte gar nicht mehr zustandekommen dürfen und von diesem auch gar nicht mehr angezeigt worden ist[110]. Er brachte es eben nur eine Zeit lang fertig, den Vorstellungen seiner Quellen zu widersprechen. Durch Hinzufügung von *båḥ^ari 'ap*[111] hat er die bei E vorgefundene Notiz sogar noch verstärkt: »Da ging er von Pharao weg in grimmigem Zorn« 8b. Man sieht hier wieder einmal deutlich, wie seine Darlegungen von zu-fallenden Gegebenheiten oder Einfällen bestimmt sind[112]. Was das *båḥ^ari 'ap* anlangt, so hatte E, der Mose als Mittler Jahwes zeichnete, noch nichts übrig für die persönlichen Empfindungen des Subalternen; erst sein Verarbeiter fing an, zu »psychologisieren«[113]. Im übrigen handelt es sich bei jenem Zusatz um einen weiteren Versuch[114], das Geschehen um die letzten ägyptischen Plagen dramatisch zuzuspitzen.

---

99 Vgl. S. 394f.!

100 Vgl. S. 393f.!

101 Wie in 10 1 R^JE; vgl. die Zusammenstellung S. 397f.!

102 Weitere Belege s. S. 391!

103 Vgl. S. 394!

104 Vgl. 3 1 3 20 7 25 11 1 11 5 R^JE!

105 Wie in 3 20 11 1!

106 Vgl. z. B. Dtn 4 45f. 9 7 11 10 16 3. 6 23 5 24 9 25 17 Jos 2 10 5 4-6 I Reg 6 1 8 9.

107 *jṣ'* qal abstrahiert schon etwas vom konkreten Geschehen!

108 Vgl. dazu S. 122.

109 Vgl. die Zusammenstellung S. 399!

110 Vgl. S. 255.

111 Vgl. dazu *wăjjiḥăr 'ăp jăhwæ* 4 14 R^JE!

112 Vgl. die Zusammenstellung S. 399ff.!

113 Dazu auch 3 13 4 1. 13 R^JE!

114 Die vorhergehenden sind: Weglassung der Beauftragung Moses vor 10 21, Extra-Dialog 10 28f., *gareš j^egareš* 11 1 R^JE.

šlḥ pi. auch bei P? Exkurs über ein Problem der Priesterschrift

11 9. 10

Ein kompaktes Stück R^JE^-Erzählung wird erst wieder in 12 21ff. sichtbar. Das zwischen 11 8 und 12 21 Befindliche gehört zu P oder seinem Gefolge. Immerhin verdienen 11 9. 10 Beachtung auch in unserem Zusammenhang, weil diese Stelle Verhältnisse der JE-Harmonie zu berücksichtigen scheint: »Da sagte Jahwe zu Mose: Pharao hört nicht auf euch (. . . *lo' jišmă' ᵃlêkæm păr'ō*), damit meiner Wunderzeichen viel werden im Land Ägypten (*lᵉmă'ăn rᵉbôt môpᵉtăj bᵉ'æræṣ miṣrajim*). | Und Mose und Aaron taten alle diese Wunderzeichen vor Pharao (*ûmošǣ wᵉ'ăhᵃron 'aśû 'æt kål hămmopᵉtîm ha'ellǣ lipᵉnê păr'ō*), aber Jahwe verstockte Pharaos Herz, und er entließ die Israeliten nicht aus seinem Land (*wăjᵉḥăzzeq jăhwǣ 'æt leb păr'ō wᵉlo' šillăḥ 'æt bᵉnê jiśra'el me'ărṣô*).« Das Theologumenon von v. 9 möchte anscheinend den in 8 R^JE^ erwähnten Zorn Moses besänftigen. In seiner Begrifflichkeit ist es abhängig von dem stereotypen Schlußwort der priesterlichen Plagenerzählungen: *wăjjæḥᵆzăq leb păr'ō wᵉlo' šamă' ᵃlehæm . . .* 7 13. 22 8 11*. 15 bzw. von der entsprechenden Ankündigung in 7 4. *lᵉmă'ăn rᵉbôt môpᵉtăj bᵉ'æræṣ miṣrajim* verbindet sich mit *wᵉhirbêtî 'æt 'ototăj wᵉ'æt môpᵉtăj bᵉ'æræṣ miṣrajim* 7 3, einer Ankündigung, die sich innerhalb der P-Erzählung als sekundär ausnimmt[115]; vermutlich sind beide Stellen ideell abhängig von 3 19f. R^JE^.

Die bezeichneten Umstände lassen an R^P^ als Verfasser von v. 9 denken. V. 10a lehnt sich an v. 9 an (*ha'ellǣ!*). Hier wird offenbar der etwas voreilige Versuch unternommen, die Plagenberichte zusammenzufassen. V. 10b enthält die aus 10 20 R^P^ bekannte, Jahwes Initiative hervorhebende Verstockungsnotiz[116]. Demnach ist R^P^, der Endredaktor des Pentateuchs, auch für die Bildung von v. 10 zuständig. Aus diesem Grunde empfiehlt es sich, *wᵉlo' šillăḥ* in v. 10b genau so wie bei 9 35 10 20 nicht auf P, sondern über die JE-Harmonie auf E[117] zurückzuführen.

Gegen dieses Urteil scheint zu sprechen, daß der Begriff der Entlassung *šlḥ* pi. zweimal in enger Verbindung mit Elementen priesterlicher Geschichtserzählung auftaucht: in 6 11 und 7 2. Es ist da die Rede von der Einführung Aarons in sein Amt als Sprecher Moses vor Pharao. Jahwe hatte Mose befohlen: »Geh, rede zu Pharao, dem König von Ägypten« 6 11a. Ziel und Inhalt seiner Rede sollte sein: *wîšăllăḥ 'æt bᵉnê jiśra'el me'ărṣô* »daß er entlasse die Israeliten aus seinem Lande« 11b. Später nimmt 6 27 diese Aussage auf, aber nur in sekundärem Rückbezug. 6 29 jedoch, eine Dublette von 6 10. 11, gibt den Gegenstand der Moserede anders und ganz allgemein wieder: »Rede zu Pharao, dem König von Ägypten, alles, was ich zu dir reden werde (. . . *'et kål 'ᵃšær 'ᵃnî dober 'elæka*)!« — Seinem Auftraggeber (vgl. v. 11) hielt Mose entgegen: »ich bin unbeschnittener Lippen« 6 12, ebenso in der Dublette 6 30. Daraufhin benannte ihm Jahwe den Aaron als seinen *nabî'* 7 1. Es wurde die Regelung getroffen: »Du sollst reden alles, was ich dir befehlen werde, und Aaron, dein Bruder, soll zu Pharao reden, daß er entlasse (*wᵉšillăḥ*) die Israeliten aus seinem Land« 7 2. Die vorhin zwischen 6 11b

---

115 Der Grundbestand des Erzählten wird anscheinend in v. 1-2bα. 4 greifbar. Auch das dem oben Zitierten vorauslaufende *wă'ᵃnî 'ăqšǣ 'æt leb păr'ō* (Initiative Jahwes!) gehört zum Sekundären.

116 *wăjᵉḥăzzeq jăhwǣ 'æt leb păr'ō* steht in 9 12 am Ende eines rein priesterlichen Plagenberichts. Wahrscheinlich ist es aber auch da erst von R^P^ eingeführt, anstelle des originären *wăjjæḥᵆzăq leb păr'ō* (7 13 Par.).

117 Vgl. 8 11*. 28* 9 7b*. 34b* E.

und 6 29b beobachtete Spannung macht sich innerhalb von 7 2 aufs neue bemerkbar. V. 2a läßt nämlich samt dem antithetisch zugeordneten v. 2bα offen, was Jahwe dem Mose und was damit auch Mose dem Aaron zur Übermittlung an Pharao sagen wird; erst *w^e šillăḥ* 2bβ ruft den Eindruck hervor, es sei dabei speziell um die Entlassung der Israeliten gegangen.

Welche von diesen beiden Darstellungen die originär priesterliche ist, kann nicht lange zweifelhaft sein. Die für das Erzählte konstitutive Vorstellung von »Aaron, dem Propheten Moses« 7 1 impliziert doch, daß Aaron grundsätzlich alles weiterzusagen hat, was ihm von Mose und was Mose von Jahwe vorgesagt wird. Der priesterliche Erzähler faßte eigentlich keinen geschichtlichen Einzelvorgang, sondern eine Dauereinrichtung seiner eigenen Zeit ins Auge: das Amt des *Aaron sempiternus* als eines Lehrers mosaischer Tora. Die geschichtliche Situation, daß Mose zu Pharao sprechen sollte, aber nicht wollte, diente ihm dabei nur zum — durch Tradition vorgezeichneten[118] — Anlaß oder Vorwand. Darum konnte, nein mußte offenbleiben, was dem Pharao konkret gesagt werden sollte 6 11a. 29b 7 2aβ. Auch an detaillierten Angaben über die Durchführung des Befohlenen war dem Erzähler nichts gelegen: »Da tat Mose und Aaron, wie Jahwe ihnen befohlen hatte. Also taten sie« 7 6 genügte.

Die priesterliche Erzählung ging dann alsbald dazu über, eine neue Seite an Aaron zu beleuchten: seine überlegene Wundertätigkeit 7 8-12. 19-20aα. 21b. 22a 8 1-3. 12-15a 9 8-11. Die zwei Erzählungsblöcke sind miteinander verbunden einerseits durch die Ankündigung »und Pharao wird nicht auf euch hören, und ich werde meine Hand an Ägypten legen« 7 4a, andererseits durch den mehrfach ausdrücklichen Hinweis auf die Erfüllung dieser Ankündigung: »da verstockte sich Pharaos Herz, und er hörte nicht auf sie, wie Jahwe geredet hatte« 7 13. 22b 8 11*. 15b 9 12, welcher die Szenen der Wundervorführungen Aarons zu beschließen pflegt. Auch in diesen Szenen sucht man vergeblich nach Vermerken darüber, *was* Pharao von Aaron gesagt bekam und nicht hören wollte. Die vorausblickende Notiz 7 4b und die zurückschauende Notiz 12 41 des Priesters auf den Auszug der Israeliten erweisen sich denn auch als hoch erhaben über die Vorstellung, daß den Israeliten der Auszug zuvor von Pharao hätte gestattet werden müssen.

Die vorausgegangenen Untersuchungen berechtigen zu der These: Bevor die Priesterschrift für den entstehenden Pentateuch vereinnahmt wurde, hatte sie weder die Idee noch den Begriff (*šlḥ* pi.) einer Entlassung des Volks aus Ägypten gekannt. *šlḥ* pi. ist, in 6 11 7 2 11 10 nicht anders als in 9 35 10 20, erst vom Endredaktor eingebracht worden, der sich dabei die deuteronomistische Quellenkontamination zum Vorbild nahm. Letztere bot noch kein Äquivalent zu 11 10b. Der letzte Plagenbericht von E hatte ja auch keine Herzensverhärtung Pharaos mehr gekannt: In der Nordreichquelle lief die letzte Plage darauf hinaus, daß Pharao endlich ohne Wenn und Aber die Entlassung des Gottesvolkes zugestand.

Aufbietung der Ältesten. Irreführende Angaben über den Zweck ihrer Versammlung

12 21a

Nach dem Vorigen ist anzunehmen, daß 12 21 die R^{JE}-Fortsetzung zu 11 8 darstellt. Demnach hätte Mose nach Verlassen des Königs

[118] Vgl. die noch auf Moses Reden zum *Volk* bezogenen Aussagen der deuteronomistischen Harmonie 4 10-16!

gleich die Ältesten Israels zusammengerufen: »Da rief Mose allen Ältesten Israels und sagte zu ihnen (*wăjjiqra' mošæ lekål ziqenê jiśra'el wăjjo'mær 'alehæm*)« 21a. Nach 8 4. 21 9 27 10 16 RJE ist man geneigt, die Verbindung von *qr'* qal mit *le* dem Redaktor zuzusprechen — und dies um so entschiedener, als der Jahwist, auf den das Motiv der »Ältesten Israels« zurückgeht[119], statt *qr'* doch wohl wieder das Verbum *'sp* qal »versammeln« benutzt hatte[120].

12 21b

Zu welchem Ende wurden die Ältesten denn zusammengerufen? Angeblich sollten sie von Mose allerlei Anweisungen und Ankündigungen bezüglich des Passaopfers entgegennehmen 21b-27a. *Sie* sollen es gewesen sein, die Opfervieh zu besorgen und die Tiere zu schlachten hatten: »Strengt euch an und nehmet (*mišekû ûqeḥû*) für euch Kleinvieh gemäß euren Geschlechtern (. . . *lemišpeḥotêkæm*) und schlachtet das Passa« 21b.

12 22a

Sie sollten dann auch das Opferblut applizieren: »und nehmt ein Büschel Ysop und taucht (es) in das Blut, welches in dem Becken ist (*ûleqăḥtæm 'aguddăt 'ezôb ûṭebăltæm băddam 'ašær băssăp*), und bringt an der Oberschwelle und an den zwei Türpfosten von dem Blute an, welches in dem Becken ist (*wehiggă'tæm 'æl hămmăšqôp we'æl štê hămmezûzot min haddam 'ašær băssap*)« 22a.

Damit wird dem vergleichsweise kleinen Kreis der Ältesten freilich eine ganz unmögliche Arbeitslast zugemutet. Zu ihrer Bewältigung in den einzelnen Häusern[121] können ursprünglich doch nur die jeweiligen Hausväter zuständig gewesen sein[122]. Offenbar hat der Verfasser der Harmonie den Ältesten Israels eine Aufgabe von anderen Leuten »übertragen«[123], und das doch wohl wieder[124] aus dem Grunde, weil er seinen Lesern den ursprünglichen Zweck der Ältestenversammlung nicht mehr verraten wollte! — Auch sonst geben v. 21. 22a zu Bedenken Anlaß: *lemišpeḥotêkæm* scheint die Zahl der Opfertiere nach den Sippenverbänden bemessen zu wollen. Diese Darstellung mag der sozialen Stellung der Ältesten als Sippenvorstände Rechnung tragen, sie läuft aber der sonstigen Blickrichtung auf die mit Blut zu schützende Familienbehausung zuwider. *hăppasăḥ* in v. 21b befremdet aufs äußerste dadurch, daß es den Begriff Passa als Gegebenheit setzt,

[119] Vgl. S. 47.

[120] Wie in 3 16 4 29*, vgl. Num 11 30* J.

[121] Beachte den Singular von *hămmăšqôp*!

[122] Wie in 12 3 P noch jetzt!

[123] Weitere Übertragungen des Redaktors s. S. 401f.!

[124] Wie bei 3 16ff., vgl. dazu S. 47ff.

der im Fortgang der Erzählung doch erst gewonnen und erklärt werden soll[125]. V. 22a läßt ungesagt, an welcherlei Häusern die Türrahmung mit Blut zu versehen sei. Daß diejenigen der Hebräer gemeint sind, diesen entscheidenden Gedanken muß man jetzt zwischen den Zeilen lesen. Man erfährt auch nirgends mehr, daß »das Blut« von den geschlachteten Tieren stammt, geschweige denn, wie es in »das Becken« (in welches?) gelangt sein soll[126].

Jahwistische Passa-Ätiologie

Das, wofür soeben Fehlanzeige erstattet wurde, muß einmal vorhanden gewesen sein. Dem Redaktor war also eine alte Erzählung über die Entstehung des Passafestes zur Hand, die berichtet hatte, wie die israelitischen Männer zu Hause je ein Schaf oder eine Ziege schächten, das Blut des Tieres in einer Schale auffangen, einen Ysopwedel zur Hand nehmen, ihn in das Blut tunken und damit die Rahmung ihrer jeweiligen Haustüre bestreichen mußten. V. 22a gibt deutlich noch ein Fragment dieses Berichtes wieder, das auf die Begriffe *dam*, *măšqôp* und *m^ezûzot* als schon erwähnte Größen zurückblickt. Für das Alter des Grundbestandes von v. 22a spricht auch, daß *'^ašær băssăp* und *min hăddam '^ašær băssap* sich als Zusätze zu erkennen geben, als betuliche Anmerkungen eines Bearbeiters[127], die dieser für erforderlich hielt, weil er das vorgefundene Fragment seiner natürlichen Voraussetzungen beraubt hatte. Demgegenüber läßt sich in v. 21b nicht mehr viel für die Vorlage sicherstellen: vielleicht die Begriffe *ṣo'n* und *šḥṭ* qal, unter Umständen auch *mšk* qal und *lqḥ* qal. Aber das letzte kann gut auch erst vom Bearbeiter gewählt worden sein; jedenfalls hatte dieser es damit auf eine Stichwörterverbindung[128] mit dem sicher quellenhaften *ûl^eqăḥtæm* von v. 22a abgesehen.

Wo fand der Redaktor die bezeichnete Passah-Ätiologie vor? Wie der Bericht über die Beraubung der Ägypter[129] rechnet sie mit einer gemischten Siedlungsweise von Ägyptern und Israeliten. Die beiden Bevölkerungsgruppen müssen nach ihrer Vorstellung sogar Haus bei Haus gewohnt haben; sonst hätten die Israeliten ihre Türen ja nicht eigens kennzeichnen zu brauchen. Damit stellt sich unsere Erzählung in entschiedenen Gegensatz zu E, der bekanntlich dem Prinzip der *apartheid* das Wort redete[130]. Statt des bloßen *ûl^eqăḥtæm* 22a würde der elohistische Erzähler wohl auch, seinem sonstigen Sprachgebrauch

[125] In v. 23, vgl. dazu unten S. 272.

[126] Zum Desinteresse an der geschichtlichen Situation vgl. die Zusammenstellung S. 398f.!

[127] Zu *'^ašær* vgl. die Zusammenstellung der R^JE-Belege S. 394!

[128] Vgl. die Zusammenstellung S. 399!

[129] 3 21f.*// 11 2b*. 3a* // 12 35b. 36* J.

[130] S. S. 185.

gemäß[131], *ûleqăḥtæm bejædekæm* »und nehmt *in eure Hand*« gesagt haben. Demnach wird die Passa-Ätiologie ein Bestandteil des jahwistischen Geschichtswerkes gewesen sein[132]. Unklar bleibt, wie sie daselbst mit der Ältestenversammlung und mit der Beraubung der Ägypter zusammengehangen hatte[133].

Das Haus nicht verlassen! Ein elohistisches Einsprengsel

12 22b

Der Mose der Harmonie führt seine Ansprache an die Ältesten mit einer Verwarnung fort: *we'ăttæm lo' teṣe'û 'îš mippætăḥ bêtô 'ăd boqær* »und ihr sollt ja keiner weggehen (oder: herausgehen) von seiner Haustür bis zum Morgen« 22b. Abgesehen von dem überflüssigen *'ăttæm*[134], muß auch sie älter sein als ihr jetziger Kontext. Die »Ältesten Israels« sind mitnichten die angemessenen, die ursprünglichen Adressaten, denn wenn sie es wären, so wäre das nächtliche Verlassen der Häuser ja allen Leuten unbenommen gewesen, nur ihnen nicht — eine unmögliche Vorstellung. Also war die Verwarnung ursprünglich an die schon in v. 22a* J ursprünglich angesprochenen Hausväter gerichtet? Nein! Auch damit kommen wir nicht durch. Zwar fällt der Blick in 22b wie in 22a* auf einzelne Häuser, aber das Außer-Hauses-Gehen kann doch nicht nur für die Hausväter, es muß vielmehr für alle Familienglieder gefährlich und verboten gewesen sein. Es wäre höchstens denkbar, daß v. 22b die Väter stellvertretend auch für ihre Angehörigen anspricht. Aber auch so gibt es kein Durchkommen. Das Verbot, das Haus zu verlassen 22b, und die jahwistische Opfervorschrift 22a* geraten nämlich einander auch dadurch in die Quere, daß die letzte unbefangen verlangt, man solle die Außenseite der Türrahmungen mit Opferblut versehen; dazu aber muß einer die Türe öffnen und vors Haus treten! Um einen Einklang zu erzielen, müßte der Ausleger den v. 22b schon auf eine spätere Zeit beziehen, als v. 22a sie vorsieht: Die Opfervorschrift wäre etwa am Spätnachmittag auszuführen gewesen, wohingegen das Ausgehverbot sich auf die Nachtstunden erstreckte. Aber das sind künstliche Zurechtlegungen, für die der Text keine Anhaltspunkte liefert. In Wirklichkeit entstammt v. 22b* einem anderen Erzählungszusammenhang als v. 22a* J, und nur der formale Berührungspunkt[135], daß hier und dort an ein Haus

---

[131] Vgl. 4 17*. 20 7 15. 17* und weiter 15 20 17 5 E.

[132] Weitere Anhaltspunkte dafür s. S. 272.

[133] Weiteres darüber S. 275. 286.

[134] Zur ausdrücklichen Nennung und Vorausstellung des Subjekts vgl. die Zusammenstellung S. 396!

[135] Vgl. dazu die Zusammenstellungen S. 399 (Stichwörter) und S. 399ff. (assoziierende Denkweise von R^JE)!

gedacht war, ließ den Komponisten die beiden Elemente zusammenrücken.

ʿăd boqær begrenzt eine Nacht, über die die Quelle von 22b* schon vorher Aussagen gemacht haben muß. Diese Nacht galt ihr als gefährlich; der Anbruch des Tages jedoch setzte dem gefährlichen Nachttreiben ein Ende. Diese Vorstellungen machen einen spezifisch elohistischen Eindruck[136]. Anscheinend meint der durch *ʿăd boqær* anvisierte Morgen den Morgen der durch *kăḥaṣot hăllăjelā* 11 4 E bezeichneten Nacht! Um Mitternacht, und d. h. doch: um die Gespensterstunde!, sollte nach elohistischer Darstellung die Tötung des Thronprinzen erfolgen. Wenn dann gewisse Leute — es brauchen bei E keineswegs die Israeliten gewesen sein[137] — bis zum Morgen ihre Wohnungen nicht verlassen sollten, so doch wohl deswegen, daß sie von dem Unheilbringer, der auf Pharaos Haus zielte, nicht *en passant* auch mit Unheil infiziert würden[138]. Man möchte meinen, daß die Warnung 22b* E ursprünglich an das Hofpersonal, an die »Knechte Pharaos« gerichtet war.

In diesem Zusammenhang darf nicht unerwähnt bleiben, daß der in v. 22b verwendete Ausdruck *pætăḥ* + *băjit* zusammen mit seiner Entsprechung *pætăḥ* + *'ohæl* eine unverkennbare Affinität zu (priesterlichen[139] und) elohistischen Erzählungsmomenten an den Tag legt.

So findet man ihn mehrfach in der elohistischen[140] Geschichte vom Besuch dreier »Männer« bei Abraham und anschließend bei Lot: Gen 18 1f. 10 19 6. 11. Desgleichen begegnet er in der elohistischen[141] Erzählung von Datan und Abiram Num 16 27b. Eine wichtige Rolle spielt er in den Stoffen, die vom *'ohæl môʿed* handelt: Ex 33 8-10 Num 11 10 12 5. An zahlreichen Einzelheiten läßt sich erkennen, daß diese Stoffe ebenfalls auf den Elohisten zurückgehen. Z. B. gemahnt *miḥûṣ lămmăḥanæ* »außerhalb des Lagers« 33 7 an *miḥûṣ laʿîr* »außerhalb der Stadt« Gen 19 16 24 11[142] E. *hărḥeq* »entfernt, mit einem Abstand« v. 7 verwendet die von E gern gesehene Wurzel *rḥq*[143]. Ausgesprochen elohistisch wirkt der in 33 11aα und, noch deutlicher, in Num 12 6-8a geäußerte Gedanke, daß Mose in einer seit dem Fall der *ḥăwwā* ungewöhnlichen Unmittelbarkeit mit Elohim verkehren durfte; vgl. dazu *ra'îtî 'ælohîm* (!) *panîm 'æl panîm* »ich habe Gott gesehen von Angesicht zu Angesicht« Gen 32 31b* E. Der Jahwist

---

136 Vgl. dazu S. 133f.

137 Diese wohnten ja weit vom Schuß im Land Gosen!

138 Von einer solchen »Infektion« ist in Gen 19 26 E die Rede.

139 S. Ex 26 36 29 4. 11. 32 36 37 38 8. 30 39 38 u. a.

140 Vgl. S. 36. 77. 92.

141 Vgl. »Paradieserzählung« 92.

142 *miḥûṣ laʿîr* Gen 24 11 hängt über . . . *'æl ʿîr naḥôr* v. 10 mit den für E charakteristischen genealogischen Angaben in 11 29 zusammen. Man beachte auch *libetû'el* + *bæn milkā* in 24 15, die typisch elohistische Zusammenstellung von Eigenname + Verwandtschaftsbezeichnung (vgl. dazu S. 384!).

143 S. S. 187.

würde diese direkte Beziehung niemals als das Vorrecht einzelner bevorzugter *homines religiosi* anerkannt haben[144]. — Num 12 5ff. basiert auf der in Kap. 11 eingearbeiteten Erzählung von den Siebzig Propheten. Deren elohistische Genesis läßt sich allein schon an der charakteristischen Namensaufzählung[145] *šenê 'anašîm ... šem ha'æḥad ... wešem hăššenî* ... v. 26 ablesen, um hier der Umstände halber von anderen Indizien zu schweigen. Kennzeichnend für E ist schließlich auch die in Num 12 6 ausgesprochene Vorstellung, daß Jahwe sich normalerweise durch Träume offenbare[146].

Der Sprachgebrauch von v. 22b* bestätigt also seine Zuweisung an die elohistische Quelle. Durch das Verschwindenlassen von alten Nachrichten hat der Redaktor gründlich dafür gesorgt, daß sich der ursprüngliche Zusammenhang des Fragments nicht mehr herstellen, höchstens noch erraten läßt[147].

Das αἴτιον des Passaopfers

12 23

V. 23 offenbart den Zweck der Vorkehrungen, die nach 21b*. 22a* J die Vorsteher der hebräischen Häuser zu treffen hatten: »Wenn dann Jahwe vorüberschreitet, um die Ägypter zu schlagen (*we'abăr jăhwæ lingop 'æt miṣrăjim*), und sieht das Blut an der Oberschwelle und an den zwei Türpfosten (*wera'ā 'æt hăddam 'ăl hămmăšqôp we'ăl štê hămmezûzot*), so wird Jahwe einen Bogen um die Tür machen und wird dem Verderber nicht gestatten, in eure Häuser hineinzugehen, um zu schlagen (*ûpasăḥ jăhwæ 'ăl hăppætăḥ welo' jitten hămmăšḥît labo' 'æl battêkæm lingop*).« Das Opferblut an der Türrahmung soll Jahwe erkennen lassen, in welchen von den Häusern Hebräer wohnen. War das Blut vorzeiten doch wohl einmal als ein apotropäisches Mittel gedacht, so hat es der Jahwist als erklärter Gegner magischer Implikationen[148] zum bloßen Merkzeichen degradiert! In *ûpasăḥ jăhwæ* tritt noch der Skopus seiner Erzählung zutage: Der dem Erzählenden vorgegebene Name *pæsăḥ* sollte hergeleitet werden aus der geschichtlichen Begebenheit, daß Jahwe seinerzeit nur die Erstgeborenen der Ägypter tötete, die Häuser seiner eigenen Leute dagegen schonend umging (*psḥ* qal). Ein analoges Verfahren historischer Ätiologie hatte J schon mehrfach angewandt, etwa in Gen 2 7. 23 25 26. 30[149], um die vorhandenen Begriffe *'adam* und *'iššā*, die bekannten Namen *jă'aqob* und *'ædôm* zu erklären!

---

[144] Vgl. »Paradieserzählung« 133.

[145] Vgl. dazu S. 24.

[146] Vgl. S. 133f.

[147] Vermutlich ließ Mose die Warnung den »Knechten Pharaos« zukommen. Hatten sich diese zuletzt von der Hartnäckigkeit ihres Chefs distanziert, so daß 10 7 R^JE insofern auf einer E-Notiz beruhte?

[148] Vgl. die Zusammenstellung S. 380ff.!

[149] Vgl. »Paradieserzählung« 88.

lingop 'æt misrăjim will im voraus wissen, daß die Heimsuchung nur die Ägypter treffen wird. Aber das stand doch vor der Wahrnehmung des Bluts als Erkennungszeichens der hebräischen Behausungen noch gar nicht fest! *lingop 'æt miṣrăjim* stellt einen Zusatz des Bearbeiters dar, der das Resultat des Grundberichts vorwegnimmt. *ngp* qal kommt hier denn auch schon der wenig bestimmte Sinn spätisraelitischer Katastrophentheologie zu[150]. *w^elo' jitten hămmăšḥît labo' 'æl battêkæm lingop* — abermals dieses *ngp* qal! — erscheint als Dublette zu dem *ûpasăḥ jăhwæ̆ 'ăl* ... der alten Ätiologie. Drohte hier Gefahr von Jahwe höchstselbst, so geht sie dort von der subalternen Gewalt eines Würgengels aus. Dem ergänzenden Redaktor ging es dabei darum, die Transzendenz Jahwes zu wahren[151], ihn abzurücken von seinem mörderischen Handeln[152]. *ntn* qal + *l^e* + inf. war schon in 3 19 R^{JE} im Sinne von »erlauben« verwendet. *hăppætăḥ* ist in v. 23 vielleicht ein mit Rücksicht auf das elohistische *mippætăḥ* 22b gewählter Ersatzbegriff für ein anderes, vergleichbares Wort bei J, etwa *hăbbăjit*. Alles andere in v. 23 erscheint wörtlich aus der J-Vorlage angeführt.

Deuteronomistische Richtlinien für künftige Passafeiern

Den befehlenden oder ankündigenden Moseworten von 22a*. 23* J folgten in der Quelle selbstverständlich noch die entsprechenden Ausführungsberichte. Der Redaktor hat, wie hier auf so vieles andere, auf diese Erzählstücke verzichtet[153].

12 24(-27a)

V. 24-27a bringen neue Vorschriften das Passa betreffend, die aber nicht zur geschichtlichen Situation der jahwistischen Passa-Ätiologie passen: »Und ihr sollt diese Sache einhalten (*ûš^emărtæm 'æt hăddabar hăzzæ̆*) — als Satzung für dich und für deine Söhne (*l^eḥâq l^eka ûl^ebanâka*) — auf ewig (*'ăd 'ôlam*). | Und es soll geschehen, wenn ihr in das Land hineinkommt, welches Jahwe euch geben wird, wie er gesprochen hat (*w^ehajā kî tabo'û 'æl ha'aræṣ 'ăšær jitten jăhwæ̆ lakæm kă'ăšær dibber*), so sollt ihr diesen Dienst einhalten (*ûš^emărtæm 'æt ha'abodā hăzzo't*). | Und es soll geschehen, wenn eure Söhne zu euch sagen: Was bedeutet dieser Dienst für euch?, | so sollt ihr sagen: Ein Passa-Opfer ist es für Jahwe, weil er um die Häuser der Israeliten

---

[150] Vgl. S. 157 sowie *măggepotăj* 9 14 R^{JE}.

[151] Vgl. dazu die Zusammenstellung S. 405!

[152] Das Problem der Theodizee steht auch hinter der von R^{JE} gebildeten Szene Gen 18 17ff. (vgl. dazu S. 123 mit Anm. 180 sowie S. 219 Anm. 164)!

[153] Der vorhandene Ausführungsbericht 12 28 ist dem Komplex von P verbunden (vgl. die Parallelen in 12 50 39 32. 43 Lev 4 20).

in Ägypten einen Bogen machte (... *'^{a}šær pasăḥ 'ăl battê b^{e}nê jiśra'el* ...), als er die Ägypter schlug (*b^{e}nâgpô 'æt miṣrăjim*), und unsre Häuser rettete (... *hiṣṣîl*).« Vorstellungen und Begriffsgut dieser Ausführungen sind typisch deuteronomistisch: *šmr* qal i. S. v. »(Satzungen) halten«[154], *ḥoq*[155], Motiv der Nachkommenbelehrung[156]. Da R^{JE} seinerseits ein Vertreter des Deuteronomismus war, verwundert es nicht, daß manches zugleich an ihn erinnert: das bequem allgemeine *hăddabar hăzzæ̂*[157], das umständliche *w^{e}hajā*[158], das Verbum *dbr* pi.[159], die Relativpartikel *'^{a}šær*[160], *ngp* qal[161], *nṣl* hi.[162], Demonstrativa *zæ̂* und *zo't*[163], Motiv der Landverheißung[164].

Die Beweislast dafür, daß v. 24-27a von R^{JE} verfaßt sind, vermögen diese Spracheigentümlichkeiten allerdings nicht zu tragen: Sie trennen unseren Deuteronomisten zwar sehr deutlich von seinen Vorgängern J und E, sind ihm aber mit anderen Vertretern seiner Schule weithin gemein. Weiter hilft uns wohl aber die Beobachtung, daß die Passage in sich uneinheitlich scheint. Innerhalb von v. 24 hebt sich *l^{e}ḥâq l^{e}ka ûl^{e}banâka* durch seine singularische Anrede als Zusatz ab. *ûš^{e}mărtæm 'æt ha'^{a}bodā hăzzo't* 25b sieht aus wie eine Dublette oder sekundäre Wiederaufnahme von *ûš^{e}mărtæm 'æt hăddabar hăzzæ̂* 24a. Der Gedanke der Söhnebelehrung 26f. lehnt sich offenbar an das sekundäre *l^{e}ḥâq l^{e}ka ûl^{e}banâka* 24 an. *ha'^{a}bodā hăzzo't* 26 ist möglicherweise aus v. 25 entliehen; jedenfalls aber greifen *pasăḥ 'ăl battê b^{e}nê jiśra'el* 27 auf *ûpasăḥ jăhwæ̂ 'ăl hăppætăḥ* 23* J und *b^{e}nâgpô 'æt miṣrajim* 27 auf *lingop 'æt miṣrăjim* 23 R^{JE} zurück. Unter diesen Umständen kommt dem *'ăd 'ôlam* von v. 24 erhöhte Beachtung zu. Diese Wendung verleiht dem Vers etwas Abschließendes. Wenn nicht alles täuscht, so hat die JE-Harmonie ihren Bericht über die Einführung des Passa mit dem Vermerk »und ihr sollt diese Sache einhalten auf ewig« 24* abgeschlossen. Der Zusatz in v. 24 sowie v. 25 und 26. 27a sind von zwei verschiedenen, jüngeren Deuteronomisten ergänzt.

---

[154] Vgl. Dtn 4 2. 6. 40 5 1. 29 6 2 usw.

[155] Vgl. Dtn 4 1. 5f. 8. 14. 40. 45 5 1. 31 usw.

[156] Vgl. dazu S. 227.

[157] Wie in 2 15 9 5f. R^{JE}, vgl. die Zusammenstellung S. 393!

[158] Vgl. die Zusammenstellung S. 398!

[159] Vgl. die R^{JE}-Belege S. 395!

[160] Vgl. S. 394!

[161] Gemäß v. 23a. b R^{JE}!

[162] Wie in 3 8 5 23 R^{JE}!

[163] Vgl. S. 393f.!

[164] Vgl. S. 403!

Vom ursprünglichen Zweck der Ältestenversammlung

12 27b

Die Auslassungen Moses über das Passa 21b-24* hatte der Verfasser der Quellenharmonie mit dem Vermerk eröffnet: »Da rief Mose allen Ältesten Israels und sagte zu ihnen« 21a. Nun in v. 27b beschließt er dieselben so: »Da verneigte sich das Volk, und sie beteten an (*wăjjiqqod ha'am wăjjištăḥ*a*wû*).« Der aus J datierende Begriff der »Ältesten Israels« wurde kurzerhand durch das »Volk« ersetzt — wie in 4 29-31 R^{JE}[165]! Die Proskynese des Volks möchte der Komponist als einen Akt der Zustimmung verstehen. Aber das ist ein nachträglicher Umdeutungsversuch, der das *qdd* qal + *šḥh* hitpal. unterbewertet. Von Haus aus müssen diese Begriffe, hier nicht anders als in 4 31* J oder in Gen 24 26 J[166], einen Akt der Huldigung gemeint haben. Der Vergleich mit 4 31* macht darüber hinaus deutlich, daß es sich dabei um die spontane Reaktion der »Ältesten Israels« auf eine ihnen zuteil gewordene Theophanie gehandelt haben muß. Durch den neuen Zusammenhang unterlegte der Redaktor diesem Vorgang mit voller Absicht einen anderen, harmloseren Sinn, weil er als deuteronomistischer Theologe einer jeden bildlich-gestalthaften Vorstellung Jahwes abhold war[167].

12 21a

In dieser Gesinnung erkennen wir jetzt auch den Grund dafür, daß er in v. 21a die Ältesten sekundär mit der Besorgung der Passaopfer betraut hat: Er wollte ihre originäre, ihre bei J übliche[168] Funktion als Offenbarungszeugen der ihm suspekten Form der Offenbarung wegen nicht mehr gelten lassen.

Unter welchen Umständen war Jahwe nach jahwistischem Bericht den Ältesten erschienen? Die Ausscheidungen, die der Redaktor vorgenommen hat, verunmöglichen ein halbwegs zuverlässiges Urteil. Man kann lediglich vermuten, daß die Ältesten Augenzeugen jenes Geschehens wurden, das der alte Erzähler mit dem etwas rätselhaften *ûpasăḥ jăhwæ 'ăl* ... 23 umschrieb. In diesem Fall hätte sich die Epiphanieszene an die Passaätiologie angeschlossen oder wäre von jeher eng mit dieser zusammengestaltet gewesen. Im weiteren Zusammenhang dieser Begebenheiten hatte J dann doch wohl auch die Beraubung der Ägypter untergebracht.

---

[165] Vgl. S. 96ff.

[166] Vgl. dazu »Paradieserzählung« 99.

[167] Vgl. dazu die Zusammenstellung S. 405!

[168] Vgl. die Belegstellen S. 378. 380!

Theologischer Exkurs: Der ursprüngliche Sinn des Bilderverbots

Deuteronomi(sti)sche Geschichtsbetrachtung hat es allemal auf Aktualität abgesehen: Was da erzählt wird, zielt kaum verblümt auf Ermahnung und Erbauung des Lesers. Unter diesen Umständen nimmt das, was die Einleitungsrede des Deuteronomiums in 4 12. 15 über ein so zentrales Ereignis der Heilsgeschichte wie die Horeb-Offenbarung ausführt, die Bedeutung einer außerordentlichen Grundsatzerklärung an: Die Israeliten sollen damals, so wird da behauptet, nur Feuer erblickt und daraus eine Stimme vernommen, aber keinerlei Gestalt (*t^emûnā*) von Jahwe gesehen haben. Genau die gegenteilige Ansicht hatten die alten Geschichtsüberlieferungen sowohl des Nordens wie des Südens von Israel vertreten. Ihnen will Dtn 4 eine förmliche Absage erteilen: Die Alten haben geirrt! Weder damals noch sonst einmal hat Jahwe von sich eine *t^emûnā* gezeigt. Er hat sie nicht gezeigt, weil nicht sein kann, was nicht sein darf. Diese Richtschnur legte dann auch unser deuteronomistischer Bearbeiter seinen Quellen an. So gut es ihm seine inkonsequente Denkungsart gestattete, hat er die jahwistischen und elohistischen Epiphanieberichte getilgt[169], ihre Spuren verwischt oder umgedeutet[170].

Hinter der deuteronomi(sti)schen Aversion gegen Theophanien steckt als Ursache eine bestimmte und, wie es zunächst scheinen möchte, sehr radikale Auslegung des alten Bilderverbots[171]: Jahwe soll überhaupt nicht figürlich vorgestellt bzw. nicht als in oder über einem Bild befindlich gedacht werden. Die erwähnte Einleitungsrede schärft den Israeliten ein, sie sollten sich doch ja keinen *pæsæl*, keine *t^emûnā*, keine Gestalt von Mensch oder Tier anfertigen Dtn 4 16ff. 24f. Zuwiderhandeln wird als Bundesbruch gebrandmarkt. Ist damit die eigentliche Intention des Bilderverbots getroffen? Insofern gewiß schon, als dasselbe schon immer die Herstellung und Verehrung von Kultbildern Jahwes untersagt hatte. Es bleibt aber die Frage, wieso der Jahwist, sonst ein sehr folgerichtiger Vertreter des Jahweglaubens, mit dem Bilderverbot Ex 34 17 gleichwohl bildhafte Erscheinungen Jahwes in der Geschichte, und zweifellos auch in der Gegenwart, zu vereinbaren wußte. Zugestanden, er gibt das Verbot in einer bestimmten Einschränkung, in einem speziellen Zuschnitt wieder: *'^ælohê massekā lo' tă'^aśæ llak* »gegossene (!) Gottesbilder sollst du dir keine machen«. Aber das heißt doch schwerlich, daß ihm Gottesbilder aus Ton, Stein oder Holz als statthaft erschienen! Vielmehr wird seine Fassung des Bilderverbots, wenn sie auf *gegossene* Bilder abhebt, sich gegen eine dazumal besonders naheliegende Ausprägung israelitischen Bilderdienstes — man denke an die Stierbilder von Bethel und Dan! — gewendet haben.

Dem Verständnis der jahwistischen Auffassung bringt uns die schon früher[172] gewonnene Erkenntnis näher, daß J die Erscheinungen Jahwes als »Zeichen« ansah und damit als eine Weise der göttlichen Selbstbekundung, die sich von der Wortoffenbarung nur formell unterscheidet. Die Forderung Jahwes, daß der Israelit sich von ihm kein Bild erdenke und fertige, bedeutete für den Südreichtheologen keineswegs, daß Jahwe selber sich auch nicht in bildhafter Gestaltung vorstellen dürfe — im Gegenteil! An dieser Stelle ist der deuteronomistischen Schule eine für die Folgezeit bis zur Ge-

---

[169] E kam dabei noch besser weg als J, weil sich der Redaktor über den Epiphaniecharakter seiner paganistischen Traditionen nicht mehr immer ins Klare kam.

[170] Vgl. »Paradieserzählung« 98—100 sowie die Zusammenstellung S. 405!

[171] Vgl. Ex 20 4. 23 34 17.

[172] S. 30ff.

genwart verhängnisvolle Fehlinterpretation unterlaufen: Was dem *Menschen* untersagt wurde, soll auch *Gott* verboten sein! Er darf nicht erscheinen; er darf nur noch reden — als ob seine Selbstvorstellung im Wort etwas qualitativ und essentiell anderes wäre als seine Epiphanie!

In Wirklichkeit will der, der das Bilderverbot gab, umgekehrt jegliche visuelle Vorstellung Gottes sich selbst vorbehalten. Er will die Heiligkeit und Einzigartigkeit seiner Erscheinungen sichern, indem er sie abgrenzt gegen jedes Gottesgebilde menschlicher Fingerfertigkeit und Einbildung. Wir sollen uns Jahwe nicht vorstellen, weil er sich selber vorstellt. In diesem eminent positiven Anliegen berührt sich das Zweite Gebot aufs engste mit den anderen Verboten des Dekalogs: Allemal sucht der Gesetzgeber einen Mißbrauch zu verhüten, um Raum zu schaffen für den rechten Gebrauch.

Tötung der Erstgeburt ausgeführt

Daß den Anordnungen Moses bezüglich des Passaopfers 21b. 22 — v. 24* R^{JE} wendete sich im Grund nicht mehr an die *pro forma* noch Angesprochenen der geschichtlichen Situation! — Folge geleistet wurde, hielt der Verfasser der deuteronomistischen Harmonie anscheinend für selbstverständlich.

12 29a(.b)

Ohne sich ferner, wie seine beiden Vorlagen, noch mit den Umständen zu befassen[173], die zur Tötung der Erstgeburt in Ägypten führten[174], bringt er die Rede jetzt gleich auf die Tötung selbst: »Und es geschah in der Mitte der Nacht, da schlug Jahwe alle Erstgeborenen im Land Ägypten (*wăj^{e}hî băḥ^{a}ṣî hăllaj^{e}lā w^{e}jăhwǣ hikkā kål b^{e}kôr b^{e}ʼæræṣ miṣrăjim*), vom Erstgeborenen Pharaos an, der auf seinem Thron saß, bis zum Erstgeborenen des Gefangenen, der im Gefängnis war (*mibb^{e}kor păr῾ō hăjjošeb ῾ăl kis^{e}ʼô ῾ăd b^{e}kôr hăšš^{e}bî ʼ^{a}šær b^{e}bêt hăbbôr*)« 29a. Es handelt sich um den Ausführungsbericht zu den von R^{JE} formulierten Ankündigungen Moses in 11 4f.[175]. Der Zeitpunkt der Mitternacht, für E noch von wesentlicher Bedeutung[176], ist hier zur Nebensache geworden. Das umständliche, unnötige *wăj^{e}hî* vor der Zeitangabe entspricht der Ausdrucksweise des Bearbeiters[177]. *w^{e}jăhwǣ hikkā kål b^{e}kôr* nimmt vielleicht die Wendung auf, deren sich J in Ankündigungs- und Ausführungsbericht bedient hatte[178]. Für die unmotivierte Vorausstellung des Subjekts allerdings ist wieder der

---

[173] Zur Mißachtung der geschichtlichen Situation vgl. die R^{JE}-Belege S. 398f.!

[174] Bei J: das Umherschreiten Jahwes und sein Eindringen in die Häuser der Ägypter, vgl. 12 23*; bei E: die nochmalige Ablehnung der göttlichen Entlaßforderung.

[175] Vgl. S. 257ff.

[176] Vgl. S. 271.

[177] Vgl. die Zusammenstellung S. 398!

[178] Vgl. S. 261.

Redaktor zuständig[179]. Entsprechendes gilt von *beʾæræṣ miṣrăjim*[180] und von der derben Ausmalung *mibbekor pärʿō* usw.[181]. — *wekol bekor behemā* »und alle Erstgeburten des Viehs« 29b ist eine unpassende Glosse des bekannten *behemā*-Spezialisten[182].

Allgemeiner Schrecken in der Nacht

12 30

Das nächtliche Sterben wurde alsbald ruchbar: »Da stund Pharao des Nachts auf, er und alle seine Knechte und alle Ägypter (*wăjjaqâm pärʿō lăjelā hûʾ wekål ʿabadâw wekål miṣrăjim*), und es entstand ein großes Geschrei in Ägypten, denn es gab kein Haus, woselbst es keinen Toten gegeben hätte (*wăttehî ṣeʿaqā gedolā bemiṣrajim kî ʾên băjit ʾašær ʾên šam met*)« 30. Daß »Pharao«[183] mitten in der Nacht aufstand, erklärt sich aus der Voraussetzung, daß ihm das Sterben bzw. der schon erfolgte Tod seines *eigenen* Sohnes gemeldet worden war[184]. *wăjjaqâm pärʿō lajelā* weist also deutlich auf die Darstellung des Nordreicherzählers zurück. Der Redaktor war sich der Spannung zwischen der elohistischen und der vom Jahwisten übernommenen Anschauung[185], wonach alle ägyptischen Erstgeborenen starben, sehr wohl bewußt. Er suchte sie zu übertünchen. Zu diesem Behuf erweiterte er zunächst das Subjekt des *notabene* singularischen *wăjjaqâm*: *hûʾ wekål ʿabadâw wekål miṣrăjim*. Das Verfahren der sekundären Subjektsausweitung hat er wiederholt angewandt[186]. Auch die »Knechte Pharaos« sind hier nicht zum ersten Mal in den Dienst redaktioneller Machenschaften gestellt[187]. Ebensowenig neu ist die nachträgliche Art, wie der Redaktor hier die »Ägypter« mit ins Spiel bringt[188]. Das zweimalige *kål* entspricht seinem Bedürfnis, in grellen Farben zu malen[189].

Sodann betont der Verfasser der Quellenkontamination in massiver[190] Ausdrücklichkeit, daß die Wirkung der letzten Plage eine ganz umfassende gewesen sei. Das geschwollene und doch herzlich wenig

---

179 Vgl. die Belegesammlung S. 396!

180 Vgl. S. 262 mit Anm. 68.

181 Genaueres S. 259; vgl. die Zusammenstellung S. 396!

182 Vgl. 9 19. 22. 25 11 5. 7 Gen 2 20 3 14!

183 Ein Ausdruck von E, vgl. die Zusammenstellung S. 386!

184 Vgl. dazu S. 258.

185 S. S. 259.

186 Vgl. die Zusammenstellung S. 398!

187 Vgl. schon 9 20. 30. 34 10 1. 7 11 8!

188 Vgl. 8 17. 20 10 6 R^{JE}!

189 Vgl. die Belegesammlung S. 397!

190 Vgl. die Zusammenstellung S. 396!

besagende *wăttᵉhî ṣᵉʿaqā gᵉdolā bᵉmiṣrajim* stellt den Ausführungsbericht dar zu der ihrerseits schon redaktionellen Ankündigung 11 6a[191]. Es umschließt samt seiner Fortsetzung für den Bearbeiter charakteristische Begriffe: banales *hjh* qal[192], *ṣᵉʿaqā*[193], motivierendes *kî*[194], zwei Nominalsätze mit *ʾjn* als Prädikat[195], Relativpartikel *ʾᵃšær*[196].

Pharao läßt Mose zum letzten Mal rufen

12 31

Die Annahme, daß das »Aufstehen« (*qwm* qal) von v. 30 sich vormals allein auf Pharao bezog, wird uns jetzt von der Fortsetzung bestätigt: *wăjjiqraʾ lᵉmošæ̂ ûlᵉʾăhᵃron wăjjoʾmær qûmû ṣṣᵉʿû mittôk ʿămmî găm ʾăttæm găm bᵉnê jiṣraʾel ûlᵉkû ʿibᵉdû ʾæt jăhwæ̂ kᵉdăbbærᵉkæm* »und er rief Mose und Aaron und sagte: Steht auf, ziehet aus von der Mitte meines Volks, ihr sowohl als die Israeliten, und geht, dienet Jahwe, wie ihr geredet!« 31. *wăjjiqraʾ* setzt ja ganz klar das *părʿō* von v. 30aα als alleiniges Subjekt voraus[197]. Bei E hatte Pharao allerdings, wie sonst[198], nur »nach Mose« gerufen, *ʾæl mošæ̂*. Der Verarbeiter ersetzte wieder[199] *ʾæl* durch *lᵉ* und ließ Mose noch seinen Bruder Aaron begleiten.

Die ursprüngliche Mitteilung des Königs hatte von dem Vorhandenen lediglich den Passus *lᵉkû ʿibᵉdû*[200] *ʾæt jăhwæ̂* umfaßt. So hatte sich der elohistische Pharao bereits in 10 8. 24 geäußert, in der Vorlage wahrscheinlich sogar noch öfter. Bis anhin waren an dieses Zugeständnis jedoch allemale bestimmte Auflagen oder Einschränkungen geknüpft. Erst dieses Mal, bei der letzten Heimsuchung, beugte sich Pharao bedingungslos der Entlaßforderung Jahwes. Damit war nach elohistischer Darstellung das Ziel aller Plagen erreicht. Der Plural *lᵉkû ʿibᵉdû* spricht in Mose als Repräsentanten das ganze Gottesvolk an. Demgegenüber blickt das jetzt vorauslaufende *qûmû ṣṣᵉʾû* zuerst nur auf Mose und Aaron[201], was wenig einleuchtet. Erst das gewissermaßen nachgetragene[202] *găm ʾăttæm găm*

---

[191] Dazu s. S. 262.

[192] Vgl. S. 394!

[193] Vgl. S. 262 bei und mit Anm. 65.

[194] Vgl. die weiteren R^{JE}-Belege S. 395!

[195] Vgl. die Zusammenstellung S. 396!

[196] Vgl. S. 394!

[197] Ms Nr. 193 Kennicott G S fügen hier *părʿō* ein — eine Erleichterung.

[198] Vgl. 8 21* 10 24 sowie zu 8 4* 9 27* 10 8*. 16*.

[199] Vgl. 8 4(. 21) 9 27 10 8. 16!

[200] Das spezifische *ʿbd* qal der elohistischen Entlaßforderung!

[201] Das erinnert an 11 8 R^{JE}!

[202] Vgl. dazu die Zusammenstellung S. 399ff.!

b^e^nê jiśra'el bezieht in den Kreis der Fortgeschickten auch die (übrigen) Israeliten ein. Die Stelle zeigt wieder einmal deutlich, daß der Komponist ohne Konzeptpapier arbeitete! Daß das ergänzte Redestück von ihm gebildet wurde, erkennt man auch an seiner Sprache: *jṣ'* qal als terminus technicus des Auszugs[203], nachträgliche Aufstockung des Subjekts[204], Partikel *găm*[205]. *qûmû* ließ er sich vielleicht von dem elohistischen *wăjjaqâm* 30 suggerieren. Zutat des Redaktors ist auch der Rückbezug[206] *k^e^dăbbær^e^kæm* mit dem für R^JE^ kennzeichnenden *dbr* pi.[207], ferner die Kopula vor dem elohistischen *l^e^kû*.

Pharao erbittet sich von den Scheidenden den Segen!

Daß Israel nunmehr auch sein Vieh mit zum Gottesberg nehmen durfte, verstand sich in der Berichterstattung des Elohisten von alleine: Die fortschreitende Entwicklung ließ Pharao bei der vorletzten Plage die Entlaßerlaubnis von der Einbehaltung des Viehs abhängig machen 10 24a, bei der letzten Plage jedoch von gar keiner Bedingung mehr.

12 32

Der Verarbeiter hingegen legte Wert auf eine ausdrückliche Erlaubnis, das Vieh wegzuführen: »Nehmet sowohl euer Kleinvieh wie euer Rindvieh, wie ihr geredet habt, und geht; und segnet auch mich (*găm ṣo'n^e^kæm găm b^e^qar^e^kæm q^e^ḥû kă'^a^šær dibbărtæm walekû ûberăktæm găm 'otî*)« 32. *walekû* nimmt *l^e^kû* 31b E wieder auf. Diesem Ursprung treu bleibend, meint sein Plural das ganze Volk Israel. Dies hinderte den Verfasser von v. 32a aber nicht, im gleichen Atemzug und in derselben 2. p. pl. speziell Mose und Aaron anreden zu lassen[208]: *kă'^a^šær*[209] *dibbărtæm*[210] meint nur die Sprecher der Israeliten; es bezieht sich auf das redaktionelle Mosewort 10 9b zurück[211]: »Mit unsern Söhnen und mit unsern Töchtern, mit unserm Kleinvieh und mit unserm Rindvieh werden wir gehen . . .!«, oder auch auf dasjenige von 10 26: »und auch unser Viehbesitz wird mit uns gehen . . .«. Das Begriffspaar *ṣo'n* + *baqar* war bei E vorgegeben, freilich in früherem Zusammenhang[212]. Ein elohistisches Vorbild zu v. 32a gab es aber nicht.

---

[203] Wie in 11 8 R^JE^, vgl. dazu S. 265.
[204] Vgl. Anm. 202.
[205] Weitere R^JE^-Belege s. S. 395!
[206] Vgl. die Zusammenstellung S. 397!
[207] Vgl. die weiteren Belege S. 395!
[208] Vgl. dazu die Zusammenstellung S. 397f.!
[209] Dasselbe schon in 5 13 8 23 10 10 R^JE^!
[210] Vgl. S. 395!
[211] Zum Rückbezug vgl. wieder S. 397!
[212] S. 10 24a E.

Als Subjekt von *ûberăktæm* 32b ist wohl wieder nur Mose und Aaron zu denken, nicht die Israeliten insgemein. Jedenfalls ist v. 32b auch von R^JE abgefaßt. Die Bitte des Königs *ûberăktæm găm 'otî* kommt im engeren Kontext etwas überraschend, nicht aber im weiteren des Pentateuchs. Namentlich in der Genesis wird über das Thema des Segens, den Jahwe Israel bereits in den Tagen der Erzväter zugesagt haben soll und der durch Israel auch den Völkern der Erde zugutekommen werde, ein Langes und Breites ausgeführt[213]. Es handelt sich dabei um eine Lieblingsvorstellung des deuteronomistischen Redaktors[214].

Die Israeliten müssen sich beeilen

12 33

Die Nachbegegnungsszene v. 32f. muß jetzt ohne einen förmlichen Abschluß auskommen. Möglicherweise steckt aber in v. 33 noch etwas vom alten Abschluß: »Und Ägypten setzte dem Volk zu, um sie eilends aus dem Land zu entlassen (*wăttæḥᵉzăq miṣrăjim 'ăl ha'am lᵉmăher lᵉšăllᵉḥam min ha'aræṣ*), denn sie sagten: Wir alle müssen sterben (*kî 'amᵉrû kullanû metîm*).« Der Gedanke, daß es mit der Entlassung des Volks jetzt plötzlich eilte, ist jedenfalls durch 30aα. 31aα* E vorbereitet. Seltsamerweise gilt in v. 33 aber nicht mehr der König, sondern das Kollektiv des ägyptischen Volks als Motor dieser Entwicklung. Das kann nicht die Meinung des Nordreicherzählers gewesen sein. *miṣrăjim* steht offenbar da, um der universalen Auffassung von der letzten Plage in v. 29f. R^JE Genüge zu tun, dient letzten Endes also dem Ausgleich mit der jahwistischen Darstellung[215]. *ḥzq* qal + *'ăl* ermangelt der Konkretion[216]; noch in Gen 47 20 findet sich der Ausdruck als Teil eines redaktionellen Zusammenhangs.

Der Passus *wăttæḥᵉzăq miṣrăjim 'ăl ha'am*, vom Redaktor verfaßt, drückt Angaben an die Peripherie, welche bei E noch im Zentrum der Darstellung standen: *mhr* pi. + *šlh* pi. Mindestens seit dem ersten Entlaßbefehl, den Jahwe an Pharao weiterleiten ließ (5 1b*), hatte der Nordreicherzähler[217] *šlh* pi. oftmals verwendet, wo von der Freilassung Israels die Rede war. Auch sonst kam der Ausdruck häufig in seinem Werk vor, und zwar in der Bedeutung von »(freundlich) geleiten«[218]. Von *šlh* pi. ist an unserer Stelle *mhr* pi. nicht zu lösen, denn

---

[213] Vgl. Gen 12 2. 3 22 17 24 1. 35 26 12. 24 27 10. 29. 30. 33. 41 48 9. 16 u. ö.!

[214] Den Einzelnachweis lasse ich hier anstehen in der Hoffnung, ihn gelegentlich in passenderem Zusammenhang nachliefern zu können.

[215] Vgl. dazu S. 259.

[216] Vgl. die R^JE-Belege S. 391ff.!

[217] Nur dieser und, in seinem Gefolge, R^JE und R^P (zum letzten vgl. S. 266f.).

[218] Vgl. S. 74.

das zweite entspringt der geschichtlichen Situation in der elohistischen Grunderzählung. Obendrein läßt *mhr* pi. sich bei E auch anderwärts belegen[219]. Wer aber hatte es nach E mit dem »Entlassen« bzw. mit dem »Geleiten« so »eilig«? Etwa Pharao? Dann hätte die Grundstelle von v. 33 etwa so gelautet: *wăjemăher părʿō wăješăllăḥ ʾæt haʿam* »da entließ Pharao das Volk eilends«. Aber diesen Gedanken hatte die Nordreichquelle doch schon mit anderen, mit den in v. 30aα. 31aα*. 31b* bezeugten Worten ausgedrückt: Pharao hatte Mose *noch in der Nacht* rufen lassen und ihm erklärt, sie sollten gehen und Jahwe dienen. Offenbar war das ursprüngliche Subjekt von *mhr* pi. + *šlḥ* pi. ein anderes.

11 8

In diesem Zusammenhang fällt unser Blick noch einmal auf die Ankündigung Moses in 11 8 R^JE[220] zurück, die besagte, daß alle Knechte des Königs zu ihm herabkommen und vor ihm niederfallen würden, um den Auszug Israels zu erbitten. Auf die Idee, daß die königlichen Beamten sich vor Mose niederwerfen, kam der Redaktor schwerlich allein. Vielmehr wird er in seiner E-Vorlage die Nachricht vorgefunden haben, daß Pharao seine *ʿabadîm* zu Mose schickte und ihn kniefällig um etwas bitten ließ. Aber um was denn? Doch wohl darum, daß die Israeliten von der schon erhaltenen Erlaubnis, zu gehen 31b* E, sofortigen Gebrauch machen, daß sie also schleunigst verschwinden sollten[221]. Dieselben »Knechte Pharaos« werden es dann auch gewesen sein, die den ausziehenden Israeliten ein »eiliges Geleit« (*mhr* pi. + *šlḥ* pi.) gaben. Denkbar ist auch die andere Möglichkeit, daß die Königsbeamten ihre kniefällige Bitte noch im Verlauf der Nachbegegnungsszene, also in Anwesenheit Pharaos, aussprachen. In diesem Fall hätten sie dem abziehenden *Mose* ein »eiliges Geleit« erwiesen, und *mhr* pi. + *šlḥ* pi. wäre ein Stück des sonst verlorenen Abschlusses der letzten[222] Nachbegegnungsszene.

Der Redaktor hat die Rolle des zum Aufbruch Drängens von den »Knechten Pharaos« in v. 33 auf die »Ägypter« übertragen[223]. Ihr Tun wollte er dann noch eigens begründen[224]: *kî ʾamerû kullanû metîm.*

---

[219] Z. B. in Gen 18 6 19 22* Ex 2 18 10 16!

[220] Vgl. dazu S. 264f.

[221] Dies wird dann den Redaktor zu seinem *kešăllеḥô jekăllæ gares jegareš ʾætekæm* 11 1 inspiriert haben.

[222] Zum Abschluß der vorausgehenden s. S. 252f. Das Verhärtungsmotiv kam diesmal nicht mehr in Betracht!

[223] Weitere Beispiele von redaktioneller »Übertragung« s. S. 401f.!

[224] Zur Vorliebe des Redaktors für Begründungen vgl. die Zusammenstellung S. 395!

Bezeichnenderweise erfährt der Leser diese Motivation erst im nachhinein. Typisch für den schriftstellerischen Stil von R^JE ist es auch, daß uns die Bemerkung Einblick gewähren will in die *Gedanken* der Ägypter[225] und daß sie diese Gedanken in wörtlicher Rede anführt[226]. *kullanû metîm*, der Form nach ein Nominalsatz[227], der Sache nach eine Übertreibung[228], erinnert an das Wort, das der Redaktor in 10 7 den Pharaoknechten in den Mund gelegt hatte: *hᵃṭæræm tedăʿ kî ʾabᵉdā miṣrajim.*

Elemente einer Ätiologie des *măṣṣot*-Festes

12 34

Die Nötigung, das Land schleunigst zu räumen, soll die Israeliten veranlaßt haben, ihren Brotteig in ungesäuertem Zustand mitzunehmen: »Und das Volk trug seinen Teig weg, bevor er gesäuert war (*wăjjiśśaʾ haʿam ʾæt bᵉṣeqô ṭæræm jæḥmaṣ*), ihre Backtröge eingewickelt in ihren Mänteln auf ihrer Schulter (*mišʾᵃrotam ṣᵉrurot bᵉśimᵉlotam ʿăl šikmam*)« 34. In v. 33 war das redaktionelle *haʿam* sinngemäß als Mehrzahl behandelt worden (*lᵉšăllᵉḥam*); demgegenüber ist das nochmalige *haʿam* in v. 34 zuerst singularisch konstruiert: *wăjjiśśaʾ*, *bᵉṣeqô*. Danach greift unvermittelt wieder der Plural Platz: *mišʾᵃrotam* usw. 34b. V. 34b ist mit 34a syntaktisch nicht richtig verbunden[229], hängt gleichsam in der Luft. Dabei gehören die beidseitigen Angaben nach Sache und Herkunft gewiß zusammen. Sie werden also erst nachträglich so in Unordnung geraten sein. Die betreffende Vorlage hatte noch schön der Reihe nach erzählt, wie die Leute beim Aufbruch ihre Tröge mit dem noch unvergorenen Teig notdürftig verpackten und sich auf die Schultern luden[230]. Wahrscheinlich lehnt sich der Verarbeiter in v. 34b noch enger als in v. 34a an die Vorlage an, ohne jedoch dieselbe geradezu zu zitieren. Dafür ist die Ausdrucksweise zu gepreßt.

12 39

Die im Kern alte Nachricht, daß die Wegziehenden ungesäuerten Teig mitnahmen 34*, findet in v. 39a noch ihr Ziel: »Da buken sie aus dem Teig . . . Mazzenfladen (. . . *ʿugot măṣṣot*)«. Hier und dort sind

---

[225] Vgl. dazu 3 13-15 4 1 Gen 3 5 R^JE!

[226] Vgl. die Zusammenstellung S. 397!

[227] Vgl. S. 395f.!

[228] Vgl. S. 397!

[229] Zu den grammatikalisch-syntaktischen Mängeln der Harmonie vgl. die Zusammenstellung S. 397 f.!

[230] Vgl. dazu das — auf E zurückgehende! — *śam ʿăl šikmah* Gen 20 14 und *wᵉkăddah ʿăl šikmah* Gen 24 15. 45!

deutlich Elemente einer alten Ätiologie des Massot-Festes verwertet. Die vom Zusammenhang v. 33. 34 empfohlene und in v. 39b auch ausgesprochene Vorstellung, daß die Israeliten den Teig nur aus Zeitmangel nicht mehr säuern konnten, leuchtet allerdings nicht ein. Trotz der Eile wäre es ihnen ja unbenommen gewesen, auch ein wenig Sauerteig mitzunehmen und denselben hernach bei Bedarf in den ungesäuerten Teig zu mengen. Die Meinung der Quelle muß eine andere gewesen sein. Eine kleine Notiz in v. 39bγ weist andeutend auf sie zurück: *w^{e}găm ṣedā lo’ ‘aśû lahæm* »und sie hatten sich auch keine Verpflegung gemacht«. Sie ist so zwar deutlich vom Redaktor formuliert[231], aber den entscheidenden Begriff *ṣedā* lieferte ihm seine Vorlage[232]. Es war die elohistische. Nach ihr kamen die nächtlich erteilte Abreisegenehmigung 31b* E und das anschließende Drängen der Königsbeamten 11 8* 12 33aβ* E natürlich sehr überraschend für die Israeliten. Da diese Ägypten bzw. das Land Gosen unverzüglich, d. h. in den frühen Morgenstunden verlassen mußten, hatten sie als Reiseproviant (*ṣedā*) nichts Gescheiteres zur Hand als Brotteig. Den ließen sie absichtlich ungesäuert, denn nur so konnte man ihn eine Zeit lang aufbewahren, und nur so war er einigermaßen transportfähig. Gärender Teig hätte mehr Platz beansprucht und wäre rascher verdorben.

Schnell werden noch die Ägypter beraubt

Entgegen dieser Auffassung von E wußte der Jahwist nichts von einem überstürzten Aufbruch der Hebräer. Im Gegenteil, diese haben nach ihm vor der Abreise in schlauer Voraussicht sich noch Wertgegenstände von den ihnen wohlwollenden Ägyptern erborgt, wie in v. 35. 36 ausgeführt ist. Damit sehen wir uns nun einem bedeutsamen Tatbestand konfrontiert: Die Massot-Ätiologie stand bei E, die Passa-Ätiologie bekanntlich[233] bei J. Der puritanische Südreicherzähler vertrat also eine altisraelitische Hirtentradition; der synkretistische Nordreicherzähler dagegen machte sich einen Brauch des Getreidebau treibenden Kulturlandes zueigen[234].

12 35. 36

V. 35. 36 lauten: »Und die Israeliten taten nach Moses Wort (*ûb^{e}nê jiśra’el ‘aśû kid^{e}băr mošæ*) und sie erbaten (*wăjjiš’^{a}lû*) von den

---

[231] Genaueres darüber S. 288f.

[232] Vgl. *ṣedā* in Gen 42 25 45 21b = E.

[233] Vgl. S. 269f.

[234] *‘ugot măṣṣôt* erinnert nicht von ungefähr an die *‘ugôt* von Gen 18 6 E, die von Hause aus Opfergaben für heidnische Götter waren.

Ägyptern silberne Sachen und goldene Sachen und Gewänder. | Und Jahwe gab (*ûjăhwæ natăn*) die Anmut des Volks in die Augen der Ägypter, und sie ließen sich von ihnen erbitten (... *wăjjăš'ilûm*); und (so) beraubten sie die Ägypter.« Daß sie jahwistisches Erzählgut beinhalten, ist uns schon geraume Zeit bekannt[235]; auch Wortlaut und Umfang der zugrundeliegenden Quellenaussagen wurden schon verhandelt[236]. Um das Vorgefundene seinem Kontext einzufügen, schuf der Komponist eine besondere Überleitung: *ûbᵉnê jiśra'el* *'aśû*[237] *kidᵉbăr*[238] *mošæ*. Den fraglichen Befehl hatte in 11 2 R^JE aber nicht Mose, sondern Jahwe gegeben! Die Einfügung des Beraubungsmotivs an dieser Stelle bedeutet einen argen Verstoß gegen die geschichtliche Situation[239]: Die nämlichen Leute, die nicht einmal mehr dazukamen, ihren Teig mit Sauerteig zu versetzen 33f., sollen nichtsdestoweniger noch über genügend Zeit verfügt haben, um den Ägyptern Wertsachen abzuschwatzen! So etwas wäre allenfalls vor Beginn der letzten Plage angebracht gewesen. Der Formalismus des Komponisten wollte sich eben die Gelegenheit nicht entgehen lassen, zwischen *bᵉśimᵉlotam* 34 E und *ûśᵉmalot* 35 J einen Stichwortzusammenhang herzustellen[240].

Der sachliche Anstoß läßt sich mildern, wenn man *ûbᵉnê jiśra'el* *'aśû* und das so gewiß erst vom Bearbeiter angeordnete *wᵉjăwæ natăn* als Vorvergangenheit interpretiert: »und die Israeliten *hatten* getan«, »und Jahwe *hatte* gegeben«[241]. Aber diese erleichternde Deutung bleibt unwahrscheinlich. Im R^JE-Jargon steht das Subjekt oft genug vor einem verbum finitum als Prädikat[242], ohne daß dabei auf eine zeitliche Vorstufe reflektiert wäre. Dazu kommt, daß der Redaktor das vorgefundene *wăjjiš'ᵃlû*, obwohl es den beiden erwähnten Angaben zeitlich entspricht, ungeniert in der alten Form des erzählenden imperf. cons. belassen hat. Aus *wăjjiš'ᵃlû* ist *wăjjăš'ilûm* abgeleitet. Auch der unfeine Subjektswechsel — als Subjekt gelten hier die Ägypter! — erweist die Angabe als sekundär. Der Redaktor wollte damit die jahwistische Rede erläutern, daß Jahwe »die Anmut des Volks in die Augen der Ägypter gab«.

---

235 Vgl. S. 179.

236 S. 52ff.

237 Weitere R^JE-Belege zu *'śh* qal s. S. 394!

238 Dasselbe schon 8 9. 27 R^JE; zu Rückbezügen allgemein vgl. die Zusammenstellung S. 397!

239 Vgl. dazu die Zusammenstellung S. 398f.!

240 Vgl. die Zusammenstellung S. 399!

241 Demgemäß war S. 53 übersetzt, aber nur provisorisch!

242 Vgl. die Belegesammlung S. 396!

Fragen des jahwistischen Erzählungszusammenhangs

Daß die Ägypter keinen Verdacht schöpften und auf den faulen Trick[243] hereinfielen, mag schon im Quellenbericht erstaunlich erschienen sein. Gerade darum hob offenbar der Erzähler hervor, daß Jahwe dem Volk die Gunst der Ägypter verschafft habe — nicht generell, sondern *ad hoc*. Vermutlich brachte er die Beraubungsepisode *vor* der Passaätiologie, die ihrerseits ja eng mit der Geschichte von der Tötung der Erstgeburten verbunden war. Man möchte annehmen, daß die Todesfälle bei den Ägyptern eine panische Verwirrung auslösten. Diese wiederum wird den Hebräern günstige Gelegenheit geboten haben, daß sie, wie 14 5a J[244] zu berichten weiß, aus Ägypten »flohen«.

Aufbruch der Israeliten

12 37. 38

Mit Proviant 34 und den Schätzen der Ägypter versehen 35. 36 konnten sich die Entlassenen auf den Weg machen: »Da brachen die Israeliten auf von Raamses nach Sukkot (*wăjjisᵉʿû bᵉnê jiśra'el merăʿmses sukkotā*), etwa sechshunderttausend zu Fuß die Männer ohne Anhang (*kᵉšeš me'ot 'ælæp răglî hăggᵉbarîm lᵉbăd miṭṭap*). | Und auch viel Mischvolk zog mit ihnen hinauf, sowie Kleinvieh und Rindvieh, ein sehr gewichtiger Viehbesitz (*wᵉgăm ʿeræb răb ʿalā 'ittam wᵉṣo'n ûbaqar miqnǣ kabed mᵉ'od*)« 37. 38.

1 11

Der Anfang dieser Angaben *wăjjisᵉʿû bᵉnê jiśra'el merăʿmses sukkotā* ist offenbar der gleichen Schicht zuzurechnen wie die Notiz von 1 11: *wăjjibæn ʿarê miskᵉnôt lᵉpărʿō 'æt pitom wᵉ'æt răʿmses* »und es baute dem Pharao Vorratsstädte: Pitom und Raamses«. Die letzte ist durch die Verwendung des Bauarbeiter- und Städtebaumotivs[245] und des Titels *pără'ō*[246] als auf E zurückgehend ausgewiesen. Zu dieser Zuweisung stimmt der Ausdruck *bᵉnê jiśra'el*: Der Elohist hat ihn, im Gegensatz zu seinem Konkurrenten, öfter verwendet[247]. Als weitere Charakteristika kommen hinzu das geographische Bemühen[248]

[243] So urteilt man als Christ. Der Jahwist als Vertreter des Alten Bundes dachte aus gutem Grunde (vgl. Mt 5 38) anders. Oder ist seine Darstellung auch hier einfach realistisch?

[244] Vgl. dazu S. 300f.

[245] S. S. 108f. sowie S. 36 Anm. 59.

[246] Vgl. die Zusammenstellung S. 386!

[247] Vgl. z. B. in 3 15* 5 14aαβ, ferner die Zusammenstellung S. 386!

[248] Vgl. S. 387f.!

und, im Zusammenhang damit, die Wendung *nsʿ* qal + *min*[249]. Schwierigkeiten bereitet der Lokativ *sukkotā*, der hier offenkundig als Richtungsangabe gedeutet sein will. Im Unterschied zu »von Raamses« schickt »nach Sukkot« sich nicht recht zu dem Verbalbegriff »aufbrechen«. Dazu kommt, daß die Zahlangabe von v. 37b im Grunde auch nur auf den Zeitpunkt des Aufbruchs von Raamses blickt, nicht aber, denn die Zahl blieb sich selbstverständlich so gut wie gleich, auf die Ankunft in Sukkot.

13 20

Nun wird uns in 13 20 eine itinerarische Angabe überliefert, die sachlich an v. 37a anschließt. Sie steht in einer Form da, die als ursprünglich auch für die gegenwärtige Stelle zu gelten hat: *wăjjisᵉʿû missukkot wăjjăḥᵃnû bᵉʾetam* »da brachen sie auf von Sukkot und lagerten in Etam«. Das problematische *sukkotā* ist demnach als Ersatz zu betrachten für originäres *wăjjăḥᵃnû bᵉsukkot*. Die Ursache dieser Änderung werden wir in Kürze erkennen.

Mit dem geographischen Anliegen von v. 37a verbündet sich in v. 37b ein gleichsam statistisches. *kᵉšeš meʾôt ʾælæp răglî* zeugt von übertriebenen Vorstellungen hinsichtlich der Menge der Israeliten schon beim Verfasser der Quellenschrift — auch dies ein elohistischer Zug[250]. Dabei soll die genannte Zahl 600000 sich nur auf die Männer erstrecken, auf die *gᵉbarîm*[251]! Das dahinter überflüssige *lᵉbăd miṭṭăp* ist ein Zusatz des Redaktors; typisch für diesen ist die zusammengesetzte Präposition[252] *lᵉbăd min* und der Abstraktbegriff[253] *ṭăp*[254]. — V. 38 macht ersichtlich, warum in der itinerarischen Angabe v. 37a jetzt nur noch von einem »Aufbrechen«, nicht mehr von dem »Lagern« der Israeliten die Rede ist: Der Redaktor wollte nämlich nochmals auf die Aufbruchssituation zurückkommen bzw. bei derselben verweilen. Seiner Ansicht nach sind den Israeliten bei der Abreise noch allerlei Mischlinge (*ʿeræb*) und eine gewaltige Menge Viehs (*ṣoʾn + baqar, miqnǣ kabed mᵉʾod*) gefolgt. Nach 10 24a. 26* hatte der elohistische Mose darauf bestanden, daß die Israeliten ihren *ṣoʾn ûbaqar* mitnehmen dürfen. Daß E dann auch von der tatsächlichen Mitnahme

---

249 Belegt u. a. in Gen 11 2 (s. »Paradieserzählung« 86) 13 11 (kennzeichnend für E das vorausgehende *wăjjiśśa' lôṭ 'æt 'ênâw wăjjăr'*, vgl. S. 78) 20 1 (kennzeichnend das folgende *'ărṣā hănnægæb* und die Wohnsitzangabe, vgl. S. 83f.) 46 1 (kennzeichnend der Name *jiśra'el*, vgl. S. 79).

250 Vgl. S. 106.

251 Dasselbe Wort schon in 10 11aαβ E!

252 Vgl. die Belegesammlung S. 394!

253 Vgl. S. 391ff.!

254 Das Wort schon in 10 10. 24b R^{JE}!

berichtet hatte, ist zu bezweifeln. Wohl aber bedeutete es dem Verarbeiter eine große Genugtuung[255], daß die alten Israeliten als Gesegnete[256], als reiche Leute, aus der ägyptischen Gefangenschaft zogen. Die begleitenden Bastarde aber konnte er nachmals, kaum ohne tendenziösen Seitenblick auf eine ihm zeitgenössische Bevölkerungsgruppe, als Provokateure des Murrens wider Jahwe[257] an den Pranger stellen[258] und dadurch Israel etwas entlasten. Abgesehen von dem Begriffspaar *ṣo'n* + *baqar*, ist die Terminologie von v. 38 typisch redaktionell: *găm*[259], *'eræb* qua Allgemeinbegriff[260], *'lh* vom Verlassen Ägyptens[261], *miqnǣ*[262]. Auch zu *kabed meʾod* lassen sich außer den jahwistischen[263], die als Vorbild hier kaum in Betracht kommen, rein redaktionelle Entsprechungen anführen[264].

Der mitgenommene Teig wird zu Mazzen verarbeitet

12 39

In Sukkot, wo sie ihr erstes Lager aufschlugen 37a,* werden die Israeliten nach E sich auch ihre Mazzen gebacken haben. Im Kontext der JE-Harmonie jedoch fällt jetzt das Backen scheinbar noch in die Zeit des Aufbruchs hinein[265]: »Da buken sie aus dem Teig, den sie aus Ägypten ausgeführt hatten, Mazzen-Fladen (*wăjjo'pû 'æt hăbbaṣeq 'ašær hôṣî'û mimmiṣrăjim 'ugot măṣṣôt*), denn er war nicht gesäuert; denn sie wurden aus Ägypten fortgejagt und konnten nicht verweilen (*kî lo' ḥameṣ kî goršû mimmiṣrăjim welo' jakelû lehitmăhmeah*), und auch Reiseverpflegung hatten sie sich nicht gemacht (*wegăm ṣedā lo' 'aśû lahæm*)« 39. Über das E-Fragment *wăjjo'pû 'æt hăbbaṣeq 'ugot măṣṣôt* sind wir schon im Bild[266]. Der Bearbeiter bereicherte es um den unnötigen Rückbezug[267] *'ašær*[268] *hôṣî'û*[269] *mimmiṣrăjim*, der wieder deutliche Merkmale seines Stils an sich trägt. Aber damit nicht genug:

---

[255] Weitere Beispiele für sein nationalistisches Empfinden s. S. 403f.!

[256] Vgl. dazu S. 281.

[257] Zu diesem R^{JE}-Motiv vgl. die Zusammenstellung S. 404!

[258] S. Num 11 4!

[259] Vgl. die weiteren R^{JE}-Belege S. 395!

[260] Vgl. S. 391ff.!

[261] Vgl. *'lh* hi. in 3 8. 17 R^{JE}!

[262] Weitere Belege s. S. 393!

[263] Vgl. 8 20* 9 18a*. 24*.

[264] Vgl. außer 9 3 10 14, wo *kabed* »schwer« so wenig wie hier zu seinem Bezugswort paßte, noch Gen 13 2 und wohl auch 12 10.

[265] Verstoß gegen die geschichtliche Situation, vgl. die Zusammenstellung S. 398f.!

[266] Vgl. S. 283f.

[267] Vgl. die Zusammenstellung S. 397!

[268] Vgl. S. 394!

[269] *jṣ'* hi. wie in 3 10ff. R^{JE}!

In zwei Nachträgen suchte der Redaktor, schon Bekanntes wiederholend, nochmals extra zu begründen[270], warum man den Teig nur zu Fladen, nicht zu Brot verbacken konnte: *kî lo' ḥameṣ*, und warum sie den Teig, seiner Ansicht nach, nicht gesäuert hatten: *kî gorᵉšû mimmiṣrăjim* usw. Man kann deutlich erkennen, wie der planlos arbeitende Komponist sich von seinem ersten Nachtrag zum zweiten herausfordern ließ[271]. Eine dritte Assoziation verschaffte ihm seine E-Vorlage: Sie hatte erzählt, daß die Israeliten der Eile halber mit ungesäuertem Teig als Reiseproviant Vorlieb nehmen mußten[272]. Den Widerspruch zwischen seiner eigenen Schau und derjenigen seines Gewährsmannes vertuschend notierte er daraufhin: *wᵉgăm ṣedā lo' 'aśû*; ursprünglich war ja gerade der ungesäuerte Teig ihre *ṣedā*! Erwartungsgemäß findet man in den Zusätzen von v. 39 typische R^JE-Begriffe: *grš* pi. bzw. pu.[273], *găm*[274], *'śh* qal[275].

Jüngere deuteronomistische Ausführungen über Mazzenfest und Erstgeburtsopfer

13 3-16

13 3-10 und 11-16 sind durchgängig in deuteronomistischem Stil gehalten. Beiden Stücken dient die vorauslaufende Geschichtserzählung nur als Sprungbrett zu einer Paränese, die ganz den nachgeborenen Israeliten im Auge hat. Ihre deuteronomistischen Spezifika, die hier nicht vollständig angeführt zu werden brauchen, lassen sich naturgemäß z. T. auch bei R^JE belegen, so z. B. die Aufzählung kanaanäischer Völker und die Redensart vom Land, das von Milch und Honig überfließt 5[276], die Formel *bᵉjad ḥᵃzaqā* mit Bezug auf das Exodusgeschehen 9[277], die Idee eines Jahweschwurs, der den Vätern den Besitz Palästinas verbürgt 5. 11[278], die zahlreichen Demonstrativa 3. 5. 8. 10. 14[279], die Zitationsformel *le'mor* 8[280], *bă'ᵃbûr* 8[281], *jṣ'* hi. von der Ausführung aus Ägypten 3[282], *hrg* qal 15[283]. Da der Redaktor diese Spezifika mit anderen Deuteronomisten teilt, sind sie allein noch kein Beweis für seine Verfasserschaft. Mehr darüber besagt in diesem Falle die Tatsache, daß sich außer dem dürftigen *lᵉšăllᵉḥenû* 15 in v. 3-16 kaum Bezugnahmen auf die J-, E- oder R^JE-Erzählung namhaft machen lassen. Eine Beteiligung von R^JE an v. 3-16 erscheint darum genauso unwahrscheinlich wie

---

270 Vgl. die Zusammenstellung S. 395!

271 Zum Konzeptcharakter der Harmonie vgl. die Zusammenstellung S. 402!

272 Vgl. dazu S. 284.

273 S. die Belegesammlung S. 395!

274 Vgl. S. 395!

275 Vgl. S. 394!

276 Vgl. 3 8. 17 R^JE!

277 Vgl. 6 1 R^JE!

278 Vgl. Gen 22 15-18 26 3-5 50 24 sowie S. 403!

279 Vgl. S. 393 f.

280 Vgl. S. 391.

281 Vgl. S. 394.

282 Vgl. Anm. 269.

283 Vgl. S. 395.

bei der Passa-Tora 12 25-27 a. Vielmehr möchte man annehmen, daß jene Passa-Tora und der Kern hiesiger Mazzen-Tora vom gleichen deuteronomistischen Ergänzer stammen — man beachte das ziemlich spezifische *ha'abodā hăzzo't* in 12 25 einerseits, in 13 5 andererseits! Das Übrige von v. 3-16 ist dann wohl noch später, sei es auf einmal (s. *behozæq jad* in v. 3. 14 + 16!), sei es sukzessive (s. pluralische Anrede in v. 3. 4, singularische sonst!) hinzugewachsen. 12 40—13 2 gehört zum Gefolge von P[284].

Israel wurde auf einem Umweg geführt

In 12 37 hatte der deuteronomistische Redaktor eine über die Aufbruchssituation hinausführende Aussage des Elohisten ausgemerzt, weil er sich in v. 38 noch mit Modalitäten des Aufbruchs befassen wollte. Daß er dann mit dem Hinweis auf das Backen der Mazzen 39 doch ein weitergeschrittenes Stadium der Reise anpeilte, darüber war er sich kaum im klaren.

13 17

Was Wunder also, wenn er in 13 17, seiner Fortsetzung zu 12 39, erneut auf den Zeitpunkt des Abmarsches von Ägypten reflektiert: »Und es geschah, als Pharao das Volk entließ, da führte Gott sie nicht den Weg nach dem Lande der Philister — der war ja der nächste — (*wăjehî bešăllăḥ păr'ō 'æt ha'am welo' naḥam 'ælohîm dæræk 'æræṣ pelištîm kî qarôb hû'*), denn Gott dachte: Das Volk wird es sonst bereuen, wenn sie Krieg sehen, und sie werden nach Ägypten zurückkehren (*kî 'amăr 'ælohîm pæn jinnaḥem ha'am bire'otam milḥamā wešabû miṣrăjemā*)!«

Das umständliche und unnötige *wăjehî* vor der diesbezüglichen Zeitangabe ist für die Ausdrucksweise des Redaktors typisch[285]; ihre übrigen Begriffe hat er sich, wohl ohne ein förmliches Vorbild zu besitzen, vom Elohisten entliehen: *šlḥ* pi. + *'am*[286] und *păr'ō*[287]. Von dort scheint auch die Vorstellung zu stammen, daß Israel einen Umweg einschlagen mußte. Darauf deuten die Gottesbezeichnung *'ælohîm*, das geographische Anliegen[288] und die Verbindung von *'æræṣ* mit einem nomen territorii[289]. Bei E, der gerne Begriffe der Wurzel *qrb* und *rḥq* verwendete[290], dürfte auch unser *qarôb* beheimatet sein. Nun fällt auf, daß die Stelle 12 37* E, die vom Aufbruch der Israeliten von Raamses berichtete, nichts bzw. noch nichts von einem Umweg wußte. Auch

---

284 Kennzeichnend für P sind u. a. die Jahresangaben 12 40f., die Wendungen *be'æṣæm hăjjôm hăzzǣ* 12 41. 11, *ledorotam* 12 42, . . . *'æl mošæ we'ăharon* 12 43, *wăjjă'aśû* . . . *ken 'aśû* 12 50 und der Terminus *'adăt jiśra'el* 12 47.

285 Vgl. die Zusammenstellung S. 398!

286 Vgl. 10 4 a* Par. E.

287 Vgl. die Zusammenstellung der E-Belege S. 386!

288 Vgl. die Zusammenstellung S. 387f.!

289 Vgl. die Belege S. 385f.!

290 Vgl. S. 187.

der Gedanke, daß Gott die Führung seines wandernden Volkes übernommen habe, war ihr völlig fremd. Hier künden sich interne Probleme des elohistischen Geschichtswerkes an[291]. Spätestens in v. 17b, also vom zweiten *kî* an, führt der Redaktor allein das Wort. Kennzeichnend für ihn ist außer dem *kî*[292] und seiner Doppelung[293] der Begriff *pæn*[294] und der Umstand, daß der Leser in *Gedanken* Gottes eingeweiht wird[295]. Jahwe soll darauf bedacht gewesen sein, daß die Israeliten nicht unzufrieden werden und nach Ägypten zurückkehren wollen. Seine Befürchtung, daß auf dem Weg zum Philisterland kriegerische Verwicklungen eintreten könnten, ist durch nichts vorbereitet[296]. Für R^JE^ war sie nur ein Mittel zu dem Zweck, hier, zum ersten Male in Ex, in Verbindung mit dem Motiv des Murrens des Volks[297], die Devise »keine Rückkehr nach Ägypten!« erklingen zu lassen[298]. Sie ist ein wichtiger Bestandteil seiner heilsgeschichtlichen Konzeption.

Israel wurde zum Schilfmeer geführt

13 18a

Wenn v. 17 zeigen wollte, welchen Weg Gott sein Volk *nicht* führte, so soll v. 18a nach dem Willen der letzten Hand offenbar angeben, welchen Weg er sein Volk *führte*: *wăjjăsseb 'ᵃlohîm 'æt haʿam dæræk hămmidbar jăm sûp* »da wendete Elohim das Volk um auf den Weg der Wüste, zum Schilfmeer«. Dieser Sinn ist dem Prädikat *wăjjăsseb*, das eher die Änderung einer schon eingeschlagenen Richtung meint, aber doch wohl erst sekundär beigelegt worden. *wăjjăsseb* (+ *'ᵃlohîm*) ist demnach älter als sein derzeitiger Zusammenhang.

13 17

Vermutlich hat dieser Passus dann den Redaktor zu dem *wᵉlo' naḥam 'ᵃlohîm* von v. 17 inspiriert. Er fand ihn vor natürlich bei E. Möglicherweise spiegelt sich in *pæn jinnaḥem haʿam birᵉ'otam milḥamā* noch der alte Grund dafür wider, daß Jahwe die Marschrichtung der Seinen abänderte: Er wollte dem verfolgenden Pharao[299] damit ein Schnippchen schlagen.

---

291 Weiteres darüber s. S. 294f.

292 Vgl. S. 395!

293 Zweimaliges *kî* wie in 12 39 Gen 4 25 R^JE^!

294 Schon gehabt in 5 3 Gen 3 3. 22 R^JE^!

295 Vgl. dazu 3 19 Gen 2 18 3 22 18 20 R^JE^!

296 Mangelndes Interesse an der geschichtlichen Situation, vgl. die weiteren Belege S. 398f.!

297 Weitere Belege s. S. 404!

298 Weitere Belege s. S. 403!

299 Vgl. dazu unten S. 305.

In der grammatikalisch dubiosen[300] Passage *dæræk hămmidbar*[301] *jăm sûp* meint *midbar* wahrscheinlich die »Wüste« der jahwistischen Berichterstattung[302]. Auch vom »Schilfmeer« war bislang allein beim Jahwisten die Rede[303]. Den Befund, der sich damit abzeichnet, bestätigt die Stelle Num 14 25b: *maḥar pᵉnû ûsᵉʿû lakæm hămmidbar dæræk jăm sûp* »morgen wendet euch und macht euch auf zur Wüste, auf dem Wege zum Schilfmeer«. Der Satz, der in seinem jetzigen Zusammenhang recht unverbunden dasteht, bringt die gleiche Richtungsangabe wie unser v. 18a, jedoch in sprachlich einwandfreier Form. Wegen des *maḥar*[304] wird man ihn auf J zurückführen. Danach scheint es, daß der Jahwist ähnlich wie sein Rivale aus dem Norden damit gerechnet hatte, daß Jahwe das Volk anführte, daß er ihm, wenigstens gelegentlich, den Weg wies. *pᵉnû* Num 14 25b läßt genauer sogar, wie *wăjjăsseb* 18 E, an die Änderung einer bereits benutzten Reiseroute denken. Die jetzt, aus welchem Grunde auch immer[305], nach Num 14 verirrte Notiz kann man geradezu als den jahwistischen Prototyp von v. 18a ansehen. V. 18a erwiese sich damit als kompiliert aus zwei parallelen Aussagen von J und E, die beide eine Situation unterwegs, nicht mehr, wie jetzt v. 18a, die Situation des Aufbruchs aus Ägypten bedacht hatten.

Abmarsch in militärischen Formationen!

13 18b

Die Erzählung der Harmonie blickt weiterhin auf die durch 12 39 im Grund längst überholte Aufbruchssituation zurück: *wăḥᵃmušîm ʿalû bᵉnê jiśraʾel meʾæræṣ miṣrajim* »und in fünf Kampfgruppen zogen die Israeliten aus dem Land Ägypten herauf« 18b. *ʿalû* gemahnt an das redaktionelle *ʿalā* 12 38[306]. Die Vorstellung, die v. 18b beinhaltet, hat sich der Redaktor jedoch nicht aus den Fingern gesogen. Man möchte sie zusammensehen mit dem *kᵉšeš meʾôt ʾælæp răglî hăggᵉbarîm* von 12 37b E. Zu E passen auch die Begriffe *bᵉnê jiśraʾel*[307] und *ʾæræṣ miṣrajim*[308]. Anders als bei 18a ist dann das in v. 18b verwertete Gedankengut schon eh und je auf die Aufbruchssituation bezogen

---

[300] Vgl. dazu die Belegesammlung S. 398!

[301] Sam. *mdbr* beseitigt den Anstoß; aber auch G scheint *hămmidbar* vorauszusetzen. Bei S (*bʾwrḥʾ djmʾ dswp*) fehlt ein Äquivalent.

[302] Vgl. 3 1*. 18b 5 3 J!

[303] In 10 19.

[304] Vgl. dazu S. 164.

[305] Der Grund muß einmal ermittelt werden. Solange dies nicht geschehen ist, sind die obigen Überlegungen mit einem Fragezeichen zu versehen.

[306] Vgl. weiter *ʿlh* hi. 3 8. 17 R^{JE}!

[307] Vgl. die weiteren Belege S. 386!

[308] Vgl. S. 385!

gewesen. Fest steht, daß der elohistische Erzähler im Fortgang der Auszugsgeschichte noch weitere militärische Akzente gesetzt hat[309].

Mitnahme der Gebeine Josephs

13 19

Auch v. 19 reflektiert auf die Aufbruchssituation: »Da nahm Mose die Gebeine Josephs mit sich (*wăjjiqqăḥ* ... *ʿimmô*), denn er hatte die Israeliten feierlich schwören lassen, indem er sagte (*kî hăšbeaʿ hišbîaʿ ʾæt bᵉnê jiśraʾel leʾmor*): Gott wird gut nach euch sehen; dann sollt ihr meine Gebeine von da mit euch hinaufführen (*paqod jipqod ʾᵃlohîm ʾætᵉkæm wᵉhăʿalîtæm ʾæt ʿăṣᵉmotăj mizzæ ʾittᵉkæm*).« Genau genommen handelt es sich hier sogar um ein Geschehen, das *vor* dem Abmarsch der israelitischen Heerscharen 18b hätte berichtet werden müssen. Für die *Form* der vorliegenden Nachrichten zeichnet im wesentlichen der Redaktor verantwortlich. Von *kî* an bringt v. 19 eine der von ihm so geschätzten Erinnerungen an früher Erzähltes[310]. Dabei wird eine direkte Rede angeführt[311]. Die einschlägigen Aussagen berühren sich mit denen von Gen 50 25[312] so innig, daß man annehmen muß, daß der Komponist bei der Niederschrift von v. 19 sich der letzteren nochmals eigens versichert hat. Ein beträchtlicher Teil der Ausdrücke von v. 19 entsprechen seinem Stil: begründendes *kî*[313], zweimaliger inf. abs. zur Verstärkung finiter Formen desselben Verbs[314], Zitationsformel *leʾmor*[315], allgemeines[316] *pqd* qal als terminus technicus der Heilsgeschichte[317], *ʿlh* hi. von der Entfernung aus Ägypten[318], der Anschauung entratendes *mizzæ*[319].

Elohistische Angaben über Todesfälle und Begräbnisse

Ihrem *Inhalt* nach freilich sind die fraglichen Nachrichten quellenhaft. Die Vorstellung, daß man vor der Abreise aus Ägypten die Gebeine Josephs exhumierte, um sie mitzunehmen, basiert offensichtlich auf einem Bericht über Josephs Tod und seine vorläufige Bestattung. Sie muß einen weiteren Bericht nach sich gezogen haben,

---

309 Vgl. S. 303. 308. 326f. 355.

310 Vgl. die Zusammenstellung S. 397!

311 Vgl. S. 397!

312 Dort heißt es *wăjjăšbeaʿ jôsep ʾæt bᵉnê jisraʾel leʾmor paqod jipqod ʾᵃlohîm ʾætᵉkæm wᵉhăʿalîtæm ʾæt ʿăṣᵉmotăj mizzæ*.

313 Vgl. S. 395!

314 Vgl. die Zusammenstellung S. 396!

315 Vgl. S. 391!

316 Vgl. S. 391ff.!

317 Vgl. die Zusammenstellung S. 403ff.! *pqd* qal kam bereits in 3 16 4 31 R^JE vor!

318 Wie in 3 8. 17 R^JE!

319 Weitere R^JE-Belege für *mizzæ* und für Demonstrativa s. S. 393f.!

der Aufschluß erteilte über den endgültigen Verbleib der Überreste des Patriarchen: Joseph wird irgendwo im Gebiet des Stammes Joseph von neuem der Erde anvertraut worden sein! Die darauf sich beziehenden Angaben in Jos 24 32 lassen wir hier umständehalber[320] aus dem Spiel. Dagegen soll es nicht unberücksichtigt bleiben, daß der vorpriesterliche[321] Bestand von Gen 50 26 von einer Einbalsamierung des verstorbenen Joseph zu erzählen weiß. Vor Joseph war schon sein Vater »Israel«(!)[322] von ägyptischen Ärzten einbalsamiert worden Gen 50 2* E. Wie diese Notiz, so ist offenbar auch jene elohistisch. Der sterbende »Israel« hatte seinen Angehörigen ebenfalls einen Schwur abverlangt wegen seiner Bestattung Gen 47 31 E[323]. Auch diese Stelle verwendet *šbʿ*. Demnach haben die Grundaussagen von Ex 13 19 in der elohistischen Quelle gestanden. Es ist anzunehmen, daß E von einer Mitnahme auch der Gebeine Israels gehandelt hatte.

V. 19 ordnet sich damit in ein ganzes Motivfeld der Nordreichquelle ein. In Gen 35 8 E[324] wurde Tod und Begräbnis Deboras angezeigt: »Da starb Debora, die Amme der Rebekka, und wurde begraben ... unter dem Baum.« »Da starb Rahel und wurde begraben am Wege nach Ephrat« Gen 35 19 lieferte dem Elohisten die Legitimation für die Verehrung der ursprünglich kanaanäischen Massebe zu Ephrat[325]. Mit demselben *wăttamåt* ... *wăttiqqaber* berichtet er in Num 20 1 vom Tod der Mirjam: »Da starb ... Mirjam und wurde begraben«[326]. Diese Angaben hatten allemal eine ätiologische Spitze. Es galt, vorhandene Grabmäler zu erklären und die daran verankerten Bräuche zu rechtfertigen. Aber auch aus dem Grunde hob der Elohist die Bestattung berühmter Ahnen gerne hervor, weil ihm die guten mitmenschlichen Manieren am Herzen lagen[327].

Der Elohist zitierte ein ihm vorgegebenes Itinerar!

13 20

V. 20 nennt uns die zweite Station der wandernden Israeliten nach Sukkot: »Und sie brachen auf von Sukkot und lagerten in Etam am

---

320 Es müßte das höchst komplexe Problem des Zusammenhangs zwischen Harmonie, Dtn und Jos angeschnitten werden.

321 Priesterlich ist zumindest die Angabe der Lebensjahre *bæn meʾā weʿæśær šanîm*.

322 Zu *jiśraʾel* als Kennzeichen von E vgl. die Zusammenstellung S. 386! Aus dem Zusammenhang der Stelle lassen sich noch viele andere Indizien für E anführen, z. B. *wăjjebk* ... *wăjjiššăq* 50 1 (vgl. dazu S. 94f.!).

323 Kennzeichnend für E ist hier außer *jiśraʾel* u. a. noch die Wohnsitzangabe in 47 27 (vgl. S. 387!).

324 Für E kennzeichnend ist hier das Nebeneinander von Eigenname + Verwandtschaftsangabe, vgl. dazu S. 384!

325 Der alte Erzählungsfaden läuft über *wăjjiseʿû* (oder besser mit v. 21a *wăjjissăʿ jiśraʾel* (!)) *mibbêt ʾel* 16aα und ... *laboʾ ʾæpratā* 16aβ sowie v. 19abα (oben zitiert) nach *wăjjăṣṣeb jăʿaqob măṣṣebā ʿăl qeburatah* 20a. Zum Motiv der Massebe vgl. S. 390!

326 Vgl. S. 326f. zu 15 20 E.

327 Vgl. die Zusammenstellung S. 386f.!

Rande der Wüste (*wăjjisᵉʿû missukkot wăjjăḥᵃnû bᵉʾetam biqᵉṣē hămmidbar*).« *biqᵉṣē hămmidbar* will *bᵉʾetam* erläutern. Aber das Erläuterte informiert genauer als die Erläuterung. Diese ist offenbar nur beigefügt worden, um den jahwistischen Begriff des *midbar* hereinzubringen[328]. *wăjjisᵉʿû missukkot wăjjăḥᵃnû bᵉʾetam* seinerseits läßt sich nicht trennen von der ursprünglich völlig gleich strukturierten Stationennotiz von 12 37a* E[329]. Waren die sachlich und formal zusammengehörenden Stationennotizen von 12 37a* und 13 20 in der elohistischen Vorlage noch unmittelbar miteinander verbunden? Reiseangaben ihres Typs, die sich also auszeichnen durch stereotypes *wăjjisᵉʿû min* ... *wăjjăḥᵃnû bᵉ* ..., findet man noch mehrmals in den Pentateuchbestand eingearbeitet, so in 15 27 16 1 17 1 19 2. Es liegt auf der Hand, daß sie und weitere Exemplare ihresgleichen einstmals wie die Glieder einer Kette aneinander hingen. Ebenso klar ist jetzt aber auch, daß ein Erzähler, der berichten wollte, was unterwegs alles passiert ist, sie in ihrer alten, geschlossenen Anordnung nicht gebrauchen konnte. Diese Feststellung besitzt Gültigkeit schon für E, durch welchen die Stationennotizen in die Exodusgeschichte hereingekommen sind[330].

Nimmt man die weitere Beobachtung hinzu, daß v. 20 von der Führungsrolle von Elohim 18* E genausowenig Kenntnis nimmt wie 12 37a* (E), so läßt sich der Schluß nicht mehr umgehen, daß die Stationennotizen dem Nordreicherzähler bereits vorgegeben waren, und zwar in der Form eines Verzeichnisses. Wir sind in der günstigen Lage, eine allerdings späte, um Aussagen sogar priesterlicher Herkunft erweiterte Fassung des Verzeichnisses noch zu besitzen: in Num 33 1-49! Dem Elohisten dürfte dasselbe noch in der Urfassung zur Hand gewesen sein. Es gehörte anscheinend dem gleichen Sprachbereich und Kulturkreis an — darum die Übereinstimmung der Terminologie[331], die Gemeinsamkeit des geographischen Interesses[332]. Maßgebend für die Verwendung der Angaben des Verzeichnisses war für den Elohisten aber der eigene Bedarf. Er schob zwischen sie andersartige eigene Bemerkungen ein, z. B. über die Zahl der Entlassenen 12 37b*, über die militärische Aufstellung derselben 13 18b*, über den Transport der Gebeine Josephs und Israels (vgl. 13 19*), über das Backen der Mazzen 12 39*, über die Führerschaft Gottes 13 18*. Entgegen dem ersten Anschein[333] hatte der Elohist Jahwe wohl schon von Anbeginn der Reise an als Anführer des wandernden Gottesvolkes betrachtet.

[328] Vgl. Anm. 302.

[329] Vgl. S. 286f.

[330] Dies zeigten die Verhältnisse bei 12 37 zur Genüge, vgl. S. 286ff.

[331] Genaueres S. 286f.

[332] Vgl. dazu die Zusammenstellung der E-Belege S. 387f.!

[333] In 12 37* verglichen mit 13 17f.*

In einer Wolken- und Feuersäule führte Jahwe die Wandernden an!

13 21. 22

V. 21. 22 erteilen Aufschluß über die Erscheinungs- und Wirkungsweise der begleitenden Gottheit: »Und Jahwe ging vor ihnen her bei Tag in einer Wolkensäule (*weǰăhwǣ holek lipenêhæm ǰômam be'ămmûd 'anan*), um sie den Weg zu führen (*lănḥotam hăddæræk*), und bei Nacht in einer Feuersäule, um ihnen hell zu machen, bei Tag und bei Nacht zu gehen (*welăǰelā be'ămmûd 'eš leha'îr lahæm lalækæt ǰômam walaǰelā*). | Die Wolkensäule bei Tag und die Feuersäule bei Nacht pflegte nicht von der Stelle zu weichen vor dem Volk (*lo' ǰamîš 'ămmûd hæ'anan ǰômam we'ămmûd ha'eš laǰelā lipenê ha'am*).« Der Sache nach wären diese Aussagen eigentlich schon vor dem »und Elohim führte sie nicht . . .« von v. 17 oder vor dem »da wendete Elohim das Volk um« von v. 18 fällig gewesen. Man findet in ihnen denselben Sachverhalt zuerst positiv und dann negativ ausgedrückt. Solche Wiederholung ist einigermaßen verdächtig[334]. Wie sie, lassen auch die unschön zweimalige Finalbestimmung durch *le* + inf.[335] und, wo nicht der Partizipialsatz in v. 21[336], so doch das unscharfe *nḥh* hi.[337] + *hăddæræk* an den Redaktor denken. Die Vorstellung, daß das Volk tags und nachts gereist sei, ist völlig utopisch. Von dem im Regelfall[338] auf naturgemäße Darstellung bedachten Jahwisten kann sie nicht gut übernommen sein, noch viel weniger aber vom Elohisten, denn dieser ließ die Israeliten immer wieder Lager beziehen[339]. Will uns hier der Redaktor wieder einmal ein Mirakel[340] vor Augen führen?

Freilich, ganz ohne fremde Anregung kann er nicht zu Werke gegangen sein. In 33 9. 10 erfährt man, daß Jahwe nach Erstellung des Begegnungszeltes je und je in dem *'ămmûd hæ'anan* an die Tür des Zeltes herabzufahren und dort mit Mose von Angesicht zu Angesicht zu reden beliebte. In derselben Funktion wird uns die »Wolkensäule« in Num 12 5 vorgestellt, Beide Stellen beziehen sich nur auf eine *Wolken*säule und beide sind eindeutig elohistischer Herkunft[341].

---

[334] Vgl. dazu etwa 3 14 + 15a 5 4 + 5 6 1bα + 1bβγ 10 9a + 9bα 13 17aγδ + 18a Gen 3 23a + 24a R^JE sowie S. 398!

[335] Vgl. dazu die Belegesammlung S. 396!

[336] Vgl. die Zusammenstellung S. 395f.; im vorliegenden Fall könnte der Partizipialsatz aber eine Fortdauer anzeigen wollen (vgl. das Imperf. in v. 22!).

[337] Vgl. *nḥh* in 17 R^JE, ferner die Zusammenstellung S. 391ff.!

[338] Vgl. dazu S. 380f.!

[339] Vgl. S. 294f.

[340] Vgl. die Zusammenstellung S. 405!

[341] Merkmale von E sind S. 271f. genannt.

14 19b. 20

Zu weiterer Klärung verhilft uns ein Vorblick auf 14 19b. 20. Dem als Anführer des Volkes geltenden *ʿămmûd hæʿanan* erscheint dort die Aufgabe des Lichtspendens offensichtlich erst nachträglich beigelegt: Zwischen »da machte sich die Wolkensäule vor ihnen auf und trat hinter sie und kam zwischen das Lager der Ägypter und das Lager Israels« und »und das eine näherte sich nicht dem anderen« hat die Wortgruppe »und es entstand die Wolke und die Finsternis[342], und sie erleuchtete die Nacht (. . . *wăjja'ær 'æt hăllajelā*)« nichts zu suchen.

14 24

Erst recht ist dem unscharfen »(und Jahwe blickte aufs Lager der Ägypter herab) in einer Säule von Feuer und Wolke (*beʿămmûd 'eš weʿanan*)« von 14 24 das redaktionelle Wesen an die Stirn geschrieben.

Aus dem Angeführten ergibt sich, daß die Vorstellung der Wolkensäule von E übernommen ist. Der Nordreicherzähler hatte sich diese, Symbol oder Erscheinungsform Jahwes, in einer ersten Phase der Wüstenwanderung offenbar als ständigen Führer an der Spitze des wandernden Gottesvolkes gedacht.

13 18

wăjjässeb 'ælohîm 18 bezog sich dann ursprünglich auf einen Führungsakt der Wolke; *wăjjässeb* war Ausdruck jenes Schutzes, den die Wolkensäule dem Volk auf andere Weise auch nach 14 19b. 20 angedeihen ließ. In einer späteren Phase der Wanderung rationierte Jahwe das Erscheinen seiner Wolkensäule auf zeitweilige Offenbarungen am Eingang des Begegnungszeltes 33 9f. Num 12 5. Was aber die Idee der Feuersäule angeht, so besteht keine Veranlassung, für ihre Entstehung den Jahwisten in Betracht zu ziehen, vielmehr hat sie der mirakelgläubige Bearbeiter von sich aus ergänzt, vielleicht aufgrund eines Midrasches seiner Zeit, vielleicht aber auch nur als seine eigene phantastische Ausgestaltung der elohistischen Gegebenheiten.

L. DAS MEERWUNDER

Ex 14* 15 20. 21

Reste von weiteren Stationennotizen

Kap. 14 liefert eines der verhältnismäßig wenigen Beispiele einer innigen Verquickung von Elementen der JE-Harmonie und der priesterlichen Geschichtserzählung über eine längere Strecke hinweg. In letzter entscheidender Instanz ist für den überlieferten Text hier also R^{P} zuständig.

---

[342] Zum Text s. S. 313f.

14 1. 2aα

Gleich die Redeeinleitung *wăj^e^dăbber jăhwǣ 'æl mošǣ le'mor* »da redete Jahwe zu Mose, indem er sagte« 1 ist im priesterlichen Stile gehalten[1]. Die Fortsetzung *dăbber 'æl b^e^nê jiśra'el* »rede zu den Israeliten« 2aα läßt sich davon nicht lösen. Naturgemäß steht dann auch die nachfolgende Rede unter dem Einfluß von P bzw. seiner Gefolgschaft.

14 2aβ-b*

Mose soll den Israeliten sagen, »daß sie umkehren und lagern sollen vor Pi-Hahirot, zwischen Migdol und dem Meer (*w^e^jašubû w^e^jăḥ^a^nû lip^e^nê pî hăḥîrot bên migdol ûbên hăjjam*). Vor Baal Sephon, ihm gegenüber, sollt ihr lagern am Meer (*lip^e^nê bă'ăl ṣ^e^pon nikḥô tăḥ^a^nû 'ăl hăjjam*)« 2aβ-b*. Der Gottesbefehl hebt in indirekter Rede an, um dann in direkte überzugehen. Die beiden Stücke scheinen von verschiedenen Lagerplätzen zu handeln. Ihre Ortsangaben wirken überfüllt.

14 9b

Die Orte Pi-Hahirot und Baal Sephon, hier getrennt geführt, werden in v. 9b in sinnvoller Ordnung zusammengenannt: »bei (*'ăl*) Pi-Hahirot, vor (*lip^e^nê*) Baal Sephon«, und zwar im Anschluß an priesterschriftliche Erzählungsmomente[2]. Ihre gegenwärtige Trennung und das erste *lip^e^nê* kamen anscheinend erst bei der Einarbeitung von P in den Pentateuchzusammenhang zustande. Das zeigt sich auf andere Weise auch an dem zwischeneingeschobenen *bên migdol ûbên hăjjam*, denn diese Ortsangabe präsentiert einen bestimmten Typus, dem man zu wiederholten Malen in der *Harmonie* begegnet.

Beispielsweise heißt es in der Völkertafel Gen 10: *ræsæn b ên nînwē ûb ên kalăḥ* »Resen zwischen Ninive und Kalah« 12. Nach Gen 13 3 soll Abraham an eine Stätte gelangt sein »zwischen Bethel und Haai«, *bên bet 'el ûbên ha'aj*. Die Oase Lahai Roi wird in 16 14 »zwischen Kades und Barad, *bên qadeš ûbên barad*, lokalisiert. Gen 20 1 weiß von einem Aufenthalt Abrahams *bên qadeš ûbên šûr*. Diese Stellen gehen insgemein auf die Nordreichquelle zurück[3].

Als weiterer Gesichtspunkt ist zu erwähnen, daß die fragliche Örtlichkeit in v. 2aγ als *Lager*stätte der Israeliten ausgegeben wird: *w^e^jăḥ^a^nû*. Es handelt sich dabei doch wohl um das nämliche *ḥnh* qal

---

[1] Vgl. z. B. 6 2. 10. 13. 29 13 1 30 11. 17 P.

[2] S. S. 304f.

[3] Bei 10 12 beachte man den Zusammenhang mit dem elohistischen Städtebaumotiv (s. S. 36. 108 f.) 11. Das aus 13 3 Angeführte bezieht sich auf den Ort, welcher in elohistischer Nomenklatur (*miqqædæm* wie in Gen 2 8 3 24 E, *wăjjeṭ 'âh^a^lô* wie in 35 21 E (beachte das *jiśra'el*!) u. a. m.) von 12 8 eingeführt wurde. Lahaj Roi 16 14 erscheint in 25 11b im Rahmen einer elohistischen Wohnsitzangabe (vgl. dazu S. 83 f.). 20 1* umschließt selbst eine Wohnsitzangabe. Im übrigen sind die bezeichneten Stellen alle auch wegen ihres geographischen Charakters für E bezeichnend (vgl. die Zusammenstellung S. 387f. !).

wie bei 13 20 E, also wie bei dem von E öfter zitierten alten Stationenverzeichnis[4]. Die jetzt in v. 2a verwertete Aussage stand in der Harmonie noch als Ereignisbericht da: *wăjjăḥanû bên migdol ûbên hăjjam* »und sie lagerten zwischen Migdol und dem Meer«. Zum Gegenstand einer Gottesrede hat sie erst R^P gemacht: Die Redeeinleitungen v. 1. 2aα stammen von ihm. Dem Endredaktor war es dabei wieder einmal[5] darum zu tun, die Initiative Jahwes hervorzuheben.

Analog ist *wejašubû* zu beurteilen. Es meint eine Richtungsänderung. Damit aber stellt es sich dem elohistischen *sbb* hi. von 13 18 und dem jahwistischen *pnh* qal von Num 14 25b[6] an die Seite. Wahrscheinlich war es der Priester, der von einem »Umkehren« erzählt hatte. Sein Ereignisbericht wurde von R^P in die Form indirekter Gottesrede übertragen.

Vor *wăjjăḥanû** wird in der Harmonie, jedenfalls aber bei E und in dem von E ausgeschriebenen Verzeichnis, noch das an 13 20* anknüpfende *wăjjisᵉʿû meʾetam* gestanden haben: »und sie brachen auf von Etam«. Num 33 7 hat uns das Sätzchen erhalten. Auf *wăjjăḥanû bên migdol ûbên hăjjam* wird dann wiederum die gehörige Aufbruchsnotiz gefolgt sein: *wăjjisᵉʿû mibbên migdol ûbên hăjjam* »und sie brachen auf von (der Stelle) zwischen Migdol und dem Meer«. Wo die Israeliten daraufhin ihr Lager aufschlugen, duldet nach v. 2b keinen Zweifel, nämlich: »am Meer«. Das einschlägige *wăjjăḥanû ʿăl hăjjam* hat R^P in den Gottesbefehl ... *tăḥanû ʿăl hăjjam* umgemünzt. In der Spätfassung des Stationenverzeichnisses heißt es dafür *wăjjăḥanû ʿăl jăm sûp* »und sie lagerten am Schilfmeer« Num 33 10b. Die Verhältnisse in v. 2 machen deutlich, daß die zwei zusammengehörigen Stationenangaben sogar noch in der deuteronomistischen Harmonie — dort allerdings vielleicht schon um das zweimalige *wăjjisᵉʿû min* ... verkürzt — unmittelbar nebeneinander standen.

Einblicke in die Gedanken Pharaos, die ihn zur Verfolgung der Israeliten bewogen

14 3*. 4a*

Die von R^P geschaffene Gottesrede setzt sich fort mit Ankündigungen: »Und Pharao wird von den Israeliten denken (*weʾamăr părʿō libenê jiśraʾel*): Sie irren im Land herum, die Wüste hat sie umschlossen (*nebukîm hem baʾaræṣ sagăr ʿalêhæm hămmidbar*). | Da werde ich Pharaos Herz verstocken, daß er ihnen nachjagt (*weḥizzăqtî ʾæt leb părʿō weradăp ʾăḥarêhæm*), und werde mich verherrlichen an Pharao und an seinem ganzen Heer (*weʾikkabedā bepărʿō ûbekål ḥêlô*). Dann werden die Ägypter erkennen, daß ich Jahwe bin (*wejadeʿû miṣrăjim kî ʾanî jăhwæ*)« 3. 4a.

---

[4] Vgl. dazu S. 295.

[5] Wie in 4 21 9 12 10 20. 27 11 10, vgl. S. 247.

[6] Vgl. S. 292.

Es entspricht der Denkweise des Endredaktors, daß Jahwe sich in 4a als den Verstockenden vorstellt[7]. Der Verstockungsakt soll eine Selbstverherrlichung Jahwes herbeiführen. In dieser gelangt offenbar die von R^P propagierte göttliche Initiative zu ihrem Ziel. Der Selbstverherrlichung Jahwes ist aber anscheinend auch die Jahweerkenntnis der Ägypter 4aγ dienstbar. Insoweit ist in v. 4a kein Gedankengut der JE-Harmonie zu beobachten.

Mose soll den Israeliten mitteilen 2aα, was Pharao von ihnen denken wird 3 — das ist seltsam! Pharaos Gedanken würden die Beachtung Israels höchstens dann wirklich verdienen, wenn der Hinweis auf sie mit einer Warnung oder mit Sicherheitsvorkehrungen für die Israeliten gekoppelt wäre. Das ist aber nicht der Fall. Von Haus aus waren die Gedanken des Königs eben zur Kenntnisnahme des Lesers bestimmt; dieser sollte erfahren, warum Pharao sich entschloß, die Abgereisten zu verfolgen. Es ist R^{JE}, der die Benutzer seines Werkes in Überlegungen von Personen einzuweihen liebte, welche am Geschehen beteiligt waren[8]. Natürlich tat er es noch in der Form von Ereignisbericht: *wăjjo'mær păr'ō* »und Pharao dachte« 3*. Auf die Mitteilung des Gedachten hin folgte wahrscheinlich noch: *wăjjirdop 'ăḥarêhæm* »und er jagte ihnen nach« 4aα*. R^P hat dann diese Bemerkungen wieder in Gottesrede umgesetzt.

Schon in der Harmonie, aber auch erst in der Harmonie, wurden Gedanken Pharaos in wörtlicher Rede zitiert[9]: *nebukîm hem ba'aræṣ* und *sagăr 'alêhæm hămmidbar* erscheinen darin als Parallelen. Die zweite davon möchte man wegen des Wüstenmotivs[10] auf J zurückführen. Vielleicht geht dann *nebukîm* auf eine analoge Äußerung von E zurück. Das unscharf bleibende *ba'aræṣ* allerdings wird man eher dem deuteronomistischen Bearbeiter zuschreiben; E hätte doch wohl zu verstehen gegeben, *welches* »Land« er meint.

Nach J sind die Israeliten nicht »entlassen« worden, sondern »geflohen«!

14 5a

Warum den Israeliten nachgesetzt wurde, hat R^{JE} mit der von v. 3 genannten Überlegung des Königs begründet. Einen anderen Grund nennt uns jetzt aber v. 5a: »Da wurde dem König von Ägypten mitgeteilt, daß das Volk geflohen war (*wăjjuggăd lemælæk miṣrăjim kî barăḥ ha'am*).« Der Satz ist wortwörtlich aus J übernommen[11]. Kennzeichen seiner Herkunft sind vor allem der Titel *mælæk miṣrăjim*[12] und die Vorstellung der Flucht.

[7] Vgl. dazu schon S. 247.

[8] Vgl. z. B. 12 33b 13 17b Gen 2 18 3 22 R^{JE}!

[9] Vgl. die Zusammenstellung S. 397!

[10] Darüber s. S. 50.

[11] Näheres darüber s. S. 152f.

[12] Vgl. 3 18b 5 4 J!

brḥ qal war dem Jahwisten mehr als nur ein gern verwendeter Terminus. Es steht vielmehr als ein Symptom da für einen ganzen Vorstellungskomplex, der im Werk des Südreicherzählers offenbar die Bedeutung eines Topos hatte. So hören wir in Gen 16 7 von der jahwistischen[13] Hagar[14], sie sei vor ihrer Herrin Sarai »geflohen« (*wăttibrăḥ mippanǣha*), nachdem diese sie mißhandelt hatte. Ähnlich hat sich nach 31 21* J[15] Jakob samt seinem Besitz davongemacht: *wăjjibrăḥ hû' wᵉkâl 'ᵃšær lô.* Ebenso »floh« der jahwistische Mose aus Ägypten, *wăjjibrăḥ mošǣ* Ex 2 15a; zum Totschläger geworden 12, hatte er auch allen Grund dazu[16].

Während das unterdrückte Gottesvolk also laut E nach einem langen Tauziehen schließlich von »Pharao« in aller Form zu seinem Gottesdienst geschickt wurde 12 31b, hat es sich nach J ohne Wissen des Regenten einfach aus dem Staub gemacht. Zwischen dieser seiner Flucht und den ägyptischen Plagen bestand hier nur ein loser Zusammenhang. Die Plagen sollten ja dem König nur die Wirklichkeit des fremden Gottes erweisen, zu dessen Opferfest in der Wüste er den »Ältesten Israels« keinen Urlaub hatte gewähren wollen; zuletzt mögen dann die »Hebräer« gewisse Folgeerscheinungen der jüngsten Plage dazu genutzt haben, sich davonzumachen[17].

14 6

Auf *wăjjuggăd lᵉmælæk miṣrăjim kî barăḥ ha'am* 5a war in der Quelle eine Aussage gefolgt wie jenes *wăjjirdop 'ăḥᵃrêhæm*, das wir in v. 4a verwertet fanden: »Da wurde dem König von Ägypten mitgeteilt, daß das Volk geflohen war, . . . und er jagte ihnen nach«; dazwischen standen Angaben, die R^{JE} nach v. 6 verlegt hat. Darauf verweisen uns die bekanntlich sehr weitgehenden Übereinstimmungen mit Gen 31 22f. J[18].

Pharao bereut die Entlassung

14 5b

Einen weiteren, also den dritten Grund für die Aufnahme der Verfolgung führt v. 5b an: »Und das Herz Pharaos und seiner Knechte verwandelte sich dem Volk gegenüber (*wăjjehapek lᵉbăb păr'ō wă'ᵃbadâw 'æl ha'am*), und sie sagten: Warum haben wir dies getan, daß wir Israel aus unsrem Dienst entließen (*wăjjo'mᵉrû măh zzo't 'aśînû kî šillăḥnû 'æt jiśra'el me'âbᵉdenû*) ?« Die Reue des Königs bezieht sich

---

[13] Kennzeichnend für J sind u. a. das Tetragramm und der Begriff *šipḥā* »Sklavin« in 2.

[14] Ob dieser Name wirklich von J verwendet wurde und nicht vielmehr von E stammt, lasse ich hier dahingestellt.

[15] S. S. 152 und 209.

[16] Zur jahwistischen Herkunft der Nachrichten vgl. S. 75.

[17] Vielleicht handelte es sich, wie S. 286 vermutet, um die Verwirrung, die der Tod der Erstgeborenen in Ägypten verursachte. Doch könnte die Flucht u. U. auch erst später erfolgt sein.

[18] S. S. 181f.

auf die Erlaubnis, die er in 12 31 b* E erteilt hatte. Zugleich fügt sie sich, als Endglied gewissermaßen, der Reihe jener Herzensverhärtungen an, in welche die Plagenerzählungen des Elohisten, die erste und letzte ausgenommen[19], ausgemündet waren. V. 5 b gründet sich offensichtlich auf eine Bemerkung der Nordreichquelle, von der z. T. auch noch die Begriffe erhalten sind: *păr'ō*[20], *leb(ăb) păr'ō*[21] und dann wohl auch dessen Prädikat *wăjjehapek*, ferner *šlḥ* pi.[22]. Die Knechte allerdings (*wă'ᵃbadâw*) wurden an der Reue ihres Herrn erst vom Bearbeiter beteiligt[23]; E würde den Begriff *leb(ăb)* vor *'ᵃbadâw* wiederholt haben. *'æl ha'am* klingt ähnlich unpräzise wie *libᵉnê jiśra'el* 3 RJE. Die mit *wăjjo'mᵉrû* eingeleitete Rede oder Überlegung[24] stellt eine Neubildung des Redaktors dar: Dieser liebte die wörtlichen Reden[25]; typisch für seinen Stil sind ferner die Wendung *'śh* qal[26] + *zo't*[27] und das vom Sklavendienst der Israeliten in Ägypten gebrauchte *'bd* qal[28]. Wie die elohistische Vorform von v. 5 b gelautet hat, läßt sich bei den bestehenden Verhältnissen nicht mehr zuverlässig ermitteln.

Über den militärischen Aufwand des Verfolgers

14 6. 7

Der Reue Pharaos 5 b folgt die Tat: »Da ließ er seine Kriegswagen anschirren und nahm sein Kriegsvolk mit sich (*wăjjæ'sor 'æt rikbô wᵉ'æt 'ămmô laqăḥ 'immô*). | Und er nahm sechshundert erlesene Kriegswagen und alle Kriegswagen der Ägypter, wobei auf jedem Drittmänner waren (*wăjjiqqăḥ šeš me'ôt rækæb baḥûr wᵉkol rækæb miṣrajim wᵉšališim 'ăl kullô*)« 6. 7. Zu *wᵉ'æt 'ămmô laqăḥ 'immô* 6 b liefert Gen 31 23 aα eine genaue Entsprechung: *wăjjiqăḥ 'æt 'æḥâw 'immô* »und er (scil. Laban) nahm seine Brüder mit sich«. Und zwar nahm Laban sie dazu mit, um die Verfolgung Jakobs aufzunehmen: *wăjjirdop 'ăḥᵃrâw* 23 aβ. Der Grund für diese Maßnahmen aber war, daß man ihm eben zuvor gemeldet hatte, daß Jakob geflohen war:

---

19 Bei der ersten elohistischen Plagengeschichte gab der König sofort ablehnenden Bescheid, brauchte also kein Zugeständnis zurückzunehmen (vgl. S. 101 f. zu 5 2); was aber die letzte angeht, so bedeutet v. 5 b* selbst ja die Zurücknahme des letzten Zugeständnisses 12 31 b* E.

20 Vgl. die Zusammenstellung der E-Belege S. 386!

21 In 7 11* 8 11*. 28* 9 7 b*. 34 b* 10 27* E ist *leb*, nicht *lebab* gebraucht.

22 *šlḥ* pi. ist in der bekannten elohistischen Entlaßforderung beheimatet.

23 Vgl. dazu 9 30. 34 b 10 1 RJE!

24 Vgl. zuletzt v. 3 RJE!

25 Vgl. die Zusammenstellung S. 397!

26 Vgl. S. 394!

27 Zum Demonstrativum vgl. die Zusammenstellung S. 393 f.! *'śh* + *zo't* kam schon in Gen 3 13 f. RJE vor!

28 Schon gehabt in 5 18 RJE!

wăjjuggăd lelaban . . . kî barăḥ jă'aqob 22. Anhand dieser bekannten[29] jahwistischen Entsprechungen wird man jetzt v. 6b ebenfalls für jahwistisch und für die Fortsetzung von *wăjjuggăd lemælæk miṣrăjim kî barăḥ ha'am* 5a J erachten. Zwischen 6b J und 5a J wird *wăjjæ'sor 'æt rikbô* 6a schon in der Quelle nicht gefehlt haben; auch dazu gibt es eine jahwistische Parallele: *wăjjæ'sor jôsep mærkăbtô* »*da ließ Joseph seinen Wagen anschirren*« Gen 46 29aα[30]. Auf v. 6b wiederum folgte wohl das aus v. 4 erschlossene[31] *wăjjirdop 'ăḥarêhæm.*

wăjjiqqăḥ šeš me'ôt rækæb baḥûr 7aαβ kommt etwas überraschend auf das Thema »Streitwagen« zurück; es ist praktisch soviel wie eine Dublette zu v. 6a J. Der Redaktor fand den Passus offenbar bei E vor: Die gewaltige Zahlenvorstellung wird man mit derjenigen von 12 37b* E[32] zusammenbringen. Das Stichwort[33] *lqḥ* qal, in 7aα E wie in 6b J vorgegeben, lieferte dem Komponisten das Bindemittel zu seiner Kontamination. Die ohnedies schon überreichlich bemessene Anzahl von 600 Wagen meinte er nach seiner zugleich ungenauen[34] und übertreibenden[35] Art noch nach oben korrigieren zu müssen: *wekol*[36] *rækæb miṣrajim* 7aγ. Der Zusatz trennt ungehörig zwei Angaben voneinander, die die Beschaffenheit der Streitwagen kennzeichnen wollen: *baḥûr* und *wešališim 'ăl kullô.* Diese kriegskundlichen Details wird man unter derselben Rubrik einrücken wie den Hinweis von 13 18b* E, daß die Israeliten in 5 Formationen aufgebrochen seien. Der Elohist gab sich gerne wohlinformiert — ohne es immer zu sein[37].

Verfolgung durch »Pharao, den König von Ägypten«

14 8

Während R^P die Ausführung jener Anweisungen, die Mose den Israeliten für ihre Weiterreise geben sollte 1f., mit dem pauschalen *wăjjă'asû ken* 4b etwas leichtfertig abtut[38], läßt er sich die Ausführung der Ankündigung von Pharaos Verstockung 4aα eine besondere Bemerkung kosten: »Da verstockte Jahwe das Herz Pharaos,

---

[29] Vgl. S. 152f.

[30] Joseph schirrte sein Gefährt an, weil ihm sein — von J mit Präferenz behandelter — Bruder Juda die Ankunft seines Vaters angesagt hatte v. 28.

[31] Vgl. S. 301.

[32] Vgl. dazu S. 287.

[33] Vgl. die Belegesammlung S. 399!

[34] Vgl. S. 390ff.!

[35] Vgl. S. 397!

[36] Vgl. die weiteren R^JE-Belege für *kl* S. 394f.!

[37] Tatsächlich waren die ägyptischen Streitwagen bekanntlich nur mit zwei Männern besetzt.

[38] Die vorgesehenen Ortsveränderungen hätten unbedingt auch als effektive angezeigt werden müssen!

des Königs von Ägypten, und er jagte den Israeliten nach (*wăjeḥăzzeq jăhwǣ 'æt leb păr'ō mælæk miṣrăjim wăjjirdop 'ăḥarê benê jiśra'el*)« 8a. Hier konnte er eben nochmals seine Lieblingsidee der göttlichen Initiative vortragen[39]. Den Begriff des »Verfolgens« *rdp* qal + *'ăḥarê* entnahm er wahrscheinlich seiner RJE-Vorlage, die ihn auf jeden Fall gekannt und verwendet hat[40]. Daß er auch in der P-Vorlage vorhanden war, ist kaum anzunehmen. Dieser wird vielmehr das folgende »und die Israeliten hielten ihren Auszug unter erhabenem Schutz (*ûbenê jiśra'el joṣe'îm bejad ramā*)« 8b entstammen, als Fortsetzung zu 12 41 (vl.g 12 51) P. In seiner Berichterstattung über Auszug und Meerwunder beschränkte sich P darauf, einige wenige große Linien zu zeichnen.

Verfolgung durch die »Ägypter«

14 9aαβ

»Und die Ägypter jagten ihnen nach und holten sie ein, als sie am Meere lagerten (*wăjjirdepû miṣrăjim 'ăḥarêhæm wăjjăśśîgû 'otam ḥonîm 'ăl hăjjam*) 9aαβ erscheint als die RJE-Fortsetzung zu v. 6. 7. Dort war zwar von Vorkehrungen die Rede, die der *König* für die Verfolgung Israels traf, aber durch seinen Zusatz »und alle Kriegswagen der *Ägypter*« 7aβ hatte RJE die Übergabe der Verfolgerrolle an die »Ägypter« schon vorbereitet. Bei J war diese Rolle dem »König von Ägypten« zugeschrieben, wie es die Voraussetzungen von 5a. 6 J verlangen: *wăjjirdop 'ăḥarêhæm.* Analog ist der jahwistische Laban hinter Jakob hergejagt: *wăjjirdop 'ăḥarâw* Gen 31 23. Er holte ihn dann auch ein: *wăjjăśśeg*[41] *laban 'æt jă'aqob* 25a. Demgemäß hieß es in der Exodusgeschichte von J: *wăjjăśśeg 'otam* »und er (scil. der »König von Ägypten«) holte sie ein«. Bei der Niederschrift von v. 9aαβ hielt sich der Verfasser der Harmonie also in erster Linie an seine jahwistische Vorlage. Daneben wollte er aber auch noch etwas für den Ausgleich mit der anderen Vorlage tun: *ḥonîm 'ăl hăjjam* ist »übertragen«[42] aus der Stationennotiz *wăjjăḥanû 'ăl hăjjam* 2* E, die in der Harmonie noch ihren alten narrativen Wortlaut hatte[43].

14 9aγb

kâl sûs rækæb[44] *păr'ō ûparaśâw weḥêlô* »alle Pferde, Streitwagen Pharaos und seine Reiter und seine Heeresmacht« 9aγ gibt sich als Apposition zu *miṣrăjim* 9aα RJE, ist aber von diesem Bezugswort ungebührlich weit entfernt. Das Begriffsmaterial, das ähnlich in v. 4 (= RP!). 17. 28 wiederkehrt, muß aus dem Bereich von P stammen.

---

39 Vgl. zuletzt S. 299.

40 Vgl. zu v. 4* und weiter zu v. 9.

41 Gen 31 23b dafür *wăjjădbeq*, was anscheinend aus jenem degeneriert ist.

42 Vgl. die Zusammenstellung S. 401 f.!

43 Vgl. S. 299.

44 *kl sws rkb* ist von den hebräischen Textzeugen einhellig überliefert und wird anscheinend auch von G T V vorausgesetzt. Gleichwohl erscheint die Lesart des doppelten st. cstr. wegen problematisch. Ist *rkb* hier nur eine Glosse?

Entsprechend möchte *ʿăl pî hăḥîrot lipᵉnê băʿăl ṣᵉpon* »bei Pi-Hahirot vor Baal Sephon« 9b die R^JE-Angabe *ʿăl hăjjam* 9aβ im Sinne priesterlicher Vorstellungen von der Reiseroute interpretieren oder berichtigen[45]. V. 9aγb ist demnach von R^P verfaßt.

Israel wird des Verfolgers ansichtig

14 10a

Nun ist es plötzlich doch wieder der König, der Israel nachstößt: *ûpărʿō hiqrîb* »und Pharao kam nahe heran« 10a. Die Bemerkung läuft dem jahwistischen *wăjjăśśeg ʾotam* 9* parallel und geht auf ein elohistisches Analogon hierzu zurück. Kennzeichnend für E ist der *părʿō*-Titel[46], aber auch das *qrb* hi. als Korrelat zu dem bekannten elohistischen *rḥq*-Motiv[47]. In der Quelle stand allerdings noch: *wăjjăqreb părʿō*; erst der Verarbeiter hat das Subjekt vor das Prädikat gerückt[48].

14 10b

Einigermaßen konsequent schließt v. 10b an: »Da erhoben die Israeliten ihre Augen und siehe: Ägypten brach hinter ihnen auf (*wăjjiśᵉʾû bᵉnê jiśraʾel ʾæt ʿênêhæm wᵉhinnē miṣrăjim noseᵃʿ ʾăḥᵃrêhæm*). Da fürchteten sie sich sehr, und die Israeliten schrien zu Jahwe (*wăjjîrᵉʾû mᵉʾod wăjjiṣʿᵃqû bᵉnê jiśraʾel ʾæl jăhwæ*).« Wie die Redensart vom Augenerheben[49] und der Begriff *bᵉnê jiśraʾel*[50] zeigen, stellt der Passus *wăjjiśᵉʾû bᵉnê jiśraʾel ʾæt ʿênêhæm*[51] *wᵉhinnē* die alte Fortsetzung von 10a* E dar.

Was die »Israeliten«, als böse Überraschung!, zu Gesicht bekamen, war nach E allerdings nicht das aufbrechende »Ägypten«[52] — mit dem Nominalsatz[53] *miṣrăjim noseᵃʿ ʾăḥᵃrêhæm* erinnert sich R^JE seiner eigenen Voraussetzungen in v. 9! —, sondern der herannahende Pharao 10*. Die Wirkung des Anblicks, der sich ihnen darbot, wird aber schon immer die Angst gewesen sein: *wăjjîrᵉʾû*, mit oder ohne *mᵉʾod*, gehört zum Bestand der Vorlage.

---

[45] Dieselbe Intention gewahrten wir schon in v. 2 R^P!

[46] Vgl. die Belegesammlung S. 386!

[47] Vgl. S. 187. 290. *qrb* hi. ist in gleichem Sinne wie hier in Gen 12 11* gebraucht, in enger Verbindung mit E-Angaben (z. B. *śarăj ʾiśtô*, Eigenname + Verwandtschaftsangabe!)!

[48] Vgl. die Zusammenstellung S. 396!

[49] Dazu s. S. 78.

[50] Vgl. die Belegesammlung S. 386!

[51] Ob E hier das sonst übliche *wăjjirʾû* (als Plus geboten von Sam., vgl. G S) eingefügt hatte, kann wegen des folgenden *wăjjîrᵉʾû* bezweifelt werden.

[52] Zum willkürlichen Wechsel im Numerus — v. 9 pluralisches, hier singularisches Verständnis von *miṣrăjim*! — vgl. die Zusammenstellung S. 398!

[53] Vgl. S. 395f.!

14 13 f.

Auf diese Angst bezieht sich hernach Mose mit ausdrücklichen Worten 13*. 14*, ohne dabei in göttlichem Auftrag zu reden. Die Vorstellung, daß die Israeliten in ihrer Angst »zu Jahwe schrien«, war dem Elohisten offenbar nicht bekannt. Sie entspricht einem deuteronomistischen Denkschema[54] und stammt vom Redaktor. *wăjjiṣ'ᵃqû bᵉnê jiśra'el 'æl jăhwæ̂* gibt sich auch dadurch als Zusatz zu erkennen, daß das Subjekt *bᵉnê jiśra'el* unnötiger-, ja störenderweise neu eingeführt wird. *ṣ'q* qal hat der deuteronomistische Redaktor des öftern verwendet[55].

Das Volk wäre lieber in Ägypten geblieben — ein Topos des deuteronomistischen Redaktors

14 11. 12

Nach *wăjjiṣ'ᵃqû bᵉnê jiśra'el 'æl jăhwæ̂* 10bγ R^JE sollte man am ehesten das Zitat eines Gebetswortes erwarten. Tatsächlich folgt jedoch eine Rede des Volkes zu Mose: »Und sie sagten zu Mose: Hast du uns etwa deswegen, weil es in Ägypten keine Gräber gab, genommen, um in der Wüste zu sterben (... *hămibbᵉlî 'ên qᵉbarîm bᵉmiṣrăjim lᵉqăḥtanû lamût bămmidbar*)? | Warum hast du uns dies angetan, uns aus Ägypten zu führen (*măh zzo't 'aśîta llanû lᵉhôṣî'anû mimmiṣrajim*)? | Ist nicht dies das Wort, das wir zu dir in Ägypten geredet haben folgendermaßen (*hᵃlo' zæ̂ hăddabar 'ᵃšær dibbărnû 'elǣka bᵉmiṣrăjim le'mor*): Laß ab von uns, daß wir den Ägyptern dienen (*ḥᵃdăl mimmænnû wᵉnă'ăbᵉdă 'æt miṣrajim*), denn es ist besser für uns, den Ägyptern zu dienen, als in der Wüste zu sterben (*kî ṭôb lanû 'ᵃbod 'æt miṣrăjim mimmutenû bămmidbar*) — ?« 11. 12. Die Inkonsequenz des Gedankengangs beweist nichts gegen die Zuständigkeit des deuteronomistischen Redaktors auch für diese Angaben: Es war die Rücksicht auf die bei E vorgezeichnete *Mose*rede 13f.*, die ihn bewog, die Israeliten nun erst nicht zu Jahwe, sondern zu Mose reden[56] zu lassen[57]. Zugleich hielt er die Gelegenheit für gekommen, den Vätern Israels zum ersten Mal vorzuwerfen, daß sie gegen ihre eigene Heilsgeschichte gemurrt haben[58]. Dieses Murren stellt eine Variation dar über jenes theologische Thema, das 13 17b R^JE auf den Begriff brachte und das sich in 4 19 R^JE bereits ankündigte: »Keine Rückkehr nach Ägypten!« Die beiden

[54] Vgl. dazu S. 39.

[55] Vgl. die weiteren Belege S. 395!

[56] Weitere Beispiele wörtlicher Reden bei R^JE s. S. 397!

[57] Der Komponist ließ sich bei seiner Arbeit von akzidentiellen Einfällen und Anregungen bestimmen, vgl. die Zusammenstellung S. 399ff.!

[58] Vgl. die Zusammenstellung S. 404!

Quellen hatten für diese Vorstellungen keine Anregung geboten. Demgemäß sind v. 11. 12 ganz in der Begrifflichkeit des R^JE gehalten: zusammengesetzte Konjunktion *mibbᵉlî*[59], Partikel *ʾjn*[60], *lᵉ* + inf. (*lᵉhôṣîʾanû*)[61], vorwurfsvolles[62] *măh*[63], plattes *ʿśh* qal[64] + Demonstrativum[65] *zoʾt, jṣʾ* hi. von der Ausführung aus Ägypten[66], Relativpartikel *ʾᵃšær*[67], *dbr* pi.[68], *leʾmor*[69], *ʿbd* qal vom Sklavendienst Ägyptens[70], begründendes *kî*[71], Herstellung eines Rückbezugs[72] auf früher Gesagtes v. 12. Was den letzten Punkt angeht, so ist es hier nicht das einzige Mal, daß der Redaktor etwas in die frühere Geschichte zurückprojiziert, was dort, nach seiner eigenen Erzählung, noch gar nicht stattgefunden hat[73].

Eine Antwort Moses, die von Haus aus keine Antwort war

14 13. 14

Die Moserede, die sich anschließt, entsinnt sich bezeichnenderweise weder des angeblichen Hilfegeschreis der Israeliten zu Jahwe 10bγ R^JE noch ihres wortreichen Protests gegen ihre Entführung aus Ägypten 11f. R^JE: »Da sagte Mose zu dem Volk: Fürchtet euch nicht (*wăjjoʾmær mošǣ ʾæl haʿam ʾăl tîraʾû*)! Stellt euch hin und seht Jahwes Hilfe, die er heute für euch machen wird (*hitjăṣṣᵉbû ûrᵉʾû ʾæt jᵉšûʿăt jăhwǣ ʾᵃšær jăʿᵃśǣ lakæm hăjjôm*); denn wie ihr die Ägypter heute gesehen habt, werdet ihr sie nicht wieder sehen auf ewig (*kî ʾᵃšær*[74] *rᵉʾîtæm ʾæt miṣrăjim hăjjôm loʾ tosîpû lirʾotam ʿôd ʿăd ʿôlam*). | Jahwe wird für euch streiten, ihr aber sollt stillehalten (*jăhwǣ jillaḥem lakæm wᵉʾăttæm tăḥᵃrîšûn*)« 13. 14. Statt dessen knüpft sie mit ihrem *ʾăl tîraʾû* unmittelbar an die elohistische

---

[59] Vgl. die Zusammenstellung S. 394!
[60] Weitere Belege s. S. 396!
[61] Vgl. S. 396!
[62] Vgl. S. 404!
[63] Wie in v. 5 R^JE!
[64] Vgl. S. 394!
[65] Vgl. S. 393f.!
[66] Wie in 3 10ff. 12 39 R^JE!
[67] Vgl. S. 394!
[68] Weitere Belege S. 395!
[69] Vgl. S. 391!
[70] Wie in 5 18 14 5 R^JE!
[71] Vgl. S. 395!
[72] Vgl. S. 397!
[73] Weitere Belege sind S. 397 zusammengestellt!
[74] 9 Mss Sam. lesen sinngemäß *kʾšr*, was indessen nicht die ursprüngliche Lesart zu sein braucht.

Erzählungsnotiz *wăjjîre'û* 10 an. Die Israeliten werden aufgefordert, ihr Heil nicht etwa in der Flucht zu suchen, sondern anzuhalten, um sich die demnächst zu erwartende Hilfsaktion Jahwes anzuschauen. Auf ähnliche Weise hatte der elohistische Mose seinerzeit den verzweifelten Vorarbeitern ein göttliches Eingreifen in Aussicht gestellt 6 1 *[75]. Unser *ûre'û* entspricht sachlich ganz dem dortigen (jetzt sekundär an Mose gerichteten) *tir'æ*. — Die Angaben *hitjăṣebû ûre'û 'æt ješû'ăt jăhwæ̂* werden angemessen fortgeführt durch *jăhwæ̂ jillaḥem lakæm we'ăttæm tăḥarîšûn*, und zwar so, daß *jăhwæ̂ jillaḥem lakæm* die angesagte *ješû'ā* als einen gewissermaßen militärischen[76] Einsatz von Gott qualifiziert, während *we'ăttæm tăḥarîšûn* die Mahnung *hitjăṣebû* durch den Gedanken eines mehr innerlichen Stillehaltens ergänzen zu wollen scheint. Die Subjekte *jăhwæ̂* und *we'ăttæm* stehen aus gutem Grunde vor ihren Prädikaten: Sie sind in Antithese gesetzt und deshalb betont. Die eben genannten Redestücke sind offenbar samt ihrer Redeeinleitung aus der elohistischen Vorlage zitiert.

Der Redaktor konnte sie jedoch nicht unkommentiert lassen. Dem elohistischen *ješû'ăt jăhwæ̂* hängte er eine überflüssige Erläuterung an: *'ašær*[77] *jă'aśæ̂*[78] *lakæm hăjjôm*. Er übersah dabei, daß die »Hilfe« angesichts der bedrängenden Gefahr keineswegs einfach »heute«, sondern allernächstens erfolgen sollte[79]. Außerdem ließ der Redaktor, in der wenig plausiblen Form einer Begründung[80], noch eine Art heilsgeschichtlichen[81] Exkurses folgen: *kî 'ašær re'îtæm 'æt miṣrăjim hăjjôm lo' tosîpû lir'otam 'ôd 'ăd 'ôlam*. Die Bemerkung ist ziemlich allgemein und unbestimmt[82]. In ihr klingt von ferne noch einmal das Thema »keine Rückkehr nach Ägypten!« an[83]. Auch ihre Nomenklatur ist für R^JE^ charakteristisch: *'ašær*[84], *miṣrăjim*[85], *jsp* hi.[86], *'ăd 'ôlam*[87]. *lo' tosîpû lir'otam 'ôd* gemahnt insbesondere an das redaktionelle Mosewort von 10 29: *lo' 'osip 'ôd re'ôt panæ̂ka*.

---

[75] Vgl. S. 128.

[76] Militärische Akzente hatte E schon in (12 37b) 13 18* 14 7 gesetzt!

[77] Vgl. die Belegesammlung S. 394!

[78] Vgl. S. 394!

[79] Mangelndes Verständnis für die geschichtliche Situation, vgl. die Zusammenstellung S. 398f.!

[80] Vgl. die weiteren RJE-Belege S. 395!

[81] Weitere heilsgeschichtliche Motive des Redaktors s. S. 403f.!

[82] Vgl. die Zusammenstellung S. 393!

[83] Vgl. die weiteren Belege S. 403f.!

[84] Vgl. S. 394!

[85] Gemäß v. 9. 10 RJE!

[86] Weitere RJE-Belege S. 397!

[87] Wie in 12 24 RJE, vgl. *ledor dor* 3 15 RJE!

Eine *Rede* Jahwes anstelle des Retttungswunders!

14 15-18*

Da Israel den Verfolger hart auf den Fersen hatte 10a und obendrein noch anhalten und zuwarten mußte 13f., müßte Jahwe jetzt eigentlich sofort einen rettenden Eingriff vornehmen. Bei E hatte er dies auch noch getan[88]. R^{P} aber und vor ihm schon R^{JE} ließen ihn zuvor noch eine Rede halten: »Da sagte Jahwe zu Mose: Warum schreist du zu mir (*wăjjo'mær jăhwæ̆ 'æl mošæ̆ măh ttiṣ'ăq 'elaj*)? Rede zu den Israeliten, daß sie aufbrechen sollen (*dăbber 'æl b^e^nê jiśra'el w^e^jissa'û*). | Du aber erhebe deinen Stab und recke deine Hand aus über das Meer und spalte es (*w^e^'ăttā harem 'æt măṭṭ^e^ka ûn^e^ṭē 'æt jad^e^ka 'æl hăjjam ûb^e^qa'ehû*), damit die Israeliten mitten ins Meer hineingehen können auf dem Trockenen (*w^e^jabo'û b^e^nê jiśra'el b^e^tôk hăjjam băjjăbbašā*). | Ich aber, sieh ich werde das Herz der Ägypter verstocken (*wă'^a^nî hin^e^nî m^e^ḥăzzeq 'æt leb miṣrăjim*), daß sie hinter ihnen hineingehen (*w^e^jabo'û 'ăḥ^a^rêhæm*); und ich werde mich verherrlichen an Pharao und an seinem ganzen Heer, an seinen Wagen und an seinen Reitern (*w^e^'ikkab^e^dā b^e^păr'ō ûb^e^kål ḥêlô b^e^rikbô ûb^e^parašâw*). | Und die Ägypter werden erkennen, daß ich Jahwe bin, wenn ich mich verherrliche an Pharao, an seinen Wagen und an seinen Reitern (*w^e^jad^e^'û miṣrăjim kî '^a^nî jăhwæ̆ b^e^hikkab^e^dî b^e^păr'ō b^e^rikbô ûb^e^parašâw*)« 15-18.

R^{P}-Anteil an der Rede

14 19

Die Stücke, die der Endredaktor zu dieser Gottesrede beigesteuert hat, lassen sich leicht erheben: Mit *dăbber 'æl b^e^nê jiśra'el w^e^jissa'û* 15b wollte er Jahwe die Initiative zur Weiterreise ergreifen lassen[89]. In der JE-Harmonie war an dieser Stelle schwerlich von einem »Aufbrechen« Israels die Rede; dort brach vielmehr der »Bote der Gottheit« auf v. 19! Um von 15b einen Anschluß an den bei R^{JE} vorgegebenen Befehl *harem 'æt măṭṭ^e^ka* zu bekommen, mußte R^{P} das *w^e^'ăttā* von 16aα einfügen. Dem angeführten Befehl ließ er eine in Begriffen von P gefaßte Dublette folgen: *ûn^e^ṭē 'æt jad^e^ka* 16aβ[90]. Auf eine direkte Entsprechung in seiner P-Vorlage konnte er sich dafür allerdings nicht berufen; dem Priester war ja nur ein Stab *Aarons* bekannt[91]! Zur priesterlichen Redewendung *nṭh* qal + *jad* gehört die Präposition *'ăl* regelmäßig hinzu[92]. Weiter hat R^{P} sich vom Priesterkodex noch die Idee und den Begriff einer »Spaltung« des Wassers (*ûb^e^qa'ehû*) geben lassen.

---

[88] Vgl. S. 311f. zu v. 19b.

[89] Vgl. v. 1f. R^{P}!

[90] Vgl. dazu — und dagegen! — sein Verfahren in 9 22f. 10 12f. 21f.!

[91] Vgl. dazu S. 9.

[92] Vgl. 7 5. 19 8 1f. P 9 22f. 10 13f. 21f. R^{P}!

14 21b

»Gespaltet« wurde dort *notabene* aber nicht »das Meer« (*hăjjam* 16aβ), sondern »das Wasser«, und das geschah ohne Zutun eines Zauberstabes: *wăjjibbaq^{e}'û hămmajim* »da spaltete sich das Wasser« 21b! V. 17. 18 sind ganz den aus v. 4a schon bekannten Lieblingsvorstellungen des Endredaktors gewidmet: Jahwe als der Verstockende, Jahwe als der sich selbst Verherrlichende, die Ägypter als die ihn Erkennenden. Dabei wird Rücksicht geübt auf den durch R^{JE} mitbedingten Kontext: Diesmal sollen »die Ägypter« verstockt werden — wegen v. 9. 10b R^{JE}! *Sie* »gehen« auch ins Meer »hinein« (*w^{e}jabo'û*) — weil es nach v. 16b R^{JE} vor ihnen schon die Israeliten getan hatten! Möglicherweise war dieses *bw'* qal aber auch schon bei P verwendet.

Der R^{JE}-Anteil an der Rede

Die Rede Jahwes hebt mit einem Vorwurf[93] an: *măh ttiṣ'ăq 'elaj* 15a. Hier kommt der deuteronomitische Redaktor auf das von ihm in v. 10bγ behauptete »Schreien[94] zu Jahwe« zurück. Unter der Hand hat er dafür aber ein neues Subjekt eingeführt: In v. 10bγ hatten »die Israeliten« geschrieen, jetzt soll es auf einmal Mose gewesen sein! Warum dieser unerträgliche Wechsel[95]? Darum, weil R^{JE} anschließend gleich das an *Mose* adressierte und nicht umadressierbare *harem 'æt măṭṭ^{e}ka* seiner elohistischen[96] Vorlage bringen wollte! Also schrieb er kurzerhand auch das »Schreien« dem Mose zu[97], ohne Rücksicht auf seinen eigenen Erzählungszusammenhang[98].

Das Staberheben Moses hatte gewiß schon der Elohist in Bezug gesetzt auf »das Meer« (*hăjjam* 16aβ), denn zuvor hatten die Israeliten ja auch ihr Lager am »Meer« aufgeschlagen 2b* E. Infolge der Maßnahmen von R^{P} läßt sich aber nicht mehr ermitteln, wie bei E oder auch nur bei R^{JE} die Verbindung zwischen *harem 'æt măṭṭ^{e}ka* und *hăjjam* beschaffen war. Nach *hăjjam* wird R^{JE}, anstelle des gegenwärtigen *ûb^{e}qa'ehû*, noch bemerkt haben, was die Mose anbefohlene Stabmanipulation bewirken sollte. Die Bestimmung *w^{e}jabo'û b^{e}nê jiśra'el b^{e}tôk hăjjam băjjăbbašā* 16b setzt eine solche Bemerkung voraus. Daß diese Bemerkung und jene Bestimmung schon bei E bestanden, der alte Erzähler also schon im voraus so viel über die Weiterungen der künftigen Stabanwendung verraten habe, ist indessen tun-

---

93 Vgl. die Zusammenstellung S. 404!

94 Weitere R^{JE}-Belege für *ṣ'q* qal s. S. 395!

95 Vgl. die Zusammenstellung S. 398!

96 Vgl. S. 144f.

97 Weitere Belege für den Konzeptcharakter des Werkes von R^{JE} s. S. 402! — Zu der Art des Redaktors, sich von akzidentiellen Gesichtspunkten leiten zu lassen, vgl. S. 399ff.!

98 Vgl. die Zusammenstellung S. 398f.!

lichst zu bezweifeln. Desungeachtet scheint v. 16b auf die elohistische Darstellung zurückzugehen; *b^e^nê jiśra'el*[99] und *b^e^tôk*[100] zählen zu ihrem Wortschatz.

14 22a

Nur hatte eben der Prototyp von v. 16b noch die — in v. 22a erhaltene — Form eines Ereignisberichtes: *wăjjabo'û b^e^nê jiśra'el b^e^tôk hăjjam băjjăbbašā* »und die Israeliten gingen mitten ins Meer hinein auf dem Trockenen«. Demnach muß die Anwendung des Mosestabes bei E eine partielle Austrocknung des »Meeres« zur Folge gehabt haben. Für die »Übertragung« des Ereignisberichtes 16b* E in Gottesrede ist R^JE^ zuständig[101].

Die Wolkensäule bewährt sich als Retter — ein Fremdkörper in der Meerwundererzählung!

14 19. 20aαβ

Über die Ausführung des Stabmanipulationsbefehls 16 verlautet erst in v. 21 etwas. Vorher ist noch von einer Rettung der Israeliten vor ihren Feinden die Rede, die mit dem Durchzug durchs Meer im Grunde gar nichts zu tun hat: »Da brach der Bote der Gottheit, der vor dem Lager Israels ging, auf und ging hinter sie (*wăjjissă' măl'ăk ha'^a^lohîm hăholek lip^e^nê măḥ^a^nê jiśra'el wăjjelæk me'ăḥ^a^rêhæm*), und die Wolkensäule brach von ihrer vorderen Seite auf und trat hinter sie (*wăjjissă' 'ămmûd hæ'anan mipp^e^nêhæm wăjjă'^a^mod me'ăḥ^a^rêhæm*). | Und sie kam zwischen das Lager der Ägypter und das Lager Israels (*wăjjabo' bên măḥ^a^nē miṣrăjim ûbên măḥ^a^nē jiśra'el*)« 19. 20aαβ. Hier wird vielmehr deutlich auf jene prekäre Situation reflektiert, in welche die »Israeliten« nach v. 10* E dadurch geraten waren, daß sie hinter ihrem Rücken in bedrohlicher Nähe Pharao entdecken mußten mit seinen Streitwagen. Bei diesem Anlaß hatte Mose sie aufgefordert, anzuhalten, um sich die »Hilfe Jahwes« anzusehen 13f.*. Und tatsächlich: Sie nahmen wahr, wie die Wolkensäule, in der Jahwe ihnen seit dem Aufbruch aus Ägypten vorauszog 13 21*, den Platz der Vorhut mit demjenigen der Nachhut vertauschte 19b + 20aαβ = E! Außer dem eben aufgezeigten Sachzusammenhang ist für den Nordreicherzähler noch die Idee der Wolkensäule[102] und der Name *jiśra'el*[103] bezeichnend. *măḥ^a^næ* wird man in v. 20aαβ *cum grano salis* nicht als »Lager«, sondern als Heeresgruppe verstehen müssen. Naturgemäß

---

[99] Vgl. die weiteren E-Belege S. 386!

[100] Wie in 2 5 9 24 Gen 2 9 3 3. 8 E!

[101] Vgl. die Zusammenstellung S. 401f.!

[102] Vgl. S. 297.

[103] Vgl. die Zusammenstellung S. 386!

fand die Inschutznahme Israels durch die Wolkensäule bei E einige Zeit vor dem Meeresdurchzug statt. Der deuteronomistische Redaktor hat die beiden ursprünglich unterschiedenen Rettungswunder mit vollem Bedacht[104] zu scheinbar einer einzigen Rettungswundergeschichte konfundiert.

Der *măl'ăk 'ᵃlohîm* als redaktionelle Variante zu der Wolkensäule des Elohisten

In 13 21 schwieg sich unser Redaktor über die Umstände aus, unter denen die Wolkensäule nach E die Führung des Volkes übernahm. Auch an der gegenwärtigen Stelle hat er das Seine zur Verdunklung[105] der ursprünglichen Verhältnisse getan. Was E der Wolkensäule zuschreibt 19b, will er vorweg als eine Funktion des »Boten der Gottheit« gedeutet wissen 19a. V. 19a stellt seine Analogiebildung[106] dar zu der vorgegebenen Angabe 19b E. *wăjjissă'* und *me'ăḥᵃrêhæm* ist von da, *măḥᵃnē jiśra'el* aus v. 20aβ E entliehen[107]. Für originäres *wăjjă'ᵃmod* 19b tritt das vulgäre *wăjjelæk* ein. Dem alten knappen *mippᵉnêhæm* entspricht das umständliche *hăholek*[108] *lipᵉnê măḥᵃnē jiśra'el.* Möglicherweise ist der *măl'ak* deshalb als Bote nicht von Jahwe, sondern von Elohim bezeichnet, weil der Verarbeiter sich seiner Abhängigkeit von der Elohimquelle bewußt bleiben und erzeigen wollte; schon in 13 18 hatte er Elohim als den Führer des wandernden Volkes ausgegeben!

Die Einführung des *măl'ak* haben dem Redaktor jene Skrupel diktiert, die er als deuteronomistischer Theologe gegenüber den Epiphanievorstellungen seiner beiden Gewährsleute empfand[109]. Durch die Hinzufügung von v. 19a wollte er sicherstellen, daß die Leser seines Werks die sichtbare »Wolkensäule« nicht mit Jahwe selbst identifizierten, sondern nur als Gottesgesandten betrachteten. Jahwe sollte transzendent bleiben[110]. Als zweiter Beweggrund kam hinzu, daß er sich der Vorstellung des *măl'ak* als göttlichen Führers und Beschützers besonders verbunden fühlte.

Auf die Frage des »Knechtes« hin, ob er Isaak eventuell nach Mesopotamien zurückbringen[111] dürfe, läßt R^JE in Gen 24 6. 7 Abraham entgegnen: »Hüte dich davor, meinen Sohn dorthin zurückkehren zu lassen! Jahwe, der Gott des Himmels[112], der

---

104 Schon v. 2* R^JE hatte auf das Lagern der Israeliten »am Meer« hingewiesen!

105 Vgl. die weiteren Belege S. 402!

106 Weitere R^JE-Beispiele s. S. 398!

107 Vgl. die Zusammenstellung S. 401f.!

108 Zweimal *hlk* qal in v. 19a!

109 Vgl. dazu die Zusammenstellung S. 405!

110 Vgl. S. 26 zu 3 2.

111 Dahinter stehen analoge Überlegungen wie hinter dem R^JE-Grundsatz »keine Rückkehr nach Ägypten!« (vgl. S. 403!).

112 Das Subjekt steht vor dem Prädikat, vgl. dazu S. 396!

mich aus meinem Vaterhaus und aus meinem Heimatland genommen und der zu mir geredet hat[113] . . . folgendermaßen[114]: Deinem Samen werde ich dieses[115] Land geben!, der wird seinen Boten (*măl'akô*!) vor dir hersenden . . .«. Später, in 24 40, zitiert der Knecht das Wort seines Herrn so: »Jahwe[116], vor welchem[117] ich gewandelt bin, wird seinen Boten (*măl'akô*) mit dir senden . . .«. Auf R^{JE} wird auch das aus dem vorhandenen Kontext nicht mehr motivierte Theologumenon von Ex 23 20 zurückgehen: »Siehe, ich werde meinen Boten (*măl'akî*) vor dir hersenden[118], um dich zu behüten auf dem Wege[119] und um dich zu der Stätte zu bringen, welche[120] ich bestimmt habe[121].« Deutlicher sind die Schriftzüge des deuteronomistischen Redaktors in Ex 33 1. 2 zu erkennen: »Da redete[122] Jahwe zu Mose: Geh, zieh hinauf von da[123], du und das Volk[124], welches[125] du vom Land Ägypten heraufgeführt hast in das Land, das ich Abraham, Isaak und Jakob[126] geschworen habe[127] folgendermaßen[128]: . . ., und ich werde einen Boten vor dir hersenden (*w^{e}šalăḥtî l^{e}panæka măl'ak*) und werde vertreiben[129] die Kanaaniter, die Amoriter . . .[130]«.

Die »Wolkensäule« wird in eine sekundäre Beziehung zur »Nacht« gebracht

Nach dem Bericht des Elohisten war Pharao mit seinen Wagen natürlich *untertags* in eine bedrohliche Nähe zu den Israeliten geraten; diese hätten ihn sonst ja gar nicht gesehn v. 10*. Und nur unter dieser Voraussetzung kam dem Dazwischentreten der Wolkensäule 20aαβ die Bedeutung eines Schutzes für Israel zu.

14 20aγ-b

Demgegenüber versucht die derzeitige Fortsetzung in v. 20 zweimal, den gerade noch verhinderten Zusammenstoß der beiden Gruppen in die Nacht zu verlegen: »Da kam die Wolke und die Finsternis, und sie machte die Nacht hell (*wăj^{e}hî hæ'anan w^{e}hăḥošæk wăjja'ær 'æt hălla-*

---

[113] Relativpartikel *'^{a}šær* (vgl. S. 394!) und *dbr* pi. (vgl. S. 395!).
[114] *le'mor*, vgl. die Belegesammlung S. 391!
[115] Demonstrativum, vgl. S. 393f.! — Zum Motiv der Landverheißung vgl. S. 106. 289.
[116] Vgl. Anm. 112.
[117] *'^{a}šær*, vgl. Anm. 113.
[118] *šlḥ* qal + *lip^{e}nê* wie in Gen 24 7 R^{JE}!
[119] *băddaræk*, vgl. das ebenso allgemeine *hăddæræk* 13 21 R^{JE}!
[120] *'^{a}šær*, vgl. Anm. 113.
[121] Zur Sache vgl. 3 8. 17 R^{JE}!
[122] *dbr* pi., vgl. S. 395!
[123] *mizzæ̂* wie in Ex 11 1 R^{JE}!
[124] Nachträglich ausgeweitetes Subjekt, vgl. die Zusammenstellung S. 398!
[125] *'^{a}šær*, vgl. Anm. 113.
[126] Vgl. Ex 3 6. 15 R^{JE}!
[127] Zum Motiv des Jahweschwurs an die Väter s. S. 289 Anm. 278.
[128] *le'mor*, vgl. Anm. 114.
[129] *grš* pi., vgl. die weiteren R^{JE}-Belege S. 395!
[130] Aufzählung kanaanäischer Völker wie in 3 8. 17 R^{JE}!

jelā), und keines konnte sich dem andern nähern (*welo' qarăb zæ̅ 'æl zæ̅*) die ganze Nacht über (*kål hăllajelā*)« 20aγ-b. *hæ'anan wehăḥošæk* braucht, im Sinne der Textkritik, keineswegs ein Korruptel zu sein[131]: Das Prädikat *wăjehî*[132], das textkritisch nicht anzufechten und in seiner Primitivität für den Stil des Redaktors typisch ist, läßt als Subjekt *auch* nichts Wohlgesetztes erwarten[133]! Außerdem ist ganz klar, was die künstliche Zusammenstellung der Begriffe »Wolke« und »Finsternis« bezwecken will: heterogenes Vorstellungsgut vereinen! *hæ'anan* ist degeneriert aus dem elohistischen *'ămmûd hæ'anan* 19b, während *wehăḥošæk* und *kål hăllajelā* auf die J-Erzählung über das Meerwunder Rücksicht nehmen[134].

welo' qarăb zæ̅ 'æl zæ̅ stellt die vormals unmittelbare Fortsetzung von *wăjjabo' bên măḥanē miṣrăjim ûbên măḥanē jiśra'el* 20aαβ E dar. *qrb* qal ist für den Sprachgebrauch des Nordreicherzählers typisch[135]. Das doppelte *zæ̅* greift sichtlich auf das zweimalige *măḥanæ* 20aαβ zurück. Der Zusammenhang der beiden elohistischen Stücke ist unauflöslich, so daß das jetzt dazwischenliegende *wăjehî hæ'anan wehăḥošæk wăjja'ær*[136] *'æt hăllajelā* ohne weiteres als Fremdkörper ausscheidet. Hinzu tritt noch die inhaltliche Unvereinbarkeit: Das Eingreifen der Wolkensäule hätte sich doch wohl erübrigt, wenn es, wie der Redaktor uns glauben machen will, Nacht gewesen wäre; die Dunkelheit hätte ja allein schon hinreichend Schutz und Deckung gewährt. Wenn nicht alles täuscht, so legt v. 20 die Wurzeln der redaktionellen Konzeption einer Feuersäule[137] bloß: Zunächst wollte der Harmonisierer die »Wolkensäule« von E mit der aus J heranzitierten[138] »Nacht« verquicken. Dabei erhob sich zwangsläufig die Frage, wie man sich eine Wolke, die ihrerseits schon das Prinzip der Dunkelheit repräsentiert, in der Nacht wirksam denken solle. Der Kontaminator beantwortete sie dahingehend, daß der Wolkensäule die Aufgabe des Verdunkelns zukam in bezug auf die Ägypter — diese konnten an Israel nicht herankommen! —, in bezug auf die Israeliten aber die Aufgabe des Lichtspendens — »sie machte die Nacht hell«! Auf diese Weise wurde anscheinend die Vorstellung der Feuersäule geboren.

---

131 Gegen BHK³.

132 Vgl. die Belegesammlung S. 394!

133 Weitere Belege für die stilistische Schwerfälligkeit des Redaktors s. S. 397f.!

134 Vgl. dazu schon S. 241.

135 Vgl. zuletzt zu *qrb* hi. 10a.

136 *'wr* hi. wie in 13 21 R^JE!

137 Vgl. dazu schon S. 297.

138 Ein Fall von »Übertragung«, vgl. die Zusammenstellung S. 401f.!

Moses Stabmanipulation samt Folgen

14 21a

Erst jetzt kommt Mose dazu, den in v. 15f. empfangenen Befehl auszuführen: »Da reckte Mose seine Hand aus über das Meer (*wăjjeṭ mošǣ 'æt jadô 'ăl hăjjam*). Da ließ Jahwe das Meer gehen durch einen starken Ostwind die ganze Nacht über (*wăjjôlæk jăhwǣ 'æt hăjjam b^erûᵃḥ qadîm 'ăzzā kål hăllajᵉlā*), und er machte das Meer zum trockenen Land (*wăjjaśæm 'æt hăjjam læḥarabā*)« 21a. *wăjjeṭ mošǣ 'æt jadô 'ăl hăjjam* ist R^{P}-Ersatz für eine analoge Aussage der Harmonie, die vermutlich noch den alten elohistischen Wortlaut aufwies[139]. Bei E hatte der Stabzauber unverzüglich jene Austrocknung des Meeres zur Folge, welche den Israeliten das Hindurchziehen »auf dem Trockenen« 16b*. 22a ermöglichte. Darauf verweist der Verarbeiter nur noch mit seinen eigenen Worten: *wăjjaśæm 'æt hăjjam læḥarabā*. Er setzt *ḥarabā*, wo sein Gewährsmann *jăbbašā* gesagt hatte; typisch für seine Rede ist auch das vulgäre *śjm* qal[140].

Zwischen Stabzauber und Austrocknung erscheint ein Bindeglied eingeschaltet: Der Ostwind soll die Austrocknung besorgt haben. Damit wird, sehr im Gegensatz zu den magischen Prätensionen des Elohisten, der Versuch einer natürlichen Erklärung des Meerwunders ins Spiel gebracht. Bekanntlich[141] war es der jahwistische Erzähler, der Jahwe hier und öfter sich des Windes als Werkzeugs bedienen ließ. Die *rûᵃḥ*[142] *qadîm* insbesondere trat schon bei der Heranschaffung der Heuschrecken 10 13* J ins Mittel. Und wie sie damals eine »ganze Nacht« hindurch blies, so tat sie es auch im Falle des Meerwunders. *kål hăllăjᵉlā*, jetzt etwas verloren wirkend, bezog sich von Haus aus nicht so direkt, wie v. 21a vorgibt, auf das Zurückweichen des Meers. *wăjjôlæk* erscheint vom Redaktor formuliert; der Südreicherzähler hatte den Vorgang — oder vielleicht auch nur seine Ergebnisse[143] — gewählter und genauer ausgedrückt. In seinem Bestreben, Jahwe als den Urheber der Realitäten aufzuweisen, hat er diesmal den Bogen des Realismus aus Unkenntnis der physikalischen Gegebenheiten überspannt: Ein nächtlicher Sturm, so heftig er auch sei, vermag wenigstens mannshohe Wassermassen doch nicht fortzublasen!

---

139 Dieser umschloß die Begriffe *rwm* hi., *măṭṭǣ* und *jam*; vgl. v. 16a*.

140 Vgl. die weiteren Belege S. 394!

141 S. S. 241.

142 Wie das Attribut *'ăzzā* zeigt, versteht v. 21 den Begriff *rûᵃḥ* als Femininum; J hat ihn wahrscheinlich aber noch als Maskulinum aufgefaßt, s. *rûᵃḥ jam ḥazaq* 10 19!

143 Vgl. S. 319 zu v. 25.

14. 21b

V. 21b klappt merklich nach: *wăjjibbaqe'û hămmajim* »und das Wasser wurde gespaltet«. Er gibt ein Stück, zumindest aber eine Anschauung der priesterlichen Erzählung wieder[144].

Israel marschiert ins Meer hinein

14 22a*

Was man jetzt in v. 22a liest, war wahrscheinlich schon bei E[145] auf die Notiz 21a* E über Moses Stabanwendung und die Austrocknung des Meeres gefolgt: *wăjjabo'û b^enê jiśra'el b^etôk hăjjam băjjăbbašā* »und die Israeliten gingen mitten ins Meer hinein auf dem Trockenen«.

14 29a

Immerhin kann man sich überlegen, ob es dort statt *wăjjabo'û* nicht vielmehr *wăjjel^ekû* geheißen hatte. V. 29a, eine Variante von v. 22a, verwendet *hlk* qal statt *bw'* qal. Das zweite würde dann erst unter der Einwirkung von P[146] aufgekommen sein.

14 22b *14 16b*

Die Fortsetzung *w^ehămmăjim lahæm ḥomā mîmînam ûmiśś^emo'lam* »und das Wasser war ihnen eine Mauer zur Rechten und zu Linken« 22b schließt begrifflich und vorstellungsmäßig an v. 21b P an; zwischen den beiden Angaben wird der Priester dann in der Tat etwas über ein »Hineingehen« (*bw'* qal) der Israeliten in den entstandenen »Spalt« bemerkt haben! Die eben angestellten Überlegungen sind *mutatis mutandis* auch für das *w^ejabo'û* von v. 16b gültig.

Die Verfolger folgen. — Welche Ereignisse gingen dem Durchzug unmittelbar voraus?

14 23

Prompt gehen die Feinde in die Falle: »Da jagten die Ägypter nach und gingen hinter ihnen hinein (*wăjjird^epû miṣrăjim wăjjabo'û 'ăḥ^arêhæm*), alle Pferde Pharaos, seine Wagen und seine Reiter, zur Mitte des Meeres (*kol sûs păr'ō rikbô ûparašâw 'æl tôk hăjjam*)« 23. Der R^JE-Bestand des Verses beschränkt sich auf *wăjjird^epû miṣrăjim* und *'æl tôk hăjjam*. Jenes wiederholt das redaktionelle, aber von J inspirierte *wăjjird^epû miṣrăjim* von v. 9; dieses nimmt die elohistische Wendung *b^etôk* (!) *hăjjam* von v. 22a auf. Daß die Verfolger sich in den Meeresgrund hineinwagten, müssen, jeder auf seine Weise, schon J und E berichtet haben; mit welchen Worten sie das taten, steht dahin.

Die Umstände, die nach J bzw. nach E dem Durchzug der Israeliten durch das Meer vorausgegangen sind, lassen sich z. T. auch nur noch vermutungsweise erschließen. Nach E haben die »Israeliten«

---

[144] Vgl. S. 309f.

[145] Vgl. zu v. 22a schon oben S. 311.

[146] Vgl. *wăjjabo'û* 23aα, was, wie wir demnächst sehen werden, von P stammt.

auf jeden Fall »am Meer gelagert« 2*. Sie werden dort also zumindest eine Nacht verbracht haben; die Nachtvorstellung trug dann wohl ihr Teil zu der in v. 20 vollzogenen Kontamination bei! Gewiß bekam Mose auch den Befehl 16*, das Meer mit seinem Stab zu traktieren, bei Nacht[147]. Früh am Morgen, wahrscheinlicher aber sofort[148], stand er dann auf, um die magische Handlung vorzunehmen (21*). Daraufhin setzte das Volk seine Reise durch das Meer fort 22a(*). — Nach J hat der »König von Ägypten« die entflohenen »Hebräer« auf alle Fälle irgendwo »eingeholt« 9*. Warum kam es dann doch zu keiner Feindberührung? Möglicherweise deswegen, weil es ausgerechnet zu diesem Zeitpunkt Nacht wurde; eine solche Vorstellung würde wiederum die Kontamination von v. 20 gefördert haben! Sicher ist, daß dann eine »ganze Nacht« lang der Ostwind blies 21*, so daß am Morgen der Durchzug über den Meeresboden vonstatten gehen konnte.

wăjjabo'û 'ăḥ^a^rêhæm kål sûs păr'ō rikbô ûparašâw stellt bei Licht besehen eine glatte Parallele dar zu dem bereits kontaminierten *wăjjirdᵉpû miṣrăjim ... 'æl tôk hăjjam*. Hier zitiert R^P anscheinend seine P-Vorlage. *wăjjabo'û* begünstigt die schon geäußerte Vermutung, daß *bw'* qal in v. 16b. 22a ein R^P-Surrogat für *hlk* qal ist.

Verwirrung im Lager der Ägypter

14 24

Das nächste Schicksal der ins Meer hinein gefolgten Ägypter beschreibt der Verfasser der JE-Harmonie so: »Und es geschah zur Zeit der Morgenwache (*wăjᵉhî bᵉ'ăšmoræt hăbboqær*), da blickte Jahwe herab zum Lager der Ägypter in einer Säule von Feuer und Wolke (*wăjjăšqep jăhwǣ 'æl măḥ^a^nē miṣrăjim bᵉ'ămmûd 'eš wᵉ'anan*) und brachte das Lager der Ägypter in Verwirrung (*wăjjahåm 'et măḥ^a^nē miṣrajim*)« 24. Also schon ein bloßer Blick Jahwes soll die Feinde des Verstandes und der Ordnung benommen haben — das ist ja ein Mirakel[149]! In die bei den Quellen vorgebildete Situation, daß sich die Ägypter auf dem momentan wasserfreien Meeresboden befanden, paßt es sich gar nicht ein[150], beeinträchtigt vielmehr nur das Wunder der Errettung Israels mithilfe des *Meeres*. Der Redaktor trägt hier eine Konzeption vor, welche die deuteronomistische Schule für ihre Sicht vom heiligen Kriege ausgebildet bzw. vertreten hat: Jahwe greife mitunter quasi senkrecht von oben in das Kriegsgeschehen ein

---

[147] Vgl. dazu die Zusammenstellung S. 389!

[148] Zur ersten Möglichkeit vgl. *škm* hi. in 8 16 9 13 E, zur zweiten vgl. S. 321 zu *lipnôt boqaer* v. 27

[149] Vgl. die weiteren R^{JE}-Belege S. 405!

[150] Mangelndes Verständnis für die geschichtliche Situation, vgl. die Zusammenstellung S. 398f.!

und füge den Feinden einen irrationalen Gottesschrecken zu[151]. Die — bestimmtere! — Art, wie der Elohist den Eindruck beschrieben hatte, welchen das rettende Dazwischentreten der Wolkensäule 20aαβ. 20b* bei den Ägyptern hervorrief, mag dem Redaktor die Anwendung dieser deuteronomistischen Vorstellung nahegelegt haben. Jedenfalls nimmt v. 24 die elohistischen Ideen des *măḥanē miṣrăjim*[152] und der Säule auf. Letztere ist aus der ursprünglichen »Wolkensäule«[153] depraviert zu dem indefiniten *ʿămmûd ʾeš weʿanan* »eine Säule von Feuer und Wolke«. Die Formulierung von v. 24 trägt Sorge, daß der Leser nicht Jahwe mit der Säule in eins setze: Er befindet sich, unsichtbar bleibend, »in« der Säule.

Jahwe soll aufs ägyptische Lager »zur Zeit der Morgenwache« »herabgeblickt« haben. *beʾăšmorœt boqœr* entbehrt im jetzigen Zusammenhang eines plausiblen Sinns: Israel und seine Verfolger hatten sich doch schon vorher (vgl. v. 22f.) auf den Weg gemacht; demnach wären sie bereits vor der Morgenwache aufgebrochen! Umso besser schickt sich die fragliche Zeitangabe zu den Voraussetzungen der jahwistischen Erzählung: Nachdem »die ganze Nacht« hindurch der Ostwind geblasen hatte 21*, brachte die Morgenwache eine großartige Überraschung: Der Meeresarm war leergefegt! Von daher erhellt, daß auch das Verb *šqp* hi., das mit jener Zeitangabe verknüpft ist, einmal einen sinnvolleren Bezug wahrnahm: »Herabgeblickt« haben von Haus aus die eben vom Schlaf erweckten Hebräer bzw. ihre Wächter, und was sie erblickten, das war der ungewöhnliche, ihnen durchs Meer bereitete Weg, worauf sie ihrem Verfolger entrinnen sollten!

Anscheinend nicht zufällig ist es der *jahwistische* Abraham, der nach Gen 19 28 auf Sodom und Gomorrha[154] »herabgeblickt« hat (*šqp* hi.), um daselbst den Rauch aufsteigen zu sehen von dem Brand, den ein Schwefel- und Feuerregen[155] Jahwes[156] gestiftet hatte v. 24*. In 18 16 hat der Ausgleichsredaktor jene Aussage auf die »drei Männer« der elohistischen[157] Sodomgeschichte »übertragen«: *wăjjăšqipû ʿăl penê sedom*. Wiederum ist es in Gen 26 8 der Philisterkönig von J, welcher durchs Fenster »herabblickend« (*wăjjăšqep . . . beʿăd hăḥăllôn*) entdeckte, wie Isaak mit seiner Frau Zärtlichkeiten austauschte; demgegenüber mußte sich sein elohistischer Widerpart Abimelech über das eheliche Verhältnis der beiden von »Elohim« in einem nächtlichen Traum[158] aufklären lassen Gen 20 3.

---

[151] Die Vorstellung ist z. B. noch in Jos 10 10 Jdc 4 15 I Sam 7 10 14 15 belegt, vgl. auch Dtn 2 15.

[152] S. v. 20aβ E.

[153] S. v. 19b E.

[154] Vgl. dazu schon S. 36.

[155] Die Stelle verwendet das für J charakteristische *mṭr* hi. (vgl. dazu S. 205).

[156] Man beachte das Tetragramm!

[157] Vgl. dazu S. 36.

[158] Vgl. die Zusammenstellung der E-Belege S. 389!

Das demnach jahwistische *šqp* hi. und seine Zeitbestimmung *b^{e}'ăšmorœt hăbboqœr* hat der Redaktor in v. 24 also auf völlig neue Verhältnisse »übertragen«[159]. Bei der Gelegenheit schickte er der überkommenen Zeitangabe auch das umständliche, überflüssige *wăj^{e}hî*[160] voraus.

Die Streitwagen der Ägypter bleiben stecken

14 25a

Im Unterschied zu v. 24 R^{JE} bringt die Fortsetzung v. 25a über das Ergehen der Ägypter eine sehr markante und situationsbezogene Aussage: *wăjjœ'^{æ}sor*[161] *'et 'opăn mărk^{e}botâw wăj^{e}năh^{e}gehû bik^{e}bedut* »und er hemmte das Rad seiner Wagen und ließ es nur mit Mühe fahren«. Hier offenbart sich wieder einmal[162] der Realismus jahwistischer Darstellung. Der alte Südreicherzähler hatte die feuchte, weiche Beschaffenheit des Meeresbodens vor Augen, die zwar den leichtfüßigen Hebräern, nicht aber den schweren ägyptischen Wagen ein Fortkommen bot — Fluch der Technik schon damals! Jahwes Urheberschaft wird, in Fortführung von v. 24, wohl erst der Bearbeiter so hervorgehoben haben; für den Verfasser der Quelle verstand sie sich noch von selbst. Das suff. 3. sg. in *mărk^{e}botâw* sprach vormals den »König von Ägypten« an. Jetzt deutet es der Kontext der Harmonie, recht gekünstelt, auf *măḥ^{a}nē miṣrajim* 24b oder auf *miṣrajim* allein. Daß die jahwistische Vorform von v. 25a schon den Abstraktbegriff[163] *k^{e}bedut* verwendete, muß bezweifelt werden, doch trifft er noch die Meinung des alten Erzählers.

Ausgerechnet jetzt sollen die Ägypter die Flucht ergriffen haben!

14 25b

Die Ägypter mit ihren Wagen kamen kaum voran 25a* J. Daraufhin sollen sie, so will es der Komponist der Harmonie, sich gleichwohl zur Flucht entschlossen haben: »Da sagte Ägypten: Ich will vor Israel fliehen, denn Jahwe streitet für sie gegen Ägypten (*wăjjo'mœr miṣrăjim 'anûsā mipp^{e}nē jiśra'el kî jăhwœ nilḥam lahœm b^{e}miṣrajim*)« 25b. Das ist an den Verhältnissen der Geschichte vorbeigeredet[164]! Idee und Begriff des Fliehens *nws* qal hat R^{JE} aus anderem Sachzusammen-

---

[159] Vgl. die weiteren Beispiele redaktioneller Übertragung S. 401f.!

[160] Vgl. die weiteren Belege S. 394. 398!

[161] So ist wahrscheinlich mit Sam. (G S) zu lesen. — M (T) *wăjjasăr* würde zwar zu der jahwistischen Vorliebe für *swr* qal/hi. (vgl. S. 160f.) passen, aber *wăj^{e}năh^{e}gehû bik^{e}bedut* knüpft doch wohl an ein *wăjjœ'^{æ}sor* an.

[162] Vgl. die Zusmammenstellung der Belege S. 380f.!

[163] Vgl. die R^{JE}-Belege S. 391ff.!

[164] Vgl. die Zusammenstellung S. 398f.!

hang hierher »übertragen«[165]. Zu *jăhwæ nilḥam* — man beachte das partizipiale, nominale Prädikat[166]! — stand ihm das elohistische Mosewort v. 14a Pate. Kennzeichen seines Stils sind ferner die Mitteilung einer wörtlichen Rede bzw. eines Gedankens[167], das Im-Vordergrund-Stehen der »Ägypter«[168], die zusammengesetzte Präposition[169] *mippenê*[170], das begründende *kî*[171] und der Umstand, daß *miṣrăjim* von sich selbst als 3. Person redet[172].

Moses Stabmanipulation führt die Katastrophe der Ägypter herbei

14 26-28a

Ungeachtet der natürlichen Umstände 25a* J, die den Untergang der Ägypter bereits anbahnten, muß Mose sich jetzt noch als Thaumaturg betätigen: »Da sagte Jahwe zu Mose: Recke deine Hand aus über das Meer (*wăjjo'mær jăhwæ 'æl mošæ neṭē 'æt jadeka 'ăl hăjjam*), damit das Wasser zurückkehre über Ägypten, über seine Streitwagen und über seine Reiter (*wejašubû hămmăjim 'ăl miṣrăjim 'ăl rikbô we'ăl parašâw*). | Da reckte Mose seine Hand aus über das Meer, und das Meer kehrte zurück, als der Morgen anbrach, zu seinem Bette (*wăjjeṭ mošæ 'æt jadô 'ăl hăjjam wăjjašâb hăjjam lipnôt boqær le'êtanô*), und die Ägypter flohen ihm entgegen (*ûmiṣrăjim nasîm liqra'tô*); so schüttelte Jahwe die Ägypter mitten in das Meer (*wăjenă'er jăhwæ 'æt miṣrăjim betôk hăjjam*). | Und das Wasser kehrte zurück und bedeckte die Wagen und die Reiter vom ganzen Heer Pharaos, die hinter ihnen her ins Meer hineingingen (*wăjjašubû hămmăjim wăjekăssû 'æt harækæb we'æt hăpparašîm lekol ḥêl păr'ō hăbba'îm 'ăḥarêhæm băjjam*)« 26-28a.

Zum RP-Anteil der Passsage

Der Hinweis auf die Rückkehr des »Wassers«[173], das dann Pharaos Heeresmacht bedeckte 28aα-γ, bildet die Fortsetzung von *wăjjabo'û 'ăḥarêhæm kol sûs păr'ō rikbô ûparašâw* 23 P. RP fügte noch einen ausdrücklichen Bezug auf jene Angabe bei: *habba'îm 'ăḥarehæm băjjam* 28aα, der bezeichnenderweise nicht mehr von »Wasser«, sondern vom »Meer« spricht, also auf die Terminologie der JE-Harmonie Rücksicht nimmt[174]. Auch bei der Formulierung des Objekts von *wăjekăssû* wird er seine Hand im Spiel haben. Aus dem priesterlichen Ereignisbericht *wăjjašubû hămmăjim* 28aα leitete der Endredaktor die Zweckangabe *wejašubû hămmăjim* 26bα ab; man kann sich

---

[165] Vgl. weiter S. 322. — Zusammenstellung redaktioneller Übertragungen s. S. 401f.!

[166] Weitere RJE-Belege s. S. 395f.!

[167] Vgl. S. 397!

[168] Gemäß v. 7. 9f. 13. 23 RJE!

[169] Vgl. die Zusammenstellung S. 394!

[170] Schon dagewesen in 3 7 8 20 9 30 10 3 RJE!

[171] Weitere Belege s. S. 395!

[172] Weitere Erscheinungen dieser Art s. S. 398!

[173] *măjim* ist für die priesterliche Geschichtserzählung kennzeichnend, vgl. v. 21b. 22b

[174] Vgl. S. 310 zu *hăjjam* 16.

allerdings überlegen, ob die letzte in der Harmonie nicht irgendwie bereits vorgebildet war. Aus P wurden auch die Begriffe *rikbô* + *parašâw* in v. 26 eingearbeitet[175]. Ihr Suffix zielt von Haus aus auf »Pharao«; auf »Ägypten« bezog es erst R^P. Befehlsbericht und Ausführungsbericht über die Stabmanipulation erscheinen in der aus 9 22f. 10 12f.21f. 14 21 R^P bekannten Weise nach P stilisiert.

Zum R^{JE}-Anteil der Passage
Bei E erfolgte der Durchzug bei Nacht!

Nach Analogie der eben erwähnten Stellen möchte man annehmen, daß das Hereinbrechen der Fluten auch schon bei R^{JE} und dann auch bei E durch eine einschlägige Verwendung des Mosestabes bedingt war. Mose hätte dort also seinen »Stab erheben« müssen und dann auch »erhoben«. Diese Maßnahme hätte einen im einzelnen nicht mehr abzuklärenden Bezug auf das »Meer« gehabt. Der Manipulationsbefehl 26a* wäre in der Harmonie wie üblich[176] mit einer Zweckangabe versehen gewesen. Indes bewegt man sich mit diesen Annahmen auf reichlich unsicherem Boden. Es fragt sich nämlich sehr, ob es in dem E-Bericht über das Meerwunder wirklich einer zweiten Stabanwendung bedurft hatte. *wăjjašâb hăjjam* 27 wird, als Parallele zu dem priesterlichen *wăjjašubû hămmăjim* 28, samt dem zunächst Anhängenden schon in der JE-Harmonie gestanden haben. Dann aber stellt die Meinung von v. 27, daß das Meer bei Tagesanbruch, *lipnôt boqær*, in sein Bette zurückkehrte, die Vorstellung des Jahwisten in Frage, wonach der Marsch über den Meeresgrund erst nach der Morgenwache begann[177]. Anscheinend hatte die elohistische Quelle den Zug der Israeliten durch das Meer in die Nachtstunden datiert, so daß über die Streitmacht Pharaos das Verderben schon bei Tagesgrauen hereinbrechen konnte! Zu diesem Bild stimmt die Tatsache, daß das unserer Tageszeitangabe[178] *lipnôt boqær* entsprechende *lipnôt ʿaræb* Gen 24 63 elohistischer Herkunft ist[179]. Vor allem aber wird jetzt deutlich, daß der Nordreicherzähler sein Gemälde vom Meerwunder auf eine Folie aufgetragen hatte, die er auch sonst verwendete, auf den Grund nämlich seiner magischen Einschätzung der Nacht[180].

Als sachlich nächste Parallele kommt die elohistische[181] Pniëlgeschichte in Betracht: Jakob überquerte den *Fluß* Jabbok ebenfalls bei Nacht Gen 32 22. 26! Ähnlich war der elohistische[182] Lot bei seiner Flucht aus Sodom auf den Schutz der Nacht an-

---

175 Vgl. v. 23aβ P.

176 Vgl. 7 17(Ende) 9 22aγ 10 12aγ. 21aγ R^{JE}.

177 S. S. 318.

178 Tageszeitangabe, ein typisches E-Motiv, vgl. S. 388!

179 S. S. 78 mit Anm. 326.

180 Vgl. S. 389!

181 Vgl. S. 45. 133.

182 Vgl. S. 36. 77f. 133.

gewiesen Gen 19 1*. 15*. In beiden Fällen bedeutete der Anbruch des Tages, daß ein magisches Heils- oder Unheilswirken sich nicht mehr fortsetzen konnte.
Auch im Falle des elohistischen Meerwunders hob offenbar die Wiederkehr des Lichtes den Zaubereffekt auf; das Meer mußte jetzt an seinen angestammten Platz zurückströmen. Hiezu bedurfte es nach E dann nicht nochmals des Zauberstabs; *lipnôt boqær* hätte sich sonst ja auch schon auf dessen Anwendung 27aα* und nicht erst auf die Wirkung derselben 27aβ beziehen müssen! Fraglich bleibt, wer die Rückkehr des Meers zum ersten Mal als eine Wirkung des Mosestabs ausgegeben hat, ob schon R^{JE}, was ich vermute, oder erst R^{P}.

Herkunft des Motivs der Flucht

In *ûmiṣrăjim nasîm liqra'tô* 27aγ bezieht sich das Suffix auf das allem nach elohistische *hăjjam* 27aβ zurück. Für die Herleitung der Notiz von E spricht auch, daß sie mit der jahwistischen Anschauung, daß die Streitwagen der Verfolger im feuchten Schlick hängenblieben 25a*, nicht gut zu vereinbaren ist, wohl aber mit der Vorstellung des Elohisten 21aγ*. 22a*, daß der Meeresgrund trocken war. Als weiteres Indiz ist zu verbuchen, daß man bei E auch sonst Verba der Bewegung häufig mit *liqră't* verbunden findet[183]. Im übrigen ist v. 27aγ allerdings vom Bearbeiter gestaltet: Der führte *miṣrăjim* als Subjekt ein[184] und verlieh der Aussage ihre derzeitige Form eines Nominalsatzes[185]. — Aus dem elohistischen Sachzusammenhang von v. 27aγ* wurde *nws* qal in die Rede der Ägypter 25b R^{JE} »übertragen«[186].

wăj^enă'er jăhwæ 'æt miṣrăjim b^etôk hăjjam 27b hat ebenfalls schon in der deuteronomistischen Harmonie gestanden. Man sieht es an dem Ausdruck *b^etôk hăjjam*, der aus E stammt[187], und an dem Rückgriff auf die »Ägypter«[188]. Die Angabe, Jahwe habe dieselben in das Meer »geschüttelt«, hat jenen derben, drastischen Klang, den man bei so mancher R^{JE}-Formulierung wahrnimmt[189]. Dabei läßt sich das Gesagte weder konkret vorstellen[190] noch den übrigen Bemerkungen der kompilierten JE-Erzählung zuordnen[191].

Keiner blieb übrig

Die Verfasser der beiden Quellen können nicht verschwiegen haben, daß die Israeliten unversehrt am gegenüberliegenden Ufer des

---

183 Vgl. S. 92f.
184 Vgl. S. 320 mit Anm. 168.
185 Vgl. die weiteren R^{JE}-Belege S. 395f.!
186 Vgl. die Zusammenstellung S. 401f.!
187 S. 16b*. 22a* E.
188 Vgl. Anm. 184.
189 Vgl. die Zusammenstellung S. 396!
190 Vgl. S. 391ff.!
191 Die einzige bekannte Parallele Ps 136 15 ist wohl von unserer Stelle abhängig.

Meeres anlangten, bevor die Fluten zurückströmten. Im jetzigen Bericht vermißt man eine solche Notiz; sie mag auch schon der Harmonie gefehlt haben. R^{JE} ließ seine Gedanken sicher viel lieber beim traurigen Schicksal der Ägypter verweilen 24-27*, denn was der Ägypter Verderben war, das erschien ihm zugleich als Israels Triumph[192].

14 28b

Wie Musik mußte in seinen Ohren die Mitteilung des Jahwisten[193] klingen, daß von den Verfolgern niemand die Katastrophe überlebt habe: *lo' niš'ăr bahæm 'ăd 'æḥad* »es blieb bei ihnen auch nicht einer übrig« 28b. Wahrscheinlich hat er sie uns einigermaßen wörtlich angeführt; nur das verstärkende *'ăd*, das den bekannten Parallelen[194] fehlt, wird er selber ergänzt haben.

Eine Reprise von v. 22

14 29

ûbenê jiśra'el halekû băjjăbbašā betôk hăjjam 29a rekapituliert nicht ganz wortgetreu die auf E zurückgehende Angabe v. 22a; *wehămmăjim lahæm ḥomā mîmînam ûmiśśemo'lam* 29b ist mit dem priesterlichen v. 22b sogar identisch. Bedeutsam sind die bei v. 29a verbleibenden Differenzen: *hlk* qal anstelle von *bw'* qal 22a; letzteres wurde wahrscheinlich erst P zuliebe aufgenommen[195], so daß *hlk* dem Wortlaut der R^{JE}-, vielleicht sogar noch der E-Erzählung entspräche. Ferner ist in v. 29a gegenüber v. 22a die Satzstellung geändert: Das Subjekt erscheint vor dem Prädikat. Der Verfasser von v. 29 — es muß sich um R^{P} handeln — wollte dem Schicksal der Ägypter 28b dasjenige der Israeliten gegenüberstellen. Demgemäß wäre zu übersetzen: »Aber die Israeliten waren auf dem Trockenen mitten im Meer gegangen, und das Wasser war für sie eine Mauer zur Linken und zur Rechten.«

Schluß der Meerwundergeschichte der Harmonie

14 30. 31

Für die *positive* Wirkung des Meerwunders hatte der deuteronomistische Redaktor lediglich noch eine allgemeine[196] Bemerkung übrig: »So rettete Jahwe an jenem Tage Israel aus der Hand der Ägypter (*wăjjôšă' jăhwæ băjjôm hăhû' 'æt jiśra'el mijjăd miṣrajim*)« 30a. Um so mehr lag ihm an der Vorstellung, daß Israel seinen Triumph[197] weidlich habe auskosten können: »Und Israel sah die Ägypter tot am Ufer des Meeres (*wăjjăr' jiśra'el 'æt miṣrăjim met 'ăl śepăt hăjjam*). | Und Israel sah die große Hand, welche Jahwe an den

[192] Vgl. die weiteren R^{JE}-Belege S. 403!

[193] Zur Herkunft vgl. S. 193 zu 8 27.

[194] S. S. 17.

[195] Vgl. S. 316.

[196] Vgl. die Zusammenstellung S. 391ff.!

[197] Vgl. die weiteren R^{JE}-Belege S. 403!

Ägyptern erwies (*wăjjăr' jiśra'el 'æt hăjjad hăggᵉdolā 'ᵃšær 'aśā jăhwǣ bᵉmiṣrăjim*); und das Volk fürchtete Jahwe und sie glaubten an Jahwe und an Mose, seinen Knecht (*wăjjîrᵉ'û ha'am 'æt jăhwǣ wăjjă'ᵃmînû bᵉjăhwǣ ûbᵉmošǣ 'ăbdô*)« 30b. 31.

Von *wăjjôšă' jăhwǣ* soll der Leser eine Linie ziehen zu jener *jᵉšû'ăt jăhwǣ*, welche Mose den verzagten Israeliten angekündigt hatte 13 E. Dann wird man einen Zusammenhang sehen auch zwischen dem dortigen *ûrᵉ'û* und unserem zweimaligen *wăjjăr'*. Das alles kann freilich nicht heißen, daß sich in v. 30f. ein Stück elohistischer Berichterstattung niedergeschlagen oder erhalten hätte! Die Hilfe, die der elohistische Mose angesagt hatte, bestand ja gar nicht im Meerwunder, sondern im Dazwischentreten der Wolkensäule 20aαβ. b*[198]. Außerdem hatte es der Nordreicherzähler nicht nötig, Jahwes Einsatz hier mit dem unbestimmten[199] *wăjjôšă'* zu umschreiben, war bei ihm doch *in extenso* ausgeführt, wie sich das Versprechen göttlichen Beistands verwirklichte. Vielmehr wird sich der Verfasser der JE-Harmonie, als er v. 30. 31 abfaßte, dazu wie üblich Ideen und Begriffe zusammengeklaubt haben, wo er sie gerade fand — so z. B. in v. 13 E.

In dem Bild, das unsere zwei Verse bieten, wird man auch sonst seines eigentümlichen Pinselstrichs ansichtig: ungenaue Zeitangabe *băjjôm hăhû'*[200], Demonstrativum[201] *hahû'*, *mijjăd* nach einem Verbum des Rettens[202], unfeine Zweimaligkeit des Passus *wăjjăr' jiśra'el*[203], *miṣrăjim* als Bezeichnung für die Opfer des Meerwunders[204], *hăjjad hăggᵉdolā* als theologisches Schlagwort unbestimmten Inhalts[205], *'ᵃšær*[206], *'śh* qal[207], Jahwefurcht qua Tugend[208]. *'æbæd jăhwǣ* ist stehende Titulatur des Deuteronomismus für Mose und andere ehrwürdige Gestalten der Heilsgeschichte[209].

---

[198] Vgl. S. 311.

[199] Vgl. die Zusammenstellung S. 391ff.!

[200] Schon gehabt in 5 6 8 18 R^{JE}!

[201] Vgl. die weiteren R^{JE}-Belege S. 393f.!

[202] Wie in 3 8 R^{JE}!

[203] Vgl. die Zusammenstellung S. 398!

[204] Wie in v. 7. 9f. 13. 25. 27 R^{JE}!

[205] Vgl. (*hăj*)*jad* (*hă*)*ḥᵃzaqā* in 3 19 6 1 R^{JE} und 13 9 Dtr., ferner die Zusammenstellung S. 391ff.!

[206] Vgl. die Zusammenstellung S. 394! — Obiger Relativsatz erinnert besonders an *'ᵃšær 'æ'ᵉśǣ bᵉqirbô* 3 20 *'ᵃšær jă'ᵃśǣ lakæm hăjjôm* 14 13 R^{JE}!

[207] Vgl. S. 394!

[208] Wie in 9 20. 30 R^{JE}!

[209] Vgl. z. B. Dtn 34 5 Jos 1 1f. 7. 13. 15 8 31. 33 9 24 u. ö. I Reg 8 53 (von Mose); Jos 24 29 Jdc 2 8 (von Josua); I Reg 11 13. 32. 34. 38 14 8 II Reg 19 34 20 6 (von David).

Traditionelle Elemente in v. 30. 31

Es verbleibt jedoch eine Anzahl von Phänomenen in v. 30f., die sich nur aus der Verwertung von Quellenelementen hinreichend erklären lassen. V. 30 behandelt den Begriff *miṣrăjim* als Singular: *wăjjăr' jiśra'el 'æt miṣrăjim met 'ăl śepăt hăjjam.* Dieses kollektive Verständnis geht grammatikalisch ohne weiteres an und kommt bei R^{JE} auch sonst gelegentlich vor[210]; hier allerdings, wo der Zusammenhang auf die Menge der Toten abzuheben scheint, wirkt das bezeichnete Verfahren doch ziemlich befremdlich. Berücksichtigt man außerdem, daß der Szenerie »am Ufer von« (*'ăl śepăt*) irgendwelchen Gewässern bei E die Bedeutung eines Topos zukam[211], so legt sich die Annahme nahe, daß unser *met* von jeher mit *'ăl śepăt hăjjam* zusammenhing und im elohistischen Grundbericht beheimatet war, wo es sich noch auf eine Einzelperson, nämlich auf Pharao, bezogen hatte. Wenn aber *met 'ăl śepăt hăjjam* dem Redaktor, der es jetzt für das Objekt von *wăjjăr' jiśra'el* benutzt, vorgegeben war, so macht dieser Umstand nun auch deutlich, was ihn bewog, eben dieses *wăjjăr' jiśra'el* wiederaufzunehmen: Er wollte es mit einem neuen, diesmal rein von ihm konzipierten Objekt *'æt hăjjad hăggedolā 'ašær 'aśā jăhwæ bemiṣrăjim* ausstatten, um auf diese Weise das erstmalige, mit traditionellem Material gestaltete Objekt zu interpretieren.

In demselben Lichte läßt sich auch das der Sache nach durchaus unklare Nebeneinander von Jahwefurcht und Glaube an Jahwe sowie Mose, *wăjjîre'û* ... + *wăjjă'amînû* ... 31 erhellen: Der Begriff des Glaubens *'mn* hi. entstammt einer der Vorlagen, und zwar der jahwistischen. Der alte Südreicherzähler war sich seinerzeit ja bereits im klaren darüber, daß der Glaube bzw. seine Pervertierung zum Unglauben für die Beziehung des Menschen zu seinem Schöpfer schlechterdings konstitutiv ist[212]. Unter »Glauben« verstand er nicht etwa nur eine innere Einstellung oder allgemeine Daseinshaltung, geschweige denn eine Form menschlicher Selbsteinschätzung, sondern das Annehmen jener konkreten Worte und Zeichen, die Gott dem Menschen zu geben pflegt, um sich selbst ihm zu bezeugen. Ein solches Zeichen stellte nach J offenbar auch das Meerwunder dar, und es hat seinen Endzweck, der die physische Errettung zugleich voraussetzte und dahintenließ, auch nicht verfehlt: Die Hebräer *glaubten* (was auch im Falle ihres Nichtglaubens wahr gewesen wäre!), daß in den ganz natürlichen Vorgängen, die ihre Rettung ermöglichten, niemand und nichts anderes gehandelt hat als Jahwe.

---

[210] Z. B. in v. 10. 25.

[211] S. S. 134f.

[212] Vgl. S. 98f. zu 4 31a* J sowie »Paradieserzählung« 127f.

Der inneren Evidenz des jahwistischen Glaubensbegriffs zum Trotz hat der deuteronomistische Bearbeiter damit nichts Rechtes mehr angefangen. So nahm er seine Zuflucht beim »Interpretieren«. Was der Jahwist als »Glauben« erkannt und gelehrt hatte, wurde verdrängt oder bevormundet durch scheinbar »zeitgemäße« Vorstellungen. »Glauben« sollte jetzt soviel heißen wie »auf Gottes Stimme hören« 3 18a 4 1, was seinerseits gleichviel bedeutete wie das Tun guter Werke[213]. Oder »glauben« wurde interpretiert als Jahwe »fürchten« 14 31; auch dabei war gemäß deuteronomistischem Brauch wieder an die tätliche Befolgung von göttlichen Verordnungen gedacht[214]. Nicht mehr das, was Gott tat und tut, galt als das Entscheidende, sondern das, was der Mensch tun soll — menschliches Selbstvertrauen statt Gottvertrauen! Zwar gebot dem Redaktor die Achtung vor der Tradition, daß er den Begriff des Glaubens nicht einfach aufgab; auch in v. 31 blieb er ja stehen! Welcher Unverstand dabei waltete, beweist aber gerade v. 31 noch insofern, als hier der Mensch Mose auf dieselbe Stufe der Glaub-Würdigkeit erhoben erscheint wie Jahwe, der Schöpfer aller Dinge.

Das Lied der Mirjam

15 20 bildet die R^{JE}-Fortsetzung zu 14 31. Das sog. Schilfmeer-Lied 15 1-18 ist durch eine Klammer v. 19 lose in seine derzeitige Umgebung eingefügt, die Elemente der vereinigten R^{JE}-R^{P}-Erzählung verwertet[215]. Infolgedessen kann v. 1-18 frühestens von R^{P} aufgenommen worden sein, wahrscheinlich aber von einem noch Späteren[216].

15 20. 21

Ursprünglich gedachte der Verfasser der Harmonie seine Ausführungen über das Meerwunder mit 14 30. 31 zu beschließen. Aber da sprangen ihm von einer seiner Vorlagen noch einige Angaben in die Augen, die er dann noch nachliefern wollte[217]: »Da nahm Mirjam, die Prophetin, die Schwester Aarons, die Pauke in ihre Hand (*wăttiqqăḥ mirjam hănnᵉbîʾā ʾᵃḥôt ʾăhᵃron hăttop bᵉjadah*), und alle Frauen machten sich auf ihr nach mit Pauken und mit Tänzen (*wătteṣæʾna kål hănnašîm ʾăḥᵃrâha bᵉtuppîm ûbimᵉḥolot*). Und Mirjam rezitierte ihnen: Singt Jahwe,

[213] Besonders klar tritt dies in Gen 3 17 R^{JE} zu Tage; vgl. weiter die Zusammenstellung S. 391!

[214] Vgl. z. B. Dtn 6 2. 24 8 6 10 12f. sowie Ex 9 20 R^{JE}.

[215] *sûs părʿō bᵉrikbô ûbᵉparašâw* 19a vgl. mit 14 23* P; v. 19b = 14 29a R^{JE} bzw. E*.

[216] R^{P} sagte, P folgend, in 14 28 *wăjjašubû hămmăjim*; dagegen gebraucht v. 19 *šwb* im hi.: *wăjješæb jăhwǣ . . . ʾæt mê hăjjam.*

[217] Wieder ein Beweis für den Konzeptcharakter der Harmonie, vgl. die Belegesammlung S. 402!

denn er ist hoch erhaben; Rosse und ihre Wagen stürzte er ins Meer (*wăttă'ăn lahæm mirjam šîrû l^ejăhwæ kî ga'ō ga'ā sûs w^erikbô ramā băjjam*)« 20. 21. Bequemlichkeitshalber, denn die Meerwundergeschichte war eigentlich schon fertig, führte er diesen Nachtrag ganz oder nahezu wörtlich aus der Quelle an. Deren Identität kann keine Frage sein: Das In-die-Hand-Nehmen (*lqḥ* qal + *b^ejăd* + suff.[218]) von Gegenständen entspricht elohistischer Darstellungsweise. Der Name Mirjams wird, wie bei E üblich[219], durch eine nachfolgende Verwandtschaftsbezeichnung näherbestimmt. Ihr Bruder Aaron ist uns aus 4 14* E bekannt. *jṣ'* qal hat in v. 20 den typisch elohistischen Sinn von »sich aufmachen, weggehen«[220]. Kennzeichnend für E ist ferner die Vorstellung, daß Mirjam eine Prophetin gewesen sei. Ähnlich hat er Abraham Gen 20 7[221] und die Ältesten der Vorzeit Num 11 25[222] als *n^ebî'îm* ausgegeben. Die Einbeziehung von Rhythmus und Tanz an unserer Stelle deutet einen Sachverhalt an, den die elohistischen Hinweise auf die Siebzig Ältesten in Num 11 vollends ersichtlich machen, nämlich daß dem Nordreicherzähler eine *ekstatische* Form von Nebiismus vorschwebte, und daß er dieselbe für ideal hielt[223]. Auch in diesem Punkte berührte sich seine Geschichtsdarstellung mit den alten Prophetenerzählungen des Nordreichs[224]. Innerhalb der v. 20. 21 sind allein in dem Lobpreis 21b keine Spezifika von E vertreten[225]. Der Elohist hatte denselben anscheinend seinerseits schon aus der Tradition übernommen und ihn dann der Mirjam in den Mund gelegt.

Was aber gab dem deuteronomistischen Redaktor den Anstoß dazu, die elohistischen Notizen 20f. über Mirjam nachzuliefern? Wahrscheinlich erschienen sie ihm als geeignet, noch einmal den Triumph Israels über seine Feinde[226] aufleuchten zu lassen. Eine solche Gelegenheit wollte er nicht verpassen, obwohl er ihrer erst ansichtig wurde, nachdem er seinen Meerwunderbericht bereits beendet hatte 14 30. 31.

---

218 Vgl. 4 17a*. 20b 7 17* 17 9* E!

219 Vgl. die Zusammenstellung S. 384!

220 Vgl. die weiteren Belege S. 385!

221 Abimelech bekam von Elohim in nächtlichem Traum (vgl. S. 124!) den Befehl: »Gib das Weib des Mannes zurück, denn er ist ein Prophet« v. 3a. 6aα. Zur entgegenstehenden Auffassung von J vgl. S. 318.

222 Vgl. dazu S. 272.

223 S. besonders Num 11 29.

224 Vgl. II Reg 1 9ff. 2 15ff. 3 15 6 17ff. 8 11 9 11. Auch I Sam 10 5f. 11 19 20ff. spielt im Gebiet des nachmaligen Nordreichs.

225 Dafür läßt *sûs rikbô* sich bemerkenswerterweise mit 14 23* P vergleichen.

226 Vgl. die weiteren Belege S. 403!

M. UNTERWEGS ZUM SINAI

Ex 15 22-27 16 1*. 2*. 3b*. 4. 5. 14. 15. 21*. 22*. 23*. 25bβ. 26-31. 35 17 1*-16

Wassermangel in der Wüste Sur

15 22*

Das durch das Meer errettete Volk setzt seine Reise fort: »Da ließ Mose Israel vom Schilfmeer aufbrechen, und sie machten sich auf zur Wüste Sur (*wăjjăssă' mošæ 'æt jiśra'el mijjăm sûp wăjjeṣᵉ'û 'æl midbăr šûr*). Und sie gingen drei Tage lang in der Wüste, ohne Wasser zu finden (*wăjjelᵉkû šᵉlošæt jamîm bămmidbar wᵉlo' maṣᵉ'û majim*)« 22. Der befremdliche Subjektswechsel am Anfang ist dem Rᴾ auf die Rechnung zu setzen: Durch Einfügung von *mošæ 'æt* und durch Deutung des älteren *wjs'* als hi. schob er die Initiative zum Weiterreisen Mose und damit letzten Endes erneut[1] Jahwe zu. *ns'* qal + *min* geht über die Harmonie auf das elohistische Werk und darüber hinaus auf das dort verwertete Stationenverzeichnis zurück[2]. Statt *mijjăm sûp*[3] dürften die beiden letzten allerdings eher noch *min hăjjam* gesagt haben[4]. Außerdem bezogen sie *ns'* qal noch auf die *Mehrzahl* der Israeliten: *wăjjisᵉ'û min hăjjam*[5]. Daß darauf eine der üblichen Angaben über die nächste Lagerstelle folgte (*wăjjăḥᵃnû bᵉ* . . .), versteht sich von selbst — aber nur für das Verzeichnis! Die jetzige Fortsetzung der Aufbruchsnotiz durch *wăjjeṣᵉ'û 'æl midbar šûr* verwendet *jṣ'* qal anscheinend in dem bei E gebräuchlichen Sinne von »sich aufmachen, weggehen«[6]. Die Notiz des Stationenverzeichnisses, welches ja nur Orte bzw. Oasen mitgeteilt, hatte der Elohist allem nach auf eigene Faust ergänzt durch den Namen einer Gegend, einer Wüste, in die die Israeliten gelangt sein sollen.

Infolgedessen wird man *wăjjeṣᵉ'û 'æl midbăr šûr* und *wăjjelᵉkû . . . bămmidbar* jetzt nicht etwa als sich auf echte Weise ergänzende, sondern als konkurrierende und erst von Rᴶᴱ vereinigte Aussagen ansehen. Die zweite davon entstammt der alten Südreichquelle, wie die für J typische Reisezeitangabe *šᵉlošæt jamîm*[7] beweist. *bămmidbar* meinte von Haus aus also die gleiche Wüste wie seinerzeit das Opferurlaubsgesuch der Ältesten Israels 3 18b* J. — *wᵉlo' maṣᵉ'û majim* nimmt auf allgemeine Weise vorweg, was in v. 23-27 erzählt wird; es

---

[1] Vgl. 14 2f. 15b Rᴾ!

[2] Vgl. S. 295.

[3] Vgl. dasselbe in 10 19 13 18a* (Num 14 25b) J!

[4] Vgl. *'ăl hăjjam* 14 2* E. Num 33 11a sagt ebenfalls *mijjăm sûp*.

[5] Gemäß 12 37a* 13 20a E!

[6] Vgl. S. 327 mit Anm. 220.

[7] Vgl. 3 18b* 5 3* J sowie Gen 30 36 31 23 J (dazu S. 151f.)!

handelt sich um so etwas wie eine Überschrift hiezu[8]. Im Mittelpunkt von v. 23-27 stehen zwei Lokaltraditionen, die auf bestimmte Wasserplätze Bezug nehmen; für sie ist wesentlich, daß man Wasser *fand.* Unsere Notiz behauptet das vorläufige Gegenteil, weil sie Raum schaffen will für die redaktionelle Lieblingsidee, daß die Israeliten gemurrt haben[9]. *w^{e}lo' maṣ^{e}'û majim* verdankt demnach seine Entstehung dem deuteronomistischen Redaktor.

Das Entsalzungswunder von Mara
15 23-25 a

Im zuletzt Bemerkten deutete sich bereits die Lösung der analytischen Probleme der Mara-Geschichte an: »Und sie kamen zu der (Oase) Mara; aber sie konnten Wasser aus Mara nicht trinken, weil es bitter war (*wăjjabo'û maratā w^{e}lo' jak^{e}lû lištot măjim mimmarā kî marîm hem*). Darum nennt man ihren Namen Mara (*'ăl ken qara' š^{e}mah marā*). | Da murrte das Volk wider Mose folgendermaßen: Was sollen wir trinken (*wăjjillonû ha'am 'ăl mošæ le'mor măh nništæ*)? | Und er schrie zu Jahwe, und Jahwe wies ihm ein Holz, und er warf es ins Wasser; da wurde das Wasser süß (*wăjjiṣ'ăq 'æl jăhwæ wăjjôrehû jăhwæ 'eṣ wăjjăšlek 'æl hămmăjim wăjjimt^{e}qû hămmajim*)« 23-25 a. Die alte Lokaltradition hatte nämlich noch ganz auf das Wunder der Entsalzung des bitteren Wassers abgehoben; die Vorstellung, daß dessen Ungenießbarkeit bei den Wandernden Empörung hervorrief, war ihr fremd. Alle auf diese Empörung bezogenen Angaben stellen Zusätze des Verarbeiters dar; auch in sprachlicher Beziehung erweisen sie sich als seine Bildungen: Das mehr oder weniger überflüssige Begründungssätzchen *kî*[10] *marîm hem* will den Anlaß des Murrens besser herausarbeiten. Der Unmut des Volks äußert sich in einer vorwurfsvollen[11] Frage, eingeleitet durch die Zitationsformel *le'mor*[12]. Statt zu antworten, wendet Mose sich zunächst an Jahwe[13]. Er »schreit« zu ihm ‚*ṣ'q* qal + *'æl*[14]. Infolgedessen nimmt Jahwes Abhilfe sich jetzt als Gebetserhörung aus[15]. — Demgegenüber hatte Jahwe in der Vorlage von sich aus Hilfe gewährt: Mose bekam ein Stück Holz gezeigt, das er dann in die Quelle warf (*šlk* hi.).

4 2. 3

Diese Szene ähnelt in erstaunlichem Maße derjenigen von 4 2f. J. Dort machte Jahwe den Mose ja ebenfalls auf ein Holz aufmerksam,

---

8 Dies erinnert an *wăjjera' măl'ăk jăhwæ 'elâw* . . . 3 2 R^{JE}, vgl. dazu S. 25f.

9 Vgl. 14 11f. sowie schon 2 14a 5 20f. R^{JE}!

10 Weitere Belege für redaktionelles *kî* s. S. 395!

11 Vgl. S. 404!

12 Weitere R^{JE}-Belege S. 391!

13 Gemäß 5 22 R^{JE}!

14 Vgl. die weiteren Belege S. 395!

15 Vgl. dazu S. 39.

das er irgendwohin zu »werfen« hatte (*šlk* hi.!). Beide Male ergab sich aus dem Wurf ein Verwandlungswunder. Zur Vorbereitung des Wunders von Mara hatte die Vorlage des Redaktors nur erzählt, daß die Leute nach Mara »kamen« und das dortige Wasser nicht zu trinken vermochten, weshalb man die Oase Mara nenne 23aα-γ. b.

15 27

In v. 27 beginnt eine zweite Oasengeschichte mit dem nämlichen *wăjjabo'û* + Ortsangabe. Die Wendung *lištot măjim* fand sich bereits in der ersten *jahwistischen* Plagenerzählung 7 18. 21. Mag davor (*w^e*)*lo' jak^{e}lû* auch immer, wie jedenfalls in 7 21, eine Formulierung des Redaktors darstellen, so fehlte doch unserem Grundbericht so wenig wie demjenigen von 7 21 eine sachlich gleichwertige Entsprechung dazu[16]. Gut zu J paßt auch der Ausdruck *qr'* qal + *šem*[17] und die Art, wie v. 23b einen Namen aus vorher geschilderten Umständen herleitet[18]. Nach alledem kann kein Zweifel bestehen, daß die Mara-Erzählung dem Geschichtswerk des Südreicherzählers entstammt.

Angebliche Rechtssetzung und Versuchung in Mara

15 25b. 26

Hinter der Quellenwundergeschichte 23-25a stehen Bemerkungen, die dem Leser zunächst ziemlich schleierhaft vorkommen: »Dort setzte er ihm Vorschrift und Recht und dort erprobte er es (*šam śam lô ḥoq ûmišpaṭ w^{e}šam nissahû*). Und er sagte: Wenn du richtig hörst auf die Stimme Jahwes, deines Gottes, und tust, was in seinen Augen recht ist, und seine Gebote beachtest und alle seine Vorschriften hältst (*wăjjo'mær 'im šamô^a' tišmă' l^{e}qôl jăhwæ '^{æ}lohêka w^{e}hăjjašar b^e'ênâw tă'^{a}śæ w^{e}hă'^{a}zăntа l^{e}miṣwotâw w^{e}šamărta kål ḥuqqâw*), so werde ich dir keine Krankheit zufügen, die ich den Ägyptern angetan, denn ich bin Jahwe, dein Arzt (*kål hămmăḥ^{a}lā '^{a}šær śămtî b^{e}miṣrăjim lo' 'aśîm 'alêka kî '^{a}nî jăhwæ rop^e'æka*)« 25b. 26. Was in aller Welt haben Rechtgebung und Prüfung mit der Gesundung der Quelle zu Mara zu schaffen[19]? Und was weiter bewegt Jahwe gerade hier und jetzt, seinem Volk Verschonung von Krankheiten zu versprechen?

Zunächst möchte man daran denken, daß zwischen v. 25a und b im Lauf der Textgeschichte eine Lücke eingetreten ist. Aber die Verbalformen *śam* und *wăjjo'mær* 25b. 26 haben doch denselben Mose zum Subjekt wie das vorangehende *wăjjăšlek* 25a, und *lô* 25b blickt deutlich

[16] Vgl. *w^{e}nil'û . . . lištôt* 7 18 J!

[17] Regelmäßiger Bestandteil der genealogischen Angaben von J, vgl. »Paradieserzählung« 73.

[18] Vgl. dazu die Zusammenstellung S. 379!

[19] Mißachtung der geschichtlichen Situation, vgl. die weiteren R^{JE}-Belege S. 398f.!

zurück auf *ha'am* 24! Die gleichwohl vorhandene Unvermitteltheit der Verbindung 25a. b wird man dann zusammensehen mit der Tatsache, daß diejenigen Aussagen von v. 25b. 26, die sachlich homogen erscheinen, dennoch interne Störungen aufweisen: Der Gedanke springt von der Gesetzgebung ohne innere Motivation zur Erprobung des Gehorsams über 25b[20], und was als Wort Moses anhob 25b. 26a, schlägt unversehens in Gottesrede um[21] 26b. — Nun liegt auf der Hand, daß unsere Passage von deuteronomistischer Seite abgefaßt ist, denn sie wimmelt von deuteronomistischen Eigentümlichkeiten: *ḥoq* + *mišpaṭ* als ἓν διὰ δυοῖν[22], *nsh* pi.[23], *šmʻ* qal + *leqôl* als gleichbedeutende Variante des häufigeren *šmʻ* qal + *beqôl*[24], *ʻśh* qal + *hăjjašar beʻênê jăhwæ*[25], *šmr* qal + *ḥuqqê jăhwæ* (o. dgl.)[26].

Demnach kann die Frage nur noch dahingehend lauten, ob man sich als Verfasser von v. 25b. 26 R^JE oder sonst einen Deuteronomisten vorzustellen habe. Gerade R^JE sagte gerne *šmʻ* qal + *leqôl*[27]. Von ihm sind wir auch den inf. abs. als Verstärkung einer finiten Form desselben Verbs (*šamôaʻ tišmăʻ*) gewohnt[28], ferner die Allerweltswörter *śjm* qal und *ʻśh* qal[29], das pleonastische *kl*[30], die Relativpartikel *'ašær*[31] und das begründende *kî*[32]. Den Ausschlag zugunsten *seiner* Verfasserschaft gibt aber erst die Erkenntnis, daß allein diese die problematische Stellung von v. 25b. 26 hinter v. 23-25a begreiflich zu machen vermag: Unter Übergehung des wesentlich von J her geprägten v. 25a greifen v. 25b. 26 auf die redaktionellen Darlegungen von v. 22[Ende] und v. 24 zurück: Der Wassermangel in der Wüste soll als göttliche »Prüfung« gedacht werden, und das Aufbegehren des Volks soll Mose veranlaßt haben, ihm »Vorschrift und Recht« Jahwes vorzuhalten. Als Lohn für etwaigen künftigen Gehorsam habe Jahwe selbst verheißen, daß den Israeliten die Krankheiten der Ägypter erspart bleiben. — *kål hămmăḥalā 'ašær śămtî bemiṣrăjim* zielt auf die ägyptischen Plagen[33]. Aber die betreffenden Berichte hatten doch gar nicht von

---

[20] R^JE-Beispiele für solche »hüpfende« Denkweise s. S. 399ff.!

[21] Zu diesem Wechsel vgl. die Zusammenstellung S. 398!

[22] Vgl. Dtn 4 5. 14 5 31 usw. Lev 18 5. 26 19 37 Jos 24 25 I Reg 2 3 8 58 u. a.

[23] Vgl. Dtn 8 2. 16 13 4 Jdc 2 22 3 1. 4.

[24] Vgl. z. B. Dtn 4 30 8 20 9 23 13 5. 19 usw. Jos 5 6 24 24 Jdc 2 2.

[25] Vgl. Dtn 6 18 12 8. 25. 28 13 19 21 9 I Reg 11 33. 38 14 8 15 5. 11 u. a.

[26] Vgl. dazu S. 274.

[27] So in 3 18a 4 8f. Gen 3 17 R^JE!

[28] Vgl. die Belegesammlung S. 396!

[29] Vgl. S. 394!

[30] Vgl. S. 394f.!

[31] Vgl. S. 394!

[32] Vgl. S. 395!

[33] Zum Rückbezug vgl. die R^JE-Belege S. 397!

Krankheiten gehandelt! Unsere Bezugnahme entspricht also nicht den Vorgegebenheiten der Harmonie[34]; stattdessen entspricht sie aber einem deuteronomistischen Glaubenssatz, der besagt, daß der Abfall von Jahwe Krankheiten nach sich zieht[35].

Ankunft in Elim. War Elim wirklich die Zwölf-Quellen-Oase?

15 27

Die nächste Station nach Mara (J) soll Elim geheißen haben: »Dann kamen sie nach Elim, und dort waren zwölf Wasserquellen und siebzig Palmen (*wăjjabo'û 'êlimā w^e^šam štêm 'æśrē 'ênot măjim w^e^šib'im t^e^marîm*). Und sie lagerten dort an dem Wasser (*wăjjăḥ^a^nû šam 'ăl hămmajim*)« 27. V. 27 verwendet offensichtlich Elemente einer zweiten Oasengeschichte des Jahwisten. Diese hatte genau wie die vorige (s. v. 23) mit *wăjjabo'û* + Ortsangabe eingesetzt; war an der letzterwähnten Oase die Bitterkeit des Wassers das Bemerkenswerte, so an der gegenwärtigen das Vorhandensein einer großen Zahl von Quellen und von Palmen. Den Ausdruck *'en* ((*hăm*)*măjim*) findet man auch in Gen 16 7[36] 24 13a. 43a[37] eingebettet in jahwistische Zusammenhänge. Andere Stellen wie Gen 21 19a[38] 24 11*[39] 26 19[40], die als elohistisch anzusprechen sind, sagen bezeichnenderweise stattdessen *b^e^'er* (*hăm*)-*măjim*!

Freilich, der jahwistische Bericht über die Zwölfquellenoase erscheint in v. 27 verkürzt. Man vermißt den nach v. 23b J zu erwartenden Versuch, aus den Verhältnissen der Oase, die ja noch geschildert sind, ihren Namen abzuleiten. Der Name *'êlim* ließe sich daraus auch gar nicht ableiten; er weist weder zu dem *'ênot*-, noch zu dem *t^e^marîm*-Motiv eine »etymologische« Beziehung auf.

16 1

Nun findet man den Ortsnamen *'êlim* in 16 1aα als Teil einer jener Stationennotizen, die der Elohist aus einer Stationenliste seiner Zeit zu übernehmen pflegte: *wăjjis^e^'û me'êlim* »und sie brachen von

---

[34] Auch das ist — vgl. S. 397! — für R^JE^ charakteristisch!

[35] Vgl. Dtn 28 21f. 27 (!)-29 Lev 26 16.

[36] Die *'ăl ha'ăjin* befindliche Hagar ist dieselbe, die nach v. 6 »geflohen« war (jahwistisches *'brḥ* qal-Motiv, s. S. 301!).

[37] *hinnē 'anokî niṣṣab 'ăl 'ên hămmajim* weist die für J kennzeichnende Form göttlicher Ankündigung auf, vgl. die Zusammenstellung S. 377!

[38] Kennzeichnend für E das ausdrückliche *'^æ^lohîm* sowie das Motiv des Augen-Öffnens (vgl. dazu »Paradieserzählung« 95!).

[39] Zur Provenienz vgl. S. 271 mit Anm. 142.

[40] »Da gruben die Knechte Isaaks in dem Tal und fanden . . . eine *b^e^'er măjim ḥăjjîm*« liefert die Fortsetzung zu »und er lagerte im Tal Gerar und ließ sich dort nieder« 17* hier in v. 17* begegent man einer der für E charakteristischen (s. S. 83f.!) Wohnsitzangaben.

Elim auf«. Nach dem Schema des Stationenverzeichnisses[41] muß dem einmal vorausgelaufen sein: *wăjjăḥ^anû b^e'êlim* »und sie lagerten in Elim«.

15 22

Diese Angabe wiederum schloß sich anscheinend dem aus v. 22a rekonstruierbaren *wăjjis^e'û min hăjjam* »und sie brachen auf vom Meer«[42] an[43]. Nachgerade liegt am Tage, daß *'êlimā* hinter dem jahwistischen *wăjjabo'û* 27 erst vom Ausgleichsredaktor angebracht wurde, als elohistischer Ersatz für eine anderslautende Ortsangabe des Jahwisten. Vermutlich hatte diese *tamar* gelautet[44]. Hinter dem *w^ešib'im t^emarîm* hieß es in der Südreichquelle dann wohl gleich: *'ăl ken qara' š^emô tamar* »darum nennt man seinen Namen Tamar«.

w^ešam macht sich den sachlichen Anschluß von *štêm 'æsrē 'ênot măjim* an *wăjjabo'û* (*'êlimā*) gar zu leicht. Der Jahwist wird sich über den Zusammenhang anders und genauer ausgelassen haben. In diesem Zusammenhang fällt jetzt auf, daß uns der Begriff *šam*, der stets einen Bezug auf früher Gesagtes[45] herstellt, bisher immer nur in redaktionellen Stücken vorgekommen ist: in 8 18 9 26 10 26[46] 12 30 15 25b Gen 2 8 3 23. *wăjjăḥ^anû šam 'ăl hămmajim* 27b liefert uns gleich noch einen weiteren R^JE-Beleg für *šam*: Der Redaktor, der aus der bei E vorgefundenen Stationenangabe *wăjjăḥ^anû b^e'êlim* den Ortsnamen wegnahm und in den jahwistischen Kontext von v. 27a* hinein »übertrug«[47], wollte auf jene Angabe dennoch nicht verzichten; so ließ er *wăjjăḥ^anû* stehen und setzte für *b^e'êlim* einen Rückverweis auf v. 27a R^JE ein: *šam 'ăl hămmajim.*

Eine weitere Notiz aus dem Stationenverzeichnis

16 1aα

wăjjis^e'û me'êlim »und sie brachen von Elim auf« 1aα hat den Wortlaut bewahrt, den es bei E und in dem von E ausgeschriebenen Verzeichnis hatte — über zwei einschneidende Redigierungen (diejenigen von R^JE und R^P) hinweg[48]!

16 1aβγ

R^P verzichtete diesmal[49] darauf, dic göttlichc Initiative zur Weiterreise hervorzuheben. Seine Hand macht sich jedoch in der Fortsetzung bemerkbar: »Und es kam die

---

[41] Vgl. dazu S. 295.

[42] Vgl. S. 328.

[43] Num 33 9 versteht Elim als die letzte Station *vor* dem Meer. Vielleicht mit Recht.

[44] Vgl. zu diesem Ortsnamen I Reg 9 18K Ez 47 19 48 28!

[45] Vgl. die Zusammenstellung der R^JE-Belege S. 397!

[46] Höchstens bei 10 26 kann die redaktionelle Herkunft zweifelhaft sein.

[47] Vgl. die Zusammenstellung S. 401f.!

[48] Vgl. zu v. 1aα schon vorhin S. 332.

[49] Anders in 14 2. 15 15 22!

ganze Gemeinde der Israeliten zur Wüste Sin, die zwischen Elim und Sinai liegt (*wăjjabo'û kål ʿadăt benê jiśra'el 'æl midbăr sîn 'ašær bên 'êlim ûbên sînaj*)« 1aβγ. Bezogen auf den ganzen v. 1a, wird das Subjekt — mit dem der Harmonie nicht geläufigen Ausdruck *ʿedā*[50] — hier zu spät eingeführt. Zugleich mit *kål ʿadăt benê jiśra'el* kam sehr wahrscheinlich auch *wăjjabo'û ... 'æl midbăr sîn* erst durch R^P herein. Da in v. 1b eine Zeitbestimmung der P-Chronologie ohne neues Prädikat folgt, wird man nämlich, dem *ba'û midbăr sînaj* von 19 1 P entsprechend, in (*wăjja*)*b'w* + (*'æl*) *midbăr sîn* ihr priesterschriftliches Prädikat erblicken.

Das der R^P-Passage 1aβ angefügte *'ašær bên 'êlim ûbên sînaj* 1aγ weist dann aber wieder auf die JE-Harmonie zurück. Es erinnert an *bên migdol ûbên hăjjam* 14 2 E und die dazu angeführten elohistischen Entsprechungen[51]. *bên 'êlim ûbên* ... knüpft ja auch deutlich an die alte Notiz *wăjjiseʿû me'êlim* 1aα aus dem Stationenverzeichnis an; vermutlich hatte es in dem Verzeichnis und danach noch bei E die nächste Station des wandernden Volkes bezeichnet, also: »und sie brachen auf von Elim und lagerten zwischen Elim und ...«. Den Namen *sînaj* allerdings hatte die Nordreichquelle wahrscheinlich vermieden[52].

Priesterliche und nachpriesterliche Aussagen in 16 2ff.

Die gegenwärtige Berichterstattung in 16 2-36 ist maßgeblich durch Einflüsse aus P bestimmt. Sie überschwemmten und überlagerten den gleichfalls vorhandenen R^{JE}-Bestand. Das Herzstück der priesterlichen Erzählung steckt anscheinend in v. (2.). 3a. 11-13: Das Volk beschwerte sich bei Mose (und Aaron) über Mangel an Lebensmitteln. Die Leute sehnten sich nach Ägypten zurück, wo sie *Fleisch* und genügend *Brot* zu essen hatten. Hierauf mußte Mose dem Volk ausrichten, daß sie zur Abendzeit[53] Fleisch und am Morgen Brot bekommen werden. Am Abend ließen sich dann Wachteln auf das Lager nieder 13a, und am Morgen fand sich im Umkreis des Lagers ein Taubelag 13b. Über die Wachteln muß nach 13a einmal mehr gesagt gewesen sein. Die betreffenden Mitteilungen wurden anscheinend von R^P unterdrückt, weil dessen R^{JE}-Vorlage erst in späterem Zusammenhang (Num 11!) auf das Fleischwunder zu sprechen kam. Ebenso verlangt v. 13b eine Ergänzung. Diese wird sichtbar in v. 16a. 17. 18aβ-b: Jahwe ließ die Leute auffordern, so viel zu sammeln, wie jeder zum Essen benötigte (*lepî 'åklô* 16a. 18b). So sammelten sich manche viel und andere wenig, so daß niemand Überfluß hatte oder Mangel litt.

V. 6. 7 sieht wie eine Analogiebildung zu v. 12aγ-b aus, wie ein sekundär theologisierendes Interpretament. Dahinter erscheint v. 8 als ein noch jüngeres Anhängsel. V. 9. 10 setzen die Thematik von v. 6f. fort; 10b bringt den Ausführungsbericht zu der Ankündigung von 7aαβ. Sekundär innerhalb des Gesamtkomplexes von P sind ferner

---

50 *ʿedā* kommt bekanntlich in dem Bereich von P vor. Eine genauere Definition seiner Provenienz können wir uns hier ersparen.

51 S. S. 298.

52 E sprach, jedenfalls sonst, vom (*ḥoreb*) *hăr ha'ælohîm* (vgl. 3 1 4 27 18 5 24 13).

53 *bên haʿărbăjim* 12. Diese merkwürdige Wendung ist nur im Umkreis von P zu belegen: 12 6 29 39. 41 30 8 Lev 23 5 Num 9 3. 5. 11 28 4. 8.

v. 16b. 18aα. 22aγ (und danach 32-34. 36). Entgegen der Meinung von v. 16a. 17b. 18aβ-b P wird hier behauptet, daß das Eingesammelte mit dem Omer gemessen werden solle; ein Omer müsse pro Kopf gerechnet werden. — Das Exempel von Ungehorsam, wovon v. 19. 20 berichten, läßt sich nicht gut mit v. 18aβ-b P zusammenreimen. Liegt dort eine ideelle Abhängigkeit von v. 27. 28. 29 = R^{JE} vor? Gab »wenn die Sonne heiß wurde, so zerfloß es« 21b R^{JE} den Anstoß zur Bildung von »da wurde es madig von Würmern und begann zu stinken« 20aγ? Im ganzen sind die v. 19. 20 wohl als Vorbereitung für v. 24. 25 gedacht: Durch mirakulöses Beiwerk sollte das Wunder des ersten Sabbats gesteigert werden. Bezeichnenderweise sind die ganzen Ausführungen zum Sabbat 22b-25 mit ihren priesterlichen Vorstellungen[54] nicht existenzfähig ohne die Voraussetzung von Angaben, die schon die deuteronomistische Harmonie gemacht, nämlich ohne »und es geschah am sechsten Tag, da heimsten sie sich eine doppelte Menge ein« 22aαβ und ohne das *maḥar*-Motiv 23. Dies aber bedeutet, daß v. 19. 20. 22b-25 als Erzeugnis des R^{P} beurteilt werden müssen. Für die ursprüngliche P-Erzählung wäre es inkonsequent gewesen, wenn sie ihrem Bericht über das Manna noch eine Sabbat-Ätiologie angehängt hätte, denn sie hatte ihren Lesern vorlängst, in Gen 2 2b. 3, ein ganz anders geartetes αἴτιον des Sabbats genannt.

Neues Murren des Volks, diesmal wegen Hungers

16 3b*

Von dem als P-Element erkannten »als wir am Fleischtopf saßen und als wir uns an Brot sattessen konnten« 3aγ ist das voranstehende »wären wir doch durch Jahwes Hand im Land Ägypten gestorben« 3aβ nebst Redeeinleitung nicht wegzudenken. Dagegen leuchtet es nicht recht ein, daß v. 3b noch einmal und jetzt unter einem anderen Blickwinkel die Rede auf das Sterben der Israeliten bringt: *kî hôṣe'tæm 'otanu 'æl hămmidbar hăzzæ̂ lehamît 'æt kål hăqqahal hăzzæ̂ bara'ab* »denn ihr habt uns zu dieser Wüste herausgeführt, um diese ganze Volksgemeinde durch den Hunger zu töten«. Dazu kommt, daß sich innerhalb von v. 3b das Objekt *'æt kål hăqqahal hăzzæ̂* mit dem für den Umkreis von P typischen Begriff *qahal*[55] leicht als sekundär zu erkennen gibt, als Ersatz für ein zweites *'otanû*. Im ganzen muß v. 3b* demnach älter sein. Zweifellos handelt es sich um ein Stück der deuteronomistischen Harmonie. Den Vorwurf[56] vonseiten der Israeliten, er habe sie in die Wüste gebracht, um sie dem Tode auszuliefern, bekam Mose schon in 14 11 R^{JE} zu hören. In diesem Vorwurf verquicken sich zwei Themata, an deren Behandlung unserem Deuteronomisten besonders viel lag: die Devise »keine Rückkehr nach Ägypten!«[57] und der Glaubenssatz, daß schon die Väter von Jahwe

---

[54] Es handelt sich um die Begriffe *naśî'*, *'edā* 22b und *šăbbaton, šăbbăt qodæš* 23.

[55] *qahal* kommt allerdings auch im Dtn vor — wobei die Belegestellen im einzelnen zu untersuchen wären! —, fehlt aber (sonst) der JE-Harmonie.

[56] Vgl. dazu die weiteren R^{JE}-Belege S. 404!

[57] Vgl. S. 403!

abgewichen sind[58]. *jṣ'* hi. in dem hier vorliegenden Spezialsinn war schon in 3 10-12 14 11 R^{JE} gebraucht; in der Harmonie galt vermutlich noch Mose allein als Subjekt[59]. Auch das allgemeine[60] *bara'ab* sieht dem deuteronomistischen Redaktor gleich[61], desgleichen das entbehrliche Demonstrativum[62] *hăzzæ*.

16 2*

Die in der Harmonie vorauszusetzende Rede[63] des Volks »du hast uns zu dieser Wüste herausgeführt, um uns durch den Hunger zu töten« 3b* war in der Harmonie natürlich auch schon mit einer Redeeinleitung versehen. Reste davon lassen sich anscheinend in v. 2 aufspüren: *wăjjillônû kål 'ădăt bᵉnê jiśra'el 'ăl mošæ wᵉ'ăl 'ăhᵃron bămmidbar* »da murrte die ganze Gemeinde der Israeliten wider Mose und wider Aaron«.

Das Subjekt *kål 'ădăt bᵉnê jiśra'el* wurde hier, ähnlich wie in v. 1[64], vom Endredaktor beigesteuert, vielleicht als Ersatz für vorgefundenes *ha'am* oder *jiśra'el*. Mit *bămmidbar* erinnert R^{P} an das priesterliche *midbăr sîn* 1. Es ist zu vermuten, daß Aaron ebenfalls erst von ihm an dem Geschehen beteiligt worden ist.

Auf R^{JE} gehen zurück: *wăjjillônû* + *'ăl mošæ*. Gleichlautendes fand sich bereits in 15 24 R^{JE}. Der Priesterkodex hatte seine Beschwerderede des Volks anders eingeleitet: durch *wăjjo'mᵉrû* + *'æl ... + bᵉnê jiśra'el* 3aα*. Damit findet jetzt auch der sachlich nicht begründete Subjektswechsel v. 2/3 seine Erklärung.

Mose kündigt »Brot vom Himmel« an

Nach der Frage der Wasserversorgung 15 23*. 25a*. 27* scheint schon der alte Südreicherzähler diejenige der Versorgung mit Nahrung angeschnitten zu haben. Die diesbezügliche Gottesrede, die v. 4a mitteilt, weist die für J typische Form der Ankündigung auf[65]: »Da sagte Jahwe zu Mose: Sieh, ich werde euch Brot vom Himmel regnen lassen (*wăjjo'mær jăhwæ 'æl mošæ hinᵉnî mămṭîr lakæm læḥæm min hăššamajim*)«. Auch der Begriff *mṭr* hi. ist für J charakteristisch[66]. Die Einleitung der Rede jedoch ist nicht mehr die ursprüngliche. Hatte Mose sich in 15 25 R^{JE} auf die Beschuldigungen seiner Volksgenossen hin gleich an Jahwe gewandt, so wendet sich hier, bei entsprechender Voraussetzung, Jahwe direkt an Mose. Aber die eigent-

[58] Vgl. S. 404!
[59] Gemäß 15 24 R^{JE}!
[60] Vgl. die Zusammenstellung S. 391ff.!
[61] Vgl. *ra'ab* auch in Gen 12 10 26 1!
[62] Vgl. die R^{JE}-Belege S. 393f.!
[63] Zu den wörtlichen Reden bei R^{JE} vgl. die Zusammenstellung S. 397!
[64] Vgl. dazu S. 333f.
[65] Vgl. dazu schon S. 377.
[66] Vgl. S. 205.

liche Adresse des Gottesworts war bei J und ist im Grunde noch jetzt das hungernde Volk, s. *lakæm*! Mose wird vormals also beauftragt worden sein, das Wort 4aβ an die Hebräer weiterzuleiten, und diesem Auftrag kam er dann auch nach. Nach 15 23*. 25*. 27* ist anzunehmen, daß der Jahwist die Himmelsbrot-Geschichte wieder in die Form einer Ortsätiologie gegossen hatte. Jedenfalls aber erhielt nach seiner Darstellung das Volk seine wunderbare Nahrung, ohne daß es sich selbst zuvor durch sein Murren als der göttlichen Hilfe unwürdig hingestellt hätte.

Angeblich sollte das Volk auf die Probe gestellt werden

16 4b. 5

V. 4aβ J hatte das *Volk* angeredet. In der Fortsetzung der Gottesrede jedoch gilt das Volk, ganz wie in der Einleitung 4aβ R^JE, als ein abwesendes Drittes: »Und das Volk soll hinausgehen und sie sollen einheimsen die Sache eines Tages an seinem Tage (*w^ejaṣa' ha'am w^elaq^eṭû d^ebăr jôm b^ejômô*), damit ich es prüfe, ob es in meiner Weisung wandelt oder nicht (*l^emă'ăn '^anăssænnû h^ajelek b^etôratî 'im lo'*). | Und es wird geschehen am sechsten Tage, da werden sie feststellen, was sie einbringen (*w^ehajā băjjôm hăššiššî w^ehekînû 'et '^ašær jabî'û*), und es wird das Doppelte sein über das hinaus, was sie täglich eingeheimst haben (*w^ehajā mišnǣ 'ăl '^ašær jilq^eṭû jôm jôm*)« 4b. 5. Vom Thema »Brot vom Himmel« 4aβ J schweift dieser Teil der Gottesrede voreilig zu den Präliminarien des künftigen ersten Sabbats ab, wobei dieser Tag nicht sowohl als Tag der Ruhe und Erholung, als vielmehr als eine Gelegenheit, den Gehorsam Israels zu erproben, in Betracht gezogen ist. Genauer gesagt: *'^anăssænnû h^ajelek b^etôratî 'im lo'* reflektiert bereits auf die Einhaltung der gesetzlichen Sabbatruhe[67]. Nicht Jahwes Gabe, sondern das fromme Tun des Menschen war dem Verfasser von v. 4b. 5 die Hauptsache[68].

Aber nicht allein die Theologie, auch der Stil und die Sprache unseres Stückes stehen dem Deuteronomisten R^JE zu Gesicht: unbestimmte[69] Ortsvorstellung bei *w^ejaṣa'*, formelhaftes[70] *d^ebăr jôm b^ejômô*[71], zusammengesetzte Konjunktion *l^emă'ăn*[72], *nsh* pi. von der göttlichen Prüfung[73], *hlk* qal + *b^e* vom Wandeln nach den Verord-

---

[67] Weiteres dazu s. S. 343f. zu 16 28.
[68] Vgl. dazu schon S. 326.
[69] Vgl. die Zusammenstellung S. 391ff.!
[70] Vgl. die R^JE-Belege S. 390f.!
[71] Schon dagewesen in 5 13 R^JE!
[72] Vgl. die weiteren Belege S. 394!
[73] Wie in 15 25b R^JE, vgl. S. 330f.!

nungen Jahwes[74]. Zweimal sind die Relativpartikel *ʾ^{a}šær*[75] und das vulgäre *hjh* qal[76] verwendet. *w^{e}hajā* 1^0 vor der Zeitangabe ist umständlich und überflüssig[77]. Denselben Vorgang drückt einmal das platte *bwʾ* hi., das andere Mal das gewählte *lqṭ* qal aus. Letzteres stammt aus einer der Quellen, wo es noch in der Form von Ereignisbericht dastand[78]. Das Kollektivum *haʿam* wird inkonsequenterweise zuerst singularisch (*w^{e}jaṣaʾ*), dann pluralisch (*w^{e}laq^{e}ṭû*), dann erneut singularisch (*ʾ^{a}năssænnû, h^{a}jelek*) und zuletzt wieder pluralisch (*w^{e}hekînû, jabîʾû*) konstruiert[79].

16 22a

Der Prototyp zu v. 5 wird, überarbeitet, in v. 22a noch greifbar: *wăj^{e}hî băjjôm hăššiššî laq^{e}ṭû læḥæm mišnǣ*[80].

»Brot vom Himmel« oder Manna

16 14*. 15

Die Darstellung der Harmonie setzt sich irgendwie in v. 14. 15 fort: »Und es kam der Belag des Taus auf (*wăttăʿăl šikbăt hăṭṭal*), und siehe, auf der Oberfläche der Wüste war etwas Dünnes, Knisterndes, etwas Dünnes wie der Reif auf der Erde (*w^{e}hinnē ʿăl p^{e}nê hămmidbar dăq m^{e}ḥuspas dăq kăkk^{e}por ʿăl haʾaræṣ*). | Als es die Israeliten sahen, sagten sie zueinander: Was ist das? Denn sie wußten nicht, was das war (*wăjjirʾû b^{e}nê jiśraʾel wăjjoʾm^{e}rû ʾîš ʾæl ʾāḥîw man hûʾ kî loʾ jad^{e}ʿû măh hûʾ*). Da sagte Mose zu ihnen: Das ist das Brot, welches Jahwe euch zum Essen gegeben hat (*hûʾ hăllæḥæm ʾ^{a}šær natăn jăhwǣ lakæm l^{e}ʾåklā*).«

wăttăʿăl šikbăt hăṭṭal 14a, an *ûbăbboqær haj^{e}tā šikbăt hăṭṭal sabîb lămmăḥ^{a}nǣ* 13b P[81] anschließend, ersetzt ein nicht mehr rekonstruierbares Stück der Harmonie. Der Sinn von v. 14a ist nicht ohne weiteres klar. *ʿlh* qal könnte darin das *Verdunsten* meinen. Dann wäre *šikbā* mit dem Tau identisch und vom Manna, das nach dem Verdunsten des Taus zurückbliebe 14b, zu differenzieren. Aber v. 13b klingt nicht so, wie wenn P seinen Lesern nur ein die Hauptsache Vorbereitendes anzeigen wollte; die Parallelaussage über die Wachteln 13a nennt diese ja auch ohne Umschweife gleich beim Namen. Anscheinend war die *šikbăt hăṭṭal* für P eben vielmehr schon das Manna; es bleibt auch unerfindlich, wie er dasselbe sonst bezeichnet haben könnte. Demnach ist

---

[74] Eine deuteronomistische Redeweise, vgl. Dtn 5 33 8 6 10 12 11 22 13 6 usw. Jdc 2 22 I Reg 3 14 6 12 8 36. 58. 61 Jer 26 4 32 23 44 10. 23.

[75] Vgl. die Belegesammlung S. 394!

[76] Vgl. S. 394!

[77] Weitere Fälle dieser Art s. S. 398!

[78] Näheres S. 340 zu 16 22. Zu der »Übertragung« vgl. die Belegesammlung S. 401f.!

[79] Vgl. die Zusammenstellung S. 398!

[80] S. S. 340.

[81] Vgl. dazu S. 334f.

ʿlh qal in 14a eher nach Analogie von *wăttăʿăl hăśśelaw* »die Wachteln *kamen herauf*« = sie *erschienen* zu verstehen. V. 14a, eine Variante von 13b P, wurde offenbar von RP eigens gebildet, um eine — sachlich gleichwertige? — Angabe der Harmonie zu substituieren.

Die Beschreibung 14b dessen, was »die Israeliten sahen« (15aα), bleibt so unbestimmt, daß sich aus ihr folgerichtig die Frage ergibt: *man hûʾ*. Nach v. 15aβ haben die Israeliten diese nicht etwa Mose, sondern sich selber gestellt. Ein ziemlich überflüssiger Begründungssatz[82] *kî loʾ jadeʿû măh hûʾ* 15aγ will das archaische *man* durch das gebräuchliche *măh* erläutern.

16 31a

Von Haus aus kam es jedoch gerade auf das *man* an, denn dieses zielt auf einen ätiologischen Skopos, der in »da nannte das Haus Israel seinen Namen Man« 31a noch zum Vorschein kommt. Die Frage von 15aβ will demnach gar nicht beantwortet sein. Desungeachtet wird jetzt eine Antwort gegeben, und zwar von Mose, der gar nicht gefragt worden war 15aβ. b. Mit ihrem *hûʾ hăllæḥæm ʾašær natăn jahwæ* . . . erweist sich diese Antwort bestrebt, die Ankündigung des jahwistischen Jahwe 4aβ, insonderheit ihren *læḥæm*-Begriff, aufzunehmen. Begründungssatz 15aγ und Moseantwort 15b sind also vom Ausgleichsredaktor formuliert. Kennzeichnend für seinen Stil ist hier auch der Gebrauch von *ʾašær*[83] und *ntn* qal[84]. Die ätiologische Fragestellung 15aαβ hingegen leitet sich von der elohistischen Vorlage ab. Nicht von ungefähr verwendet das Fragment den Ausdruck *benê jiśraʾel*[85]. Das *man* von v. 15aαβ stellt demnach das Seitenstück des Nordreicherzählers zum jahwistischen *læḥæm min hăššamăjim* 4aβ dar. Die Himmelsbrotvorstellung lag seit der göttlichen Ankündigung des Wunders sozusagen fertig vor; die *man*-Vorstellung dagegen entwickelte sich allmählich und kam erst in der Namengebung 31a* zu ihrem Ziel.

Daß die Voraussetzung zu der *man*-Frage 15aαβ E in der Beschreibung 14b des Phänomens steckt, wurde schon bemerkt. Allerdings ist v. 14b überfüllt. *dăq* kommt zweimal vor. *ʿăl penê hămmidbar* wetteifert mit *ʿăl haʾaræṣ*. »Wie der Reif« und »auf der Erde« gehörten wohl von jeher zusammen. Unklar ist, worauf der Vergleich mit dem Reif sich ursprünglich bezog, ob auf *dăq* oder auf *meḥuspas*. *dăq* 2° kam möglicherweise erst durch einen Abschreibfehler herein[86]. *ʿăl penê*[87]

[82] Vgl. die Zusammenstellung S. 395!

[83] Vgl. S. 394!

[84] Weitere RJE-Belege s. S. 394!

[85] Weitere E-Belege s. S. 386!

[86] Soweit mir bekannt, gibt die Textüberlieferung allerdings keine einschlägigen Hinweise. G λεπτὸν ὡσεὶ κόριον λευκόν ist von 16 31b abhängig.

[87] Vgl. dazu *kål penê* Gen 2 6 RJE!

hămmidbar will wohl die jahwistische *midbar*-Vorstellung[88] berücksichtigen; das parallele *ʿăl haʾaræs* samt *kăkkᵉpor* ist dann vermutlich auf E zurückzuführen[89].

Reste einer jahwistischen Sabbat-Ätiologie

Die jahwistische Geschichte vom Himmelsbrot, die in v. 4aβ hervortrat, muß zwei Gipfel umschlossen haben: Zunächst ging es darum, daß die Hungernden gespeist wurden. Und das nicht nur einmal, sondern tagelang. Daraus ergab sich zweitens die Möglichkeit, dem sechsten Tag um des siebenten willen eine besondere Bewandtnis beizumessen. Was J von dem (den) ersten Tage(n) berichtet, ließ R^JE in der Hauptsache fahren.

16 21*. 22aαβ

Das aber, was er vom sechsten und siebten Tage zu sagen wußte, erschien dem Redaktor der Weitergabe und Verarbeitung wert. Hierher gehört das meiste von v. 21*. 22aαβ: »Und sie heimsten es ein Morgen für Morgen (*wăjjilqᵉṭû ʾotô băbboqær băbboqær*) ...[90]; wenn aber die Sonne heiß wurde, so zerfloß es (*wᵉḥam hăššæmæš wᵉnamas*). | Und es geschah am sechsten Tage, da heimsten sie doppeltes Brot ein (*wăjᵉhî băjjôm hăššiššî laqᵉṭû læḥæm mišnǣ*).« Kennzeichnend für J ist der Begriff *læḥæm*[91]. Allem nach war bei ihm auch der bereits als quellenhaft erkannte[92] Terminus *lqṭ* qal zu Haus. In 22aαβ gehen die umständliche Einführung der Zeitbestimmung durch *wăjᵉhî*[93] sowie etwa dadurch bedingte Umstellungen zu Lasten des Bearbeiters. Das Stück *băjjôm hăššiššî laqᵉṭû læḥæm mišnǣ* 22aαβ liegt in der sachlichen Konsequenz von *wăjjilqᵉṭû ʾotô băbboqær băbboqær* 21aα, aber nicht unbedingt in derjenigen von *wᵉḥam hăššæmæš wᵉnamas* 21b.

16 5

Andererseits freilich blickte das letzte doch gewiß schon immer auf das *morgendliche* Einsammeln 21aα, so daß auch hier die Herkunft aus J das Wahrscheinlichste ist. Aus *băbbôqær băbboqær* 21aα J ist übrigens das *jôm jôm* von v. 5 R^JE degeneriert.

Nachträgliche Umstellung von Angaben der Harmonie durch R^P

Die Tatsache, daß Israel am sechsten Tage die doppelte Menge an Nahrung zusammenbrachte 22aαβ R^JE (nach J), läßt R^P jetzt durch die »Fürsten der Gemeinde« (*nᵉśîʾê haʿedā*) dem Mose anzeigen 22b. Mose kündigt ihnen darauf für »morgen« (*maḥar*)

---

[88] Vgl. zuletzt in 15 22b* J.

[89] Vgl. *ʾæræṣ* in 10 5. 15 E!

[90] *ʾîš kᵉpî ʾåklô* verweist auf v. 17 P.

[91] S. v. 4aβ!

[92] S. S. 338.

[93] Weitere R^JE-Belege s. S. 398!

den heiligen Sabbat an und befiehlt, den Überschuß des sechsten Tages bis zum Morgen des siebenten aufzubewahren 23. Diesmal, o Wunder, wird das Manna weder stinkend noch madig 24. Am Sabbattag selbst tut Mose sich gleich noch einmal als Sprecher hervor: »Eßt es heute, denn heute ist ein Sabbat für Jahwe« 25a. In v. 25a ist vom Essen schon gegebener Speise die Rede. Darum muß die Fortsetzung der Moseworte deplaziert wirken: »Heute werdet ihr es nicht finden (!) auf dem Felde« 25b. Von einem *Suchen* war vorher ja auch nirgends etwas verlautet! Moses Worte 26 klingen, wie wenn sie nicht erst am siebten, sondern schon am sechsten Tage gefallen wären: »Sechs Tage sollt ihr es einheimsen, aber am siebten Tag ist Sabbat; da wird's nichts davon geben.« Genau dies setzt doch auch das in v. 27 statuierte Exempel des Ungehorsams voraus: »Und es geschah am siebten Tage, da gingen welche von dem Volke hinaus, um einzuheimsen; und sie fanden nicht.« Daß Jahwe daraufhin über sie schilt 28, ist folgerichtig. Dann aber nimmt plötzlich, ohne besondere Redeeinleitung, Mose das Wort: »Sehet, daß Jahwe (!) euch den Sabbat gegeben hat (. . . *jăhwǣ natăn* . . .). Darum gibt er (. . . *hû' noten*) euch am sechsten Tage Brot für zwei Tage. Bleibt jeder an seinem Platz. Niemand gehe von seinem Orte hinaus am siebten Tage« 29. Hier wird den Israeliten genau jenes Hinausgehen erst verboten, welches sie sich nach v. 27 bereits hatten zuschulden kommen lassen! Und wiederum ist hier an jenes nicht suchen Sollen gedacht, welchem v. 25bβ keinen Erfolg verhieß! V. 25bβ. 26 waren an das Volk gerichtete Moserede genau so, wie es jetzt, nach v. 28 überraschend, v. 29 ist. Das Vokabular der erwähnten Stücke entspricht demjenigen der JE-Harmonie, wie im einzelnen noch gezeigt werden wird.

Die aufgewiesenen Kompositonsverhältnisse zwingen zu dem Schluß, daß v. 29 in der Harmonie *vor* »ihr werdet es nicht finden auf dem Felde« 25bβ gestanden hatte, daß er die Fortsetzung war von »und es geschah am sechsten Tage, da heimsten sie doppeltes Brot ein« 22aαβ. Wahrscheinlich hatte R^{JE} in v. 29 auch das erste *ntn* noch als Partizip verstanden: *noten*. Mose blickte bei dem, was er über den Sabbat ausführte, ja noch voraus auf den nächsten Tag.

16 23*

Dem letzterwähnten Aspekt hatte die Harmonie gewiß auch noch Ausdruck verliehen: Das *maḥar* »morgen« von v. 23a R^{P} kam vormals im Zusammenhang von v. 29 vor, etwa hinter *jăhwǣ ntn lakæm*. Die getätigten Umstellungen haben ihre Ursache in dem Wunsche des Endredaktors R^{P}, das Wunder des Nicht-Verderbens der Mannaspeise zu erzählen v. 24 und es auf das »Heute« (*hăjjôm* 25) des Sabbats zu datieren.

Mose deutet die zwiefache Ausbeute

Das Sabbatruhegebot

16 29*

Der J und E harmonisierende Erzähler wird, dem Obigen zufolge, nach v. 22aαβ etwa so fortgefahren sein: »(Da sagte Mose zu ihnen:) Sehet, daß Jahwe euch morgen den Sabbat gibt (*wăjjo'mær 'ᵃlehæm mošæ*[94] *re'û kî jăhwæ noten lakæm maḥar hăššăbbat*). Darum gibt er euch am sechsten Tag Brot für zwei Tage (*'ăl ken hû' noten lakæm băjjôm hăššišši*[95] *læḥæm jômajim*). Bleibt jeder an seinem Platz (*šebû 'îs tăḥtâw*). Niemand gehe von seinem Orte hinaus am siebten Tage (*'ăl jeṣe' 'îš mimmeqomô băjjôm hăššebî'î*[96])« 29*. An der Ausdrucksweise von v. 29* ist für R^JE charakteristisch: zweimal das Allerweltswort *ntn* qal[97], Nominalsätze [98]*jăhwæ noten* + *hû' noten*, sachlich unbestimmtes[99] *jṣ'* qal, Allgemeinbegriff *maqôm*[100]. *læḥæm jômajim* ist sekundäre Variante des jahwistischen Ausdrucks *læḥæm mišnæ* 22aβ. *šebû 'îs tăḥtâw* erinnert an *welo' qamû 'îš mittăḥtâw* 10 23 R^JE.

Schon der jahwistische Mose muß die Hebräer über den Sinn ihrer großen Ausbeute am sechsten Tage aufgeklärt haben. Vermutlich tat er's in Jahwes Namen und auf sein Geheiß. Der etwaige Sinn seiner Ausführungen war: »Morgen« (*maḥar*[101]) braucht ihr nichts zu sammeln; Jahwe hat euch die Möglichkeit eines Feiertages beschert. Der Theologe des alten Südreichs wußte offenbar noch genau, daß der Sabbat um des Menschen willen geschaffen ist und nicht der Mensch um des Sabbats willen — sehr im Gegensatz zu seinen nachmaligen Verarbeitern und Verfälschern R^JE und R^P! Auch notierte er es noch als ein völlig Überraschendes, daß am sechsten Tag die doppelte Menge Nahrung aufgelesen werden konnte 22aαβ. Dadurch, daß R^JE diesen Vorgang durch die Ankündigung v. 5 vorwegnahm, hat er auch diese Pointe verdorben.

Der Verstoß gegen die Sabbatruhe ist nutzlos

16 25bβ*

Arbeit am Sabbat kann nichts fruchten. Diesen theologischen Grundsatz drückte, geschichtlich verkleidet, der in der Harmonie auf v. 29 folgende Satz aus: ... *lo' timṣa'uhû băššadæ* »... ihr werdet es nicht finden auf dem Felde« 25bβ. Vor *lo'* stand dort noch ein anderes Wort, etwa ein begründendes *kî* oder ein nochmaliges *maḥar*. Dieses Wort hat R^P durch *hăjjôm* 25bα ersetzt. Die Ankündigung 25bβ* fügt sich gut in die Sabbatkonzeption des R^JE ein, wonach dieser Tag nicht sowohl Jahwes Gabe an Israel, als vielmehr seine Gelegenheit ist, Israel zu versuchen, seinen Gehorsam zu erproben. *băššadæ* dürfte

---

94 Vgl. noch *wăjjo'mær 'alehæm* 23aα!

95 Statt *hăššîšši* hieß es in der Harmonie vielleicht *hăzzæ*.

96 Für *băjjôm hăššebî'î* sagte R^JE vielleicht einfacher *maḥar*.

97 Vgl. die weiteren Belege S. 394!

98 Vgl. S. 395f.!

99 Vgl. die Zusammenstellung S. 391ff.!

100 Schon dagewesen in 3 5. 8 R^JE!

101 Vgl. die Zusammenstellung der J-Belege S. 379!

aus einem andersartigen Zusammenhang des jahwistischen Grundberichts entliehen sein[102].

Nochmalige Einschärfung der Sabbatruhe

16 26

V. 26 repetiert die Gedanken von 29*. 25bβ* R^JE: »Sechs Tage sollt ihr es einheimsen, aber am siebten Tag ist Sabbat; da gibt es nichts davon (*šešæt jamîm tilqeṭuhû ûbăjjôm hăššebî'î šăbbat lo' jihjæ bbô*)«. Möglicherweise hat sich der Verfasser der Harmonie hier selber wiederholt[103]. Man kann aber auch einen Späteren sich als Verfasser von v. 26 denken, der sich hier dann wohl die antithetische Formulierung des Dekalogs Ex 20 9f. zum Vorbild genommen hätte.

Manche fielen in der Prüfung durch

16 27

Der Pessimismus deuteronomistischer Geschichtsschau[104] verlangt, daß wenigstens ein Teil der Israeliten in der Versuchung des Sabbats versagt habe: »Und es geschah am siebten Tage, da gingen welche vom Volk hinaus, um einzuheimsen, und sie fanden nicht (*wăjehî băjjôm hăššebî'î jaṣe'û min ha'am lilqoṭ welo' maṣa'û*)« 27. Der Verfasser dieser Angaben erweist seine Identität wie üblich auch durch die sprachliche Gestaltung: umständliche Einführung der Zeitangabe durch *hjh* qal[105], unbestimmtes *jṣ'* qal[106] und *mṣ'* qal[107].

Jahwe erhebt gegen die Sabbatschänder Vorwürfe

16 28

Den Tadel, der die Schuldigen trifft, bekommt der Einfachheit halber[108] Mose, der Repräsentant des Volks[109], zu hören: »Da sagte Jahwe zu Mose: Bis wann weigert ihr euch, meine Gebote und Weisungen zu halten *wăjjo'mær jăhwæ 'æl mošæ 'ăd 'anā me'ăntæm lišmor miṣwotăj wetôrotaj*)?« 28. Unberücksichtigt bleibt, daß es nach v. 27 nur einige waren, die sich danebenbenommen hatten[110]; Jahwes

---

102 Vermutlich ließ Jahwe das »Brot vom Himmel« auf das »Feld« »regnen« (vgl. 4aβ J). Zu *śadæ* als typischem J-Begriff vgl. die Zusammenstellung S. 379!

103 *lqṭ* qal nach der J-Vorlage. Zu *hjh* qal vgl. die Zusammenstellung S. 394!

104 Vgl. die weiteren R^JE-Belege S. 404!

105 Weitere Belege s. S. 398!

106 Wie in 4. 29 R^JE!

107 Wie in 25bβ R^JE!

108 Die Modalitäten der Weiterleitung des Gottesworts an das Volk konnte sich der Redaktor auf diese Weise ersparen.

109 Vgl. insofern v. 4aα R^JE!

110 Mangelnde Beachtung der geschichtlichen Situation, vgl. die Belegesammlung S. 398f.!

Vorwurf[111] richtet sich anscheinend gegen alle. In gut deuteronomistischer Terminologie[112] wird das Volk des generellen Ungehorsams bezichtigt — dabei hatte es sich doch nur an der Sabbatordnung vergangen! *'ăd 'anā me'ăntæm* ist dem *'ăd matăj me'ănta* von 10 3 R^{JE} an die Seite zu stellen.

Schließlich wird doch der erste Sabbat gefeiert!

16 30

Wahrscheinlich hätte der deuteronomistische Redaktor am liebsten von *allem* Volk behauptet, daß es gegen die Sabbatvorschrift verstoßen habe. Aber damit wäre er zu weit von der jahwistischen Vorlage abgekommen, für die die Einhaltung des ersten Sabbats noch eine Selbstverständlichkeit und außerdem das Endziel der Himmelsbrot-Geschichte bedeutete. Auch in der Harmonie konnte diese Geschichte, einmal angefangen, nicht einfach mit einem Debakel enden. Aber statt nun mitzuteilen, daß der andere Teil der Leute den Sabbat *hielt*, setzt R^{JE} seinen Lesern kurzerhand die jahwistische Ansicht von der Sache vor: *wăjjišbetû ha'am băjjôm hăššebî'î* »da ruhte das Volk am siebten Tage« 30. Vielleicht ist in diesem Satz nicht nur die alte Meinung, sondern auch der alte Wortlaut bewahrt.

Was von der elohistischen Erklärung des Namens *man* übriggeblieben ist

16 31a

In v. 31a wird bekanntlich[113] der Skopus der elohistischen Mannageschichte offenbar: »Da nannte das Haus Israel seinen Namen *man* (*wăjjiqre'û bêt jisra'el 'æt šemô man*).« Das Subjekt ist der Sache nach das nämliche wie bei v. 30, wird aber anders und neu eingeführt. Man kann das als eine Bestätigung für die angenommene Heterogenität von v. 30 (J) und v. 31 (E) werten. Allein, der alte Nordreicherzähler hatte weder das vorhandene *bêt jiśra'el* noch seine Variante *benê jiśra'el*[114] gelesen: Die Israeliten von damals wußten nach v. 15aαβ E ja gerade keinen Namen für das, was sie fanden! E wird sich vielmehr auf den Sprachgebrauch seiner eigenen Zeit bezogen haben; diesen wollte er mithilfe des damals Geschehenen erklären, etwa so: *'ăl ken qara' šemô man* »deshalb nennt man seinen Namen *man*[115]«.

---

[111] Vgl. S. 404!

[112] Zu *šmr* qal + *miṣwot jăhwæ̂* (o. ä.) s. S. 274. 391!

[113] Vgl. S. 339.

[114] So etwa 6 Mss sowie G S T^{a}. Den Ausdruck *bêt jiśra'el* hat R^{JE}, sonst jedenfalls, nicht verwendet.

[115] Das für *man* im christlichen Sprachbereich und schon in der Septuaginta üblich gewordene »Manna« ist bedingt teils durch die Aramaisierung *mănna'*, teils aber auch durch die Existenz eines vergleichbaren griechischen Begriffs: ἡ μάννα »das

Vierzig Jahre lang aßen die Israeliten Manna

16 35

Dem v. 31a folgte in der Harmonie anscheinend gleich v. 35: »Und die Israeliten aßen das Manna vierzig Jahre lang, bis sie in bewohntes Land kamen (*ûb^{e}nê jiśra'el 'ak^{e}lû 'æt hămman 'ărba'îm šanā 'ăd bo'am 'æl 'æræṣ nôšabæt*); das Manna aßen sie, bis sie an den Rand des Landes Kanaan kamen (*'æt hămman 'ak^{e}lû 'ăd bo'am 'æl q^{e}ṣē 'æræṣ k^{e}nă'ăn*).« Der Vers umschließt zwei parallele Aussagen, wovon die zweite wohl auf die erste, nicht aber die erste auf die zweite angewiesen ist. Von v. 35a ist zumindest der Grundbestand elohistisch; für E sind kennzeichnend der Begriff *man*[116], die Vorstellung der »vierzig Jahre«[117] und der Ausdruck *b^{e}nê jiśra'el*[118]. Die Sabbat-Ätiologie des Jahwisten kann an einer Fortsetzung der Speisungen über den siebten Tag hinaus mit ausdrücklichen Worten kaum interessiert gewesen sein! — Die Wortfolge Subjekt—Prädikat ist in v. 35a vielleicht alt[119], denn es ging hier ja schon immer darum, eine Art von Dauerzustand auszudrücken. V. 35b wurde in Analogie[120] zu v. 35a gebildet in der Absicht, den noch streng auf den geschichtlichen Zusammenhang, auf die Frage der Proviantierung bezogenen Ausdruck *'æræṣ nôšabæt* zu ersetzen und zu interpretieren durch das heilsgeschichtlich bedeutsame[121] *'æræṣ k^{e}nă'ăn*. Demnach ist für v. 35b wohl der deuteronomistische Redaktor zu belangen.

Neue Angaben nach dem Stationenverzeichnis

17 1*

Die Weiterreise läßt R^{P} wieder[122] auf Geheiß Jahwes vor sich gehen: »Und sie brachen auf, die ganze Gemeinde der Israeliten, von der Wüste Sin, Aufbruch für Aufbruch auf Befehl Jahwes (*wăjjis^{e}'û kål '^{a}dăt b^{e}nê jiśra'el mimmidbăr sîn l^{e}măs^{e}'êhæm 'ăl pî jăhwæ*) und lagerten in Rephidim (*wăjjăḥ^{a}nû bir^{e}pîdîm*). Und es gab kein Wasser zum Trinken des Volks (*w^{e}'ên măjim lištot ha'am*) 1*. Das diesbezügliche *l^{e}măs^{e}'êhæm 'ăl pî jăhwæ*, außerdem noch das Subjekt *kål '^{a}dăt b^{e}nê*

Krümchen«. — V. 31b, eine an dieser Stelle verspätet wirkende Beschreibung des Manna, stellt wie seine ausführlichere Parallele in Num 11 7-9 eine »Gelehrtenglosse« dar.

[116] Gemäß v. 15aαβ. 31a* E!

[117] Vgl. die elohistischen Entsprechungen *'ărba'îm jôm w^{e}'ărba'îm laj^{e}lā* Gen 7 4. 12 (. 17 8 6) Ex 24 18b und dazu oben S. 151.

[118] Weitere E-Belege s. S. 386!

[119] Zu ihrer Wertschätzung durch R^{JE} vgl. die Belegesammlung S. 396.

[120] Weitere Analogiebildungen des Redaktors s. S. 398!

[121] Weitere heilsgeschichtliche Motive des Redaktors s. S. 403f.!

[122] Vgl. 14 1f. 15 15 22 R^{P}!

jišra'el[123] und die Erwähnung der Wüste Sin[124] kamen erst durch R^P herein. Dagegen muß *wăjjisᵉ'û m(in) ... wăjjăḥᵃnû birᵉpîdîm* über R^JE und E auf das alte Stationenverzeichnis[125] zurückgeführt werden. Als Ort des Aufbruchs war dort hinter *wăjjisᵉ'û* doch wohl der Lagerplatz von 16 1a* E genannt, also: *wăjjisᵉ'û mibbên 'êlim ûbên ...* »und sie brachen auf von (der Stelle) zwischen Elim und N. N.«. Der deuteronomistische Bearbeiter setzte für das N. N. vielleicht nochmals *sînăj* ein[126]. *wᵉ'ên măjim lištot ha'am* muß wie *wᵉlo' maṣᵉ'û majim* 15 22 R^JE als zusammenfassende Vorwegnahme, als Überschrift der folgenden Geschichte verstanden werden. Schlecht formuliert ist nicht etwa erst die gegebene Übersetzung, sondern schon der Grundtext[127]! Dieser Umstand und die Partikel *'jn*[128] stellen Spezifika der späten Sprachform des deuteronomistischen Redaktors dar.

Alte Ortsätiologien im Dienst einer R^JE-Konzeption

V. 2-7 setzen zwei Geschichten voraus, die die Namen der Orte Massa und Meriba erklären wollten. Gewiß schon sie hatten *măssā* als eine Stätte ausgegeben, wo irgendwie »auf die Probe gestellt« wurde (*nsh* pi.) und *mᵉrîbā* als eine solche, wo »gestritten« wurde (*rjb* qal). Ebenso fest steht aber auch, daß diese Grunderzählungen die betreffenden Vorgänge erheblich anderen Zusammenhängen eingeordnet hatten.

17 2

In dieser Beziehung ist es schon vielsagend, daß das *nsh*- und das *rjb*-Motiv, obwohl der Sache nach verschieden, jetzt von vornherein miteinander verquickt erscheinen: »Da stritt das Volk mit Mose und sie sagten: Gib uns Wasser, daß wir trinken können (*wăjjarǽb ha'am 'im mošǽ wăjjo'mᵉrû tᵉnā*[129] *lanû măjim wᵉništǽ*)! Da sagte ihnen Mose: Was streitet ihr mit mir (*wăjjo'mær lahǽm mošǽ măh ttᵉrîbûn'immadî*)? Was versuchet ihr Jahwe (*măh ttᵉnăssûn 'æt jăhwǽ*)?« 2. Hinzu kommt, daß die beiden Motive in v. 2 gleichermaßen in den Dienst eines Anliegens von R^JE gestellt sind: Sie sollen Unzufriedenheit und Abfall der Väter Israels[130] aufzeigen. Auch die sprachliche Gestalt von v. 2 verweist uns an den Redaktor: Verwendung

---

123 Vgl. 16 1f. R^P!

124 Diese trägt wie *'æl midbăr sîn* 16 1 den Vorstellungen der Priesterschrift Rechnung.

125 Vgl. 12 37a* 13 20abα 14 2* 15 22a* + 27b* 16 1a*.

126 Gemäß 16 1a*!

127 Vgl. die weiteren R^JE-Belege S. 397f.!

128 Weitere Belege s. S. 396!

129 M *tᵉnû*; mit Sebir ca. 15 Mss Sam. G S T^b V ist *tᵉnā* zu lesen.

130 Weitere Belege für dieses R^JE-Motiv s. S. 404!

von wörtlichen Reden[131], Vorwürfe[132], *'mr* qal mit *l^e* konstruiert[133], *'immad** als Verstärkung des einfachen *'im*[134].

17 3

V. 3 bringt in der Sache nichts Neues: »So dürstete das Volk dort nach Wasser (*wăjjiṣma' šam ha'am lămmăjim*). Und das Volk murrte wider Mose und sagte: Warum hast du uns denn aus Ägypten heraufgeführt (*wăjjalæn ha'am 'ăl mošæ wăjjo'mær lammā zzæ hæ'ᵃlîtanû mimmiṣrăjim*)? Um mich und meine Kinder und meinen Viehbesitz durch den Durst zu töten (*l^ehamît 'otî w^e'æt banăj w^e'æt miqnăj băṣṣama'*)!« Den Vorwurf[135], er habe die Leute aus Ägypten entfernt, um sie umzubringen, bekam Mose bereits in 14 11 16 3b* R^JE zu hören; *lwn* qal + *'ăl mošæ* fand sich in 15 24 16 2* R^JE. Charakteristisch für den Redaktor sind ferner das rückweisende *šam*[136], das technische *'lh* hi. »(aus Ägypten) heraufführen«[137], der Abstraktbegriff *miqnæ*[138] und der unschöne Wechsel zwischen singularischer und pluralischer Konstruktion für *'am*[139]. Wenn von v. 3 überhaupt etwas für eine Quelle vindiziert werden darf, so höchstens *wăjjiṣma' ... ha'am lămmăjim*.

Gebet statt einer Antwort!

17 4

Auf die Einwürfe der Seinen hin wendet Mose sich an Jahwe: *wăjjiṣ'ăq mošæ 'æl jăhwæ le'mor mā 'æ'ᵉśæ la'am hăzzæ 'ôd m^e'ăṭ ûs^eqalunî* »da schrie Mose zu Jahwe folgendermaßen: Was soll ich für dieses Volk tun? Es fehlt nur noch wenig, daß sie mich steinigen« 4. Diese indirekte Art von Reaktion hat R^JE beinah schon zu einer Methode ausgebildet[140]. Auch die Begriffe entstammen samt und sonders seinem eigenen Wortschatz: *ṣ'q* qal[141], *le'mor*[142], *'śh* qal[143],

---

[131] Vgl. die Zusammenstellung S. 397!
[132] Vgl. S. 404!
[133] Weitere Belege s. S. 395!
[134] Vgl. *'immadî* Gen 3 12 R^JE!
[135] Vgl. S. 404!
[136] Weitere R^JE-Belege s. S. 393!
[137] Wie in 3 8. 17 13 19 R^JE!
[138] Weitere Belege s. S. 393!
[139] Weitere Beispiele dieser Art s. S. 398!
[140] Vgl. 5 22 15 25 16 4 R^JE!
[141] Vgl. die Zusammenstellung S. 395!
[142] Vgl. S. 391!
[143] Vgl. S. 394!

ha'am hăzzǣ[144]. Der Gedanke, Mose könnte gesteinigt werden, ist nicht so originell, wie er aussieht: Es handelt sich dabei nur um eine Redensart[145], die man zusammenstellen muß mit anderen Derbheiten des redaktionellen Ausdrucks[146].

Das Problem der Herkunft der Massa- und der Meriba-Ätiologie

Der redaktionelle Firnis hat in v. 2-4 die älteren Elemente dermaßen verdeckt, daß sich davon keine Spezifika der Quellen mehr namhaft machen lassen. Der Umstand jedoch, daß der Redaktor in 15 22ff. auf jahwistische Oasengeschichten rekurrierte, empfiehlt die Annahme, daß ihm bei der Bildung von 17 1ff. einschlägiges Material des Elohisten zur Verfügung stand. Wenigstens für die Meribageschichte läßt sich die elohistische Herkunft auch noch auf eine andere Weise wahrscheinlich machen: In Gen 26 19-22 wird anhand der Nordreichquelle[147] von diversen Brunnen erzählt, die Gegenstand von Streitigkeiten wurden bzw. hätten werden können, und die nach diesen Anlässen benannt wurden. Entsprechend dürfte die *rjb-m^erîbā*-Thematik unserer Perikope ursprünglich eine Auseinandersetzung zwischen Israel und anderen Aspiranten um die Nutzung der betreffenden Wasserstelle gemeint haben.

Was aber die alte Massa-Ätiologie angeht, so hatte dort vermutlich nicht das Volk seinen Gott »versucht« (so jetzt v. 2bβ), sondern umgekehrt Jahwe sein Volk — nämlich durch den Mangel an Trinkwasser!

15 25b

Von daher findet dann das aus seinem Kontext unzureichend motivierte *nissahû* »er stellte es auf die Probe« von 15 25b R^{JE} vollends seine Erklärung: Das *nsh* pi.-Motiv wurde aus dem Sachzusammenhang von 17 1ff.* E nach 15 25 »übertragen«[148] zum Zwecke des Ausgleichs der Quellen.

Wasserwunder nach E und Theophanie nach J kontaminiert

17 5. 6

Für die Annahme, daß zu den Voraussetzungen von 1ff. zumindest *eine* elohistische Oasengeschichte zählt, liefern v. 5. 6 nunmehr auch direkte Anhaltspunkte: »Da sagte Jahwe zu Mose: Schreite vor dem Volk einher (*wăjjo'mær jăhwǣ 'æl mošǣ 'ᵃbor lip^enê ha'am*) und nimm von den Ältesten Israels mit dir, und deinen Stab, womit du

---

[144] Wie in 3 21 5 22 R^{JE}! — Zum Demonstrativum vgl. S. 393f.!

[145] Vgl. schon 8 22 R^{JE}!

[146] Vgl. die Belegesammlung S. 396!

[147] Charakteristisch für E ist u. a. der Ausdruck *b^e'er* in v. 20. 21, vgl. S. 332.

[148] Vgl. die Zusammenstellung redaktioneller Übertragungen S. 401f.!

den Nil geschlagen hast, nimm in deine Hand und geh (*w^eqăḥ 'itt^eka mizziq^enê jiśra'el ûmaṭṭ^eka 'ašær hikkîta bô 'æt hăj^e'or qăḥ b^ejad^eka w^ehalăkta*)! | Sieh, ich werde vor dich hintreten dort auf dem Fels am Horeb (*hin^enî 'omed l^epanǣka ššam 'ăl hăssûr b^eḥoreb*). Dann schlage an den Fels, so wird daraus Wasser hervorspringen, daß das Volk trinken kann (*w^ehikkîta băṣṣûr w^ejaṣ^e'û mimmænnû măjim w^ešatā ha'am*). Und Mose tat also vor den Augen der Ältesten Israels (*wăjjă'ăś ken mošǣ l^e'ênê ziq^enê jiśra'el*).« Hiernach mußte, um Wassermangel zu beheben, der elohistische Mosestab[149] angewandt werden. *lqḥ* qal + *b^ejăd* + suff.[150] und auch *nkh* hi.[151] entsprechen elohistischer Ausdrucksweise. Was für ein »Fels« wurde nach E wohl »geschlagen«? Doch wohl einer, der sich in Massa oder in Meriba befand, auf jeden Fall aber einer, aus dem eine im Nordreich, zur Zeit des Elohisten, berühmte Quelle sprudelte.

Freilich, nach v. 6aα soll es ein Fels »am Horeb« oder »auf dem Horeb« gewesen sein, aber diese Ortsbestimmung stammt, wie wir demnächst genauer erkennen werden, eher aus anderem Zusammenhang. Selbstverständlich war dem alten Befehlsbericht »nimm deinen Stab in deine Hand und schlage damit den Felsen (*qăḥ 'æt măṭṭ^eka b^ejadæka w^ehikkîta 'æt hăssûr*)« in der E-Vorlage noch ein analog lautender Ausführungsbericht angeschlossen. Erst nach dem Ausführungsbericht kam der Erzähler auf die *Folgen* der Stabmanipulation zu sprechen: daß aus dem Felsen Wasser sprang und daß das Volk trinken konnte. Diese narrativen Angaben hat der Redaktor in Zweckangaben umfunktioniert[152] und zu der vorankündigenden Gottesrede v. 6 geschlagen: *w^ejaṣ^e'û . . . măjim w^ešatā ha'am.* Mit dem Relativsatz *'ašær*[153] *hikkîta bô 'æt hăj^e'or*[154] will er daran erinnern[155], daß der Stab des Quellwunders mit dem des Plagenberichts 7 17 identisch sei. Es entging seiner Aufmerksamkeit, daß er selber in 7 17 den Stab Moses Jahwe in die Hand gelegt hatte[156].

Der Mitnahme des Stabs sieht man in v. 5 die Mitnahme der »Ältesten Israels« an die Seite gestellt. Zu diesem Zeugma hat offensichtlich das Stichwort[157] *lqḥ* qal den Leim geliefert. Daß die beiden fraglichen Bemerkungen hinter *'abor lip^enê ha'am* verspätet wirken,

---

149 Vgl. 4 17a*. 20b usw. E.

150 Vgl. die weiteren E-Belege S. 385!

151 Vgl. *nkh* hi. in 7 17*. 20* E. Ursprünglich war es, wie noch in 7 20*, wohl mit einfachem Objekt konstruiert.

152 Entsprechendes geschah in 7 17bβ 9 22aγ 10 12aγ. 21aγ 14 16b R^JE!

153 Vgl. die weiteren Belege S. 394!

154 Das Sätzchen gemahnt besonders an *'ašær næḥpăk l^enaḥaš* 7 15 R^JE!

155 Zur Bezugnahme auf früher Erzähltes vgl. die Zusammenstellung S. 397!

156 Die Bezugnahme stimmt also gar nicht, vgl. die weiteren Belege S. 397!

157 Vgl. die Zusammenstellung S. 399!

hat auch R^JE empfunden. Aus diesem Grunde ließ er ihnen das *w^ehalăkta* folgen, das den Gang der Dinge wieder auf die schon durch *ʿ^abor* erreichte Stufe erhebt. Die *ziq^enê jiśra'el* stellen an unserer Stelle, nicht anders als bei 3 16 4 29 12 21, Überbleibsel der jahwistischen Erbmasse dar. Der Jahwist pflegte diesen Personenkreis für göttliche Epiphanien als Zeugen aufzubieten; dies war in der Vorlage auch zu v. 5f. der Fall. Noch jetzt kündigt Jahwe dem Mose in der bei J üblichen Form[158] sein Erscheinen an: *hin^enî ʿomed l^epanǽka*. Auch der Gedanke, daß Jahwe vor den Offenbarungsempfänger hintritt, war dem Südreicherzähler geläufig[159]. Besonders instruktiv für unseren Zusammenhang ist die Parallele Num 16 25b J[160]. Sie weiß zu berichten, daß die »Ältesten Israels« in feierlichem Zuge hinter Mose drein zu der vorgesehenen Offenbarungsstätte zogen. Auf ein ganz entsprechendes Geschehen blickt unser *ʿ^abor lip^enê haʿam* 5aβ, nur daß R^JE hier wieder einmal[161] das Ältestenkollegium durch die ihm geläufigere Größe des versammelten »Volks« ersetzt hat.

Die Theophanie, von der J gehandelt, war naturgemäß irgendwo lokalisiert. In der vorhandenen Lokalisierung *šam ʿăl hășșûr b^eḥoreb* macht *ʿăl hășșûr* die Ortsvorstellung der elohistischen Wasserwundergeschichte (s. 6aβ) geltend, ist also zum Zweck des Quellenausgleichs eingeführt. *šam*[162] scheint auf die Stätte zu reflektieren, zu welcher sich der jahwistische Mose an der Spitze der Ältesten begeben sollte (s. 5aβ*), die der Redaktor selber in v. 5a aber gar nicht mehr genannt hat. Indessen blieb uns ihr Name doch wohl in dem *b^eḥoreb* noch erhalten; der jahwistische Jahwe hätte Mose demnach sein Erscheinen auf dem Horeb angesagt 6aα*, und zum Horeb sollte Mose mit den Ältesten ziehen 5aαβ*. — Das partitive *min* vor *ziq^enê jiśra'el* 5 gibt übrigens nicht die Meinung der Quelle wieder; ihr zufolge waren gewiß, wie andere Male auch, alle Ältesten, zur Epiphanie aufgeboten. Vielleicht will der Redaktor mit dem *min* schon die Anschauung der anderen Quelle berücksichtigen, die in Num 11 16aαβ E[163] zum Vorschein kommen wird. Nach ihr hätte es von den Ältesten eine sehr große Anzahl gegeben.

Der Jahwist erzählte noch im Detail, wie Mose, dem Befehl seines Gottes nachkommend, mit den Ältesten zum Horeb pilgerte, und wie ihm daselbst Jahwe gegenübertrat. Den betreffenden Ausführungsbericht hat der Redaktor sich genauso erlassen wie sein elohistisches

[158] Vgl. die Zusammenstellung der Belege S. 377!

[159] Vgl. *ʿmd* qal in Gen 18 8b*. 22b* 19 27b* 24 30bβ* sowie *nșb* ni. in Gen 24 13. 43 J! Ist *ʿmd* qal R^JE-Ersatz für *nșb* ni.?

[160] Vgl. dazu S. 47.

[161] Wie bereits in 4 30b. 31a 12 27b!

[162] Weitere R^JE-Belege s. S. 393!

[163] Vgl. dazu S. 272. 327.

Seitenstück[164], doch rückte er an die Stelle von beiden einen neuen Ausführungsbericht *a son gré*: *wăjjăʿaś ken mošæ l*^{e}*ʿênê ziq*^{e}*nê jiśraʾel* 6b. *Was* Mose »tat«, bleibt bequemlichkeitshalber ungesagt[165]. R^{JE} dachte natürlich wieder an die Stabmanipulation am »Felsen« (E-Motiv), und mit Vorbedacht ließ er dieselbe vor den »Ältesten Israels« (J-Motiv) stattfinden. In Wirklichkeit hatten diese Jahwe selbst gesehen! Das Allerweltswort *ʿśh* qal[166], mit dem unbestimmten *ken* verbunden[167], sowie *l*^{e}*ʿênê*[168] weisen den redaktionellen Charakter von v. 6b auch vom Sprachgebrauch her auf.

Mose selber soll Massa und Meriba ihre Namen gegeben haben!

Innerhalb des Abschnittes 1-7 spielen die Elemente der jahwistischen Grunderzählung, der mutmaßlichen Horeb-Erzählung, eine völlig untergeordnete Rolle. Dies ist kaum ein Zufall. Wahrscheinlich wollte der deuteronomistische Redaktor diese Geschichte, die ihm wegen der Theophanie problematisch erscheinen mußte[169], durch seine eigene Themastellung »Wassermangel«[170] und durch Bevorzugung von Elementen der elohistischen Massa- und Meribaätiologien, in welchen diese Thematik vorgebildet gewesen, förmlich neutralisieren.

17 7

Abschließend wird denn auch nur noch der beiden Oasen und nicht mehr des Horebs gedacht: »Und er nannte den Namen der Stätte Massa und Meriba (*wăjjiqraʾ šem hămmaqôm măssā ûm*^{e}*rîbā*), wegen des Streits der Israeliten und weil sie Jahwe versucht hatten, indem sie sagten: Befindet Jahwe sich in unserer Mitte oder ist er nicht da (*ʿăl rîb b*^{e}*nê jiśraʾel w*^{e}*ʿăl năssotam ʾæt jăhwæ leʾmor h*^{a}*ješ jăhwæ b*^{e}*qirbenû ʾim ʾajin*)?« 7. Nachdem er die vordem unterschiedenen *rjb*- und *nsh*-Motive bereits bei v. 2 in eins gesetzt, steht der Kontaminator jetzt nicht an, sogar die zwei Orte *m*^{e}*rîbā* und *măssā* als *einen maqôm*[171] miteinander zu identifizieren. Immerhin folgt v. 7 noch insofern der Vorlage, als diese ihre beiden Oasengeschichten ebenfalls schon in einer Namengebung kulminieren ließ. Der alte Erzähler hatte dabei jedoch den Sprachgebrauch seiner eigenen Zeit vor Augen (»deshalb *nennt* man . . .«), wohingegen unter den Händen des R^{JE} Mose zum Namengeber avancierte. Die Einführung der Namen wird unter Bezug-

---

[164] Vgl. S. 348f.

[165] Vgl. die Zusammenstellung S. 393!

[166] Vgl. S. 394!

[167] Wie in 8 20. 22 R^{JE}!

[168] Wie in 4 30 7 20 8 22 R^{JE}! J hätte *b*^{e}*ʿênê* gesagt, s. 11 3a Par.

[169] Vgl. die Zusammenstellung S. 405!

[170] Vgl. 1bβ R^{JE} und dazu S. 346.

[171] *maqôm* kam bereits in 3 5. 8 16 29 R^{JE} vor!

nahme[172] auf v. 2 R^JE nochmals begründet[173]. Dabei wurde sich der Redaktor, sozusagen in letzter Minute, bewußt, daß er das *nsh*-Motiv bisher nur mehr andeutungsweise verwendet 2b, es aber noch nicht mit theologisch-heilsgeschichtlichem[174] Inhalt gefüllt hat. Durch eine nachklappende Rede[175] des Volks holte er das Versäumte noch schnell nach[176]. Man beachte die für R^JE typische Begrifflichkeit des betreffenden Passus: *le'mor*[177], *b^eqæræb*[178], *'jn*[179] und dessen positives Gegenstück *ješ*. Die disjunktive Frage *h^aješ . . . 'im 'ajin* erinnert an *h^ajelek . . . 'im lo'* 16 4 R^JE.

Widersprüchliche Aussagen über den Beginn der Amalekiterschlacht

17 8. 9a

Wie ist es zu einer Auseinandersetzung zwischen Israeliten und Amalekitern gekommen? Hinsichtlich dieser Frage ist die Harmonie mit sich selber uneins. Zuerst heißt es, Amalek habe die Initiative ergriffen: »Da kam Amalek und kämpfte mit Israel in Rephidim (*wăjjabo' ʿ^amaleq wăjjillaḥæm ʿim jiśra'el bir^epîdim*)« 8. Alsdann aber erscheint die Gegenseite zum Angriff aufgefordert: »Und Mose sagte zu Josua: Wähle uns Männer aus und dann zieh aus, kämpfe gegen Amalek (*wăjjo'mær mošæ̆ 'æl j^ehôsu^aʿ b^eḥăr lanû '^anašîm w^eṣe' hillaḥem bă'^amaleq*)« 9a. Dasselbe *lḥm* ni. ist hier mit *b^e*, dort aber mit *ʿim* konstruiert. V. 8 stellt zwei Größen derselben Kategorie einander gegenüber, nämlich die Kollektiva Amalek und Israel; demgegenüber gehören die Kontrahenten von v. 9a verschiedenen Sparten an: Josua — Amalek. Es wird so getan, als sei Josua dem Leser schon bekannt; dabei begegnet er hier zum ersten Mal. Was die Herkunft der fraglichen Angaben betrifft, so scheint bei v. 8 die Lokalisierung der Schlacht in Rephidim auf E zurückzuweisen. In Rephidim hatten nach der Stationennotiz 1bα E die Israeliten gelagert. In v. 9a nötigt uns die bezeichnete Disparatheit der Gegner und die Unbestimmtheit von *'^anašîm*[180], an Einflußnahme des Bearbeiters zu denken; es liegt aber auf der Hand, daß er die Vorstellung Josuas als eines Feldherrn von Israel nicht erfunden, sondern irgendwoher übernommen hat.

---

[172] Zu den Rückbezügen des Redaktors s. die Zusammenstellung S. 397!

[173] Vgl. S. 395!

[174] Vgl. S. 403f.!

[175] Weitere R^JE-Belege für wörtliche Reden s. S. 397!

[176] Weitere Belege für den Konzeptcharakter der Harmonie s. S. 402!

[177] Vgl. S. 391!

[178] Vgl. S. 391!

[179] Vgl. S. 396!

[180] Schon dagewesen in 4 19 5 9 10 7 R^JE!

Jahwistisches Theophanie-Element und elohistisches Stab-Motiv

17 9b

In v. 9a ist der Kampf gegen Amalek erst befohlen; v. 8 meldete ihn als schon im Gang befindlich. Nach 9a konnte ein so kurzsichtiger Komponist, wie R^JE es war, gar noch den Versuch machen, den Kampf erst auf den nächsten Tag anzusetzen[181]: »Morgen«, setzt Mose seine Rede fort, »werde ich mich auf den Gipfel der Höhe stellen, wobei der Stab der Gottheit in meiner Hand sein wird (*maḥar 'anokî niṣṣab ʿăl ro'š hăggibʿā ûmăṭṭē ha'ᵉlohîm bᵉjadî*)« 9b. *maḥar* ist charakteristischer Bestandteil von Ansagen in der jahwistischen Quelle[182]. Zu *ro'š* im Sinne von »Spitze, Gipfel« lassen sich gleichfalls jahwistische Entsprechungen anführen: den *ro'š* der Turmbaugeschichte, der an den Himmel reichte Gen 11 4a*[183], den *ro'š* des Berges Sinai, auf den Jahwe herabstieg Ex 19 20*[184] und auf dem er sich mit Mose traf 34 2*[185]. Die beiden letzterwähnten Stellen beziehen sich auf eine Epiphanie Jahwes auf der Bergesspitze. Genau dies muß von Haus aus auch bei unserem (*maḥar*) *'anokî niṣṣab ʿal ro'š hăggibʿā* der Fall gewesen sein. Mithilfe desselben *'anokî niṣṣab* kündigte Jahwe nach Gen 24 3. 43 J[186] eine Offenbarung seiner selbst an. Dort blieb auch das zum Schema jahwistischer Ankündigungen Gottes gehörige *hinnē*[187] erhalten. Die Originalschrift bot es selbstredend auch an unserer Stelle[188]. *maḥar* stand weiter hinten, etwa nach *niṣṣab*. Also: »Siehe, ich werde mich morgen auf den Gipfel der Höhe stellen«. Dieses Auftreten von Jahwe, das vormals nicht nur angekündigt, sondern, mit analogen Worten, auch als Faktum geschildert war, bildete nach J die Ursache einer Kulthöhe zu Gibea[189].

Dem alten Wissen darum, daß Jahwe im Bild, in sichtbarer Gestalt begegnen kann und schon begegnet ist, stand unser deuteronomistischer Bearbeiter, wie bekannt[190], mit reservierten Gefühlen gegenüber. Es war diese Abneigung, welche ihn das ehemalige Jahwe-

---

[181] Mißachtung der geschichtlichen Situation, vgl. die Belegesammlung S. 398f.!

[182] Vgl. die weiteren Belege S. 379!

[183] Vgl. dazu S. 36.

[184] Kennzeichnend für J ist das von Jahwe gebrauchte *jrd* qal (vgl. S. 35f.) und der Begriff *hăr sînăj* (E redete vom *hăr ha'ᵆlohîm*).

[185] »Und du sollst mir dort auf dem Gipfel des Berges dich hinstellen (*wᵉniṣṣăbta . . .*)«, heißt es jetzt, aber *nṣb* ni. war auch da ursprünglich von *Jahwe* ausgesagt, vgl. noch v. 5!

[186] Vgl. dazu S. 332 mit Anm. 37.

[187] Vgl. die Zusammenstellung S. 377!

[188] Vgl. übrigens G καὶ ἰδοὺ ἐγὼ ἕστηκα (zieht αὔριον zum Vorausgehenden!).

[189] Damit war kaum das benjaminitische Gibea gemeint, sondern vermutlich das nach Jos 15 57 im Stammesgebiet von Juda gelegene.

[190] Vgl. S. 405!

wort dem Mose in den Mund legen ließ 9bαβ, und zwar, genauer, dem Mose des Elohisten, der seinen »Stab« in seiner »Hand« zu halten pflegte[191]. Das überlieferte *ûmăṭṭē ha'ᵉlohîm bᵉjadî* 9bγ ist nur noch ein Schatten der ursprünglichen Aussage: Bei E wird Mose wieder einmal den Befehl erhalten haben, er solle den Stab in seine Hand »nehmen«, und diesen Befehl führte er dann natürlich auch aus, »er nahm seinen Stab in seine Hand«.

Verschiedene Mitarbeiter Moses: Josua, Aaron und Hur

17 10

Josua erfüllt Moses Befehl (9a) und Mose seine eigene Ankündigung (9b): »Da tat Josua, wie ihm Mose gesagt hatte, indem er gegen Amalek kämpfte (*wăjjă'aś jᵉhôšuaᶜ kă'ᵃšær 'amăr lô mošǣ lᵉhillaḥem bă'ᵃmaleq*); und Mose, Aaron und Hur stiegen auf den Gipfel der Höhe hinauf (*ûmošǣ 'ăhᵃron wᵉḥûr 'alû ro'š hăggib'ā*)« 10. V. 10a erscheint als reine RJE-Bildung: plattes *'śh* qal[192], *kă'ᵃšær*[193], Rückbezug auf vorher Gesagtes *kă'ᵃšær 'amăr* . . .[194], *'mr* qal mit *lᵉ* konstruiert[195], *lᵉ* + inf. in erklärendem Sinne[196]. *lḥm* ni. ist wie in v. 9a mit *bᵉ* verbunden. So gewiß es ist, daß Josua schon einer der Quellen als Feldherr galt, so zweifelhaft ist doch, ob der betreffende Gewährsmann Josua schon einen Kampfbefehl von Mose erhalten und ausführen ließ und ob er »Amalek« als den Widerpart Josuas dargestellt hatte.

V. 10b basiert wieder[197] auf der jahwistischen Gibea-Ätiologie; man beachte das dafür kennzeichnende *ro'š hăggib'ā*. Auch das Selbander von A a r o n und H u r, das hier plötzlich wie eine Sternschnuppe am Nachthimmel aufleuchtet und wieder verschwindet, muß dort beheimatet sein. Bei E war Aaron allein der Mosepartner[198]. Nur noch ein weiteres Mal taucht das alte Zwiegestirn aus der redaktionellen Versenkung auf: in 24 14. Aaron und Hur gelten dort als *richterliche* Stellvertreter Moses — eine typisch jahwistische Vorstellung[199]! Wofür aber hatte der Südreicherzähler die beiden Männer in seiner Gibea-Geschichte benötigt? Wahrscheinlich lag ihnen die gleiche Aufgabe ob wie sonst oftmals den »Ältesten Israels«[200]: Sie sollten anläßlich der Theophanie, die auf dem Gipfel des Hügels statt-

---

191 Vgl. 4 17a*. 20b 7 15b*. 17* 17 5b* E!

192 Weitere Belege s. S. 394!

193 Wie in 5 13 8 23 10 10 12 32 RJE! Zu *'ᵃšær* vgl. S. 394!

194 Vgl. S. 397!

195 Weitere Belege s. S. 395!

196 Weitere Belege s. S. 396!

197 Wie 9bαβ!

198 S. 4 14*. 27*.

199 Vgl. S. 75f.

200 Vgl. zuletzt v. 5f.* J!

haben würde, als Offenbarungszeugen dienen. Die Satzstellung in v. 10b — Subjekte vor ihren Prädikaten! — geht zu Lasten des Kontos des Bearbeiters[201].

Obliegen und Unterliegen in magischer Abhängigkeit von der erhobenen Hand Moses

17 11

V. 11 scheint weder von Aaron und Hur, noch von Josua zu wissen. Hier sieht man vielmehr, wie in v. 8, »Israel« und »Amalek« einander konfrontiert: »Und es geschah immer, wenn Mose seine Hand erhob, so siegte Israel (*wehajā kă'ašær jarîm mošæ jadô wegabăr jisra'el*), und immer, wenn er seine Hand ruhen ließ, so siegte Amalek (*wekă'ašær janîaḥ jadô wegabăr 'amaleq*).« Aus v. 9bγ ließ sich bereits auf eine stattgehabte Stabmanipulation schließen; darum hat man bei *jarîm ... jadô* an den nämlichen Vorgang zu denken, wie er durch *harem 'æt măṭṭeka* 14 16 E[202] angesprochen wurde: Die erhobene Hand des Mose — nur *eine* Hand notabene[203]! — führte also den Zauberstab!

17 8

Demnach ist die Grundlage von v. 11 elohistisch. Ebenso läßt sich jetzt auch v. 8, jene Erzählnotiz, der zufolge Amalek das Volk Israel in Rephidim attackierte, dem Elohisten zuweisen.

Indessen ist nur die Grundlage von v. 11 elohistisch, nicht mehr der volle Wortlaut. Es muß nämlich bezweifelt werden, daß die Quelle von einem wiederholten Heben und Senken der Hand und damit von einem mehrfachen Schwanken des Kriegsglückes gehandelt hat. Den natürlichen Bedingungen entspräche es vielmehr, wenn Mose zunächst so lange wie möglich den Stab, mit beiden Händen abwechselnd, hochgehalten hätte, bis er dazu schließlich mit keiner Hand mehr fähig war. Auch in stilistischer Hinsicht erweckt das umständliche *wehajā*[204] *kă'ašær ... wekă'ašær*[205] den Eindruck, vom Redaktor zu stammen.

Stein als Sitzgelegenheit, Aaron und Hur als Handstützen — ein Musterbeispiel für redaktionelles *pêle-mêle*

17 12

Tatsächlich schimmert die alte Meinung des elohistischen Erzählers, die ein endliches Versagen der Kräfte vorsah, in der Fortsetzung noch durch: »Und Moses Hände waren schwer (*wîdê mošæ kebedîm*).

---

201 Vgl. die Zusammenstellung S. 396!

202 Vgl. auch *wăjjaræm bămmăṭṭæ* 7 20aβ* E.

203 So nach M. Sam. und die Versionen haben *jadô* in *jadâw* »verbessert«.

204 Vgl. die R^JE^-Belege S. 398!

205 Vgl. bei Anm. 193.

Da nahmen sie einen Stein und legten ihn unter ihn (*wăjjiqqᵉḥû ʾæbæn wăjjaśîmû tăḥtâw*), und er setzte sich darauf (*wăjješæb ʿalâha*). Und Aaron und Hur stützten seine Hände, hier einer und da einer (*wᵉʾăhᵃron wᵉḥûr tamᵉkû bᵉjadâw mizzæ̂ ʾæḥad ûmizzæ̂ ʾæḥad*). So geschah: Seine Hände waren Festigkeit, bis die Sonne unterging (*wăjᵉhî jadâw ʾᵉmûnā ʿăd boʾ hăššamæš*)« 12. Mose wurden die Hände schwer — so hatte E die Sache dargestellt! Und nur einmal, nämlich als Mose vor Übermüdung keine von beiden Händen[206] mehr gebrauchen konnte, vermochte Amalek Terrain zu gewinnen. Daß Moses Hände »schwer« wurden, hätte sich eigentlich *vor* dem *janîᵃḥ jadô* von v. 11 gesagt gehört. Den geschichtlichen Verhältnissen nicht angemessen[207] und den Angaben der Quelle zuwiderlaufend ist auch, daß v. 12 jetzt von einem Schwer-Sein statt von einem Schwer-Werden der Hände Moses redet: *wîdê mošæ̂ kᵉbedîm*. Nur zu leicht flossen unserem Redaktor Nominalsätze[208] in die Rede ein!

17 16

Wer »einen Stein nahm«, ist nicht besonders vermerkt. Wahrscheinlich soll sich aber der Leser der Harmonie »Aaron und Hur« als Subjekt vorstellen. Nach Lage der Dinge muß *wăjjiqqᵉḥû ʾæbæn* jedoch bei E beheimatet und dort noch auf andere Leute, u. U. auf Mose selbst, bezogen gewesen sein, denn der Stein, die nachmalige Massebe[209]!, wurde doch herangeschafft, um die Hand Moses, die den Stab halten sollte, aber nicht mehr konnte, zu unterstützen! Aus der Hand- oder Armstütze hat der Redaktor eine Sitzbank gemacht; auch die Sprache verrät ihn: *śjm* qal[210] + *tăḥtâw*[211]. Zu solcher Umfunktionierung des Steins mag er von der anderweitig vorgegebenen Idee des *kes jah* v. 16[212] inspiriert worden sein. Noch stärker fiel aber wohl sein Wunsch ins Gewicht, die elohistische Erzählung von der Amalekiterschlacht bei Rephidim mit der jahwistischen Gibea-Ätiologie zu verschmelzen und dabei die Theophanievorstellung der letzteren vollends unschädlich zu machen. Deshalb sind Aaron und Hur jetzt ihrer Aufgabe als Offenbarungszeugen enthoben und als Stützen herangezogen für die zwei Hände des Mose. Daß Mose zum Halten des Stabs nur *eine* Hand brauchte, bedachte der Redaktor, der nur seine kurzatmigen Redaktorenbelange im Kopf hatte, so wenig wie das andere, daß eine installierte Massebe als ein

---

206 In v. 12 ist der Plural *wîdê* nahezu einhellig bezeugt.

207 Vgl. die Zusammenstellung S. 398f.!

208 Vgl. S. 395f.!

209 Vgl. S. 390!

210 Vgl. S. 394!

211 Vgl. 10 23 16 29 R^JE!

212 Genaueres s. S. 361.

schmaler, aufrecht stehender Stein sich kaum für eine menschliche Sitzgelegenheit geeignet hätte. Wiederum tut sich auch im Stil der Angabe seine schriftstellerische Identität kund: Vorausstellung des Subjekts in einem Aktionssatz[213], *mizzæ*[214], unbeholfene Ausdrucksweise[215] bei *wăjehî jadâw 'æmûnā*, vulgäres *hjh* qal[216]. Die Vorstellung, daß Moses Hand nunmehr einen festen Halt gewann, war naturgemäß bei E vorgezeichnet, wahrscheinlich mit den Worten *wăjehî jadô æ'mûnā* »da wurde seine Hand fest« — *'æmûnā* als part. pass. f.!

»Bis die Sonne unterging« — das Problem der Herkunft dieses Motivs

Die zeitliche Begrenzung *'ăd bo' hăššamæš*, womit v. 12 schließt, würde nur dann halbwegs einleuchten, wenn man einen Mittelsgedanken zur Hilfe nehmen dürfte: Nach Einbruch der Dunkelheit erübrigte sich eine weitere Beschwörung[217], weil jetzt sowieso nicht mehr gekämpft werden konnte. Aber nun fehlt eben eine einschlägige Bemerkung. Es wäre auch abwegig, wenn man einen ursächlichen Zusammenhang zwischen Beendigung des Zaubers und Dunkelheit vermuten wollte; nach den Denkvoraussetzungen des Elohisten[218] hätte die Nacht die Zauberwirkung eher vermehren als abbrechen müssen. Mithin erscheint die Unterbringung des Sonnenuntergangs im Zusammenhang der elohistischen Amalekiterschlacht als problematisch, und es erhebt sich die Frage, woher der Verfasser der Harmonie jenes Motiv nahm. Die Parallelen *wăjehî hăššæmæš labo'* und *wăjehî hăššæmæš ba'ā* Gen 15 12. 17, in bearbeiteter Fassung vorliegend, gehen auf J zurück[219]. Hatte der Sonnenuntergang in der jahwistischen Gibea-Ätiologie eine Rolle gespielt? Das kann sein. Man wird aber noch eine andere Möglichkeit erwägen müssen.

17 9. 10

Noch immer ist ja die Herkunft der Figur des Feldherrn Josua 9. 10 ungeklärt. Diese ist in der elohistischen Geschichte von der Amalekiterschlacht zu Rephidim 8*. 11*. 12* so wenig beheimatet wie

---

[213] Vgl. die Belege S. 396!

[214] Dasselbe schon in 11 1 13 19 R^JE! Zum Demonstrativum vgl. die Zusammenstellung S. 393f.!

[215] Vgl. die weiteren R^JE-Belege S. 397f.!

[216] Vgl. die R^JE-Belege S. 394; im vorliegenden Fall stammt *hjh* qal allerdings vielleicht aus E, s. das Folgende.

[217] Weitere E-Belege für die Wertschätzung der Magie s. S. 398f.!

[218] Vgl. die Zusammenstellung S. 388ff.!

[219] Die Flamme, die nach Einbruch der Nacht durch die paarweise aufgelegten Opferstücke fuhr 15 17, bezeichnete den Bundesschluß »Jahwes« mit Abraham 18. Zur Sache vgl. Jer 34 18.

in der jahwistischen Gibea-Erzählung 9b*. 10b*. Es sieht darum so aus, als ob der Komposition von v. 8-16 noch ein dritter Quellenbericht zugrunde liege, der Josua erstmals vorgestellt und ihm das Amt des Heerführers zugeschrieben hatte. Bei E war im Grund *Mose* als der Anführer der Heerscharen seines Volkes gedacht 11*, oder, noch besser, Jahwe selbst 14 19b. 20aαβ. Von »Josua, dem Sohne Nuns«[220] nahm der Nordreicherzähler an, daß er Mose später am Zeltheiligtum als ständiger Priester assistierte 33 11[221]. Der zu vermutende dritte Grundbericht scheint demnach eher in der Südreichquelle gestanden zu haben. Diese Annahme wird dadurch erhärtet, daß die Tradition von 32 17f., die Josua erneut mit martialischen Anschauungen zusammenbringt, ebenfalls jahwistischen Ursprungs ist[222].

Der Feldherr Josua — eine Gestalt des Jahwisten!

17 13

V. 13 erhebt die Vermutung, daß es zu v. 8-16 einen dritten Grundbericht gab, zur Gewißheit. »So schwächte Josua«, heißt es da, »den Amalek und sein Volk durch Schwertesschärfe (*wăjjăḥ^a^loš j^e^hôsu^a^ʿ ʾæt ʿ^a^maleq w^e^ʾæt ʿămmô l^e^pî ḥaræb*).« Wieder begegnet uns hier Josua als Israels Feldherr[223]. Das originelle *ḥlš* qal — v. 11* E sagte dafür *gbr* qal! — ist von seiner Person schwerlich zu trennen. Keinen Glauben verdient aber die seltsame Doppelbezeichnung *ʿ^a^maleq w^e^*... *ʿămmô*. Für »Amalek« sollte man vielmehr den Namen eines feindlichen Heerführers erwarten — ein Individium statt des Gentilicium. Dies würde nicht nur der Logik der Sache, sondern auch den Verhältnissen in 14 6b J entsprechen, wo es vom »König von Ägypten« heißt, daß er »sein Volk« mit sich genommen habe[224]. *ʿ^a^maleq* ist in v. 13 und war, wie jetzt vollends klar wird[225], schon in v. 9a ein aus E[226] genommener Ersatz für eine bestimmte Einzelpersönlichkeit. Mithin muß dem Komponisten von v. 8ff. außer dem Schlacht-Bericht des Elohisten auch noch ein solcher des Jahwisten zur Verfügung gestanden haben. Bei E galt »Amalek« als Angreifer und dann von »Israel« Besiegter, bei J dagegen eröffnete Josua die Feindseligkeiten gegen den N. N. und sein Kriegsvolk und schlug sie.

---

220 Personenname + Verwandtschaftsangabe, vgl. zu diesem Merkmal von E die Zusammenstellung S. 384!

221 Zur Herkunft der Stelle vgl. schon S. 271.

222 Nach E hatte Mose die Siebzig Ältesten (zu deren Provenienz vgl. S. 272. 327. 350) zu Begleitern 24 1*!

223 Gemäß v. 9*. 10a*.

224 Vgl. auch (das ebenfalls von J stammende) *w^e^ʾărbăʿ meʾôt ʾîš ʿimmô ... wăjjăḥăṣ ʾæt haʿam* ... Gen 32 7f.

225 Vgl. die schon S. 352 geäußerten Bedenken.

226 Vgl. v. 8*. 11*.

Deuteronomistischer Exkurs über den Erzfeind Amalek

17 14

Von dem Kampf, der eben ausgetragen wurde, schweift v. 14 überraschend in die Zukunft ab: »Da sagte Jahwe zu Mose: Schreibe dies als Erinnerung in das Buch und bring es Josua zu Ohren (... *k^etob zo't zikkaron băssepær w^eśîm b^e'âz^enê j^ehôsu^a'*), daß ich völlig vertilgen werde die Bezeichnung Amalek unter dem Himmel (*kî maḥō 'æmḥæ̅ 'æt zekær '^amaleq mittăḥăt hăššamajim*).« Offensichtlich ist diese Ankündigung der totalen Vernichtung der Amalekiter auf ein künftiges Geschlecht abgezweckt, sei es nun als Trost oder sei es als *vaticinium ex eventu*. Den Antrieb, sie »in das Buch« ,d. h. doch wohl: in den Pentateuch bzw. in eine seiner Vorstufen, zu schreiben, projizierte der Verfasser von v. 14 von sich selbst auf Mose zurück. Um von der geschichtlichen Situation des Kontexts wenigstens noch einen Schimmer zu bewahren, zog er Josua als Ohrenzeugen der Verlautbarung heran, wobei ihm das vorgefundene Erzählungsmaterial weiter nichts als Josuas Namen zum Anhalt bot. Es ist nicht gerade die Weise von R^{JE}, so zu verfahren, doch weist v. 14 einige von jenen deuteronomistischen Spracheigentümlichkeiten auf, die man auch bei ihm findet: Demonstrativum[227] *zo't*, plattes *śjm* qal[228], *b^e'âz^enê*[229], verbum finitum verstärkt durch inf. abs. des gleichen Verbs[230] *maḥō 'æmḥæ̅, zekær*[231]. Diese Übereinstimmungen besagen nur, daß der Verfasser von v. 14 der deuteronomistischen Richtung zugehörte, nicht aber oder nicht unbedingt, daß er mit R^{JE} gleichzusetzen ist. Die Vorstellung, daß Mose eine Buchrolle beschreiben sollte, scheint ebenfalls gegen diese Identifikation zu sprechen. Sie ist zwar kennzeichnend für gewisse deuteronomistische Schichten[232], nicht aber für den bestimmten Deuteronomisten, der die alten Geschichtswerke des Südreichs und Nordreichs miteinander verschmolzen hat.

Zwei verschiedene Kultätiologien von J. E und die Thronsitz-Vorstellung

Daß J und E jene kriegerischen Auseinandersetzungen, von denen sie berichteten, an bestimmte Orte oder Stätten geheftet hatten, welche ihnen und ihrer Zeit bedeutsam erschienen, kann man sich von vornherein denken.

17 15. 16

V. 15. 16 entsprechen diesen Erwartungen, indem sie kultische Gegebenheiten der nachmosaischen Epoche namhaft machen: »Da baute Mose einen Altar und nannte seinen Namen »Jahwe mein Feldzeichen« (*wăjjibæn mošæ̅ mizbe^aḥ wăjjiqra' š^emô jăhwæ̅ nissî*). | Und er sagte: Hand auf den Jah-Thron! Krieg hat Jahwe gegen Amalek von Geschlecht zu Geschlecht (*wăjjo'mær kî jad 'ăl kesjah milḥamā*

---

227 Vgl. die Zusammenstellung S. 393f.
228 Vgl. S. 394.
229 Vgl. 11 2 R^{JE}.
230 Vgl. S. 396.
231 Wie in 3 15 R^{JE}.
232 Vgl. Dtn 28 58. 61 29 19f. 26 30 10 31 19. 22. 24 Jos 1 8 8 31. 34 23 6 24 26 I Reg 2 3 II Reg 14 6.

l^e^jăhwæ bă'amaleq middor dor).« Es war der Südreicherzähler, der Ahnväter Israels oder sonst bedeutsame Vertreter des Jahweglaubens der Vorzeit immer wieder neue Altäre errichten ließ.

Beispielsweise hören wir von Noah, daß er nach seiner Rettung »Jahwe (!) einen Altar gebaut« habe Gen 8 20. Desgleichen taten Abraham Gen 12 7. 8 13 18, Isaak 26 25, Jakob 35 7 an verschiedenen Orten Palästinas, deren Namen infolge der Machenschaften des R^JE^ nicht mehr oder nicht mehr ohne weiteres festzustellen sind. In diesem Sachzusammenhang ist auch der Hinweis von Gen 21 33 unterzubringen, daß Abraham in Beerseba eine Tamariske *gepflanzt* habe[233]. Sodann tut sich auch der jahwistische Bileam bzw. Balak als Altarbauer hervor Num 23 28[234]. An solchen Heiligtümern wurde »Jahwe« dann mit Namen angerufen Gen 12 8 13 4 21 33 26 25. Zumindest in der Mehrzahl der Fälle verfolgte der Jahwist mit dem Erzählten die Absicht, Kultstätten seiner Zeit, die von den Kanaanäern übernommen waren, das Odium ihrer heidnischen Herkunft zu nehmen und ihnen eine solide Legitimation als Heiligtümern Jahwes zu verschaffen. Das Letzte hat auf seine Weise auch der Elohist gewollt, aber er knüpfte dabei direkt an die paganistischen Gegebenheiten an und vereinnahmte sie, nur oberflächlich modifiziert, für den Kult Jahwes[235]. Wo der Nordreicherzähler, wie etwa in Gen 22 9[236] Ex 24 4[237] 32 5[238], die Altvordern Israels Altäre bauen ließ, handelt es sich nur um Akzidentien, nicht, wie bei J, um Zielangaben der betreffenden Erzählungen.

Nach dem Bemerkten kann man v. 15 mit ziemlicher Sicherheit als den Skopos des jahwistischen Schlacht-Berichtes betrachten. Leider verrät uns der Verarbeiter nicht mehr, warum der errichtete Altar gerade den Namen *jăhwǣ nissî* bekam; vermutlich war Jahwe irgendwie auf dem Schlachtfeld erschienen und hatte in das Kriegsgeschehen eingegriffen[239]. Ist diese Epiphanie dann mit derjenigen auf dem Gipfel der *gib'ă* 9b*. 10b* gleichzusetzen? Für diese Annahme könnte sprechen, daß ein solcher Befund dem Redaktor seine Darstellung von Aaron und Hur (J) als Armstützen Moses nahegelegt haben würde: Zusammen mit Mose wären die beiden Männer dann ja schon seit je Mitwirkende bei einer Schlacht gewesen. Allein, gewichtigere Umstände sprechen gegen jene Annahme: Die Schlacht, die Josua mit einem N. N. und seiner Gefolgschaft ausfocht, kann ihrer-

---

233 Charakteristisch für J ist das folgende *wăjjiqra' . . . b^e^šem jăhwǣ* (!).

234 Balak nahm Bileam auf den *ro'š hăpp^e^'ôr* 28 (vgl. S. 353!).

235 So z. B. bei den Gestalten und dem heiligen Baum der Mamregeschichte Gen 18 oder bei der Massebe von Bethel und den dortigen Traumerscheinungen Gen 28 12. 17f.* oder auch bei dem Dämon der Beschneidungsepisode Ex 4 24-26.

236 Zur Provenienz der Erzählung vgl. S. 27 mit Anm. 26.

237 Der Altar wurde früh am Morgen erbaut — anscheinend nach nächtlichem Offenbarungsempfang (vgl. S. 389!). Man stattete ihn mit 12 Masseben aus (vgl. S. 390!) v. 4. Die Opfer wurden dargebracht von *nă'arê b^e^nê jiśra'el* v. 5 (vgl. S. 386!).

238 Gemäß 4 14* E fungiert Aaron als Stellvertreter Moses. Als Mose nach langem Zögern (v. 1) vom Berg herabkam, trug er die von *'ælohîm* (!) beschriebenen Tafeln 15f.*.

239 Zur Tilgung der Epiphanieszene durch R^JE^ vgl. die Zusammenstellung S. 405!

seits nicht *auch* auf dem Berge (*ro'š hăggib'ā*) stattgefunden haben. Der jedenfalls dort erscheinende Jahwe hätte sie also nur aus der Ferne beeinflußt — eine magische Vorstellung, die dem jahwistischen Erzähler kaum zuzutrauen ist[240]! Dazu kommt, daß ein Feldzeichen (*nes*) aufs Schlachtfeld getragen zu werden pflegte; der Altar hätte kaum *jăhwæ nissî* genannt werden können, wenn Jahwe der Schlacht nur von ferne beigewohnt hätte. Demnach wird man die Epiphanie von Gibea und die Schlacht Josuas als Themen verschiedener jahwistischer Erzählungen beurteilen, die erst vom Redaktor zusammengeworfen und obendrein mit der elohistischen Geschichte vom Sieg »Israels« über »Amalek« kontaminiert worden sind.

Der Ruf *jad 'ăl kesjah* 15a blickt auf die elohistischen Ausführungen über den »Stein« 12* zurück, denn auf diesen hatte Mose ja auch schon seine »Hand« gelegt und konnte so, beispielgebend für die Nachwelt, den Sieg davontragen. *kesjah*, oder besser in zwei Wörtern *kes jah*[241], muß soviel wie *kisse' jăhwæ* bedeuten, also »Thron Jahwes«[242]. Es wäre kurzschlüssig, wenn man diesen Ausdruck als Beweis dafür werten wollte, daß es mit den Darlegungen von v. 12aβ über den Stein als *Sitz*gelegenheit Moses doch seine quellenhafte Richtigkeit habe. Wie sollte ein Schriftsteller, ein Gebildeter der Königszeit, Jahwe und Mose als »Sitzende« so leichtfertig in eines gesetzt haben! Freilich läßt sich nicht übersehen, daß die Auffassung der betreffenden Massebe als Sitz der Gottheit mit dem, was der Elohist über sie als einer Stütze für Moses Hand berichtet hatte, eigentlich nichts zu schaffen hat. Der von E behauptete Zusammenhang wäre nur dann überzeugend, wenn Moses Hand nicht ohnedies schon einen zauberkraft-haltigen Gegenstand umschlossen hätte, nämlich den Stab[243]. Die *kes jah*-Vorstellung war dem Nordreicherzähler, der auch sonst gern paganistische Traditionen aufnahm[244], eben schon vorgegeben. Er ordnete sie dann seiner eigenen Konzeption des Mosestabes zu bzw. unter.

Redaktionelle Verkleidung des Rufs »Hand auf den Jah-Thron!«

Zur Zeit des elohistischen Erzählers wird das *jad 'ăl kes jah* als eine Aufforderung noch bekannt gewesen sein, die ab und zu erklang[245], wenn »Israel« ins Feld ziehen mußte. Eine wichtige Person, vermutlich

---

240 Vgl. »Paradieserzählung« S. 93ff.

241 So der Textus receptus.

242 Sam. für *ksjh* lediglich *ks'*, was S und anscheinend auch G (ἐν χειρὶ κρυφαίᾳ, denkt an die Wurzel *ksh*) voraussetzen. T umschreibt: *kwrsj jqr'*.

243 Vgl. v. 9bγ* E.

244 Vgl. die Zusammenstellung S. 390!

245 Sehr lebendig kann der Brauch damals nicht mehr gewesen sein; der Elohist hätte es sich sonst kaum gestatten können, seinen »Stab« noch ins Spiel zu bringen.

ein Priester, sollte dann seine Hand möglichst lange auf die Massebe zu Rephidim legen, um dadurch Israels Heer den Sieg zu sichern. Diesen uralten, aus der Frühzeit wohl des Stammes Joseph rührenden Brauch wollte der Elohist durch seine Erzählung erklären. Die derzeitige Einkleidung der Aufforderung läßt die grundlegenden Zusammenhänge nicht mehr sichtbar werden. Für ihre Entstehung ist der Redaktor zuständig. Eine unnötige und insoweit gekünstelt wirkende neue Redeeinleitung *wăjjo'mær kî* fügt das *jad ʿăl kes jah* der voraufgehenden Moserede *jăhwæ̆ nissî* 15 b J an. *kî* vor wörtlicher Rede ist bei R^{JE} keine Seltenheit[246]. Daß der Massebe schon im elohistischen Grundbericht Bedeutung nur für Kriege gegen *Amalek* zugeschrieben war, erscheint unwahrscheinlich, mochte ein solcher Krieg auch immer die Initiation für das betreffende Heiligtum geliefert haben. Auch bleibt völlig unklar, was der angeblich immerwährende Jahwekrieg wider Amalek (*milḥamā lejăhwæ̆ bă'amaleq middor dor*) mit der »Hand auf dem Jah-Thron« zu schaffen haben soll[247]. Das abstrahierende Substantiv *milḥamā* hätte E doch wohl noch vermieden[248]. Das angeschlossene *bă'amaleq* stimmt zu der redaktionellen Weise, *lḥm* ni. mit *be* zu konstruieren v. 9f. V. 8 E hatte dieses Verb mit der Präposition *ʿim* verbunden! Auch zu *middor dor* lassen sich wohl redaktionelle[249], aber kaum elohistische Analogien anführen. Offenbar hat erst der deuteronomistische Redaktor die immerwährende Feindschaft Jahwes gegen die Amalekiter hervorgehoben. Er gibt damit eine Lehrmeinung des Deuteronomismus wieder, wo die Amalekiter als Bösewichte κατ' ἐξοχήν abgestempelt werden, als Erb- und Erzfeinde Israels, die es mit Stumpf und Stil auszurotten gelte[250].

---

246 Schon dagewesen in 3 12 4 25 R^{JE}!

247 Mißachtung der geschichtlichen Situation, vgl. die weiteren R^{JE}-Belege S. 398f.!

248 Vgl. dagegen den Sprachgebrauch von R^{JE} (S. 391ff.!).

249 Vgl. *leʿôlam* . . . *ledor dor* 3 15 *ʿăd ʿôlam* 12 34 14 13 R^{JE}!

250 Die Lehrmeinung wird für uns greifbar in Dtn 25 17-19, in der Bearbeitung von Jdc (s. 6 3 [dagegen v. 6f.!]. 33 7 12 10 12) und I Sam (s. 14 48 (Nachbringung zu v. 47) 15 passim; 28 18) sowie in unserem v. 14 (deuteronomistische Glosse).

III. SYNTHESE

A. REKONSTRUKTIONSVERSUCHE

Vorbemerkungen: Im Folgenden werden Teile von J und E, welche noch erhalten sind oder sich erschließen lassen, in Übersetzung dargeboten. Vorhandene Textteile in Anführungszeichen mit kursiven Lettern, erschlossene in Anführungszeichen mit geradestehenden Buchstaben. Stücke, bei denen sich wohl der etwaige Inhalt vermuten, aber kein Wortlaut mehr ermitteln läßt, erscheinen ohne Anführungszeichen. Besonders Unsicheres ist in Klammern gesetzt. Lücken werden durch Punkte angedeutet.

Anzahl und Reihenfolge der alten Berichte lassen sich nicht mehr immer genau feststellen. Namentlich bei den Plagenerzählungen sind sie unsicher. Gewiß zog der Redaktor da ohne Rücksicht auf die vorgefundene Anordnung solche Stoffe zusammen, welche ihm zusammenzupassen schienen. Indessen werden beide Quellen die Tötung der Erstgeburt(en) schon als letzte Plage betrachtet haben.

1. *Versuch einer Nacherzählung von J*

Mose hatte einen ägyptischen Aufseher getötet 2 12 und mußte nach Midian fliehen 2 15. Dort hielt er sich bei »Reuel« auf, dem »Priester von Midian« 2 16. 18. . . . Er heiratete (dessen Tochter). »Sie wurde schwanger *und gebar einen Sohn, und er nannte seinen Namen* . . .« 2 22. . . .

Ein bestimmter Anlaß führte Mose eines Tages allein in »*die Wüste*« 3 1. . . . Er kam an einem gewissen »*Dornbusch*« vorbei. (In dem Moment) »stieg Jahwe herab« (vgl. 3 8*) auf den Dornbusch und steckte ihn in Brand. Mose »*sah hin — o je, der Dornbusch stand in Brand!*« 3 2. »*Da dachte Mose: Ich will mal herzutreten, daß ich sehe, warum der Dornbusch brennt*« 3 3*. Als »*Jahwe sah, daß er herzutrat, um zu sehen*« 3 4, »*sagte er: Nahe nicht hieher! Zieh deine Sandalen ab von deinen Füßen, denn die Erde ist Heiliges*« 3 5*. Mose blieb stehen und »zog seine Sandalen ab von seinen Füßen«. . . . »Da sagte Jahwe zu ihm: *Geh*« nach Ägypten zurück »*und versammle die Ältesten Israels*« 3 16. . . . Führe ihnen folgendes »*Zeichen*« vor, »*daß ich dich gesandt habe*« 3 12. »*Dann sagte Jahwe zu ihm: Was hast du denn in deiner Hand? Er sagte: einen Stab! Da sagte er: Wirf ihn zur Erde! Er warf ihn zur Erde. Da wurde er zu einer Schlange, und Mose floh vor ihr. Da sagte Jahwe zu Mose: Pack sie am Schwanz! Er packte sie. Da wurde sie zu einem Stab in seiner Faust*« 4 2-4. »*Da sagte Jahwe noch* *einmal* zu *ihm: Steck mal deine Hand in deinen Gewandbausch! Da steckte er seine Hand in seinen Gewandbausch. Dann zog er sie heraus — o je, seine Hand war aussätzig wie Schnee! Da sagte er: Bring deine Hand in deinen Gewandbausch zurück! Da brachte er seine Hand in seinen Gewandbausch zurück. Dann zog er sie heraus aus seinem Gewandbausch — o je, sie war wieder wie sein Fleisch!*« 4 6. 7.

Jahwe verschwand wieder. Mose begab sich vorderhand zu Reuel. »Er sagte zu ihm: *Ich möchte zu meinen Brüdern zurückkehren, daß ich sehe*« 4 18, wie es ihnen bei ihren Fronarbeiten geht[1]. . . . (Reuel stellte Mose einen Esel zur Verfügung.) »*Da nahm Mose seine Frau und seinen* Sohn *und ließ sie auf dem Esel reiten*« 4 20, während er selbst zu Fuß ging. So kehrte er mit den Seinen nach Ägypten heim. Dort angelangt, »*ging Mose und versammelte die Ältesten Israels*« 4 29*. . . . »Er warf *vor* ihren *Augen* (vgl. 4 30) den Stab zur Erde. Da wurde er zu einer Schlange. Er packte sie am Schwanz. Da wurde sie zu einem Stab in seiner Faust. Dann steckte er seine Hand in seinen Gewandbausch. Er zog sie heraus — o je, seine Hand war aussätzig wie Schnee! Dann brachte er seine Hand in seinen Gewandbausch zurück. Er zog sie heraus — o je, sie war wieder wie sein Fleisch!« Da erkannten die Ältesten, daß Jahwe sich von ihnen hatte antreffen lassen (vgl. 3 18). »*Sie beugten sich und fielen nieder*« . . . »*und sie glaubten*« 4 31, daß »Jahwe den Mose gesandt hatte« (vgl. 3 12). . . .

Nun bekam Mose von Jahwe, vielleicht aber auch von den Ältesten Israels selbst, den folgenden Auftrag: »*Geh hinein zum König von Ägypten und sage zu ihm*« namens der Ältesten: »*Jahwe, der Gott der Hebräer, hat sich von uns antreffen lassen. Wir möchten jetzt einen Dreitageweg in die Wüste gehen, um Jahwe, unsrem Gott, zu opfern*« 3 18. »Da *ging Mose hinein* in die Residenzstadt zum König von Ägypten« 5 1* »*und sagte zu* ihm: . . . Jahwe, *der Gott der Hebräer, hat sich von uns antreffen lassen. Wir möchten jetzt einen Dreitageweg in die Wüste gehen, um Jahwe, unsrem Gott, zu opfern*« 5 3. »*Da sagte der König von Ägypten zu* ihm: *Warum wollt ihr müßig gehen?*« 5 4a*. »*Faulenzer seid ihr, Faulenzer!*« 5 17. »*Geht an eure Frondienste!*« 5 4b. »*Da ging* Mose *hinaus* aus der Stadt« 5 10*. (Er teilte den Ältesten mit, was vorgefallen war.)

Im Verlauf einer Epiphanie . . . »*sagte Jahwe zu Mose*« 7 14: »Geh hinein zum König von Ägypten *und sage zu ihm*« 7 16: »*So hat Jahwe, der Gott der Hebräer, gesagt*« 7 17(. 16): »*Siehe, ich werde* (morgen) den Nil *schlagen*« 7 17 (vgl. 25). »*Dann werden die Fische sterben, und der Nil wird stinken, und die Ägypter wird es verdrießen, Wasser aus dem Nil zu trinken*« 7 18. »Dann *wirst du erkennen, daß ich Jahwe bin*« 7 17. »Da ging Mose zum König von Ägypten hinein und sagte zu ihm: So

---

[1] Zur Sache vgl. 2 11-14* J.

hat Jahwe, der Gott der Hebräer, gesagt: Siehe, ich werde (morgen) den Nil schlagen. Dann werden die Fische sterben, und der Nil wird stinken, und die Ägypter wird es verdrießen, Wasser aus dem Nil zu trinken. Dann wirst du erkennen, daß ich Jahwe bin.« »Da ging Mose hinaus aus der Stadt.« (Am nächsten Tag) »schlug Jahwe den Nil« (vgl. 7 25*), »*und die Fische starben, und der Nil fing an zu stinken, und die Ägypter* verdroß es, *Wasser aus dem Nil zu trinken*« 7 21. »*Da hoben* sie *entlang dem Nil Gruben aus, um Wasser trinken zu können*« 7 24. Der König von Ägypten wartete »*sieben Tage*« 7 25 zu. Dann suchte er Mose auf und »sagte zu ihm: Flehe zu Jahwe, daß er entferne« die Fischseuche »von mir und von meinen Knechten und von meinem Volk«. »Und Mose sagte zu ihm: (Morgen) werde ich zu Jahwe flehen. Dann wird weichen« die Fischseuche »von dir und von deinen Knechten und von deinem Volk«. ... (Am folgenden Tag) »flehte Mose zu Jahwe«. Da hörte das Fischsterben auf und das Nilwasser wurde wieder genießbar.

Anläßlich einer Epiphanie »*sagte Jahwe zu Mose: Geh hinein zu* dem König von Ägypten *und sage zu ihm: So hat Jahwe* (der Gott der Hebräer) *gesagt*« 7 26: »*Siehe, ich werde* (morgen) *dein ganzes Gebiet treffen*« 7 27. Dann werden (sich die) Frösche des Nils (unheimlich vermehren und) »*dir und deinen Knechten und deinem Volk*« 7 29* zu schaffen machen; »dann *wirst du erkennen, daß* ich Jahwe bin« 8 6*. »Da ging Mose zum König von Ägypten hinein und sagte zu ihm: So hat Jahwe (der Gott der Hebräer) gesagt: Siehe, ich werde (morgen) dein ganzes Gebiet treffen.« Dann werden (sich die) Frösche des Nils (unheimlich vermehren und) »dir und deinen Knechten und deinem Volk« zu schaffen machen; »dann wirst du erkennen, daß ich Jahwe bin«. »Da ging Mose hinaus aus der Stadt.« (Am nächsten Tag) »traf Jahwe das ganze Gebiet des Königs von Ägypten.« Es kamen Frösche in Massen und fielen den Ägyptern zur Last. ... (Nach sieben Tagen) suchte der König Mose auf »*und sagte* zu ihm: *Flehe zu Jahwe, daß er die Frösche entferne von mir* und von meinen Knechten *und von meinem Volk*« 8 4. »*Da sagte Mose* zu ihm: *Morgen werde ich* zu Jahwe *flehen*« 8 5*. 6*. »*Dann werden die Frösche weichen von dir und von deinen Knechten und von deinem Volk; nur im Nil sollen sie verbleiben*« 8 7. ... Am nächsten Tag »flehte *Mose zu Jahwe*« 8 8. »*Da starben die Frösche und* die Ägypter *schütteten sie haufenweise auf, daß das Land davon stank*« 8 10.

Anläßlich einer Epiphanie »*sagte Jahwe zu Mose:* Geh hinein zum König von Ägypten *und sage zu ihm: So hat Jahwe, der Gott der Hebräer, gesagt*« 8 16: »*Sieh, ich werde morgen* ein sehr *schweres* ...[2]

---

[2] Vermutlich stand, wie in 10 4* J, ein Kollektivum da, welches in Einzelexemplaren gedacht werden konnte, s. 8 27b!

loslassen gegen dich und gegen deine Knechte und gegen dein Volk« 8 17 (19f.*) . . .; »dann *wirst du erkennen, daß ich Jahwe bin«* 8 18. »Da ging Mose zum König von Ägypten hinein und sagte zu ihm: So hat Jahwe, der Gott der Hebräer, gesagt: Sieh, ich werde morgen ein sehr schweres . . . loslassen gegen dich und gegen deine Knechte und gegen dein Volk« . . .; »dann wirst du erkennen, daß ich Jahwe bin.« »Da ging Mose hinaus aus der Stadt.« Am nächsten Tag »ließ Jahwe ein sehr schweres . . . los (gegen den König von Ägypten und gegen seine Knechte und gegen sein Volk)« . . . Der König (wartete sieben Tage zu, dann) suchte er Mose auf *»und sagte«* zu ihm: *»Flehe* zu Jahwe, daß er das . . . entferne von mir und von meinenKnechten und von meinem Volk« 8 24. *»Da sagte Mose: Morgen werde ich zu Jahwe flehen. Dann wird* das . . . *weichen von* dir *und von* deinen *Knechten und von* deinem *Volk* 8 25. . . . Am nächsten Tag *»flehte* Mose *zu Jahwe«* 8 26. Die Plage nahm ein Ende. Von den Plagegeistern *»blieb kein einziges«* Stück *»übrig«* 8 27.

Nicht mehr sinnvoll wäre ein Versuch, den J-Bericht zu rekonstruieren, welcher 9 1-7 zugrunde zu liegen scheint[3].

Anläßlich einer Epiphanie *»sagte Jahwe zu Mose:* Geh hinein zum König von Ägypten *und sage zu ihm: So hat Jahwe, der Gott der Hebräer, gesagt«* 9 13: *»Siehe, ich werde morgen einen sehr schweren Hagel regnen lassen«* 9 18 »auf dich *und* auf *deine Knechte und* auf *dein Volk«* 9 14. »Er wird zerschlagen *alles, was dir gehört auf dem Felde«* 9 19(. 25); »dann *wirst du erkennen, daß* ich *Jahwe* bin« 9 14(. 29). »Da ging Mose zum König von Ägypten hinein und sagte zu ihm: So hat Jahwe, der Gott der Hebräer, gesagt: Siehe, ich werde morgen einen sehr schweren Hagel regnen lassen auf dich und auf deine Knechte und auf dein Volk, und er wird alles zerschlagen, was dir gehört auf dem Felde; dann wirst du erkenenn, daß ich Jahwe bin.« *»Da ging Mose aus der Stadt hinaus«* 9 33. Am nächsten Tag *»ließ Jahwe einen sehr schweren Hagel regnen«* 9 23f., *»und der Hagel zerschlug alles Kraut des Feldes und zerbrach alles Gehölz des Feldes«*[4] 9 25. Er wollte nicht mehr aufhören. (Nach sieben Tagen) suchte der König Mose auf *»und sagte zu* ihm: *Flehe zu Jahwe«* 9 27f., »daß er den Hagel entferne von mir und von meinen Knechten und von meinem Volk«. *»Da sagte Mose zu ihm:* Morgen *werde ich zu Jahwe* flehen« 9 29. »Dann wird der Hagel weichen von dir und von deinen Knechten und von deinem Volk.« . . . Am nächsten Tag »flehte Mose *zu Jahwe«* 9 33. Die Hagelschläge hörten auf.

Anläßlich einer Epiphanie *»sagte Jahwe zu Mose: Geh hinein zu* dem König von Ägypten und sage zu ihm: So hat Jahwe, der Gott

[3] Genaueres S. 194ff.

[4] Zur partiellen Unsicherheit der Rekonstruktion s. S. 216f.

der Hebräer, gesagt: Sieh, morgen werde ich (sehr schlimme) Heuschrecken bringen in dein Gebiet« 10 1 (.4), »und sie werden fressen alles Kraut des Feldes und alles Grüne am Gehölz, das aus dem Felde sprießt« (10 5. 15); »*dann* wirst du *erkennen, daß ich Jahwe bin*« 10 2. »*Da ging Mose hinein zu* dem König von Ägypten *und sagte zu ihm: So hat Jahwe, der Gott der Hebräer gesagt: Sieh, morgen werde ich* (sehr schlimme) *Heuschrecken bringen in dein Gebiet*« 10 4(. 14), »*und sie werden fressen* alles Kraut des Feldes *und alles* Grüne am *Gehölz, das aus dem Felde sprießt*« 10 5(. 15); »dann wirst du erkennen, daß ich Jahwe bin«. »Da ging Mose aus der Stadt hinaus.« Nun »*ließ Jahwe die ganze Nacht einen Ostwind blasen, und der Ostwind brachte* (*die*) *Heuschrecken*« 10 13. Am Morgen »*ließen sie sich nieder im ganzen Gebiet von Ägypten*« 10 14 »*und fraßen alles Kraut* des Feldes *und alles Grüne am Gehölz* des Feldes« 10 15. Der König von Ägypten suchte Mose auf »*und sagte* zu ihm: *Flehe* zu *Jahwe, daß er entferne* die Heuschrecken *von* mir und von meinen Knechten und von meinem Volk« 10 16. 17. »Da sagte Mose: Morgen werde ich zu Jahwe flehen. Dann werden die Heuschrecken weichen von dir und von deinen Knechten und von deinem Volk.« ... Am nächsten Tag »*flehte* Mose *zu Jahwe*« 10 18. »*Da ließ Jahwe umgekehrt einen sehr starken Westwind blasen, und er trug die Heuschrecken fort und stieß sie ins Schilfmeer. Es blieb keine einzige Heuschrecke übrig im ganzen Gebiet von Ägypten*« 10 19.

... Vor Beginn der letzten Plage trafen die Hebräer Vorkehrungen für das Opferfest, das demnächst in der Wüste stattfinden sollte. »*Sie erbaten sich von den Ägyptern silberne Sachen und goldene Sachen und Gewänder. Und Jahwe verschaffte dem Volk Gunst in den Augen der Ägypter. So beraubten sie die Ägypter*« 12 35. 36. ... Anläßlich einer Epiphanie »*sagte Jahwe zu Mose*« 11 1: »Geh hinein zum König von Ägypten *und sage zu* ihm: *So hat Jahwe* (der Gott der Hebräer) *gesagt*« 4 22*: »*Siehe, ich werde* schlagen alle Erstgeburt von Ägypten« 4 23* (11 5*). ... »Dann wirst du erkennen, daß ich Jahwe bin« (11 7). »Da ging *Mose* zum König von Ägypten hinein und *sagte* zu ihm: *So hat Jahwe* (der Gott der Hebräer) *gesagt*« 11 4: »Siehe, ich werde schlagen« (vgl. 12 29) »*alle Erstgeburt* von *Ägypten*« 11 5. ... »Dann wirst du *erkennen,* daß ich *Jahwe* bin« 11 7*. »Da ging Mose aus der Stadt heraus.« ... Er (rief zusammen) die Familienvorstände der Hebräer und forderte sie auf, jeder solle für sich und die Seinen ein Stück »*Kleinvieh*« schächten ..., das auslaufende Blut mit einer »Schale« auffangen 12 21*(. 22*). »*Und nehmt*« sagte er, »*einen Ysopbüschel und taucht ihn in das Blut und laßt es an die Oberschwelle und an die beiden Türpfosten rühren*« 12 22. »*Wenn dann Jahwe vorbeizieht und das Blut auf der Oberschwelle und auf den beiden Türpfosten erblickt, so wird er um* das Haus *einen Bogen machen*« 12 23. Dann schächteten die Hausväter ihre Schafe bzw. Ziegen. Sie fingen das auslaufende Blut in einer

Schale auf, »nahmen« jeweils »einen Ysopbüschel, tauchten ihn in das Blut und ließen es an die Oberschwelle und an die beiden Türpfosten rühren« ... (Mittlerweile) »versammelte *Mose die Ältesten Israels«* 12 21* und führte sie an eine bestimmte Stätte, wo ihnen Jahwe begegnete. ... Möglicherweise zog er gerade vorbei, um die Erstgeburten zu schlagen. Das Letzte ist jedenfalls geschehen: »*Jahwe schlug alle Erstgeburt*« 12 29 in den Häusern der Ägypter. Die Erstgeburten der Hebräer kamen mit dem Leben nur deswegen davon, weil Jahwe um die mit Blut gezeichneten Haustüren »einen Bogen machte«. ... (Die Ägypter gaben sich dem Schmerz über ihre verlorenen Kinder hin. Dies nahmen die Hebräer als ihre Gelegenheit wahr.) Versehen mit den ausgeliehenen Wertsachen, »flohen« sie samt ihrem Vieh heimlich aus Ägypten. ... »*Da wurde dem König von Ägypten mitgeteilt, daß das Volk geflohen war*« 14 5. »*Da ließ er seine Streitwagen anschirren, nahm sein Kriegsvolk mit sich*« 14 6 »*und jagte* den Hebräern *nach*« 14 9*. ... Die fliehenden Hebräer ließ Jahwe wissen: »*Wendet euch morgen um und macht euch zur Wüste auf, auf dem Wege zum Schilfmeer*« Num 14 25 vgl. Ex 13 18*. Am nächsten Tag »wandten sie sich um und machten sich zur Wüste auf, auf dem Wege zum Schilfmeer.« Bald »*umschloß sie die Wüste*« 14 3. ... Als sie aber (am Abend) beim Schilfmeer anlangten, »*holte sie der König von Ägypten ein*« 14 9. (Die gerade hereinbrechende Nacht) bewahrte sie vor dem Zusammenstoß (vgl. 14 20*). »*Jahwe ließ die ganze Nacht einen sehr starken Ostwind* blasen« 14 21. ... »*Bei der Morgenwache schauten* die Hebräer zum Meer *hinunter*« 14 24 und stellten zu ihrem großen Erstaunen fest, daß es leergefegt war. Rasch nutzten sie den unerwarteten Fluchtweg. Doch auch der Ägypterkönig blieb nicht müßig. Er folgte ihnen samt seinem Volke. Aber der feuchte Grund »*hemmte das Rad seiner Wagen und ließ es* nicht recht *fahren*« 14 25. Anders die Hebräer: Zu Fuß gehend hatten sie leichtes Spiel. Als die Fluten zurückkehrten, befanden sie sich schon in Sicherheit. Die Ägypter dagegen versanken und ertranken, so daß »*keiner von ihnen übrigblieb*« 14 28. Ungeachtet, daß ihre Rettung durch natürliche Umstände bewerkstelligt worden war, erkannten die Hebräer darin die wahre Urheberschaft: »*Sie glaubten*« 14 31, daß Jahwe sie gerettet hat.

Die Hebräer »*gingen drei Tage lang in der Wüste*« 15 22. »*Da kamen sie nach Mara, aber sie (konnten) das Wasser nicht trinken. Deshalb nennt man seinen Namen Mara*« 15 23. »*Da wies Jahwe* Mose *ein Stück Holz, und er warf es ins Wasser. Da wurde das Wasser süß*« 15 25. »*Dann kamen sie nach* (Tamar).« Sie fanden »*zwölf Wasserbrunnen und siebzig Palmen*« vor. (...) Deshalb nennt man seinen Namen (Tamar).« Auf der Weiterreise ... ging ihnen das Brot aus. ... Bei einer besonderen Begegnung »*sagte Jahwe zu Mose*«, er solle den Hungernden ausrichten: »So hat Jahwe gesagt: *Sieh, ich werde euch* morgen *Brot vom*

Himmel regnen lassen« 16 4. Mose ging ... und sagte zu den Hebräern: »So hat Jahwe gesagt: Sieh, ich werde euch morgen Brot vom Himmel regnen lassen.« Am nächsten Morgen entdeckten sie »auf dem Felde« (16 25) im Umkreis um das Lager (»*etwas Knisterndes«* 16 14*), das sich als eßbar erwies. Dasselbe fanden sie an den folgenden Tagen. »*Und sie heimsten es ein Morgen für Morgen; wenn aber die Sonne heiß wurde, so zerfloß es«* 16 21. Aber »*am sechsten Tage heimsten sie die doppelte Brotmenge ein«* 16 22. Jahwe beauftragte Mose, sie über den Sinn des Vorfalls aufzuklären: Ihr habt heute die doppelte Menge sammeln dürfen, weil »*morgen Sabbat* ist« 16 23*. 25*. Morgen dürft ihr ausruhen. ... »*So ruhte das Volk am siebten Tage«* 16 30.

Die Reise setzte sich fort. Anscheinend führte sie die Hebräer an den »Horeb« (17 6*). Jahwe zeigte sich dem Mose und forderte ihn auf: »Versammle *die Ältesten Israels* und *schreite vor* ihnen *her«* 17 5 in feierlichem Zuge zu dem und dem Ort. »*Sieh, ich werde vor dich hintreten* ... (*auf dem Horeb*)« 17 6. »Da versammelte Mose die Ältesten Israels und schritt vor ihnen her« an die bestimmte Stelle. Dort »trat Jahwe vor Mose hin« .... Die Ältesten huldigten ihm. ... Eine weitere Theophanie fand in dem nachmaligen Gibea[5] statt. Jahwe kündigte sie dem Mose mit den Worten an: »Siehe, *morgen werde ich mich auf die Spitze des Hügels stellen«* 17 9. Als Zeugen der Offenbarung wurden diesmal nicht die Ältesten Israels, sondern »*Aaron und Hur«* bestellt: Sie »*stiegen auf die Spitze des Hügels«* 17 10*. ... Im (weiteren) Verlauf der Wüstenwanderung kam es zu einer kriegerischen Auseinandersetzung. Zum Feldherrn der Hebräer wurde Josua bestellt (vgl. 17 9*). Auf der anderen Seite stand ihm ebenfalls eine bestimmte Einzelpersönlichkeit gegenüber. Offenbar infolge eines göttlichen Eingriffs in das Schlachtgeschehen »*schwächte Josua den ... und sein Kriegsvolk mit der Schärfe des Schwerts«* 17 13. (Er setzte den Fliehenden nach,) »*bis die Sonne unterging«* 17 12. Nach dem Siege »*erbaute Mose«* auf dem Schlachtfeld »*einen Altar und nannte seinen Namen: Jahwe ist mein Feldzeichen«* 17 15.

2. *Versuch einer Nacherzählung von E*

Die Nachkommen »Israels«, einst als Viehhirten im »Lande Gosen« angesiedelt[6], wurden später von Pharao zu Arbeiten im Bauhandwerk herangezogen. Aus »Ton« 1 14 mußten sie »Ziegel anfertigen« 5 7*. Den Häcksel dafür stellte ihnen die ägyptische Behörde (vgl. 5 7*). Sie »*bauten für Pharao Vorratsstädte, nämlich Pitom und Raamses«* 1 11*. Durch ihre starke Zunahme zogen sich die Israeliten das Mißfallen der Ägypter zu 1 12. Pharao suchte ihr Einhalt zu gebieten, indem er Anweisung gab, die neugebore-

---

[5] Zur Ortslage vgl. S. 353 Anm. 189.

[6] Vgl. dazu S. 178f.

nen Knaben zu töten 1 16*. 22*. Einer gewissen Israelitin, deren Namen und Familienumstände der Erzähler nannte, gelang es, ihren neugeborenen Sohn namens . . . in die Hände der »Tochter Pharaos« zu spielen, welche ihm den Namen Mose gab 2 1-10*. Den Erwachsenen führten irgendwelche Umstände in das »Land Midian« 2 15. An einem Brunnen traf er die sieben Töchter eines Herdenbesitzers Jetro. Er war ihnen bei der Tränke behilflich 2 16f.*. Jetro nahm ihn bei sich auf 2 18-20*. »*Er gab Zippora, seine Tochter, dem Mose*« 2 21.

In der Hochzeitsnacht betrat ein Unhold das Zelt, der ein Vorrecht auf die unberührte Braut geltend machen und Mose töten wollte 4 24*. »*Da nahm Zippora ein Steinmesser und beschnitt die Vorhaut ihres* Bräutigams *und ließ* sie *an* ihre *Scham rühren*« 4 25*. »*Da ließ* der Unhold *von ihm ab*« 4 26, »*und* Zippora *sagte* zu Mose: *Ein Blutbräutigam bist du mir*« 4 25. Nachmals »gebar sie dem Mose *zwei Söhne. Der Name des einen war Gerschom*«, denn bei seiner Geburt »*sagte* sie: (Er ist) *ein Fremdling in einem fremden Land*« 18 3*. »*Und der Name des andern war Elieser*«; bei seiner Geburt »*sagte* sie« nämlich: »Mein *Gott* ist *Hilfe*« 18 4*.

Einmal, als »*Mose das Kleinvieh von Jetro, seinem Schwiegervater, weidete, kam er zum Berg der Gottheit, dem Horeb*« 3 1*. Da[7] trat ihm Elohim vor Augen. Mose »*fürchtete sich, auf die Gottheit hinzublicken und verhüllte sein Gesicht*« 3 6*. »*Da rief ihm Gott zu und sagte: Mose! Mose! Und er sagte: Hier bin ich*« 3 4. . . . »*Da sagte Mose zu der Gottheit: Was ist dein Name?*« 3 13*. »*Da sagte Gott zu Mose: Jahwe ist mein Name*« 3 14f.*. Dann forderte er ihn auf: »(Kehre zurück) nach dem Lande Ägypten« (vgl. 4 20) »und *sage zu den Israeliten*« 3 15*: . . . . Die Gottesbotschaft umschloß vielleicht die Bekanntgabe des Gottesnamens (vgl. 3 13-15*), auf alle Fälle aber den Hinweis: »*Ihr sollt der Gottheit dienen auf dem Berge* (Horeb)« 3 12. »*Da sagte Mose zu Jahwe: Ach, mein Herr, ich bin kein Mann von Worten, denn ich bin schwerfälligen Mundes und schwerfälliger Zunge*« 4 10. »*Da sagte Jahwe zu ihm*« 4 11: »*Aaron, dein Bruder, ist doch der Levit* (. . .)« 4 14. »*Er soll dir zum Munde und du sollst ihm zu Gott werden*« 4 16. . . . »*Dann ging Mose zu Jeter*[8]*, seinem Schwiegervater, und sagte* zu *ihm: . . .*« 4 18. Er sagte zu ihm doch wohl, daß (vielleicht auch: warum) er nach Ägypten zurückmüsse. Die Männer kamen überein, daß Zippora und ihre beiden Söhne bei Jetro zurückbleiben sollen (vgl. 18 5). »*Dann sagte Jetro zu Mose: Geh im Frieden*« 4 18. . . .

Aaron, den Bruder Moses, aber forderte Gott in einem Nachtgesicht auf: »Mach dich auf, um Mose, deinem Bruder, *zu begegnen*« 4 27 (4 14*). »Da machte sich Aaron auf, um Mose, seinem Bruder, zu begegnen« 4 14*. Mose seinerseits »(kehrte zurück) *nach dem Lande*

---

[7] Obige Anordnung bleibt fraglich. Vielleicht erfolgte die Vision erst nach der Audition.

[8] Zur Namensform s. S. 22 Anm. 2.

Ägypten« 4 20. Auf der Strecke trafen sich die Brüder. Aaron »erhob seine Augen und *erblickte* Mose, seinen Bruder. *Da freute er sich in seinem Herzen«* 4 14*. »Er lief ihm eilends entgegen, umarmte ihn *und küßte ihn«* 4 27. Entsprechendes tat Mose. ... Er fragte Aaron: »*Ist* (dein Vater) *noch am Leben?«* 4 18*. Die Begegnung bzw. die sich anschließende Besprechung fand an einer wohl genauer bezeichneten »*Nächtigungsstätte«* 4 24* statt. Vielleicht bekam Aaron da auch bereits sein Amt als Sprecher Moses vor Israel übertragen. Die beiden kehrten dann miteinander nach dem »Lande Ägypten« bzw. nach dem »Lande Gosen« zurück. Sie entledigten sich ihres Auftrags an die Israeliten.

In einer nächtlichen Vision »sagte Jahwe zu Mose: *Geh* am Morgen *zu Pharao* 3 10 ... »*und sage zu* ihm: *So hat Jahwe,* der Gott Israels (5 1), *gesagt: Entlaß mein* Volk, *daß* sie *mir dienen!«* 4 22f.*. »*Da sagte Mose zu der Gottheit: Wer bin ich, daß ich zu Pharao gehen soll?«* 3 11. Daraufhin zeigte Jahwe ihm einen Stab, den er bei sich führte. Er händigte ihn Mose aus mit dem Wort: »*Nimm den Stab in deine Hand!«* 4 17*. »*Da nahm Mose den Stab der Gottheit in seine Hand«* 4 20. Am Morgen »ging er« damit »*zu Pharao ... und sagte zu* ihm: *So hat Jahwe, der Gott Israels, gesagt: Entlaß mein Volk, daß* sie mir dienen« 5 1. »*Da sagte Pharao: Wer ist Jahwe? Ich kenne Jahwe nicht. ... Ich werde* das Volk *nicht entlassen«* 5 2. »Dann *ging* Mose *von Pharao* weg« 5 20*. Pharao aber ließ den Israeliten für die Ziegelproduktion kein »Stroh« mehr »geben«; gleichwohl machte er »von den Ziegeln keinen Abzug« 5 7*. 10*. 19*. »*Da zerstreute sich das Volk im ganzen Land Ägypten, um Stroh zu sammeln für den Ziegel«* 5 12. Die Ziegelerzeugung sank. »*Da wurden die Vorarbeiter der Israeliten geschlagen«* 5 14. ... Bei einer bestimmten Gelegenheit »*traten sie* dem Mose *entgegen«* 5 20* »*und sagten zu* ihm: Du hast *unsern Geruch stinkend gemacht in den Augen Pharaos und in den Augen seiner Knechte«* 5 21. »Da sagte Mose zu ihnen: Ihr werdet *sehen, daß* Pharao euch *unter dem Druck einer starken Hand entlassen wird«* 6 1*. ...

In einer nächtlichen Offenbarung »*sagte Jahwe zu Mose: Nimm den Stab in deine Hand und gehe am Morgen zu Pharao — siehe, er wird sich gerade ans Wasser begeben — und tritt ihm entgegen am Ufer des Nils«* 7 14f. »*und sage zu ihm:* So hat Jahwe (der Gott Israels) gesagt: *Entlaß mein Volk, daß sie mir dienen«* 7 16. »*Weigerst* du dich aber, sie *zu entlassen«* 7 14*, »*so wird* das Wasser *sich zu Blut verwandeln«* 7 17*. Dann sollst du den Stab »erheben und *das Wasser schlagen«* 7 17*(. 20*). »Am Morgen nahm Mose seinen Stab in seine Hand und ging zu Pharao, als er sich gerade zum Wasser begab. Er trat ihm entgegen am Ufer des Nils und sagte zu ihm: So hat Jahwe (der Gott Israels) gesagt: Entlaß mein Volk, daß sie mir dienen. Weigerst du dich aber, sie zu entlassen, so wird das Wasser sich zu Blut verwandeln.« Pharao antwortete, er werde das Volk nicht entlassen. »*Da erhob*

Mose den *Stab und schlug das Wasser* vor *den Augen Pharaos und* vor *den Augen seiner Knechte. Da verwandetle sich das Wasser zu Blut*« 7 20. Nunmehr fand Pharao sich zu einem kleinen Entgegenkommen bereit, etwa: Er werde das Volk schon entlassen, nur sollten sie zuerst ihre Fehlleistung hereinholen. Mose lehnte die Einschränkung ab und begründete es. »Da machte *Pharao* sein *Herz hart*« 7 14*. »*Er kehrte um und kam zu seinem Hause*« 7 23. . . .

In einer nächtlichen Offenbarung »*sagte Jahwe zu Mose:* Nimm den Stab in deine Hand und gehe am Morgen zu Pharao (an den Nil) *und sage zu ihm: So hat Jahwe gesagt: Entlaß mein Volk, daß sie mir dienen!*« 7 26. »*Weigerst du dich aber, sie zu entlassen*« 7 27, »*so wird der Nil wimmeln von Fröschen, und sie werden heraufsteigen und eindringen in dein Haus und in das Haus deiner Knechte*« 7 28. »Dann sollst du den Stab erheben und das Wasser schlagen.« »Am Morgen nahm Mose seinen Stab in seine Hand und ging zu Pharao« ans Nilufer »und sagte zu ihm: So hat Jahwe gesagt: Entlaß mein Volk, daß sie mir dienen! Weigerst du dich aber, sie zu entlassen, so wird der Nil wimmeln von Fröschen, und sie werden heraufsteigen und eindringen in dein Haus und in das Haus deiner Knechte.« Pharao erklärte, er entlasse das Volk nicht. U. U. »*ging Mose*« jetzt gleich »*von Pharao weg*« 8 8 und vollzog an einer anderen Stelle des Nilufers die Stabmanipulation. Oder aber geschah diese noch einmal sofort »vor den Augen Pharaos und vor den Augen seiner Knechte«, so daß Mose sich erst nach Anwendung des Stabs wieder entfernt hätte. Jedenfalls war die Stabmanipulation etwa so ausgedrückt: »Mose erhob seinen Stab und schlug das Wasser. Da fing der Nil von Fröschen zu wimmeln an, und sie stiegen herauf und drangen ein ins Haus Pharaos und in das Haus seiner Knechte.« . . . »*Da rief Pharao* nach *Mose und sagte* zu ihm: *Ich entlasse* euch« 8 4, »nur müßt ihr Jahwe, eurem Gott, *im Lande* Ägypten dienen« 8 21*. »*Da sagte Mose*«: Wir können Jahwe nicht im Land Ägypten dienen. Es ist »*den Ägyptern ein Greuel*«, womit wir Jahwe dienen 8 22* (vgl. 10 26). »*Da sah Pharao, daß*« Mose sein Angebot verschmähte, »*und er verhärtete sein Herz* und entließ das Volk nicht« 8 11*.

In einem nächtlichen Gesicht »*sagte Jahwe zu Mose: Mach dich am Morgen früh auf,* nimm deinen Stab in deine Hand *und stelle dich hin vor Pharao — siehe, er wird sich gerade ans Wasser begeben — und sage zu ihm: So hat Jahwe gesagt: Entlaß mein Volk, daß sie mir dienen!*« 8 16. »*Weigerst du dich* aber, sie zu *entlassen*« 8 17, »so werden *Fliegen* . . . und werden eindringen zu deinem Haus und zum Haus deiner Knechte« (vgl. 8 20). . . . »Dann sollst du deinen Stab erheben und (das Wasser) schlagen.« »Am Morgen machte Mose sich früh auf, nahm seinen Stab in seine Hand, ging zum Nil »und stellte sich hin vor Pharao und sagte zu ihm: So hat Jahwe gesagt: Entlaß mein Volk, daß sie mir dienen! Weigerst du dich aber, sie zu entlassen, so werden Fliegen ... und werden eindringen zu deinem Haus und zum Haus deiner Knechte ...«. Pharao erklärte, er werde das Volk nicht entlassen. »*Da ging Mose von Pharao weg*« 8 26. Kurz zuvor oder gleich darauf »erhob er seinen Stab und schlug (das Wasser).« Da fing ein Geschwirre von Fliegen an. »*Sie drangen ein zum Haus Pharaos und zum Haus seiner Knechte*« 8 20. ... Aber zum »*Land Gosen*« kamen sie nicht 8 18*. »*Da rief Pharao nach Mose und sagte* zu ihm« 8 21: »*Ich entlasse euch, nur dürft ihr euch ja nicht weit* vom Land Ägypten *entfernen*« 8 24. Dem hielt Mose entgegen, daß der geplante Gottesdienst (nur auf dem Gottesberg stattfinden könne). »*Da verhärtete Pharao sein Herz und entließ das Volk nicht*« 8 28.

In einem Nachtgesicht »*sagte Jahwe zu Mose: Mach dich am Morgen früh auf ... und stelle dich hin vor Pharao ... und sage zu ihm: So hat Jahwe gesagt: Entlaß mein Volk, daß sie mir dienen!*« 9 13. »Weigerst du dich aber, *sie* zu *entlassen*« 9 17*, »so wird Hagel zur Erde gegossen werden« (vgl. 9 33) »und Feuer wird hin- und herzucken inmitten des Hagels« (vgl. 9 24). ... »Da machte sich Mose am Morgen früh auf ... und stellte sich hin vor Pharao ... und sagte zu ihm: So hat Jahwe gesagt: Entlaß mein Volk, daß sie mir dienen! Weigerst du dich aber, sie zu entlassen, so wird Hagel zur Erde gegossen werden und Feuer wird hin- und herzucken inmitten des Hagels.« ... Pharao antwortete, er werde das Volk nicht entlassen.« *Da ging Mose von Pharao weg*« 9 33. Offenbar[9] erst nach dem »*sagte Jahwe zu Mose:* ... erhebe *deine* (*Hand*) und schlage den *Himmel*« 9 22*. »Da ... *Mose* und erhob *seinen Stab* und schlug den *Himmel*« 9 23*. »Da wurde Hagel zur Erde gegossen« (vgl. 9 33*) »und Feuer zuckte hin und her inmitten des Hagels« (vgl. 9 24) und »Gottesstimmen« ließen sich vernehmen (vgl. 9 28. 33). ... »*Nur*« das »*Land Gosen*« blieb vom Unwetter verschont 9 26*. »*Da rief Pharao* nach *Mose und sagte zu* ihm« 9 27: *Ich will euch entlassen*« 9 28, nur müßt ihr (euch von einem Trupp ägyptischer Soldaten eskortieren lassen). Mose lehnte das Ansinnen mit Begründung ab. »*Da sah Pharao*«, daß Mose sich auf keinen Kompromiß einließ, »*und er verhärtete sein Herz und entließ das Volk nicht*« 9 34. 35.

In der Nacht »*sagte Jahwe zu Mose:* (Mach dich am Morgen früh auf und geh) *zu Pharao* ... und sage zu ihm: So hat Jahwe gesagt« 10 1: »Entlaß mein Volk, daß sie mir dienen« (10 3). »Weigerst du dich aber, sie zu entlassen« (10 4), »so *werden* Heuschrecken *heraufziehen über das Land Ägypten*« 10 12* »und werden den Anblick des Landes verdecken« (10 5). ... »Und sie werden eindringen in dein Haus und in das Haus deiner Knechte« (10 6*). »(Da machte sich Mose am Mor-

[9] Vgl. S. 212.

gen früh auf und ging) *zu Pharao . . . und sagte zu* ihm: *So hat Jahwe gesagt: Entlaß mein Volk, daß sie mir dienen!«* 10 3. »*Weigerst du dich* aber, sie *zu entlassen«* 10 4, »so *werden* Heuschrecken *heraufziehen über das Land Ägypten«* 10 12* »*und werden den Anblick des Landes verdecken«* 10 5. . . . »Und sie werden eindringen in *dein Haus* und in das *Haus deiner Knechte«* 10 6*. Pharao erklärte, er werde das Volk nicht entlassen. »*Da wandte sich Mose um und ging von Pharao weg«* 10 6 (. 18). . . . Anläßlich einer Offenbarung »*sagte Jahwe zu Mose: . . .* erhebe *deine* (*Hand*) (und schlage den Himmel)« 10 12*. »Da . . . *Mose* und erhob *seinen Stab* (und schlug den Himmel)« 10 13*. »*Dann zogen* (*die*) *Heuschrecken herauf über das Land Ägypten«* 10 14* »*und verdeckten den Anblick des Landes«* 10 15. »*Sie fraßen . . .«* 10 15* »und drangen ein in das Haus Pharaos und in das Haus seiner Knechte.« . . . Nur das »Land Gosen« war von der Plage ausgenommen. »*Da rief Pharao eilends* nach *Mose«* 10 16 »*und sagte zu* ihm: (»*Ich entlasse euch«* 10 10*.) »*Geht, dienet Jahwe, eurem Gott! Wer will alles gehen?«* 10 8. »*Da sagte Mose: Wir werden mit unsern Jungen und mit unsern Alten gehen«* 10 9. »*Da sagte* Pharao« 10 10: »*Nein! Geht doch* nur *ihr Männer und dienet Jahwe!«* 10 11. Mose wies diese Einschränkung mit Begründung zurück. Hierauf »verhärtete *Pharao* sein *Herz und entließ* das Volk *nicht«* 10 20*.

In einem nächtlichen Gesicht »sagte Jahwe zu Mose: (Mach dich am Morgen früh auf und gehe) zu Pharao . . . und sage zu ihm: So hat Jahwe gesagt: Entlaß mein Volk, daß sie mir dienen! Weigerst du dich aber, sie zu entlassen«, so wird es im Land Ägypten eine Finsternis geben. (Es wird in deinem Haus und im Haus deiner Knechte so dunkel werden, daß ihr Lampen anzünden oder euch den Wänden entlangtasten müßt.) »(Da machte sich Mose am Morgen früh auf und ging) zu Pharao . . . . Er sagte zu ihm: So hat Jahwe gesagt: Entlaß mein Volk, daß sie mir dienen. Weigerst du dich aber, sie zu entlassen«, so wird es im Land Ägypten eine Finsternis geben. (Es wird in deinem Haus und im Haus deiner Knechte so dunkel werden, daß ihr Lampen anzünden oder euch den Wänden entlangtasten müßt.) Pharao erklärte, er entlasse das Volk nicht. »Da ging Mose von Pharao weg«[10].

In einer erneuten Offenbarung »*sagte Jahwe zu Mose: . . .* erhebe *deine* (*Hand*) und schlage den *Himmel«* 10 21*. »Da . . . *Mose* und erhob *seine* (*Hand*) und schlug den *Himmel«* 10 22*. Alsobald entstand »*eine Finsternis im Lande Ägypten«* 10 22*. Es wurde so dunkel, daß (man sich nur noch mit Lampen oder »*tastend«* von der Stelle bewegen konnte) (vgl. 10 21b*). Nur im »Lande Gosen« blieb es hell. »*Da rief Pharao nach Mose und sagte* zu ihm: »*Geht, dienet Jahwe*; *nur euer Kleinvieh und euer Rindvieh soll dableiben«* 10 24. »*Da sagte Mose: Wir müssen von* unsrem Kleinvieh und von unsrem Rindvieh *nehmen, um Jahwe, unsrem Gott, zu dienen. Wir wissen nicht, mit was wir dienen müssen,*

---

[10] Zu diesem Abschnitt vgl. S. 247f.

bis wir zum Gottesberg *kommen*« 10 26. Hierauf »verhärtete *Pharao* sein *Herz und entließ* das Volk *nicht* 10 27.

In einer nächtlichen Offenbarung »*sagte Jahwe zu Mose*« 11 1: »(Mach dich am Morgen früh auf und geh zu) *Pharao und sage zu* ihm: *So hat Jahwe gesagt: Entlaß mein* Volk, *daß sie mir dienen!*« 4 22f.*. »*Weigerst du dich* aber, sie *zu entlassen*« 4 23*, »*so muß um Mitternacht dein* ältester *Sohn sterben*« 11 4f*. 4 23*. »(Da machte sich) *Mose* am Morgen (früh auf und ging zu) Pharao *und sagte* zu ihm: *So hat Jahwe gesagt*« 11 4: »Entlaß mein Volk, daß sie mir dienen! Weigerst du dich aber, sie zu entlassen, so wird um Mitternacht dein ältester Sohn sterben.« Die Drohung mißachtend lehnte Pharao Jahwes Forderung ab. Möglicherweise gab Mose bei der Gelegenheit den »Knechten Pharaos« den guten Rat: »*Ihr sollt ja keiner weggehen vom Eingang seines Hauses bis zum Morgen!*« 12 22. »*Dann ging Mose von Pharao weg*« 11 8. »*Um Mitternacht*« 12 29 aber drang unter gespenstischen Umständen . . . in das Haus Pharaos ein und tötete den Thronprinzen. Auf die Nachricht von seinem Sterben oder Tode hin »*stand Pharao auf des Nachts*« 12 30 »*und rief* nach *Mose und sagte* zu ihm: *Geht, dienet Jahwe!* . . .« 12 30f. Mose ging seines Wegs. (Da sandte Pharao noch) »seine *Knechte*« (nach). Sie kamen zu Mose, »*fielen vor* ihm *nieder*« und sagten« 11 8*, daß die Israeliten unverzüglich das Land Gosen bzw. Ägypten verlassen müßten. In der Kürze der Zeit vermochten die Israeliten sich keinen rechten »*Reiseproviant*« mehr zu besorgen 12 39*. Pharaos Knechte hatten es »*eilig*« damit, »*ihnen das Geleit zu geben*« 12 33. So füllten sie den »*Teig, ehe er gesäuert war*« in »*ihre Teigtröge*«, »*umwickelten* diese *mit ihren Gewändern*» »*und hoben*« sie »*auf ihre Schulter*« 12 34*. . . . Auch die »*Gebeine Josephs*« holten sie zur Mitnahme herbei 13 19*. Dann stellten sich die Israeliten feldzugsmäßig »*in fünf Gruppen geordnet*« auf 13 18*. . . . Elohim trat selbst an ihre Spitze »*in einer Wolkensäule*« 13 21*. »*Etwa sechshundert Tausend zu Fuß die Männer*«, »*brachen die Israeliten von Raamses auf* und lagerten in *Sukkot*« 12 37*. . . . »*Dann verbuken sie den Teig zu Mazzenfladen*« 12 39.

»*Da wandelte sich das Herz Pharaos*« 14 5. Es tat ihm leid, daß er Israel weggelassen hatte. »*Da nahm er sechshundert vorzügliche Kriegswagen mit Drittmännern auf einem jeden*« 14 7. . . . »*Elohim wendete das Volk um*« 13 18. Er änderte den bisherigen »*Weg*«, der die Israeliten »*zum Land der Philister*« geführt haben würde 13 17. »*Und sie brachen von Sukkot auf und lagerten in Etam*« 13 20. »Und sie brachen von Etam auf und *lagerten zwischen Migdol und dem Meer*« 14 2*. Etwa jetzt »*näherte sich* ihnen *Pharao*«. »*Die Israeliten erhoben ihre Augen — o je*«, da war ja Pharao hinter ihnen her! »*Da fürchteten sie sich sehr*« 14 10. Doch »*Mose sagte zu dem Volk: Fürchtet euch nicht! Stellt euch hin und sehet die Hilfe Jahwes! Jahwe wird für euch kämpfen,* *ihr aber sollt stillhalten«* 14 13. 14. »Da stellten sich die Israeliten hin.« . . . »*Da brach die Wolkensäule von vor ihnen auf und trat hinter sie, und sie kam zwischen Ägyptens Lager und Israels Lager, so daß sich keins dem andern näherte«* 14 19. 20. . . . »Und sie brachen von zwischen Migdol und dem Meer auf und *lagerten am Meer«* 14 2*(. 9*).

In der Nacht »*sagte Jahwe zu Mose«:* (Hole sofort die Israeliten aus ihren Zelten heraus und laß sie am Meerufer antreten. Dann) »*erhebe deinen Stab* und schlage *das Meer!«* 14 16*. Mose kam dem Befehl nach . . . . »Er erhob seinen Stab und schlug das Meer.« Da trocknete es sofort, vor den Augen der Israeliten, aus 14 21*. »*Die Israeliten«* brachen auf »*und* gingen *mitten durchs Meer auf dem Trockenen«* 14 22* (. 29), während die Wolkensäule (wieder vor ihnen herzog). . . . Als die Morgenröte aufstieg, sah Pharao, was da vor sich ging. Er folgte mit seinen Kriegswagen den Israeliten auf das »Trockene«. Diese erreichten beizeiten das sichere Ufer gegenüber. Die später kommenden Verfolger jedoch traf das Unglück. Der erste Sonnenstrahl löschte den Zauber: »*Als der Morgen anbrach, kehrte das Meer zu seinem Bette zurück.«* Kopflos »*flohen ihm«* Pharao und die Seinen »*entgegen«* 14 27. . . . Später »*sah Israel«* den König »*tot am Ufer des Meeres«* liegen 14 31. . . . »*Da nahm Mirjam, die Prophetin, Aarons Schwester, die Pauke in ihre Hand, und alle Frauen machten sich hinter ihr her auf mit Pauken und Tänzen. Und Mirjam rezitierte ihnen: Singt Jahwe, denn er ist hoch erhaben; Rosse samt ihren Wagen stürzte er ins Meer«* 15 20. 21. . . . »*Da brachen* die Israeliten *vom Meer auf und zogen weg zur Wüste Schur«* 15 22* »*und sie lagerten* in *Elim«* 15 27*. »*Und sie brachen von Elim auf und* lagerten *zwischen Elim und . . .«* 16 1*. . . . Unterwegs wurden die Nahrungsmittel knapp . . . . In der höchsten Not »*erblickten die Israeliten«* 16 15 »*etwas (Dünnes) auf der Erde«* 16 14. »*Und sie sagten zueinander: Was ist das?«* 16 15. Das Gefundene war eßbar, ließ sich aber nicht identifizieren. »Deshalb *nennt* man *seinen Namen ›Was?‹* 16 31. »*Vierzig Jahre lang aßen die Israeliten das ›Was?‹, bis sie in bewohntes Land kamen«* 16 35.

(Zwischen Elim und . . .[11]) hatten sie noch mit Wasserknappheit zu schaffen. Jahwe, der ihnen in der Wolkensäule voranzog, »stellte« sie (damit) »auf die Probe« (vgl. 17 2*. 7* + 15 25*), daß er sie an einen Platz führte, wo sie statt des erhofften Wassers nur einen »Felsen« (vgl. 17 6) antrafen. . . . Mose erhielt . . . den Auftrag: »*Nimm deinen*

---

[11] Das Stationenverzeichnis, dessen gleichförmigen Angaben der Elohist je und je (12 37* 13 20 14 2* 15 22* + 27 16 1* 17 1* 19 2*) übernahm, nannte Massa und Meriba nicht — so wenig wie die Wüste Schur! Die darauf bezüglichen Ätiologien brachte der Erzähler vermutlich, wie oben angenommen, nach dem *wăjjăḥ^a^nû bên 'êlim ûbên* . . . 16 1* des Verzeichnisses, da diese Lagerplatzangabe sich auf keinen bestimmten Ort festzulegen und anderweitigen Ereignissen Raum zu gewähren schien.

Stab in deine Hand und schlage den *Felsen!*« 17 5f.*. Zu gegebener Frist »nahm er seinen Stab in seine Hand und schlug den Felsen«. »Da sprang Wasser daraus, und das Volk konnte trinken« 17 6*. »Deshalb *nennt* man *den Namen*« der Oase »*Massa*« 17 7*. Wiederum führte sie Jahwe zu einer Wasserquelle, um deren Nutzung ... mit den Israeliten »stritten« (vgl. 17 2*. 7*). ... »Deshalb *nennt* man *den Namen*« dieser Oase »*Meriba*« 17 7*. »*Und sie brachen von* zwischen Elim und ... *auf und lagerten in Rephidim*« 17 1.

»*Da kam Amalek und kämpfte mit Israel* (*in Rephidim*)« 17 8. ... Jahwe sagte ... zu Mose: »Nimm deinen *Stab* in deine *Hand*« 17 9*, (reihe dich unter den kämpfenden Israeliten ein und) »erhebe deine Hand« (vgl. 17 11) über Amalek. »Da nahm *Mose* seinen Stab in seine Hand ... und er *hielt seine Hand hoch*« über Amalek; so lange »*siegte Israel*« 17 11*. Doch allmählich wurden »*Moses Hände*«, obwohl er sie natürlich im Wechsel gebrauchte, »*schwer*« 17 12*. »*Er ließ seine Hand*«, die den Stab führende, »*ruhen*«; »*da siegte Amalek*« 17 11*. Deshalb »*nahmen* ... *einen Stein*« 17 12 und richteten ihn vor Mose auf. Er legte die den Stab haltende Hand darauf. »*So wurde seine Hand fest*« 17 12*, und Israel konnte den Endsieg erringen. ... Jener Stein ist die bekannte Massebe, von der man bei Kriegsausbruch zu sagen pflegt: »*Hand auf den Jah-Thron!*« 17 16*.

B. KENNZEICHEN JAHWISTISCHER ERZÄHLUNG

Vorbemerkung: In diesem und, entsprechend, in den beiden folgenden Abschnitten sind Belege für die Spezifika der betreffenden Erzähler zusammengestellt. Dabei finden nicht nur Ex 3—17 und Gen 2. 3 Berücksichtigung, sondern auch sonstige Stellen, die oben oder in der Genesisstudie erwähnt wurden, jedoch ohne Anspruch auf Vollständigkeit. Durch die bisherigen Untersuchungen wird erst ein (allerdings großer) Teil der Merkmale von J bzw. von E und R^{JE} erfaßt.

1. *Wortschatz und Ausdrucksweise*

Zuerst seien Redewendungen angeführt, die mehrere Wörter umschließen: Der jahwistische Jahwe kündigt sein Erscheinen oder sonst wichtige Taten regelmäßig an in der feierlichen Form *hinnē* + *'anokî* (bzw. *hin^{e}nî*) + ptc., so in 4 23* 7 17. 27 8 17 9 3*. 18 10 4 16 4 17 6 Gen 24 13. 43, verstümmelt in Gen 7 4 und Ex 17 9. Man trifft diese Redefigur auch noch in jüngerer hebräischer Literatur an, naturgemäß vor allem im prophetischen Schrifttum. — Wenn Jahwe sich hervortut, nötigt er die Empfänger oder Zeugen seiner Offenbarung zu sofortiger, kniefälliger Huldigung. Der Jahwist drückte diesen Vorgang durch *qdd* qal + *šḥh* hitpal. aus, s. 4 31 12 27 Gen 24 26.

48*[1]. — An der Stätte der Offenbarung ruft man Jahwe namentlich an: *qr'* qal + *bešem jăhwæ* Gen 12 8 13 4 21 33 26 25. — Wenn Jahwe einem Menschen die Sympathien eines andern Menschen verschafft, so sagte J, Jahwe »gebe die Gunst von ... in die Augen von ...«, *ntn* qal + *ḥen* ... + *be'ênê* ... Ex 3 21 11 3 12 36 Gen 39 21. — Wo man im Deutschen vom »Hab und Gut« eines Mannes sprechen würde, steht bei J die Wendung *kål 'ašær le* ... »alles, was ... hat(te)« 9 19. 25* Gen 20 7 24 36 25 5 31 1. 21 39 6 Num 16 33. — Die Opfer der ägyptischen Plagen bezeichnete er durch eine ‚Dreiergruppe'[2]: »du (scil. der König von Ägypten) und deine Knechte und dein Volk« bzw. »ich und meine Knechte und mein Volk« 7 29 8 4*. 5. 7. 17. 25* 9 14*. — Die genealogischen Angaben des Jahwisten halten sich an das Schema: »der ... erkannte die ...« (oder: »der ... ging ein zu der ...« oder: »der ... schlief mit der ...«) + »und sie wurde schwanger«[3] + »und sie gebar einen Sohn/eine Tochter« + »und man nannte seinen/ihren Namen ...«, *wăjjedă' ... 'æt ...* (*wăjjabo' ... 'æl .../wăjjiškăb ... 'im ...*) + *wăttăhăr* + *wăttelæd ben/băt* + *wăjjiqra' 'æt šemô/šemah* ...; 2 2*. 10*. 22* Gen 4 1*. 25 16 11 19 33-38 29 32*. 34f.* 30 7f.*. 11-13*. 17-20*. 23f.* 38 2-4.

Zweitens nennen wir Ausdrücke, die wohl zwei oder mehr Wörter umschließen, aber nur mehr *einen* Begriffswert darstellen: *mælæk miṣrăjim* »der König von Ägypten«[4] 3 18 5 4 14 5. — *'ælohê ha'ibr(ijj)îm* »der Gott der Hebräer«[5] 3 18 5 3 7 16 9 1. 13 10 3. — *'aḥê mošæ* »Moses Brüder« als (liebevolle) Bezeichnung für Moses Volksgenossen 2 11 4 18. — *ziqenê jiśra'el* »die Ältesten von Israel«[6] 3 16. 18 4 29* 12 21 17 5f. Num 11 30 16 25. — *kabed me'od* »sehr schwer« als Kennzeichnung des Ausmaßes der ägyptischen Plagen 8 20* 9 3*. 18. 24 vgl. Gen 18 20* sowie *ḥazaq me'od* »sehr stark« (vom Sturm gesagt) Ex 10 19. — *dæræk šelošæt/šib'ăt jamîm* »eine Wegstrecke von drei/sieben Tagen«[7] 3 18 5 3 8 23* (15 22) Gen 30 36 31 23. — *kelê kæsæp ûkelê zahab* »Silberwaren und Goldwaren« 3 22 11 2 12 35 Gen 24 53. — *'eśæb hăśśadæ* »das Kraut des Feldes« 9 22. 25 10 12*. 15* Gen 2 5 3 18. — *ḥăjjăt hăśśadæ* »das Wild des Feldes« Gen 2 19f. 3 1. 14. — *'ên măjim* »Wasserquelle«[8] 15 27 Gen 16 7 24 13. 43.

---

[1] Zum Gegenstück von E s. S. 386.

[2] Die Dreiergruppe war anscheinend nur in Reden des Königs oder in Reden an den König verwendet. Zum Gegenstück von E s. S. 385.

[3] Die beiden ersten Bestandteile des Schemas waren variabel. Vielleicht konnten sie sogar fehlen.

[4] Gegenstück von E s. S. 336.

[5] Gegenstück von E s. S. 386.

[6] Weiteres darüber S. 380.

[7] Weiteres darüber S. 379f.

[8] Gegenstück von E s. S. 385.

Drittens sind spezifische Einzelbegriffe zu erwähnen: *ʿibr(ijj)îm* »Hebräer«[9] 2 7.11.13 3 18 5 3 7 16 9 1.13 10 3. — *jrd* qal »herabsteigen von der Epiphanie Jahwes 3 8* 19 20 34 5 Gen 11 5 18 21*. — *mṭr* hi. »regnen lassen« — Subjekt ist Jahwe! — 9 18.23 16 4 Gen 2 5* 7 4 19 24[10]. — *ṣmḥ* qal/hi. »sprossen (lassen)« 10 5* Gen 2 5*.9 3 18. — *gᵉbûl* »Gebiet« 7 27 10 4.14. 19. — *śadæ* »Feld« für die freie Fläche des Erdbodens 8 9* 9 3. 19. 22. 25 10 5. 15 16 25 Gen 2 5. 19f. 3 1. 14. 18. — *ʾᵃdamā* »Erde« *qua* Material 3 5 Gen 2 5. 7. 9. 19 3 17. 19. 23 8 21 9 20 Num 16 30f. — *roʾš* i. S. v. »Spitze« 17 7 19 20 34 2 Gen 11 4 Num 14 20. 44. — *šipḥā* »Magd«[11] Gen 16 2. — *swr* qal »weichen« und hi. »entfernen« (3 3f.) 8 4. 7. 25. 27 10 17. — *jṣʾ* qal + acc. »verlassen, herausgehen aus«[12] 9 29*. 33 Gen 44 4. — *šqp* hi. »herabblicken« 14 24* Gen 26 8.

2. *Szenische Gestaltung*

Der Jahwist bildete gerne parallele Szenen: Zweimal geht Mose aufs Feld hinaus, um seine »Brüder« bei der Arbeit zu betrachten 2 11. 13. Dem Verwandlungswunder des Stabs geht dasjenige der Hand zur Seite 4 2-4. 6. 7. Neben der Oasengeschichte von Mara erscheint die von ʿTamarʾ 15 23. 25* + 27*. Zweimal stellte der Schöpfer »dem Menschen« etwas vor, damit er's benenne Gen 2 19. 22. — In Namen spiegeln sich wider oder verdichten sich häufig Sachbeziehungen: Vom *sᵉnæ*, den Mose in Brand stehen sah 3 2, leitet sich der Name des Berges *sînăj* ab. Aus dem Umstand, daß Jahwe an den Häusern der Hebräer »vorbeischritt« (*pasăḥ*), ergibt sich der Name des *pæsăḥ*-Festes 12 23*. Der Name der Oase Mara erinnert daran, daß die dortige Quelle »bitteres« (*măr*) Wasser spendet 15 23. Der Mensch wird *ʾadam* genannt, weil er aus *ʾᵃdamā* gefertigt ist Gen 2 7. Seine Frau heißt *ʾiššā*, weil sie »von ihrem Mann« (*meʾîšah*) genommen ist 2 23. *jăʿᵃqob* erhielt seinen Namen, weil er bei der Geburt die *ʿaqeb* seines Zwillingsbruders hielt 25 26. Letzterer wurde später *ʾᵉdôm* genannt, weil er unbedingt von »dem Roten«, *haʾadom*, zu essen begehrte 25 30. — Künftige Ereignisse von Bedeutung werden vorher angekündigt[13]. Häufig, vielleicht sogar regelmäßig beraumte J sie dann auf »morgen« (*maḥar*) an Ex 8 25 9 5*. 18 10 4 16 23* 17 9. — Seine Sintfluterzählung Gen 7 4*. 10* 8 10. 12, möglicherweise auch seinen Bericht über die Plagen Ex 7 25 teilte er in »sieben Tage«-Intervalle ein[14]. — Galt es

---

[9] Gegenstück von E s. S. 386.

[10] E sagte für »Regen« anscheinend *gæšæm*, s. Gen 6 12.

[11] Gegenstück von E s. S. 385.

[12] Zur andersartigen Bedeutung und Konstruktion von *jṣʾ* qal bei E s. S. 385.

[13] Zur Form göttlicher Ankündigungen s. S. 377, zu ihrem Sinn s. S. 382.

[14] Ein elohistisches Gegenstück bildet die Periode von »vierzig Tagen und vierzig Nächten«, s. S. 388.

Entfernungen anzugeben, so sagte er gerne, es habe sich gehandelt um einen »Weg von drei Tagen« oder »von sieben Tagen« 3 18 5 3 8 23* (15 22) Gen 31 23[15]. — Wiederholt ließ er in seiner Geschichtsdarstellung Fälle eintreten, wo sich jemand aus dem Staube machte (*brḥ* qal): Mose 2 15* und die Hebräer 14 5 »flohen« jeweils aus Ägypten. Hagar »floh« vor ihrer Herrin Saraj Gen 16 6, Jakob vor Laban 13 21. Die Flucht der Hebräer ward dem »König von Ägypten«, diejenige Jakobs dem Laban gleichermaßen »angezeigt« (*ngd* ho.) 14 5 Gen 31 22, und die Ausreißer wurden in beiden Fällen »verfolgt« (*rdp* qal + *'aḥ^arê*) und »eingeholt« (*nśg* hi.) 14 8f. Gen 31 23. 25. — Verschiedentlich schrieb J einer handelnden Person die neugierige Absicht zu, etwas zu »sehen« (*r'h* qal): Mose trat an den Dornbusch heran, um zu »sehen, warum der Busch brennt« 3 3*. 4. Reuël gegenüber erklärte er anscheinend, er wolle nach Ägypten zurück, damit er »sehe«, wie es seinen fronenden Brüdern ergeht 4 18*. Jahwe führte »dem Menschen« die Tiere zu, »um zu sehen«, wie er sie nennen würde Gen 2 19. Er stieg vom Himmel herab, um zu »sehen« den himmelhoch ragenden Turm Gen 11 5 und um zu »sehen«, welche Bewandtnis es mit Sodom und Gomorrha habe 18 21*. — Zu verschiedenen Zwecken bedient Jahwe sich desselben natürlichen Mittels eines Windes (*r û ^a ḥ*): Ein Ostwind brachte Heuschrecken nach Ägypten 10 13, ein Westwind entfernte sie wieder und warf sie ins Schilfmeer 10 19. Ebenfalls ein Ostwind trieb das Wasser aus der Meeresenge fort 14 21. Auch bei der Beseitigung der Sintflut hatte der Wind eine wichtige, möglicherweise die entscheidende Rolle gespielt Gen 8 1*. Ein Wind schaffte auch die Wachteln heran über das Meer Num 11 31. — Unter der gegenwärtigen Überschrift sei auch noch einmal an das *mṭr* hi.-Motiv und an den Kreis der *ziq^enê jiśra'el* erinnert[16]. Die letzten zog unser Erzähler offenbar regelmäßig heran, damit sie bei Theophanien als Augenzeugen dienten 3 18 4 29 12 21* 17 5f. Num 11 30* 16 25.

3. Theologische Impulse

Hier sei zuerst des ausgeprägten Realismus' der jahwistischen Darstellung gedacht. Zwar können manche von den Belegstellen, wenn man sie isoliert betrachtet, den Eindruck hinterlassen, die Art des Südreicherzählers, Dinge möglichst naturgetreu zu schildern, sei nur einem individuellen, einem sozusagen künstlerischen Bedürfnis entsprungen: Als eine Fischseuche das Nilwasser ungenießbar machte, wußten sich die Ägypter mit eigens ausgehobenen Trinkwassergruben zu behelfen 7 24. Die toten Frösche schütteten sie zu Haufen auf,

[15] Vgl. schon S. 378.

[16] Vgl. dazu S. 379 bzw. 378.

daß das Land davon stank 8 10. Die Heuschrecken hat der Ostwind gebracht und der Westwind entfernt 10 13. 19. Bevor die Hebräer sich davonmachten, erborgten sie sich von den Ägyptern Wertgegenstände 12 35f. Der verfolgende König von Ägypten und seine Mannen wurden deswegen von der zurückkehrenden Meeresflut ereilt, weil ihre schweren Kriegswagen im Schlick stecken blieben 14 25a*. »Der Mensch« mußte schon vor seinem Fall arbeiten Gen 2 5*. 15* und »die Frau« Kinder gebären[17]. — Aber der Kontext des jahwistischen Geschichtswerkes stellte klar, daß der Wirklichkeitssinn seines Verfassers aus einer tieferen Einsicht erwuchs: Das, was der Mensch sehen, hören und spüren kann, also die realen Phänomene der Welt, stellen nach diesem Theologen jene Weise dar, in der vor allem Jahwe sich handelnd offenbart. Gott ist also primär die Macht, die den alltäglichen, den »ganz normalen« Lauf von Natur und Geschichte macht, das Werden und Vergehen von Pflanze, Tier und Mensch Gen 2*, die Unannehmlichkeiten des Lebens 3 14ff.*, den kreatürlichen Widerspruch gegen den *creator* 3 1*. 4. 5b. Besonders eindrucksvoll manifestiert Jahwe sich in den Katastrophen. So setzte er z. B. den natürlichen Ursache-Wirkungs-Zusammenhang von Fischsterben und Trinkwassermangel in Gang dadurch, daß er den Nil »schlug« Ex 7 17*. 21a. 25*. Oder er verursachte und beendete das furchtbare (aber keineswegs einzigartige!) Hagelwetter in Ägypten 9 23. 25. 33*. Oder er ließ den Ostwind wehen, der die Heuschrecken heranholte 10 13, und den Westwind, der sie wieder wegschaffte 10 19. Das Wissen darum, daß Jahwe der Urheber insbesondere des »Natürlichen« ist, erschien dem Jahwisten als so wichtig, daß er bei seiner Wiedergabe dieses Wissens gelegentlich übers Ziel hinausschoß: Jahwe soll das Schilfmeer durch einen nächtlichen Ostwind weggeblasen oder ausgetrocknet haben 14 21* — eine physikalische Unmöglichkeit!

Aus dem Vorigen ist zu entnehmen, daß dem Menschen in jeder Welterfahrung der Schöpfer der Welt begegnet. Die Grundfrage menschlicher Existenz lautet darum, ob der Einzelne die Welt in dieser ihrer Eigentlichkeit erkennt: Erkenntnis Jahwes macht nach J den Endzweck des Daseins aus[18]. Um sie zu wecken und zu erhalten, wies und weist der Schöpfer den Menschen fortwährend auf sich hin. Sein Selbsterweis kann durch Mittel erfolgen, die man heute als »bloß natürlich« klassifizieren würde. So etwa beim Brennen des Dornbuschs 3 2ff.*. Mose sollte dem unerklärlichen Feuer spontan anmerken, daß er es dabei mit Jahwe zu tun hat. Aber er verstand den Wink nicht und mußte vor der Profanierung des Heiligen ausdrücklich gewarnt werden. So auch bei den vorhin schon erwähnten ägyp-

[17] Vgl. »Paradieserzählung« 65. 74.

[18] Vgl. a. a. O. 119—121.

tischen Plagen. Sie wurden dem »König von Ägypten« auferlegt und er bekam sie jeweils im voraus angekündigt, alles zu dem erklärten Zweck, daß er in ihnen die göttliche Identität wahrnehme, daß er »erkenne, daß ich Jahwe bin« 7 17* 8 6*. 18* 9 14*. 29* 10 2* 11 7*. So ferner beim Meerwunder. Scheinbar war es »nur« der Wind, der das Wasser fortblies 14 21*. Doch den Hebräern wurde augenblicklich klar, wer oder was hinter dem Wind steckte: Sie »glaubten an Jahwe« 14 31*. So wiederum beim Speisungswunder Num 11*. Die Wachteln kamen, vom Sturme getragen, über das Meer und ließen sich erschöpft im Umkreis des Lagers der Hebräer nieder 11 31. Zuvor aber wurden die »Ältesten Israels« aufgeboten als zu einer Offenbarung Jahwes 11 30.

Selbstredend weist Jahwe sich schon in seinen »natürlichen« Mitteln als souveränen *Herrn* über die Natur aus. Es ist darum nur konsequent, daß ausgerechnet der Jahwist, der Anwalt des Natürlichen und Realen, zugleich die *außer*ordentliche, unbegrenzte Macht Jahwes hervorhob. In den meisten Fällen, da Jahwe sich bekunden will, tut er sich durch Taten hervor, die das »Normale« und Menschen Geläufige dahintenlassen: Er tritt auf als sichtbare Gestalt 17 6*. 9* 34 5* Gen 3 3*[19] 18 2* 24 13* 28 13. Oder er fällt durch Wunderwirkungen auf Ex 4 2-4. 6f. 15 25 Num 16 32f. Wie immer aber die Selbstbekundungen Jahwes auch beschaffen sein mögen, als Weisen der Mitteilung, der Kommunikation, sind sie darauf angelegt, daß der Mensch sie glaube. Jahwe erkennen und die Wahrheit über die Welt glauben sind ein und dasselbe. Bis zu seinem Abfall lebt(e) »der Mensch« ganz im Glauben[20], aber auch danach kann Jahwe beliebig welche zum Glauben bringen. Z. B., wie schon erwähnt, die Hebräer beim Meerwunder Ex 14 31*. Desgleichen die »Ältesten Israels«: Als Jahwe in den Verwandlungswundern Moses ihnen sich selbst demonstrierte, konnten sie nicht anders als »glauben«, daß Mose von *Jahwe* gesendet ist 4 31* (vgl. 3 12* 4 1*. 5*. 8f.*). Freilich verfehlen Jahwes Offenbarungen nach J ihr Ziel nur dann nicht, wenn ihr Empfänger sie heiligt, d. h. wenn er diese Offenbarungen, obwohl sie in jedem Fall irdische Phänomene sind, sorgfältig sondert und abhebt von gewöhnlichen irdischen Phänomenen, wenn er sie also als Selbstbekundungen *Jahwes* respektiert. In diesem Sinne wurde »dem Menschen« ein für allemal verboten, ein Heiliges, woselbst Jahwe erscheint bzw. erschien, zu »berühren« Gen 3 3*. Und Mose wurde aufgefordert, Abstand zu wahren von dem brennenden Busch und seine Füße zu entblößen, da selbst der Boden in der Umgebung des Buschs ein Heiliges sei Ex 3 5. Wiederum mußten die Hebräer sich zur Vorbereitung auf die Sinaioffenbarung zwei Tage lang »heiligen«; sie hatten ihre Kleider zu reinigen und sich des Koitus

---

[19] Vgl. a. a. O. 119.

[20] Vgl. a. a. O. 125—128.

zu enthalten 19 10. 15. Der Berg wurde durch Markierungen abgegrenzt und durfte bei Todesstrafe nicht berührt werden 19 12f.

Der Jahwist hat seinerseits auf seinem eigenen, dem literarischen Felde die gebotene Heiligung der Offenbarungen Jahwes praktiziert, indem er sie behutsam absetzte von den religiösen Vorstellungen und Traditionen des Heidentums. Ein Vergleich seiner Darstellung der ägyptischen Plagen mit der elohistischen oder seiner Schöpfungsgeschichte mit der elohistischen[21] macht deutlich, daß er mit seiner Auffassung, wonach in den Weltrealitäten Jahwe allein und unmittelbar am Werke ist, Stellung bezog gegen das magische Weltverständnis seiner Zeit. Mit Vorbedacht zeichnete er als dessen Fürsprecher die lügnerische Schlange Gen 3 4b. Der Gott aber, der neben sich keine magischen Automatismen duldet, will auch nichts wissen von religiösen Mittlergestalten[22] oder von Mitteln, denen eine eigene Bedeutsamkeit oder Mächtigkeit beizulegen wäre. Mose war weiter nichts als sein »Gesandter« 3 12* und damit ein Unmündiger. Mose trug nichts zur Entstehung der Plagen bei 7 17*. 25*. 27* 8 17 9 18. 23 10 4. 13 14 21*. In seinen Wundern 4 2-4. 6f. war er nicht der Handelnde, sondern der Betroffene, Leidende; Jahwe handelte darin selber 4 31*. Das Blut der Passaopfer an den Türrahmen, einstmals gewiß ein Apotropäum, wird vom Jahwisten als bloßes Merkzeichen interpretiert 12 23. Daß Israel einen Großteil seiner heiligen Stätten von Kanaanäern übernommen hat, konnte sich der Südreicherzähler nicht verheimlichen. Der irreale Wunsch, diese Heiligtümer abzuschaffen, lag ihm durchaus fern. Aber statt nun, wie der Erzähler des Nordreichs[23], sich die alten paganistischen Lokaltraditionen anzueignen und sie dem Jahwekult zu integrieren, schrieb er den Stätten *a limine* neue Begründungen zu: Ihre Altäre seien erbaut worden von Männern, die daselbst Epiphanien Jahwes erlebt hatten 17 15 Gen 8 20 12 7f. 13 18 26 25 35 7 Num 23 14. 29. Selbst von der altehrwürdigen Tamariske zu Beerseba konnte er behaupten, sie sei von Abraham gepflanzt und als Kultort Jahwes eingeweiht worden Gen 21 33. Über die Masseben, die die eingewanderten Israeliten mitübernommen hatten, schwieg er sich tendenziös aus.

C. KENNZEICHEN ELOHISTISCHER ERZÄHLUNG

1. Wortschatz und Ausdrucksweise

Auch hier seien wieder zuerst Redewendungen zusammengestellt, die mehrere Wörter umfassen: Der Elohist hatte seinen eigenen Typus von genealogischen Angaben. Für diese ist konstitutiv nament-

[21] Vgl. »Paradieserzählung« 117—119.

[22] Zu deren Wichtigkeit für E s. S. 389f.

[23] S. S. 390.

lich der Umstand, daß sie auf das Verbum *jld* ohne Umschweife den Namen des Geborenen bzw. Gezeugten folgen lassen: Gen 4 1*. 18. 20. 22 10 8. 13*. 15*. 24. 25. 26* vgl. 24 24. 47[1]. Zur Erklärung eines solchen Namens fügte der Erzähler häufig einen mit *wăttoʾmær* eingeleiteten Mutterspruch an: 2 10 18 3*. 4* Gen 4 1* 21 6 29 33*. 34f.* 30 6. 8. 11. 13. 18. 20. 23 38 29. Manchmal brachte er auch einen Vermerk über die Bedeutung der betreffenden Person, etwa beginnend mit *hûʾ hajā* Gen 4 17. 20-22 (vgl. auch Gen 2 11-14). — Beinah regelmäßig erwähnte der Elohist hinter Eigennamen noch ein verwandtschaftliches Verhältnis[2], in dem die betreffende Person zu einer anderen, schon bekannten gestanden haben soll, und zwar geschah dies in der Form einer Apposition: *jitrôʾ*[3] *ʾabîhæn* »Jetro, ihr Vater« 2 18* *ṣipporā bittô* »Sippora, seine Tochter« 2 21 *jitrô ḥotenô* »Jetro, sein Schwiegervater« 3 1 *ʾăharon ʾăḥîka* »Aaron, dein Bruder« 4 14* *jætær ḥotenô* »Jeter, sein Schwiegervater« 4 18 *mirjam . . . ʾaḥot ʾăharon* »Mirjam, . . . die Schwester Aarons« 15 20 *jitrô ḥoten mošæ* »Jetro, der Schwiegervater Moses« 18 2. 5. 12 *jehôšuaʿ bin nûn* »Josua, der Sohn Nuns« 33 11 *śarăj ʾištô* »Saraj, seine Frau« Gen 12 11 *jiṣḥaq benô* »Isaak, sein Sohn« 22 3. 9 25 11 *ʾăbraham ʾabîw* »Abraham, sein Vater« 22 7 *betûʾel bæn milkā* »Betuël, der Sohn der Milka« 24 15 *ribqā ʾaḥotam* »Rebekka, ihre Schwester« 24 59 *ʿeśaw benô hăggadol* »Esau, sein ältester Sohn« 27 1 *ʿeśaw benah hăggadol* »Esau, ihr ältester Sohn« 27 15 *jiṣḥaq ʾabîw* »Isaak, sein Vater« 27 22. 26 *jăʿaqob benah* »Jakob, ihr Sohn« 27 42 *jăʿaqob bæn ʿaḥotô* »Jakob, der Sohn seiner Schwester« 29 13 *leʾā bittô* »Lea, seine Tochter« 29 23 *ʿeśaw ʾaḥîw* »Esau, sein Bruder« 32 14 *deborā mênæqæt ribqā* »Debora, Rebekkas Amme« 35 8 *jiśraʾel ʾabîw* »Israel, sein Vater« 43 8 46 29 vgl. 43 11* *binjamîn ʾaḥîw bæn ʾimmô* »Benjamin, sein Bruder, der Sohn seiner eigenen Mutter« 43 29 *jôsep ʾaḥîkæm* »Joseph, euer Bruder« 45 4 *binjamîn ʾaḥîw* »Benjamin, sein Bruder« 45 14 *jôsep benî* »Joseph, mein Sohn« 45 28 *jăʿaqob ʾabîhæm* »Jakob, ihr Vater« 46 5.

Wenn es galt, zwei oder mehr Personen oder auch Sachbezeichnungen nebeneinander anzuführen, so nannte der Elohist zunächst Anzahl und Spezies und schlüsselte dann die Anzahl nach Namen auf: *ʾărbaʿā raʾšîm šem haʾæḥad . . . wešem . . . hăššenî . . . wešem . . . hăššelîšî* . . . (der Urstrom zerteilt sich in) »vier Arme; der Name des einen ist . . . und der Name des zweiten . . . ist . . . und der Name des dritten . . . ist . . .« Gen 2 10-14. Entsprechend *štê našîm šem haʾăḥăt . . . wešem hăššenît* . . . 4 19 *šenê banîm šem haʾæḥad . . . wešem ʾaḥîw* . . . 10 25 *štê banôt šem hăggedolā . . . wešem hăqqetănnā* . . . 29 16 (*štê)mejălledot . . . šem haʾăḥăt . . . wešem hăššenît* . . . Ex 1 15* *šenê* (*banîm*) . . .

---

[1] Genaueres dazu und zum Folgenden s. »Paradieserzählung« 76f. 87f.

[2] Weiteres darüber s. S. 386f.

[3] Zum Text s. S. 23.

šem ha'æḥad . . . wešem ha'æḥad . . . 18 3*. 4 *šenê 'anašîm . . . šem ha'æḥad . . . wešem hăššenî* . . . Num 11 26. — Wurde jemand einer Person bzw. einer Sache ansichtig, so drückte der Nordreicherzähler dies, etwas umständlich, so aus: Der Betreffende habe »seine Augen erhoben und erblickt . . .«, *nś'* qal + *'ênê* + suff., manchmal noch + *hinnē*: 14 10 Gen 13 10 18 2 22 4. 13 24 63f. 33 1. 5. — Bei Anrufen wird der Gerufene ein- oder zweimal namentlich (bei nahen Verwandtschaftsgraden auch bei seiner Verwandtschaftsbezeichnung — »mein Vater!« o. dgl. —) zitiert; darauf antwortet er regelmäßig mit *hinnenî* »da bin ich«: 3 4 Gen 22 7. 11 27 1. 18 31 11* 46 2. — Vor Ländernamen steht ausdrückliches *'æræṣ* »Land«: *'æræṣ midjan* 2 15 *'æræṣ miṣrăjim* 4 20 5 12 10 12. 14 13 18* *'æræṣ gošæn* 8 18 9 26 Gen 45 10 46 34 47 27 *'æræṣ pelištîm* 13 17 *'æræṣ hăḥawîlā* Gen 2 11 *'æræṣ kûš* Gen 2 13 *'æræṣ nôd* Gen 4 16 *'æræṣ šin'ar* Gen 11 2 *'æræṣ hannægæb* Gen 20 1 *'æræṣ hămmorijjā* Gen 22 2 *'æræṣ qædæm* Gen 25 6 *'æræṣ miṣrajim* Gen 41 33. — Den »Pharao« ließ der Elohist gerne zusammen mit »seinen Knechten« (*'ăbedê* + suff.) als Zweiergruppe[4] auftreten: 5 21 7 20. 28 8 20 10 6* Gen 41 37 45 16. In 5 21 7 20* Gen 41 37 45 16 begegnet die Zweiergruppe speziell in der Wendung *be'ênê păr'ō ûbe'ênê 'abadâw* »in den Augen Pharaos und in den Augen seiner Knechte«. — Die Verstockung des »Pharao« wird stets mit Hilfe von *kbd* hi. + *leb* + suff. wiedergegeben, wobei der König als der sich selber Verstockende gilt: 7 14* 8 11*. 28 9 7*. 34. — Kniefall oder Proskynese drückte der elohistische Erzähler mit Hilfe der Begriffe *šḥh* hitpal. + (*'ăppăjim* +) *'ărṣā* aus[5]: 11 8* Gen 18 2 19 1 33 3 43 26*. — Wenn jemand einen Gegenstand ergriff, sagte der Nordreicherzähler, der Betreffende habe den Gegenstand »in seine Hand genommen«, *lqḥ* qal + *bejăd* + suff., so etwa mit Bezug auf den Zauberstab Moses 4 17. 20 7 15 17 5. 9* oder auf die Pauke der Mirjam 15 20.

Wir kommen zur Zusammenstellung der E-spezifischen Einzelbegriffe: *'amā* »Magd«[6] 2 5 Gen 20 17 30 3 *jælæd* »Kind« 2 9f. Gen 21 8. 14-16 33 1. 5 *be'er măjim*[7] »Wasserquelle, Brunnen» Gen 21 19 24 11 25 11 26 19 *'bd* qal (+ *'æt jăhwæ*) »(für Jahwe) einen Opfergottesdienst feiern« Ex 3 12 4 23 7 16. 26 8 16 9 1. 13 10 3. 7f. 11. 24. 26 12 31 *jṣ'* qal i. S. v. »sich aufmachen, weggehen«[8] 4 14 5 20 7 15 8 8. 16. 25*. 26 10 6. 18 12 22 15 20. 22 18 7 Gen 2 10 4 16 19 14 24 63 30 16 *šlḥ* pi. »geleiten« 12 33 Gen 3 23 18 16 21 14 24 59 25 6 31 27 32 27 oder speziell »(Israel aus Ägypten) entlassen« 4 23* 5 1f. 7 14*. 16. 27 8 4. 14 usw. *mhr* pi.

---

[4] Gegenstück von J s. S. 378.

[5] Anders J, s. S. 377.

[6] J dafür *šipḥā*, vgl. S. 379.

[7] Gegenstück von J s. S. 378.

[8] J verband mit *jṣ'* qal die Vorstellung eines Wodrin(gewesen)seins, s. S. 379.

»eilen« 2 18 10 16 12 33* Gen 18 6 19 22* *liqrăʾt* hinter Verba der Bewegung 4 14*. 27 5 20 7 15 14 27 18 7 Gen 18 2 19 1 24 17. 65 29 13 30 16 33 4 46 29 *betôk* »inmitten von« 2 5 9 24 14 16* Gen 2 9 3 3. 8. Wenn es den ägyptischen König zu bezeichnen galt, so verwendete der Elohist ausschließlich das ägyptische Fremdwort *pǎrʿō*[9]: 1 11* 2 5. 7-10 3 10f. 4 22* 5 1f. 20*. 21 7 14*. 15. 20. 23 8 4. 8. 11. 16. 20f. 24. 26. 28 9 7*. 13. 33f. 10 6. 16. 18. 24 11 8 12 30 13 17* 14 5. 10 Gen 40 20 41 37 45 2. 16. Da er sein Werk für das Nordreich, für »Israel«, schrieb, nimmt seine Vorliebe für *jiśraʾel* als Ehrennamen des Jakob nicht wunder Gen 32 29 33 20 35 21 43 8 46 1f. 29 47 27. 31 48 8 50 2, zumal sich damit ein Anspruch auf den gesamten Zwölf-Stämme-Verband verknüpfen ließ. Jakobs Nachfahren heißen insgesamt *benê jiśraʾel*[10]: Ex 3 13-15* 5 14 12 37 13 18* 14 10. 16b* 16 15. 35a 24 5 Gen 46 5, und Jahwe gilt als der »Gott Israels« 5 1 Gen 33 20.

2. Szenische Gestaltung

Der elohistische Erzähler vertrat ganz bestimmte Auffassungen von einem wohlgesitteten Verkehr der Menschen untereinander, die ich hier unter dem Begriff der Höflichkeit subsummieren möchte: Wer besucht wird, schreitet oder eilt dem Besucher womöglich entgegen (*jṣʾ* qal, *rwṣ* qal, *qwm* qal, *ʿlh* qal o. ä. + *liqrăʾt*) 4 14*. 27* 18 7 Gen 18 2 19 1 24 17. 65 29 13 30 16 33 4 46 29. Wenn es die Würde des Besuchers gebietet, fällt der Besuchte vor ihm zu Boden (*šḥh* hitpal. + [*ʾăppăjim* +] *ʾărṣā*) 18 7 (vgl. 11 8*) Gen 18 2 19 1 33 3 43 26. Sehen Verwandte oder Freunde sich wieder, so »freuen« sie »sich« ,sie »umarmen« und »küssen« einander, sie »weinen« vor Rührung, wie denn der Elohist das Gefühlsleben und seine Regungen überhaupt stark betont hat: 2 6 4 14* 18 7 Gen 27 26f. 29 11. 13 31 27f. 33 4 43 30* 45 1f. 14f.* 46 29 48 10 50 1. Der, den man wiedersieht, wird nach seinem Befinden (*šalôm*) gefragt 18 7; er wird nach gemeinsamen Verwandten oder Bekannten gefragt, ob dieselben noch leben (*ʿôd ḥăj* - Frage): 4 18* Gen 43 7. 27f. 45 3. 26. 28 46 30. Der Gast bringt eine *minḥā*, ein Geschenk, mit: Gen 32 14 33 10* 43 25f.*. Es wird ihm Gelegenheit geboten, seine Füße zu waschen: Gen 18 4 19 2 43 24*. Man bewirtet und beherbergt ihn: 2 20 Gen 18 5ff. 19 3 43 16*. Seine Saumtiere werden gefüttert Gen 42 27. Beim Abschied erteilt der Gastgeber ihm einen Friedensgruß 4 18 Gen 26 31 44 17. Er geleitet ihn noch ein Stück Weges (*šlḥ* pi.) Gen 3 23 18 16 21 14 24 59 25 6 31 27 32 27. — Aus der Wertschätzung einer gepflegten Mitmenschlichkeit erklärt sich auch

---

[9] Gegenstück von J s. S. 378.

[10] Gegenstück von J s. S. 379.

der schon erwähnte[11] literarische Brauch des Elohisten, Eigennamen mit Verwandtschaftsbezeichnungen zu versehen. Vielleicht empfingen von dort auch jene Szenen ihr Gepräge, wo einer namentlich aufgerufen wird und dann mit *hinnenî* antwortet[12]. Auf alle Fälle aber ist unter die Rubrik Höflichkeit noch die Tatsache einzureihen, daß dem elohistischen Erzähler viel gelegen hat an der geziemenden Bestattung der Toten: 13 19* Gen 35 8. 19 47 31 50 2 Num 20 1.

Charakteristisch für elohistische Szenenbildung sind ferner die zahlreichen geographischen und ethnographischen Angaben. Anscheinend war der Erzähler stolz auf seine einschlägigen Kenntnisse, auf seinen hohen Bildungsstand. Doch wohl aus dem Grunde belegte er den ägyptischen König durchweg mit dem »Fachausdruck« *ṗăr῾ō*[13]. Den israelitischen Fremdlingen gegenüber sollen die Ägypter eine Art antiker *apartheid*-Politik betrieben haben: Die Israeliten wurden in das »Land Gosen« wie in ein Ghetto eingewiesen Gen 46 34*. Ein Ägypter durfte nicht am selben Tisch wie ein Israelit speisen Gen 43 32*. Die Israeliten auf der anderen Seite waren sich bewußt, daß ihre — animalischen! — Opfer für die Ägypter eine *tô῾ebā* bedeuteten Ex 8 22. Die Trennung von Israeliten und Ägyptern versteht sich nach Gen 46 34* als Ausformung einer prinzipiellen Antinomie, die der Elohist zu erkennen glaubte zwischen der nomadischen und der städtischen Lebensweise: Gen 4 12b. 20 9 19b* 11 4b*. 8* 10 18b* 13 12. Dem Wohnen in Zelten 18 7 Gen 4 20 12 8 13 12 18 1 35 21 und dem Bau von Städten 1 11* Gen 4 17 10 11 (11 29 +) 24 10 34 20 wandte er je ein besonderes Augenmerk zu. Ebenso zeigte sich der Elohist über Einzelheiten des Kriegshandwerks orientiert 13 18 14 7. 13f.*.

Insbesondere aber stattete er sein Werk mit zahlreichen Wohnsitzangaben 2 15 Gen 3 24* 4 16 11 2* 13 18 20 1* 21 21 25 11 26 17* 45 10 47 27, Reiseangaben 4 20 15 22 Gen 11 2* 13 3. 11. 17* 20 1 35 21 46 1 47 27 und sonstigen Ortsangaben 4 24*. 27* Gen 2 8a. 10-14 16 14 aus; in diesem Zusammenhang muß auch nochmals an die E-Belege für *'æræṣ* + nomen territorii[14] erinnert werden. Zur Bestimmung der Route, welche die Israeliten in der Wüste zurückgelegt haben sollen, schrieb der Nordreicherzähler ein ihm zuhanden gekommenes Verzeichnis aus, bestehend aus gleichförmigen Stationennotizen nach dem Schema *wăjjisᵉ῾û min ... wăjjăḥᵃnû bᵉ* ... 12 37* 13 20* 14 2* 15 22* + 27* 16 1* 17 1* 19 2. — Vorkommnisse, die sich dazu eigneten, ließ er gerne »am Ufer des Nils« (*῾ăl śᵉpăt hăjᵉ'or*) 2 3 7 15 Gen 41 3. 17 oder

[11] S. S. 384.

[12] S. S. 385.

[13] S. S. 386.

[14] Vgl. S. 385.

sonst eines Gewässers (*'ăl śepăt hăjjam*) 14 30 stattfinden, oder er legte sie an den Eingang (*pætăḥ*) von Häusern und Zelten 12 22* 33 8-10 Gen 18 1f. 10 19 6. 11 Num 11 10 12 5 16 27. Häufig markierte der Erzähler Abstände oder Entfernungen, etwa mit Hilfe von Derivaten der Wurzeln *rḥq* 2 4 8 24 20 18 33 7 Gen 21 16 22 4 37 18 und *qrb* 13 17 14 10. 20 Gen 12 11, oder mit Hilfe von *bên* ... *ûbên* ... 14 2* Gen 10 12 13 3 16 14 20 1, von *miḥûṣ le* »außerhalb von« Gen 19 16 24 11 (*miḥûṣ la'îr*) Ex 33 7 Num 12 14f. (*miḥûṣ lămmăḥanæ*) sowie von *miqqædæm* »östlich von« Gen 2 8 3 24 12 8.

Von ähnlich konstitutiver Bedeutung sind für die Szenen des Elohisten die Zeitangaben. Zwar fehlt der Versuch einer historischen Chronologie — im Unterschied zu P! —, sehr häufig aber wird zu den Ereignissen, offenbar aus novellistischem Interesse, notiert, zu welcher Tageszeit sie geschehen seien: *băbboqær* »am Morgen« 7 15 8 16 9 13 Gen 19 27 20 8 21 14 22 3 *lipnôt boqær* »als der Morgen anbrach« 14 27 *keḥom hăjjôm* »als der Tag heiß war« Gen 18 1 *lerûaḥ hăjjôm* »als es kühl wurde« Gen 3 8 *lipnôt 'æræb* »als der Abend anbrach« Gen 24 63 *ba'æræb* »am Abend« Gen 29 23 30 16 *băḥaṣî/kăḥasot hăllajelā* »um Mitternacht« 11 4 12 29. Zu verschiedenen Malen wandte der Elohist das Schema der Vierzig an, das auch andere Erzähler des Nordreichs gekannt haben[15]: »Vierzig Tage und vierzig Nächte« lang regnete es bei der Sintflut Gen 7 4. 12. »Vierzig Tage« lang hielt sich die Flut Gen 7 17 8 6. »Vierzig Tage und vierzig Nächte« hindurch verweilte Mose auf dem Gottesberg Ex 24 18. Während »vierzig Jahren« waren die Israeliten in der Wüste unterwegs und ernährten sich von Man, bis sie in bewohntes Land kamen 16 35.

3. *Weltanschauliche Charakteristika*

Der springende Punkt an dem Weltverständnis des Elohisten ist darin zu erblicken, daß Elohim alias Jahwe an sich wohl als geschichtlicher Ursprung und vielleicht auch als letzte Instanz der Welt gilt[16], daß er aber seine Macht z. T. an andere, kreatürliche Größen delegiert. Mit dem göttlichen Weltregiment ist jedenfalls eine gewisse Selbständigkeit und Eigenmächtigkeit geschöpflicher Bereiche, Erscheinungen und Faktoren zu vereinbaren. Diese Denkvoraussetzung, die, nebenbei bemerkt, *mutatis mutandis* auch dem »modernen« Naturalismus und Atheismus zugrundeliegt, offenbarte sich bei E zunächst in Form einer magisch-animistischen Grundhaltung: Der Genuß der Früchte des Lebensbaums bewirkte *automatisch* die Erhaltung des

[15] Vgl. I Reg 19 8.

[16] Vgl. »Paradieserzählung« 74f.

menschlichen Lebens Gen 3 22*. Der Genuß der Früchte des Baums in der Mitte des Gartens verursacht ohne Zutun und Wissen von Elohim eine Veränderung im Wesen der *ḥäwwā* Gen 3 7*[17]. Joseph verwendete seinen silbernen Becher nicht nur zum Trinken, sondern auch zum Wahrsagen Gen 44 5*. 15. Sippora überlistete die geile Gottheit durch einen Analogiezauber, indem sie ihre Scham mit der abgeschnittenen Vorhaut ihres Bräutigams Mose berührte und dadurch ihre Vermählung mit Mose symbolisch vorwegnahm Ex 4 24ff.*. Der Besitz des Gottesstabes sollte in Mose das Bewußtsein seiner eigenen (!) religiösen Bedeutsamkeit wecken 3 11a. 17a*. Später diente ihm dieser Talisman als Zaubermittel 7 20* 9 23* 10 13*. 22* 14 16* 17 5f.*. So lange, wie er den Stab hochhalten konnte, trugen die Israeliten in der Schlacht den Sieg davon; als er ihn jedoch sinken lassen mußte, unterlagen sie 17 11*.

Eine eigentümlich magische Wichtigkeit kommt nach E der Nacht zu. Als Bereich des Unheimlichen, Unkontrollierbaren, Gespenstischen bildet sie eine Domäne des Göttlichen in der Welt. Numinosen Gestalten und ihrem Wirken bietet sie Schutz, während das Tageslicht sie bedroht und vertreibt Gen 19 1*. 15f.*. 22f. 32 22. 26f. Auch der zauberhaften Eintrocknung des Meers scheint der Tagesanbruch ein Ende gesetzt zu haben Ex 14 27*. Nächtlicherweile trat jener eifersüchtige Dämon auf, der dem Bräutigam Mose nach dem Leben stand 4 24ff.*. Zur Mitternacht, also um die Gespensterstunde, fand der ägyptische Thronfolger den Tod 11 4* 12 29*. Vor allem aber stellt die Nacht den Zeitraum dar, wo Jahwe sich in Gesichten und Träumen offenbart 7 15* (8 16* 24 4) Gen 20 3 22 3* 28 12 31 11* 40 1*. 5* 46 2* Num 12 6. Der Umstand, daß bei E Göttliches und Gespenstisches in eines fließen, erklärt auch jenes Prinzip elohistischer Anthropologie, das besagt, daß der Mensch sich seit dem Fall der Urmutter vor jeder Berührung mit der Gottheit fürchte 3 6*. 11 4 10 20 18 Gen 3 10* 28 17.

Aus diesem anthropologischen Element einerseits und aus der vorher genannten Annahme von kreatürlichen Eigenmächtigkeiten auf der anderen Seite erwuchs dem Elohisten die Vorstellung, daß Gott mit den gewöhnlichen Sterblichen nur mehr auf dem Umwege über spezielle Mittler verkehrte; Gott-Unmittelbarkeit sei nur ganz wenigen Auserwählten vergönnt, etwa einem Jakob = Israel Gen 32 31 oder einem Mose Num 12 7f. (vgl. Ex 18 15b. 19b). Um das ihm Offenbarte an das gemeine Volk weiterzuleiten, nahm Mose seinerseits einen Mittelsmann bzw. eine vermittelnde Institution in Anspruch: Aaron, seinen Bruder Ex 4 16, bzw. das aaronidische Priestertum. Besondere Sympathien brachte der Nordreicherzähler dem eksta-

[17] Vgl. a. a. O. 47.

tischen Nebiismus entgegen 15 20 Gen 20 7 Num 11 25. 29. Auf die Propheten wurde angeblich etwas von der *rû^{a}ḥ jăhwæ*, die auf Mose ruhte, übertragen, und das äußert sich vornehmlich in verzücktem Stammeln Num 11 25. 29. Sehr tief blicken läßt, daß die Übertragung des Gottesgeistes mit einer stufenweisen Verminderung der göttlichen Qualifikation einhergeht: Die *n^{e}bîʾîm* erscheinen als bloße Traumempfänger hinter Mose in das zweite Glied verwiesen Num 12 6. — Die Vermitteltheit Gottes wird auch an der elohistischen Vorstellung der Wolkensäule (*ʿămmûd* [*hæ*]*ʿanan*) ersichtlich. In den Anfängen der Wüstenwanderung war diese den Israeliten noch ein ständiger Führer und Begleiter 13 21* 14 19b. 20aαβ. 24*; später dagegen erschien sie nur noch zeitweilig 33 9f. Num 12 5. Auch der Fortgang der Geschichte bedeutete für den Elohisten anscheinend eine Verminderung der Offenbarungsintensität!

Das Weltverständnis des Elohisten ist von seiner Wurzel her polytheistisch, d. h. auf eine Pluralität von Mächten hin angelegt. Es war darum nur folgerichtig, wenn dieser Theologe sich heidnischer Mythologie gegenüber als zugänglich erzeigte. Die Verwendung kanaanäischer Kultobjekte wie Masseben und Ascheren in den Gottesdiensten der Israeliten erfuhr seine ausdrückliche Billigung: 17 12*. 16* 24 4 Gen 28 11. 18 33 20* 35 20*. Er eignete sich für sein Geschichtswerk eine ganze Reihe von mythologischen Stoffen an, z. B. die Paradies-, Mamre-, Bethel- und Pniëlsage Gen 2f.* 18* 28 11ff.* 32 22ff.*, die Beschneidungsgeschichte Ex 4 24-26* und das Mazzenfest 12 39. Durch Einordnung in die israelitische Frühgeschichte versuchte er zwar, das paganistische Ideengut neu zu begründen; die vormaligen Götter wurden mit Jahwe gleichgesetzt oder als seine Gehilfen ausgegeben. Aber die vorgenommenen Veränderungen blieben an der Oberfläche, die Substanz des Übernommenen ist nach wie vor heidnisch.

D. KENNZEICHEN DES DEUTERONOMISTISCHEN REDAKTORS

Vorbemerkung: Im Folgenden werden, soweit möglich, zu den Belegen von R^{JE} noch eine beschränkte Zahl entsprechender Belege aus der sonstigen deuteronomi(sti)schen bzw. aus der dem Redaktor ungefähr zeitgenössischen Literatur des AT angeführt, und zwar hinter einem »cf.«. Damit soll der literarische Standort des Redaktors in etwa angedeutet werden. Seine genauere Einordnung in die deuteronomistsche Schule bleibt die Aufgabe späterer Untersuchungen.

1. Wortschatz und Ausdrucksweise

Überaus oft und dabei meist mehr oder weniger sinnwidrig verwendete R^{JE} Rede-Formeln, geläufige Redensarten seiner Zeit:

'æræṣ zabăt ḥalab ûdebăš »ein Land, überfließend von Milch und Honig« 3 8. 17 cf. 13 5 Dtn 6 3 11 9 26 9. 15. — Aufzählungen kanaanäischer Völkerschaften 3 8. 17 cf. 13 5 Dtn 7 1 20 17. — *šmr* qal + *miṣwot jăhwæ* »Jahwes Gebote« (oder Entsprechendes) »halten« 12 24 15 26 16 28 cf. 12 25 13 10 Dtn 4 2. 6. 40 5 1. 29 6 2. — *'śh* qal + *hăjjašar be'ênê jăhwæ* »tun, was recht ist in den Augen Jahwes« 15 26 cf. Dtn 6 18 12 25. 28 13 19 21 9. — *hlk* qal + *betôrăt jăhwæ* »in Jahwes Weisung wandeln« 16 4 cf. (Dtn 5 33 8 6 10 12 11 22) Jer 26 4 32 23 44 10. 23. — *šm'* qal + *leqol* 3 18 4 8f. 15 26 Gen 3 17 oder + *beqol* 4 1 5 2 cf. Dtn 4 30 8 20 9 23 13 5. 19 »hören auf die Stimme von« = »gehorchen«. — *dbr* pi. (oder Synonymon) + *be'åzenê* »einschärfen, eindringlich sagen« 11 2 cf. 10 2 17 14 Dtn 5 1 31 11. 28. 30 32 44 Jdc 7 3 Jer 2 2 26 15. — *bejad ḥazaqā* »mit starker Hand« 3 19 6 1[1] cf. 13 9 Dtn 4 34 5 15 6 21 7 8. 19 9 26. — Rede vom »Mitsein« Gottes *hjh* qal + *'im* oder + *'et* 3 12 4 12. 15 10 10 Gen 39 2. 21 cf. II Reg 8 17f. 57. — *nṣl* hi. + *mijjăd* »erretten aus der Hand von« 3 8 5 23 cf. Dtn 32 39 Jdc 6 9 8 34 9 17. — *šlḥ* qal + *jăd* + suff. »seine Hand ausrecken« 3 20 4 4 9 15 Gen 3 22 cf. Dtn 25 11 Jer 1 9. — *bqš* pi. + *næpæš* »trachten nach dem Leben von« (2 15) 4 19 cf. Jer 4 30 19 7. 9 21 7 22 25 34 20f. 44 30 46 26 49 37. — Redensart vom »Entbrennen des Zorns« *ḥrh* qal + *'ăp* 4 14 vgl. 11 8 cf. Dtn 6 15 7 4 11 17 29 26 31 17 Jdc 2 14. 20 3 8. — Rede vom Hund, der jemandem die Zunge weist *ḥrṣ* qal + *kælæb* + *lešonô* 11 7. — *hjh* qal + *lemôqeš* »zur Falle werden« 10 7 cf. 23 33 34 12 Dtn 7 16 Jos 23 13 Jdc 2 3 8 27. — Rede von »Jahwes Hand«, die »gerät an« jemanden *hjh* qal + *jăd jăhwæ* + *be* 9 3 cf. Dtn 2 15 13 10 (17 7) Jdc 2 15. — *dæbær* + *ḥæræb* »Pest« + »Schwert« als stereotype Zuchtmittel Gottes 5 3 cf. Jer 14 12 21 7. 9 24 10 27 8. 13 29 17f. — *temol* (. . .) *šilšom* »gestern (. . .) vorgestern« i. S. v. »früher« 4 10 5 7f. 14 cf. Dtn 4 42 19 4. 6 Jos 3 4. — *debăr jôm bejômô* »die Sache eines Tages an ihrem Tage« 5 13. 19 16 4 cf. I Reg 8 59 Jer 52 34. — *dibere šæqær* »Lügenworte«, ein polemisches Schlagwort (ursprünglich gegen die falschen Propheten) 5 9 cf. Jer 7 4. 8. — Demütige Selbstumschreibung eines Redenden durch *'æbæd* + suff. 2. p. »dein (euer) Knecht« 4 10 5 15f. Gen 43 28.

Besonders verdienen in diesem Zusammenhang noch hervorgehoben zu werden die Zitationsformel *le'mor* 3 16 5 6. 8. 10. 13f. 15. 19 7 16 11 8 13 19 14 12 15 24 17 4. 7 Gen 2 16 3 17 24 7 cf. Dtn 1 5f. 9. 16. 28. 34. 37, die Überleitungsformel *we'ăttā* »und nun« 3 9f. 18 4 12 5 18 9 19 10 17 Gen 3 22 cf. Dtn 4 1 5 22 10 12. 22 26 10 31 19 und die Wendung *beqæræb* »inmitten (eines Volkes oder Landes)« 3 20 8 18 17 7 cf. Dtn 1 42 6 15 7 21 13 2.

Wo immer der Redaktor das Wort nahm, häufen sich Begriffe von allgemeiner oder abstrakter Natur, die keine oder nur

[1] Genaueres zur Stelle beachte auf S. 127f.!

eine minimale Anschauung vermitteln. Ein großer Teil dieser Begriffe sind theologische Fachausdrücke oder von heilsgeschichtlicher Relevanz: *rʿʿ* hi. »Böses tun« 5 22f. cf. Dtn 26 6 Jos 24 20 Jer 4 22 7 26 10 5 13 23. — *raʿ* 5 19 und *raʿā* 10 10 »Böses«. — *ḥṭʾ* qal »sündigen« 9 27. 34 10 16 cf. Dtn 1 41 9 16. 18 19 15 20 18. — *ḥăṭṭaʾt* »Sünde« 5 16[2] 10 17 cf. Dtn 9 18. 27 19 15 Jos 24 19 I Reg 8 34-36. — *rašaʿ* »schuldig; Übeltäter« 9 27 Gen 18 23-26 cf. Jer 12 1 23 19 25 31 30 23. — *nšʾ* hi. »betrügen« Gen 3 13 cf. Jer 4 10 29 8 37 9 49 16. — *tll* hi. »täuschen« 8 25 cf. Jer 9 4. — *sll* hitpol. »aufgeblasen sein« 9 17. — *ʿnh* ni. »sich demütigen« 10 3. — *nśʾ* qal i. S. v. »vergeben« Gen 18 24. 26. — *ṣăddîq* »gerecht, im Recht befindlich« 9 27 Gen 18 23-26. 28 cf. Dtn 4 8 16 19 32 4 Jer 12 1 23 5. — *hăjjašar* »das Richtige« 15 26 cf. Dtn 6 18 12 8. 25. 28 13 19 21 9. — *ḥoq* »Satzung« 15 25f. cf. Dtn 4 5f. 14. 40 5 1. 31 6 17. — *mišpaṭ* »Recht, Ordnung« 15 25 Gen 18 25 cf. Dtn 4 5. 14 5 1. 31 7 11. — *ṣwh* pi. »befehlen« 4 28 5 6 Gen 3 11. 17 cf. Dtn 1 3. 16. 18f. 41 2 4. — *miṣwā* »Befehl« 15 26 16 28 cf. Dtn 4 2. 40 5 29. 31 6 2. — *tôrā* »Weisung« 16 4. 28 cf. Dtn 1 5 4 8. 44 17 11. 18f. — *ʿbd* qal »Sklavenarbeit tun (in Ägypten«) 1 14 5 18 14 5. 12. — *ʿ^{a}bodā* »Sklavenarbeit« 1 14 2 23* 5 11. — *ʿ^{a}nî* »Elend« 3 7. 17 4 31 cf. Dtn 16 3 26 7. — *jṣʾ* qal i. S. v. »ausziehen (aus Ägypten)« 11 8 12 31 cf. Dtn 4 45f. 9 7 11 10 16 3. — *jṣʾ* hi. i. S. v. »(aus Ägypten) herausführen« 3 10-12 12 39 14 11 cf. 13 13 Dtn 1 27 4 20. 37 5 6. 15. — *ʿlh* qal i. S. v. »(aus Ägypten bzw. zum Gelobten Land) heraufziehen« 12 38 13 18 33 1 cf. Dtn 1 22. 26. 28 9 23. — *ʿlh* hi. i. S. v. »(aus Ägypten bzw. nach Palästina) heraufführen« 3 8. 17 13 19 17 3 cf. Jdc 2 1 6 8 Jer 2 6 11 7 16 14f. 23 7. — *nægăʿ* »Plage« 11 1. — *ngp* qal i. S. v. »(mit Unglück) schlagen« 7 27[3] 12 23 32 35 cf. 12 27 Jos 24 5. — *măggepā* »Schlag« 9 14. — *dæbær* »Seuche« 5 3 9 3. 15 cf. Dtn 28 21 Jer 14 12 21 6f. 9 24 10 27 8. — *măḥ^{a}lā* »Krankheit« 15 26 cf. I Reg 8 37. — *raʿab* »Hungersnot« 16 3 Gen 12 10 26 1 cf. Dtn 28 48 32 24 Jer 5 12 11 22 14 12f. 15f. — *ṣ^{e}ʿaqā* »Geschrei« 3 7. 9 11 6 12 30 Gen 18 21 cf. Jer 25 36 48 3. 5 49 21. — *brk* pi. »segnen« 12 32 Gen 12 2f. 22 17 cf. Dtn 1 11 2 7 7 13 8 10 10 8. — *pqd* qal »heimsuchen« (sensu bono) 3 16 4 31 13 19 Gen 50 25 cf. Jer 15 15 27 22 29 10 32 5. — *rʾh* ni. »erscheinen« (von Gott gesagt) 3 2. 16 4 1. 5 5 21 Gen 18 1 cf. Dtn 31 15 I Reg 8 8 Jer 31 3. — *mărʾæ* »Erscheinung« 3 3. — *hmm* qal »verwirren« (Motiv des Gottesschreckens) 14 24 cf. Jos 10 10 Jdc 4 15. — *niplaʾot* »Wundertaten« 3 20 cf. Jdc 6 13 Jer 21 2. — *ʾot* i. S. v. »Wunder« 4 8f. 17. 28. 30 8 19 10 1 cf. Dtn 4 34 6 22 11 3 13 2 26 8. — *jad ḥ^{a}zaqā* »starke Hand« (in übertragenem Sinn) 3 19 6 1[4] und entsprechend *jad g^{e}dolā* »große

---

[2] Zum Text vgl. S. 117 Anm. 127.

[3] Näheres zur Stelle s. S. 157.

[4] Vgl. Anm. 1.

Hand« 14 31. — *plh* hi. »(Israel vor andern Völkern) auszeichnen« 8 18 9 4 11 7. — *pelut*[5] »Auszeichnung« 8 19.

Dazu kommen Allgemein- und Abstraktbegriffe ohne eigenes theologisches Gewicht: *dabar* i. S. v. »Sache« 2 15 5 11. 13. 19 8 8 9 4-6 16 4 cf. Dtn 1 14. 23. 32 2 7 4 30. 32 13 1. 15. — *maqôm* »Stätte« 3 5. 8 16 29 17 7 cf. Dtn 1 31. 33 9 7 11 5. 24 12 2f. 21f. — *môšab* »Wohnsitz« 10 23. — *mô'ed* »Termin« 9 5. — *ṭăp* »Anhang« 10 10. 24 12 37 cf. Dtn 1 39 2 34 3 6. 19 20 14. — *miqnæ* »Viehbesitz« 9 3f. 6f. 19-21 10 26 12 38 17 3 cf. Dtn 3 19 Jer 49 32. — *'eræb* »Mischvolk« 12 38 cf. Jer 25 20 50 37. — *peletā* »Überrest« 10 5 cf. Jer 25 35 50 29. — *rewaḥā* »Erleichterung« 8 11. — *kebedut* »Schwierigkeit« 14 25. — *milḥamā* »Krieg, Schlacht« 17 16 cf. Dtn 1 41 2 9. 14. 16. 24. 32 3 1 4 34. — *'ezær* »Hilfe« Gen 2 18. 20 cf. Dtn 33 7. 26. 29. — *mătkonæt* »Maß« 5 8 und synonymes *tokæn* 5 18 sowie *ḥoq* 5 14. — *tă'awā* »Begehrenswertes« Gen 3 6. — *pg'* qal »herfallen über« 5 3. 20. — *pgš* qal »antreffen« 4 24. 27. — *p'r* ni. »belieben« 8 5.

Allgemein und unanschaulich gehalten sind in den von R^JE selbständig gefertigten Stücken nicht nur Begriffe, sondern auch umfassendere Angaben oder ganze Sätze. Dergleichen sind wir begegnet in 3 1. 7. 9. 10b. 20a. 21b 4 11f. 15. 17b. 19. 24. 28. 30. 31b 5 3. 6a. 9a. 11. 13f. 15b. 21a. 22. 23a 7 16b. 23b. 25b 8 8b. 9a. 20. 22a. 27a 9 3*. 7. 14a. 15. 19a. 27 10 1b. 5b. 7. 8a. 10 12 33a 13 21 14 3*. 7. 13b. 24. 27b. 30f. 16 28 17 4. 6. Die Einzelheiten sollen hier der Umstände wegen nicht wiederholt werden. Phänomene der bezeichneten Art kommen im Dtn nud in der deuteronomistischen Literatur allenthalben vor.

Der deuteronomistische Pentateuchredaktor scheute die Mühe, sich genau und faßlich auszudrücken. Aus dem Grunde nahm er sehr oft mit pauschalen Umschreibungen vorlieb: *ha'anašîm* »die Männer« 4 19 5 9 10 7 17 9. — *hăddabar hăzzæ* »diese Sache« 2 15 9 5f. 12 24a Gen 18 25 cf. Dtn 1 32 3 26 4 32 13 12 15 10. — *ha'am hăzzæ* »dieses Volk« 3 21 5 22 17 4 cf. Dtn 9 13 Jos 1 2 Jer 4 10f. 5 23 6 21 7 16 8 5. — *'śh* qal + *kō* »so tun« 5 15 cf. Dtn 7 5. — *'śh* qal + *ken* »also tun« 8 20. 22 17 6 cf. Dtn 3 21 4 5 7 19 12 4. 30. — *hjh* qal + *ken* »also sein« 10 10. 14. — *'śh* qal + *zo't* »dieses tun« 14 5b. 11 Gen 3 13f. cf. Jdc 2 2 Jer 2 17. — *'śh* qal + *kidebăr* »tun gemäß dem Wort von« 8 9. 27 12 35 33 1. — *'ăd kō* »bis da« 7 16. — *zæ* »der da« 10 7. — *mizzæ* »von da« 11 1 13 19 17 12. — *'ăḥarê ken* »danach« 3 20 11 1.8. — *šam* »dort« 8 18 9 26 (10 26) 12 30 15 25. 27 17 3. 6 Gen 2 8 3 23. — *lazo't* »auf dieses« 7 23. — Wie die angeführten Beispiele zeigen, waren es oft Demonstrativa, die dem Redaktor den Dienst der pauschalen Umschreibung leisten mußten. In Übereinstimmung mit dem Sprachgebrauch des sonstigen Späthebräischen sind die Demonstrativa von ihm überhaupt sehr reichlich

---

[5] Zum Text s. S. 13 Anm. 33.

und in vielen Fällen unnötigerweise gebraucht: *zæ, zo't, 'ellæ* begegneten in 2 15 3 3. 12. 15. 21 4 9. 17 6 22f. 7 17. 23 8 19. 28 9 5f. 14 10 1. 6f. 17 11 1. 8 12 24 13 19 14 5. 11f. 16 3b* 17 4. 12 Gen 2 23 3 13f., *hăhû', hăhîw', hăhem, hăhen* in 2 23 3 8 5 6 8 18 10 13 14 30, *ken* in 3 20 8 20. 22 10 10. 14 11 1. 8.

Überall, wo der Redaktor seine Rede aus eigenen Mitteln bestritt oder auf eigene Faust formulierte, flossen in diese Rede Allerweltswörter, Trivialbegriffe der Alltagssprache ein: *'śh* qal »machen« 3 16. 20 4 15. 17. 30 5 8f. 15f. 6 1 8 9. 20. 22. 27 9 5f. 10 25 12 35. 39 14 5. 11. 13. 31 15 26 17 4. 6. 10 Gen 2 4. 18 3 1. 13f. 18 25. 29f. — *śjm* qal »anbringen, machen zu« 3 22 4 11. 15 5 8. 14 8 8. 19 9 5. 21 14 21 15 25f. 17 12 Gen 2 8. — *šjt* qal »stellen« 7 23 10 1. — *hjh* qal »werden, sein« 3 1. 12. 21 4 8f. 12. 16. 24 5 13 8 11. 18 9 3. 18. 22. 24. 26. 28f. 10 6. 10. 13f. 21f. 23 11 6 12 29f. 13 17 14 20. 24 16 5. 22. 26f. 17 11f. Gen 2 5. — *ntn* qal »geben« 3 19 5 21 9 23 10 25 12 23 16 15. 29 17 2 Gen 3 6. 12. — *dabar* »Sache« 2 15 5 11.13. 19 9 4-6 12 24 16 4. — Diese Begriffe treten auch im Deuteronomium und in der davon beeinflußten Literatur gehäuft auf.

Zusammengesetzte Präpositionen und Konjunktionen hat schon das Hebräische der Quellenschriften verwendet. Beim Verarbeiter der Quellen jedoch finden sie sich zahlreicher und auch in Fällen, wo eine einfache Form vollauf genügt hätte: *bă'ₐbûr* »wegen; damit« 9 14 Gen 3 17 18 26. 29. 31f. (fehlt im Dtn!). — *lema'ăn* »damit« 4 5 8 6. 18 9 29 10 1 11 7 16 4 cf. Dtn 2 30 3 26 4 1 5 16. — *'ăl debăr* »von wegen« 8 8 cf. Dtn 19 4 22 24 23 5. — *mippenê* »von« 3 7 8 20 9 30 10 3 14 25 cf. Dtn 5 5 9 19 28 20 Jer 4 26 7 12. — *me'et-penê* »weg von« 10 11. — *me'ăl* »weg von« 10 17. 28. — *me'et* »weg von« 5 20 10 11. — *mittôk* »heraus aus« 3 2. 4 12 31 cf. Dtn 4 12. 15. 33. 36 5 4. 23. — *mibbelî* »weil nicht« 14 11 cf. Dtn 9 28 28 55 Jer 2 5 9 9-11. — *lebiltî* »daß nicht« 8 18. 25 9 17 Gen 3 11 cf. Dtn 4 21 8 11 12 23 17 12. — *lemin* »seit« 9 18 cf. Dtn 4 32 9 7 Jer 7 7. 25 32 31. — *lebăd min* »außer« 12 37 cf. Dtn 3 5 18 8. — *berăgelê* »im Gefolge von« 11 8. — *me'az* »seitdem« 4 10 5 23 9 24. — Hier sei auch nochmals an das vielmalige *beqæræb* erinnert[6]. Für das bloße *matăj* »wann?« setzte unser Redaktor in 8 5 *lematăj*, für *maḥar* »morgen« in 8 6. 19 *lemahar*.

Überaus häufig kommt bei R^{JE}, wie auch sonst im Deuteronomismus, die Relativpartikel *'ₐšær* vor: 3 5. 7. 9. 14. 20 4 9. 12. 15. 17f. 28. 30 5 2. 8. 11. 13f. 21 6 1 7 15. 17f. 20 8 8. 17. 23 9 3. 18. 21. 23f. 26 10 6. 10. 12. 15 11 5-8 12 22. 29f. 32. 39 14 12f. 31 15 26 16 5. 15 17 5. 10f. Gen 2 8. 22 3 1. 17. 23 cf. Dtn 1 1. 3. 4. 8. 14 usw. Die Mehrzahl der betreffenden Relativsätze ist der Sache nach entbehrlich.

Ebenfalls oft und ähnlich pleonastisch verwendete der Redaktor das Wort *kl* »ganz, alle«: 3 20 4 19. 28-30 7 20. 24 8 20 9 4. 6. 14. 22. 24f.

---

[6] Vgl. S. 391.

10 6. 12. 14f. 22f. 11 6-8 12 21. 29f. 14 7 15 26 Gen 2 6. 9 cf. Dtn 1 1. 7. 18f. 2 14. 16. 25. 33 usw.

Seine Weise, in Assoziationen zu denken[7], brachte eine vielmalige Verwendung von *găm* »auch« mit sich: 3 9 4 9f. 14 5 2. 14 7 23 8 17. 28 10 24-26 11 3 12 31f. 38f. Gen 3 6. 22 cf. Dtn 1 28. 37 2 6. 15 3 3. 20.

Die Neigung des Redaktors, Kausalzusammenhänge zu statuieren und Erklärungen zu liefern, schlug sich in allerlei Motivierungen nieder, z. B. in 2 23*. 25 3 7-10 5 3. 8 (*ʿăl ken*). 17 (*ʿăl ken*). 21 (begründendes *ʿašær*) 16 29 (*ʿăl ken*) 17 7, insbesondere aber in einer Vielzahl von kausalen *kî*-Sätzen: 3 6f. 4 1. 19 5 8. 11 6 1 7 24 8 17 9 2. 14f. 10 1. 4. 9. 11. 26. 28 12 30. 33. 39 13 17. 19 14 12f. 25 15 23. 26 16 15 Gen 2 17 3 14. 17. 19 4 25 6 4. 43 32 cf. Dtn 1 17. 38. 42 2 5. 7. 9. 19 usw.

Für den Wortschatz des Redaktors sind fernerhin noch folgende Begriffe bzw. Ausdrücke kennzeichnend: *grš* pi. »vertreiben« 6 1 10 11 11 1 12 39 Gen 3 24 cf. Dtn 33 27 Jos 24 12. 18 Jdc 2 3. — *hrg* qal »umbringen« 2 15 4 23 5 21 cf. Dtn 13 10 Jer 4 31 15 3 18 21. — *păʿăm* i. S. v. »Mal«: *băppăʿăm hăzzoʾt* »diesmal« 8 28 9 14 *hăppăʿăm* »dasmal« 9 27 10 17 Gen 18 32 *zoʾt hăppăʿăm* »diese ist es dasmal« Gen 2 23 cf. Dtn 1 11 9 19 10 10 16 16. — Pleonastisches *kî* vor wörtlicher Rede: 3 12 4 25 17 14. 16 Gen 29 32f. — *dbr* pi. »reden« 4 10. 12. 14-16. 30 5 23 9 1 10 29 11 2 12 31f. 14 12 33 1 Gen 24 7 cf. Dtn 1 1. 3. 6. 11. 14. 21. — *ṣʿq* (oder *zʿq*) qal »schreien« 2 23 5 8. 15 8 8 14 10. 15 15 25 17 4 cf. Dtn 22 24. 27 Jos 24 7 Jdc 3 9. 15 6 6f. 10 10. 14. — *ʾăḥăr* und *ʾăḥarê* »hinter« 3 1. 20 5 1 7 25 10 14 11 1. 5. 8. — *leʿênê* »vor Augen von« (für das ältere *beʿênê*) 4 30 7 20 8 22 17 6. — *ʾmr* qal «sagen» scheint der Redaktor gerne mit *le* (statt mit den früher üblichen und bei ihm auch noch vorkommenden *ʾæl*) konstruiert zu haben: 3 13f. 4 6. 18 5 16 8 5 10 28 17 2. 10. Das Schwanken der Mss zwischen den beiden Präpostionen läßt jedoch kein sicheres Urteil mehr zu.

2. Sonstige stilistische Eigentümlichkeiten

Der deuteronomistische Redaktor formulierte oft Nominalsätze und insbesondere Partizipialsätze dort, wo man nach der klassischen Syntax Verbalsätze erwarten sollte: *ʾăttā ʿômed* 3 5 *hinnē ʾanokî baʾ* 3 13 *hem ʿośîm, hem ṣoʿaqîm* 5 8 *wehănnogeśîm ʾaṣîm* 5 13 *ʾomerîm, hinnē ʿabadæka mukkîm* 5 16 *ʾăttæm ʾomerîm* 5 17 *ʿămmî ʿomed* 8 18 *nakôn* 8 22 *ʾanî šoleaḥ* 9 14 *ʿôdeka mistôlel* 9 17 *ʾăttæm mebăqeśîm* 10 11 *ʾanî jôṣeʾ* 11 4 *kullanû metîm* 12 33 *wejăhwæ holek* 13 21 *nebukîm hem* 14 3 *wehinnē miṣrăjim noseaʿ* 14 10 *jăhwæ nilḥam* 14 25 *ûmiṣrăjim nasîm* 14 27 *hûʾ noten* 16 29 *wîdê mošæ kebedîm* 17 12 *jodeaʿ ʾælohîm* Gen 3 5.

---

[7] Vgl. dazu S. 399ff.

In negierten Aussagen taucht häufig das nominale *'jn* auf: 3 2 5 10f. 16 8 6. 17 9 14 12 30 14 11 17 1. 7 Gen 2 5 cf. Dtn 1 32 4 12. 35. 39 8 15 12 12 14 27. 29.

Verbalsätze bot der Redaktor oft gewissermaßen in der Nominalsatzform dar, indem er dem verbum finitum ohne Grund das Subjekt voraus-, statt, wie in der klassischen Sprache, nachschickte. In manchen Fällen, nämlich dann, wenn es sich bei dem Subjekt um ein (auf schon Genanntes zurückweisendes) Pronomen handelt, wurde so eine ausdrückliche Nennung des Subjekts überhaupt erst nötig. Beispiele: *ûmošǣ hajā ro'ǣ* 3 1 *'anokî š^{e}lăḥtîka* 3 12 *wă'^{a}nî jadă'tî* 3 19 *w^{e}'anokî 'æhjǣ* 4 12. 15 *w^{e}hăddagā ... tamût/ ... metā* 7 17. 21 *'anokî '^{a}šăllăḥ* 8 24 *hăjjare' ... henîs* 9 20 *w^{e}jăhwǣ natăn* 9 23 12 36 *hăqqolot jæḥdalûn w^{e}hăbbarad lo' jihjǣ ôd* 9 29 *w^{e}'ăttā wă'^{a}badǣka ... tîr^{e}'ûn* 9 30 *'^{a}nî hikbădtî* 10 1 *w^{e}jăhwǣ nihăg, hăbboqær hajā w^{e}rû^{a}ḥ hăqqadîm naśa'* 10 13 *'ăttā titten* 10 25 *miqnenû jelek, wă'^{a}năḥnû lo' nedă'* 10 26 *w^{e}'ăttæm lo' teṣ^{e}'û* 12 22 *w^{e}jăhwǣ hikkā* 12 29 *ûb^{e}nê jiśra'el 'aśû* 12 35 *ûpăr'ō hiqrîb* 14 10 *jăhwǣ natăn* 16 29 *ûmošǣ 'ăh^{a}ron w^{e}ḥûr 'alû* 17 10 *w^{e}'ăh^{a}ron w^{e}ḥûr tam^{e}kû* 17 12 *hû' jišlăḥ* Gen 24 7 *jăhwǣ ... jišlăḥ* 24 40.

Zur Verstärkung finiter Formen eines Verbs zog der Redaktor gern den inf. abs. desselben Verbs heran: *ra'ō ra'îtî* 3 7 *paqod paqădtî* 3 16 *dăbber j^{e}dăbber* 4 14 *w^{e}hăṣṣel lo' hiṣṣălta* 5 23 *hărḥeq lo' tărḥîqû* 8 24 *gareš j^{e}gareš* 11 1 *hăšbe^{a}' hišbî^{a}', paqod jipqod* 13 19 *šamo^{a}' tišmă'* 15 26.

Zusatzbemerkungen erläuternden Sinns bildete er häufig mit Hilfe von *l^{e}* (negiert *l^{e}biltî*) + inf.: *l^{e}šăllăḥ* 5 2 *lilbon* 5 14 *le'mor* 5 19 *latæt* 5 21 *l^{e}hăkrît* 8 5 *l^{e}biltî h^{æ}jôt* 8 18 *l^{e}biltî šăllăḥ* 8 25 (ähnlich 9 17) *l^{e}măher l^{e}šăll^{e}ḥam* 12 33 *lalækæt* 13 21 *l^{e}hôṣî'anû* 14 11 *l^{e}hillaḥem* 17 10 *ladă'ăt* Gen 3 22. *l^{e}* ist in diesen Fällen mit »indem« zu übersetzen.

Der deuteronomistische Redaktor hatte die Neigung, seinen Mund mehr als nötig vollzunehmen. Das zeigte schon die oben[8] belegte pleonastische Verwendung von *kl* und von *'^{a}šær*-Sätzen. Ferner wird diese Neigung ersichtlich aus dem relativ häufigen Vorkommen von Kraftausdrücken und derben Ausmalungen: *'iššā mišš^{e}kæntah ûmiggarăt bêtah, w^{e}śămtæm 'ăl b^{e}nêkæm w^{e}'ăl b^{e}notêkæm* 3 22 *pæn jipga'enû băddæbær 'ô bæḥaræb* 5 3 *latæt ḥæræb b^{e}jadam l^{e}hår^{e}genû* 5 21 *ûbăḥ^{a}dăr miškab^{e}ka w^{e}'ăl miṭṭatæka ... ûb^{e}tănnûrǣka ûb^{e}miš'^{a}rôtǣka* 7 28 *min hăbbattîm min hăḥ^{a}ṣerot ûmin hăśśadot* 8 9 *jisq^{e}lunû* 8 22 *hămmawæt hăzzǣ* 10 17 *lo' tiššа'er părsā* 10 26 *mibb^{e}kor păr'ō hăjjošeb 'ăl kis^{e}'ô 'ăd b^{e}kôr hăššipḥā '^{a}šær 'ăḥăr hareḥajim* 11 5 (ähnlich 12 29) *'îš me'et re'ehû w^{e}'iššā me'et r^{e}'ûtah* 11 2 *lo' jæḥ^{æ}răṣ kælæb l^{e}šonô* 11 7 *'ên băjit '^{a}šær 'ên šam met* 12 30 *hămibb^{e}lî 'ên q^{e}barîm b^{e}miṣrăjim l^{e}qăḥtanû lamût bămmidbar* 14 11 *wăj^{e}na'er jăhwǣ 'æt miṣrăjim b^{e}tôk hăjjam* 14 27 *ûs^{e}qalunî* 17 4.

---

[8] S. 394f.

Außerdem erweist sich die bezeichnete Neigung an allerlei Übertreibungen, z. B. *băjjamîm harăbbîm hăhem* 2 23 *hămmăr’ǣ hăggadol hăzzǣ* 3 3 ... *w^{e}hajû l^{e}dam băjjăbbašæt* 4 9 *kål ha’^{a}našîm hăm^{e}băq^{e}šîm ’æt năpšæka* 4 19 *j^{e}gar^{e}šem* 6 1 *’ên k^{e}jăhwǣ ’^{æ}lohênû* 8 6 *l^{e}biltî h^{æ}jôt šam ‘arob* 8 18 *tiššaḥet ha’aræṣ mipp^{e}nê hæ‘arob* 8 20 *lo’ met ’æḥad* 9 6 (vgl. 7a) *’ên kamonî b^{e}kål ha’aræṣ* 9 14 *wăttikkaḥed min ha’aræṣ* 9 15 *’^{a}šær lo’ hajā kamohû b^{e}miṣrajim l^{e}min hăjjôm hiwwas^{e}dā w^{e}‘ăd ‘ăttā* 9 18 *lo’ hajā kamohû b^{e}kål ’æræṣ miṣrăjim me’az haj^{e}tā l^{e}gôj* 9 24 *ûbattê kål miṣrăjim, lo’ ra’û ’^{a}botǣka wă’^{a}bôt ’^{a}botǣka mijjôm h^{æ}jôtam ‘ăl ha’^{a}damā ‘ăd hăjjôm hăzzǣ* 10 6 *’ab^{e}dā miṣrajim* 10 7 *l^{e}panâw lo’ hajā ken ’ărbǣ kamohû w^{e}’ăḥ^{a}râw lo’ jihjǣ kken* 10 14 *lo’ ra’û ’îš ’æt ’aḥîw w^{e}lo’ qamû ’îš mittăḥtâw* 10 23 *’ăl tosæp r^{e}’ôt panăj* ... 10 28f. *kamohû lo’ nihjatā w^{e}kamohû lo’ tosip* 11 6 *lo’ jæḥ^{æ}răs kælæb l^{e}šonô* 11 7 *kullanû metîm* 12 33 *w^{e}kol rækæb miṣrajim* 14 7.

Fort und fort, oftmals an ganz unpassenden Stellen, schaltete der Redaktor in den Geschichtsbericht Redestücke ein. Nicht selten erscheinen in diesen Reden noch weitere Redezitate eingeflochten. Als Beleg können sämtliche zu *le’mor* vermerkten[9] Stellen dienen, und außerdem noch 3 6a. 7-10. 11b. 13-21 4 1. 5. 8f. 11-16a. 19. 21*. 26b 5 5. 7-9. 10f. 16-18. 21-23 7 14 8 5f. 18f. 9 14f. 17. 19. 27. 30 10 1b. 7. 9b. 10. 16f. 24b. 25f. 28f. 11 1f. 6. 7a. 8 12 32f. 13 17 14 3*. 5. 11f. 13. 15a. 25 15 26 16 3b*. 4b. 5. 15b. 28f. 17 2f. Gen 3 1b-3. 17.

Sehr breiten Raum nehmen in den vom Redaktor formulierten Partien der JE-Harmonie die Bezugnahmen und Rückbezüge ein auf angeblich oder wirklich schon Erzähltes bzw. Gesagtes. Als Beleg kommen alle Stellen in Betracht, die *hăddabar hăzzǣ, găm, pă‘ăm, šam* und *kid^{e}băr* verwenden[10]. Dazu kommen noch die Belegstellen für *jsp* hi. »hinzufügen«: 5 7 8 25 9 28. 34 10 28f. 11 6 14 13, für *‘ôd* »noch«: 3 15 9 2. 17. 29 10 29 11 1 14 13 (17 4) sowie eine größere Anzahl von umfangreicheren Bemerkungen. Bei den letztgenannten läßt sich der behauptete Rückbezug meistens nicht genau 3 17 4 19 5 10. 16. 17b. 19 8 23 9 15 12 35 15 26 17 5 oder überhaupt nicht 4 10. 23 5 7f. 10 5. 12. 15. 26 12 31 14 12. 15a 17 7 verifizieren; sonstige Fälle in 7 14. 16b. 23b 8 9a. 22. 25b 9 2b. 15. 17 10 1. 3 12 31f. 39 13 19 17 7. 10.

In den redaktionellen Passagen stößt man auf zahlreiche und oftmals schwerwiegende stilistische Mängel. Die Begrifflichkeit ist allgemein, verwaschen und unanschaulich[11]. Erklärungen und Begründungen[12] werden vielfach erst im nachhinein geliefert. Nicht wenige Sätze leiden an Schwerfälligkeit und Ungefügigkeit 3 1a. 2b. 7-10. 13.

---

[9] S. S. 391.

[10] S. S. 393.

[11] Vgl. S. 390ff.

[12] Vgl. S. 395. 396.

15-17 4 15. 16a. 23 5 7-9. 13f. 16 7 28 8 9b. 18a 9 4-6. 20f. 28. 30 10 10. 14f. 25f. 12 34. 39 13 17 14 13b. 20 17 1b. 12. Wiederholt sieht sich der Leser durch abrupten Wechsel vor den Kopf gestoßen: Wechsel zwischen singularischer und pluralischer Aussage über das gleiche kollektive Subjekt 3 7f. 9 19 12 34 14 9f. 14 23 + 25 + 27 + 30 15 24 + 25b 16 4f. 17 2f. vgl. 12 31f., Wechsel in der Konstruktion 7 28 8 20f. 9 14. 19. 22. 33, Wechsel zwischen erzählender und wörtlicher Rede 4 5. 8f. 11 2f., Wechsel zwischen Mose- und Gottesrede 11 4 + 8 vgl. 15 25f. Redende handeln von sich selber oder auch vom Adressaten ihrer Rede als von einer 3. Person 3 12 4 5 8 25 9 3-5 11 7 14 25 15 26 16 29. Zahllose Angaben, namentlich bei den Relativsätzen, den Rückbezügen[13] und den gleich noch zu besprechenden Analogiebildungen, bringen sachlich nichts Neues, sind eigentlich überflüssig. Manche Begebenheiten nahm der Redaktor, bevor er sie beim Namen nannte, durch *wăjᵉhî* oder *wᵉhajā* »und es geschah« bzw. »und es wird geschehen« erst umständlich und allgemein vorweg: 3 21 4 8f. 24 10 13 12 29 13 17 14 24 16 5. 22. 27 17 11 cf. Dtn 1 3 2 16 5 23 6 10. Dem Redaktor sind viele unschöne Doppelungen, Anaphern und Analogiebildungen aufs Konto zu setzen: 3 7 + 9. 9 + 10. 14 (*wăjjo'mær*). 14 + 15 4 9. 15 + 16. 18f. 20. 25b + 26b. 28f. 5 4 + 5. 18 6 1 9 28 10 5. 9. 24 + 26 11 1. 4f. (*miṣrăjim*) 12 39 (*kî*) 13 17 (*kî*). 17 + 18. 21 + 22 14 19. 30 + 31 16 35 Gen 3. 17f. 23a + 24a. Zunächst einfache Subjekte wurden hintendrein noch erweitert: *'ăttā wᵉziqᵉnê jiśra'el* 3 18 *hû' wă'ᵃbadâw* 9 34 *'ăttā wᵉkål ha'am* 11 8 *hû' wᵉkål 'ᵃbadâw* 12 30 *găm 'ăttæm găm bᵉnê jisra'el* 12 31 *'ăttā wᵉha'am* 33 1 *hû' wᵉziqᵉnê jiśra'el* Num 11 30.

Mitunter ließ R^JE sich gravierende Verstöße gegen Grundregeln der hebräischen Sprache zuschulden kommen. Zum Teil lag dies wohl nur daran, daß er nicht sauber dachte, nicht sorgfältig konzipierte, doch auch an förmlichen Schnitzern fehlt es nicht: Singular bei *'abîka* 3 6, *le'mor* 5 14. 19 ohne logisches Subjekt, reflexives (!) *'otam* 5 19 anstelle einer hitp.-Bildung, (*dæbær*) *kabed mᵉ'od* 9 3. 24 10 14 nicht recht in den Satz eingegliedert, determinierter st. cstr. (!) *hăjjôm hiwwasᵉdā* 9 18, ungewöhnliche Imperfektbildung *wăttihᵃlăk* 9 23, mangelhafte Satzbildung *wᵉăttā wă'ᵃbadǽka jadă'tî kî ṭæræm tîrᵉ'ûn* 9 30, *bᵉqirbô* 10 1 auf Pharao anstatt auf sein Land bezogen, regelwidriges Fehlen des Artikels beim Demonstrativpronomen *'ototăj 'ellǣ* 10 1 *'ᵃbadǽka 'ellǣ* 11 8, *ba'ărbǣ* 10 12 nicht recht im Satz verankert, *kamohû* 11 6 mit suff. m. statt f., dubiose Determination *dæræk hămmidbar* (!) *jăm sûp* 13 18, *'apar* Gen 2 7 nicht recht in den Satz eingegliedert.

Der Redaktor von J und E ,Verfasser der JE-Harmonie, zeigte kein Interesse daran, Einzelheiten geschichtlicher Vorgänge zu verzeichnen und zu klären und ihren Verlauf folgerichtig wiederzugeben.

---

[13] S. S. 394. 397.

Er liefert in einem fort Beweise für seine Mißachtung der geschichtlichen Situation: 3 6a. 8. 12. 15b. 19-22 4 1. 5. 8-11. 14. 19. 21. 23. 27 5 1. 3. 6. 10. 14. 19f. 22 7 14f. 16b. 17b. 26 8 16. 18. 20. 22 9 1. 6f. 14. 19-22. 29f. 10 8-10. 12f. 29 11 1-3. 8 12 21f. 29. 35f. 39 13 17 14 13. 15. 24f. 27 15 25f. 16 4. 28 17 9b. 12. 16 Gen 2 24. Logische Defekte, Brüche und Störungen im Gedankengang stehen, als Folgeerscheinungen einer assoziativen Denkweise, auf der Tagesordnung 3 2 + 4. 5 + 6. 7-9. 10. 12. 13-15. 18a. 22 4 5. 9f. 15. 19-21. 23. 27. 29 + 30. 31 5 3. 4. 6 + 10 + 13f. + 15. 17. 21-23 7 14. 16f. 8 5. 17. 24 9 3. 14. 18f. 20f. 24 10 1 11 8 usw.

3. *Kompositionstechnik*

Die Kompositionstechnik des Redaktors ist das getreue Spiegelbild seines eigenartigen (dazumal aber keineswegs einzigartigen!) Denkstils, der sich je und je auf Einzelheiten und Formalitäten verlegt und darüber die großen Zusammenhänge vernachlässigt. Man könnte von einem »punktuellen« oder »atomisierenden« Denken und Kompositionsverfahren sprechen.

Eine maßgebliche Rolle bei der Komposition haben Stichwörter gespielt. Häufig müssen sie gewissermaßen als Klammer herhalten, um disparate oder heterogene Aussagen miteinander zu »verbinden«: *măṭṭæ* 4 2f. 17 7 15 *hlk* qal + *šwb* qal 4 18 *wăjjiqqăḥ mošæ* 4 20a. b *b^ekorî* . . . *b^ekoræka* 4 22. 23 *wăjjo'mær* 3 4. 5. 6 *ntn* qal/ni. 5 18 *kō* 7 16. 17 *măkkæ* 7 17 *'lh* qal 7 28. 29 *mšlḥ* 8 17 *b^e(kål) 'æræṣ miṣrajim* 9 22 *barad* 9 23. 24 *wăjjeṣe'* 9 33 *nelek* 10 9a. b *ken* 10 10. 11 *ha'aræṣ* 10 15 *jṣ'* qal 11 8 *băjit*-Vorstellung 12 22 *b^eśim^elotam* . . . *ûś^emalot* 12 34. 35 *lqḥ* qal 14 6. 7 *wăjjăr' jiśra'el* 14 30. 31 *(w^e)qăḥ* 17 5 *'^arummîm* . . . *'arûm* Gen 2 25 *jd'* qal 2 17 3 7. — Andere Male werden Stichwörter nur mehr spielerisch oder auch verlegenheitshalber wiederholt: *'æræṣ* 3 8 *w^e'ăttā* 3 9. 10 *wăjjo'mær* 3 14. 15 *w^ehajû* 4 9 *bî '^adonaj* 4 10. 13 *šwb* qal + *hlk* qal 4 19. 21 *t^emôl* 5 14 *ntn* qal 5 18 *b^ejad ḥ^azaqā* 6 1 *nkh* hi. 9 25 *w^e'akăl* 10 5 *ha'aræṣ* 10 5. 15 *jtr* hi./ni. 10 15 *nelek* 10 9 *mizzæ* 11 1 *šlḥ* pi. 11 1 *lqḥ* qal 12 21. 22 *rdp* qal + *'ăḥ^arê* 14 8. 9 *wăjjissă'* 14 19 *hăllaj^elā* 14 20. 21 *ntn* qal 16 29 *'kl* qal + *'æt hămman* 16 35 *'kl* qal Gen 3 17-19.

Der Redaktor ließ sich die Anordnung seiner Aussagen von zufälligen Gesichtspunkten und Bedürfnissen diktieren. Das wurde bereits an dem oben[14] über die Partikel *găm*, über Doppelungen und Analogiebildungen sowie über die Rolle der Stichwörter Ausgeführten deutlich. Hier lasse ich noch einige weitere, besonders charakteristische Beispiele folgen: Ein momentanes Verlangen nach

---

[14] Vgl. S. 395. 398f.

drastischer Hervorhebung eines vorgegebenen Gedankens veranlaßte die Niederschrift von *găm t^{e}môl găm miššilšom găm me'az dăbbær^{e}ka 'æl 'ăbdæka* 4 10. — Die rhetorische Frage *mî śam pæ la'adam 'ô mî jaśûm 'illem* . . . floß ein, weil R^{JE} die Gelegenheit zu erspähen glaubte, einen Beitrag zu leisten zur Erbauung seiner Leser. — Entsprechende Beweggründe haben zur Entstehung des Passus *jera' jăhwæ '^{a}lêkæm* . . . 5 21, des paränetischen Paradigmas 9 19-21 und des Sündenbekenntnisses von Pharao 9 27 geführt. — Wechselnde Aspekte ließen den Komponisten die »Vorarbeiter« der Israeliten zuerst als Gehilfen der »Treiber« ausgeben 5 10, dann plötzlich als ihre Prügelknaben 5 14, die »Knechte Pharaos« bald als Gesinnungsgenossen des obstinaten Königs 9 30. 34 10 1, bald als Exempel der Jahwefurcht 9 20 oder als Vertreter israelitischer Interessen 10 7. — Bei demselben Auftritt soll Mose einmal von den »Ältesten Israels« 3 18 und ein anderes Mal von Aaron 5 1 begleitet gewesen sein. — Das Schlagwort von »Pest und Schwert« 5 3 oder die Rede vom Schwert in der Hand Pharaos und seiner Knechte 5 21 gerieten in den widerstrebenden Kontext nur, weil sie dem Komponisten jeweils gerade in den Sinn kamen. — Mose »kehrte zu Jahwe zurück« 5 22, obwohl er zuvor gar nicht förmlich »bei Jahwe« gewesen — weil R^{JE} einen geschichtlichen Vorwand dafür brauchte, daß Mose sich bei Jahwe beschweren konnte. — Neben den Ägyptern erscheinen »Häuser« als Opfer der '*arob*-Plage 8 17, weil anderwärtige Quellenangaben dem Harmonisierer den Begriff *bjt* zuspielten. — Ein paränetisches Anliegen bewog den Redaktor in 9 20f., so zu tun, als sei die Hagelplage bereits im Gang; dabei vermelden erst v. 22-24 ihren Ausbruch. — Mit »von dir aber und deinen Knechten weiß ich, daß ihr euch vor Jahwe Gott noch nicht fürchtet« 9 30 verschafft R^{JE} wieder einmal *seiner* Vorstellung vom ägyptischen König Ausdruck[15]; damit setzt er sich in einen eklatanten Widerspruch zu seinem jahwistischen Vorgänger, dessen Anschauung er in v. 29b geltend gemacht hatte. — »Denn wir haben ein Jahwefest« 10 9 ist, statt auch an dem elohistischen »mit Jung und Alt gehen wir« 9a, allein an dem redaktionellen Zusatz dazu ». . . mit unsrem Kleinvieh und Großvieh gehen wir« 9bα orientiert. — In 10 11 paßt das begründende »denn das sucht ihr« eigentlich gar nicht zu der voranstehenden Erlaubnis »geht doch nur ihr Männer und dienet Jahwe«; es blickt lediglich auf das künstlich isolierte »und dienet Jahwe«. — Die Abhängigkeit von der E-Vorlage ließ den Redaktor bei »da ging er von Pharao weg« 10 18a vergessen, daß er in v. 16 auch den Aaron hatte zu Pharao rufen lassen. — Elohistisches *wăjjeṣe' me'im păr'ō* ist in 11 8 an redaktionelles . . . *w^{e}'ăḥ^{a}rê ken 'eṣe'* angeschlossen einfach *ad vocem jṣ'* qal, obwohl dieses Verb hier und dort einen ganz ver-

[15] Weiteres darüber S. 403.

schiedenen Sinn hat. — Die Quellenangabe über das Backen der Mazzenkuchen 12 39* brachte den Bearbeiter darauf, anhangsweise doch auch noch auf die ursprüngliche Ursache für das Mazzenbacken anzuspielen: »... und sie hatten sich auch keine Reiseverpflegung bereitet«. — Die Israeliten ließ der Redaktor in 14 10 zunächst *a son gré* »zu *Jahwe* schreien«; hernach aber legte er ihnen eine Rede an *Mose* in den Mund v. 11f., weil ihm bei E eine Rede *Moses* an das Volk vorlag 13f.*. — Rücksicht auf den *Mose* betreffenden Stabmanipulationsbefehl läßt Jahwe den Mose fragen: »Warum schreist du zu mir?« 14 15, obwohl vorher die Israeliten zu Jahwe geschrieen hatten 10. — Bei »dort setzte er (scil. Jahwe) ihm (scil. dem Volk) Ordnung und Recht und dort stellte er es auf die Probe« 15 25 dachte der Redaktor, das zuletzt Gesagte glatt überspringend, nur an das früher gesagte »da murrte das Volk ...« v. 24. — In 17 7 fiel ihm erst *post festum* ein, daß er noch mitteilen sollte, inwiefern die Israeliten ihren Gott »versucht« haben sollen (v. 2): Angeblich stellten sie die Frage, ob Jahwe sich in ihrer Mitte befinde oder nicht.

Am laufenden Band hat der Redaktor Begriffe und Einzelangaben, die er in seinen Vorlagen fand, ihres ursprünglichen Sinnes und Bezuges entkleidet und sie neu verausgabt für andere, von ihm selbst getätigte Bezüge oder Sachzusammenhänge. Wir nennen solche Erscheinungen »Übertragungen«. Beispiele: *kohen midjan* 2 16 3 1 *hăss*^{e}*nǣ* 3 4 *wa'ered* 3 8 *w*^{e}*'æšlaḥ*^{a}*ka* 3 10 *tă'ăb*^{e}*dûn 'æt ha'*^{æ}*lohîm* ... 3 12 *š*^{e}*laḥănî* 3 13-15 *măh šš*^{e}*mô* 3 13 *w*^{e}*šam*^{e}*'û l*^{e}*qolæka, w*^{e}*ziq*^{e}*nê jiśra'el* 3 18. V. 21f. komplett. Ferner *jă'*^{a}*mînû* 4 1. 5 *ha'ot, w*^{e}*hæ'*^{æ}*mînû* 4 8 *'otot* + Blutplagenmotiv 4 9 *š*^{e}*lăḥ* 4 13 *joṣe' liqra'tæka* ... 4 14 *'ăḥăj, w*^{e}*'ær'ǣ, hă'ôdam ḥăjjîm* 4 18 pl. *banâw* 4 20 *wătt*^{e}*ma'en* 4 23 *bămmalôn* 4 24 *latet tæbæn, lilbon hăll*^{e}*benîm, w*^{e}*qoš*^{e}*šû* 5 7 *tigr*^{e}*'û, nirpîm* 5 8 *wăjjeṣ*^{e}*'û* 5 10 *nigra'* 5 11 *lilbon* 5 14 *šoṭ*^{e}*rê b*^{e}*nê jiśra'el* 5 15 *mukkîm* 5 16 *nel*^{e}*ka nizb*^{e}*ḥā* ... 5 17 *tigr*^{e}*'û* 5 19 *nișṣabîm liqra'tam b*^{e}*ṣe'tam me'et păr'ō* 5 20 *š*^{e}*lăḥtanî* 5 22 *kabed leb păr'ō, me'en l*^{e}*šăllăḥ ha'am* 7 14 *tedă' kî '*^{a}*nî jăhwǣ, bămmăṭṭǣ* ... *b*^{e}*jadî, w*^{e}*næhæp*^{e}*kû l*^{e}*dam* 7 17 *šib'ăt jamîm, hăkkôt jăhwǣ 'æt hăj*^{e}*'or* 7 25 *jă'*^{a}*lû* 7 29 *w*^{e}*jizb*^{e}*ḥû l*^{e}*jăhwǣ* 8 4 *ûmibbattǣka* 8 5. 7 *l*^{e}*maḥar* 8 6 *wăjjeṣe' mošǣ* ... *me'im păr'ō* 8 8 *ûb*^{e}*battǣka* 8 17 *l*^{e}*maḥar* 8 19 *kabed* 8 20 *zib*^{e}*ḥû le'lohêkæm* 8 21 *nizbăḥ l*^{e}*jăhwǣ '*^{æ}*lohênû* 8 22 *dæræk š*^{e}*lošæt jamîm nelek* ... 8 23 *ûz*^{e}*băḥtæm* ... 8 24 *joṣe' me'immak* 8 25 *băśśadǣ* 9 3 *maḥar* 9 5 *libb*^{e}*ka* 9 14 *kål '*^{a}*šær l*^{e}*ka băśśadǣ* 9 19 *băśśadǣ* 9 21 *k*^{e}*ṣe'tî 'æt ha'îr, tedă' kî* ... 9 29 *'ăttā wă'*^{a}*badǣka* 9 30 *wăjjeṣe', ûmaṭar* 9 33 *hămmaṭar* 9 34 *hikbădtî 'æt libbô* 10 1 *wîdă'tæm* (pl.!) 10 2 *me'ănta* 10 3 *šăllăḥ* ... *w*^{e}*jă'ăb*^{e}*dû* ... 10 7 *w*^{e}*jo'kăl 'æt kål 'eśæb ha'aræṣ* 10 12 *ûb*^{e}*'eśæb hăśśadǣ* 10 15 *w*^{e}*jameš ḥošæk* 10 21 *š*^{e}*lošæt jamîm* 10 22f. *jelek* 10 24 *w*^{e}*jiš'*^{a}*lû* ... *k*^{e}*lê kæsæp* ... 11 2 *ted*^{e}*'ûn* ... 11 7 *'*^{a}*badǣka* ... *w*^{e}*hištăḥ*^{a}*wû lî* 11 8 *ziq*^{e}*nê jiśra'el* 12 21 *lo' teṣ*^{e}*'û* ... *mippætăḥ bêtô 'ăd boqær* 12 22 *miṣrăjim* 12 33 *miš'*^{a}*ro-*

tam ṣ^{e}rurot . . . 12 34 *ḥonîm ʿăl hăjjam* 14 9 *wăjjissăʿ măḥ^{a}nē jiśra'el me'ăḥ^{a}rêhæm* 14 19 *w^{e}hăḥošæk* . . . *hăllaj^{e}lā* 14 20 *wăjjăšqep* 14 24 *'anûsā* 14 25 *nissahû* 15 25 *'êlimā* 15 27 *w^{e}laq^{e}ṭû, jilq^{e}ṭû* 16 4f. *băjjôm hăššiššî, mišnǣ* 16 5 *băśśadǣ* 16 25 *t^{e}rîbûn, t^{e}năssûn* 17 2 *l^{e}ʿênê ziq^{e}nê jiśra'el, w^{e}jaṣ^{e}'û* . . . *măjim w^{e}šatāhaʿam* 17 6 *'anokî niṣṣab* . . . 17 9 *'ăh^{a}ron w^{e}ḥûr* 17 12 *ʿăd bo' hăššamæš* 17 12 *ʿ^{a}maleq* 17 13. Auf eine Fülle von solchen Übertragungen waren wir bereits in der »Paradieserzählung gestoßen.

Der Redaktor hat offenbar sehr flüchtig gearbeitet und sein Werk in großer Eile gefertigt. Reinschrift und Konzept waren mehr oder weniger identisch. Entsprechende Anhaltspunkte wurden u. a. an den folgenden Stellen wahrgenommen: 3 7-10. 13-15. 18b 4 9. 19, 21a 5 6. 10 + 13f. 20 8 17. 19 9 5. 6. 19-21 10 3. 23 11 2. 3. 8a 12 31. 39 14 10f. 15 15 20f. 17 7.

Aussagen seiner Vorlagen, die er für anstößig hielt, hat er nicht allein durch Ausscheidung, sondern nicht selten auch durch eine künstliche Verdunklung unschädlich gemacht. Dieser Fall trat insbesondere dort ein, wo die Quellen von einem Sichtbarwerden oder Gestaltwerden Gottes berichtet hatten. In 3 2 erscheint jetzt der *măl'ăk jăhwǣ* anstatt Jahwes selbst, der im übrigen noch als der Handelnde gilt. — In 3 6 ergreift der Gott der Väter das *Wort,* statt daß, wie noch bei E, die Gottheit sich *zeigt.* — 3 13-15 vertuschen die Umstände, die vormals zur Mitteilung des Gottesnamens an Mose führten. — 3 16ff. und 12 21ff. bringen absichtlich irreführende Angaben über den Zweck der Ältestenversammlung. — Dichter Nebel breitet sich über das Hochzeitsritual von E in 4 24-26. — Was ehedem ein Huldigungsakt vor dem erschienenen Jahwe gewesen, wurde zur bloßen Akklamation verharmlost 4 31b vgl. Gen 24 26. — Da Mose die Gottesbotschaft nach dem Willen des Bearbeiters nicht mehr dem König überbringen sollte, richtet er sie jetzt einfach an einen ungenannten Adressaten aus 11 4. — Ähnlich tritt in 11 7 ein undefinierbarer Plural als Subjekt für den König ein. — Die Wolkensäule, von E noch als Erscheinung Jahwes gedacht, verlor ihre Konturen und wurde zum Wegweiser und Lichtspender 13 21. In 14 19 fungiert der *măl'ăk ha'^{e}lohîm* als Korrektiv der »Wolkensäule«. — In 14 20 sind elohistisches Wolken- und jahwistisches Nachtmotiv in eine undurchsichtige Beziehung zueinander gesetzt. — Ehemalige Gottesworte wurden dadurch verdunkelt und entschärft, daß sie in Menschenmund zu liegen kamen 17 9 Gen 24 13. 43. — Die Epiphanie-Augenzeugen Aaron und Hur verwandelten sich in Handstützen Moses 17 10. 12.

4. Theologische Eigentümlichkeiten

Daß der Mensch in einem unmittelbaren und unaufhebbaren Bezug zu seinem Schöpfer stehe, hat der deuteronomistische Redaktor auf seine Weise so wenig erkannt wie sein elohistischer Vorgänger. Gott erscheint dem Menschen vielmehr gleichsam in die Ferne gerückt. Diese Grundanschauung spricht aus allen Phänomenen, die im folgenden zu nennen sind.

Jahwe ist nicht sowohl die Weltmacht der jeweiligen Gegenwart, als vielmehr der Gott einer vergangenen Heilsgeschichte. Er stellt sich als den Gott der Erzväter dar 3 6. 15f. 4 5 Gen 24 12. 27. 42. 48 26 24 28 13 31 5. 29. 42. 53 32 10 43 23 46 1. 3 48 15 50 17 cf. Dtn 1 11. 21 4 1. 31 usw. Zwar ist klar, daß von ihm auch ganz aktuell der Gesundheitszustand und die körperlichen Fähigkeiten des Einzelnen abhängen 4 11, aber was die Israeliten des Heute, die Leser der Harmonie, zu ihrer Ermutigung, Erbauung, Ermahnung oder Verwarnung benötigen, kommt ihnen praktisch nur in der Form heilsgeschichtlicher Berichterstattung zu, vgl. z. B. 3 7. 16f. 19-22 5 31 9 14. 20f. 16 35 17 7 cf. Dtn 1 1ff. Das Land, das sie bewohnen, aber leider nicht genügend schätzen, soll Jahwe schon vorzeiten den Vätern versprochen, zugeschworen (33 1 vgl. 13 19 Gen 12 7 13 15 15 7. 18 24 7 26 3f. cf. Dtn 1 8. 21. 35 4 26 usw.) und angepriesen (3 8. 17 cf. Dtn 8 7-9) haben. Die Neigung der Zeitgenossen, Palästina den Rücken zu kehren, ist schon den Alten zugeschrieben bzw. verboten (4 19) 13 17 14 11f.(. 13) 16 3* 17 3 Gen 24 6, wird also nur auf indirekte Weise an den Pranger gestellt. Ihre eigenen Nöte sollen sie vorgebildet und aufgehoben sehen in den Leiden Israels in Ägypten 2 23* 5 5ff. 22f. Die Obstination des antiken Pharao 3 19 4 23 5 2. 17f. 7 14. 16b. 23 8 11*. 25. 28 9 2. 7. 17. 30. 34 10 1. 3. 7. 11. 20*. 28f. 14 5 nimmt die Unerbittlichkeit ihrer Feinde vorweg. Darum dürfen sie jenes Mitgefühl, jenes gnädige Ansehen und Zur-Kenntnis-Nehmen, das Jahwe dazumal den Bedrängten entgegenbrachte 2 25 3 7-10. 16f. 4 31, wenigstens in der Hoffnung auch auf sich selber beziehen. Jahwes Heilsabsichten und Großtaten von einst 3 19f. 6 1 9 14. 18 10 1. 6 11 6ff. 14 13 flößen ihnen Trost und Mut ein. Sein oft hervorgehobener Triumph über seine damaligen Feinde 3 21f. 6 1 (8 6) 9 6f. 27 10 1. 25f. 11 1. 5a. 8a 12 32 14 24-27. 28b. 30f. 15 20f. war Israels Triumph, und Israels Triumph ist unser eigener! Die Heilsgeschichte leitet also Wasser auf die Mühlen eines beträchtlichen nationalen Selbstgefühls. Jahwe hat seinerzeit dem Volk Israel eine Vorzugsstellung und Vorzugsbehandlung eingeräumt 4 22f. 8 18f. 9 4-7a 10 23b 11 7 12 38 (cf. Dtn 4 37 7 6 10 15) und es reich gesegnet 12 37f. Ja, im Grunde hatte er es bei allem, was er an den Vätern tat, bereits auf ihren »Samen«, d. h. auf ihre Nachkommen, abgesehen. Diesen ist verheißen, daß sie »ein großes Volk« und zahlreich werden sollen wie die Sterne am Himmel und der Sand am Meer 32 10 Gen 12 2 13 16 15 5 16 10 18 18 21 18 22 17 24 60 26 4. 24 28 14 32 13 46 3. Und nur durch sie wird Jahwes Segen, der schon ihren Vätern zugesprochen wurde Gen 22 17 24 1 26 12. 24 27 10. 29f. 33. 41 48 9. 16, auch anderen Völkern zuteilwerden 12 32 Gen 12 2f. 22 18 24 31.

Indessen bedeutet dieses Bevorzugt- und Gesegnetsein Israels gerade nicht, daß die Israeliten, wenigstens sie unter der Menschheit!, in einer direkten Beziehung zum Schöpfer stünden. Zwischen Jahwe und den einzelnen Israeliten schiebt sich vielmehr schon auf der Stufe der Heilsgeschichte als weiteres, zweites »Medium« die Tora ein mit ihren Tatforderungen, die gemeinhin unerfüllt bleiben, und darum mit ihren Vorwürfen und Anklagen. In der angeblichen Abtrünnigkeit und Widerspenstigkeit schon der Väter (cf. Dtn 1 26f. 32 29 5 Jer 2 5 3 25) wollte der Redaktor seinen Zeitgenossen ihr eigenes Spiegelbild vorhalten. Jene haben fort und fort wider Mose und Jahwe gemurrt und sehnten sich aus der Wüste nach Ägypten zurück 2 14a 5 21 (13 17) 14 11f. 15 24 16 2*. 3b* 17 2f. Num 11 4-6. Ihr Verstoß gegen das Gebot der Sabbat-Ruhe 16 27 kam einer prinzipiellen Weigerung gleich, die Weisungen Jahwes einzuhalten 16 28. Als einmal das Wasser knapp wurde, erfrechten sie sich zu der Frage, ob Jahwe eigentlich in ihrer Mitte sei oder nicht 17 7.

Die Einstellung Jahwes ist ihrerseits dadurch gekennzeichnet, daß er dem Volk Satzung und Recht vorschrieb 15 25, insbesondere dadurch, daß er ihm Sabbat- und Festbräuche auferlegte 12 24 16 26 in der Absicht, seinen Gehorsam zu prüfen 15 25 16 4 vgl. Gen 22 1. Ungehorsame bedenkt Jahwe mit schweren Beschuldigungen 16 28 Gen 3 14. 17 (vgl. auch Ex 4 23 7 14. 16b 10 3). Umgekehrt muß er selbst welche von Mose einstecken 5 22f. Auch in den zwischenmenschlichen Beziehungen und wo immer sonst herrscht eine mit Vorwürfen geladene Atmosphäre 4 23 5 4. 15 7 16. 23b 8 25. 28 9 17. 30 10 3. 7. 10 14 5. 11f. 15 15 24 16 3* 17 2f. Nur wer Jahwes Forderungen Genüge tut, darf Gutes von ihm erwarten 15 26 (cf. Dtn 7 12ff. 11 13ff.). Freilich, wenn es ans Strafen geht, erweist Jahwe sich doch als langmütig und barmherzig Gen 18 17ff. cf. Dtn 4 31. Wer in der Not zu ihm schreit, darf auf Hilfe und Erhörung zählen 2 23* + 25 3 7. 9 5 22—6 1 8 8f. 9 33f. 14 10 + 13 15 25 cf. Dtn 26 6-8 Jdc 3 8f. 14f. 4 3 6 6 usw.

Am Maßstab der jüdisch-israelitischen Moral werden auch Nichtisraeliten wie Pharao und seine Knechte gemessen und dabei gewöhnlich als Sünder erwiesen 4 23 5 16 7 23 8 25 9 17. 20f. 27. 30. 34 10 3. 16f. Den Amalekitern sagte Jahwe deshalb die völlige Vernichtung an 17 14 cf. Dtn 25 17-19, weil sie Israel in der Wüste überfallen haben.

Was das Gesetz erfordert, das sind aufweisbare Taten. Der Begriff der Jahwefurcht 9 20. 30 14 31 drückt bei R^{JE} wie im Dtn nicht, wie er an sich sehr wohl könnte, inneren Respekt des Menschen gegenüber Gott aus, sondern gleich den Tatgehorsam. Ebenso verhält es sich mit dem Begriff des »Hörens auf die Stimme Jahwes« bzw. Moses 3 18 4 1. 8f. 5 2 15 26 Gen 3 17. Für den Redaktor bestand der springende Punkt nicht darin, daß Jahwe offenbar wird und in seinem Offenbarwerden handelt, sondern in der frommen Leistung des Menschen. Für das, was der Jahwist unter »Glauben« verstanden hatte[16], also für die Tatsache, daß Gott im Menschen alles Gute, Ihm Gemäße mit Seiner selbst Erkenntnis und Anerkenntnis beginnt, ging ihm das Verständnis ab 3 18a + 4 1. 8f. 31.

Gleichwohl blieben Offenbarungen vonseiten Jahwes unabdingbar. Aber der Redaktor hat sie theologisch reglementiert. Schon dadurch, daß er sie in die große Vergangenheit Israels verwies und auf sie beschränkte. Und dann auch noch dadurch, daß er Jahwe womöglich nur noch als Redenden (Befehlenden!), nicht mehr als bildhafte Gestalt (cf. Dtn 4 12) sich hervortun lassen wollte. Die Epiphanieberichte der beiden Quellen wurden getilgt, verkürzt oder umgedeutet 3 6. 8*. 16ff. 4 1ff. 30f. 12 21ff. 13 21f. 17 9. 12. 15* 34 5 Gen 3 3[17] 24 13. 26. Wenn sich von Jahwe schon etwas gezeigt haben soll, dann doch nur sein »Bote« (*măl'ak*) 3 2 14 19 Gen 22 7. 11. 15 24 7. 40 vgl. Ex 12 23 oder seine »Hand« 9 3. Auch die direkte Urheberschaft Jahwes am Schlimmen in der Welt, die Theodizee, wurde bereits als Problem empfunden 12 23 Gen 18 17ff. Hinzu kommt, daß der Offenbarungsempfänger — ähnlich wie in der neuprotestantischen Theologie, denn es gibt nichts grundsätzlich Neues unter dem Himmel — nach Meinung des Redaktors vom Sich-Offenbarenden verlangen kann, daß er auf seine Verstehensbedingungen eingehe, also auf seine inneren Vorbehalte, Zweifel und Fragen 3 11. 13 4 1. 5. 8f. 10. 13 5 22f. 14 15.

Infolgedessen genügt da, wo Gott bezeugt werden oder wo er sich selber bezeugen soll, nicht mehr die schlichte, sachbezogene Aussage. Diesbezügliche Worte müssen vielmehr gleich gewaltig, ja bombastisch tönen 4 11 8 6. 18 9 14. 18. 24. 29 10 6 11 7. Wenn Jahwe sich bei den Menschen Beachtung und Glauben verschaffen will, muß er verblüffende Mirakel liefern 3 2b. 3a. 12b 4 1. 5. 8f. 8 6. 18 9 4. 18a. b 10 1 11 7 13 21f. 14 24, Beweise, die die menschliche *ratio* befriedigen. Unter solchen Vorbedingungen kann es im auserwählten Volk auch gelegentlich zum »Glauben« kommen 4 9 14 31, aber was wunder, daß einem solchen Glauben Jahwe allein nicht genügt: Ihm müssen außerdem jene Mittel und Mittler bedeutsam bleiben, an denen seine dürftige Existenz hängt. Der Glaube an Jahwe ist also zugleich ein Glaube an seinen Knecht Mose 14 31. Mose ist, wie im Dtn, hochgeschätzt. Er tritt als Israels Fürbitter hervor 5 22 14 15 15 25, vor allem aber als

---

[16] Vgl. S. 382.

[17] Vgl. »Paradieserzählung« 43. 90—92.

Sprecher und »Gesandter Jahwes 3 13-15 4 1. 5. 8f. 13. 28 5 22 7 16. Dieses Amt darf er nicht mehr, wie bei E geschehen, mit Aaron bzw. den Aaroniden teilen. Aaron ist zum bloßen Mitarbeiter und Mittäter Moses degradiert 4 15b. 28-30 5 1. 4. 20 8 4. 8. 21 9 27 10 3. 8. 11. 16 12 31.